Matthias Kern
L'esthétique populiste

Mimesis

Romanische Literaturen der Welt

Herausgegeben von
Ottmar Ette

Band 87

Matthias Kern

L'esthétique populiste

« L'Amour du peuple » dans la culture française de
l'entre-deux-guerres

DE GRUYTER

Diese Arbeit wurde durch den Deutschen Akademischen Auslandsdienst (DAAD), die
Deutsch-Französische Hochschule (DFH) und das Deutsch-Französische Graduiertenkolleg
« Unterschiede denken: Strukturen – soziale Ordnung – Kommunikation » in seiner
Ausarbeitung gefördert.

ISBN 978-3-11-111641-9
e-ISBN (PDF) 978-3-11-072115-7
e-ISBN (EPUB) 978-3-11-072116-4
ISSN 0178-7489

Library of Congress Control Number: 2020952725

Bibliographic information published by the Deutsche Nationalbibliothek
The Deutsche Nationalbibliothek lists this publication in the Deutsche Nationalbibliografie;
detailed bibliographic data are available on the Internet at http://dnb.dnb.de.

Typesetting: Integra Software Services Pvt. Ltd.
Printing and binding: CPI books GmbH, Leck

www.degruyter.com

Remerciements

Ce livre n'aurait pas vu le jour sans le soutien de plusieurs personnes et organisations. En premier lieu, je tiens à remercier mes deux directeurs de thèse, Roswitha Böhm et Philippe Roussin, pour leur confiance et pour la grande liberté qu'ils m'ont garantie pendant la découverte de mon corpus. Leur encadrement m'a permis de mener à bonne fin mes recherches ; leurs remarques ont, en outre, enrichi considérablement mes analyses.

Ce travail n'aurait pas pu être mené à bien sans l'aide de différents financeurs qui ont reconnu mon travail et qui m'ont fait confiance. Dans ce cadre, je voudrais remercier l'Office allemand d'échanges universitaires (DAAD) pour la bourse qui a financé ma première année de recherches à Paris. Mon séjour en France était essentiel pour permettre un meilleur échange avec les chercheuses et chercheurs du CRAL à l'EHESS, mais surtout afin que je consulte une partie importante de mon corpus qui ne se trouve pas dans les bibliothèques en Allemagne. Dans le même cadre, je remercie également le collège doctoral franco-allemand « Construire les différences : structures – ordre social – communication » qui m'a accordé une bourse pour la seconde année de mon séjour en France. Au niveau de l'organisation administrative du collège doctoral, j'adresse mes remerciements plus particulièrement à Gerd Schwerhoff – qui m'a accepté comme membre du collège –, Juliette Guibauld et, à nouveau, Roswitha Böhm surtout pour leur soutien au niveau pratique de l'organisation du collège et pour l'accord de la bourse.

En outre, j'aimerais aussi remercier l'Université franco-allemande et ici notamment Eva Hengsbach et Nadine Bedersdorfer, qui m'ont soutenu afin de recevoir un soutien supplémentaire pour poursuivre ma co-tutelle de thèse.

À part ce soutien pratique, j'avais la chance d'avoir le soutien moral et intellectuel de plusieurs collègues qui m'ont aidé à mieux saisir les enjeux de mon travail. Parmi eux, je voudrais d'abord citer mes collègues du côté français, Constance Barbaresco et Sybila Guéneau, qui ont souligné l'importance des représentations de la banlieue pendant l'entre-deux-guerres et les proximités de certains romans de cette époque avec le genre du roman policier. Du côté allemand, les échanges avec Meike Beyer m'ont amené à considérer davantage les réseaux et les relations nécessaires pour la visibilité d'une œuvre littéraire. Enfin, l'équipe de l'institut de Dresde m'a aidé à préciser mes propos et m'a toujours encouragé dans mes recherches.

Mes remerciements vont aussi à Margarete Zimmermann, qui m'a accompagné tout au long de mes études ; sans son soutien, je n'aurais jamais découvert la littérature de l'entre-deux-guerres.

https://doi.org/10.1515/9783110721157-202

En dernier lieu, merci à Barbara Bellini pour son soutien constant et sa patience. Ses remarques intelligentes et son assistance active m'ont permis d'améliorer considérablement ma thèse et ses encouragements m'ont donné la force de mener à bien ce travail.

Table des matières

Introduction

C'est une question de vie ou de mort pour l'art et pour le peuple. Car, si l'art ne s'ouvre pas au peuple, il est condamné à disparaître ; et si le peuple ne trouve pas le chemin de l'art, l'humanité abdique ses destinées.[1]

L'entre-deux-guerres est le théâtre d'un virement intellectuel en France : alors que la plupart des intervenants dans la vie intellectuelle appartiennent à une caste bourgeoise hermétique, dans laquelle les idées reçues patriarcales et patriotiques ont toujours libre cours, de nouvelles voix s'élèvent et revendiquent la réorganisation des hiérarchies établies, d'autant au niveau du champ intellectuel et littéraire dans lequel ils se manifestent qu'à l'échelle sociale et nationale, prônant souvent l'adhérence au communisme et à l'idéal de la révolution prolétarienne. L'exemple le plus parlant d'une telle revendication révolutionnaire se trouve chez les surréalistes sous l'égide de Breton qui se réfère à la fois à Rimbaud et à Marx afin de prouver que la question de « changer la vie »[2] ne signifie pas seulement une rénovation esthétique pour lui, mais un programme révolutionnaire complet.[3] Aragon, qui se dédit définitivement du groupe surréaliste à partir de 1932, va encore plus loin et s'efforce à adapter les préceptes du réalisme socialiste promu par le Parti Communiste soviétique à la langue et au domaine culturel français avec son cycle du *Monde réel*.[4]

La réorganisation des convictions intellectuelles n'est cependant pas uniquement l'enjeu des avant-gardes littéraires de l'entre-deux-guerres ; elle ne s'accompagne non plus nécessairement d'un appel à la révolution communiste. D'une manière bien plus modérée, l'idée de tourner le dos à l'hermétisme de la classe bourgeoise et de trouver des moyens de réconcilier l'art, la culture et la vie intellectuelle avec l'ensemble de la société française s'installe grâce à l'influence grandissante d'auteurs pacifistes comme Romain Rolland et Henri Barbusse. Notamment le premier a exprimé, comme le montre la citation antéposée, sa sympathie pour ce qu'il appelle le ‹ peuple › déjà bien avant l'éclatement de la Première Guerre

---

1 Romain Rolland : *Le Théâtre du peuple* [1899], édité par Chantal Meyer-Plantureux. Bruxelles : Complexe 2003, p. 162sq.
2 André Breton : *Position politique du surréalisme* [1935], repris dans *Œuvres complètes* II, édité par Marguerite Bonnet. Paris : Gallimard 1992, p. 459.
3 À propos de la question de l'adhérence des surréalistes au Parti Communiste, cf. le bref aperçu dans Michel Murat : *Le Surréalisme*. Paris : Librairie générale française 2013, p. 232–244.
4 Le cycle *Le Monde réel* comprend les romans *Les Cloches de Bâle* (1934), *Les Beaux quartiers* (1936), *Les Voyageurs de l'impériale* (1942), *Aurélien* (1944) et les six tomes des *Communistes* (1949–1951). À propos de la question du réalisme socialiste dans ces œuvres, cf. Jacqueline Bernard : *Aragon: la permanence du surréalisme dans le cycle du* Monde réel. Paris : J. Corti 1984.

https://doi.org/10.1515/9783110721157-001

mondiale, mais seulement après le succès de son roman-reportage *Le Feu* et la mode subséquente des récits de guerre qui montrent la solidarité entre les ‹ poilus ›, la valeur démocratique de l'égalité et le désir de l'accomplir par le biais de la représentation littéraire devient – à nouveau – un intérêt prédominant des intellectuels.[5]

En l'occurence, Rolland et Barbusse réussissent à imposer leur vision d'une culture qui se marie avec le goût populaire, sans pour autant prendre congé de leurs prétentions littéraires, par le biais des revues qu'ils dirigent et qui discutent l'accès du ‹ peuple › à la littérature : ainsi Barbusse entame le débat autour de l'existence d'une littérature prolétarienne en France dans sa revue hebdomadaire *Monde* ;[6] le débat continue, entre autres, dans les pages de la revue *Europe* qui a été créé par Rolland et un collectif d'auteurs proche de lui, tous issus du groupe de l'Abbaye de Créteil.[7] De cette manière, la question sociale devient une préoccupation littéraire ; elle provoque de nombreuses prises de position qui soutiennent pour la plupart la conviction que la littérature devrait représenter la réalité vécue des ‹ basses classes ›, des ‹ dominés › et des ‹ petites gens ›, indépendamment de l'orientation politique des agents en question. La littérature cherche donc à restructurer sa vision sociale du monde sans pour autant nécessairement s'associer à un programme politique. L'esthétique populiste, qui sera au centre des analyses suivantes, se situe dans la plupart des cas justement dans un sous-champ littéraire mitoyen qui n'est que faiblement politisé et qui se défend de l'association à un parti ou une opinion politique concrète.

Le contexte historique

S'il est dans le suivant question d'une esthétique populiste dans la littérature de l'entre-deux-guerres, il serait erroné d'ignorer son contexte historique qui contribue à la construction de ses circonstances épistémologiques d'existence. Aux imaginaires et aux esthétiques littéraires du ‹ peuple › correspondent d'autres

---

5 Cette urgence de la représentation par le texte littéraire était déjà présente dans la littérature française du XIXe siècle, comme le montre Pierre Rosanvallon (cf. Pierre Rosanvallon : *Le Peuple introuvable : histoire de la représentation démocratique en France*. Paris : Gallimard 1998, p. 360–372). Néanmoins, la manière dont cette représentation se réalise change, comme je le montrerai par la suite.

6 À propos du débat sur la littérature prolétarienne et la position de *Monde*, cf. notamment Jean-Pierre Morel : *Le roman insupportable. L'Internationale littéraire et la France, 1920–1932*. Paris : Gallimard 1985, p. 208–233.

7 À propos d'*Europe*, cf. Philippe Niogret : *La revue Europe et les romans de l'entre-deux-guerres : (1923–1939)*. Paris : L'Harmattan 2004.

esthétiques qui se laissent observer dans les autres expressions artistiques, notamment dans le cinéma de l'époque. Mais il correspond également à tout cet ensemble de systèmes de représentation artistique un climat social qui culmine à partir de 1936 dans la « politique culturelle »[8] du Front Populaire. La question de la promotion des basses classes et de la visibilisation de la culture populaire et ouvrière s'achemine néanmoins avant la prise du pouvoir de ce rassemblement des partis de gauche dans l'espace public[9] et informe sa vision de la société. C'est notamment la corrélation de plusieurs crises à l'échelle sociale, économique, politique et morale, qui provoque l'essor d'un discours majeur sur le besoin de remédier aux conditions de vie précaires des couches modestes de la France.

Une première cause de la naissance de ce discours sur la ‹ misère populaire › se trouve dans la restructuration de la société française, qui devient pendant l'entre-deux-guerres de plus en plus urbaine : en 1931, la population résidant dans les villes de la France dépasse pour la première fois celle de la population rurale.[10] Il en résulte une crise de logement d'envergure pour la région parisienne qui culmine dans le surgissement de lotissements insalubres dans les terrains de la banlieue parisienne et des réactions gouvernementales souvent inefficaces.[11] Cette crise des logements se manifeste dans la presse française à partir des années 1920 et trouve également son expression dans la littérature.

Par ailleurs, la France subit également une crise de modernisation qui précède à la crise économique : en effet, si la France était parmi les pays moins touchés de la crise économique mondial, cela s'explique par le retard de l'industrialisation que la France a déjà pris avant la guerre. Par conséquent, la France n'est pas particulièrement insérée dans le marché mondial à l'orée du krach boursier et voit d'abord peu de répercussions de la crise financière sur son terrain. Cependant, elle subit le changement brusque des modes de travail et la modernisation rapide des formes de vie afin de pouvoir entrer en concurrence au marché mondial.[12]

---

8 À propos du terme pendant le Front populaire, cf. Pascal Ory : *La Belle illusion: culture et politique sous le signe du Front populaire, 1935–1938*. Paris : Plon 1994, p. 19–21.

9 À propos de ce terme, cf. Jürgen Habermas : *Strukturwandel der Öffentlichkeit : Untersuchungen zu einer Kategorie der bürgerlichen Gesellschaft*. Francfort-sur-le-Main : Suhrkamp 1990 et Philippe Roussin : Démocratie de la fiction. In : *Revue critique de fixxion française contemporaine* 6 (19 octobre 2013), p. 17–25.

10 Cf. Évelyne Cohen : *Paris dans l'imaginaire national de l'entre-deux-guerres*. Paris : Publications de la Sorbonne 1999, p. 77.

11 Cf. Annie Fourcaut : *La banlieue en morceaux. La crise des lotissements défectueux en France dans l'entre-deux-guerres*. Grâne : Créaphis 2000.

12 Cf. Jean-Jacques Becker : *La France de 1914 à 1940. Les difficultés de la République*. Paris : Presses Universitaires de France 2005, p. 69–73.

Cette expérience de l'irruption de nouvelles formes du travail – le travail à la chaîne – et de son organisation – le taylorisme – s'ajoute à l'inquiétude générale face à la modernité dont les premières traces se laissent observer à partir de l'essai « La Crise de l'esprit » de Paul Valéry[13] et qui se manifeste le plus clairement dans l'esthétique de fantastique social du romancier Pierre Mac Orlan. Enfin, la crise du logement et la crise de l'industrie promeuvent également la visibilité de la classe ouvrière, qui suscite des craintes d'une révolution prolétarienne imminente, ce qui conduit à la reprise de l'ancien mythe du XIXe siècle selon lequel les « classes laborieuses » sont identiques aux « classes dangereuses »[14] – mythe notamment repris suite aux élections législatives de 1924 qui voient l'essor de la « banlieue rouge »[15] autour de Paris.

Les événements historiques provoquent ainsi la création, voire la reprise de mythes sociaux qui se répercutent dans les arts : la crise des logements culmine dans l'imaginaire du quartier ou de la banlieue misérable ; la crise économique et le questionnement de la modernité déclenchent l'imaginaire d'une société populaire dont la cohésion est fortement ébranlée ; la force du parti communiste et l'importance grandissante du secteur industriel conduisent logiquement à l'imaginaire du prolétaire révolutionnaire comme porte-parole du ‹ peuple ›. Cet imaginaire du ‹ peuple › connaît une valorisation esthétique pendant l'entre-deux-guerres qui se manifeste d'abord dans la littérature et notamment dans l'essor de la mouvance du roman populiste. C'est pourquoi il sera ici question d'une esthétique populiste afin de désigner la valorisation d'un tel imaginaire.

Le roman populiste

Prendre le roman populiste comme il est décrit chez l'angliste et écrivain Léon Lemonnier (1890–1953)[16] comme point de départ des analyses suivantes de la

---

13 Cf. Paul Valéry : *La Crise de l'esprit* [1919], repris dans *Œuvres* I, édité par Jean Hytier. Paris : Gallimard 1957, 988–1014.
14 Termes repris de Louis Chevalier : *Classes laborieuses et classes dangereuses à Paris pendant la première moitié du XIXe siècle* [1958]. Paris : Perrin 2007.
15 Paul Vaillant-Couturier parle en 1924 d'une « ceinture rouge » (Paul Vaillant-Couturier : Paris encerclé par le prolétariat révolutionnaire. In : *L'Humanité* (13 mai 1924)). A propos de la banlieue rouge, cf. Annie Fourcaut (éd.) : *Banlieue rouge, 1920–1960: années Thorez, années Gabin ; archétype du populaire, banc d'essai des modernités*. Paris : Ed. Autrement 1992.
16 Léon Lemonnier est au moment de la publication du *Manifeste* déjà établi dans le champ littéraire, il a publié son premier roman *L'entente cordiale* en 1924. Néanmoins, il est avant tout angliciste et spécialiste de Edgar Allen Poe et Oscar Wilde, cf. Véronique Trottier : Léon Lemonnier : romancier populiste ? In : *Études littéraires* 44, 2 (2013), p. 37–51, p. 37.

culture de l'entre-deux-guerres peut d'abord sembler surprenant, étant donné que cette mouvance, née en 1929, ne se manifeste plus guère au champ littéraire après 1935. Le succès du groupe de Lemonnier et de son collègue André Thérive (1891–1967), écrivain et chroniqueur au journal de centre-droite *Le Temps*, ne dure donc pas longtemps ; cependant, le terme de ‹ populisme › qui surgit pour la première fois en France dans le *Manifeste du roman populiste*[17] de Léon Lemonnier en 1929 prend une ampleur considérable, surtout dans la critique littéraire et artistique où sa signification est longuement discutée, bien avant de devenir une catégorie politique aux dimensions et significations très vagues.

Dans son manifeste, le jeune critique et romancier Lemonnier propose un renouveau du genre romanesque et de la représentation du réel. Le projet du roman populiste comprend en premier lieu la revendication d'une esthétique réaliste, voire naturaliste : Lemonnier cite comme exemples à suivre tout d'abord Maupassant et Huysmans, louant « le roman dans sa pureté »[18] du premier et le talent du second d'intégrer les « croyances obscures »[19] de ses personnages. En outre, Lemonnier souligne que l'observation de la réalité en général importe davantage pour le roman populiste que de « peindre le peuple »,[20] même si celui-ci doit demeurer le sujet principal.

« L'étiquette »[21] de populisme est d'autant plus importante parce que Lemonnier envisage le roman populiste comme une réponse à une culture d'‹ élite › qui aurait abandonné la réalité extra-textuelle et l'expression courante. Ainsi, Lemonnier critique le « snobisme » des « romans à la mode » ;[22] contrairement aux courants modernistes, qui pêchent dans les yeux du critique à cause de leur recherche du « bizarre »[23], l'auteur doit « en finir avec les personnages du beau monde » et

---

17 Le *Manifeste* est d'abord publié, dans une forme très concise, dans les pages du quotidien pacifiste de gauche *L'Œuvre*, donc dans le même journal qui publia en feuilleton également en 1916 *Le Feu* d'Henri Barbusse (Léon Lemonnier : Un manifeste littéraire : le roman populiste. In : *L'Œuvre* (27 août 1929)). Suite à la publication de l'article dans *L'Œuvre*, le manifeste connaît plusieurs remaniements et republications : la même année, aura également lieu la parution du *Manifeste* comme publication autonome (Léon Lemonnier : *Manifeste du roman populiste*. Paris : La Centaine 1929 ; republié comme *Manifeste du populisme*. Paris : J. Bernard 1930) ; une version enrichie par d'autres articles et des entretiens radiodiffusés s'ensuit et paraît sous le nom *Populisme*. Paris : La Renaissance du livre 1931.
18 Léon Lemonnier : *Manifeste du roman populiste*. Paris : J. Bernard 1930, p. 31.
19 Ibid., p. 57.
20 Ibid., p. 64.
21 C'est ainsi que Lemonnier lui-même qualifie le populisme, cf. ibid., p. 68.
22 Ibid., p. 79.
23 Ibid., p. 80.

« peindre les petites gens, les gens médiocres qui sont la masse de la société, et dont la vie, elle aussi, compte des drames. »[24] S'ajoute donc à la volonté d'un renouveau de l'écriture du réel un autre mobile du manifeste : l'enjeu de la représentation des « petites gens » inclut la revendication de l'auteur de se mettre en scène comme porte-parole d'une couche sociale largement méconnue. Le traitement romanesque que Lemonnier propose, prétend à une représentation plus ‹ vraie › par sa complexité.

Le *Manifeste* de Lemonnier rencontre directement beaucoup de résistance. L'agent qui s'oppose avec le plus de ferveur contre Lemonnier et le roman populiste est le critique littéraire et employé chez Grasset Henry Poulaille (1896–1980). Celui-ci critique le mouvement de Lemonnier parce que son populisme viserait seulement à la représentation du ‹ peuple › dans la littérature, mais non *par* des ouvriers qui prennent la plume. Selon Poulaille, les romans populistes ne traduiraient pas l'expérience authentique des ouvriers qu'uniquement une littérature prolétarienne, écrite par des ouvriers, pourrait créer.[25] Poulaille élargit donc la question de la représentation du ‹ peuple › par la question de son accès à la culture, d'autant comme public que comme auteur. A part cette question, Poulaille défend cependant au niveau esthétique le même retour à un héritage naturaliste dans la représentation littéraire.

Même la résistance contre les propos de Lemonnier montrent cependant que les intellectuels de l'entre-deux-guerres reconnaissent une certaine urgence à s'intéresser à la classe ouvrière et à la culture populaire. Il convient donc de demander comment une communauté de défavorisés est mis en scène comme une représentation identitaire dans la littérature. Au lieu de parler d'une esthétique ‹ prolétaire › qui pourrait suggérer que cette esthétique exprimerait vraiment l'identité d'une classe sociale bien définie, l'appellation ‹ esthétique populiste › signale le fait qu'il ne s'agit que d'un effet, créé par un agencement particulier de procédés artistiques. En outre, le terme ‹ populiste › est plus adéquat que ‹ (néo-)réaliste › ou ‹ (néo-)naturaliste › car la particularité de l'esthétique populiste réside justement dans le parti pris pour les défavorisés, dans « l'amour du peuple »[26] que Lemonnier exige.

La notion d'esthétique populiste ne doit pas se référer uniquement à des romans qui ont été attribué aux auteurs autour de Léon Lemonnier. Son groupe ne semble que l'incarnation d'une certaine « sensibilité populiste »[27] qui sous-tend

---

24 Ibid., p. 59sq.

25 Henry Poulaille : *Nouvel âge littéraire*. Bassac : Plein Chant 1986, p. 24–29.

26 Léon Lemonnier : *Populisme*. Paris : La Renaissance du Livre 1931, p. 189.

27 A propos du terme, cf. Federico Tarragoni : Le peuple spectateur et l'émancipation démocratique : sur la sensibilité populiste en littérature. In : *Raison publique* 19 (2014), p. 199–222.

toute la production de l'entre-deux-guerres. Pour cette raison, les analyses ne s'arrêtent pas dans le domaine de la littérature, mais investissent aussi le champ cinématographique où les réalisateurs du réalisme poétique s'installent comme les successeurs des auteurs populistes. L'esthétique populiste est donc appréhendé ici dans sa dimension transmédiale ce qui doit servir à illustrer la portée de cette esthétique.

Objectifs

L'objectif déclaré de ce livre est d'explorer l'articulation entre le sujet social et les formes de représentation réaliste de l'entre-deux-guerres et de dévoiler le lien sous-jacent entre l'expression esthétique, notamment dans la littérature et dans le film, et les discours flottants autour du sujet du ‹ peuple ›, de sa composition, sa cohésion et ses conditions de vie dans une société en voie de modernisation. Par conséquent, l'esthétique populiste accompagne jusqu'à un certain point le surgissement du Front populaire en 1936, même si Lemonnier et Thérive nient de vouloir influer dans la sphère politique. Si une grande partie de la production que l'on peut qualifier comme populiste ne connaît plus un large public, les conséquences des débats de la critique littéraire ainsi que les modèles et scripts que les romans de l'entre-deux-guerres promeuvent sont très importants afin de comprendre la conception historique de la démocratie et le rôle de l'écrivain ou l'artiste au sein de la société.

L'approche qui suit les lignes générales de la narratologie culturelle selon le modèle de Nünning[28] ainsi que de la sociologie de l'imaginaire d'après l'exemple de Pessin[29] poursuit le but de démêler les discours que le genre narratif a subi au cours de la période de l'entre-deux-guerres quand les courants cités tentent de promouvoir la mise en texte du peuple. L'analyse cherche donc à dresser le portrait de la « semiosis sociale »[30] et de ses expressions dans l'entre-deux-guerres.

Plus précisément, ce travail poursuit un objectif double : d'un côté, je cherche à définir le populisme littéraire et de dévoiler autant les stratégies employées par les auteurs afin d'introduire l'étiquette dans le champ littéraire et

---

28 Cf. Ansgar Nünning : Wie Erzählungen Kulturen erzeugen: Prämissen, Konzepte und Perspektiven für eine kulturwissenschaftliche Narratologie. In : Alexandra Strohmaier (éd.) : *Kultur – Wissen –Narration*. Bielefeld : transcript Verlag 2013, p. 15–53.
29 Alain Pessin : *Le Mythe du peuple et la société française du XIXᵉ siècle*. Paris : PUF 1992.
30 Pour le concept de la « semiosis sociale », cf. Pierre Popovic : La sociocritique. Définition, histoire, concepts, voies d'avenir. In : *Pratiques. Linguistique, littérature, didactique* 151–152 (15 décembre 2011), p. 7–38, p. 15.

de s'y positionner ainsi que les raisons pourquoi finalement, le roman populiste a échoué de s'imposer. De l'autre, je m'intéresse notamment à l'échange de motifs littéraires et de poncifs qui flottent dans la production littéraire de l'entre-deux-guerres dans le contexte de la « figuration démocratique »,[31] c'est-à-dire dans le contexte de la représentation littéraire du ‹ peuple › et des procédés d'idéalisation esthétique qui l'accompagnent. Trois questions fondamentales se posent donc au moment d'analyser cette esthétique populiste : 1. Quelle idée du ‹ peuple › la littérature autour du roman populiste véhicule-t-elle ? 2. Comment les créateurs de l'époque revendiquent-ils le droit de parler des défavorisés et des marginalisés ? 3. Quels procédés stylistiques sont nécessaires afin d'évoquer les ‹ petites gens › ? L'enjeu principal d'une analyse rigoureuse de l'esthétique populiste est donc l'exploration des liens entre la création littéraire et des questions sociales, notamment celles du développement équitable des structures urbaines et des règles de la vie en communauté qui dominent une grande partie des romans analysés. Les arts s'intègrent de cette manière dans les discours qui prédominent également la sphère publique du Front populaire et se servent d'imaginaires sociaux pré-établis afin d'aborder ces sujets ; ils sont donc envisagés comme des expressions d'un certain esprit du temps.

Le corpus

Autant dans son *Manifeste du populisme* que dans *Populisme* de 1931, Léon Lemonnier propose quelques auteurs qu'il considère comme populistes, dont notamment André Thérive, Louis Guilloux, Céline Lhotte, Louis Chaffurin, Louis-Jean Finot, Frédéric Lefèvre et Eugène Dabit. La plupart des noms cités ne sont plus connus aujourd'hui, vu que Dabit et Guilloux sont les seuls parmi ces écrivains à avoir été réédités.[32] En outre, les écrivains cités de Lemonnier comme exemple ne se considèrent pas eux-mêmes comme des auteurs populistes ce qu'illustre le cas d'Eugène Dabit qui a gagné comme premier auteur le Prix du roman populiste en 1931, prix fondée par la femme de Lettres Antonine Coullet-Tessier, alors que Dabit s'est toujours tenu à l'écart du groupe populiste.[33] En vérité, Dabit est également proche de la littérature prolétarienne d'Henry Poulaille et est l'objet de ses louanges dans

---

31 Pour ce terme, cf. Rosanvallon, *Le peuple introuvable*, p. 20.
32 François Ouellet/Véronique Trottier : Présentation. In : *Études littéraires* 44, 2 (2013), p. 7–18, p. 14. À la page suivante, les auteurs proposent une liste plus exhaustive des auteurs qui s'inscrivent dans ce groupe.
33 Marie-Anne Paveau : Le « roman populiste » : enjeux d'une étiquette littéraire. In : *Mots* 55 (1998), p. 45–59, p. 50sq.

Nouvel Âge littéraire.[34] Cette difficulté de décider sur les appartenances des romans et des auteurs – notamment au plan esthétique – à un groupe ou l'autre conduit déjà en 1938 le critique Raoul Stéphan à l'affirmation que

> les historiens de l'avenir verront dans le populisme non pas une école, encore moins une manière, la manière Thérive-Lemonnier, par exemple avec laquelle certains affectent de la confondre, mais un *état d'âme*, la tendance de toute une génération d'écrivains à se pencher passionnément sur le peuple, depuis les petits bourgeois jusqu'aux loqueteux et aux clochards en passant par les ouvriers et les paysans.[35]

C'est exactement cet « *état d'âme* » que je voudrais analyser de plus près sous la forme de l'esthétique et de l'imaginaire populistes. Afin d'y aboutir, mes recherches ne se limitent pas à l'analyse des romans programmatiques du populisme selon Lemonnier et Thérive, mais j'inclus également l'œuvre narrative d'Henry Poulaille qui s'est mis en scène comme le contre-exemple du roman populiste. À part *Le Pain quotidien* d'Henry Poulaille, je m'intéresserai dans les pages qui suivent, notamment à l'œuvre romanesque de Pierre Mac Orlan, Eugène Dabit, André Thérive et Marcel Aymé pendant l'entre-deux-guerres. En passant, d'autres représentants des courants de l'époque, tels Jean Prévost, Louis Guilloux, Léon Lemonnier ou Lucien Bourgeois, serviront comme références afin de montrer à quel point les positions esthétiques représentées par les premiers écrivains sont répandues pendant l'entre-deux-guerres. Le cinéma, quant à lui, est analysé à partir d'un choix de films du duo Marcel Carné/Jacques Prévert, mais aussi de Jean Renoir et de Julien Duvivier.

Il saute aux yeux que tous les créateurs du corpus proposé sont masculins. Cela s'explique notamment par le faible nombre d'auteures et réalisatrices pendant l'entre-deux-guerres. Leur œuvre, comme celui d'Antonine Coullet-Tessier ou de Céline Lhotte par exemple, n'est plus éditée et donc difficile à consulter. En outre, elles n'ont pas réussi à imposer leur point de vue dans le champ littéraire de leur temps ce que montre bien l'œuvre de Coullet-Tessier : elle n'est guère présente dans les discussions de la critique littéraire de son époque ; malgré son statut de mécène du prix populiste, ses romans ne sont pas aussi longuement discutés que ceux de ses compères masculins.

Pour cette raison, il ne peut pas surprendre que l'esthétique populiste de l'entre-deux-guerres se base majoritairement sur des idées reçues courantes à propos des rôles des genres, réaffirmant le patriarcat et la domination masculine

---

34 Henry Poulaille : *Nouvel âge littéraire*, p. 379–383.
35 Raoul Stéphan : Le populisme et le roman populiste. In : *La Grande Revue* (juillet 1938), p. 512–523, p. 517sq., italiques reprises de l'original.

à travers la présentation artistique de l'idéal de la masculinité alors que les personnages féminins se situent pour la plupart à l'arrière-fond.

L'état de recherche et l'approche de ce travail

Jusqu'ici, la recherche s'est notamment focalisée sur l'impact du *Manifeste* dans le champ littéraire et sur les débats que l'essor du roman populiste engendre face à d'autres groupements littéraires comme celui de la littérature prolétarienne : à titre d'exemple, Jean-Michel Péru s'est intéressé à la difficulté de la mise en place d'une littérature prolétarienne en langue française.[36] Marie-Anne Paveau, en revanche, s'est davantage focalisé sur les paradigmes du roman populiste et la place ambiguë d'Eugène Dabit dans le débat autour du groupe de Lemonnier.[37] D'autres chercheurs se sont focalisés sur le champ littéraire, ses débats et ses groupements dans le cadre du surgissement du réalisme socialiste et ne font qu'effleurer le sujet du roman populiste.[38] Quant au questionnement des composantes de l'esthétique populiste, les contributions sont moins nombreuses et se limitent pratiquement au numéro 44, 2 d'*Études littéraires*, consacré aux œuvres autour du roman populiste.[39] La situation est un peu meilleure pour la visibilité de la littérature prolétarienne qui a notamment été l'objet de plusieurs publications de Michel Ragon. Son *Histoire de la littérature prolétarienne de langue française* reste jusqu'à aujourd'hui probablement une des présentations les plus englobantes des auteurs du courant, mais l'auteur se focalise trop sur les biographies des auteurs au lieu de dégager les motifs récurrents de leurs créations ; en outre, le lien personnel que Ragon entretient avec des écrivains comme Tristan Rémy ou Henry Poulaille ainsi que le fait qu'il s'est également intégré dans le groupe du dernier rend son ouvrage historiographique parfois trop partial.[40]

---

[36] Jean-Michel Péru : Une crise du champ littéraire français. Le débat sur la littérature prolétarienne (1925–1935). In : *Actes de la recherche en sciences sociales* 89 (1991), p. 47–65 ; Jean-Michel Péru : *Des Ouvriers écrivent : le débat sur la littérature prolétarienne en France, 1925–1935.* Thèse de doctorat soutenu à l'Université Lille 3, 1989.

[37] Paveau, « Le ‹ roman populiste › : enjeux d'une étiquette littéraire ».

[38] Morel, *Le roman insupportable* ; Régine Robin (éd.) : *Masses et culture de masse dans les années trente.* Paris : Éd. ouvrières 1991.

[39] *Études littéraires* 44, 2 (été 2013) : *Populisme pas mort : autour du* Manifeste du roman populiste *(1929) de Léon Lemonnier,* dir. par François Ouellet et Véronique Trottier.

[40] À titre d'exemple, Ragon raconte sa première rencontre avec Lucien Bourgeois et ses propres impressions sans s'intéresser particulièrement à son œuvre, cf. Michel Ragon : *Histoire de la littérature prolétarienne de langue française: littérature ouvrière, littérature paysanne, littérature d'expression populaire.* Paris : Albin Michel 1986, p. 239–243.

L'*Histoire de la littérature libertaire en France* de Thierry Maricourt[41] semble, dans ce contexte, un choix plus pertinent. Néanmoins, les ouvrages des deux auteurs partagent le problème que les œuvres et leurs procédés poétologiques rentrent trop souvent dans l'arrière-plan face à la présentation des conditions biographiques préalables à l'essor du courant de la littérature prolétarienne.[42]

Très peu d'ouvrages se focalisent sur les particularités stylistiques et les motifs récurrents des œuvres. Certes, le sujet de ‹ peuple › est le centre des analyses d'un ouvrage de Nelly Wolf qui englobe également l'époque de l'entre-deux-guerres, mais dans le cadre de son analyse de toute la IIIe République, les ouvrages dans l'entourage du roman populiste sont largement exclus.[43] S'il est question de Poulaille ou de Thérive, ils figurent seulement dans l'analyse de l'enjeu du français populaire dans la littérature comme deux positions contraires face à « la littérarisation de l'oral ».[44] L'œuvre d'Eugène Dabit a été l'objet d'une monographie de Maryvonne Baurens qui la considère comme un « témoignage » et l'explore à partir du questionnement de la poétique de ce genre.[45] Pour cette raison, la comparaison entre la biographie de l'auteur et son œuvre prévaut aussi dans ce cas.

Je propose, en revanche, le relevé systématique d'une esthétique populiste, de son essor et de sa traduction dans le cinéma à la fin des années 1930. J'interroge la manière dont un renouveau de l'écriture réaliste s'opère dans le champ littéraire de l'entre-deux-guerres et dont ce retour aux techniques narratives du réalisme s'empare de sujets de l'actualité et des discours de la sphère publique comme la crise des « mal-lotis » et la dévalorisation des espaces périphériques de Paris.[46] Ces discours dévoilent également une crise de la cohésion sociale que les romans de l'époque abordent et transforment.

---

41 Thierry Maricourt : *Histoire de la littérature libertaire en France*. Paris : Albin Michel 1990.

42 C'est également le problème de la monographie de Rosemary Chapman : *Henry Poulaille and proletarian literature 1920–1939*. Amsterdam : Rodopi 1992 qui exclut largement l'analyse stylistique de l'œuvre de l'écrivain.

43 Le roman populiste y figure également notamment dans le contexte des débats qu'il engendre, cf. Nelly Wolf : *Le peuple dans le roman français de Zola à Céline*. Paris : Presses Universitaires de France 1990, p. 49–55.

44 Cf. Jérôme Meizoz : *L'Âge du roman parlant (1919–1939). Écrivains, critiques, linguistes et pédagogues en débat*. Genève : Droz 2001. L'expression de « la littérarisation de l'oral » est déjà forgée chez Andreas Blank : *Literarisierung von Mündlichkeit: Louis-Ferdinand Céline und Raymond Queneau*. Tübingen : Narr 1991 qui analyse les modèles linguistiques de *Le Chiendent* et de *Voyage au bout de la nuit*.

45 Cf. Maryvonne Baurens : *Eugène Dabit. Dimension et actualité d'un témoignage*. Rom : Università degli studi di Macerata 1986.

46 Le sujet de la politique des banlieues et le problème des « mal-lotis » est au centre de la recherche d'Annie Fourcaut. Cf. exemplairement Annie Fourcaut : Les lotissements défectueux en région parisienne : un exemple de gestion technique d'une crise urbaine. In : Yves Cohen/

Un tel point de vue présuppose que l'imaginaire social est considéré comme le rapport cardinal de la création d'un savoir collectif. Castoriadis définit « l'imaginaire social instituant » comme une « création incessante et essentiellement *indéterminée* (socialhistorique et psychique) de figures/formes/images à partir desquelles seulement il peut être question *de* quelque chose. »[47] Dans le sillage d'une telle définition de l'imaginaire social comme horizon de possibilités de la création personnelle, la sociocritique s'est servie du terme et le comprend comme « composé d'ensembles interactifs de représentations corrélées, organisées en fictions latentes, sans cesse recomposées par des propos, des textes, des chromos et des images, des discours ou des œuvres d'art. »[48] Par conséquent, l'imaginaire social décrit ici la totalité de scripts et narratifs préexistants qui déterminent la description de phénomènes sociaux et que chaque écrivain réactualise et/ou déforme par le biais de sa création.

Cette approche de la littérature de l'entre-deux-guerres semble toujours manquer. L'analyse doit continuer l'analyse du populisme littéraire et du motif de ‹ peuple › qu'Alain Pessin a proposé en 1992 : dans son ouvrage, Pessin met en place les instruments d'une « sociologie de l'imaginaire » qui doit

> montrer comment, dans un univers social et culturel donné, un corpus imaginaire s'organise, se dote d'une certaine homogénéité et se stabilise ; de comprendre comment cette stabilisation s'accomplit dans la rencontre, ou le va-et-vient, entre d'un côté l'outillage mental permanent de l'homme, et de l'autre des situations concrètes, une société dans l'histoire, des faits économiques, politiques, sociaux, des caractères psycho-sociologiques.[49]

Il s'agirait, par conséquent, de comprendre comment et dans quelle forme certains mythes s'installent au sein de la société et en influencent tous les membres ; les œuvres littéraires et artistiques montrent non seulement la répercussion de ces mythes, mais contribuent aussi à leur reformulation et leur légitimation conséquente. Pessin affirme que le ‹ peuple › devient un tel mythe à partir du XIXe siècle dans l'œuvre de Victor Hugo, Jules Michelet, Edgar Quinet ou Eugène Sue ; il analyse cette mythification du ‹ peuple › à partir d'une série de « mythèmes »[50] qui se trouvent disséminés dans les ouvrages de l'époque.

Rémi Baudouï (éds.) : *Les chantiers de la paix sociale: 1900–1940*. Fontenay-aux-Roses : ENS éditions 1995, p. 255–264, Fourcaut (éd.), *Banlieue rouge, 1920–1960*.

47 Cornelius Castoriadis : *L'Institution imaginaire de la société*. Paris : Éditions du Seuil 1975, p. 8, italiques reprises de l'original.

48 Pierre Popovic : *Imaginaire social et folie littéraire : le second Empire de Paulin Gagne*. Montréal : Presses de l'Université de Montréal 2008, p. 24.

49 Pessin, *Le Mythe du peuple et la société française du XIXe siècle*, p. 36sq.

50 Ibid., p. 53.

Le travail présent poursuit la même approche et tente également de révéler les éléments constitutifs d'un mythe du ‹ peuple › adapté à la société de l'entre-deux-guerres. Ce faisant, il sera évident que certaines composantes ne changent pas drastiquement le visage du ‹ peuple › : l'imaginaire populiste demande toujours la présence d'une esthétique qui s'inscrit dans un programme réaliste et qui s'appuie sur les valeurs de l'observation ; simultanément la vie quotidienne des classes populaires est toujours considérée comme la présence du fantastique au sein du réel.[51] Cette survie de quelques poncifs esthétiques se heurte cependant à une réalité extratextuelle changée ainsi qu'à une percée importante de la littérature militante sous le signe du réalisme socialiste. Les conséquences au niveau de l'esthétique romanesque seront l'objet d'une analyse détaillée.

Structure du livre

Ce livre se structurera en trois parties qui poursuivent des approches théoriques différentes : la première partie sera composée de trois chapitres. Elle sondera les notions utilisées pendant l'époque choisie, s'intéressera à l'essor de l'esthétique populiste dans le champ littéraire, domaine culturel où le discours sur la prépondérance de la représentation du ‹ peuple › fleurit avant de se diffuser dans d'autres domaines, et présentera le développement de l'esthétique populiste dans le contexte socio-culturel de la France de l'entre-deux-guerres. Le premier chapitre fournira une discussion détaillée des terminologies répandues pendant l'entre-deux-guerres : ‹ populisme ›, ‹ peuple ›, ‹ petites gens ›, ‹ bourgeoisie ›, ‹ misère › – autant de notions qui comportent une valeur particulière dans le contexte de l'imaginaire social dont il sera question dans ce livre. Étant donné que le terme de ‹ peuple › représente un enjeu central, autant du *Manifeste du roman populiste*, mais aussi du discours et de la réflexion sur la démocratie, sur l'accès au savoir et à la culture ainsi que sur la représentation égalitaire dans les arts, il convient de le mettre au centre de l'analyse. Comme il ne correspond à aucun système sociologique, le choix a été fait de l'utiliser toujours entre guillemets simples afin de signaler l'écart critique que je respecte face à cette terminologie ainsi que la conscience complète que le terme ‹ peuple › subit à partir des années 1930 un fort usage idéologique, d'autant chez la gauche que chez la droite.[52]

---

51 Pour un survol sur ces prérequis esthétiques du populisme au XIXe siècle, cf. Ibid., p. 26sq.
52 Pour une discussion plus détaillée des différences d'usage dans les deux langues et des connotations du terme en français et allemand, cf. Fabian Link : Peuple (Volk) et race (Rasse).

Le deuxième chapitre, à son tour, situera les débats autour du roman populiste et du populisme littéraire dans le champ littéraire de la période choisie. Cette analyse, qui se base sur les études de champ introduites par Pierre Bourdieu et qui mobilisera également les travaux de Gisèle Sapiro, servira à délimiter le corpus et déterminer les relations entre les courants opposés du roman populiste et la littérature prolétarienne, mais elle révélera aussi la proximité d'auteurs plus indépendants du groupe, de sorte que toute une nébuleuse d'écrivains intéressés à la représentation du ‹ peuple › surgira sous les yeux du lecteur.

Le troisième chapitre, quant à lui, part d'une lecture du *Manifeste du roman populiste* de Léon Lemonnier et de *Nouvel Âge littéraire* d'Henry Poulaille, afin d'élucider les raisons et les formes du renouveau du réalisme à l'époque. Il y sera notamment question de l'accentuation de l'authenticité comme valeur prépondérante de la littérature et de la manière dont les écrivains et critiques cherchent à créer un certain réalisme magique dans leurs ouvrages.

Ensuite, la deuxième partie constatera les éléments constitutifs de l'esthétique populiste à partir de trois études de cas : ainsi, l'esthétisation de la pauvreté sera analysée notamment à partir de l'œuvre de Pierre Mac Orlan, l'œuvre d'Eugène Dabit sera au centre de la discussion des représentations de la vie quotidienne dans le voisinage populaire et les mises en récit du travail et de l'ouvrier seront notamment observées dans les romans d'Henry Poulaille. Ces trois sujets – pauvreté, solidarité, travail – et leur traitement narratif seront donc l'objet de trois chapitres distincts. Les analyses montreront que tous ces sujets sont abordés d'une manière qui n'évoque que de la nostalgie pour les traditions folkloriques de la France alors qu'ils pourraient également aboutir à une véritable problématisation. La possibilité d'une littérature engagée dans le sens sartrien se trouve cependant pour la plupart bloquée par l'esthétisation de la pauvreté, par le pathos avec lequel la dissolution des liens sociaux est évoquée et par la mise en scène de la passion que les personnages ressentent pour leur métier. Dans ces chapitres, l'œuvre romanesque des auteurs mentionnés sera au centre des analyses afin de pouvoir entrer dans une analyse détaillée, mais chaque chapitre culminera sur un tour d'horizon qui ouvrira l'analyse à l'œuvre d'autres romanciers afin de souligner le caractère général des modes de représentation abordés.

Enfin, la dernière partie ne contient qu'un seul chapitre qui poursuit une approche intermédiale et s'intéressera à l'adaptation des romans et à la transformation de l'esthétique populiste dans le cinéma des années 1930. Il y sera souligné

In : Olivier Christin/Marion Deschamp (éds.) : *Dictionnaire des concepts nomades en sciences humaines* II. Paris : Métailié 2016, p. 71–85.

que la littérature a une influence prépondérante sur le cinéma de l'époque à toutes les échelles – sociologique, esthétique, mais aussi comme source de scénario.
Deux différentes approches de l'appropriation de l'esthétique populiste et de sa
transformation dans le film seront envisagées : d'une part, l'adaptation de certains romans de la nébuleuse populiste à l'exemple d'*Hôtel du Nord* (1938) et *Le
Quai des brumes* de Marcel Carné ; de l'autre, la résurgence des mêmes thématiques et des mêmes poncifs dans des films originaux comme *La Belle équipe*
(1936) de Julien Duvivier ou *Le Crime de Monsieur Lange* (1936) de Jean Renoir.
Les deux facettes du cinéma français de l'entre-deux-guerres illustrent bien le
lien entre les esthétiques littéraires et la création cinématographique et expliquent, par conséquent, la survie de l'esthétique populiste dans le film alors que
les contraintes de la politisation du champ, mais aussi la radicalisation du style
littéraire y repoussent le populisme littéraire à l'arrière-plan.

Première partie: **Théorie et champ de l'esthétique populiste**

1 Définitions et théories de l'esthétique populiste

*Je ne sais pas trop ce que signifie **populiste** (völkisch se traduit par **raciste**). Toujours est-il que le mot, réservé à un parti étranger, est comme vierge en français.*[1]

Avant d'entrer dans le vif de l'analyse de l'esthétique populiste, il convient de définir les termes, les enjeux et les participants principaux des courants littéraires qui l'engendrent. Qu'est-ce que le populisme pendant l'entre-deux-guerres et comment se manifeste-t-il dans la littérature ? Une riche littérature critique est déjà consacrée au sujet du populisme, dont je retiendrai les définitions les plus pertinentes. Mais les réponses à ces questions se trouvent surtout dans les textes fondateurs du groupe du roman populiste qui sont, pour cette raison, contrastés aux analyses sociologiques et politiques du terme.

L'arrêt sur les définitions est d'autant plus nécessaire que les animateurs du roman populiste, Léon Lemonnier et André Thérive, discutent le terme ‹ populiste › parmi d'autres pour leur mouvement (« humilisme » et « démotisme » notamment)[2] et ont du mal à le définir comme en témoigne la citation de la correspondance en exergue. Ce premier chapitre revient, par conséquent, d'un côté sur les terminologies employées et de l'autre, sur les motifs sociaux et les discours qui rencontrent une répercussion dans le roman populiste et la production littéraire qui l'entoure. De cette manière, les contenus de l'imaginaire de l'entre-deux-guerres et leur esthétisation deviendront clairs.

Dans un premier temps, je fournirai une définition du terme ‹ populisme › dans le contexte culturel tout en respectant les particularités de l'entre-deux-guerres ; ensuite, je reviendrai sur la notion ‹ peuple › qui comporte plusieurs pièges idéologiques et qui doit donc être précisée pour être utile à l'analyse ; enfin, ces réflexions me permettront de dégager les composantes esthétiques du roman populiste et de proposer une approche pour l'analyse de l'esthétique populiste de l'entre-deux-guerres.

---

[1] André Thérive : Lettre à Léon Lemonnier, 5 août 1929. Bibliothèque nationale de France, NAF14111, p. 195, soulignage repris de l'original. Cf. aussi annexe 4.

[2] Léon Lemonnier : *Populisme*. Paris : La Renaissance du Livre 1931, p. 108.

https://doi.org/10.1515/9783110721157-002

1.1 Populisme

1.1.1 Le populisme dans les sciences sociales et les Lettres

La notion de ‹ populisme › pose des problèmes, notamment pour un lecteur contemporain. Si les chercheurs en sciences politiques constatent toujours la difficulté de définir le terme,[3] le populisme est aujourd'hui considéré par la plupart d'entre eux comme un courant politique qui menace la stabilité du système démocratique.[4] Basé sur la construction de la dichotomie entre une élite dominante et une majorité opprimée, les partis politiques populistes d'aujourd'hui – qui sont souvent le point de départ des définitions – s'opposent aux institutions de l'État, considérées comme corrompues ou dysfonctionnelles, et se mettent en scène comme la véritable voix du ‹ peuple › que la politique aurait ignorée. Malgré le nombre toujours croissant de publications qui se consacrent à la définition et à la découverte du populisme, la notion demeure floue et invite à des compréhensions diverses, aboutissant, néanmoins, dans la majorité des cas à l'identification péjorative comme voisin de la démagogie.[5]

La notion ‹ populisme › ne naît cependant pas dans un contexte politique, mais littéraire et désigne d'abord un groupe intellectuel engagé en Russie du XIXe siècle. Ainsi, Marie-Anne Paveau constate dans un article sur « l'étiquette » du roman populiste que le terme populiste est employé en français afin de désigner les adhérents du socialisme russe à partir de 1907.[6] Ensuite, il s'applique surtout à des écrivains russes qui défendent les idées socialistes dans leurs textes. Après avoir été oublié pendant un certain temps, Léon Lemonnier reprend le terme dès 1929 et signale lui-même le fait qu'il aurait pris un sens « dans la politique de l'Europe centrale » qu'il rejette simultanément

---

3 Par exemple, Ernesto Laclau insiste au début de sa monographie consacrée au sujet sur l'ambiguïté et le ‹ vague › du terme et cherche à en démêler les différentes significations dans le domaine politique, cf. Ernesto Laclau : *On Populist Reason*. London/New York : Verso 2005, p. 5–16.
4 Pierre Rosanvallon : *Le Peuple introuvable : histoire de la représentation démocratique en France* (Bibliothèque des histoires). Paris : Gallimard : (Bibliothèque des histoires) 1998, p. 261.
5 Cf. à ce propos Marie-Anne Paveau : Populisme: itinéraires discursifs d'un mot voyageur. In : *Critique* 776–777, 1 (2012), p. 75–84 et Pierre-André Taguieff : Populismes et antipopulismes : le choc des argumentations. In : *Mots* 55 (juin 1998), p. 5–26, p. 6.
6 M.-A. Paveau : Le « roman populiste » : enjeux d'une étiquette littéraire », *Mots* 55, (juin 1998), p. 45–59, p. 47.

et dont la portée lui semble insignifiante.[7] Loin d'être donc réservé au domaine politique, le terme populisme trouve donc ses origines dans les sciences humaines et les Lettres.

Il faut, par conséquent, s'interroger sur le sens de populisme en dehors de la politique – et il est vrai que le terme s'utilise également dans des ouvrages sociologiques et littéraires. Les réflexions de Federico Tarragoni et Alain Pessin se sont avérés extrêmement pertinents pour mes propres analyses. Dans le contexte présent, il faut surtout insister sur le fait que le populisme est souvent décrit comme une approche particulière du savoir social, composée d'une prise de position esthétique, d'une organisation du savoir et d'un imaginaire du ‹ peuple › qui peuvent même atteindre la valeur d'une idéologie que Bourdieu a nommé le « populisme épistémologique ».[8] Autrement dit, le populisme peut être considéré comme une « pensée mythologique »[9] qui envisage le ‹ peuple › comme le centre d'intérêt et la solution de la question sociale comme le problème le plus urgent de la société moderne. Il va au-delà de la prise de position politique et doit plutôt être conçu comme un préjugé inconscient de la part des créateurs qui se base sur plusieurs idées vagues : d'abord, qu'il existe un fossé qui sépare la société en deux, en ‹ haut › et en ‹ bas ›, ‹ riches › et ‹ pauvres › ou bien ‹ snobs › et ‹ simples › et qu'il faut inverser, en second lieu, les rapports de domination, au moins au niveau symbolique, en appréciant la culture populaire comme plus riche et plus significative que celle de la prétendue élite. Suivant une telle définition, il devient évident que le groupe que Léon Lemonnier fonde en 1929 ne représente qu'une minorité d'auteurs qui s'inscrivent dans un tel « populisme savant »[10] de l'entre-deux-guerres et qu'une telle structure imaginaire de la société et la revalorisation du ‹ bas › sont des adages de la littérature depuis le romantisme.

Le populisme ne concerne même pas uniquement des écrivains ou d'autres créateurs artistiques. Claude Grignon et Jean-Claude Passeron ont également souligné le piège populiste dans les recherches en sciences sociales : à leur avis, la pensée populiste part de l'hypothèse marxiste que la société est déterminée par les rapports de domination sociale qui se reflètent également dans l'échange

---

7 Léon Lemonnier, *Manifeste du roman populiste*, Paris, Jacques Bernard 1930, p. 68sq. Dans *Populisme*, Lemonnier élabore davantage cette référence ; j'y reviendrai dans le prochain sous-chapitre.

8 Pierre Bourdieu : Autour du livre de Pierre Bourdieu *La domination masculine*. Pierre Bourdieu répond. In : *Travail, genre et sociétés* 1 (24 juin 2014), p. 230–234, p. 230.

9 Alain Pessin : *Le Mythe du peuple et la société française du XIXe siècle*. Paris : PUF 1992, p. 16.

10 Federico Tarragoni : Le peuple et son oracle. Une analyse du populisme savant à partir de Michelet. In : *Romantisme* 170, 4 (18 décembre 2015), p. 113–126, p. 113.

symbolique ; d'après la vision populiste, la domination sociale va de pair avec une domination symbolique.[11] Le populisme se présente comme une réaction à cette analogie imaginaire : il se présente comme une forme particulière du « relativisme culturel », considérée par Jean-Claude Passeron comme une « dérive » parce qu'elle provoque un « glissement de l'autonomisation méthodologique vers l'oubli de ce qu'elle opère » :[12] en relativisant la valeur de la culture dominée, les auteurs et chercheurs sont amenés à oublier les rapports de force dans laquelle la culture populaire s'engendre. Ce faisant, ils l'autonomisent et négligent ainsi le contexte de son existence ; cette autonomisation vise seulement à renverser l'ordre symbolique sans pour autant donner l'occasion d'une interrogation de l'origine d'un tel ordre symbolique.[13]

Ce relativisme culturel trouve ses origines dans la réflexion sur la position symbolique du ‹ peuple ›, notamment dans le romantisme russe et français, et induit la naissance d'un populisme savant : à partir de ce point, intellectuels, écrivains et historiens s'engagent à participer à l'instruction des basses classes et « d'aller au peuple », selon la formule célèbre des populistes russes du XIXe siècle.[14] L'intérêt humanitaire se fait également voir en dehors de la création littéraire ; en effet, le culte du génie des romantiques, la fonction sacerdotale qu'ils confient à l'écrivain provoquent son placement avantageux dans le champ politique comme médiateur et instructeur des masses.[15] A partir de ce moment, au plus tard, l'écrivain assume donc un rôle public que des intellectuels comme Hugo ou Michelet définissent comme le défenseur du ‹ peuple ›, face à une politique injuste. Les romantiques dans le sillage d'Hugo ouvrent ainsi la littérature à l'expression et à la discussion de valeurs démocratiques, proposant ainsi une sphère publique en dehors des institutions politiques de l'État.[16]

Cette ouverture de la littérature ne reste pas sans conséquences : une « sensibilité populiste » s'installe lentement dans la littérature française qui trouve

---

11 Claude Grignon/Jean-Claude Passeron : *Le savant et le populaire. Misérabilisme et populisme en sociologie et en littérature* (Hautes études). Paris : Éd. du Seuil : (Hautes études) 2015, p. 29sq.

12 Ibid., p. 87sq.

13 Laurent Jeanpierre : Les populismes du savoir. In : *Critique* 776–777 (2012), p. 150–164, p. 155.

14 Alain Pessin affirme qu'Alexandre Herzen « avait donné le mot d'ordre d'aller au peuple » dans son journal *Kolokol* (Alain Pessin : Au temps du romantisme, France et Russie au XIXe siècle. In : Olivier Ihl et al. (éds.) : *La tentation populiste au cœur de l'Europe*. Paris : La Découverte 2003, p. 245–257), alors que Louis Beroud voit notamment Piotr Lavrov comme l'origine de la formule (cf. Louis Beroud : *Aux origines de la Révolution russe*. Paris : François-Xavier de Guibert 2015, p. 160–165).

15 Benoît Denis : *Littérature et engagement. De Pascal à Sartre*. Paris : Seuil 2000, p. 179.

16 Rosanvallon : *Le peuple introuvable*, p. 279–288.

son point culminant dans l'entre-deux-guerres,[17] à la jonction d'un renouveau de l'héritage romantique avec la reprise de l'esthétique réaliste et naturaliste et avec l'importance du folklore. Selon Federico Tarragoni, l'*ethos* romantique, l'esthétique réaliste et le programme folklorique demandent des positions populistes différentes qui néanmoins confluent dans l'entre-deux-guerres et fondent ainsi une nouvelle forme de populisme qui transcende la « pensée mythologique » du XIXe siècle. Cette rencontre entre des éléments disparates est moins étonnante qu'elle ne semble : d'abord, l'esthétique réaliste se base dès son début dans les arts plastiques sur la volonté de représenter le ‹ peuple › de la manière plus crue possible afin de s'installer comme « art démocratique » représentatif de la nation et de son système gouvernemental.[18] Par ailleurs, le populisme réaliste et le populisme folklorique peuvent être considérées comme la suite logique du populisme romantique : le premier hérite du romantisme la conception du ‹ peuple › comme masse opprimée et poussée dans la marginalité ou la criminalité et la radicalise, notamment avec le naturalisme zolien, jusqu'à en faire une loi naturelle ;[19] le folklore, en revanche, naît simultanément au populisme romantique et lui fournit les documents sur la réalité du ‹ peuple › que les romantiques veulent créer comme une unité révoltée, prête à s'emparer de la nation.[20]

Dans les créations culturelles de l'entre-deux-guerres, les trois formes du populisme savant peuvent se recombiner d'une manière plus ou moins libre, l'important est de noter que l'on peut presque toujours en constater une forme d'apparition. L'imaginaire populiste partagé consiste uniquement à comprendre le ‹ peuple › comme une communauté urbaine, marginale et économiquement défavorisée, mais exemplaire au niveau moral. En outre, la « sensibilité

---

17 Federico Tarragoni : Le peuple spectateur et l'émancipation démocratique : sur la sensibilité populiste en littérature. In : *Raison publique* 19 (2014), p. 199–222, p. 200.
18 Cette volonté se fait notamment voir dans l'intervention au Congrès d'Anvers de Gustave Courbet où celui-ci définit le réalisme comme la négation de l'idéal, ce qu'il justifie ainsi : « Le réalisme est, par essence, l'art démocratique. Ainsi, par le réalisme qui attend tout de l'individu et de son effort, nous arrivons à reconnaître que le peuple doit être instruit puis qu'il doit tout tirer de lui-même ; tandis qu'avec l'idéal, c'est-à-dire avec la révélation et, comme conséquence, avec l'autorité et l'aristocratie, le peuple recevait tout d'en haut, tenait tout d'un autre que de lui-même et était fatalement voué à l'ignorance et à la résignation » (Gustave Courbet : *Peut-on enseigner l'art ?* Caen : L'Echoppe 1990, s.p., premièrement publié dans *Le Précurseur d'Anvers*, 22 août 1861). Pour une analyse de la figuration du social chez Courbet, cf. James Henry Rubin : *Realism and social vision in Courbet & Proudhon*. Princeton, N.J : Princeton University Press 1980 p. 64–75.
19 Federico Tarragoni : Le peuple spectateur et l'émancipation démocratique, p. 215.
20 Ibid., p. 211.

populiste » demande le rassemblement et la création de ce ‹ peuple › extraordinaire et simultanément quotidien à travers l'œuvre d'art.[21] Ce rassemblement ne conduit pas forcément, par contre, à la stylisation du ‹ peuple › comme force de l'histoire et à l'exigence d'une révolution sociale. Le populisme peut se traduire dans des variantes très différentes et quelquefois même opposées, comme le montre l'exemple du roman populiste.

1.1.2 Le populisme du roman populiste et de la littérature prolétarienne

Dans son *Manifeste du roman populiste*, Léon Lemonnier esquisse un projet littéraire très vague. Tout d'abord, Lemonnier explique la nécessité d'écrire un manifeste par la volonté d'effectuer un retour au réalisme littéraire face à une « littérature d'inquiétude et de débilité, un style de jeunes bourgeois ».[22] La rédaction du manifeste est motivée par l'analogie avec le naturalisme qui se serait imposé par la publication des *Soirées de Médan*. Ensuite, Lemonnier souligne qu'il ne veut pas renouveler le naturalisme zolien, mais qu'il s'inspire de Maupassant et d'Huysmans, auteurs qui se seraient tenu à la création de romans ‹ purs › sans alourdir leurs récits avec une explication scientifique.[23] Le seul objectif du roman serait de décrire la réalité méconnue de la population pour « en finir avec les personnages du beau monde ».[24] Dans ce processus, le romancier ne devrait pas ignorer les croyances et les superstitions qui influencent secrètement le ‹ peuple › qu'il doit décrire. Lemonnier continue par citer des auteurs qu'il prend pour des représentants de ce populisme littéraire et termine son *Manifeste* en justifiant le choix de l'étiquette de roman populiste. Dans ce cadre, il souligne la séparation entre la grande bourgeoisie « snob », qu'il associe avec un style « bizarre », une certaine « préciosité » et un mauvais goût, et le « peuple », qui en revanche est associé avec la vérité, la simplicité et la sincérité.[25] A part la revendication d'un réalisme renouvelé et l'opposition entre ‹ snobs › et ‹ peuple ›, le *Manifeste* ne contient pas un programme littéraire clair.

Le roman populiste ne doit même pas s'adresser au ‹ peuple › qu'il décrit ; en vérité, Lemonnier exclut d'une certaine façon le fait que l'œuvre littéraire puisse et doive sortir du champ littéraire : Lemonnier stipule que la littérature populiste n'est pas « nécessairement faite pour le peuple » et qu'il « faudrait réformer ses

---

21 Ibid., p. 201.
22 Léon Lemonnier : *Manifeste du roman populiste*. Paris : Jacques Bernard 1930, p. 16.
23 *Ibid.*, p. 31.
24 *Ibid.*, p. 59.
25 *Ibid.*, p. 79sq.

goûts, refaire son éducation, prendre cette attitude politique et sociale dont nous nous gardons comme d'une peste, parce qu'elle est nuisible à l'art ».[26] Le ‹ peuple › y sert uniquement comme imaginaire romantique de la nature et du bon sens qui manquerait à la littérature moderne. Le roman populiste représente ainsi une des formes d'un art pour l'art social,[27] c'est-à-dire que la présence de la question sociale et la représentation de sujets d'actualité s'expliquent uniquement par la volonté de se créer une place dans le champ. On peut donc constater des parallélismes entre l'approche de Lemonnier et celui du populisme politique : l'appel au ‹ peuple › s'effectue par le biais d'une bipartition entre ‹ riches › et ‹ pauvres › alors que ces derniers sont mis en scène comme les véritables moteurs de la société. Cet appel doit servir à d'autres fins que ceux de la promotion des questions sociales. La différence ne réside que dans le fait que Lemonnier est très sincère en ce qui concerne ce point.

La situation est bien différente pour la littérature prolétarienne d'après le modèle d'Henry Poulaille : sa littérature peut être considérée comme un prédécesseur de la littérature engagée de Sartre en ce sens que Poulaille n'envisage pas non plus la littérature comme auto-suffisante. Il signale que « la littérature n'est pas un jeu »[28] et que la littérature prolétarienne doit servir comme outil pour rendre consciente la situation actuelle des ouvriers, afin d'« éveiller les énergies »,[29] c'est-à-dire les rassembler et, finalement, les accompagner jusqu'à la révolution.[30]

Ces différences manifestent une différence de l'*ethos* littéraire entre Lemonnier et Poulaille, mais le programme esthétique reste le même. En effet, Poulaille se distingue davantage de la ligne esthétique du réalisme socialiste et prend également ses distances à l'égard du parti communiste qu'il définit comme « militante » et dans laquelle « on risquera de rencontrer des partis-pris, voire une certaine étroitesse d'idées ».[31] Le réalisme socialiste, en revanche, envisage la narration du ‹ peuple › comme une nouvelle forme de l'épopée qui doit également retracer la prise de pouvoir des prolétaires et promouvoir

---

26 Lemonnier, *Populisme*, p. 181, italiques reprises de l'original.
27 « Il faut défendre le roman contre tous ceux qui le déforment. Au milieu du siècle dernier, les artistes protestaient déjà contre ceux qui avaient mis une cocarde à leur lyre, contre ceux qui voulaient utiliser la littérature à des fins morales ou sociales. Le cri de guerre, c'était alors : l'art pour l'art. A notre tour, maintenant, de reprendre et de lancer l'appel : le roman pour le roman ! » (Lemonnier, *Manifeste du roman populiste*, p. 39)
28 Henry Poulaille : *Nouvel âge littéraire*. Bassac : Plein Chant 1986, p. 46.
29 Ibid., p. 104.
30 Ibid., p. 154.
31 Ibid., p. 155.

l'ascension du parti communiste.[32] Il donne ainsi le cadre à des narrations de l'ascension sociale et de la prise de conscience de la condition ouvrière ; le roman doit servir d'outil à la propagation des idéaux de parti, notamment pour la mise en scène des collectivités révolutionnaires.[33] De l'autre côté politique, les auteurs de l'Action française considèrent le ‹ peuple › comme un foyer de l'ordre, de la raison et de la tradition nationale et envisagent, en dehors de l'effet littéraire, le raffermissement des valeurs nationales et inscrivent la littérature dans le combat pour les idéologies nationalistes et monarchistes.[34]

Ces positions ne sont que quelques repères de l'espace des possibles populiste dans l'entre-deux-guerres. Même si les différences peuvent sembler considérables, elles partagent le même imaginaire populiste que la suite de ce travail élucidera davantage : tous les positionnements de l'entre-deux-guerres face au ‹ peuple › concordent dans la vision du ‹ peuple › comme communauté injustement dénigrée et ignorée qui doit être représentée dans l'art, le cinéma ou la littérature. Dans la tentative de revalorisation du ‹ peuple ›, les créateurs se heurtent toujours au même problème, à savoir d'aller trop loin dans leur relativisme culturel et de construire une société polaire, dont le ‹ bas › est le représentant du ‹ bien › absolu. Du reste, ils partagent l'idéal d'une esthétique réaliste qu'ils cherchent à réactualiser afin de dépasser les anciens maîtres, notamment Zola et son esthétique scientiste. Les romans de la période de l'entre-deux-guerres qui se consacrent à la description du ‹ peuple › sont en outre situées dans l'actualité ou dans l'avant-guerre et doivent ainsi contribuer à la découverte du quotidien et de ses transformations face à la modernité.

Pour conclure, le roman populiste doit être considéré comme le symptôme d'une situation littéraire et esthétique plus large : en effet, la plus grande partie de la littérature de l'époque – et aussi des arts photographiques et cinématographiques – poursuivent l'idéal d'une représentation de la vie en société dans les villes, surtout dans les couches les moins favorisées de la société. Les questions sociales d'alors, c'est-à-dire la situation des artisans et des ouvriers, les conditions

---

32 L'exemple d'une telle héroïsation se trouve surtout dans l'œuvre de Vsevolod Vishnevskii (cf. Régine Robin : *Le réalisme socialiste: une esthétique impossible*. Paris : Payot 1986, p. 260–264). L'adhérence au programme esthétique du parti dépend chez les auteurs français cependant de leur position dans la hiérarchie politique (cf. Bernard Pudal : Récits édifiants du mythe prolétarien et réalisme socialiste en France (1934–1937). In : *Sociétés & Représentations* 15 (2013), p. 77–96, p. 95sq.)

33 Aurore Peyroles : *Roman et engagement : le laboratoire des années 1930* (Perspectives comparatistes ; Série Modernités et avant-gardes 37. 4). Paris : Classiques Garnier : (Perspectives comparatistes ; Série Modernités et avant-gardes 37. 4) 2015, p. 26–28.

34 Paul Renard : *L'Action française et la vie littéraire (1931–1944)*. Villeneuve-d'Ascq : Presses universitaires du septentrion : (Perspectives) 2003, p. 114.

de vie autour des ‹ fortifs › et en banlieue, le travail et la représentation d'une certaine culture populaire, proche du folklorisme, sont des constantes qui caractérisent cette période. Elles constituent les fondements imaginaires de la signification du réalisme et de la représentation du réel que les créateurs de l'époque poursuivent. Il faut donc s'intéresser également à la définition du réel que la critique et les créateurs fournissent afin de bien comprendre l'esthétique du populisme ; mais d'abord, il faut appréhender le terme de ‹ peuple › dans le contexte de cette littérature ce qui éclairera aussi davantage la notion de populisme.

1.2 Le peuple

Les réflexions qui suivront sont d'autant plus utiles dans ce contexte compte tenu du fait que la recherche littéraire a souvent négligé de préciser le terme de ‹ peuple › avant de l'employer, comme c'est le cas, par exemple, dans l'ouvrage de Nelly Wolf.[35] Étant donné que le terme de ‹ peuple › représente un enjeu central, non seulement d'un texte paradigmatique comme le *Manifeste du roman populiste*, mais de façon plus générale aussi du discours et de la réflexion politiques sur la démocratie, sur l'accès au savoir et à la culture ainsi que sur la représentation égalitaire dans les arts, il convient de l'interroger et de le mettre au centre de l'analyse. Comme il ne correspond à aucune terminologie sociologique moderne, j'ai décidé de l'utiliser toujours entre guillemets simples : par ce moyen, je signale l'écart critique face à cette notion, ainsi que la conscience du fort usage idéologique du terme ‹ peuple › à partir des années 1930, autant au sein de la gauche que de la droite.[36] Le terme de ‹ peuple › soulève encore

---

35 Dans *Le peuple dans le roman français de Zola à Céline*, Nelly Wolf omet de définir ce qu'elle comprend sous les catégories de ‹ peuple ›, ‹ classe populaire › et ‹ parler populaire › ce qui conduit à une imprécision considérable, notamment quand l'auteure affirme que dans l'entre-deux-guerres « [l]a discussion autour de la question du peuple bat alors son plein » (Nelly Wolf : *Le peuple dans le roman français de Zola à Céline*. Paris : Presses Universitaires de France 1990, p. 16). Si cette constatation est correcte et fait office de base du livre présent, il manque l'analyse des valeurs qui sont attribuées à ce ‹ peuple › de l'entre-deux-guerres ainsi que de la composition de ce qui est compris comme ‹ peuple › chez les différents auteurs.
36 Cependant, le cas est moins problématique en français que pour sa traduction allemande, le *Volk* dont la connotation national-socialiste est toujours très présente, à plus forte raison dans les mots composés (par exemple *Volksgeist*).Pour une discussion plus détaillée des différences d'usage dans les deux langues et des connotations du terme en français et allemand, cf. Fabian Link : Peuple (Volk) et race (Rasse). In : Olivier Christin/Marion Deschamp (éds.) : *Dictionnaire des concepts nomades en sciences humaines* II. Paris : Métailié 2016, p. 71–85.

un autre problème majeur. Dans le discours intellectuel, il demeure souvent imprécis et est envisagé comme une entité transhistorique alors que la composition des populations diverge fortement selon les régions du monde, l'époque historique et du régime qui le dirige.

Néanmoins, la définition de la notion de ‹ peuple › a été l'objet de nombreuses études qui présentent le développement du terme et ses emplois divers au fil des siècles ; malgré la complexité et les changements de signification que le terme subit, le terme et son champ lexical sont éclairés par une littérature secondaire assez riche dont il faut rendre compte.

On peut distinguer, dans cette littérature secondaire, entre plusieurs types d'ouvrages. Dans les cas où les recherches poursuivent le but d'une histoire des idées et des termes, les chercheurs juxtaposent souvent cette notion à des terminologies historiques d'autres langues, commençant par le vocabulaire grec de *dèmos*, continuant avec une comparaison avec les terminologies latines du *populus* et du *plebs* et terminant souvent avec une confrontation avec le terme allemand de *Volk* qui a pris une charge idéologique considérable, notamment pendant le Troisième Reich.[37] Dans un article récent, Fabian Link propose l'analyse des termes ‹ peuple › et ‹ race › dans le champ sociologique et historique en France et en Allemagne et montre, ce faisant, que les terminologies servirent notamment en Allemagne à la création du mythe de l'unité nationale, supérieure aux autres alors qu'en France, les champs intellectuels voyaient dans le terme de ‹ peuple › la tradition des classes opprimées et révoltées de la Révolution de 1789.[38]

La plupart des recherches actuelles en langue française poursuivent pour leur part une approche philosophique et cherchent dans la plupart des cas à fournir une définition transhistorique. Le recueil de La Fabrique de plusieurs articles de base, notamment de philosophes poststructuralistes comme Judith Butler ou Alain Badiou, mais aussi de sociologues comme Pierre Bourdieu, sous le nom de *Qu'est-ce qu'un peuple ?*,[39] publié en 2013, témoigne de cette tendance transhistorique d'affronter ce terme – ainsi que de l'intérêt renaissant pour la communauté sociale suite aux développements politiques actuels

---

37 C'est le cas dans les entrées lexicographiques de Reinhart Koselleck : Volk, Nation, Nationalismus, Masse, *Geschichtliche Grundbegriffe. Historisches Lexikon zur politisch-sozialen Sprache in Deutschland* V, notamment p. 151–171; de Marc Crépon/Barbara Cassin/Claudia Moatti : Peuple, race, nation, *Vocabulaire européen des philosophies. Dictionnaire des intraduisibles* ; l'analyse des termes de *dèmos* et de *populus* se trouve également dans Michel Grodent : De dèmos à populus. In : *Hermès, La Revue* 42, 2 (1 août 2005), p. 17–22.
38 Fabian Link : Peuple (Volk) et race (Rasse).
39 Alain Badiou et al. (éds.) : *Qu'est-ce qu'un peuple?* Paris : La Fabrique éditions 2013.

auxquels la préface fait allusion.[40] Dans les essais du volume, mais aussi dans
d'autres articles de portée plutôt philosophique, les différents auteurs cherchent à dégager une signification éternelle de la notion, soit à partir d'une
lecture et comparaison de nombreux textes de la philosophie politique, depuis le XVIIe siècle jusqu'à aujourd'hui,[41] soit en commentant des événements
historiques et actuels.[42] Le numéro 40 de la revue *Tumultes*, dirigé par Thomas Berns et Louis Carré, arrive, pour sa part, à six axes différents sous lesquelles
le terme de ‹ peuple › peut être envisagé : ils distinguent le « peuple souverain », la
« populace » (notamment suivant la conception de Hegel), la « plèbe », la « nation »,
la « classe » sociale, et la « population », terme qui renvoie notamment à la statis-
tique et l'économie politique.[43]

Dans le contexte du présent travail, cette approche philosophique ne semble
pas particulièrement éclairante : mon objectif, en effet, n'est de jauger le ‹ peuple ›
ni comme la catégorie d'une pensée immuable au fil des époques, ni comme une
notion sociologique, mais comme une expression qui comprend un certain imaginaire social construit à partir de certains mythes répandus. La recherche actuelle
qui s'interroge sur la terminologie du populisme et du ‹ peuple › n'analyse pas suffisamment le vocabulaire dans son contexte historique. Souvent, les essais consacrés au sujet affrontent les termes au niveau philosophique et ne précisent pas les

---

40 Les auteurs de la préface constatent ainsi : « Le projet de ce livre est né d'une inquiétude,
celle de voir le mot peuple rejoindre sans espoir de retour le groupe des mots tels que république ou laïcité, dont le sens a évolué pour servir au maintien de l'ordre. » Suite à cette rapide
dénonciation de l'‹ abus › du vocable, la préface prend une allure militante en soulignant que
« les textes ici réunis ont en commun de montrer ce que *peuple* garde de solidement ancré du
côté de l'émancipation » (ibid., p. 7, italiques reprises de l'original).
41 Une telle approche se trouve, à titre d'exemple dans l'introduction de la traduction anglaise du volume mentionné, dans Bruno Bosteels : Introduction: This people which is not
one. In : Alain Badiou et al. (éds.) : *What is a people?*, traduit par Jody Gladding. New York :
Columbia University Press 2016, p. 1–20 où l'auteur explore la terminologie à partir de
Rousseau jusqu'à Heidegger, ou au début de l'article de Thomas Berns et Louis Carré (Thomas Berns/Louis Carré : Présentation. Le nom de peuple, les noms des peuples. In : *Tumultes* 40 (11 juin 2013), p. 13–24), où les auteurs partent du *De Cive* de Hobbes afin d'explorer
la notion.
42 C'est par exemple le cas pour l'article d'Alain Badiou qui prend comme un point de départ
de ses réflexions la guerre en Vietnam (Alain Badiou : Vingt-quatre notes sur les usages du mot
« peuple ». In : Alain Badiou et al. (éds.) : *Qu'est-ce qu'un peuple ?* Paris : La Fabrique éditions
2013, p. 9–22) ou dans celui de Judith Butler qui commente notamment les événements du printemps arabe (Judith Butler : 'Nous, le peuple' : réflexions sur la liberté de réunion. In : Alain
Badiou et al. (éds.) : *Qu'est-ce qu'un peuple ?* Paris : La Fabrique éditions 2013, p. 53–76).
43 Thomas Berns/Louis Carré : Présentation. Le nom de peuple, les noms des peuples, p. 22–24.

différences épistémologiques du terme.[44] Ainsi, grand nombre de chercheurs emploient la notion de ‹ peuple › d'une manière imprudente, ne rendant pas compte de sa charge idéologique variable.

Malgré les scrupules nécessaires, il serait pourtant également erroné d'écarter *a priori* le terme : s'il n'a guère de valeur descriptive à l'échelle sociologique, il résume très bien l'imaginaire social de l'entre-deux-guerres. Pour cette raison, il importe de s'intéresser davantage aux connotations et aux emplois du terme à cette époque, comme Jörn Retterath qui a examiné les concepts communautaires, comme celui de ‹ *Volk* › au début de la République de Weimar.[45] Les considérations suivantes se limiteront donc aux concepts répandus pendant l'entre-deux-guerres en France et révéleront uniquement leur héritage et leur influence, plutôt que de prétendre à une présentation complète de la notion de ‹ peuple ›.

1.2.1 Enjeux d'un concept-piège : ‹ peuple › de gauche, ‹ peuple › de droite

Même en évitant le premier écueil de la généralisation du terme, le concept de ‹ peuple › demeure difficile à saisir. Cela est dû au fait que le terme représente, surtout pendant l'entre-deux-guerres, une notion dont les intellectuels de gauche et de droite usent et abusent au plan idéologique.[46] Il s'agit d'une notion qui est employée comme base de réflexion, autant par les rhétoriques totalitaires du fascisme que du communisme. Deux concepts du ‹ peuple › prédominent et déterminent ainsi l'horizon épistémologique de la période : d'une part, le ‹ peuple › est compris comme ethnie et nation à la fois, d'autre part, le ‹ peuple ›

---

44 C'est le cas de la plupart des essais publiés dans *Qu'est-ce qu'un peuple ?* – par exemple dans l'article d'Alain Badiou – qui veulent fournir une définition générale du terme, ce qui implique une certaine ignorance des développements de ses connotations qui peuvent varier selon les époques, mais aussi selon les pays et les langues.

45 Jörn Retterath : « *Was ist das Volk?* », *Volks- und Gemeinschaftskonzepte der politischen Mitte in Deutschland 1917–1924*. Berlin, Boston : De Gruyter Oldenbourg 2016. Ce qui change cependant face à l'ouvrage de Weimar, est d'abord l'objet examiné : Retterath s'intéresse aux publications de presse et leurs diffusions, questions qui ne sont qu'effleurés dans le contexte présent. Ensuite, les recherches de Retterath se limitent à un cadre temporel et national différent, considérant seulement des textes allemands entre 1917 et 1924 tandis qu'ici, les textes considérés sont publiés après 1925.

46 Je comprends le terme d'idéologie selon Paul Aron comme l'ensemble « des représentations et des idées d'un groupe social » (cf. Paul Aron : L'idéologie. In : *COnTEXTES. Revue de sociologie de la littérature* 2 (16 février 2007), en ligne). Les idéologies dont il est question ici sont donc les conceptions de la société et de sa composition qui sont à l'origine de l'action politique des partis fasciste et communistes.

est la masse et la classe opprimée. La première compréhension fait notamment florès dans le sillage du fascisme et de l'extrême droite, tandis que la deuxième se manifeste notamment dans le contexte de la gauche, du socialisme et du communisme.

Dans les milieux de la droite française, le terme se rapproche des conceptions courantes en Allemagne à la même époque. Quoique le terme français de ‹ peuple › ne prenne pas exactement la même charge que la notion de ‹ *Volk* › ou pire encore de ‹ *Volkskörper* › en allemand, une façon de comprendre le terme est également l'identification de ‹ peuple › avec la notion d'‹ ethnie ›, identification centrale qui se laisse repérer à l'extrême droite. La conception fasciste du ‹ peuple › explique celui-ci comme une communauté de ‹ race ›, radicalisant ainsi le principe de la *ius sanguinis* comme critère principal de l'union de la population nationale. Comme le montre Fabian Link, l'imaginaire qui se lie à la notion de ‹ peuple › en Allemagne à l'époque de la République de Weimar s'appuie sur l'idée d'une telle « substantialisation biologique » ; ainsi, ‹ peuple › devient synonyme de ‹ race › alors qu'en France, les historiens comme Jullian ou Renan soulignent dès le XIXe siècle le mélange ethnique comme fondation de la nation française.[47]

Si les partis fascistes soulignent la prétendue supériorité et la pureté de la ‹ race ›, l'imaginaire de la suprématie raciale trouve aussi ses adeptes en France à partir du XIXe siècle ; à titre d'exemple, Arthur de Gobineau considère la pureté raciale comme la condition préalable de l'ordre social.[48] Par la suite et aussi par l'influence de Charles Maurras, l'entourage des intellectuels réactionnaires utilise la notion comme synonyme de la supériorité de la nation française qui pourrait retracer ses origines jusqu'à l'empire romain. Une telle conception persiste au XIXe siècle en France dans les cercles de l'extrême droite, mais elle n'est cependant jamais aussi répandue qu'en Allemagne où tout le champ lexical autour de ‹ *Volk* › et ‹ *Volksgemeinschaft* › (communauté populaire) adopte la charge d'un imaginaire ethnique et raciste. Le ‹ peuple › y devient par l'influence des mouvements national-socialiste et *völkisch* une catégorie raciale et morale qui exclut davantage qu'elle ne crée une communauté. Le mouvement *völkisch* charge cependant le concept du ‹ peuple › d'une mythologie folklorique qui explique la supériorité du ‹ peuple › allemand par ses origines germaniques, voire aryennes.[49]

En France, la définition fasciste du ‹ peuple › ne s'impose pas, en revanche ; l'influence de l'idéologie communiste est plus forte. En effet le communisme

---

47 Fabian Link : Peuple (Volk) et race (Rasse), p. 76.
48 Cf. ibid., p. 76.
49 Ibid., p. 72.

international utilise aussi le terme de ‹ peuple ›.[50] Cependant, sa compréhension du terme est complètement différente : les groupements de gauche et le communisme comprennent le ‹ peuple › comme la classe du prolétariat qui doit être libérée et amenée au pouvoir. A part cela, les deux courants totalitaires emploient cette notion pour désigner la société de masse.[51] La politique envisage donc, indépendamment de l'orientation du parti, le ‹ peuple › comme une multitude à mobiliser, une masse qui doit être amenée à la révolution par le pouvoir. Seul l'objectif de cette révolution diffère entre fascisme et communisme : alors que le premier cherche à construire une unité nationale basée sur l'ethnie et une morale partagée, le communisme considère l'appartenance à une certaine classe comme le véritable lien qui garantit l'unité.[52]

Dans l'entourage de la gauche, le champ lexical de ‹ peuple › est utilisé pour désigner les classes travailleuses, les ouvriers et, à la rigueur, les petits employés. La France des années 1930 a été notamment influencée par l'imaginaire du ‹ peuple › et d'une culture populaire unitaire qui prend ses racines dans les pays soviétiques ; cette influence ne se reflète pas uniquement dans la politique culturelle du Front populaire, mais aussi plus tôt, dans l'importance accordée aux sujets sociaux dans la culture à partir de la fin de la Première Guerre mondiale.[53] Le contraste avec la définition ethnique du ‹ peuple › de la droite est flagrant : le ‹ peuple › de la gauche politique désigne bien au contraire les classes opprimées par la politique et par la suprématie de la bourgeoisie. Dans ce cadre, l'imaginaire du ‹ peuple › de gauche s'inspire aussi du ‹ peuple › de la Révolution de 1789 : il est envisagé comme une masse anti-élitaire qui prend conscience de son propre pouvoir et qui se révolte contre les

---

50 En Allemagne il persiste même pendant la prise du pouvoir nazi des groupements résistants qui utilisent le même vocabulaire de *Volksgemeinschaft*, cf. Jörn Retterath : *Was ist das Volk ?*, 323sq.

51 Pour le cas allemand et le terme *Volk*, cf. Reinhart Koselleck : Volk, Nation, Nationalismus, Masse. In: Otto Brunner/Werner Conze/Reinhart Koselleck (éds.) : *Geschichtliche Grundbegriffe. Historisches Lexikon zur politisch-sozialen Sprache in Deutschland*. Vol. 5. Stuttgart : Klett Cotta, 1990, p. 141–431, p. 390. Il est étonnant que la recherche française n'ait pas encore assez insisté sur les implications idéologiques de la notion même si elle a été l'objet d'analyses historiques comme, à titre d'exemple, dans les articles de Pascal Durand (éd.) : *Peuple, populaire, populisme*. Paris : CNRS Éditions 2005 ou dans Thomas Berns/Louis Carré: Présentation. Le nom de peuple, les noms des peuples.

52 Gérard Bras : Le peuple entre raison et affects. À propos d'un concept de la politique moderne. In : *Actuel Marx* 54 (29 janvier 2014), p. 24–38, p. 30.

53 Pascal Ory : *La Belle illusion : culture et politique sous le signe du Front populaire, 1935–1938*. Paris : Plon 1994, p. 59–61.

hiérarchies imposées par l'aristocratie.[54] Le ‹ peuple › de la gauche représente donc une unité en transition : il est depuis 1789 la masse qui se libère et qui s'instruit afin de monter à la place du souverain de l'État, représentant la force active qui organise et anime la vie politique de l'État.

Le terme de ‹ peuple › inclut ainsi l'imaginaire de l'oppression dès le moment où il prend une position prépondérante dans le discours politique en France. Pour cette raison, il facilite « plusieurs figures » pour se présenter : soit il se montre sous son apparence populaire, reprise par le communisme, qui souligne la fraternité des classes opprimées, soit il souligne davantage l'héritage national et le partage d'une culture à partir du partage de la même ethnie.[55] La gauche politique opte généralement pour la première variante, variante qui caractérise également l'imaginaire prédominant de l'entre-deux-guerres en France.[56] Cet imaginaire du ‹ peuple › comporte l'idée du progrès par la démocratie et une insistance particulière sur les valeurs républicaines de la liberté et de la responsabilité.

Si l'on considère la littérature de l'entre-deux-guerres et à plus forte raison le *Manifeste* de Lemonnier, on peut retrouver à la fois l'indécision entre une identification du ‹ peuple › avec la nation et avec les couches démunies de la société qui caractérise le discours républicain français depuis 1789.[57] Pendant l'entre-deux-guerres, le ‹ peuple › de la littérature et du cinéma se présente presque exclusivement comme une classe inférieure ; cela dit, cette classe ne se réduit pas uniquement aux ouvriers et ne correspond guère à l'imaginaire communiste du ‹ peuple ›. Des observations similaires sont possibles pour le champ universitaire et intellectuel : à titre d'exemple, les auteurs des *Annales*, notamment Lucien Febvre et Marc Bloch, étudient le ‹ peuple › à partir des pratiques et des coutumes des paysans et comprennent ainsi le terme comme un synonyme de la population paysanne.[58] Les auteurs des *Annales* ne fournissent cependant pas, dans ce processus, de nouvelle définition exacte de la notion, ils ne s'appuient même pas sur l'influence de la gauche française, mais leur notion du ‹ peuple › comme entité défavorisée rurale suit la tradition du XIXᵉ siè-

---

54 Reinhart Koselleck : Volk, Nation, Nationalismus, Masse, p. 324.

55 Gérard Bras : Le peuple entre raison et affects, p. 30.

56 Au plus tard, cette variante trouve son institutionalisation au moment de la formation du Front populaire en 1934 et la politique culturelle qu'il promeut. Pascal Ory signale déjà que la politique culturelle de l'époque s'est laissé inspirer par la politique soviétique et se réapproprie l'idée de la révolution culturelle (Pascal Ory : *La Belle illusion*, p. 57).

57 Pascal Durand/Marc Lits : Introduction. Peuple, populaire, populisme. In : *Hermès, La Revue* 42 (2005), p. 11–15, p. 12.

58 Fabian Link : Peuple (Volk) et race (Rasse), p. 80.

cle et notamment le travail de l'historien Jules Michelet qui est un des modèles de Lucien Febvre.

Autrement dit, l'imaginaire social du ‹ peuple › de l'entre-deux-guerres se rapproche de la conception communiste, sans pour autant souscrire à sa répartition des classes ou à son programme politique. Il ne partage avec lui que l'héritage républicain. Les notions de ‹ peuple › ou de ‹ petites gens › demeurent très floues et servent à désigner des entités très variables.[59] Ils ne reflètent que l'ambiguïté du terme qui a été soulevé par Pierre Bourdieu dans son article « Vous avez dit ‹ populaire › ? » : selon le sociologue, le champ lexical du ‹ populaire › et du ‹ peuple › est toujours accompagné d'une indécision entre la conception du ‹ populaire › comme relevant d'une échelle ‹ inférieure › de la hiérarchie sociale, exclu de la culture ‹ officielle ›, et celle d'une notion ‹ élastique › qui peut être restreinte ou élargie au besoin du contexte rhétorique ou politique.[60] Le ‹ peuple › devient sous cet angle de vue un mythe de la classe qui représente l'unité nationale,[61] mais demeure inférieure, antagoniste de l'élite, se distinguant de celle-ci notamment par l'usage de l'argot, marqueur de sa ‹ dureté › compensatrice du manque de capital économique et culturel.[62]

Or, dans l'entre-deux-guerres, on retrouve la même indécision que Bourdieu remarque pour l'usage du terme dans les sciences sociales de son temps. Elle se retrouve dans le choix de la notion de populisme sous laquelle Lemonnier tente de regrouper son nouveau mouvement littéraire. Dans *Populisme*, il cherche à limiter la portée et la signification du terme dans un chapitre consacré à la question de la terminologie :

> On nous a demandé pourquoi nous avions pris un mot qui a déjà un sens dans la politique de l'Europe centrale. Et comme nous interrogions pour connaître ce sens, personne n'a pu nous répondre très exactement. Nous sommes donc tranquilles de ce côté : le mot aura, en français, la signification que nous voudrons lui donner.
>
> On nous a dit encore que, de toute manière, il semblerait garder une valeur politique, et que nous aurions l'air, pour le moins, de bolchévistes. Mais nous sommes – pour notre plus grand malheur – de purs gens de lettres et notre activité ne s'est jamais manifestée en dehors du domaine artistique.[63]

---

59 Tout en cherchant à catégoriser les usages du terme, Thomas Berns et Louis Carré soulignent que les « noms du peuple » sont « d'une intensité éminemment variable » (Thomas Berns/Louis Carré : Présentation. Le nom de peuple, les noms des peuples, p. 20sq).

60 Pierre Bourdieu : Vous avez dit « populaire » ? In : *Actes de la recherche en sciences sociales* 46, 1 (1983), p. 98–105, p. 98–99.

61 Ibid., p. 99.

62 Ibid., p. 102.

63 Léon Lemonnier, *Populisme*, p. 169sq.

Comme déjà remarqué, Lemonnier fait référence aux mouvements communistes en Europe centrale pour définir le terme ‹ populisme ›.[64] Cela correspond aux racines du mot ‹ populiste › en français qui arrive en 1907 dans la langue française pour désigner les adhérents d'un parti de ligne socialiste en Russie ou d'inspiration russe ; ‹ populisme › est ainsi la traduction du terme russe *narodnichestvo* qui se base à la fois sur le mot russe pour ‹ peuple › (*narod*) et sur *narodnost* qui décrit tout ce qui est à la fois national et populaire.[65] Bien que Lemonnier n'entre pas dans les détails du choix du mot ‹ populisme › pour son mouvement littéraire, on peut reconstruire une certaine forme d'inspiration littéraire entre le critique français et les littéraires *narodniki* russes du dernier tiers du XIXe siècle qui cherchaient à instruire la population paysanne afin de l'aider à se libérer de la monarchie : les deux mouvements montrent l'empathie avec les ‹ simples › ou les ‹ petites gens ›, mais les *narodniki* allaient plus loin en aspirant à des réformes et à des programmes d'instruction du ‹ peuple ›.[66] Si ces aspirations politiques sont réfutées par Lemonnier,[67] la base esthétique du populisme russe qui inclut l'interrogation sur la composition du peuple « dans le soulèvement de Pougatchev, dans le comportement du soldat de Sébastopol, dans la richesse de cœur des petites gens de la grande ville, dans des essais presque ethnographiques »[68] correspond assez précisément au projet du roman populiste tel qu'il se présente chez le critique – faisant abstraction des situations historiques différentes.

Mais ce ne sont pas uniquement les influences de la littérature russe qui se répercutent dans l'imaginaire du ‹ populisme › littéraire de l'entre-deux-guerres : Lemonnier et Thérive reprennent en gros leur conception du ‹ peuple › et leur

---

64 Lemonnier semble ignorer l'usage du terme dans le contexte du *Populist Party* ou *People's Party* aux États-Unis entre 1881 et 1908, même s'il serait possible d'observer des accords entre l'esthétique du critique littéraire et de son courant d'un côté et le programme du parti politique historique de l'autre, notamment à propos de leur positionnement critique envers la modernité et le progrès industriel (cf. à propos du parti politique Charles Postel : *The populist vision*. Oxford/New York : Oxford University Press 2007, surtout p. 137–171).

65 Marie-Anne Paveau : Le « roman populiste » : enjeux d'une étiquette littéraire. In : *Mots* 55 (1998), p. 45–59, p. 47.

66 À ce propos, cf. Jean Pérus : *À la recherche d'une esthétique socialiste: réflexion sur les commencements de la littérature soviétique, 1917–1934*. Paris : Éd. du Centre national de la recherche scientifique 1986, p. 13.

67 Plus loin dans *Populisme*, Lemonnier souligne qu'il « faudrait réformer ses goûts [i.e. du peuple], refaire son éducation, prendre cette attitude politique et sociale dont nous nous gardons comme d'une peste » afin d'inviter le ‹ peuple › à lire les romans populistes (Lemonnier : *Populisme*, p. 181).

68 Jean Pérus : *À la recherche d'une esthétique socialiste*, p. 12.

compréhension du populisme littéraire de la littérature française du XIXe siècle. Maupassant, Huysmans ou Sue sont, en effet, fréquemment cités dans les textes fondateurs des populistes des années 1930.[69]

En choisissant ce terme, Lemonnier et Thérive importent donc une certaine terminologie politique et semblent d'abord s'inscrire dans le sillage de la littérature militante de gauche. Mais Lemonnier en change néanmoins la portée et le signale aussi : il interdit toute mise en relation de sa littérature avec la politique et limite le populisme à l'expression littéraire. Plus tard dans *Populisme*, il donne deux définitions de son roman populiste : au sens large, il s'agit d'un roman « qui continue la tradition réaliste »[70] et qui s'oppose au style précieux qu'il repère dans la littérature moderne ; au sens étroit, le populisme se trouve dans « toute œuvre traitant du peuple, dans quelque esprit que ce soit ».[71] En conséquence, Léon Lemonnier refuse l'adhésion du roman populiste à un programme politique particulier ; cependant, il ne l'exclut pas complètement. Le roman populiste devrait rester avant tout une œuvre littéraire : il ne fournirait pas de suggestions à l'action politique. Néanmoins, il est impossible d'exclure à ce point que l'esthétique populiste ne se concilie avec le projet d'une littérature engagée au sens large, comme c'est le cas pour toute la littérature de « bonne volonté » ;[72] l'engagement n'est simplement pas un intérêt primordial pour Lemonnier.

En outre, il cherche à réduire le terme à une notion purement littéraire en relatant comment il a pris la décision de mettre son manifeste sous cette appellation : Thérive et lui auraient d'abord discuté les appellations « humilisme » et « démotisme » pour leur mouvement.[73] Si « démotisme » peut à la limite être considéré comme un synonyme de populisme – au moins au niveau étymologique[74] –, le terme d'

---

69 Léon Lemonnier : *Populisme*, 182.

70 Ibid., p. 193.

71 Ibid.

72 Pour ce terme, qui cite le titre du roman-fleuve de Jules Romains *Les hommes de la bonne volonté*, cf. Benoît Denis : La littérature de « bonne volonté » dans la France d'entre-deux-guerres. In : Michael Einfalt/Joseph Jurt (éds.) : *Le texte et le contexte : analyses du champ littéraire français, XIXe et XXe siècle*. Paris/Berlin : Éditions MSH/Berlin Verlag A. Spitz 2002, p. 205–217.

73 Léon Lemonnier : *Populisme*, p. 108. Cf. aussi la correspondance entre Thérive et Lemonnier – seulement les lettres d'André Thérive ont été conservées – et notamment André Thérive : Lettre à Léon Lemonnier, 14 juillet 1929, Bibliothèque nationale de France, NAF14111, p. 193–194, reproduite en annexe 3.

74 Je renvoie ici à la discussion des connotations du terme à l'époque de la publication du manifeste. Pour une analyse plus globale du terme, cf. Marie-Anne Paveau: Populisme: itinéraires discursifs d'un mot voyageur.

« humilisme » montre clairement que le *populus* que Lemonnier veut mettre au centre de son programme esthétique est lié à une conception hiérarchique de la société où existe une classe défavorisée, ‹ basse › ou ‹ humble ›. Néanmoins, Lemonnier ne souscrit pas à la distinction traditionnelle, tripartite des classes entre les ouvriers, la bourgeoisie et l'aristocratie :

> [. . .] on peut dire que les petits bourgeois, de niveau maintenant avec les classes autre-fois inférieures, ont le sens de leur déchéance et font partie du peuple. [. . .] Ce qui trompe, en effet, c'est ce terme de bourgeoisie que nous tenons de l'ancien régime. En réalité, à l'heure actuelle, il n'y a aucune différence entre le petit employé, qui se considère comme un bourgeois et l'ouvrier aisé qui vit largement.[75]

Dans la conception de Léon Lemonnier, le ‹ peuple › se trouve ainsi dans un état de transformation après la « déchéance » de la petite bourgeoisie qui se situe dès lors au même niveau social que les ouvriers et vice versa. Le vocabulaire traditionnel aurait désormais perdu sa portée, les situations socio-économiques ayant changé suite à la Première Guerre mondiale. Par conséquent, le ‹ peuple ›, tel qu'il est envisagé par Lemonnier dans son manifeste, dispose d'une double caractérisation. D'une part, il englobe « la masse de la société »,[76] dépendante d'un salaire afin d'assurer sa subsistance ;[77] de ce point de vue, le ‹ peuple › représente un groupe social large dans des situations de vie précaires et qui souffre jusqu'à un certain point de l'exclusion de la vie sociale et culturelle. D'autre part, le ‹ peuple › est défini par Lemonnier comme le contraire de la grande bourgeoisie et du ‹ snobisme › qu'elle représente. Le ‹ peuple › est identifié avec une entité qui défend l'ordre, la raison, la vérité et la simplicité, contre un dérèglement, le « bizarre » ;[78] le roman populiste doit devenir le porte-parole de cette entité.

Si Lemonnier envisage donc le populisme comme un courant littéraire apolitique, cela ne signifie pourtant pas que l'imaginaire social sous-jacent à son projet littéraire ne comporte pas des prises de positions politiques indirectes. Dans son *Manifeste*, il se cristallise le même usage flou et répandu de termes comme ‹ peuple › ou ‹ petites gens ›, termes que Lemonnier utilise comme synonymes.[79] Cette dépolitisation du ‹ peuple › est l'objet de critiques pendant l'en-

---

75 Léon Lemonnier : *Manifeste du roman populiste*, 74sq.
76 Ibid., p. 60.
77 Léon Lemonnier : *Populisme*, p. 168 : « L'argent [. . .] est pour tous ce qu'il fut toujours dans le peuple : le premier élément nécessaire à la subsistance. »
78 Ibid., p. 198: « Nous voulons faire vrai, et non point bizarre. »
79 À propos de Louis Guilloux, Léon Lemonnier emprunte les deux termes afin de caractériser l'œuvre de celui-ci : « Le goût de la justice, la révolte généreuse contre l'inégalité des classes peuvent mener un écrivain à rechercher le peuple. C'est le cas, par exemple, de Louis Guilloux.

tre-deux-guerres, par exemple dans *Monde*.[80] Ce n'est pourtant pas la visée de Lemonnier : pour lui, le ‹ peuple › est d'un côté l'entité représentative de la nation (i.e. comme *populus*), de l'autre l'ensemble des classes subalternes, opprimées et empêchées d'accéder à l'éducation supérieure, d'où leur petitesse (identifiables avec le *plebs* latin).[81] À cet égard, le *Manifeste* et les autres textes de Lemonnier sont donc représentatifs d'une certaine ‹ mode › du champ lexical autour du terme ‹ peuple › ainsi que d'une conception vague de sa portée. En règle générale, le ‹ peuple › ne désigne pas des classes sociales ou des branches de travail, mais il est plutôt défini par sa marginalité et par l'espace urbain qu'il habite.[82] Encore une fois, l'inspiration pour cette vision du ‹ peuple › se trouve au XIXe siècle et cette fois dans *Le Peuple* de Jules Michelet, où le ‹ peuple › désigne la majorité de la nation qui n'est pas représentée par l'État.

1.2.2 La troisième voie : le ‹ peuple › et le folklore républicain

À côté des deux grandes lignes idéologiques de la compréhension du ‹ peuple ›, la conception fasciste et communiste, s'ajoute donc une troisième voie. Elle ne se distingue pas des deux conceptions idéologiques – tout au contraire, elle peut s'associer librement aux deux conceptualisations du fascisme et du communisme

---

Plus occupé de politique que de littérature, ayant en horreur toutes les contraintes, même celles d'un parti trop discipliné, son œuvre de socialiste révolutionnaire l'a poussé à écrire cette *Maison du peuple* qui est l'un des meilleurs livres que l'on ait consacrés à la vie des petites gens dans les villes » (ibid., p. 175).

80 « André Thérive, qui a fait un louable effort pour s'approcher de l'âme des petits employés, cherche la vie du peuple sur la plateforme des autobus. Il croit la découvrir en parlant de bagnole, de moutard, d'engueulade, dans sa chronique de *Comœdia*. Il fait l'effet d'un touriste de l'Agence Cook à la recherche des ‹ curiosités › de Belleville » (Augustin Habaru : Populisme ? In : *Monde* (21 décembre 1929)).

81 À l'origine du concept, le *populus* regroupe uniquement l'ensemble des fantassins et représente donc une catégorie militaire, mais Cicéron le définit déjà comme l'unité de la population romaine liée par le droit. En revanche, *plebs* représente d'abord la masse exclue du *populus* et garde l'idée de la marginalisation, du ‹ bas peuple › même à partir du moment où il fait partie du *populus* (Marc Crépon/Barbara Cassin/Claudia Moatti : « Peuple, race, nation », p. 928sq.).

82 Lemonnier lui-même signale que le roman populiste peut être « tout livre qui dépeindra le peuple tel qu'il apparaît de nos jours dans les villes » (Léon Lemonnier : *Populisme*, p. 187). S'il envisage également un roman populiste rural (ibid., p. 189), le centre de l'intérêt de la production littéraire populiste restera cependant la situation des marginaux dans les villes, sujet qui transcende largement le courant populiste et qui occupe aussi un grand nombre d'autres auteurs.

et comprend le ‹ peuple › comme élément esthétique. Elle représente l'imaginaire social qui détermine dans l'entre-deux-guerres le concept de ‹ peuple › et qui conduit les écrivains à façonner une communauté nationale de défavorisés et à esthétiser leur pauvreté par le biais d'une attention particulière prêtée à ses coutumes et traditions. Dans cet imaginaire social, les différences de classe disparaissent en faveur d'un sentiment vague de domination par des élites – intellectuelles, politiques, scientifiques – aliénées de la ‹ vraie › vie. Le ‹ peuple › est l'incarnation de l'‹ authentique ›, du ‹ vrai › et représente une réalité concrète avec son cours de vie rythmé par les heures du travail et déterminé par le souci économique. Dans ce contexte, la répartition de la société en plusieurs classes bien définies n'est plus d'une grande utilité parce que le niveau de vie et la situation économique des divers ressortissants des différentes classes ne permettrait plus ni une distinction nette, ni un groupement convaincant.

Le flou terminologique est ouvertement assumé par Lemonnier et ouvre la porte à un large éventail d'auteurs et d'ouvrages à être qualifiés comme populistes.[83] Quoiqu'un tel usage ambigu de ‹ peuple › doive être envisagé comme une stratégie pour recruter le plus grand nombre de créateurs et de s'imposer au champ littéraire,[84] Lemonnier est loin d'être le seul à présenter un imaginaire social vaste du ‹ peuple ›. En vérité, il s'agit d'un enjeu d'époque qui sous-tend tout genre de discours et qui définit le ‹ peuple › par l'appartenance à une culture invisible, le folklore de la IIIᵉ République : ce n'est que quelques années après la publication du *Manifeste* que le gouvernement du Front populaire soutient, dans ses efforts pour une politique culturelle, l'intérêt réanimé pour le folklore. Les organes du parti communiste cherchent même à identifier les grèves de 1936 avec un « folklore ouvrier » qui reprendrait des traditions rurales et les installerait au sein de l'espace urbain.[85]

L'attention prêtée au folklore, incarnée par la création du musée des Arts et traditions populaires en 1937 et la publication de manuels à propos du sujet témoigne d'une prise de conscience d'une différence fondamentale entre la culture officielle et une autre culture, celle du ‹ peuple ›, qui doit encore être légitimée par le gouvernement. Le ‹ folklore ›, l'ensemble des traditions dites

---

83 La tentative de rassembler le plus grand nombre possible de créateurs autour de la notion se fait également voir dans la tentative de Lemonnier de transmettre ce terme dans d'autres champs de l'art. Cf. à ce propos François Ouellet/Véronique Trottier : Présentation. In : *Études littéraires* 44, 2 (2013), p. 7–18, p. 13.

84 Je reviendrai dans le deuxième chapitre à l'analyse du champ littéraire et à la question du positionnement sociologique de l'esthétique populiste dans la création de l'entre-deux-guerres.

85 Pascal Ory : *La Belle illusion*, p. 499–501.

‹ populaires › et perçues comme menacées dans la société en voie de modernisation, se manifeste même bien avant l'essor du Front populaire. L'idée originale pour un musée de folklore français date de 1889 et depuis 1931, plusieurs projets visent à la création d'un musée en plein air qui pourrait exposer les ‹ vraies › coutumes de toutes les régions de la France.[86] L'entre-deux-guerres est le moment où les efforts de la politique, de la science, mais aussi de la littérature convergent dans l'objectif de légitimer avec le folklore une ‹ contre-culture › des masses afin de surmonter le clivage entre le populaire et l'élite.[87] Dans les yeux de folkloristes comme Pierre Saintyves, la culture folklorique est le produit d'un ‹ peuple › très large qui inclut à la fois les paysans, les ouvriers, les employés et petits fonctionnaires et même des « pseudo-bourgeois »,[88] c'est-à-dire des individus qui sont arrivés à la richesse sans avoir accès à l'instruction ou à la culture d'élite.[89] Chez Saintyves, comme chez les communistes, le folklore n'est plus limité à l'expression culturelle des paysans, mais se décale lentement vers les pratiques de la vie urbaine. La convergence avec le concept de ‹ peuple › chez Lemonnier est évidente : les folkloristes ainsi que les populistes qualifient le ‹ peuple › comme une communauté opprimée, qui ne se résume pas dans une classe sociale ou une communauté rurale précise.

1.2.3 L'héritage du XIXe siècle : le ‹ peuple › selon Michelet et Hugo

L'imaginaire folklorique du ‹ peuple › qui trouve sa réactualisation dans l'entre-deux-guerres hérite, comme le roman populiste, beaucoup du romantisme français et surtout d'écrivains centraux du canon littéraire de la IIIe République comme Victor Hugo et Jules Michelet. En effet, les deux auteurs sont considérés comme les figures tutélaires de la Troisième République qui ont mis en scène le ‹ peuple › comme la masse opprimée dont la révolte conduirait à la République et au règne de la justice.[90] Le romancier et l'historien concordent dans leur vision du ‹ peuple › comme étant le véritable acteur de l'histoire et comme l'instance morale qui est corrompue ou au moins dénigrée à cause de sa misère et de son oppression par le

---

86 Bertrand Müller : Folklore et Front populaire : savoir du peuple ? Divertissement pour le peuple ? In : Xavier Vigna/Jean Vigreux/Serge Wolikow (éds.) : *Le Pain, la paix, la liberté. Expériences et territoires du Front populaire*. Paris : Les Éditions sociales 2006, p. 117–133, p. 119.
87 Pascal Ory : *La Belle illusion*, p. 71.
88 Pierre Saintyves : *Manuel de folklore*. Paris : Librairie Emile Nourry 1936, p. 35.
89 Cf. également Bertrand Müller : Folklore et Front populaire, p. 128.
90 Federico Tarragoni : La science du populisme au crible de la critique sociologique : archéologie d'un mépris savant du peuple. In : *Actuel Marx* 54 (3 octobre 2013), p. 56–70, p. 208.

gouvernement et les élites. Jules Michelet le constate dès le début de son essai *Le Peuple :* « Le trait éminent, capital, qui m'a toujours frappé le plus, dans ma longue étude du peuple, c'est que, parmi les désordres de l'abandon, les vices de la misère, j'y trouvais une richesse de sentiment et une bonté de cœur, très-rares dans les classes riches. »[91] Ainsi, l'historien nie que le ‹ peuple › est un foyer de criminalité et de conduite contraire aux bonnes mœurs. Marqué par les traits de la pauvreté et de l'indigence, le ‹ peuple › disposerait selon Michelet, tout au contraire, du grand avantage d'être honnête et plein d'énergie afin d'améliorer le monde. Michelet considère le peuple comme la force motrice de l'histoire et concède, ce faisant, au peuple une suprématie particulière face aux élites intellectuelles, qui réside dans le lien avec la nature et le bon instinct du ‹ peuple › :

> Les classes que nous appelons inférieures, et qui suivent de plus près l'instinct, sont par cela même éminemment capables d'action, toujours prêtes à agir. Nous autres, gens cultivés, nous jasons, nous disputons, nous répandons en paroles ce que nous avons d'énergie. [. . .]

> Eux, ils ne parlent pas tant, ils ne s'enrouent pas à crier, comme font les savants et les vieilles. Mais qu'il vienne une occasion, sans faire bruit, ils en profitent, ils agissent avec vigueur. L'économie des paroles profite à l'énergie des actes.[92]

Il construit ainsi l'imaginaire du « peuple-sève »,[93] c'est-à-dire d'une communauté énergique qui dispose du véritable potentiel d'agir, alors que les classes intellectuelles se perdraient davantage dans des discussions futiles. Face au silence de cette force d'action, l'intellectuel et notamment l'historien devraient payer leur tribut en rendant compte des actions du peuple et en les décrivant avec le plus grand soin.[94] Au sein de l'historiographie, les « simples », les « humbles fils de l'instinct »[95] deviennent les acteurs principaux tandis que l'intellectuel n'est que leur porte-parole.

Afin d'y aboutir, il est néanmoins nécessaire que l'historien se libère de son habitus cultivé et qu'il oublie les leçons de son éducation bourgeoise ; en vérité, Michelet confirme qu'il peut uniquement prétendre à l'objectif d'écrire l'histoire du ‹ peuple › parce que lui-même en descend comme il le confirme à de nombreuses reprises à travers *Le Peuple.*[96] Écrire l'histoire du ‹ peuple › français

---

91 Jules Michelet : *Le Peuple*, édité par Paul Viallaneix. Paris : Flammarion 1974, p. 64.
92 Ibid., p. 160.
93 Alain Pessin : *Le Mythe du peuple et la société française du XIXe siècle*, p. 99.
94 Ibid., p. 102sq.
95 Jules Michelet : *Le Peuple*, p. 175.
96 A titre d'exemple, Michelet confirme dès le début que « moi aussi, mon ami, j'ai travaillé de mes mains » (ibid., p. 58) ; ainsi que « j'ai cru comme une herbe entre deux pavés, mais

représente donc un double enjeu pour Michelet : d'un côté, l'historien populaire se distancie du savoir historique afin de se rapprocher de son sujet ; de l'autre, s'adresser au ‹ peuple › en écrivant son histoire doit porter celui-ci au savoir et lui faciliter l'accès à la compréhension de sa propre histoire.[97]

Le travail de Michelet est ainsi mis en scène comme le résultat d'une double émancipation qui permet de surmonter le clivage entre les classes populaires et le savant qui les observe. Comme Hugo, Michelet considère le savoir et son accessibilité comme les facteurs majeurs d'une amélioration de la misère populaire ; ce savoir ne doit cependant pas corrompre l'instinct des « simples ». Bien au contraire, le savoir que Michelet veut transmettre doit uniquement signaler l'importance de l'instinct et éveiller le sens de la communauté auprès du lecteur. Michelet ne croit pas que l'éducation soit particulièrement nécessaire aux indigents, mais à la nation entière : la conscience du ‹ peuple › doit faciliter un retour à la nature et aux liens naturels entre les individus qui seraient marqués par l'amour. Ce serait nécessaire car la société moderne, en voie d'industrialisation et d'urbanisation, ignorerait les liens d'amour en confiant la création d'une cohésion sociale à la machine et son pouvoir égalisateur.[98] Le travail de l'historien lui restitue sa place dans l'histoire et fonde le mythe du ‹ peuple › démocratique de la IIIe République comme acteur principal de l'État. L'instinct figure dans ce contexte comme une sagesse ‹ autre › qui caractérise les « simples » et dont eux seuls disposent.

En conclusion, il n'y a que peu de caractéristiques qui définissent le ‹ peuple › de Michelet : l'instinct et l'action spontanée, le silence que le lettré doit combler à sa place, la moralité et le sens du devoir envers la patrie. Michelet trouve cet amour dans son état plus pur chez les paysans, mais elle figure aussi dans d'autres groupes sociologiques : « Les pauvres aiment la France, comme lui ayant obligation, ayant des devoirs envers elle. Les riches l'aiment comme leur appartenant, leur étant obligée. Le patriotisme des premiers, c'est le sentiment du devoir ; celui des autres, l'exigence, la prétention d'un droit. »[99] Autrement dit, moins les individus sont pourvus de moyens de subsister, plus le patriotisme se

---

cette herbe a gardé sa sève, autant que celle des Alpes. Mon désert dans Paris même, ma libre étude et mon libre enseignement, [. . .] m'ont agrandi, sans me changer. Presque toujours, ceux qui montent, y perdent, parce qu'ils se transforment ; ils deviennent mixtes, bâtards ; ils perdent l'originalité de leur classe, sans gagner celle d'une autre. Le difficile n'est pas de monter, mais, en montant, de rester soi » (ibid., p. 72).

97 Federico Tarragoni : « Le peuple et son oracle. Une analyse du populisme savant à partir de Michelet », p. 115.

98 Jules Michelet : *Le Peuple*, p. 143–145, cf. également Alain Pessin : *Le Mythe du peuple et la société française du XIXe siècle*, p. 110.

99 Jules Michelet : *Le Peuple*, p. 141.

fait voir ; or, le patriotisme est pour Michelet le trait distinctif principal du ‹ peuple ›. Par conséquent, les paysans et les ouvriers appartiennent clairement au ‹ peuple › de Michelet, dans une échelle moins grande, les fabricants et les marchands. En est plutôt exclue la grande bourgeoisie que Michelet décrit comme froide et foncièrement différente.

Ce clivage est l'essence de l'imaginaire social du populisme, tel qu'il se perpétue dans l'entre-deux-guerres. Il facilite la fusion de la pauvreté et du patriotisme au sein du ‹ peuple ›, de sorte que celui-ci représente à la fois l'oppression et les traditions nationales. En outre, il souligne le fait que le ‹ peuple › n'est pas identifiable à une couche sociale, mais à une « qualité de l'être collectif ».[100] Si les classes inférieures, les pauvres et les marginaux forment donc majoritairement le ‹ peuple › dans le système de l'imaginaire social, ce n'est pas en premier lieu à cause de leur situation socio-économique, mais parce que leur situation leur permet d'accéder à la forme et à la façon de « l'être collectif » qu'est le ‹ peuple › : une forme d'héroïsme silencieux, anti-intellectuel, spontané et moral.

Michelet n'est pas le seul à louer l'instinct comme étant la force centrale de la nation au XIXe siècle ; d'autres penseurs comme Renan ou Proudhon l'idéalisent également et le considèrent comme valeur partagée du ‹ peuple › dont les origines se laissent retracer jusqu'à l'antiquité.[101] Le ‹ peuple › est donc presque considéré comme une forme laïcisée de la *civitas dei*, l'instinct étant le remplacement de la voix de Dieu.[102] Rendre justice à cet instinct et l'accompagner afin qu'il soit encore plus fonctionnel et afin qu'il ne conduise pas les ‹ petites gens › aussi souvent à la misère devient, par conséquent, le devoir des lettrés. Victor Hugo est l'exemple le plus emblématique de ce « populisme savant »[103] qui influence l'esthétique populiste de l'entre-deux-guerres.

Dans *Les Misérables*, le romancier brosse le portrait de la misère sociale telle que le ‹ peuple › est censé de la vivre véritablement, avec tous ses dangers et ses horreurs qu'elle comprend. L'exergue le signale – et souligne la pertinence sociale du projet littéraire :

> Tant qu'il existera, par le fait des lois et des mœurs, une damnation sociale créant artificiellement, en pleine civilisation, des enfers, et compliquant d'une fatalité humaine la destinée

---

100 Alain Pessin : *Le Mythe du peuple et la société française du XIXe siècle*, p. 113.

101 François Marotin : L'instinct du peuple : du mythe romantique à l'histoire positive (sur Michelet, Proudhon, Renan). In : Simone Bernard-Griffiths/Alain Pessin (éds.) : *Peuple, mythe et histoire*. Toulouse : Presses universitaires du Mirail 1997, p. 65–76, p. 73.

102 Ibid., p. 69.

103 Federico Tarragoni : Le peuple et son oracle. Une analyse du populisme savant à partir de Michelet.

qui est divine ; tant que les trois problèmes du siècle, la dégradation de l'homme par le prolétariat, la déchéance de la femme par la faim, l'atrophie de l'enfant par la nuit, ne seront
pas résolus ; tant que, dans de certaines régions, l'asphyxie sociale sera possible ; en d'autres termes, et à un point de vue plus étendu encore, tant qu'il y aura sur la terre ignorance
et misère, des livres de la nature de celui-ci pourront ne pas être inutiles.[104]

La socialité que Hugo veut représenter et dont il se fait le porte-parole, est
le milieu des plus démunis de la société. En contraste avec Michelet, Hugo ne
s'arrête cependant pas particulièrement à la démystification de cette couche
sociale comme étant anodine et secrètement héroïque : tout au contraire il contribue plutôt au mythe des « classes dangereuses »[105] en soulignant le danger constant que les individus y doivent affronter. Hugo confirme le danger et en rend
responsable l'injustice politique de la société. Il ne nie donc pas la présence
renforcée de la criminalité et de la prostitution au sein du ‹ peuple ›, mais il
cherche à en dévoiler les mobiles – l'oppression sociale et l'inaccessibilité de
l'éducation – qui poussent les marginaux à la délinquance.[106]

En revanche, Hugo soutient comme Michelet que la nature de l'homme, et
surtout de celui qui est issu des couches modestes de la société, est loin d'être
portée à la délinquance. C'est donc uniquement le milieu et les conditions de
vie qui corrompent les pauvres. Pour Victor Hugo, il faut, par conséquent, sauver le ‹ peuple › par le moyen de l'éducation. L'écrivain a le devoir d'instruire le
‹ peuple ›, comme il le souligne dans *William Shakespeare* :

> Jusqu'à ce jour, il y a eu une littérature de lettrés. En France surtout, nous l'avons dit, la
> littérature tendait à faire caste. [. . .] Sortons, il en est temps, de cet ordre d'idées. La démo-
> cratie l'exige. L'élargissement actuel veut autre chose. Sortons du collège, du conclave, du
> compartiment, du petit goût, du petit art, de la petite chapelle. La poésie n'est pas une co-
> terie. [. . .] Il semble qu'on lise sur le fronton d'un certain art : *On n'entre pas*. Quant à
> nous, nous ne nous figurons la poésie que les portes toutes grandes ouvertes. L'heure a
> sonné d'arborer le Tout pour tous. Ce qu'il faut à la civilisation, grande fille désormais,
> c'est une littérature de peuple.[107]

La littérature doit donc être engagé afin de s'ouvrir à tout le monde ;[108] au lieu
de souligner ou de créer des publics séparés et ségrégués, Hugo veut créer le

---

104 Victor Hugo : *Les Misérables*, édité par Maurice Allem. Paris : Gallimard 2001, p. 3.
105 Le terme provient de Louis Chevalier : *Classes laborieuses et classes dangereuses à Paris
pendant la première moitié du XIXe siècle*. Paris : Plon 1969.
106 Alain Pessin : *Le Mythe du peuple et la société française du XIXe siècle*, p. 56.
107 Victor Hugo : *William Shakespeare*, édité par Dominique Peyrache-Leborgne. Paris : Flammarion 2003, p. 256sq, italiques reprises de l'original.
108 Chez Hugo, la littérature doit marier le Beau, le Bien et la Vérité dans un seul élément
esthétique ; une telle vision du devoir littéraire permet également son ouverture vers les discours

‹ peuple › et l'instruire dans ses goûts afin de renforcer la cohésion sociale à partir de valeurs partagées. Indirectement, Hugo fournit ainsi une définition de ce qu'il entend par ‹ peuple › : c'est à la fois l'Homme en soi, la communauté des humains, et les défavorisés auxquels l'accès à la culture serait jusque-là interdit. Si Hugo n'exclut donc pas la bourgeoisie du ‹ peuple › – il l'appelle dans *Les Misérables* « cet à-peu-près de peuple »[109] – il la rend responsable de s'opposer à la Révolution de 1830 et ainsi d'« arrêter la marche même du genre humain ».[110] Le véritable ‹ peuple › se trouve, pour cette raison, chez les plus démunis de la société qui sont menacés de déchoir dans la criminalité. Ainsi, le ‹ peuple › hugolien se compose des images de la nuit, de l'errance, mais aussi de l'irresponsabilité enfantine.[111]

1.3 Bilan des terminologies

Les sous-chapitres précédents ont précisé les terminologies employées par Léon Lemonnier et tous les critiques et écrivains qui interviennent dans la querelle autour de la représentation sociétale dans le roman de l'entre-deux-guerres. Le regard sur la notion de populisme a dévoilé que ce terme est dépoli-tisé par Lemonnier, tout en gardant le même mouvement que nous pouvons aussi observer dans des définitions récentes du populisme : l'objectif principal du populisme littéraire est de construire un schisme entre une classe sociale dont l'expression est dominante et toutefois « bizarre », pervertie comparée à

---

politiques (cf. Benoît Denis : *Littérature et engagement*, p. 173). Afin de comprendre en quoi le terme de littérature engagée est justifié à propos de Victor Hugo, il suffit de comparer cet extrait avec les analyses de la littérature en 1947 dans *Qu'est-ce que la littérature* de Sartre et d'observer les convergences : « Je parle de l'écrivain français, le seul qui soit demeuré un bourgeois, le seul qui doive s'accommoder d'une langue que cent cinquante ans de domina-tion bourgeoise ont cassée, vulgarisée, assouplie, truffée de ‹ bourgeoisismes › dont chacun semble un petit soupir d'aise et d'abandon [. . .] Malheureusement, de ces hommes, à qui nous *devons* parler, un rideau de fer nous sépare dans notre pays : ils n'entendront pas un mot de ce que nous leur dirons. La majorité du prolétariat, corsetée par un parti unique, encerclée par une propagande qui l'isole, forme une société fermée, sans portes ni fenêtres. [. . .] Cela signifie clairement que nous écrivons contre tout le monde, que nous avons des lec-teurs, mais pas de public. » (Jean-Paul Sartre : *Qu'est-ce que la littérature?* Paris : Gallimard 2008, p. 169, 251, 263, italiques reprises de l'original) Les deux auteurs partagent donc la même volonté d'ouvrir la littérature à de nouveaux publics et de créer une communauté de lecteurs partageant les mêmes valeurs.

109 Victor Hugo : *Les Misérables*, p. 1075.
110 Ibid., p. 845.
111 Alain Pessin : *Le Mythe du peuple et la société française du XIXe siècle*, p. 58.

celle de la majorité de la population. En revanche, la réalité vécue par la majorité serait obscurcie et doit être découvert par les auteurs populistes, afin de mettre la littérature sur la bonne voie.

La création du fossé entre l'élite et le ‹ peuple › a rendu également nécessaire de fournir une définition du terme ‹ peuple ›. Celui-ci comporte une charge doublement politique pendant l'entre-deux-guerres car il est utilisé autant par la gauche que par la droite politique. Alors que Lemonnier sympathise clairement avec la vision de la gauche du ‹ peuple › comme masse opprimée par les élites étatiques, il cherche à garder son apolitisme afin d'ouvrir son école littéraire au maximum des écrivains. Pour cette raison, il se concentre sur la définition folklorique du ‹ peuple › comme foyer des traditions nationales qui doit être préservé face aux modernisations de la société en cours. Dans ce cadre, il se sert aussi de l'imaginaire social du XIXe siècle qui a été marqué par Michelet et Hugo.

Afin d'observer l'apparition de cet imaginaire du ‹ peuple › et son esthétisation populiste, il convient maintenant d'identifier les composantes de cette esthétique et les outils qui faciliteront leur observation.

1.3.1 Les composantes de l'esthétique populiste

Pour conclure, les romantiques et avant tout Michelet et Hugo forgent l'imaginaire du ‹ peuple › en tant que communauté de démunis et d'indigents, innocemment arrivés en bas de l'échelle sociale. Le ‹ peuple › est donc pauvre au sens économique, mais aussi dans son style de vie ; il est cependant revalorisé comme étant le foyer des valeurs nationales telles que la liberté et des bonnes mœurs telles que l'honnêteté et la simplicité. Michelet et Hugo revalorisent ainsi la pauvreté[112] afin d'accuser et de dénoncer l'oppression sociale que des ‹ honnêtes gens › doivent subir dans les monarchies ; ils défendent les valeurs révolutionnaires et républicaines. Le champ lexical de ‹ peuple › est, par ailleurs, toujours lié en français à la mémoire historique de la Révolution française.

L'esthétique du roman populiste et de la majorité des créations culturelles de l'entre-deux-guerres hérite du « populisme romantique »[113] et le fait fusionner avec l'intérêt naissant pour le folklore et avec le retour au premier plan de l'écriture réaliste et naturaliste. Le projet du roman populiste illustre ainsi la relation

---

112 C'est, selon Yves Lochard, une de quatre fonctions du discours sur la pauvreté, cf. Yves Lochard : *Fortune du pauvre. Parcours et discours romanesques (1848–1914)*. Vincennes : Presses Universitaire de Vincennes 1998, p. 195–197.

113 Federico Tarragoni : Le peuple spectateur et l'émancipation démocratique, p. 208.

entre les conceptions politiques, leur discussion dans l'espace public et les imaginaires que l'art emploie afin de s'y intégrer.[114] Plus concrètement, l'esthétique populiste effectue une réactualisation de l'imaginaire du ‹ peuple › du XIXe siècle. Ainsi, l'imaginaire des romans s'appuie davantage sur les idéaux politiques de la IIIe République que sur des réalités sociologiques. Même chez les écrivains prolétariens qui revendiquent plus clairement la prise de position de la classe ouvrière, le prolétariat prend des dimensions assez vastes et comprend des artisans : c'est visible dans le roman d'Henry Poulaille, *Le Pain quotidien*, qui relate la vie d'une famille d'un charpentier et d'une vannière, mais aussi de *La Maison du peuple* de Louis Guilloux ou de *Hôtel du Nord* d'Eugène Dabit, tous considérés par Poulaille et par la suite par Ragon comme des ouvrages-clés de la littérature prolétarienne.[115] La nébuleuse du roman populiste illustre comment les écrivains de la fin de l'entre-deux-guerres envisagent avant la fin de la Troisième République l'unité nationale en participant à la construction du mythe du ‹ peuple › qui accompagne le Front Populaire de 1936.

Dans les romans de l'entre-deux-guerres, l'imaginaire du ‹ peuple › se manifeste notamment dans trois éléments qui sont au cœur de l'opération de l'esthétique populiste : en premier lieu, dans la mise en scène de la pauvreté ancestrale du ‹ peuple ›, qui ne bénéficie pas de la modernisation, mais qui dispose de la richesse des traditions nationales et de la chanson populaire alors que la richesse de la bourgeoisie est uniquement associée au progrès et à la froideur de la modernité. Dans ce cadre, la ‹ pauvreté › est préférée et valorisée par les auteurs de mon corpus vis-à-vis de la crainte de la perte d'identité nationale. En deuxième lieu, l'imaginaire du ‹ peuple › se manifeste dans la mise en scène d'une vie ‹ solidaire › et ‹ sympathique ›, qui ne peut pas s'organiser dans la solitude. L'esthétique populiste de l'entre-deux-guerres insiste sur le fait que la solidarité du ‹ peuple › est en danger de se perdre à cause des nouveaux usages du travail

---

114 Federico Tarragoni : La science du populisme au crible de la critique sociologique, p. 201.
115 Henry Poulaille : *Nouvel âge littéraire*, p. 60, 365, 379 ; Michel Ragon : *Histoire de la littérature prolétarienne de langue française: littérature ouvrière, littérature paysanne, littérature d'expression populaire*. Paris : A. Michel 1986, p. 213sq. et p. 217–219. Les romans de Guilloux et de Dabit sont cependant considérés par le fondateur du roman populiste comme des bons exemples de son propre courant, cf. Léon Lemonnier : *Populisme*, p. 115, 175. Ragon explique rapidement dans l'introduction son parti pris : « Or, si Dabit et Rémy ont reçu le prix Populiste, ils n'ont jamais adhéré à cette École ; pas plus que Marc Bernard. Et encore moins Poulaille, adversaire acharné du populisme, avant tout représenté par Lemonnier et Thérive. Il n'empêche que Dabit et Rémy, acceptant le prix Populiste (que Poulaille, pour sa part, refusa) ont contribué à cette confusion. Confusion poursuivie par l'attribution du prix Populiste à Jean Pallu (1930), Louis Guilloux (1942), Bernard Clavel (1962). » (Michel Ragon : *Histoire de la littérature prolétarienne de langue française*, p. 15)

et l'indigence économique ; elle montre donc l'instabilité de la communauté populaire et la nostalgie des liens sociaux. Troisièmement, l'imaginaire du ‹ peuple › se nourrit de la mise en scène de l'individu dans sa fonction professionnelle. Autrement dit, les membres du ‹ peuple › se définissent par leur métier, qui leur garantit une certaine expertise dans leur domaine professionnel. Les romans de l'entre-deux-guerres opèrent dans ce cadre souvent la représentation de l'identité ouvrière à partir d'un travail manuel qui exige un certain savoir-faire alors qu'ils ignorent en grande partie le travail en usine. Dans tous ces cas, le ‹ peuple › est le nom d'une communauté sympathique, accueillante et ‹ simple › que le lecteur est invité à considérer avec bienveillance.

1.3.2 Les approches retenues pour l'analyse

Comment donc analyser le surgissement de l'imaginaire social du ‹ peuple › et la mise en récit esthétique de celui-ci ? Il convient de prendre congé de la narratologie classique. Comme je l'ai déjà souligné dans l'introduction, mes analyses s'inscrivent dans la visée de la sociocritique, fondée et développée des chercheurs comme Claude Duchet, Régine Robin, Marc Angenot ou Pierre Popovic.[116] Toutefois, la sociocritique n'est cependant « ni une discipline ni une théorie [. . .] encore moins une méthode », selon ce dernier :

> Elle constitue une perspective. À ce titre, elle pose comme principe fondateur une proposition heuristique générale de laquelle peuvent dériver de nombreuses problématiques individuellement cohérentes et mutuellement compatibles. [. . .] Le but de la sociocritique est de dégager la socialité des textes. Celle-ci est *analysable* dans les caractéristiques de leurs mises en forme, lesquelles *se comprennent* rapportées à la semiosis sociale environnante prise en partie ou dans sa totalité.[117]

Une telle herméneutique sociale est aussi à la base de ce travail qui cherche justement à dégager l'esthétique populiste dans le roman de l'entre-deux-guerres. Mais afin de la constituer, il faut s'emparer d'une approche supplémentaire.

---

116 Parmi les textes les plus importants pour une définition de la sociocritique, on peut compter Claude Duchet : Pour une socio-critique, ou variations sur un incipit. In : *Littérature* 1, 1 (1971), p. 5–14 ; Régine Robin : De la sociologie de la littérature à la sociologie de l'écriture : le projet sociocritique. In : *Littérature* 70, 2 (1988), p. 99–109 ; M. Angenot, « Que peut la littérature ? Sociocritique littéraire et critique du discours social », Collectif (éds.) : *La Politique du texte. Enjeux sociocritiques pour Claude Duchet*. Lille : Presses Universitaires de Lille 1992, Pierre Popovic : La sociocritique. Définition, histoire, concepts, voies d'avenir. In : *Pratiques. Linguistique, littérature, didactique* 151–152 (15 décembre 2011), p. 7–38 ;

117 Pierre Popovic : La sociocritique. Définition, histoire, concepts, voies d'avenir, p. 16.

Au niveau de l'analyse littéraire, il ne suffit pas de s'interroger uniquement sur la focalisation, l'instance narrative ou l'agencement de la structure temporelle ; au contraire, il importe d'analyser les formes de la description de l'espace, les références à des événements extratextuels et les modalités de la mise en scène du quotidien. En outre, une telle analyse ne peut pas rester purement immanente, mais doit chercher des parallèles dans d'autres médias comme le journalisme ou le cinéma afin de comprendre en quoi les ouvrages des romanciers populistes ont pu contribuer à la constitution de la réalité.[118] Quoique les romans de cette période se présentent comme des fictions et sont également accueillis comme telles par la critique littéraire de l'époque la littérature doit être considérée dans le contexte des analyses suivantes comme une plateforme de rassemblement, un outil de la création d'une communauté de lecteurs qui partagent avec les récits ces mêmes imaginaires sociaux. La littérature qui s'inscrit dans l'esthétique populiste fait partie de la sphère publique, elle ne se présente pas comme intransitive, mais dans un échange constant avec tous les discours de la sphère publique.[119] Elle participe donc à la détermination de ce qui est réel, des rapports et de la qualité des rapports entre les humains, les choses, et la vie sociale.

Pour cette raison, les analyses à venir s'appuieront sur une narratologie qui inclut des catégories et des perspectives des sciences culturelles selon le modèle esquissé par Ansgar Nünning : une telle narratologie ne s'intéresse pas uniquement à décrire la situation de la narration (temps, narrateur, focalisation), mais prend comme point de départ l'analyse de la forme textuelle afin d'interroger la manière dont les questions sociopolitiques ou éthiques peuvent être transmises dans le texte narratif.[120] Dans une telle analyse, le texte narratif figure comme

---

118 À propos de la constitution de la réalité par le biais de la littérature, cf. notamment Ansgar Nünning : Making Events – Making Stories – Making Worlds: Ways of Worldmaking from a Narratological Point of View. In : Vera Nünning/Ansgar Nünning/Birgit Neumann (éds.) : *Cultural Ways of Worldmaking*. Berlin/New York : De Gruyter 2010, p. 191–214 et Wolfgang Müller-Funk : *Die Kultur und ihre Narrative. Eine Einführung*. Dordrecht : Springer 2007, p. 3–16.

119 Un tel constat suit la conception d'une « politique de la littérature » dans le sens de Jacques Rancière, la littérature étant un moyen d'intervenir dans le partage du sensible : « L'expression ‹ politique de la littérature › implique donc que la littérature intervient en tant que littérature dans ce découpage des espaces et des temps, du visible et de l'invisible, de la parole et du bruit. Elle intervient dans ce rapport entre des pratiques, des formes de visibilité et des modes du dire qui découpe un ou des mondes communs » (Jacques Rancière : *Politique de la littérature*. Paris : Galilée 2007, p. 12).

120 Ansgar Nünning : Wie Erzählungen Kulturen erzeugen: Prämissen, Konzepte und Perspektiven für eine kulturwissenschaftliche Narratologie. In : Alexandra Strohmaier (éd.) : *Kultur – Wissen – Narration*. Bielefeld : transcript Verlag 2013, p. 15–53.

une forme qui contribue à la création d'une disposition mentale de la culture, c'est-à-dire qu'il informe des manières de penser collectives, des normes et ordres du savoir.[121] Il est à ce titre considéré comme une stratégie de la création d'événements : l'événement réel lui-même n'existerait qu'à partir d'une série de procédés compliqués de filtrage, impliquant la sélection de certains faits réels, l'effacement d'autres, et la hiérarchisation des faits.[122] Afin que l'événement devienne histoire, l'événement doit subir en outre l'arrangement narratif que Nünning voit au centre de la constitution de la réalité.[123] De telles observations ne se limitent pas au texte factuel – les narrations fictionnelles opèrent de la même manière : Régine Robin a déjà montré en 1988 que le texte narratif littéraire, en l'occurence le roman réaliste, n'effectue pas une mise en texte sobre d'événements historiques, mais propose des évaluations propres qui aboutissent à une valorisation personnelle de discours sociaux préétablis.[124] L'approche de la narratologie culturelle cherche donc à dévoiler les interférences entre les discours éminents et révèlera ici les imaginaires cardinaux de l'entre-deux-guerres, leur surgissement et leur transformation dans le texte littéraire et dans d'autres créations artistiques ; la narratologie culturelle servira à révéler les procédés d'« *emplotment* »[125] des textes du corpus.

Plus concrètement, cette narratologie s'intéresse aussi à des catégories de distinction comme le genre, la race et la classe sociale ; sont également importants les descriptions des générations ainsi que le surgissement de symboliques religieuses et nationales.[126] Dans le contexte de l'exploration de l'esthétique populiste et de l'imaginaire du ‹ peuple ›, l'interrogation de la représentation des classes sociales ainsi que des valeurs nationales et démocratiques semble très pertinente, mais les autres catégories mentionnées ci-dessus ne seront pas écartées.

Enrichir l'analyse de l'instance narrative avec ces outils des sciences culturelles permet, à titre d'exemple, de dégager les idéaux sous-jacents du texte : ainsi, la focalisation des romans populistes peut souvent susciter l'impression que le narrateur regarde ses personnages avec condescendance, ce que Henry

---

121 Ibid., p. 28–30.
122 Ansgar Nünning : Making Events – Making Stories – Making Worlds, p. 198.
123 Ibid., p. 203.
124 Régine Robin : De la sociologie de la littérature à la sociologie de l'écriture, p. 102.
125 Hayden White définit le terme de la manière suivante : « Emplotment is the way by which a sequence of events fashioned into a story is gradually revealed to be a story of a particular kind » (cf. Hayden White : *Metahistory: the historical imagination in nineteenth-century Europe*. Baltimore : Johns Hopkins Univ. Press 2000 (1973), p. 7).
126 Ansgar Nünning : Wie Erzählungen Kulturen erzeugen, p. 27.

Poulaille a remarqué par rapport au roman populiste, par exemple.[127] Les outils de la narratologie culturelle permettent, en conséquence, une meilleure appréciation de la composition littéraire des textes et des possibilités esthétiques qui se sont offerts aux écrivains. Ils permettent, en outre, la comparaison entre les textes littéraires et le cinéma, ce qui sera également utile pour le travail engagé.

---

127 H. Poulaille : Une littérature neuve. À propos du Populisme. In : *Paris et le monde* 3 (3 mai 1930), p. 1 et 3, repris dans Henry Poulaille : *La littérature et le peuple*, édité par Jérôme Radwan. Bassac : Plein chant 2003, p. 101–110, p. 104.

2 Imprécisions poétiques, fermeté des positions : La notion de ‹ peuple › dans le champ littéraire de l'entre-deux-guerres

Deux écoles littéraires sont en présence : les écrivains prolétariens et les écrivains populistes, qui se regardent comme des chiens de faïence. Cela ne laisse pas d'être un peu comique et tout à fait triste.[1]

Le roman populiste ne dispose pas d'un programme esthétique clair : au contraire, les ambiguïtés font foison si l'on considère l'appréciation ambivalente du naturalisme ou la condamnation de la littérature moderne et de son style prétendument ‹ snob › étant donné que ni Thérive, ni Lemonnier proposent de véritables innovations stylistiques. Malgré le confusionnisme évident du *Manifeste du roman populiste* et de son successeur *Populisme*, il faut constater que le roman populiste fait débat à partir du moment de sa parution en 1929 jusqu'en 1935 et l'échec d'un rassemblement des écrivains sous la tutelle des populistes, nommé le « Front littéraire commun ».[2] Ce succès médiatique est en partie dû au fait que le discours autour du ‹ peuple › et les imaginaires qui l'accompagnent sont particulièrement virulents pendant l'époque de l'entre-deux-guerres ; en conséquence, le roman populiste, tout comme la littérature prolétarienne, doit simplement être considérés comme le symptôme d'une prédisposition populiste plus vaste.

Ce chapitre cherchera à approfondir cette prédisposition populiste avec des outils qui rendent mieux compte des effets du champ littéraire et des exigences de la production culturelle pendant l'entre-deux-guerres : les analyses suivantes s'appuient sur l'analyse du champ littéraire de l'entre-deux-guerres selon les modèles de Pierre Bourdieu et ses successeurs, notamment Gisèle Sapiro, Michel Einfalt et Jean-Michel Péru. Ce faisant, les clivages idéologiques et les appartenances à différents groupements deviendront plus nets, même si les esthétiques défendues par les divers courants littéraires de l'époque restent cohérentes. Il s'agit de montrer comment les années autour de la parution du *Manifeste du roman populiste* marquent une étape importante de la politisation de la littérature et de signaler comment les divers sous-champs littéraires

---

1 Léon Lemonnier : Encore un manifeste ? « Front littéraire commun ». In : *L'Œuvre* (14 mai 1935), p. 5.

2 C'est sous ce nom que Lemonnier cherche à rassembler les écrivains sous la tutelle du roman populiste à partir de trois articles publié en 1935, cf. ibid., Léon Lemonnier : Front littéraire commun. In : *Mercure de France* 890 (15 juin 1935), p. 225–236 et Léon Lemonnier : Front littéraire commun. In : *La Grande Revue* (juillet 1935), p. 22–26.

https://doi.org/10.1515/9783110721157-003

se reformulent face à la réactualisation des questions sociales. Le roman populiste figurera ainsi au milieu d'une diffusion très vaste et partiellement souterraine de l'esthétique populiste dans presque tous les domaines de la production romanesque.

2.1 Esquisse du champ littéraire de l'entre-deux-guerres

La théorie des champs de Pierre Bourdieu et l'analyse du champ littéraire serviront d'abord comme point de départ méthodique,[3] en constatant en premier lieu l'écart considérable entre « la structure des relations objectives entre les positions dans le champ de production » et « la structure des relations objectives entre les prises de position dans l'espace des œuvres »,[4] pour reprendre la terminologie de Bourdieu. Cette méthode d'analyse profite également du développement de son approche par Gisèle Sapiro[5] ainsi que par le romaniste allemand Michael Einfalt.[6] En outre, l'analyse de l'échec de la littérature prolétarienne selon le modèle d'Henry Poulaille de Jean-Michel Péru[7] contribue au développement de l'approche analytique poursuivie ci-dessus alors que la riche étude historique de Jean-Pierre Morel sur l'Internationale littéraire et la France entre 1920 et 1932[8] complète les informations sur lesquelles se base cet état des lieux du champ littéraire pendant l'entre-deux-guerres. Comme sources complémentaires, il faut par ailleurs mentionner les travaux plus anciens de John E. Flowers, Nicole Racine-

---

3 Pierre Bourdieu développe sa théorie des champs notamment dans Pierre Bourdieu : Le champ littéraire. In : *Actes de la recherche en sciences sociales 89*, 1 (1991), p. 3–46 et dans Pierre Bourdieu : *Les règles de l'art: genèse et structure du champ littéraire*. Paris : Éditions du Seuil 2015.

4 Pierre Bourdieu : *Les règles de l'art*, p. 383.

5 Il s'agit notamment des articles suivants : Gisèle Sapiro : Das französische literarische Feld: Struktur, Dynamik und Formen der Politisierung. In : *Berliner Journal für Soziologie 14*, 2 (2004), p. 157–171, Gisèle Sapiro : Les formes de l'engagement dans le champ littéraire. In : Jean Kaempfer/Sonya Florey/Jérôme Meizoz (éds.) : *Formes de l'engagement littéraire (XVe–XXIe siècle)*. Lausanne : Éditions Antipodes 2006, p. 118–130.

6 Michael Einfalt : *Nation, Gott und Modernität. Grenzen literarischer Autonomie in Frankreich 1919–1929*. Berlin, Boston : De Gruyter 2012.

7 Jean-Michel Péru : Une crise du champ littéraire français. Le débat sur la littérature prolétarienne (1925–1935). In : *Actes de la recherche en sciences sociales 89* (1991), p. 47–65. Jean-Michel Péru : *Des Ouvriers écrivent : le débat sur la littérature prolétarienne en France, 1925–1935*. Thèse de doctorat soutenu à l'Université de Lille 3. Lille 1989.

8 Jean-Pierre Morel : *Le roman insupportable. L'Internationale littéraire et la France, 1920–1932*. Paris : Gallimard 1985.

Fourlaud, Paul A. Loffler et Jean-Pierre Bernard.[9] Les groupes littéraires et la situation du champ pendant l'entre-deux-guerres ont donc été l'objet d'un travail scientifique assez englobant sur lequel les analyses suivantes peuvent s'appuyer.

Mais malgré les études mentionnées, il est encore nécessaire de brosser le portrait de la situation de l'esthétique populiste dans le champ littéraire : la majorité des travaux consacrés à cette période ignore ou traite trop rapidement le roman populiste ;[10] même la littérature prolétarienne est parfois jugée de manière trop concise de sorte que les auteurs ne différencient pas assez les clivages entre les différents groupes.[11] Dans la plupart des analyses, la question du populisme ne se pose pas véritablement parce que les ouvrages se focalisent sur une revue et ainsi sur un certain regard porté sur la littérature ;[12] par ailleurs le cadre temporel ne comprend pas les années décisives autour de 1930, comme c'est malheureusement le cas chez Michael Einfalt et aussi chez Pascal Ory.[13] Afin de pouvoir apprécier le rayonnement éphémère du roman populiste dans le champ littéraire, il faut esquisser ici grossièrement la situation du champ littéraire pendant cette période.

---

9 John E. Flower : *Literature and the Left in France: society, politics and the novel since the late 19. century*. Londres : Macmillan 1983, Nicole Racine-Furlaud : Les mouvements en faveur de la littérature prolétarienne en France : 1928–1934. In : *Entretiens* 33 (1974), p. 77–98, Paul A. Loffler : Un écrivain prolétarien : Henry Poulaille entre le populisme et l'A.E.A.R. In : *Entretiens* 33 (1974), p. 99–106, Jean-Pierre Bernard : Le Parti communiste français et les problèmes littéraires (1920–1939). In : *Revue française de science politique* 17, 3 (1967), p. 520–544.
10 Une des rares exceptions est Marie-Anne Paveau : Le « roman populiste » : enjeux d'une étiquette littéraire. In : *Mots* 55 (1998), p. 45–59, où l'auteure revient sur la position ambiguë de Dabit. Mais cet article ne peut donner que des bases à une analyse plus approfondie, ainsi que l'introduction généralement bien informée du volume 44 des *Études littéraires,* François Ouellet/Véronique Trottier : Présentation. In : *Études littéraires* 44, 2 (2013), p. 7–18.
11 Ainsi, François Ouellet et Véronique Trottier parlent un peu trop vite d'une « école prolétarienne » qui se grouperait autour d'Henri Barbusse et d'Henry Poulaille alors que ce dernier garde bien ses distances par rapport à Barbusse et il n'est pas question d'une école prolétarienne réunie (François Ouellet/Véronique Trottier : Présentation, p. 8).
12 C'est notamment le cas de l'étude de Philippe Niogret sur *Europe* : cet ouvrage comprend certes un chapitre qui traite « les romanciers et le peuple », mais l'auteur ne distingue guère les groupements et réduit son travail à des résumés de romans sans établir des liens entre eux et sans fournir une véritable analyse de l'état du champ littéraire (cf. Philippe Niogret : *La revue* Europe *et les romans de l'entre-deux-guerres: (1923–1939)*. Paris : L'Harmattan 2004, p. 229–260).
13 Mis à part le fait que l'analyse d'Ory ne prend comme point de départ que 1936, l'année de la création du Front populaire, son point de vue se réduit souvent à l'historiographie de la syndicalisation et ne rend pas compte des contenus ou particularités stylistiques de la création littéraire et culturelle, cf. Pascal Ory : *La Belle illusion: culture et politique sous le signe du Front populaire, 1935–1938*. Paris : Plon 1994, notamment p. 183–231.

Pierre Bourdieu introduit la notion de champ littéraire afin de signaler l'autonomie relative dont la littérature jouit dans la société. Si les écrivains peuvent également bénéficier d'une certaine réputation dans le champ du pouvoir, c'est le champ littéraire qui les dote d'un certain « capital culturel ».[14] En conséquence, le champ littéraire comprend deux parties, le côté qui aspire à l'autonomie du champ et la partie hétéronome de la littérature, c'est-à-dire la littérature grand public qui accumule du capital économique et la presse assurant les grands tirages ainsi qu'une vaste diffusion dans la société.

Cependant, le champ littéraire ne se divise pas uniquement à partir du degré d'autonomie que les œuvres poursuivent ; la consécration générale, c'est-à-dire la popularité en dehors du champ, ou, selon les mots de Sapiro, le « volume global du capital de notoriété »,[15] effectue aussi une hiérarchisation entre dominés et dominants spécifiquement au sein du champ littéraire. Ainsi peut-on identifier avec Sapiro quatre sous-champs qui représentent les tendances principales de positionnement qui s'offrent à l'écrivain – et avec ceux-ci, de différentes formes de prise de position politique :[16] du côté de la littérature autonome, elle identifie les « esthètes » et les « avant-gardes » ; du côté de la littérature hétéronome, les « notables » et les « écrivains professionnels ». J'expliquerai ces positions plus en détail à partir de quelques exemples de l'entre-deux-guerres.

Les esthètes défendent l'autonomie du champ littéraire et soulignent l'importance du style et du talent littéraire. Ils revendiquent ainsi l'importance d'un purisme littéraire qui ne doit pas se soumettre aux jugements moraux de la bourgeoisie ; l'art littéraire ne doit servir qu'à l'expression individuelle d'un sentiment artistique.[17] Selon Gisèle Sapiro, les esthètes fondent notamment des revues littéraires comme instance de consécration et pendant l'entre-deux-guerres c'est notamment la *Nouvelle Revue Française* qui assume ce pouvoir. La *NRF* assurerait la possibilité d'un dialogue entre pairs sur les valeurs littéraires et en partie aussi sur des sujets sociaux et politiques, tout en tenant à l'écart l'ingérence du champ politique dans l'échange intellectuel qu'elle propose.[18] Si cette identification de l'esthétisme littéraire à la position de la *NRF* est générale-

---

14 Pierre Bourdieu : Le champ littéraire, p. 9.

15 Gisèle Sapiro : Les formes de l'engagement dans le champ littéraire, p. 119.

16 Gisèle Sapiro souligne que son modèle peut décrire la structure du champ littéraire à partir du XIXe siècle jusqu'à la fin des années 1960 ; après cette date, il lui manque des preuves statistiques suffisantes pour garantir la fonctionnalité du modèle (cf. Gisèle Sapiro : Das französische literarische Feld: Struktur, Dynamik und Formen der Politisierung, p. 158).

17 Ibid., p. 161.

18 Gisèle Sapiro : Les formes de l'engagement dans le champ littéraire, p. 124.

ment justifiée, il faut également retenir que des auteurs comme André Gide font preuve d'un certain engagement politique de par leur proximité avec le parti communiste et leurs voyages en URSS.[19] La position des organes et des écrivains normalement identifiés comme esthètes est donc en question pendant l'entre-deux-guerres, comme nous le verrons.

Les notables, à leur tour, font également partie des agents dominants du champ littéraire, mais ils s'orientent plus à des valeurs hétéronomes qu'à l'autonomie du champ. Sapiro les décrit comme des auteurs se désintéressant des questions de style et de la forme littéraire et prônant davantage l'importance du sujet et du contenu de l'œuvre.[20] Ce faisant, ils cherchent à intégrer leur production littéraire dans des interrogations politiques, mais traitent avant tout des questions morales. Ce sous-champ correspond à ce que Pierre Bourdieu appelle « l'art bourgeois »[21] et représente ainsi les auteurs qui jouissent de la plus grande reconnaissance en dehors du champ littéraire. Les grandes institutions comme l'Académie française ou les salons mondains assurent classiquement la consécration des notables. Mais dans le contexte de la littérature de l'entre-deux-guerres, il faut aussi citer d'autres instances de consécration extra-littéraires : les partis politiques et les organisations, ce qui conduit à la création d'un clivage important pendant cette période, entre une littérature visant un public bourgeois apolitique et une production militante. À côté de l'art bourgeois, on peut donc trouver des écrivains communistes et ‹ compagnons de route › notables, qui disposent de leurs propres règles et institutions de consécration : essentiellement l'adhésion au programme du réalisme socialiste ou la revue *Monde*, dirigé par Henri Barbusse et soutenu, au moins à ses débuts, par le parti communiste russe.[22] Identifier les notables uniquement à l'art bourgeois ou à la littérature à succès populaire serait donc une approche trop limitée de cette production.[23] Le sous-champ des notables est, en effet, parmi les plus touchés par la question du ‹ peuple › en littérature ; en vérité, c'est surtout grâce à

---

19 Jean-Michel Péru : Une crise du champ littéraire français, p. 51.
20 Gisèle Sapiro : Das französische literarische Feld: Struktur, Dynamik und Formen der Politisierung, p. 160.
21 Pierre Bourdieu : Le champ littéraire, p. 6.
22 Cf. Jean-Pierre Morel : *Le roman insupportable*, p. 95–100.
23 Pierre Bourdieu remarque néanmoins que le repérage de ce qu'il appelle « l'art social » dans le champ littéraire est difficile, même s'il en donne d'autres raisons : selon Bourdieu, l'art social rejetterait la production de l'art pour l'art justement parce que le premier exige de la littérature l'accomplissement de fonctions externes et se situe, pour cette raison plus proche du pôle hétéronome ; cependant, l'art social se refuserait également contre le succès et la reconnaissance par la bourgeoisie comme l'art pour l'art (Pierre Bourdieu : Le champ littéraire, p. 6, note 6).

une enquête à propos de la littérature prolétarienne que la revue *Monde* parvient d'abord à se placer dans le sous-champ des notables, en mobilisant un éventail assez varié d'auteurs, et en soulevant la question de la place du ‹ peuple › dans la littérature.

Du côté de la littérature dominée, Gisèle Sapiro situe deux sous-champs : celui de l'avant-garde qui défend également l'autonomie du champ littéraire, et celui des écrivains professionnels qui s'engagent notamment dans l'écriture de textes journalistiques. Selon Sapiro, les avant-gardes s'opposent à la fois à l'assujettissement de la littérature aux règles des ‹ bonnes mœurs › et aux modèles établis de l'expression littéraire.[24] Si les avant-gardes défendent des positions politiques radicales, cette défense ne se manifeste pas particulièrement dans l'œuvre littéraire.[25] L'appellation du sous-champ autonome et dominé comme « avant-garde » pose problème si l'on appréhende le champ littéraire de l'entre-deux-guerres. Non seulement, le groupe surréaliste que l'on identifie à l'avant-garde, commence à se déplacer au sein du champ littéraire[26], mais d'autres auteurs et d'autres groupes se situent dans le même champ sans pour autant revendiquer le rôle d'une avant-garde. On peut citer dans ce champ le groupe des auteurs montmartrois – Pierre Mac Orlan, Roland Dorgelès, Francis Carco – mais aussi les auteurs du roman populiste. Les derniers notamment revendiquent clairement l'autonomie de leurs ouvrages littéraires : « nous sommes – pour notre plus grand malheur – de purs gens de lettres et notre activité n'est jamais manifestée en dehors du domaine artistique ».[27] Leur intérêt pour le ‹ peuple › est donc motivé par la volonté de rénover la littérature à partir d'une certaine forme de réalisme ; Lemonnier veut surtout aboutir à un « roman pour le roman ».[28] La

---

24 Gisèle Sapiro : Les formes de l'engagement dans le champ littéraire, p. 125.

25 Ibid., p. 126.

26 Effectivement, les membres du groupe surréaliste semblent partir dans les directions les plus diverses pendant l'entre-deux-guerres : si Breton accumule du capital symbolique spécifique et jouit d'une certaine consécration au champ de la production restreinte, Philippe Soupault perd de sa légitimité à partir de 1927, moment de sa désaffection du surréalisme, et descend dans le même champ ; Aragon, à son tour, s'oriente au cours des années 1930 vers une production hétéronome en se soumettant aux contraintes du PC. Ainsi, dire que « le surréalisme obtient une hégémonie durable sur la position d'avant-garde » (Benoît Denis : La littérature de « bonne volonté » dans la France d'entre-deux-guerres. In : Michael Einfalt/Joseph Jurt (éds.) : *Le texte et le contexte : analyses du champ littéraire français, XIXe et XXe siècle.* Paris/Berlin : Éditions MSH/Berlin Verlag A. Spitz 2002, p. 205–217, p. 205) à partir de 1920 serait réduire le surréalisme littéraire au pôle autour d'André Breton ; en vérité, le surréalisme se désintègre au plus tard à partir de 1927 comme groupe littéraire et les agents principaux du mouvement se situent dans des positions diverses au sein du champ littéraire.

27 Léon Lemonnier : *Populisme.* Paris : La Renaissance du Livre 1931, p. 170.

28 Léon Lemonnier : *Manifeste du roman populiste.* Paris : Jacques Bernard 1930, p. 39.

‹ label › d'avant-garde cache donc un sous-champ bien hétérogène qui peut aller jusqu'à une rénovation à partir d'une esthétique traditionaliste.

Gisèle Sapiro repère enfin un quatrième sous-champ de la production littéraire dans la position doublement dominée : il s'agit des écrivains professionnels qui seraient largement privés de capital de notoriété et qui dépendraient également d'influences hétéronomes. Sapiro identifie ce sous-champ en particulier aux producteurs de la littérature populaire et aux écrivains-journalistes qui doivent vivre de leur plume. Afin de prendre part au champ littéraire, ils cherchent à renouer leur production avec des sujets sociaux et politiques et présentent leur critique des autres agents du champ au même niveau.[29] Si pendant des périodes de stabilité leurs polémiques n'influencent guère la constitution du champ littéraire, les moments de crise peuvent faciliter une visibilité – au moins temporelle – des écrivains professionnels.

Malgré la ressemblance esthétique des productions des populistes et des prolétariens, les derniers semblent plutôt se positionner dans ce sous-champ de la littérature. Certes, Poulaille stipule que les écrivains prolétariens doivent s'écarter de la littérature militante et aboutir à une « littérature humaine », mais en même temps il admet que la littérature prolétarienne n'est qu'une étape dans la poursuite d'un objectif social.[30] Ainsi, on peut vraiment qualifier l'avant-gardisme prétendu d'Henry Poulaille avec Jean-Michel Péru comme « illusoire » :[31] au lieu de proposer un véritable programme esthétique littéraire, *Nouvel Âge littéraire* prône perpétuellement l'« authenticité » de la littérature, sa valeur comme « document humain »[32] et laisse pour cette raison dépendre la valeur d'une œuvre littéraire de l'origine sociale de l'écrivain ; en outre, Poulaille nie l'autonomie de la littérature en affirmant qu'elle ne doit pas avoir l'objectif de « distraire »,[33] mais de participer à un changement de la société. Cette forme de littérature prolétarienne se trouve donc au centre du sous-champ du professionnalisme littéraire : elle doit représenter une littérature qui se soumet à un objectif social

---

29 Gisèle Sapiro : Das französische literarische Feld: Struktur, Dynamik und Formen der Politisierung, p. 163.

30 Cf. Henry Poulaille : *Nouvel âge littéraire*. Bassac : Plein Chant 1986, p. 157 : « Ceci posé, voyons la littérature sociale dans sa fonction de véhicule d'idées, d'accoucheuse en quelque sorte. Elle a une vitalité puissante et on lui doit des résultats tangibles. Son influence, nul ne la peut nier, seulement, et j'y insiste à raison, on aurait grandement tort de lui croire une durée illimitée, non seulement pour ses réalisations mais pour elle-même. Elle est au même titre que la littérature prolétarienne, sa sœur cadette qui s'est nourrie d'elle, une phase transitoire de la littérature. »

31 Jean-Michel Péru : Une crise du champ littéraire français . . . , p. 50.

32 Les deux termes figurent également dans Henry Poulaille : *Nouvel âge littéraire*, p. 157.

33 ibid., p. 104–106.

et qui doit s'intégrer dans des discussions de la sphère publique en représentant une classe sociale opprimée ; elle refuse l'autonomie du champ littéraire et s'attaque à la littérature bourgeoise en prétendant être la véritable représentation de la vie réelle des dominés.

Ainsi, malgré le positionnement différent de la littérature prolétarienne et du roman populiste, les prises de position esthétiques des deux groupes convergent et font preuve de la crise du champ littéraire.[34] L'apparition de nouveaux groupements littéraires – parmi eux il ne faut pas compter seulement le roman populiste autour de Lemonnier et Thérive et la littérature prolétarienne autour de Poulaille, mais aussi les auteurs qui sympathisent avec le programme du réalisme socialiste, Nizan et Aragon, les écrivains qui publient dans *Monde* et *Europe* etc. – provoque la restructuration du champ littéraire entier et la réévaluation d'une esthétique réaliste. Cela veut également dire que des auteurs déjà canonisés comme Zola et Maupassant sont l'objet d'un positionnement renouvelé dans le champ de la création littéraire.[35]

2.2 Haine de la littérature ? Postures esthétiques et polémiques

Comment la restructuration du champ littéraire se réalise-t-elle ? Afin de créer leur propre position dans le champ littéraire et d'accumuler du capital de notoriété générale, les nouveaux entrants du champ proposent des prises de position esthétiques qui culminent, dans la plupart des cas, dans la critique et l'attaque des œuvres canonisées.[36] Autrement dit, l'apparition du roman populiste et de la littérature prolétarienne provoque une réévaluation de l'héritage littéraire : les critiques des auteurs consacrés ne servent pas uniquement à posi-

---

34 Pierre Bourdieu souligne que les positions assumées dans le champ et les prises de position correspondent les unes aux autres et que c'est l'espace des positions qui commande celui des prises de positions tant que le champ littéraire se trouve « [e]n phase d'équilibre » (Pierre Bourdieu : *Les règles de l'art*, p. 379). Suivant cette hypothèse, on peut à raison affirmer que le champ littéraire de l'entre-deux se trouve en état de crise.

35 Pierre Bourdieu constate de manière plus abstraite ce processus de positionnement renouvelé des agents déjà positionnés : « Il s'ensuit par exemple que le sens et la valeur d'une prise de position (genre artistique, œuvre particulière, etc.) changent automatiquement, lors même qu'elle reste identique, lorsque change l'univers des options substituables qui sont simultanément offertes au choix des producteurs et des consommateurs » (ibid., p. 382).

36 Gisèle Sapiro : *Das französische literarische Feld: Struktur, Dynamik und Formen der Politisierung* 2004, p. 165sq.

tionner les nouveaux entrants du champ, mais leur propre critique effectue aussi un positionnement renouvelé des auteurs consacrés dans l'espace de leur notoriété générale.[37] Dans le contexte de l'entre-deux-guerres, on pourrait décrire cette réévaluation en termes de dénigrement de la littérature ‹ pure › et des effets littéraires en faveur d'une littérature de (faux) témoignage. Cette ‹ haine › de la littérature, au moins dans sa figuration ‹ puriste › comme travail stylistique, est certes plutôt une caractéristique qui s'affiche dans la littérature de gauche, mais des convictions similaires se laissent repérer dans tous les groupements qui veulent prendre la parole pour le ‹ peuple ›.

Pour cette raison, il convient de regarder de près la réévaluation de l'œuvre de deux auteurs déjà canonisées pendant l'entre-deux-guerres (celle de Marcel Proust et celle d'Émile Zola) et d'approfondir ainsi le schéma du champ littéraire.

2.2.1 L'attaque contre l'esthétisme comme attaque contre la bourgeoisie : le cas de Marcel Proust

Le refus du style, que j'ai déjà signalé dans le contexte de la critique de la littérature ‹ snob › dans le *Manifeste du roman populiste*, se laisse notamment observer à partir de la récusation de Proust qui devient générale pour tous les agents du champ au plus tard à partir des années 1930. Elle est provoquée par un extrait du *Temps retrouvé* dans lequel le narrateur s'oppose à l'idée d'un « art populaire » :

> L'idée d'un art populaire comme art patriotique si même elle n'avait pas été dangereuse me semblait ridicule. S'il s'agissait de le rendre accessible au peuple, en sacrifiant les raffinements de la forme, « bons pour des oisifs », j'avais assez fréquenté de gens du monde pour savoir que ce sont eux les véritables illettrés, et non les ouvriers électriciens. À cet égard, un art populaire par la forme eût été destiné plutôt aux membres du Jockey qu'à ceux de la Confédération générale du travail ; quant aux sujets les romans populaires ennuient autant les gens du peuple que les enfants ces livres qui sont écrits pour eux. On

---

37 Bourdieu signale déjà que « le principe générateur et unificateur de ce ‹ système › d'oppositions – et de contradictions – est la lutte même : au point que l'on peut tenir le fait d'être impliqué dans la lutte, d'être le sujet, l'objet ou l'occasion de luttes, attaques, polémiques, critiques, annexions, etc., pour le critère majeur de l'appartenance d'une œuvre au champ des prises de position et de son auteur au champ des positions » (Pierre Bourdieu : Le champ littéraire, p. 19). Autrement dit, les agents dont il est question dans les discussions ne doivent pas s'impliquer activement dans les débats, ils ne doivent même plus être vivants pour changer de position dans le champ littéraire.

cherche à se dépayser en lisant et les ouvriers sont aussi curieux des Princes que les princes des ouvriers.[38]

À travers la voix de son narrateur, Proust stipule que ni au niveau de la forme ni au niveau des sujets, un art populaire pourrait avoir lieu d'être : une forme simplifiée n'attirerait que les bourgeois parvenus alors que les sujets ‹ populaires › n'intéresseraient pas les individus issus du ‹ peuple › car ils leur sont trop familiers. Marcel Proust met donc le doigt sur la plaie de la grande problématique de la ‹ littérature pour le peuple › : le passage signale à la fois le difficile mariage de l'art populaire avec une visée nationale et patriotique de la littérature et le danger imminent de dévaloriser le produit littéraire dans le champ littéraire uniquement afin de suffire soi-disant à un public non-initié dont l'existence en soi serait douteuse.[39] Dans son commentaire, Proust défend donc une position autonome de la littérature s'appuyant sur la foi en la puissance stylistique et exigeant un désintéressement total de l'écrivain face à son public et les problématiques de l'actualité. Par le biais de cette prise de position au sein de son œuvre même, Proust consolide son positionnement dans le sous-champ des esthètes – qui devient, pendant l'entre-deux-guerres, la cible principale des auteurs et mouvements littéraires.

Henry Poulaille réagit de manière directe au passage de Proust. Dans *Nouvel Âge littéraire*, il défend l'utilité de la littérature prolétarienne de deux points de vue qui répondent aux reproches de Proust : dans un premier temps, il exprime son accord avec Proust sur le point que les « petites gens » chercheraient davantage les histoires mettant en scène le ‹ beau monde ›, autant au cinéma qu'en littérature.[40] Mais contrairement aux critiques qui condamnent le goût du ‹ peuple › et qui prétendent que les ‹ basses classes › ne lisent pas, il explique le goût pour les livres de basse qualité par le manque de guides et par le découragement que les ouvriers auraient connu pendant leur scolarité. Ainsi, Poulaille ne cherche pas la faute dans le goût du ‹ peuple ›, mais bien davantage dans la publicité et dans les maisons d'édition qui le trompent.[41]

Cette remarque conduit au deuxième volet de la réaction de Poulaille face à Proust : Poulaille justifie l'existence de la littérature prolétarienne comme un retour au réalisme et ainsi le rejet du style proustien qu'il perçoit comme

---

38 Marcel Proust : *A la recherche du temps perdu* IV : *Le Temps retrouvé*, édité par Yves Baudrier et al. Paris : Gallimard 1989, p. 466sq.

39 Pour un développement différent de ces idées, cf. Federico Tarragoni : Le peuple spectateur et l'émancipation démocratique : sur la sensibilité populiste en littérature. In : *Raison publique* 19 (2014), p. 199–222, 2014, p. 206.

40 Henry Poulaille : *Nouvel âge littéraire*, p. 34–36.

41 ibid., p. 37sq.

l'expression d'une « internationale de snobs ».[42] Ainsi, il rétorque à Proust que sa vision du ‹ réalisme › est trop limitée et que le vrai réalisme n'est pas aussi loin qu'il le pense de sa propre esthétique :[43] contrairement au stylisme proustien, la littérature prolétarienne ne se contente pas du perfectionnement du style conventionnel ; elle doit, au contraire, inventer un nouveau style à partir d'un retour aux paradigmes réalistes, puisqu'elle est plus préoccupée par la communication des conditions de vie que du style.[44] Si Poulaille est loin de nier l'importance de l'écrivain, il le considère comme un esthète éloigné du monde, donc comme le modèle d'une littérature qu'il juge dépassée.

Henry Poulaille se situant dans le champ de la production professionnelle, cette attaque du sous-champ des esthètes comme production snob s'explique : elle est typique des agents de la littérature professionnelle.[45] Mais l'attaque de Proust et de la littérature psychologique se retrouve aussi chez de nombreux autres critiques. De manière indirecte, Proust est également l'objet des attaques de la littérature bourgeoise telle qu'elle s'exprime dans *Populisme* de Léon Lemonnier. Si le dernier affirme que le roman populiste poursuit notamment l'objectif d'« en finir avec les personnages du beau monde, les pécores qui n'ont d'autre occupation que de se mettre du rouge, les oisifs qui cherchent à pratiquer des vices soi-disant élégants »[46] ou s'il dénonce « l'excès dans l'analyse psychologique et le maniérisme dans la forme »[47] de la littérature des générations antérieures, on y rencontre les mêmes reproches que Poulaille adresse explicitement à l'œuvre proustienne. Dans sa réponse à l'enquête sur Zola dans *Monde*, Louis Guilloux prend ses distances avec le roman populiste en soulignant justement que Lemonnier critique Proust en secret pour créer une école littéraire : « Mais si c'est Proust que M. Léon Lemonnier vise, pourquoi ne pas le dire ? Proust est sans doute un écrivain bourgeois, conformiste, *contre-révolutionnaire* ? Quelles

---

42 ibid., p. 52.
43 « C'est un préjugé de styliste qui fait croire à Proust et à cent autres que l'écrivain qui veut décrire quelque chose de réel, dans le sens ignoble (ignoble = non noble dirait M. Suarès comme pour Chaplin), le fera sans tact, sans art, sans le moindre souci de la mise en place ni le moindre soupçon de composition ni de situation » (ibid., p. 267).
44 ibid., p. 438. Cf. À ce propos également Karl-Anders Arvidsson : *Henry Poulaille et la littérature prolétarienne française des années 1930*. Göteborg : Acta Universitatis Gotheburgensis et al. 1988, p. 71–75.
45 Gisèle Sapiro : Das französische literarische Feld: Struktur, Dynamik und Formen der Politisierung, p. 166.
46 Léon Lemonnier : *Populisme*, p. 102.
47 ibid., p. 152.

sont ces prisons où l'on veut nous enfermer ? »[48] Si le premier objectif de Guilloux est de s'écarter du groupe qui veut le revendiquer pour lui[49] et de garder son autonomie, il souligne également avec sa critique de ‹ l'emprisonnement › que l'exemple de l'œuvre proustienne est choisi par Lemonnier afin de désigner un représentant de la littérature bourgeoise et snob à combattre. Comme en témoignent les deux prises de position citées, Marcel Proust devient clairement pendant l'entre-deux-guerre le symbole d'un conservatisme de droite qu'il faut écarter, comme l'a constaté Gisèle Sapiro :

> Témoin de leur acclimatation au champ littéraire, les catégories politiques tendent, comme le montre le cas de Marcel Proust, a se détacher non seulement des attitudes politiques effectivement prises par les écrivains et de l'opposition entre dreyfusards et antidreyfusards – Proust avait été, rappelons-le, dreyfusard – mais aussi des contenus idéologiques réels ou supposés des œuvres, pour se greffer sur l'opposition préexistante entre deux images sociales de l'écrivain, le mondain et le bohème, qui départage le monde des lettres depuis la Révolution française.[50]

Alors que Proust n'aurait pas forcément dû représenter un ennemi idéologique des écrivains de gauche, il est devenu le symbole du conventionnalisme bourgeois à surmonter parce que son œuvre se situe au sommet de la consécration littéraire, c'est-à-dire comme figure de proue de l'esthétisme, revendiqué par la *NRF*, symbole et instance principale de consécration du pôle autonome.

De manière concomitante, les critiques littéraires autour de la revue *L'Action française*, représentants de l'extrême droite politique dans le champ littéraire, attaquent également Marcel Proust et l'entourage de la *NRF*, mais moins à cause du purisme littéraire que cette revue défend, mais plutôt à cause du prétendu immoralisme de ses auteurs.[51] Par le biais de la critique de Proust, les auteurs de *L'Action française* attaquent également le pôle esthète et cherchent à s'imposer comme nouvelle autorité de ce pôle, camouflant leurs convictions politiques – et ainsi leur hétéronomie – derrière des réclamations de l'ordre stylistique. *L'Action française contribue* donc à l'instabilité de la *NRF*.

---

48 Louis Guilloux : Réponse à l'enquête sur Emile Zola et la nouvelle génération. In : *Monde* (26 octobre 1929), italiques reprises de l'original.

49 Bien que Lemonnier souligne que Guilloux est « [p]lus occupé de politique que de littérature », il le cite comme un exemple du roman populiste et qualifie *La Maison du peuple* comme « l'un des meilleurs livres que l'on ait consacrés à la vie des petites gens dans les villes » (Léon Lemonnier : *Populisme*, p. 175).

50 Gisèle Sapiro : De l'usage des catégories de droite et de gauche dans le champ littéraire. In : *Sociétés et représentations* 11 (février 2001), p. 19–53, p. 30.

51 À propos de *l'Action française* et sa position dans le champ littéraire, on lira avec profit Michael Einfalt : La critique littéraire de « L'Action française ». In : *Cahiers de l'Association internationale des études françaises* 59 (2007), p. 303–319.

La condamnation de la littérature d'analyse comme littérature bourgeoise, voire comme représentante d'une droite littéraire, ne reste pas sans conséquences : Elle pousse les auteurs se regroupant autour de la *NRF* à une réorientation qui entraîne l'apparition de débats politiques dans le journal – même si les participants y gardent leur posture détachée d'intellectuels[52] – mais aussi des prises de positions explicites, comme c'est le cas pour André Gide en 1932, année dans laquelle il radicalise sa position et manifeste dans son *Journal* sa sympathie pour le communisme.[53]

Pour résumer, Proust devient, sous l'influence de l'entrée des nouvelles générations et de nouveaux groupements dans le champ littéraire, un repoussoir esthétique. Ni les groupements de gauche comme la littérature prolétarienne de Poulaille ou le groupe autour de *Monde*, ni les écrivains de l'extrême-droite qui se rassemblent autour de *L'Action française*, ni même le groupe du roman populiste, qui prend une position médiane et politiquement indécise, ne veulent suivre son exemple et cherchent en revanche une littérature qui doit plutôt suffire à des critères extra-littéraires : le moralisme d'un côté, le révolutionarisme et la fidélité au parti communiste de l'autre. Dans la foulée, le pôle autonome de la production littéraire est déstabilisé et les agents de la production restreinte, parmi eux notamment André Gide, se politisent à leur tour pour suffire davantage aux prises de position en cours. L'exemple de l'héritage proustien récusé illustre ainsi le processus général de l'hétéronomisation du champ littéraire pendant l'entre-deux-guerres : au lieu de véritables écoles littéraires revendiquant une certaine autonomie littéraire, les nouveaux groupements littéraires doivent se baser sur les adhésions aux partis politiques, aux idéologies ou aux traditions qui concernent davantage l'identité des écrivains : catholicisme ou communisme, pacifisme ou patriotisme deviennent les pôles d'orientation des groupes et déterminent la réception des œuvres littéraires.[54]

2.2.2 Le ‹ peuple › épique : les tergiversations à propos de Zola

Alors que Marcel Proust n'est considéré que comme le modèle dépassé d'une autonomie immorale et nombriliste de la littérature, un autre auteur canonisé entre dans les débats comme signal d'adhésion aux efforts de la création d'une nouvelle littérature de gauche : Émile Zola, déclaré prédécesseur de la

---

52 Gisèle Sapiro : Das französische literarische Feld: Struktur, Dynamik und Formen der Politisierung, p. 162.
53 Gisèle Sapiro : De l'usage des catégories de droite et de gauche dans le champ littéraire, p. 44.
54 ibid., p. 32.

littérature ouvrière par de nombreux critiques de gauche pendant l'entre-deux-guerres. Mais en vérité, l'œuvre de Zola est l'objet d'appréciation diverses qui tous s'accordent sur la nécessité de revenir à une écriture réaliste selon le modèle de l'auteur naturaliste. Même Marcel Arland, collaborateur de la *NRF* et dont le roman *L'Ordre* lui a valu le prix Goncourt en 1929, saluer avec enthousiasme la force de l'œuvre zolienne – même s'il souligne le style « lourd » de l'auteur.[55] Arland, auteur consacré, un des fondateurs du groupe de l'*Inquiétude* et, à ce titre, souvent visé par la diatribe contre le roman psychologique, ne peut pas résister à la revalorisation du réalisme et du modèle d'Émile Zola. Cette esthétique littéraire devient donc jusqu'à un certain point un paradigme essentiel de l'expression littéraire et demande au moins une prise de position des auteurs. Plus encore, tous sauf les surréalistes, se disent d'une manière ou d'une autre favorable au renouveau du réalisme et la plupart d'entre eux acceptent l'héritage de Zola.[56]

Quoique le modèle de Zola semble faire l'unanimité, il est possible d'observer la complexité des prises de position face à son œuvre. Il faut donc s'intéresser en détail à la manière dont l'auteur devient incontournable en 1929. Le premier critique qui souligne son importance est Emmanuel Berl. Celui-ci oppose le plus clairement la littérature de Proust à l'œuvre d'Émile Zola dans *Mort de la pensée bourgeoise* de 1929. Berl y souligne le ‹ snobisme › des narrations proustiennes qui ne feraient que proposer l'analyse détaillée d'une société hautaine sans véritable complexité, obsédée par la sexualité et éloignée des problèmes sociaux. L'œuvre proustienne s'avère être l'exemple parfait du « conformisme intellectuel »[57] qui ne caractériserait pas uniquement la littérature française, mais la totalité de la société bourgeoise. Zola, en revanche, se démarque, selon Berl, comme étant un écrivain d'une toute autre envergure :

> [. . .] la littérature ne voit plus la société qu'elle devrait peindre. Remarque-t-on l'extrême rareté des romans sur la vie des ouvriers, des industries ? Il n'y a aucun rapport entre la

---

55 « Je crois, et je ne le crois pas d'aujourd'hui, qu'il est bon qu'un nouveau réalisme, plus mûr, plus poreux, plus humain, parlant plus complet que celui de Flaubert ou de Maupassant, s'oppose à l'idéalisme un peu trop lymphatique et à la fantaisie un peu trop desséché qui sont en vogue depuis la guerre » (Marcel Arland : Réponse à l'enquête sur Emile Zola et la nouvelle génération. In : *Monde* (16 novembre 1929)).

56 Philippe Baudorre : Zola, 1929–1935 ou les ambiguïtés d'un retour de Zola. In : *Les Cahiers naturalistes* 65 (1991), p. 7–23, p. 11.

57 Emmanuel Berl : *Mort de la pensée bourgeoise*. Paris : R. Laffont 1970, p. 40 ; dans un autre passage, Berl cite Proust comme la source d'une représentation du « tragique » de l'homosexualité et conclut, en visant la totalité de la littérature bourgeoise : « snobisme, cléricalisme, nationalisme, bourgeoisisme, font avec l'inversion un excellent ménage. Ce n'est pas de là que vient la liberté et, il faut réellement regretter que tant de talents se crispent à la défense de l'inversion quand ils auraient par ailleurs à accomplir tant de tâches urgentes » (ibid., p. 62).

place de l'usine dans le pays et la place de l'usine dans la littérature. L'effort de Zola ne fût pas continué. Puisque ce nom vient sous ma plume, je l'arrêterai un moment, par respect. La cause de Zola reste celle de la liberté. Il continue d'avoir contre lui les mêmes snobs et les mêmes cagots qu'il eût toujours.[58]

Pour Emmanuel Berl, l'œuvre zolienne est représentative d'une littérature d'engagement luttant pour la liberté des ouvriers. Contrairement aux courants actuels que Berl qualifie de « conformistes », Zola serait le représentant parfait de la littérature anti-bourgeoise, notamment en ce qui concerne le rapport au réel et les thématiques qu'il aborde. Si la littérature de l'entre-deux-guerres ne prêtait pas attention à la représentation des conditions de vie actuelles, c'est la valeur panoramique que Berl apprécie chez Zola. Berl constate ainsi : « [c]e qu'on n'aime pas en Zola, c'est l'épopée. Et ce qui choque dans l'épopée, c'est la prétention de représenter d'une manière intégrale une époque et un lieu : l'amas de grandeurs, peut-être perdues, que désignait le mot peuple. »[59] D'une part, Berl estime la puissance épique de la narration naturaliste chez Zola. La narration a la prétention de relater le récit d'une classe sociale opprimée, de l'accompagner dans sa prise de conscience de son oppression et de participer à sa libération. L'adoption de Zola poursuit ainsi l'objectif de fournir l'exemple d'une écriture révolutionnaire, mais elle attribue également à Berl la posture d'un non-conformiste iconoclaste.[60] D'autre part, Berl apprécie également le réalisme qui peut rendre compte des conditions de vie des classes ouvrières. Ce réalisme est cependant moins un effet stylistique recherché par l'auteur, mais correspond plutôt à la représentation panoramique du ‹ peuple › pouvant servir à des fins hétéronomes, et plus exactement, à documenter et promouvoir la lutte des classes.

La grande valeur de Zola aux yeux de Berl est donc le rapport que son œuvre entretient avec le monde et avec l'idéologie du parti communiste. La littérature de Zola n'est pas pure, elle n'est même pas proprement littéraire parce que, à son avis, la valeur documentaire et révolutionnaire y prend le dessus. Si Berl souligne l'importance de l'œuvre zolienne, il ne l'apprécie justement pas

---

58 Emmanuel Berl : *Mort de la pensée bourgeoise*, p. 85.
59 ibid. p. 88. Antérieurement, il constate déjà l'insuffisance de la littérature de l'époque : « On serait étonné si on prenait la peine d'imaginer qu'on est un lecteur de l'an 2.200, et qu'on tâche de se représenter, au moyen de nos meilleurs ouvrages, la France de 1928. On n'y verrait même pas la crise du logement. La crise financière des cinq dernières années serait à peu près imperceptible. La littérature continue à ne pas vouloir que les questions d'argent se posent. C'est que la meilleure flatterie aux classes dirigeantes est ne pas examiner les titres dont elles se targuent » (ibid., p. 77).
60 Cf. Jean-Pierre Morel : *Le roman insupportable*, p. 230 note 2 et p. 232.

réellement comme littérature ; au fond, chez Berl se cristallise donc la même ‹ haine › de la littérature antérieurement mentionnée et la volonté de rompre avec le ‹ purisme ›, signe de la bourgeoisie au point de sa déchéance.

Cependant, ce n'est pas uniquement chez Berl que Zola devient le représentant d'une nouvelle école littéraire. En effet, la position d'Emmanuel Berl face à Émile Zola n'est en rien originale chez les intellectuels de gauche. Dans la même année, l'écrivain naturaliste apparaît comme modèle de la littérature prolétarienne à venir dans la revue *Monde*, dirigée par Henri Barbusse qui lance une enquête sur « Émile Zola et la nouvelle generation ».[61] Le grand nombre de réponses soulignant son rôle d'avant-coureur corrobore la revendication de l'auteur comme étant le modèle consacré d'une littérature de gauche. Mais en vérité, l'adoption de Zola trouve ses origines déjà plus tôt dans les pages de *Monde*. Au cours des années 1928 et 1929, le « retour de Zola »[62] s'associe de plus en plus à *Monde*, à sa défense de la littérature prolétarienne et aussi à Henri Barbusse, la grande autorité littéraire et morale, depuis la Grande Guerre et ses romans pacifistes *Le Feu* (1916) et *Clarté* (1919). Il faut s'arrêter un instant sur les modalités de cette annexion de Zola par la revue.

Ce sont les critiques littéraires Pierre Hubermont et Albert Ayguesparse qui fixent dès le 15 septembre 1928 la manière dont l'œuvre zolienne est revalorisée dans les pages de *Monde*. Dans leur réponse à l'enquête précédente sur la littérature prolétarienne, les deux critiques reviennent sur Zola dans les termes suivants :

> Zola montre à quel degré les transformations sociales modifient la vie, les sentiments et les idées des hommes. La naissance du machinisme et de la grande industrie, la concentration progressive du capital, l'éveil d'un prolétariat jeune, ses premières luttes, ses souffrances, ses misères prennent dans son œuvre une place très grande. C'est donc bien la société de cette deuxième moitié du 19ᵉ siècle que Zola – en dépit de sa verbosité et de son scientisme – fixe en traits robustes.

---

61 L'appel à cette enquête est publié comme Georges Rageot : La jeune génération et Zola. In : *Monde* (19 octobre 1929) ; les réponses figurent sous le titre « Émile Zola et la nouvelle génération », *Monde*, dans les numéros du 26 octobre 1929, 2, 9 et 16 novembre et contiennent parmi d'autres les réponses d'Emmanuel Berl, Louis Guilloux, Léon Lemonnier, André Malraux, Marcel Martinet et Henry Poulaille, cf. également Jean-Pierre Morel : *Le roman insupportable*, p. 306–313.
62 Cf. à ce propos Philippe Baudorre : Zola, 1929–1935 ou les ambiguïtés d'un retour de Zola.

> Avec Proust, chroniqueur de la bourgeoisie décadente, et André Gide, froid destructeur de toutes les valeurs morales, assisterions-nous déjà aux premières manifestations de déliquescence de la culture et de l'art bourgeois ?[63]

Le lecteur trouve dans la réponse des deux écrivains belges tous les éléments qui caractérisent un an après la défense de Zola dans *Mort de la pensée bourgeoise* : les écrivains citent les noms de Proust et de Gide pour désigner l'entourage de la *NRF* comme les exemples d'une littérature bourgeoise en voie de destruction ; face à ces repoussoirs pour la gauche, ils entreprennent une revalorisation de la littérature de Zola, mais en tant que document de la formation de la société de classes, et non comme valeur littéraire puisque son esthétique serait tachée par la « verbiosité » et le « scientisme ». Ainsi, Hubermont et Ayguesparse sont à l'origine de l'association de la littérature prolétarienne et révolutionnaire au modèle d'Émile Zola.

Par la suite, *Monde* adopte dans plusieurs étapes cet héritage zolien et utilise le nom d'Emile Zola comme symbole de la gauche intellectuelle. Le prochain pas de cette annexion est franchi lors du vingt-sixième anniversaire de la mort de l'écrivain : en hommage à l'auteur des *Rougon-Macquart*, Barbusse consacre une page de *Monde* à la commémoration de Zola comme ouvrier de la littérature et donne aussi la parole à des écrivains internationaux – Heinrich Mann, Hermann Kesser, Upton Sinclair et Anatoli Lounatcharsky – afin de brosser le portrait d'Émile Zola comme précurseur de la littérature révolutionnaire internationale. Zola serait l'observateur de la « civilisation contemporaine, caractérisée par l'industrie lourde et la spéculation, le luxe et le gaspillage, ces tares du monde capitaliste » et Barbusse présage « un tournant décisif [. . .] en faveur de l'art de la synthèse, – dont, malgré ses légères fautes Zola reste le formidable exemple, – contre une littérature d'abstraction algébrique et de cas particuliers exagérés. »[64] Autrement dit, Barbusse répète les poncifs établis : Zola met la représentation des collectifs – la « synthèse » – au-dessus de la caractérisation psychologique et semble le parfait modèle de « l'art collectif » à venir, malgré ses défauts littéraires. Par ailleurs, le commentaire d'Anatoli Lounatcharsky légitime particulièrement la revendication de Zola pour la littérature révolutionnaire : « [. . .] nous plaçons Zola au rang des maîtres les plus désirables de notre nouvelle génération d'écrivains et de lecteurs », affirme explicitement le président du *Narkompros*, du commissariat du Peuple à l'Instruction

---

63 Pierre Hubermont/Albert Ayguesparse : Réponse à l'enquête sur la littérature prolétarienne. In : *Monde* (15 septembre 1928).
64 Henri Barbusse : Émile Zola. In : *Monde* (6 octobre 1928).

publique,[65] et confirme à ce titre l'annexion de Zola dans le canon des écrivains révolutionnaires.

Par ailleurs, Augustin Habaru revient sur la question de Zola suite à la publication de *Mort de la pensée bourgeoise*, où il constate que « [l]a rupture est consommée entre les intellectuels libéraux et les masses laborieuses. C'est du côté de celles-ci qu'il faut chercher les hommes capables de créer une nouvelle épopée sociale comme celle de Balzac ou les *Rougon-Macquart*. »[66] En d'autres termes, Habaru ne revendique pas seulement l'œuvre zolienne pour la littérature révolutionnaire, mais il croit aussi que les seuls écrivains capables de continuer ses efforts se trouveraient uniquement parmi les écrivains prolétariens. Aussi Zola devient-il sous la plume de Habaru le modèle de la littérature prolétarienne ; ce faisant, Habaru reprend le terme « épopée » de Berl et caractérise ainsi le projet de la littérature prolétarienne comme une large fresque, multipliant les personnages et mettant en scène l'ascension de l'ouvrier.

Entre 1929 et 1932, l'agitation de *Monde* en faveur de Zola conduit à une triple scission délimitant les mouvements littéraires bien qu'ils s'inscrivent tous expressément dans une tradition réaliste, voire explicitement naturaliste. La première scission distingue les adhérents de la littérature prolétarienne du modèle de *Monde* des adhérents du roman populiste de Lemonnier et Thérive ; la deuxième marque la rupture entre la conception de *Monde* et celle d'Henry Poulaille qui propose un modèle légèrement différent de la littérature prolétarienne ; enfin, la dernière scission transparaît dans la condamnation de *Monde* par le parti communiste et ses adhérents qui choisissent dès lors un nouveau modèle littéraire : Honoré de Balzac.

La première scission se réalise justement par le biais de la revendication de Zola dans l'enquête sur « La jeune génération et Zola » dans les pages de *Monde*. L'article adresse d'abord le « malaise » du champ littéraire face à la montée imminente du prolétariat et signale, dans un deuxième temps le surgissement du roman populiste chez André Thérive et Léon Lemonnier, décrit comme un « naturalisme élargi ».[67] Ensuite, est présentée l'enquête de la revue qui interroge le rapport entre le naturalisme, notamment celui de Zola, et les nouveaux écrivains. Autrement dit, *Monde* cherche à garder sa position dans le champ littéraire qui lui semble menacée par l'apparition du roman populiste qui, à son tour, revendique un retour au naturalisme.[68] *Monde* craint avant tout

---

65 Jean-Pierre Morel : *Le roman insupportable*, p. 24–27.

66 Augustin Habaru : L'oubli de Zola. In : *Monde* (1 juin 1929).

67 Georges Rageot : La jeune génération et Zola.

68 Louis Guilloux reconnaît dans sa réponse antérieurement citée cette stratégie de la revue : « Zola n'est ici qu'un prétexte. Il ne s'agit pas, n'est-ce pas, d'instituer un débat entre littéra-

de perdre Zola comme modèle légitimant sa ligne littéraire hétéronome à cause du groupe de Lemonnier – une crainte qui est fondée si on lit la réponse de Joseph Jolinon qui confirme sa sympathie pour Zola et pour le populisme litté-raire, concluant que « lorsque André Thérive établira le bilan de ce mouvement judicieux qu'il préconise, [. . .] ce sera pour le mettre aux pieds de Zola. »[69]

Néanmoins, les défenseurs du roman populiste ne revendiquent pas sans réserves l'héritage zolien ; à partir de l'enquête, Léon Lemonnier prend de plus en plus de recul face à Zola. Dans sa propre réponse, Lemonnier précise qu'il a certes « bien plus tendance à saluer pour [s]es maîtres préférés Maupassant avec son objectivisme dramatique, ou Huysmans sensible à la complexité et à la confusion de l'âme humaine », mais confirme également que « Zola est donc aussi notre maître, puisqu'il a écrit, sur le peuple, des romans que lit le peuple, et qui ne sont point de naïves histoires artificieuses, mais de grandes œuvres d'art. »[70] Au moment de prendre position dans l'enquête de *Monde*, il prétend donc s'inscrire sous réserves dans l'héritage de Zola.

Cette prise de position change pourtant assez rapidement, comme en témoi-gne *Populisme* : dans cette version élargie du *Manifeste du roman populiste*, Le-monnier rappelle que le roman populiste « tient à s'opposer au naturalisme, et notamment sur l'un des points les plus caractéristiques de l'œuvre de Zola : le scientisme. »[71] Plus tard dans *Populisme*, Léon Lemonnier rejette en même temps l'œuvre de Zola et la littérature d'analyse vu que les deux courants s'ins-pireraient trop des théories scientifiques.[72] Alors que Barbusse loue chez Zola « l'art de la synthèse », mettant le collectif et son mouvement au premier plan de la trame narrative, Lemonnier identifie cette dimension avec l'approche scientiste de l'auteur. André Thérive et Léon Lemonnier cherchent en revanche un « naturalisme interne »[73] inspiré par Huysmans.

Le recul face à l'héritage d'Émile Zola trouve, du reste, une autre explica-tion : l'œuvre zolienne est, au moment de la publication de *Populisme* en 1930, déjà trop investie comme modèle de la littérature révolutionnaire selon les concepts de *Monde*. Afin de s'assurer une place dans le champ littéraire et de

---

teurs sur une question de littérature, mais très exactement de se prononcer pour ou contre la révolution. » (Louis Guilloux : Réponse à l'enquête sur Emile Zola et la nouvelle génération).

69 Joseph Jolinon : Réponse à l'enquête sur Emile Zola et la nouvelle génération. In : *Monde* (26 octobre 1929).

70 Léon Lemonnier : Réponse à l'enquête sur Emile Zola et la nouvelle génération. In : *Monde* (2 novembre 1929).

71 Léon Lemonnier : *Populisme*, p. 133.

72 Ibid., p. 196.

73 Ibid., p. 186. À propos de Thérive et son « naturalisme interne », cf. François Ouellet : Le « naturalisme interne » d'André Thérive. In : *Études littéraires* 44, 2 (2013), p. 19–36.

garder une position autonome et apolitique face à la politisation des auteurs de
gauche, Lemonnier doit abandonner le modèle de Zola en faveur d'auteurs qui
ne sont pas encore politiquement investis comme Maupassant ou Huysmans.
Lemonnier et Thérive optent, en conséquence, pour une autre tradition littéraire, sans pour autant se défaire de l'héritage naturaliste.

L'investissement politique de Zola conduit à la deuxième scission qui
brouille davantage les définitions et rend la désignation des courants littéraires
malaisée. La même enquête à propos de l'héritage de Zola donne lieu à une réponse curieuse de la part de l'écrivain libertaire Henry Poulaille, jusqu'ici
contributeur assez régulier de la revue *Monde*. Contrairement à des réponses
aussi diverses que celles de Panaït Istrati, collaborateur de *Monde* et fortement
engagé à gauche, ou de Marcel Arland, écrivain et collaborateur de la *NRF*, fondateur du groupe d'auteurs de l'*Inquiétude* et généralement apolitique, qui apprécient ouvertement Zola et assument une position de combat,[74] Poulaille
exprime un certain malaise. Il constate le peu d'influence que Zola exerce sur
les nouvelles générations « car Zola affirment-ils est illisible, périmé, trop vulgaire, etc . . . »[75] Poulaille assure que Zola serait en revanche pour lui une
source « d'utiles leçons » – sans pour autant spécifier la nature de celles-ci –
alors qu'il ne croit pas que les écrivains de profession le lisent.

Sa position s'explique mieux dans *Nouvel Âge littéraire* : Poulaille s'y montre ambivalent par rapport à Zola ; il n'y fournit pas le « vibrant hommage »[76] à
l'auteur des *Rougon-Macquart* que Philippe Baudorre constate. En vérité, Poulaille considère Zola au même titre que Balzac comme un précurseur de la littérature prolétarienne, mais il relève également les fautes de son esthétique. S'il
concède une valeur aux œuvres de Zola et de Balzac et leurs efforts de fournir
le panorama d'une époque entière, il constate :

> Le tort de Zola réside là : c'est que non content d'exposer, il voulut prouver. Là encore
> d'ailleurs son antagoniste Bourget se rencontre avec lui. Bourget aussi veut prouver. Le
> lecteur, non l'auteur, doit conclure. La documentation de seconde main de Zola ne l'auto-
> risait pas à tirer des conclusions de thèses scientifiques, pas plus que M. Bourget, qui
> parle d'après des données expérimentales du professeur Dupré, mais qui s'est contenté

---

74 Pour un compte rendu des positions assumées, cf Philippe Baudorre : Zola, 1929–1935 ou
les ambiguïtés d'un retour de Zola, notamment p. 10–12.
75 Henry Poulaille : Réponse à l'enquête sur Emile Zola et la nouvelle génération. In : *Monde*
(2 novembre 1929). Les prochaines citations proviennent, sauf marquées différemment,
du même article.
76 Philippe Baudorre : Zola, 1929–1935 ou les ambiguïtés d'un retour de Zola, p. 12.

de les utiliser, échafaudant, lui aussi, un système, comme Zola l'avait fait d'après Claude Bernard.[77]

Comme chez Léon Lemonnier, *Nouvel Âge littéraire* condamne le scientisme de l'œuvre de Zola. Selon Poulaille, Zola dépasse son devoir d'écrivain en fournissant des systèmes théoriques qui pourraient expliquer l'action de ses personnages. Cela s'oppose à la littérature prolétarienne telle que Poulaille la conçoit : il la définit comme « témoignage » et comme « document » [78] des conditions de vie des ouvriers par des ouvriers. D'où le malaise de Poulaille face à Zola : d'un côté, il estime la documentation et l'exactitude qui est à la base des romans de Zola ; de l'autre, sa conception de littérature défend l'établissement d'hypothèse et le style argumentatif qui caractérise son œuvre. Il va aussi contre la représentation ‹ épique › du ‹ peuple › que Berl souligne.

C'est donc à ce niveau esthétique que la scission entre la littérature prolétarienne d'Henry Poulaille et celle d'Henri Barbusse et de *Monde* s'effectue : Henry Poulaille défend une esthétique se rapprochant du grand reportage.[79] Par conséquent, Henry Poulaille situe sa conception de la littérature prolétarienne dans la tradition du reportage social et ne veut qu'encourager de nouveaux écrivains issus de la classe ouvrière. Il se distingue donc du programme de la littérature prolétarienne que Barbusse propose dans *Monde* : celui-ci souligne d'un côté que la littérature prolétarienne devrait suivre l'exemple des auteurs américains et de la littérature de la Grande Guerre qui aurait effectué une révolution stylistique « sous le coup d'épaule de cette terrible simplicité de l'argot des tranchées » ; de l'autre, elle devrait reprendre l'héritage de la chanson et des traditions populaires.[80] Henri Barbusse ne cherche pas, de toute évidence, à promouvoir une littérature de témoignage comme Henry Poulaille. Il voit, en vérité, l'avenir de la littérature prolétarienne dans la continuation de ses propres efforts au plan esthétique – la référence à l'argot dans le roman

---

77 Henry Poulaille : *Nouvel âge littéraire*, p. 58, 59sq. et 63 (pour la citation).

78 ibid., p. 37 et 157.

79 L'intérêt pour le grand reportage se montre chez Poulaille aussi dans le fait qu'il rédige la préface de la réédition d'*Aubervilliers* dans *Le Peuple* en 1936. Cette préface est republié dans Henry Poulaille : *La littérature et le peuple*, édité par Jérôme Radwan. Bassac : Plein chant 2003, p. 19–26. *Aubervilliers*, roman posthume de Léon Bonneff publié la première fois en 1916, se présente sous la forme de plusieurs récits avec un grand nombre de personnages, dont seulement quelques-uns réapparaissent au fil du livre, et s'intègre parfaitement dans les reportages sociaux que les frères Bonneff ont publié au cours de la première décennie du XXᵉ siècle.

80 Henri Barbusse : Notre enquête sur la littérature prolétarienne. In : *Monde* (20 octobre 1928).

doit clairement faire allusion au *Feu*. Sa conception de la littérature prolétarienne hérite certes également de Zola, mais le style que Barbusse envisage
est situé dans la tradition moderniste.[81] Barbusse cherche donc une voie bien
étroite pour la littérature prolétarienne : il promeut dans *Monde* une littérature
prolétarienne qui exclut à la fois le témoignage et la propagande.[82] Néanmoins, il
cherche l'approbation du Parti communiste alors que Poulaille prend dès le début
ses distances par rapport à ce dernier.[83]

Ici réside aussi la raison de la troisième scission autour de la question du
réalisme littéraire, qui inclut une nouvelle prise de position face à l'œuvre
zolienne : effectivement, à partir de 1931, la ligne esthétique du Parti Communiste russe change. Au lieu du naturalisme et de Zola, les représentants du
PC commencent à valoriser davantage le réalisme balzacien, ce qui provoque
une prise de distance de celle-ci face à *Monde* et Henri Barbusse.[84] Ainsi, les
critiques communistes, tels que Jean Fréville dans *L'Humanité*, renoncent à
Émile Zola et relèvent bien plus l'incompréhension de cet auteur face à des
mouvements révolutionnaires. Fréville constate que

---

81 Jean-Pierre Morel : *Le roman insupportable*, p. 225.

82 Cf. également Philippe Baudorre : Zola, 1929–1935 ou les ambiguïtés d'un retour de Zola,
p. 14.

83 Jean-Pierre Morel : *Le roman insupportable*, p. 306–313.

84 Philippe Baudorre : Zola, 1929–1935 ou les ambiguïtés d'un retour de Zola, p. 17. Déjà
auparavant, en 1929, les tensions entre le Bureau international du Parti et Henri Barbusse montent car celui-ci insiste sur le fait que *Monde* reste indépendant des partis politiques alors que la
création de la revue a uniquement été possible grâce au soutien dont Barbusse jouissait auprès
du Parti Communiste russe. À partir du Congrès de Kharkov, qui a lieu entre le 6 et le 15 novembre
1930, la relation entre Barbusse et le Parti se détériore encore, étant donné que Barbusse ne veut
pas adhérer au projet de la formation d'une esthétique conforme à la ligne politique et prône toujours la stratégie du large rassemblement des intellectuels (Jean-Michel Péru : Une crise du
champ littéraire français . . . , p. 57). Cette revendication d'indépendance politique, qui se
reflète aussi dans le fait que *Monde* publie des articles de ‹ compagnons de route › et d'autres critiques et écrivains qui n'adhèrent pas à la ligne politique du PC, donne aux partisans communistes, parmi eux notamment Louis Aragon, l'impression que Barbusse est
contre-révolutionnaire ; dès lors, il devient nécessaire de trouver une autre esthétique s'appuyant sur d'autres modèles littéraires afin de pouvoir proposer un modèle alternatif de la
littérature révolutionnaire. En effet, dès 1929 et l'hostilité évidente entre les surréalistes et
Henri Barbusse, l'étiquette de « littérature révolutionnaire » devient un enjeu de plus en
plus discuté, même au plan international, surtout au moment où Aragon est exclu des surréalistes et endosse le rôle de porte-parole des écrivains communistes : en résulte que l'esthétique de *Monde* et avec celle-ci l'héritage zolien sont de moins en moins considérés
comme moyens d'approcher la littérature de la révolution (cf. Jean-Pierre Morel : *Le roman insupportable*, p. 281–288).

Zola n'est qu'un petit-bourgeois démocrate dont le socialisme n'est qu'une effusion humanitaire, comme celui de Hugo dans *Les Misérables*. [. . .] Zola n'a pas compris l'importance de la Commune de 1871. Cette incompréhension de la Commune et du mouvement
ouvrier révolutionnaire en général le conduit à des inexactitudes, à des insuffisances
dans ses descriptions et ses portraits.[85]

Zola ne serait donc, selon Fréville, acceptable comme modèle que dans quelques romans choisis, étant donné que son incompétence bourgeoise l'empêcherait de jauger les mouvements révolutionnaires. La position de Fréville est
particulièrement importante sachant qu'à partir de 1932, il assume le poste de
directeur littéraire de *L'Humanité* et défend la position de l'orthodoxie marxiste.[86] Fréville, Aragon et Nizan commencent à partir de 1932 à décaler l'attention portée jusqu'ici à la littérature prolétarienne vers le réalisme socialiste et
choisissent Balzac comme modèle, qui, tout comme Zola d'ailleurs, doit être dé-
barrassé de son statut de bourgeois. Le grand avantage du modèle balzacien
comparé à Zola serait la tendance du premier écrivain à fournir une approche
plus ‹ pédagogique › : dans la critique marxiste, Balzac apparaît comme un écrivain qui donne une explication d'ordre historique aux actions représentées.[87]
En effet, selon Fréville, l'erreur de la littérature prolétarienne est justement
l'abandon de l'ouvrier après la représentation de ses conditions de vie par
omission de la lutte des classes à promouvoir.[88]

Cette critique de la littérature prolétarienne n'épargne pas non plus son
modèle littéraire, Émile Zola. L'avantage d'un autre héritage, l'échange même
du naturalisme contre le modèle de Balzac, est d'accompagner mieux le lecteur
dans sa prise de conscience de sa situation sociale et de lui montrer comment il
devrait agir. Vers 1932, les critiques communistes se tournent donc vers une littérature qui théorise davantage et abandonne le modèle de la littérature prolétarienne en faveur d'un réalisme encore plus synthétique que Zola.

Si l'on peut donc constater la cohérence de l'esthétique littéraire dans tous
les mouvements au sein du champ littéraire, les différentes prises de position
face à Zola témoignent de la grande confusion et de la diversité des moyens en
vue de réaliser le retour à l'écriture réaliste. C'est à partir de la prise de position
face à l'héritage de Zola que les groupes littéraires se différencient – alors que

---

85 Jean Fréville : Zola et nous. In : *L'Humanité* (24 mars 1931).

86 Philippe Baudorre : Zola, 1929–1935 ou les ambiguïtés d'un retour de Zola, p. 18.

87 Les traces d'une telle réception des deux ouvrages se trouvent également chez le critique
marxiste Georg Lukács, qui considère Balzac comme le représentant idéal du « grand réalisme
authentique » à cause de sa mise en scène de types sociaux, cf. Georg Lukács : *Balzac et le
réalisme français*, traduit par Paul Laveau. Paris : François Maspéro 1967, p. 9.

88 Jean Fréville : Une littérature de soumission. In : *L'Humanité* (2 février 1932).

leurs objectifs restent généralement les mêmes. En effet, les critiques esthétiques prononcées dans les débats s'expliquent bien davantage par les effets du champ littéraire et des prises de position ébauchés : les paradigmes esthétiques attaquées sont avant tout des symboles pour les positions et les postures occupées au sein du champ.

Au fond, le groupe populiste ne défend donc pas d'esthétique iconoclaste. Cela explique également l'emphase sur le ‹ retour › à des modèles antérieurs et, pour ainsi dire, l'avant-gardisme modéré de Lemonnier et Thérive.[89] La situation est différente pour Poulaille : la représentation du ‹ peuple › exige pour lui l'introduction d'un « ton » authentique dans la littérature. Mais encore une fois, l'esthétique ne s'explique pas tellement par le changement de paradigmes littéraires, mais par l'échange du personnel que Poulaille souhaite avec l'introduction de nouvelles voix et d'écrivains issus de la classe ouvrière. Enfin, à partir de 1931 les écrivains communistes se séparent peu à peu des groupes néo-naturalistes en préférant Balzac au lieu de Zola ainsi que la terminologie marxiste de ‹ prolétariat › et ‹ classes prolétaires › au lieu de ‹ peuple ›. Néanmoins, l'esthétique communiste ne s'éloigne pas beaucoup.

La considération des modèles littéraires et l'appréciation différente des écrivains canonisés par les nouveaux entrants au champ en 1930 montrent donc la complexité de la composition du champ, alors que le paradigme littéraire de l'écriture réaliste reste très homogène. La diversité des groupements et des positions à prendre dans le champ littéraire deviendra encore plus nette en regardant les revues littéraires et comment elles abordent la question du ‹ peuple › littéraire.

2.3 La création d'un public : organes de presse et revues

L'exemple de l'enquête sur « Émile Zola et la jeune génération » a illustré la manière dont les groupes littéraires se forment à partir d'enquêtes et de manifestes publiés dans les revues culturelles. Les revues sont le lieu où se jouent l'apparition des groupes littéraires et leur distinction respective. Par conséquent, il importe de regarder attentivement ces publications et leur position

---

89 Lemonnier souligne au début de son *Manifeste* que « [c]omme toute réaction, selon ce mouvement de balancier qui règle les événements historiques, elle [i. e. la nouvelle littérature] doit être un retour à une tradition plus ancienne. Elle doit s'inspirer d'un mouvement immédiatement antérieur. Elle doit aussi s'en distinguer. » (Léon Lemonnier : *Manifeste du roman populiste*, p. 16). Malgré le besoin de se distinguer, Lemonnier caractérise donc le roman populiste davantage comme une reprise de la littérature naturaliste.

politique afin de mieux comprendre la signification des enquêtes et du vocabulaire utilisé. Ainsi, un groupe littéraire peut hériter non seulement d'un certain style, mais peut aussi adopter de manière indirecte une certaine direction
politique extérieure du champ littéraire et un certain emplacement au sein de
celui-ci à partir des directives des revues qui lui donnent une plateforme où se
manifester. Plusieurs questions doivent donc être prises en compte : comment
les revues littéraires de l'entre-deux-guerres emploient-elles le terme de ‹ peuple › ?
Quelle vision de la littérature défendent-elles ? Quelles positions assument-elles
et comment transfèrent-elles leurs positions aux écrivains qui s'y expriment ? Et
comment les écrivains influent-ils sur les positions des revues ?

2.3.1 L'Œuvre, La Grande Revue, Les Nouvelles littéraires : les revues proches du roman populiste

Il faut rappeler d'emblée que le roman populiste a été fondé par deux écrivains
qui sont également actifs dans les genres journalistiques. Nous rencontrons en
premier lieu l'un des écrivains qui illustre, selon Lemonnier, le mieux le roman
populiste : André Thérive. En effet, l'auteur du *Charbon ardent* fait carrière
comme l'un des chroniqueurs les plus influents des années 1920 et 1930, notamment par ses chroniques grammaticales qui paraissent dans *L'Opinion*, *Le
Temps* et plus tard dans *Les Nouvelles littéraires*, mais aussi par ses critiques
littéraires dans les mêmes journaux ainsi que dans *Comœdia*[90] Dans toute cette
production publiée dans la presse, il plaide pour une séparation nette entre le
langage parlé et la langue écrite[91] qui doit continuer à se soumettre aux règles
grammaticales traditionnelles. André Thérive assume ainsi, à l'échelle linguistique, la posture du conservateur proclamé. Cette prise de position va de pair
avec sa sympathie pour l'extrême droite. Il débute dans le champ littéraire
en 1920 en proximité des critiques littéraires de *L'Action française*[92] en exigeant l'installation de l'« ordre »[93] dans la littérature. Ainsi, il suggère aux poètes

---

90 Jérôme Meizoz : *L'Âge du roman parlant: (1919–1939) ; écrivains, critiques, linguistes et pédagogues en débat*. Genève : Droz 2001, p. 164.
91 Cf. Thérive publié au cours des années 1920 un recueil de sa rubrique de grammaire, cf.
André Thérive : *Le Français, langue morte ?* Paris : Plon 1923 et les explications à propos du
purisme de Thérive chez Jérôme Meizoz : *L'Âge du roman parlant*, p. 157–73.
92 Cf. Michael Einfalt : *Nation, Gott und Modernität . . .* , notamment p. 66–69.
93 André Thérive : La poésie sans fil. In : *La Revue critique des idées et des livres* XXX, 179 (25
décembre 1920), p. 651–662, p. 653.

avant-gardistes qui suivent l'exemple de Mallarmé d'abandonner complètement la langue française, étant donné qu'ils la massacreraient de toute façon :

> Regrettons qu'un gouvernement solide ne puisse faire à cette occasion un pur règlement de police et interdire à X. . . ou Y. . . d'écrire un mot dans la langue de La Fontaine, ou même de Larousse. Mais par la persuasion, prions-les de choisir dans les sabirs, les patois créoles ou les dialectes annamites un parler sans syntaxe qui ne les puisse gêner ainsi. Il y a de si jolis poèmes en petit nègre ! Et la grammaire du Peuhl est si aisée ! Si donc ils s'obstinent à vouloir disloquer notre langage, ce sera pure perversion, à châtier légitimement.[94]

Peu après la Première Guerre mondiale, Thérive prend donc une position traditionaliste dans le champ littéraire. Comme le montre la citation ci-dessus, son purisme littéraire ne s'explique pas uniquement par un parti pris esthétique, mais par une prise de position conservatrice : pour André Thérive, l'avant-gardisme poétique, les jeux de mots et les onomatopées qui distinguent le futurisme et dada, mais aussi Jean Cocteau et Blaise Cendrars qui sont également attaqués dans l'article, représentent une offense contre les valeurs françaises ; l'avant-gardisme littéraire et artistique équivaut à ses yeux à une trahison du patriotisme. En signalant la valeur antipatriotique de la poésie avant-gardiste, Thérive montre que le devoir du critique conservateur n'est pas uniquement de diffuser ou de divulguer la littérature pour le public, mais à son avis, le devoir du critique réside dans la défense de la culture nationale et dans la conservation des valeurs françaises, opinion répandue parmi les critiques de la droite.[95]

Mais en vérité, Thérive ne prend pas beaucoup d'initiatives pour lancer le roman populiste comme mouvement. Il serait erroné de considérer Thérive comme le véritable chef de file du groupe autour du *Manifeste du roman populiste*. C'est Lemonnier seul[96] qui publie l'article fondateur du populisme dans le

---

94 ibid., p. 661.

95 Michael Einfalt : *Nation, Gott und Modernität* . . . , p. 69. Henri Massis écrit même dans *La Revue universelle* un an après que le critique littéraire doit représenter la « police des lettrés » (Henri Massis : Les chapelles littéraires. In : *La Revue universelle* 5 (1921), p. 221–236, p. 223).

96 Il faut néanmoins souligner que l'entrée favorable au champ littéraire de Lemonnier est garantie par les critiques positives de Thérive : Dans un entretien antérieur avec Lefèvre, Thérive affirme ainsi : « Il faut faire des romans sur le peuple. J'ai la joie d'avoir presque découvert et aidé dans la mesure de mes forces deux jeunes romanciers, Jean Louwick, l'auteur d'*Un cœur tendre* et Léon Lemonnier, l'auteur de *La femme sans péché* et de *La maîtresse au cœur simple*. Ce dernier est nettement apparenté à Maupassant » (Frédéric Lefèvre : Une heure avec M. André Thérive. In : *Les Nouvelles littéraires, artistiques et scientifiques* (23 juin 1928)). L'année précédente, Thérive promeut déjà les deux auteurs en des termes presque identiques (André Thérive : Plaidoyer pour le naturalisme. In : *Comœdia* (5 mars 1927)). De cette manière,

quotidien *L'Œuvre* du 27 août 1929[97] ; par la suite, il est aussi l'unique signa-
taire des articles successifs dans *La Revue mondiale*, *L'Œuvre*, *Le Mercure de
France* et *Les Nouvelles littéraires* qui étendent le premier manifeste et qui
culminent finalement dans le *Manifeste du roman populiste* et *Populisme*.[98] Certes, Lemonnier cite dès son premier article André Thérive comme « chef » que
les derniers romans « ont placé au premier rang de la génération montante »,[99]
mais il ne faut pas oublier que c'est Lemonnier qui écrit presque la totalité des
textes qui esquissent le projet du roman populiste. Au niveau théorique, le
roman populiste est donc le produit d'un écrivain et critique presque inconnu
dans le champ littéraire. Le nom d'André Thérive ne lui sert qu'à légitimer son
projet.

La faible notoriété de Lemonnier ne l'empêcha cependant pas de répandre
assez largement la nouvelle de la fondation du roman populiste comme en
témoignent les revues et les quotidiens qui publièrent ses articles à partir de
fin août 1929. Ce sont notamment trois publications périodiques qui sont essentielles pour comprendre la manière dont le *Manifeste* de Lemonnier est
reçu et qui co-déterminent sa position dans le champ littéraire : *L'Œuvre*, *Les
Nouvelles littéraires* et *La Grande Revue*.

En premier lieu, il faut revenir au quotidien *L'Œuvre* sous la direction de
Gustave Téry qui publie le premier article de Lemonnier et stipule dans la manchette du numéro du 15 octobre 1929 que c'est *L'Œuvre* qui « a lancé le mouvement littéraire dont on parle : le POPULISME ». Gustave Téry créa *L'Œuvre* en
1904 comme périodique mensuel d'information, notamment du domaine culturel. Il jouissait d'un si grand succès que le journal devint en 1910 un hebdomadaire et un quotidien à partir de 1915. Pendant l'entre-deux-guerres, le journal
attirait un lectorat assez vaste et augmentait continuellement ses tirages.[100]
La ligne éditoriale du journal, quant à elle, demeurait assez incertaine, et se

---

Thérive anticipe le *Manifeste du roman populiste* et ne témoigne pas uniquement de son soutien pour Lemonnier, mais signale aussi l'auteur au public des *Nouvelles littéraires*.

97 Léon Lemonnier : Un manifeste littéraire : le roman populiste. In : *L'Œuvre* (27 août 1929).

98 Voici l'ordre exact des publications de Lemonnier à propos du roman populiste avant le
Manifeste chez La Centaine : Léon Lemonnier : Du naturalisme au populisme. In : *La Revue
mondiale* (1 octobre 1929) ; Léon Lemonnier : Populistes d'hier et de demain. In : *L'Œuvre* (15
octobre 1929) ; Léon Lemonnier : Le roman populiste. In : *Le Mercure de France* (15 novembre
1929), p. 5–19 ; Léon Lemonnier : Populisme. In : *Les Nouvelles littéraires, artistiques et scientifiques* (18 janvier 1930).

99 Léon Lemonnier : Un manifeste littéraire : le roman populiste.

100 Pierre Albert signale que *L'Œuvre* fut pendant l'entre-deux-guerres « le plus grand organe
du radicalisme » de gauche et « tirait régulièrement plus de 200 000 exemplaires » (Pierre Albert : *Histoire de la presse*. Paris : Presses Univ. de France 2010, p. 97).

laissait le mieux caractériser à partir de deux incidents majeurs : d'une part, le journal s'impliqua largement dans l'affaire Bernstein de 1911 et fit preuve d'un antisémitisme acharné ; d'autre part, *L'Œuvre* publia à partir d'août 1916 le roman de guerre *Le Feu* d'Henri Barbusse et devint ainsi un organe majeur de la presse pacifiste. Dans les deux cas, Gustave Téry cherchait, à l'aide de son journal, à attirer l'attention d'un large public par des actions spectaculaires.[101]

Si la position antisémite de Téry rapproche d'abord *L'Œuvre* de *L'Action française*, ils ne partagent pas pour le reste les mêmes convictions politiques : *L'Œuvre* a la prétention d'être un journal « nationaliste de tendance républicaine et vaguement socialisante »[102] et Gustave Téry prend soin de montrer comment l'antisémitisme et le socialisme poursuivent le même but.[103] Cette association à la gauche politique permet aussi la publication du *Feu* de Barbusse dans *L'Œuvre* : les chroniques du journal mettent leur espoir dans l'essor du socialisme pour finir la guerre, ce qui correspond au message du roman.[104] Par ailleurs, *L'Œuvre* établit le même rapport entre le pacifisme et l'imaginaire de la guerre contre l'Allemagne comme la guerre ultime contre l'oppression du ‹ peuple ›.[105] *L'Œuvre* prend donc soin de cultiver un profil de gauche : au niveau de la littérature, le journal promeut le roman-témoignage de Barbusse qui doit conduire le lecteur à adopter une conviction pacifiste face à la guerre et à légitimer la guerre uniquement comme dernier moyen d'extinction de l'oppression du ‹ peuple ›, devant lutter dans une guerre commandée par une élite impérialiste et inatteignable.

En publiant son premier article à propos du roman populiste, Léon Lemonnier s'inscrit dans le sillage du *Feu* d'Henri Barbusse et hérite de son

---

101 Dans le premier cas, *L'Œuvre* dénonce la représentation d'une pièce de théâtre d'Henry Bernstein que Téry ne tarde pas à appeler, dans une brochure publiée en 1911, *Le Juif déserteur*. De surcroît, Gustave Téry s'introduit avec des amis dans une représentation de la pièce à la Comédie française et crée un tumulte ce qui conduit à son arrestation. Cette action antisémite est accueillie de manière enthousiaste par *L'Action française* qui revendique les manifestations contre Bernstein et continue l'attaque de l'auteur jusqu'à ce que la pièce soit annulée du programme (Laurent Joly : Les débuts de l'*Action française* (1899–1914) ou l'élaboration d'un nationalisme antisémite. In : *Revue historique* 639 (2006), p. 695–718, p. 706).
102 ibid.
103 Gustave Téry : Les Vrais Socialistes doivent être Antisémites. In : *L'Œuvre* (23 mars 1911).
104 Benjamin Gilles : L'horizon d'attente à l'épreuve de la guerre : lire Le Feu d'Henri Barbusse (1916–1918). In : *Revue d'histoire littéraire de la France* 115, 4 (31 décembre 2015), p. 883–892, p. 887sq.
105 Dans *Le Feu*, Barbusse prête l'affirmation suivante à un soldat anonyme : « Faut tuer la guerre, [. . .] faut tuer la guerre dans le ventre de l'Allemagne ! » (Henri Barbusse : *Le Feu. Journal d'une escouade*. Paris : Gallimard 2013, p. 476).

éthos démocratique[106] qui cherche à unir l'expression littéraire à la fonction de représentation sociale du ‹ peuple ›. De cette façon, Lemonnier cherche à renforcer la légitimité du roman populiste ; mais comme effet secondaire, le roman populiste reprend, *a fortiori* de par son appellation qui suggère un contexte politique, la situation politique floue du journal, entre l'extrême droite et le radicalisme de gauche.

L'Œuvre n'est cependant qu'une première étape pour le positionnement du roman populiste dans le champ littéraire : mis à part les deux articles cités de Lemonnier, le quotidien ne publie pas d'autres critiques ou des comptes rendus autour du roman populiste. La nouvelle étiquette littéraire prend son véritable envol à partir de l'enquête déjà citée à propos de Zola dans *Monde* : cette première enquête entraîne ensuite la publication de quatre autres enquêtes dans les revues *La Revue mondiale*, dans *Savoir et beauté*, dans *Les Nouvelles littéraires* et dans *La Grande Revue* ;[107] de ces quatre enquêtes il ne faut cependant retenir que la première et les deux dernières parce que celle dans la revue belge *Savoir et beauté* ne provoque que très peu de réponses d'auteurs peu connus,[108] autant à l'époque qu'aujourd'hui, étant donné qu'il s'agit surtout d'auteurs régionaux belges qui étaient marginalisés dans le champ littéraire francophone, centralisé à Paris.

La situation se présente d'une manière différente pour l'enquête de *La Revue mondiale*. Cette revue, qui succède en 1919 à la *Revue des revues*, est dirigé à partir de 1924 par le romancier Louis-Jean Finot, fils du philosophe antiraciste et du directeur précédent de la revue, Jean Finot. Par la figure de son ancien directeur[109] ainsi que par ses contenus, la revue se situe au pôle de la

---

106 Pour ce terme, cf. Gisèle Sapiro : Droits et devoirs de la fiction littéraire en régime démocratique : du réalisme à l'autofiction. In : *Revue critique de fixxion française contemporaine* 6 (5 juillet 2013), p. 97–110.

107 Dans cette partie, j'ai notamment recours à Jean-Pierre A. Bernard : *Le Parti Communiste Français et la question littéraire: 1921–1939*. Grenoble : Presses Univ. de Grenoble 1972, p. 28–33.

108 La seule exception est l'auteur belge André Baillon, qui, du reste, montre notamment ses réticences face à une école populiste. A propos de la position de Baillon par rapport au roman populiste, cf. Maria Chiara Gnocchi : André Baillon, auteur populiste belge ? In : *Études littéraires* 44, 2 (2013), p. 71–83.

109 Jean Finot demeure longtemps après sa mort une autorité dans les débats à propos du racisme et sa position en faveur de l'égalité des droits pour tous est une position forte dans la première moitié du XXe siècle, comme l'affirme Pierre-André Taguieff : Du racisme au mot « race » : comment les éliminer ? [Sur les premiers débats et les premières Déclarations de l'Unesco (1949–1951) concernant la « race » et le racisme]. In : *Mots. Les langages du politique* 33, 1 (1992), p. 215–239, p. 222, note 1.

production restreinte, bien qu'elle n'atteigne pas la position d'autorité de la *NRF* : la revue s'emmêle certainement dans des débats politiques, mais les contributeurs gardent toujours une certaine distance intellectuelle et ont recours à des valeurs humanistes plutôt qu'a une prise de position politique nette. Léon Lemonnier essaie consciemment de se rapprocher de la position de la revue dès le début de son mouvement en 1929 en soulignant dans un article dans *La Revue mondiale* que le roman *L'Allumeuse* de Louis-Jean Finot, publié dans la même année, serait un exemple représentatif du populisme littéraire.[110] Cette tentative de se rapprocher de la ligne éditoriale de la revue semble couronnée de succès, étant donné que le prochain numéro de *La Revue mondiale* amorce une enquête sur le roman populiste et les écoles littéraires.

L'enquête de *La Revue mondiale*[111] comprend trois questions et semble, dans un premier temps, seulement poser la question de savoir si les écoles littéraires disposent encore d'une certaine influence sur les œuvres littéraires. En regardant de plus près les questions et la formulation de celles-ci, l'enquête se démasque cependant comme une publicité pour la formation d'une école populiste :

> 1° Les « valeurs nouvelles » ne vous paraissent-elles pas déjà vieilles, tellement rapide fut leur croissance, éclatante leur fortune ? Est-ce votre sentiment qu'il n'y aura plus bientôt que poncifs dans les excès d'analyse, les parti-pris d'originalité et d'obscurité, les contorsions d'écriture qui ont trouvé leur vogue à la faveur d'un snobisme littéraire enclin à consacrer les *gens chics*, les *oisifs vicieux* dont les cas, souvent pénibles, nous sont exposés selon les rites de l'évangile freudien ou proustien ?

> 2° *Gens chics, oisifs vicieux*, contre ceux-ci s'élève le récent manifeste du *Populisme*. Si c'est votre avis qu'en voilà assez de faire des « prisonnières », de ramener des « prisonniers », de restreindre l'union des sexes aux couples incestueux, autant de héros d'un certain grand monde, et qu'il est temps d'en revenir à des milieux simples et frustes, ne souscrivez-vous pas au manifeste des écrivains populistes dont M. Léon Lemonnier, interprète de M. André Thérive, dans l'*Œuvre* et dans la *Revue Mondiale* a exprimé le désir, la devise : « faire vrai et non point bizarre » ?

> 3° Si le Populisme ne répond pas à vos aspirations, et dans le cas où vous auriez à écrire un manifeste, que mettriez-vous, en bref, dans celui-ci ?[112]

L'enquête ne concerne donc en rien la question générale posée dans le titre : l'enquête n'est que l'attaque de la littérature psychologique et du modèle proustien du roman ainsi que la présentation du roman populiste comme alternative. Le style suggestif de l'interrogation clarifie, en outre, la position de l'enquêteur

---

110 Léon Lemonnier : Du naturalisme au populisme, p. 284.
111 Gaston Picard : Faut-il revenir aux Écoles littéraires ? In : *La Revue mondiale* (15 novembre 1929), p. 233–263, 343–367.
112 ibid., p. 233sq., italiques reprises de l'original.

et les réponses qu'il attend :[113] la négation dans la première question suscite une réponse affirmative. La deuxième question présente ensuite le roman populiste comme antithèse ce qui doit provoquer la sympathie du public. Enfin, la troisième question est plus courte et moins précise ce qui souligne qu'elle n'est pas au centre de l'interrogation. On peut donc récapituler que le premier intérêt de Gaston Picard est de promouvoir le roman populiste.

Quant aux réponses, la plupart des auteurs qui en envoient sont aussi inconnus que dans *Savoir et beauté* et s'il y a une réponse d'un plus grand nom de la littérature, comme c'est le cas de la réponse de Romain Rolland, elle n'est guère significative : l'auteur cité communique dans sa réponse qu'il se tient par principe à l'écart des débats littéraires, ce que l'enquêteur Gaston Picard ne commente qu'avec un clin d'œil à l'essai *Au-dessus de la mêlée*.[114] Une grande partie des auteurs moins connus, en revanche, profitent de la situation pour témoigner de leur sympathie pour le concept de roman populiste ou confirment qu'ils ont toujours écrits des romans populistes sans avoir employé cette expression. Ainsi, Jehan Rictus de s'écrier : « Et qui donc, autant que moi, n'approuverais le ‹ Populisme › ? N'ai-je pas dressé une œuvre à la gloire de la Langue populaire *parlée* ? » ; Jean Gaument et Camille Cé signalent leur œuvre littéraire qui précéderait le *Manifeste*.[115] De ce point de vue, ils répondent comme les questions de l'enquête leur ont suggéré.

Si la plupart des auteurs se montrent donc intéressés ou même adhérents de l'esthétique du roman populiste, ils se prononcent, en revanche, majoritairement contre une école populiste : en effet, les auteurs interrogés expriment généralement leur méfiance envers les écoles littéraires et les programmes imposés. Ernest Prévost le dit le plus clairement : « Je ne suis pas pour les écoles. Je n'ai jamais cru aux écoles. [. . .] Un écrivain vrai, naturel, probe, peut donner toute sa valeur sans s'inféoder à un cénacle et captiver la foule sans lui conter fleurette ».[116] Autrement dit, les écrivains comme Prévost veulent garder leur autonomie créative et ne sont donc pas prêts à se soumettre strictement à un programme esthétique. Pour cette raison, ils soulignent l'importance du style et

---

113 Jean-Pierre A. Bernard : *Le Parti Communiste Français et la question littéraire*, p. 30.

114 Gaston Picard : Faut-il revenir aux Écoles littéraires ?, p. 259. L'enquête publie les réponses de 49 écrivains français, parmi eux, et à part Romain Rolland, le lauréat du prix Goncourt 1928, Maurice Constantin-Weyer, le romancier et reporter de la revue de gauche *Europe* Luc Durtain, le lauréat du prix Goncourt 1925, Maurice Genevoix, le poète populaire Jehan Rictus, le critique littéraire Camille Mauclair ou l'écrivain de droite Henry de Montherlant.

115 ibid., p. 250 et 347–350.

116 ibid., p. 353. Un autre exemple est Élie Richard qui exige, malgré sa sympathie pour les valeurs du roman populiste que l'on « laisse[. . .] donc toute la liberté à chacun » (ibid., p. 357).

de l'approche individuels, ils n'acceptent aucune restriction dans leurs choix créatifs. Néanmoins, rares sont les réponses qui nient l'importance du populisme littéraire : le réalisme et la mise en scène de personnages ‹ simples › sont acceptés sans hésitation comme paradigmes littéraires.

En outre, l'enquêteur Gaston Picard revient dans sa conclusion sur les opinions prononcées et ajoute tout à la fin sa propre vision de la question et souligne l'importance de l'existence des écoles littéraires, contrairement au jugement des auteurs : « Et dire qu'un beau livre comme le *Charbon ardent* survivra au manifeste du Populisme, n'est pas tout à fait exact. Le livre aura sa place entre les mains du lecteur, le manifeste entre dans l'histoire littéraire ».[117] Autrement dit, Gaston Picard établit une distinction entre la création littéraire, qui doit se positionner dans le champ littéraire, et les écoles littéraires qui intéressent davantage les historiens des Lettres et trouvent, pour cette raison, leur légitimité dans un autre contexte. Son enquête lance donc véritablement le débat autour du roman populiste.

En effet, Georges Charensol, qui s'est prononcé contre le roman populiste et pour le « bizarre »[118] dans l'enquête de Picard, fournit un compte rendu à l'hebdomadaire culturel très populaire à l'époque, *Les Nouvelles littéraires*.[119] Ce compte rendu est d'autant plus important pour Lemonnier que *Les Nouvelles littéraires* est un agent de premier plan au sein du champ littéraire : l'hebdomadaire est publié pour la première fois en 1922 et jouit rapidement d'un certain succès parmi le public intéressé, ce qui rend possible la rentabilisation de la revue à partir de 1925 ainsi qu'un tirage de 125 000 exemplaires.[120] Dirigé par l'écrivain Maurice Martin du Gard, l'hebdomadaire poursuit une ligne éditoriale de divulgation : la revue s'adresse à un large public par le prix relativement bas et par le format qui se rapproche de celui d'un quotidien classique ; les articles, en revanche, sont d'une grande variété et acquièrent en partie la profondeur des revues littéraires classiques.[121] *Les Nouvelles littéraires* introduisent, par ailleurs, un nouveau genre d'articles dans une revue littéraire, à savoir celui de l'actualité littéraire.[122] C'est dans ce cadre que le journaliste Frédéric Lefèvre,

---

117 Gaston Picard : Faut-il revenir aux Écoles littéraires ?, p. 367.

118 ibid., p. 344.

119 Georges Charensol : Écoles et populisme. In : *Les Nouvelles littéraires, artistiques et scientifiques* (28 décembre 1929).

120 Yvon Houssais : *Les Nouvelles littéraires* ou l'invention de l'actualité. In : *« Les Nouvelles littéraires : une idée de littérature ? »* (17 février 2012), en ligne, voir notamment le dernier paragraphe.

121 ibid., paragraphe 7.

122 Il s'agit d'une rubrique qui comprend des reportages à propos des personnalités littéraires, des décès, des débats, mais aussi des prix littéraires (ibid., paragraphes 8–21).

cofondateur de la revue, introduit dans les pages des *Nouvelles littéraires* ses entretiens-reportages sous le titre d'« Une heure avec . . . ». Ses entretiens montrent de manière exemplaire la position de la revue dans le champ littéraire : Lefèvre rend visite à des auteurs de renommée et cherche à brosser leur portrait à partir d'une interrogation sur les préférences littéraires, mais aussi par l'observation du foyer de l'écrivain.[123] Par conséquent, *Les Nouvelles littéraires* se situent dans l'entre-deux entre la production restreinte et la grande production du champ littéraire ; l'hebdomadaire publie des analyses profondes, des portraits d'écrivains et des articles qui ont la fonction de publicité pour des œuvres littéraires ; *Les Nouvelles littéraires* ont la prétention de couvrir toute l'actualité littéraire pour le grand public. Rendre compte de l'enquête sur le roman populiste dans cette revue signifie donc une vaste divulgation de l'étiquette littéraire.

Suite au compte rendu, *Les Nouvelles littéraires* engagent leur propre enquête qui porte, selon le titre, sur le roman paysan et la littérature prolétarienne ;[124] la rédaction de la revue présente l'enquête comme le résultat d'une correspondance entre Francis Jammes et Henri Pourrat et cherche à comprendre « si cette tendance, qui semble porter aujourd'hui les romanciers vers le peuple et la vie des champs leur apparaissait comme un courant nouveau dans la littérature française ou si ce n'était là qu'un fait épisodique et sans conséquences profondes. »[125] Comme le titre le laisse deviner, la lettre de Jammes se focalise notamment sur la littérature paysanne ; dans les réponses qui suivent, en revanche, il est davantage question du mouvement populiste, souvent confondu avec l'effort de la création d'une littérature prolétarienne et du roman paysan. C'est, par exemple, le cas dans la réponse de Lucien Gachon qui reconnaît l'importance d'un retour au réalisme littéraire[126] ou dans la réponse d'Henri Pourrat qui clôt l'enquête. Celui-ci constate que

[l]e mot populisme manque de grâce, et la chose peut être aussi naïve que le régionalisme. Mieux serait simplement d'être des *hommes de la campagne*. Mais vive le populisme, si cela doit signifier d'abord qu'on songe à ce public qu'est

---

123 Catherine Helbert : Frédéric Lefèvre et *Les Nouvelles littéraires*. In : *« Les Nouvelles littéraires : une idée de littérature ? »* (17 février 2012), en ligne, paragraphes 13–18.

124 Francis Jammes : Lettre de Francis Jammes à Henry Pourrat sur le roman paysan. In : *Les Nouvelles littéraires, artistiques et scientifiques* (26 juillet 1930), Paris ; les réponses à l'enquête sont publiées jusqu'au 13 septembre de la même année.

125 ibid., p. 1.

126 Lucien Gachon : Réponse à l'enquête *Roman paysan et littérature prolétarienne*. In : *Les Nouvelles littéraires, artistiques et scientifiques* (30 août 1930).

l'« élite des humbles » ; celui des gens de petite ville et des paysans pour qui Alain-Fournier voulait qu'on écrivît.[127]

De manière plus abstraite, cette confusion des différents mouvements s'explique déjà par l'angle de la question qui les associe, ainsi que par le fait que la vaste majorité des auteurs ne voient pas d'intérêt dans la fondation d'écoles,[128] mais dans le retour esthétique au ‹ peuple ›, ou, comme dans le cas de Pourrat, dans l'adresse à un nouveau public.

En général, l'enquête dans *Les Nouvelles littéraires* ne provoque pas de nouvelles réactions face au roman populiste :[129] celui-ci est toujours considéré comme une école littéraire potentiellement trop restrictive et en général peu nécessaire pour le bon développement de la littérature française. Cependant, le retour de la littérature au ‹ peuple ›, dans ce cas notamment l'intérêt d'écrire des romans pour les défavorisés et les moins instruits parmi la population française, est généralement considéré important. Comme dans *La Revue mondiale*, les écrivains trouvent que le projet du roman populiste est pertinent, mais prennent bien soin de garder leur autonomie. La plupart des écrivains comprennent cependant mal le roman populiste. Si l'hebdomadaire diffuse donc cette étiquette littéraire, il ne le présente pourtant pas correctement.

La diffusion rapide de l'étiquette de roman populiste permet cependant à Lemonnier de placer également dès janvier 1930 un article dans les pages de la revue qui précise la portée du roman populiste.[130] De surcroît, en corrélation avec la création du Prix du roman populiste en 1931, Frédéric Lefèvre interviewe André Thérive, comme déjà mentionné plus haut, et garantit ainsi une certaine visibilité au roman populiste.[131] Mais en vérité, Lefèvre soutient depuis longtemps les efforts de Lemonnier : il publie une série de critiques de romans dans

---

127 Henri Pourrat : Réponse à l'enquête *Roman paysan et littérature prolétarienne*. In : *Les Nouvelles littéraires, artistiques et scientifiques* (13 septembre 1930), italiques reprises de l'original.

128 À titre d'exemple, on peut citer Maurice Genevoix : Réponse à l'enquête *Roman paysan et littérature prolétarienne*. In : *Les Nouvelles littéraires, artistiques et scientifiques* (2 août 1930) : « Peut-être, cette nouvelle tendance populiste, prolétarienne, que vous signalez est-elle un indice politique intéressant (en-encore [sic !] n'en suis-je pas trop sûr) ; mais au point de vue littéraire, je ne la crois pas très importante ».

129 Cf. également Jean-Pierre A. Bernard : *Le Parti Communiste Français et la question littéraire*, p. 31.

130 Léon Lemonnier : *Populisme*.

131 Frédéric Lefèvre : Une heure avec M. André Thérive. In : *Les Nouvelles littéraires, artistiques et scientifiques* (17 janvier 1931).

la revue *La Voix* dans lesquels il discute l'étiquette et sa portée ;[132] de plus, il dirige un entretien radiophonique que Lemonnier intégrera plus tard dans *Populisme* ;[133] enfin, Lemonnier analyse le roman de Lefèvre *Samson, fils de Samson* comme un exemple du roman populiste.[134] En conséquence, l'entourage des *Nouvelles littéraires*, mais notamment Frédéric Lefèvre, prête un soutien considérable à la divulgation de l'étiquette littéraire et la transforme aussi d'une certaine façon : suite aux résultats de l'enquête, Lemonnier prend de plus en plus de recul par rapport à l'idée de fonder une école littéraire qui assumerait l'étiquette de populisme : dans son article pour le *Mercure de France* en 1929, il confirme avoir fondé une « école populiste » avec son article paru dans l'*Œuvre*,[135] mais dans *Populisme* de 1931, la situation se présente de manière beaucoup plus complexe, car Lemonnier affirme d'abord que Thérive et lui auraient développé le « projet d'une école littéraire » à partir de juin 1929, alors que peu après il admet qu'il ne se serait « jamais agi, à proprement parler, d'une école », mais d'« une tentative sincère pour grouper des écrivains de même tendance et dont le seul lien est littéraire. »[136]

En effet, Lemonnier cherche avec l'aide d'André Thérive à propager l'étiquette comme un certain style qui peut être primé à partir de 1931 ; pour ce faire, ils recourent encore à l'aide des *Nouvelles littéraires* et à Frédéric Lefèvre. Le numéro du 17 janvier porte au titre un entretien avec André Thérive dans la rubrique « Une heure avec . . . » et suite à l'article se trouve une courte notice qui informe sur la fondation du Prix du roman populiste par la poète Antonine Coullet-Tessier et un jury assez grand, présidé par Thérive.[137] Ce changement est d'envergure : au lieu de fonder une association d'écrivains qui suivent une certaine doctrine littéraire, Lemonnier façonne le populisme comme un signe de distinction qui peut conduire à la consécration d'une œuvre littéraire.

En dernier lieu, les contenus du *Manifeste du roman populiste* se répandent également au tournant de 1930 à 1931 au niveau international : *La Grande Revue* commence à publier une enquête à partir d'octobre 1930 sur le populisme et interroge des écrivains internationaux sur leur avis à propos du mouve-

---

132 Frédéric Lefèvre : Le populisme et *Le Charbon ardent*. In : *La Voix* (20 octobre 1929) ; Frédéric Lefèvre : Marcel Aymé, romancier populiste. In : *La Voix* (24 novembre 1929) ; Frédéric Lefèvre : La littérature et le peuple. In : *La Voix* (15 juin 1930), p. 1 et 7.
133 Léon Lemonnier : *Populisme*, p. 112–128.
134 ibid., p. 129–138.
135 Léon Lemonnier : Le roman populiste, p. 16.
136 Léon Lemonnier : *Populisme*, p. 106sq.
137 Frédéric Lefèvre : Une heure avec M. André Thérive, p. 2.

ment.[138] Dans ce contexte, la revue s'approprie le roman populiste. Dans l'introduction de son enquête, Jacques Cossin stipule que l'idée du roman populiste provient du fondateur de cette revue, Paul Crouzet.[139] Dans ce contexte, Cossin confond délibérément le roman populiste et la littérature populaire – qui a contrairement au roman populiste l'objectif de s'adresser à un nouveau public d'ouvriers. Ce faisant, il n'intègre non seulement le roman populiste dans un – faux – lignage littéraire et le légitime, mais il explique aussi pourquoi *La Grande Revue* doit également présenter une enquête à propos de ce sujet. L'enquête suivante est cependant d'un intérêt majeur parce qu'elle intègre le roman populiste dans un plus grand cadre : contrairement aux autres enquêtes, *La Grande Revue* n'interroge que des auteurs étrangers et veut fournir, à ce titre, une comparaison entre le roman populiste comme tendance majeure en France et les esthétiques des littératures anglaise, allemande, belge, portugaise, roumaine, polonaise, russe, suisse, espagnole, nord-américaine, norvégienne, italienne et grecque. Quant aux questions, Cossin revient plus ou moins sur les questions que Picard a déjà posé aux écrivains français, mais sa formulation reste plus neutre : Cossin suggère moins à ses destinataires d'adhérer à l'esthétique du roman populiste, néanmoins, il est évident par la formulation que les sympathies de Cossin vont du côté du populisme.[140] Par le biais des réponses données, l'enquête essaie d'établir un héritage littéraire international du roman populiste et de montrer ainsi que le mouvement fondé par Lemonnier n'est ni sans précédents, ni isolé au niveau mondial. De cette façon, Cossin reconnaît la légitimité littéraire du roman populiste.[141] Dans la conclusion de l'enquête, cette tendance est présentée comme nécessaire pour le champ littéraire français, étant donné que les réponses souligneraient l'absence d'une véritable littérature prolétarienne en France.

Par le grand nombre des réponses de divers pays,[142] *La Grande Revue* dispose d'une très grande force de diffusion et l'utilise afin de brosser le portrait

---

138 Jacques Cossin : Enquête internationale sur le populisme. In : *La Grande Revue* (octobre 1930-février 1931), p. 529–546, 208–231, 398–415, 587–622.

139 ibid., p. 529.

140 Je ne suis donc pas d'accord avec Bernard quant à ce questionnaire, sachant qu'il le juge comme « une véritable enquête et non [. . .] une profession de foi à l'égard de l'école » (Jean-Pierre A. Bernard : *Le Parti Communiste Français et la question littéraire*, p. 31). Au fond, très peu sépare la première enquête de la dernière et Bernard n'explique guère pourquoi il évalue l'enquête de Cossin comme neutre.

141 Cf. notamment la conclusion de l'enquête, Jacques Cossin : Enquête internationale sur le populisme, p. 620–622.

142 Au total, 90 écrivains de 13 pays répondent au questionnaire. Parmi les noms les plus connus se trouvent des critiques et littéraires aussi divers comme Bernard Shaw, Heinrich

de la situation littéraire en 1930. Incidemment, elle propage le roman populiste comme exemple de la tendance littéraire en France et lui donne un poids important dans le champ littéraire. Si les réponses des écrivains soulignent souvent – comme dans les autres enquêtes – l'autonomie de l'écrivain et l'importance du talent au lieu des doctrines,[143] ils sont pour la plus grande partie en faveur de l'esthétique du roman populiste : la majorité des écrivains ont pour idéal de montrer le quotidien et la réalité, les milieux simples et le travail.

Toutes les enquêtes sur le roman populiste provoquent donc des réactions similaires et contribuent à le positionner dans le champ littéraire : grâce à la forte attention médiatique dont jouit le *Manifeste* de Lemonnier, le roman populiste se positionne peu à peu à mi-chemin entre la production de masse et la production restreinte, mais, pour suivre le modèle de Gisèle Sapiro, il s'identifie de plus en plus à une position d'avant-garde qui cherche à innover par le biais d'un retour aux esthétiques naturalistes. Certes, les théoriciens du roman populiste se rapprochent sous quelques aspects de la position de la critique de l'extrême-droite, mais dans la majorité, cette sympathie ne modifie pas beaucoup l'accueil du roman populiste en tant qu'esthétique largement antipolitique avec laquelle des écrivains de gauche sympathisent au même degré. Néanmoins, la sympathie à l'égard du roman populiste demeure vague et est généralement suivie de l'objection selon laquelle les écoles littéraires limiteraient trop la libre expression de l'écrivain. Cette ambivalence des écrivains, entre attention particulière à cause de l'écho médiatique et scepticisme envers une possible « combine de cameraderie »,[144] explique en partie le succès très court et mitigé de l'étiquette littéraire. *Le Manifeste du roman populiste* semble suggérer la fondation d'une école littéraire à laquelle aucun écrivain ne veut adhérer ; c'est pourquoi Lemonnier commence à souligner qu'il ne s'agit que d'un regroupement assez souple. Mais même l'installation du Prix du roman populiste, qui couronnera aussi des auteurs déclarant ouvertement adhérer à d'autres groupes, comme Tristan Rémy,[145] ne peut pas remédier à la méfiance.

Mann, Neel Doff, André Baillon, Vladimir Nabokov, Upton Sinclair, William Carlos Williams ou Margherita .

143 C'est notamment le cas en ce qui concerne la réponse de Vladimir Nabokov, cf. Jacques Cossin : Enquête internationale sur le populisme, 227sq.

144 C'est dans ces termes que Lemonnier se distancie des écoles littéraires (cf. Léon Lemonnier : *Populisme*, p. 107).

145 À propos de cet écrivain, cf. Jean-Charles Ambroise : Entre Littérature prolétarienne et réalisme socialiste: le parcours de Tristan Rémy. In : *Sociétés et représentations* 15.1 (2003), p. 39–63.

Les enquêtes littéraires illustrent, enfin, le flou entre la littérature prolétarienne et le roman populiste qui se confondent dès leur origine. Le Prix du roman populiste aggravera, par la suite, cet état de fait. Mais pour mieux comprendre les divergences existantes, il faut également regarder les organes de presse qui promeuvent l'étiquette de littérature prolétarienne et dont la position oscille fortement entre 1928 et 1935.

2.3.2 Monde et Nouvel Âge : La défense des deux littératures prolétariennes

La situation particulière de la littérature prolétarienne, à mi-chemin entre esthétique littéraire et outil politique, a été l'objet de nombreuses analyses.[146] Étant donné que les débats et les définitions autour de cette étiquette littéraire ont été suffisamment éclairés, je ne me réfère dans la partie suivante qu'aux moments significatifs entre 1928 et 1932 de la formation de la littérature prolétarienne et uniquement en ce qui concerne son rapport au roman populiste. Ce regard est nécessaire pour deux raisons : d'une part, Léon Lemonnier publie son *Manifeste* au moment où le débat autour de la littérature prolétarienne a déjà été lancé dans *Monde* et cette étiquette devient le signe de distinction de cette revue ; d'autre part, le *Manifeste du roman populiste* est à son tour à l'origine de la publication de *Nouvel Âge littéraire* d'Henry Poulaille qui devient avec cette publication la référence centrale pour la définition et l'essor de la littérature prolétarienne. Les deux tendances, le roman populiste et la littérature prolétarienne, ne sont donc pas uniquement intimement liées à l'échelle esthétique, mais aussi en vue de leur trajectoire dans le champ littéraire.

Deux noms de périodiques reviennent fréquemment dans la littérature secondaire sur la littérature prolétarienne : *Monde* et *L'Humanité*.[147] La trajectoire des deux publications dans le champ littéraire est fortement agitée pendant l'entre-deux-guerres et les luttes entre les deux revues déterminent également

---

146 Les publications les plus significatives que j'ai consultées dans ce contexte sont Jean-Pierre Bernard : Le Parti communiste français et les problèmes littéraires (1920–1939); Jean-Pierre Morel : *Le roman insupportable* ; Nicole Racine-Furlaud : Les mouvements en faveur de la littérature prolétarienne en France : 1928–1934 ; Paul A. Loffler : Un écrivain prolétarien : Henry Poulaille entre le populisme et l'A.E.A.R. ; Michel Ragon : *Histoire de la littérature prolétarienne de langue française: littérature ouvrière, littérature paysanne, littérature d'expression populaire*. Paris : A. Michel 1986 ; Jean-Michel Péru : *Des Ouvriers écrivent* ; . . . ; Rosemary Chapman : *Henry Poulaille and proletarian literature 1920–1939*. Amsterdam : Rodopi 1992 ; Michael Einfalt : *Nation, Gott und Modernität* . . . , notamment p. 126–137.
147 Une telle confrontation des deux périodiques est particulièrement évidente dans Jean-Pierre Morel : *Le roman insupportable*, notamment p. 306–313.

la position de la littérature prolétarienne. De surcroît, les deux périodiques poursuivent deux stratégies divergentes pour gagner le pouvoir de consécration par les autorités du Parti communiste français et de l'Union Soviétique : si *L'Humanité* est l'organe de presse officiel du PCF, *Monde* se présente sous la forme d'un hebdomadaire culturel et intellectuel qui garde une certaine distance par rapport au parti communiste afin d'attirer un lectorat assez vaste et des contributeurs qui n'adhèrent pas au parti, c'est-à-dire des ‹ compagnons de route ›.[148]

Néanmoins, il convient de tenir compte d'une autre publication périodique afin de brosser le portrait complet de la situation de la littérature prolétarienne : *Nouvel Âge* d'Henri Poulaille.[149] Quoiqu'il s'agisse d'une revue mensuelle éphémère – il n'y a que douze numéros qui paraissent au cours de l'année 1931 – elle représente une plateforme importante pour la formation de la littérature prolétarienne et pour le groupe d'écrivains qui se rassemble autour de Poulaille. Elle donne notamment lieu à la prise de position de Poulaille lui-même qui conduira à la brouille définitive avec les lignes directives du Parti communiste établies dans la conférence de Kharkov en 1930.

Mais d'abord, revenons à *Monde* et à son entrée dans le champ littéraire. Si les conditions de sa réalisation sont dans les détails peu claires,[150] il est sûr que Barbusse fonda la revue hebdomadaire avec l'aide du Parti communiste de l'Union soviétique.[151] Dans les discussions précédentes avec la Société Pansoviétique des Relations Culturelles (VOKS), Barbusse avait précisé que sa revue ne se présenterait pas comme un organe de propagande, mais qu'elle chercherait à rassembler des intellectuels de la gauche qui sympathisent avec les lignes du Parti ; Barbusse poursuivait déjà une telle politique du rassemblement lorsqu'il reprit le poste de

---

148 Une vue d'ensemble de l'opposition entre *Monde* et *L'Humanité*, notamment à propos de la littérature prolétarienne, fournit Michael Einfalt : *Nation, Gott und Modernität . . .* , p. 126–133.

149 À côté d'Henry Poulaille, le comité de rédaction se compose d'Eugène Dabit, Lucien Gachon, Jean Giono, Lucien Jacques, Éduard Peisson et Tristan Rémy ; à partir du deuxième numéro, Henri Barbusse entre également dans ce comité, cf. J.-P. A. Bernard, *Le Parti Communiste Français et la question littéraire*, op. cit., p. 25, note 3. Jean-Pierre A. Bernard : *Le Parti Communiste Français et la question littéraire*.

150 Barbusse entre au Parti Communiste en 1923, cf. Jean-Pierre Morel : *Le roman insupportable*, p. 173sq. et Rosemary Chapman : *Henry Poulaille and proletarian literature 1920–1939*, p. 53sq.

151 Comme le confirme Morel, ce soutien n'a probablement pas été uniquement moral, mais aussi financier (cf. Jean-Pierre Morel : *Le roman insupportable*, p. 173). Lionel Richard, en revanche, met en doute la supposition que *Monde* aurait véritablement profité de l'argent des institutions soviétiques (cf. Lionel Richard : Monde und die französische Presse ihrer Zeit. In : Thomas Flierl/Wolfgang Klein/Angelika Weissbach (éds.) : *Die Pariser Wochenzeitung Monde (1928–1935)*. Bielefeld : Aisthesis 2012, p. 17–24, p. 18).

directeur littéraire dans *L'Humanité*, mais le Parti communiste français ainsi que les écrivains avant-gardistes n'appréciaient guère ses efforts, étant donné qu'ils poursuivaient l'idéal d'une opposition féroce des classes sociales.[152] Malgré les attaques de Barbusse en France, sa proposition de fonder *Monde* comme une revue culturelle indépendante rencontra l'approbation de la VOKS.

Dès les débuts de *Monde*, Henri Barbusse et sa revue se trouvent donc dans une position ambiguë : d'une part, Barbusse représente à l'époque l'intellectuel français communiste possédant le plus grand rayonnement à l'étranger[153] et il jouit du soutien du Parti soviétique ; d'autre part, sa revue doit s'adresser à un public sympathisant avec la gauche, mais largement apolitique et Barbusse nie toute influence que le parti pourrait avoir sur sa production littéraire ou sur *Monde*.[154] L'auteur du *Feu* cherche donc à concilier l'autonomie de l'écrivain – la liberté stylistique et l'attention aux innovations de la technique de l'écriture – avec son rôle de militant.[155]

Dans son premier numéro du 9 juin 1928, *Monde* se présente dès son éditorial comme hebdomadaire culturel, politiquement indépendant. En outre, cet éditorial indique que la revue essaie de « dégager, et peut-être même [de] susciter en quelque mesure les premiers efforts [. . .] d'un grand art de masses » sans pour autant préciser quelle forme un tel art doit assumer.[156] C'est dans son article « Ouvrir les chemins » que Barbusse explique plus clairement qu'il s'agirait de « ‹ l'art prolétarien › [. . .] dont les foyers sont formés ou en formation dans tous les pays du monde ».[157] Par la suite, l'objectif de *Monde* est effectivement d'installer la littérature prolétarienne comme courant autonome, touchant uniquement des enjeux littéraires.[158] Si les étiquettes de ‹ littérature prolétarienne › ou d'‹ art prolétarien › ne sont pas nouvelles – elles ont déjà été discutées dans *Clarté* et *L'Humanité* auparavant[159] – la revue *Monde* les utilise dans un contexte purement littéraire, faisant abstraction des questions politiques, et

---

152 Michael Einfalt : *Nation, Gott und Modernität* . . . , p. 127sq.

153 Racine-Furlaud signale que Barbusse a été reconnu par les autorités culturelles soviétiques comme leur « ‹ répondant › en France » (Nicole Racine-Furlaud : Les mouvements en faveur de la littérature prolétarienne en France : 1928–1934, p. 78).

154 Cf. Jean-Pierre A. Bernard : *Le Parti Communiste Français et la question littéraire*, p. 57.

155 Cf. Nicole Racine-Furlaud : Les mouvements en faveur de la littérature prolétarienne en France : 1928–1934, p. 79.

156 Rédaction *Monde* : A tous ! In : *Monde* 1 (6 septembre 1928), p. 1.

157 Henri Barbusse : Ouvrir les chemins. In : *Monde* (9 juin 1928), p. 6.

158 Jean-Michel Péru : Une crise du champ littéraire français . . .

159 cf. Jean-Pierre A. Bernard : *Le Parti Communiste Français et la question littéraire*, p. 50–56 ; Jean-Michel Péru : Une crise du champ littéraire français . . . , p. 52–54.

essaie ainsi de maintenir le grand écart entre la sympathie envers le Parti communiste et l'autonomie littéraire.

La question de l'art prolétarien apparaît de toute sa force dans le troisième numéro de la revue qui s'ouvre sur un grand article dressant le portrait de Maxime Gorki comme modèle et chef de file d'une littérature prolétarienne en train de se former.[160] Cet article se termine sur l'annonce d'une enquête devant lancer le débat dans les pages de *Monde* et dont les questions sont redéfinies dans le neuvième numéro, après une annonce renouvelée de l'enquête par Augustin Habaru :

1. Croyez-vous que la production artistique et littéraire soit un phénomène purement individuel ? Ne pensez-vous pas qu'elle puisse ou doive être le reflet des grands courants qui déterminent l'évolution économique et sociale de l'humanité ?
2. Croyez-vous à l'existence d'une littérature et d'un art exprimant les aspirations de la classe ouvrière ? Quels en sont, selon vous, les principaux représentants ?[161]

Le procédé de *Monde* diffère de celui des grands organes de propagande par le fait que la revue cherche à ouvrir un dialogue avec les écrivains français afin de définir la portée de la littérature prolétarienne sans proposer une définition pré-établie. En outre, on pourrait qualifier le questionnaire de *Monde* de ‹ flou › et marqué d'une certaine « incertitude » quant à la formulation de l'objectif :[162] en effet, il n'y est pas directement question de ‹ littérature prolétarienne ›, le lecteur trouve seulement la périphrase un peu lourde « un art exprimant les aspirations de la classe ouvrière ». En vérité, il convient de regarder le procédé de *Monde* plutôt comme une stratégie habile pour agrandir la visibilité de la nouvelle revue dans le public intellectuel de gauche ciblé :[163] *Monde* répète à plusieurs reprises son intérêt pour la littérature prolétarienne et finit par l'annexer à l'aide de son enquête comme un projet littéraire qu'elle veut introduire dans le champ littéraire, tout en cachant ses efforts précédents pour l'établir. Ainsi, les réponses négatives à propos de cette enquête, qui sont d'un nombre assez

---

160 Rédaction *Monde* : Littérature prolétarienne ? In : *Monde* 3 (23 juin 1928), p. 1.

161 Augustin Habaru : Notre grande enquête. Littérature prolétarienne ? In : *Monde* (8 avril 1928).

162 C'est le jugement de Morel (Jean-Pierre Morel : *Le roman insupportable*, p. 208sq.).

163 Si le public visé de *Monde* est avant tout composé d'intellectuels, Péru indique néanmoins qu'« [o]n ne connaît pas la véritable pénétration de *Monde* dans les milieux intellectuels. Il semble par contre (par divers témoignages, une lecture rapide du Courrier des lecteurs, et l'existence de ‹ Groupes d'Amis de *Monde* ›, soutiens financiers et cercles de lectures de conférences etc . . .) que, à défaut de toucher directement les milieux ouvriers, ce fut un grand journal pour autodidactes » (Jean-Michel Péru : *Des Ouvriers écrivent*, p. 82).

important,[164] ne nuisent pas vraiment à l'entrée au champ littéraire de la revue et à la propagation des débats et des discussions autour de l'étiquette de ‹ littérature prolétarienne › : comme je l'ai montré dans le cas des enquêtes autour du roman populiste, le grand nombre de réponses et l'attention accordée des écrivains – notamment d'écrivains consacrés à l'échelle internationale comme André Breton, Jean Cocteau ou Miguel de Unamuno[165] – est d'une pertinence bien supérieure que la véritable adhésion à un projet esthétique – que *Monde* ne propose pas, par ailleurs.

Il est donc possible de qualifier cette enquête comme un « neat piece of public relations »,[166] mais il faut néanmoins revenir à certaines réponses afin d'illustrer le concept de littérature prolétarienne qui se répand dans *Monde*. Jean-Pierre Morel propose une catégorisation des réponses faisant la distinction entre les refus nets qui nient la possibilité d'une littérature prolétarienne, au moins avant la révolution (parmi eux notamment Jean Cocteau, Miguel de Unamuno, Jehan Rictus, Benjamin Péret ou André Breton), les réponses qui attestent la croyance en l'existence de la littérature prolétarienne, même si celle-ci ne pourrait pas se développer librement dans le régime politique existant (comme l'affirme Henri Barbusse, entre autres), et les déclarations de foi complète en la nouvelle littérature bien qu'il convienne d'y distinguer encore les prises de position des écrivains qui comprennent la littérature prolétarienne comme une littérature d'expérience et en conséquence ‹ différente › (parmi eux notamment Henry Poulaille) et celles des auteurs qui la décrivent comme une littérature militante, au cœur de la création humaine (comme c'est le cas chez Tristan Rémy).[167] Regardons donc les réponses de Barbusse, de Rémy et de Poulaille, qui représentent les trois voies de la défense de la littérature prolétarienne.

Malgré les vitupérations du milieu des auteurs de gauche et des sympathisants du Parti communiste qui s'expliquent par l'adoption de la doctrine de « classe contre classe »[168] par la section française de l'Internationale communiste, Barbusse continue à défendre la littérature révolutionnaire, et plus précisément sous la forme de la littérature prolétarienne, tel un enjeu transcendant

---

164 Jean-Pierre Morel : *Le roman insupportable*, p. 209.

165 Toutes ces réponses sont publiées dans *Monde*, n° 14, 8 août 1928, p. 4sq.

166 Rosemary Chapman : *Henry Poulaille and proletarian literature 1920–1939*, p. 58.

167 Jean-Pierre Morel : *Le roman insupportable*, p. 208–215. Il faut cependant rappeler qu'une telle catégorisation ne révèle pas encore les positions des écrivains dans le champ littéraire ; les raisons d'une récusation de la littérature prolétarienne divergent fortement par exemple entre André Breton et Jehan Rictus (cf. Jean-Michel Péru : Une crise du champ littéraire français . . . , p. 55).

168 Michael Einfalt : *Nation, Gott und Modernität . . .* , p. 128.

les classes sociales : selon lui, « [i]l n'est pas question de directives politiques »[169] quand on parle de cette nouvelle littérature. Pour cette raison, il identifie non seulement la littérature révolutionnaire à l'étiquette de la littérature prolétarienne, mais il va jusqu'à affirmer que « la littérature prolétarienne, c'est la forme actuelle et vivante, précisée, intensifiée et imposée par l'évolution historique – de ce qu'on appelait la littérature populaire ».[170] Considérant la littérature prolétarienne comme une conséquence de la culture populaire, Barbusse indique dès le début de son article qu'elle se manifeste indépendamment des partis et des luttes politiques ; ce sont plutôt les développements sociaux, l'industrialisation et l'apparition de la classe ouvrière, qui lui semblent provoquer l'essor de la littérature prolétarienne. Étant donné que ces développements sociaux seraient toujours en voie de se réaliser pleinement, la littérature prolétarienne se trouverait tout au début de son existence et devrait, par conséquent, reprendre des « techniques de l'écriture »[171] de la littérature bourgeoise. Selon Barbusse, la littérature prolétarienne doit notamment emprunter les transformations du langage littéraire qui s'est manifesté « sous le coup d'épaule de cette terrible simplicité de l'argot des tranchées » ainsi que l'« américanisme » :[172] autrement dit, la littérature prolétarienne devrait donc suivre l'exemple du *Feu* de Barbusse et se distinguer notamment par un style oralisé et des phrases courtes qui traduisent la vitesse.

Si l'on compare donc les affirmations de Barbusse avec les propos de Lemonnier dans son *Manifeste*, il est possible de constater une certaine parenté entre les deux. De plus, Lemonnier n'attaque pas dans son manifeste les efforts d'installation d'une littérature prolétarienne, mais il s'oppose aux esthètes et aux surréalistes qui ne feraient pas bon usage du langage.[173] Étant donné que Barbusse n'exclut ni les écrivains bourgeois, ni les écrivains qui n'adhèrent pas au Parti, il serait possible de considérer le populisme comme une forme de littérature prolétarienne selon le concept de Barbusse.

Tandis que Barbusse insiste sur les innovations stylistiques pour la création d'une littérature prolétarienne – ce qui corrobore donc les revendications de

---

169 Henri Barbusse : Notre enquête sur la littérature prolétarienne.
170 ibid.
171 ibid.
172 ibid.
173 Paul A. Loffler : Un écrivain prolétarien : Henry Poulaille entre le populisme et l'A.E.A.R., p. 102. Loffler ne tient cependant pas compte du fait que c'est plutôt Proust, Gide et les auteurs de l'*Inquiétude* qui sont adressés ce qui devient au plus tard évident au moment où Lemonnier cherche à convoquer le « Front littéraire commun » et attaque le « gidisme » (Léon Lemonnier : Front littéraire commun, p. 228sq.).

l'autonomie d'une telle création – Tristan Rémy revendique notamment des cri-tères hétéronomes pour la littérature prolétarienne, mais il ne semble pas parti-culièrement enclin aux textes des *rabcors* ou correspondants ouvriers que *L'Humanité* promeut particulièrement à partir de 1928.[174] Par conséquent, Rémy adopte l'idéologie communiste et remarque, à ce titre, que la véritable littéra-ture prolétarienne devrait « parler de la dictature du prolétariat, de la suppres-sion du patronat et du salariat, de grève générale et d'insurrection armée, de mise en commun des moyens de production et d'échange » ;[175] cependant, il se déclare libre des partis et des syndicats. À son avis, la littérature proléta-rienne peut exister dans deux formes : la première serait « une littérature et un art qui expriment les aspirations de la classe ouvrière » dont les exemples seraient « Marx, Trotzky, Cabet, Proud'hon, Bakounine, Eastman, Vallès, Zola, Gorki, Kellermann, Lemonnier, Cladel, Péguy, Renard, Audoux, Vildrac, Romains, Bourgeois, Poulaille, Tousseul ».[176] Sachant que cette littérature n'expliquerait pas suffisamment la portée des « aspirations » de la classe ouvrière représentée, la littérature prolétarienne qu'il préfère serait une littérature révolutionnaire qui se manifesterait partout en Europe et dont les représentants français seraient plutôt « Henri Barbusse, Marcel Martinet, Guilbeaux, Victor Serge, Ayguesparse, Burniaux, Géo Charles, certains écrivains du groupe de ‹ Sagesse › ».[177] Alors que selon la première définition, la littérature prolétarienne serait avant tout nourri par les ouvrages théoriques du communisme et les ouvrages naturalistes, c'est-à-dire comprenant un large choix d'ouvrages qui peut aussi contenir des témoi-gnages, la seconde définition cite des auteurs contemporains militants qui se manifestent notamment dans les revues de gauche comme *L'Humanité, Clarté* ou *Monde*.[178] Toujours proche de la définition de Barbusse, Tristan Rémy souligne davantage le caractère militant de la littérature prolétarienne et la définit comme un outil de recherche pour le déblaiement de nouvelles voies du collectivisme dans la société.

Face à cette définition militante et hétéronome de la littérature proléta-rienne, Henry Poulaille propose une définition complètement autonome. D'une

---

174 Alexandre Courban : Une autre façon d'être lecteur de *L'Humanité* durant l'entre-deux-guerres : « rabcors » et « CDH » au service du quotidien communiste. In : *Le Temps des médias* 7 (2006), p. 205–217, notamment p. 207sq.

175 Tristan Rémy : Réponse à l'enquête sur la littérature prolétarienne. In : *Monde* (6 octobre 1928).

176 ibid. De par les noms cités, il est fort probable que Rémy ne se réfère pas à Léon Lemon-nier, mais bien au contraire au naturaliste belge Camille Lemonnier.

177 ibid.

178 cf. Jean-Charles Ambroise : Entre Littérature prolétarienne et réalisme socialiste: le par-cours de Tristan Rémy, p. 47sq.

certaine façon, Poulaille radicalise la volonté d'implanter le débat sur l'art prolétarien dans le champ littéraire qui se manifeste dans l'enquête de *Monde*.
Dans sa réponse, Poulaille définit la littérature prolétarienne comme étant une
réaction à la littérature précédente, écrite par la « classe oisive » ;[179] il la présente sous le signe de l'anti-intellectualisme et même comme une production
antilittéraire. Alors que des « générations de rats de bibliothèques, de cuistres
intellectuels » auraient remplacé le sentiment par « l'intelligence, qui est souvent une manière mondaine d'être imbécile », la littérature nouvelle viendrait
« de la vie et non des livres ». Son essor trouverait même du soutien par le cinéma qui « réapprend au spectateur à sentir »[180] et détruirait ainsi la littérature
comme forme d'art. La réponse de Poulaille se présente donc comme le résumé
de *Nouvel âge littéraire* dont il a déjà été question : Poulaille n'imagine pas la
littérature prolétarienne comme une partie de la littérature révolutionnaire, elle
n'assume pour lui aucune forme d'engagement ou de militantisme ; bien au
contraire, elle se présente dans sa réponse comme le résultat de l'émotion et de
la vie, ce qui sera l'objet d'une reformulation à partir de *Nouvel âge littéraire* et
s'appellera ensuite « témoignage » et « authenticité ». En outre, il n'est pas
question d'admettre, comme chez Barbusse, des techniques littéraires bourgeoises au sein de la production prolétarienne, étant donné que les notions de
‹ technique › ou d'‹ écriture › éloigneraient l'écrivain de l'authenticité de sa production.[181] La littérature prolétarienne, telle qu'elle est imaginée par Poulaille,
prend donc une position particulière dans le champ littéraire : il ne la légitime
guère par ses particularités stylistiques car elle ne doit pas véritablement s'inscrire dans une tradition littéraire, trop bourgeoise ; elle ne trouve pas non plus
de légitimité du côté hétéronome, sachant que la visibilité de la doctrine nuirait
à l'expression authentique.

Ce positionnement entre hétéronomie et autonomie explique cependant
pourquoi Poulaille continue son travail critique sur cette étiquette avec la publication de *Nouvel Âge littéraire* en 1930 : sa position dans le champ est menacée
par l'apparition du roman populiste, moins d'un an après la publication de sa

---

179 Henry Poulaille : Réponse à l'enquête sur la littérature prolétarienne. In : *Monde* (13 octobre 1928).
180 ibid.
181 Ambroise constate que pour cette raison, la revendication de l'authenticité révèle l'intégration d'un ordre symbolique défavorable aux écrivains autodidactes : la littérature prolétarienne ne doit pas remplacer la ‹ véritable › littérature qui en soi serait universelle ; elle ne
peut représenter une anti-littérature, un art de transition parce qu'elle doit être un résultat
spontané sans structure ni rhétorique (cf. Jean-Charles Ambroise : Écrivain prolétarien : une
identité paradoxale. In : *Sociétés contemporaines* 44, 4 (2001), p. 41–55, p. 47).

réponse dans *Monde*. En effet, ce ne sont pas uniquement les quelques détails esthétiques que les deux étiquettes partagent, mais c'est notamment la position dans le champ littéraire qui est très similaire, quoique le roman populiste se situe plus décidément du côté autonome : certes, Lemonnier polémique aussi contre le champ littéraire, mais il recourt à la tradition naturaliste du roman et au pittoresque. *Nouvel âge littéraire* sert donc en premier lieu à consolider la conception poulaillienne de la littérature prolétarienne face au populisme surgissant.[182]

De manière concomitante, Poulaille poursuit ses attaques contre le roman populiste dans des articles qui reprennent des passages de *Nouvel âge littéraire* et les complètent.[183] À partir de 1931, Poulaille publie également chez Valois sa propre revue prolétarienne sous le nom très semblable *Nouvel âge*. Dans cette revue, le lecteur trouve avant tout une anthologie de textes de la littérature prolétarienne qui remplit sa première partie ; dans la seconde partie, des critiques et de comptes rendus de livres, de disques et de films se succèdent. De cette manière, *Nouvel âge* doit être considéré comme une annexe à l'essai de Poulaille. Dans l'éditorial du prémier numéro, on retrouve le même vocabulaire qui nourrit *Nouvel âge littéraire* (« documentaire », « authentique »).[184] Il ne s'agit pas d'une revue culturelle du modèle de *Monde* : l'objectif déclaré de la revue est de publier des ‹ documents › et des créations qui prouvent l'existence d'une culture prolétarienne, telle que Poulaille l'imagine. Les articles l'inscrivent dans la tradition de la culture populaire, mais, comme l'annonce aussi l'éditorial, également dans l'avant-garde, traçant ainsi un portrait progressiste de la littérature prolétarienne.[185] À part une seule exception, *Nouvel âge* ne publie même pas de débats qui précisent la ligne éditoriale de la revue.

---

182 Jean-Michel Péru : Une crise du champ littéraire français . . . , p. 56.
183 À titre d'exemple, cf. H. Poulaille : Une littérature neuve. A propos du Populisme. In : *Paris et le monde* 3 (3 mai 1930), p. 1 et 3, repris dans Henry Poulaille : *La littérature et le peuple*, p. 101–110.
184 Rédaction *Nouvel âge* : Au lecteur. In : *Nouvel âge* 1 (janvier 1931), p. 1–2.
185 Une telle représentation n'est pas surprenant sachant que Poulaille signe en 1922 le manifeste de l'Union internationale des artistes progressistes, publié dans *De Stijl* (cf. Hubert van den Berg : « Übernationalität » der Avantgarde – (Inter-)Nationalität der Forschung. Hinweis auf den internationalen Konstruktivismus in der europäischen Literatur und die Problematik ihrer literaturwissenschaftlichen Erfassung. In : Wolfgang Asholt/Walter Fähnders (éds.) : *Der Blick vom Wolkenkratzer. Avantgarde – Avantgardekritik – Avantgardeforschung.* Amsterdam/ Atlanta : Rodopi 2000, p. 255–288, p. 269). Si cette union ne perdure pas, l'intérêt de Poulaille pour cette union progressiste prouve au moins son intérêt pour les mouvements avant-gardistes qui se manifeste aussi dans son activité comme critique cinématographique et musi-

Cette exception est d'autant plus parlante. Il s'agit d'une controverse entre la critique marxiste Suzanne Engelson et Henry Poulaille[186] qui illustre la revendication de l'autonomie de la littérature prolétarienne chez Poulaille. Celui-ci réagit d'abord à une critique du roman *La communauté des gueux* de Fédor Panférov dans *Nouvel âge,* dans laquelle la critique littéraire Engelson fait l'éloge de l'ouvrage en ces termes : « un livre caractéristique de la littérature prolétarienne, car il est pénétré de la conception marxiste. »[187] Poulaille stipule que la littérature prolétarienne n'est pas forcément marxiste. Dans l'échange de lettres reproduit, Engelson défend son point de vue et insiste sur la conception révolutionnaire de la littérature prolétarienne tandis que Poulaille s'oppose de manière de plus en plus catégorique, insistant d'abord sur l'importance de l'expérience de l'écrivain et donc sur l'authenticité du récit au détriment de l'idéologie,[188] pour terminer par la remarque selon laquelle le marxisme devrait « jouer sur son plan propre, car il n'a rien à faire dans le domaine artistique. »[189] De cette manière, Poulaille rejette les directives du Parti communiste et revendique de la manière la plus claire possible la littérature prolétarienne pour le pôle autonome de la production littéraire. Seule la revendication de l'authenticité du récit le différencie de la position esthétique du roman populiste.[190]

Le débat avec Suzanne Engelson est donc le seul grand événement qui se manifeste dans les pages de *Nouvel âge.* Il est représentatif du schisme entre lui

---

cal pour *Monde* (cf. Thierry Maricourt : *Histoire de la littérature libertaire en France.* Paris : Albin Michel 1990, p. 268).

186 Cf. *Nouvel âge,* n° 4, avril 1931, p. 373–375, repris dans Henry Poulaille : *La littérature et le peuple,* p. 127–137. Suzanne Engelson répond à nouveau dans *Nouvel âge* dans le numéro de mai, mais Poulaille s'abstient cette fois d'un commentaire détaillé, signalant que « nous avouerons avoir perdu plusieurs pages qui eussent pu, qu'eussent dû être employées plus utilement qu'à des discussions » (Suzanne Engelson : Littérature marxiste. In : *Nouvel âge* 5 (mai 1931), p. 469).

187 Henry Poulaille : *La littérature et le peuple,* p. 127.

188 ibid., p. 132.

189 ibid., p. 137.

190 Cf. le chapitre précédent. Sur ce point, je tiens à contredire à Racine-Furlaud qui affirme que les confusions se sont uniquement engendrées « parce que les deux tendances prétendaient traiter du même sujet, le peuple, mais là s'arrêtent les ressemblances, et très vite d'ailleurs, les différences entre les deux courants devinrent si évidentes qu'il ne fut plus possible de les confondre » (Nicole Racine-Furlaud : Les mouvements en faveur de la littérature prolétarienne en France : 1928–1934, p. 83). Précisément à cause des confusions de l'époque, on peut très nettement constater les ressemblances entre les tendances ; les véritables différences, comme je le montrerai, persistent au niveau des déclarations et des prises de position dans le champ littéraire.

et le PCF qui devient insurmontable en 1931.[191] Si ce n'est ce débat, Poulaille n'essaie cependant pas de prendre directement position sur le Parti communiste. Tout au contraire, il convient de constater que la revue vise un public restreint et intéressé à la lecture de la littérature prolétarienne. En effet, le format de la revue n'invite pas non plus à une lecture rapide : les différentes rubriques de la revue ne sont guère signalées, la plus grande partie de la revue se compose de textes narratifs et la reliure ainsi que l'impression ressemblent davantage à un livre. Ces remarques éditoriales expliquent peut-être en partie pourquoi *Nouvel âge* n'existe que pendant une année : la publication n'attire pas assez de lecteurs pour subsister. Néanmoins, elle représente une plateforme pour des auteurs prolétariens moins connus.

Malgré ces deux annexions de la littérature prolétarienne, le congrès de Kharkov de 1930 marque une dépréciation de *Monde* et *Nouvel âge*. En effet, le Parti communiste soviétique attaque notamment le projet de rassemblement de *Monde* et de Barbusse, mais les résolutions de la conférence touchent également Poulaille et *Nouvel âge*. Si le congrès a lieu en 1930, les résolutions ne sont publiées en France qu'à la fin de 1931,[192] ce qui explique le retard des réactions. La première des deux résolutions déplore d'abord l'absence de la littérature prolétarienne dans la production française. De cette manière, les efforts de *Monde* et de Poulaille sont dès le début dévalorisées. Quant au groupe d'écrivains qui gravitent autour de Poulaille, la résolution le décrit comme un ensemble qui « n'a[. . .] ni forme définie ni plateforme bien nette et se couvre d'un masque de syndicalisme radical, ses tendances fascistes n'en apparaissent pas moins suffisamment accusées. »[193] Par son appellation de « groupe de Valois », la résolution condamne avant tout l'association de Poulaille à George Valois et réclame une dissociation idéologique plus nette pour la littérature prolétarienne.[194] La seconde résolution est consacrée uniquement à *Monde* et les auteurs reprochent

---

191 Cf. Rosemary Chapman : *Henry Poulaille and proletarian literature 1920–1939*, p. 67.

192 Jean-Pierre Morel : *Le roman insupportable*, p. 395.

193 Anonyme : Les livres. La résolution de Kharkov. In : *L'Humanité* (20 octobre 1931 et 3 novembre 1931), p. 4 et 4.

194 Cette exigence s'explique lorsqu'on considère la biographie de l'éditeur. Avec la revue *Nouvel âge* et la collection de livres que l'éditeur publie, Georges Valois, ancien éditeur de l'*Action française* et fondateur du parti fasciste « Le Faisceau » qui existe entre 1925 et 1927, de sympathie anarcho-syndicaliste et antidémocratique (cf. Zeev Sternhell : Anatomie d'un mouvement fasciste en France : le faisceau de Georges Valois. In : *Revue française de science politique* 26, 26 (1976), p. 5–40), devient l'éditeur central des textes de la littérature prolétarienne alors que la plupart des auteurs et parmi eux Henry Poulaille se situent nettement plus à gauche. Cette particularité conduit pendant le congrès de Kharkov à un malentendu majeur qui contribue, avec le débat antérieur cité, à la condamnation sans appel du groupe de Pou-

à la revue de s'associer au Parti radical-socialiste, c'est-à-dire à un parti bourgeois, au lieu de servir la cause du communisme international; même si ce reproche est faux, il devient évident que *Monde* est notamment critiqué pour son indépendance.

La conséquence des résolutions est la radicalisation des positions : *L'Humanité* suit à partir de ce moment complètement la ligne marxiste, prône la littérature des *rabcors* et Jean Fréville met ses lecteurs en garde contre des revues comme *Monde* ou *Europe*, trop indépendants, mais aussi contre *Nouvel âge*.[195] Après le congrès de Kharkov, les deux revues perdent donc de leur légitimité hétéronome. *Nouvel âge* ne survit pas la dénonciation,[196] mais Henry Poulaille s'allie à Tristan Rémy pour fonder le Groupe des écrivains prolétariens afin de regagner du poids au sein du champ.[197]

Cette nouvelle association est la réaction à la création de l'Association des Écrivains et Artistes Révolutionnaires (AEAR) de l'Internationale communiste et se propose en 1932 dans le *Bulletin des Écrivains prolétariens* comme son alternative : dans leur manifeste, les signataires constatent l'apogée immédiat du prolétariat et assurent qu'ils veulent soutenir les efforts pour la libération de la classe prolétaire en fournissant leurs récits personnels, qui devraient suffire comme base de l'insurrection.[198] Néanmoins, les membres du groupe n'arrivent pas à une définition commune de la littérature prolétarienne et les écrivains les plus importants – Eugène Dabit, Louis Guilloux et finalement Tristan Rémy[199] – quittent le groupe de Poulaille afin d'intégrer dans l'AEAR.

Monde réagit déjà avant la parution de l'article de Fréville avec l'organisation d'un débat public à propos de la littérature prolétarienne. Fidèle à sa ligne éditoriale, les organisateurs de *Monde* donnent le 7 décembre 1931 la parole à des critiques et écrivains divers, parmi lesquels Henri Barbusse et Léon Werth comme représentants des conceptions de *Monde*, Jean Guéhenno et Louis Guilloux d'*Europe*, André Chamson, Tristan Rémy et Henry Poulaille comme repré-

---

laille, qui devient dans la résolution de Kharkov le « groupe Valois » (Les livres. La résolution de Kharkov).

195 Jean Fréville : Les livres. Revues révolutionnaires. In : *L'Humanité* (12 janvier 1931).

196 Poulaille fonde cependant deux nouvelles revues avant la Seconde Guerre mondiale, *Prolétariat* (1933–1934) et *A contre-courant* (1935–1936), et *Maintenant* (1945–1948) après la guerre.

197 Jean-Michel Péru : Une crise du champ littéraire français . . . , p. 59.

198 Repris dans Henry Poulaille : *La littérature et le peuple*, p. 166–172.

199 Tristan Rémy n'entre dans l'AEAR qu'en 1935. En 1932, c'est notamment dû à son initiative que le Groupe des Écrivains Prolétariens est fondé. Cf. Jean-Charles Ambroise : Entre Littérature prolétarienne et réalisme socialiste: le parcours de Tristan Rémy, notamment p. 49–51.

sentants de la ligne de *Nouvel âge*, et Léon Lemonnier et Frédéric Lefèvre comme représentants du roman populiste.[200] De cette manière, *Monde* corrobore sa primauté en tant qu'autorité des débats autour de la littérature prolétarienne ainsi que sa position indépendante comme médiateur des points de vue divergents à propos du sujet. En outre, le débat confirme également la proximité du roman populiste face à la littérature prolétarienne parce que Lefèvre et Lemonnier interviennent dans le débat comme intervenants à part entière.[201] Incidemment, ils font un certain affront au Parti communiste et *L'Humanité*, qui ne sont pas représentés dans le débat.[202]

Face à la disparition de *Nouvel Âge* et l'affaiblissement du Groupe d'Écrivains Prolétariens en faveur de l'AEAR, *Monde* demeure la seule revue qui publie les écrivains prolétariens sans intérêt partisan. À ce moment-là, *Monde* n'est toujours pas rétabli auprès du Parti communiste français.[203] Pour cette raison, tout le projet de la littérature prolétarienne, sans l'exigence d'adhérer au parti, est l'objet des attaques de la part des organes communistes. C'est seulement à partir de la dissolution de l'Association russe des écrivains prolétariens (RAPP) en avril 1932 que la politique de l'Internationale communiste change de la doctrine de « classe contre classe » en faveur d'une politique de rassemblement. Au moment où Henri Barbusse et Romain Rolland organisent ensemble le Mouvement Amsterdam-Pleyel, *Monde* commence à s'engager contre le fascisme ce qui rapproche finalement *Monde* de l'AEAR et conduit à la réhabilitation de la revue.[204] De surcroît, une nouvelle revue sous la direction de Barbusse, *Commune*, devient à partir de juillet 1933 l'organe de presse du rassemblement et du combat contre le fascisme, éclipsant de cette façon la littérature prolétarienne et notamment le groupe autour d'Henry Poulaille.[205] En général, c'est face au

---

200 Cf. Philippe Baudorre : Le réalisme socialiste des années trente: un faux départ. In : *Sociétés et représentations* 15, 1 (2003), p. 13–38, p. 29.

201 Pour plus de détails, cf. Rosemary Chapman : *Henry Poulaille and proletarian literature 1920–1939*, p. 70.

202 Pour cette raison, deux jeunes partisans ont troublé le débat ce qui est discuté dans les pages de *L'Humanité* comme une interruption juste et héroïque alors que *Monde* n'en parle presque pas (Une vigoureuse manifestation contre la littérature pseudo-prolétarienne. In : *L'Humanité* (8 décembre 1931) ; le compte rendu de *Monde* se trouve dans *Monde*, 12 déc. 1931, p. 5).

203 Les détails de la scission entre *Monde* d'un côté et de *L'Humanité* et du Parti communiste de l'autre se trouvent chez Jean-Pierre Morel : *Le roman insupportable*, p. 426–430.

204 ibid., p. 443.

205 Cf. René Garguilo : Henry Poulaille et l'école prolétarienne 1930–1940. In : René Garguilo (éd.) : *Henry Poulaille et la littérature prolétarienne en France de 1920 à 1940*. Paris : Lettres modernes, Minard 1989, p. 37–59, p. 46.

pouvoir montant du fascisme que les débats autour de la littérature prolétarienne cessent lentement et que la politique de rassemblement prend une nouvelle importance, de sorte que *Monde* et sa ligne éditoriale s'adapte de nouveau à
la ligne politique de l'Internationale communiste.[206] Autrement dit, l'enjeu de la
littérature prolétarienne disparaît par le biais de l'absorption des groupes prolétariens et l'intégration de leurs débats dans le contexte de la lutte antifasciste et, au
niveau personnel, au moment où les écrivains de cette tendance sont accueillis
par l'AEAR.[207]

Ce sort concerne également des auteurs et critiques qui ont notamment
publié dans une revue encore plus autonome et cosmopolite, *Europe*. Cette
revue mérite également de l'attention, car des auteurs dans la nébuleuse du
populisme et de la littérature prolétarienne, comme Eugène Dabit ou Louis
Guilloux, ont publié dans cette revue. *Europe* se présente comme un incubateur
de l'esthétique populiste et d'une position autonome dans le champ littéraire.

2.3.3 Europe : un positionnement impartial

Une revue littéraire et artistique participe indirectement à la mise en place de
l'esthétique populiste dans le champ littéraire : *Europe* se distingue par une
prise de position modérément autonome face aux influences politiques pendant
l'entre-deux-guerres. En effet, la littérature secondaire considère souvent *Europe* comme un organe important de l'échange libre entre les intellectuels pendant l'entre-deux-guerres[208] et est, de ce fait, l'objet d'un grand nombre
d'études.[209] Par la proximité de sa position au champ, la revue devient la plateforme pour l'expression de l'imaginaire du populaire et de l'esthétique populiste,
même si elle n'entre pas dans le vif du débat.

Europe parut pour la première fois en février 1923 dans la maison d'édition
Rieder sous le patronage de Romain Rolland et la direction des écrivains René
Arcos, proche de Georges Duhamel et son groupe de l'Abbaye de Créteil, et

---

206 Rosemary Chapman : *Henry Poulaille and proletarian literature 1920–1939*, p. 79.

207 Jean-Pierre Morel : *Le roman insupportable*, p. 445sq.

208 Christophe Prochasson définit sommairement *Europe* comme « une revue d'intellectuels
engagés, mais où la culture l'emportait sur le politique » (cf. Christophe Prochasson : *Les intellectuels, le socialisme et la guerre : 1900–1938*. Paris : Éd. du Seuil 1993, p. 218).

209 Entre autres, il faut notamment citer Nicole Racine : Jacques Robertfrance, homme de
revue et homme d'édition. In : Nicole Racine/Michel Trebitsch (éds.) : *Sociabilités intellectuelles : lieux, milieux, réseaux*. Paris : CNRS Éditions 1992, p. 142–159 ; Philippe Niogret : *La revue
Europe* et Michael Einfalt : *Nation, Gott und Modernität . . .* , notamment p. 99–117.

Paul Colin, qui défendit auparavant la position pacifiste et impartiale de Rolland dans sa revue belge *L'Art libre*. Publication mensuelle, *Europe* attira dès son premier numéro des contributions internationales tout en se gardant d'une adhésion ouverte au Parti communiste.[210] Si la revue ne cacha pas ses sympathies pour le socialisme et s'inscrit par conséquent clairement dans les publications de gauche, elle défendit néanmoins une image impartiale et autonome de la littérature face au politique.[211]

Pendant sa courte histoire, elle change à plusieurs reprises de rédacteur. De 1929 jusqu'à 1936, la période plus pertinente pour le contexte du livre présent, Jean Guéhenno fut rédacteur en chef ; il abandonna ce poste craignant l'absorption de la revue par le Parti communiste.[212] Malgré les changements d'équipe que la revue vécut pendant l'entre-deux-guerres, elle continua cependant à défendre les mêmes grandes lignes, c'est-à-dire la défense du pacifisme et la promotion d'un esprit international ; ces idées-phares avaient rapproché les divers collaborateurs même avant la fondation d'*Europe* : Léon Bazalgette, traducteur de Walt Whitman, et Jean-Richard Bloch, qui publie dans *Europe* ses commentaires mensuels, se réunissaient déjà dans la publication vitaliste *L'Effort libre* ; René Arcos, Georges Duhamel, Charles Vildrac et Luc Durtain, tous contributeurs réguliers dans *Europe*, faisaient partie du groupe de l'Abbaye de Créteil (1906–1907) qui se crée comme défense pacifiste contre le rassemblement national des intellectuels.[213] En outre, une grande partie de ses écrivains se mobilisa avant la fondation d'*Europe* dans la revue *Clarté* dont ils se retirèrent au moment de son rapprochement à l'idéologie communiste.[214]

La plupart des collaborateurs d'*Europe* défendent donc une image indépendante de la littérature face à la politique, ce qui les situe selon le concept de Gisèle Sapiro en haut du pôle dépolitisé qui va de pair avec l'orthodoxie de leur discours intellectuel.[215] Mais tandis que la littérature ne doit pas, selon les

---

210 Michael Einfalt : *Nation, Gott und Modernität* . . . , p. 100. En effet, *Europe* publie dans son premier numéro un court récit du futur prix Nobel russe Ivan Bounine (Ivan Bounine : Le fol artiste. In : *Europe* 1 (février 1923), p. 62–74) ainsi qu'un essai de l'écrivain allemand Kasimir Edschmid (Kasimir Edschmid : La situation des Intellectuels en Allemagne. In : *Europe* 1 (février 1923), p. 88–101). Ainsi, la revue affiche sa prétention cosmopolite non seulement par son choix thématique, mais aussi en invitant des contributions diverses d'écrivains étrangers.
211 Christophe Prochasson : *Les intellectuels, le socialisme et la guerre*, p. 216.
212 Philippe Niogret : *La revue* Europe, p. 6.
213 Nicole Racine : Jacques Robertfrance . . . , p. 143.
214 Michael Einfalt : *Nation, Gott und Modernität* . . . , p. 102.
215 Gisèle Sapiro : Das französische literarische Feld: Struktur, Dynamik und Formen der Politisierung, p. 160.

contributeurs de la revue, s'immiscer dans des discussions politiques, il est également certain pour la plupart des critiques qui s'y manifestent que la littérature ne se résume pas uniquement aux questions de style. Il demeure un devoir moral de la littérature : il est nécessaire qu'elle rende compte de la réalité et qu'elle présente, d'une manière ou d'une autre, un jugement sur les actions des hommes.[216]

Cette revendication d'un devoir moral de la littérature s'explique par l'influence majeure que Romain Rolland possède sur la ligne éditoriale de la revue. En effet, Rolland n'est pas uniquement l'initiateur et inspirateur d'*Europe*, mais détient pendant tout l'entre-deux-guerres le contrôle sur la ligne éditoriale, même s'il n'assume jamais qu'à distance la direction de la revue.[217] Même au moment où Jacques Robertfrance, rédacteur de 1927 à 1929 et proche de Rolland, remet officiellement ses responsabilités à Guéhenno, Rolland dispose d'assez d'influence pour décider de la publication des chroniques.[218]

Pour Rolland, la littérature doit être « une œuvre de foi »[219] qui exprime la liberté de l'homme, l'entente entre les nations et une coexistence pacifique entre les humains.[220] En conséquence, l'objectif déclaré d'*Europe* est la création d'une plateforme française pour l'expression libre de la pensée à l'échelle internationale.[221] Cette position se situe entre un double écueil. D'une part, Rolland défend la liberté créatrice de l'écrivain et de l'intellectuel et veut promouvoir dans *Europe* des textes qui en font preuve. De ce point de vue, il accorde une certaine autonomie à la littérature. D'autre part, Rolland s'oppose à l'idée d'une littérature qui se limite au soin de la forme et au culte de l'esthétique : en effet, la fondation d'*Europe* s'appuie précisément sur le fait que Rolland cherchait un contrepoids contre le pôle esthète que représentait la *NRF*.[222] Par conséquent, sa vision de la revue *Europe* correspond à un idéal moralisateur de la littérature : elle doit exprimer la liberté humaine et ‹ illuminer › le lecteur sans, pour autant, se perdre dans l'adhésion partisane à une idéologie ou un

---

216 Michael Einfalt : *Nation, Gott und Modernität . . . ,* p. 116.
217 ibid., p. 102.
218 Nicole Racine : Jacques Robertfrance . . . , p. 149.
219 Cité d'après Bernard Duchatelet (éd.) : *Romain Rolland et la* NRF. Paris : Albin Michel 1989, p. 12.
220 Michael Einfalt : *Nation, Gott und Modernität . . . ,* p. 108.
221 Romain Rolland explique ainsi dans une lettre du 21 avril 1922 à Albert Einstein le but de sa revue, cf. Josef Kvapíl : *Romain Rolland et les Amis d'Europe.* Praha : Státní pedagogické nakladatelství 1971, p. 88.
222 Michael Einfalt : *Nation, Gott und Modernität . . . ,* p. 106.

programme politique et sans tomber dans le formalisme. *Europe* doit ainsi devenir un organe d'expression du pôle notable selon le schéma de Gisèle Sapiro.[223]

En réalité, la position d'*Europe* est cependant plus complexe. Si Rolland conçoit *Europe* comme un concurrent moral de la *NRF*, elle invite aussi des écrivains proches de cette revue à y participer ; Jean Prévost, collaborateur régulier de la *NRF*, devient même en 1927 secrétaire de rédaction aux côtés de Jacques Robertfrance.[224] Étant donné que Rolland refuse de prendre lui-même le poste de directeur de la revue, *Europe* défend une conception beaucoup plus vaste de la littérature selon ses contributeurs, oscillant entre un idéal plutôt formal-esth ète comme c'est le cas pour Prévost ou pour Luc Durtain, et la position notable qui regarde davantage le contenu de l'œuvre littéraire comme c'est le cas pour Georges Duhamel.[225] Dans la vaste majorité des cas, les contributeurs d'*Europe* s'opposent à la prise d'influence de la politique dans la création littéraire – seul le cas de Jean Guéhenno semble, comme nous le verrons, plus ambigu. C'est justement cet idéal impartial qui rapproche l'entourage d'*Europe* des débats sur le roman populiste et la littérature prolétarienne : en effet, l'idéal cosmopolite et pacifiste de la revue semble bien se compléter avec la prise de parole humaniste pour le ‹ peuple ›, que prônent ces nouveaux courants ; seulement la formation d'écoles littéraires et le danger de l'absorption par les idéologies politiques la retiennent de s'associer ouvertement à ces efforts. Trois positions individuelles des collaborateurs d'*Europe* peuvent bien servir à illustrer cette situation : celles de Luc Durtain, de Jean-Richard Bloch et de Jean Guéhenno.

Le premier parmi ces trois écrivains appartient aux vieux supporters de Rolland et ainsi à la génération plus âgée de l'équipe d'*Europe*. Durtain se distingue par son rapprochement relatif au pôle de la production des esthètes et défend des auteurs qui soignent notamment la forme de leurs récits comme Paul Morand ou Jean Giraudoux.[226] Durtain partage en général l'opinion de Rolland et veut écarter les influences politiques de la littérature, mais son approche est moins moraliste. Revendiquant l'autonomie littéraire, Durtain est néanmoins engagé dans les combats de la gauche française de son époque et

---

223 Effectivement, on peut constater pour Rolland ce que Sapiro affirme pour les auteurs catholiques Paul Bourget et Henry Bordeaux : « la littérature est conçue comme un instrument de reproduction de l'‹ élite › sociale et a une vocation pédagogique qui est d'illustrer les valeurs fondatrices de l'ordre social » (cf. Gisèle Sapiro : Les formes de l'engagement dans le champ littéraire, p. 122).

224 Michael Einfalt : *Nation, Gott und Modernität . . .* , p. 108.

225 ibid., p. 111–113.

226 ibid., p. 113.

participe également aux enquêtes à propos de la littérature prolétarienne[227] ainsi que du roman populiste.[228] Dans ses réponses à propos de la littérature prolétarienne, il prend ses distances avec une littérature « qui, autrement que malgré soi, se limiterait aux aspirations d'une classe d'hommes, quelle qu'elle puisse être »[229] et défend en même temps des œuvres qui revendiquent l'établissement d'une justice sociale et la représentation du travail. En outre, il constate que ni la littérature paysanne, ni la littérature prolétarienne, ni le roman populiste sont des « faits épisodiques » et s'intègrent dans une longue lignée de littérature ‹ humaine › qui trouve des précurseurs dans l'œuvre de Romains, Chennevière, Roger Martin du Gard, « et toute une partie de l'effort réalisé par le groupe de l'Abbaye ».[230] Autrement dit, il défend l'idéal littéraire de l'autonomie du champ et d'une ouverture de la littérature face à un public multiple ; la question des écoles littéraires ne lui semble pas, dans un tel contexte, particulièrement pertinente, mais ce qui compte est la prise de position humaniste en faveur des opprimés sans volonté autre que littéraire.

Sa réponse dans l'enquête qui concerne le roman populiste l'illustre aussi: s'il soutient que les « formes parfois complexes » du langage de certains auteurs s'explique par le besoin de rapporter un contenu complexe, il confirme que « tout ce qu'André Thérive et vous-même [c'est-à-dire l'enquêteur Gaston Picard] dites à ce sujet me paraît excellent. »[231] De cette manière, il confirme sa proximité du roman populiste et de son esthétique littéraire, sans s'inscrire comme membre d'un groupe ou de l'autre. Luc Durtain prouve ainsi que l'esthétique invoqué par le *Manifeste* de Lemonnier et les débats qui l'entourent concernent un cercle bien plus vaste que celui des membres des groupements littéraires qui émergent – et disparaissent – entre 1928 et 1935.

Sa position n'est pas isolée dans l'entourage d'*Europe*. Jean-Richard Bloch, ami de longue date de Rolland et chroniqueur dans sa revue, répond également en faveur du populisme littéraire dans l'enquête des *Nouvelles littéraires* : Bloch n'y défend pas seulement l'esthétique populiste et l'intègre dans la tradition littéraire dont il fait partie, c'est-à-dire la littérature pacifiste,[232] mais il compte

227 Luc Durtain : Réponse à l'enquête sur la littérature prolétarienne. In : *Monde* (9 août 1928), Luc Durtain : Réponse à l'enquête *Roman paysan et littérature prolétarienne*. In : *Les Nouvelles littéraires, artistiques et scientifiques* (23 août 1930).

228 Luc Durtain : Réponse à l'enquête à propos des écoles littéraires. In : *La Revue mondiale* (15 novembre 1929), p. 241.

229 Luc Durtain : Réponse à l'enquête sur la littérature prolétarienne.

230 Luc Durtain : Réponse à l'enquête *Roman paysan et littérature prolétarienne*.

231 Luc Durtain : Réponse à l'enquête à propos des écoles littéraires.

232 Jean-Richard Bloch : Réponse à l'enquête *Roman paysan et littérature prolétarienne*. In : *Les Nouvelles littéraires, artistiques et scientifiques* (8 février 1930).

parmi les défenseurs de l'utilité du *Manifeste* de Lemonnier comme un signal pour tout le champ littéraire. Alors que la réaction de Jean-Richard Bloch à propos du roman populiste est favorable, il s'oppose à l'idée d'une littérature prolétarienne :

> Il n'y a pas de littérature prolétarienne en France. Tout ce qui est de premier ordre trouve accès immédiatement en tout esprit vigoureux, quelle que soit sa formation. [. . .] Il existe en France une vaste littérature démocratique, privée de tout attribut de classe, à tendance internationaliste, humanitaire et insurrectionnelle. Gorki, Gladkov, Upton Sinclair, Istrati, Barbusse voient leurs messages reçus et compris à tous les niveaux de la société.[233]

La littérature prolétarienne représente pour Bloch une approche trop partisane et classiste de l'œuvre artistique. Typique pour *Europe*, Bloch défend l'idée d'une littérature ouverte à tout genre de public et préfigure, par cette attitude, la politique de rassemblement du Front populaire.[234]

La position de Jean Guéhenno se veut légèrement autre. Guéhenno ne se prononce pas dans les enquêtes autour du roman populiste ou la littérature prolétarienne, mais il critique le roman populiste *Le Charbon ardent* d'André Thérive[235] ainsi que la littérature prolétarienne à partir du *Pain quotidien* d'Henry Poulaille suite à la conférence de Kharkov.[236] Le premier texte donne quelques repères afin de comprendre sa position dans le champ littéraire. Dans sa critique, Guéhenno compare *Le Charbon ardent* au roman de son confrère Lemonnier, *La Femme sans péché*, et juge les deux livres comme étant de bons romans même s'il donne la préférence à celui de Thérive.[237] Alors qu'il n'a guère de reproches à faire aux deux romanciers, il revient à l'étiquette qui devient son point de critique central :

> Je regrette de discerner dans la seule invention de ce mot ‹ populisme › je ne sais quelle démagogie. Démagogie à l'égard du bourgeois à qui on promet du nouveau sur son ennemi, mais un nouveau bien fait pour le rassurer, car on est ‹ populiste › et non pas populaire, encore moins populacier. Démagogie à l'égard du peuple à qui on paraît s'intéresser et à qui l'on est assez généreux de prêter une âme.[238]

233 Jean-Richard Bloch : Littérature prolétarienne et littérature bourgeoise. In : *Europe* 85 (15 janvier 1930), p. 110–111.
234 Michel Trebitsch : Jean-Richard Bloch et la défense de la culture. In : *Sociétés & Représentations* 15 (2003), p. 65–76, p. 68sq.
235 Jean Guéhenno : Notes de lecture : Le Secret. In : *Europe* 85 (15 janvier 1930), p. 112–116.
236 Jean Guéhenno : Notes de lecture : Littérature prolétarienne. In : *Europe* (15 décembre 1931), p. 568–576.
237 Jean Guéhenno : Notes de lecture : Le Secret, p. 112–114.
238 ibid., p. 115.

Cet air de démagogie recèlerait le véritable danger du roman populiste, car même s'il devait seulement s'agir d'une étiquette trouvée pour se distinguer, Guéhenno craint les imitateurs qui empruntent l'étiquette afin d'entrer dans le champ littéraire et qui défendent donc véritablement des points de vue démagogiques. De là découlent deux critiques supplémentaires que Guéhenno adresse au roman populiste de Thérive. D'une part, son roman ne prend pas le bon angle de vue pour adresser le sujet du ‹ peuple ›. Pour juger « l'âme populaire », Thérive devrait s'intéresser au sujet de la Révolution, sujet plus actuel que les « drames huysmaniens » qu'il met en scène.[239] D'autre part, Guéhenno s'oppose à la formation de nouveaux « -ismes ».[240] De cette manière, Guéhenno s'accorde à la position impartiale d'*Europe* et refuse la formation d'écoles littéraires. Mais contrairement à Bloch, Guéhenno se positionne comme un écrivain largement politisé en 1930.

Cette politisation se manifeste encore plus clairement en 1931 quand il critique Poulaille et s'appuie sur les résolutions du congrès de Kharkov afin de montrer l'importance d'une véritable littérature humaniste au lieu d'une littérature prolétarienne : en effet, Guéhenno va jusqu'à défendre la littérature de propagande à cause de sa volonté de servir au bien de la majorité de l'humanité.[241] Dans un deuxième temps, il compare les résolutions de Kharkov à Gorki et à Rolland.[242] Certes, Guéhenno prend également ses distances par rapport aux résolutions dont les conclusions lui semblent en partie – et pour cause – aberrantes ;[243] il souligne qu'il « n'aime pas l'enrégimentement », mais il insiste sur l'importance de la lutte pour la liberté. Cela ne signifie pourtant pas que Guéhenno soit adepte du réalisme socialiste car il souligne à la fin de l'article que l'individualisme restera insurmontable, même dans une société post-révolutionnaire. Guéhenno assume donc une position double : certes, il est beau-

---

239 ibid., p. 116.
240 ibid.
241 Jean Guéhenno : Notes de lecture : Littérature prolétarienne, p. 111 : « Mais quels que furent les auteurs de cette résolution, je ne veux pas m'attarder à considérer leurs faiblesses. Un esprit plus grand qu'eux les menait, cet esprit même qui soufflait sur les plaines qu'ils avaient traversées pour se rendre au congrès, et cet esprit est la seule cause. C'est lui qui les a aidés à concevoir une vaste littérature de propagande au service des hommes les plus nombreux, au service des prolétaires. »
242 ibid., p. 112.
243 ibid., p. 111 : « Ici et là, cependant, des remarques ridicules, celle par exemple, qui lie la naissance de l'école populiste au développement d'une nouvelle crise agraire, font douter si l'on a affaire à une fumisterie surréaliste ou au factum d'un marxiste possédé et préoccupé d'appliquer partout les principes du maître » et p. 112 : « Les discours, les résolutions du Congrès de Kharkov, l'esprit étroit de secte qu'à chaque instant ils manifestent, le catéchisme marxiste qui trop souvent les inspire, réveillaient, je l'avoue, ma méfiance. »

coup plus politisé que ses collègues et met son idéal littéraire sous une influence plus hétéronome ; simultanément, il défend une certaine autonomie de l'expression littéraire. Il parvient à faire ce grand écart en associant l'héritage de Rolland à la littérature de propagande étant donné qu'ils partageraient le même objectif, la liberté humaine. Aussi se situe-t-il, par rapport à ses collègues d'*Europe*, plus proche du pôle d'avant-garde selon le schéma de Sapiro, tout en s'en séparant : sa propension à valoriser l'autonomie littéraire et sa politisation[244] l'en rapproche, mais son appel humaniste, la défense de la valeur de la liberté le distinguent comme auteur d'*Europe*, proche d'une position notable modérée comme Rolland.

En conclusion, la revue *Europe* se caractérise comme une revue littéraire assez ouverte, mais généralement située du côté des écrivains notables. En outre, il faut retenir que les collaborateurs de la revue montrent une grande sympathie pour l'esthétique populiste, tout en critiquant la volonté de former une école littéraire. Cette position se reflète aussi dans les prises de position des écrivains les plus indépendants de l'entourage populiste, Louis Guilloux et Eugène Dabit, qui travaillent tous les deux pour la revue. Dans le cas de Dabit, *Europe* est effectivement la plateforme qui lui permet une première entrée dans le champ littéraire : grâce à son compte-rendu de l'exposition de Loutreuil en 1926 qu'il fait connaissance avec Robert Denoël, son futur éditeur qui publie trois ans plus tard *L'Hôtel du Nord*.[245] Quant à Guilloux, son entrée dans le champ littéraire s'effectue avec le roman *La Maison du peuple* en 1927, son premier compte-rendu dans *Europe* date de 1929.[246] Par la suite, ses contributions à la revue accompagneront et propulseront sa carrière littéraire.

En conséquence, les deux écrivains assument la revendication de la liberté d'esprit comme leur propre idéal, comme nous le verrons notamment dans le cas de Dabit. Tous les collaborateurs de la revue *Europe* s'occupent donc des mêmes préoccupations que les chefs de file du roman populiste et de la littérature prolétarienne. Le cas de la revue *Europe* illustre ainsi la diffusion de la même esthétique populiste que j'appelle dans ce contexte l'esthétique populiste.

---

244 Les deux distinguent le sous-champ d'avant-garde, cf. G. Sapiro, « Les formes de l'engagement dans le champ littéraire », *op. cit.*, p. 125.

245 Eugène Dabit : Rétrospective Loutreil (1885–1925). In : *Europe* 39 (15 mars 1926), p. 426–428. Pour les informations concernant la rencontre avec Denoël et la publication de *L'Hôtel du Nord*, cf. Pierre-Edmond Robert : *D'un Hôtel du Nord l'autre. Eugène Dabit 1898–1936*. Paris 1986, p. 81–85. En revanche, Dabit ne recommence à publier des comptes rendus sur l'art et la littérature dans *Europe* qu'à partir de 1930.

246 Louis Guilloux : Compte rendu : Jacques Chardonne – Les Varais. In : *Europe* 83 (15 novembre 1929), p. 460–462.

L'adhésion à ce programme esthétique ne garantit cependant ni la position du groupe de Lemonnier, ni de celui de Poulaille. Bien au contraire, la profusion des groupes s'intéressant à la même esthétique ainsi que la volonté de la plupart des écrivains de garder leur autonomie créatrice culmine dans la dispersion des mouvements et des écoles.

2.4 En guise de conclusion : ‹ peuple › et populisme en termes de positionnement littéraire

Si les sous-chapitres antérieurs ont donc montré comment l'esthétique populiste se répand et se discute dans les divers groupements du champ littéraire de l'entre-deux-guerres, il convient aussi de souligner les limites des influences du populisme littéraire. En effet, les éléments de l'esthétique populiste – c'est-à-dire le parti pris réaliste, l'esthétisation de la pauvreté comme ‹ simplicité › s'opposant à l'élitisme snob, la mise en scène d'une solidarité de la communauté populaire ou de l'amour du travail – trouvent certes des répercussions dans l'art plastique,[247] dans la photographie et dans le cinéma, mais cela ne veut pas dire que l'esthétique populiste représenterait un esprit d'époque incontournable. En vérité, la position de défense du ‹ peuple › comme unité esthétique ouvre une position médiane qui inclut à la fois des écrivains consacrés et situés au pôle de la littérature autonome, mais aussi des créateurs dont l'intérêt est plutôt de nature hétéronome, adhérents à une certaine *doxa* politique qui prend le dessus de l'expression libre de la littérature. Aux deux pôles de cette position médiane, les esthètes littéraires et les écrivains militants continuent cependant à exister sans se servir des éléments esthétiques du populisme. Autrement dit, l'esthétique populiste est donc entourée par d'autres esthétiques qui coexistent dans l'époque.

---

247 Le peintre Auguste Clergé lance, sous la tutelle de Lemonnier, en 1932 le salon d'art populiste. Le premier vernissage du salon en 1933 réunit, selon une note dans le journal satirique *Bec et ongles*, « des écrivains, et non des moindres, MM. Georges de Boutelier, Céline, Mac Orlan, Thérive, Salmon, Marcel Belger, Lucien Descaves » autour des châtaignes grillées et du Gaillac (Anonyme : Vernissage au Gaillac. In : *Bec et ongles* (21 octobre 1933), 89 14). Le compte-rendu de Charles Fegdal ajoute encore les noms des écrivains Léon Frapié, Henri-René Lenormand, « des demi-populistes et des quarts de populistes » comme Raymond Duncan et André Lhote, parmi les peintres, il remarque entre autres la présence de Clergé, de Jules-Émile Zingg et de Jean Marembert ; la chanteuse Marianne Oswald y présente « tout son répertoire » (cf. Charles Fegdal : Le Salon populiste sous le signe des châtaignes. In : *La semaine à Paris* 596 (20 octobre 1933), p. 5–6).

Ces esthétiques, cependant, n'engendrent pas autant de rumeur et n'expliquent pas pourquoi le populisme littéraire échoue à s'imposer à long terme. Cet échec trouve en revanche ses raisons dans le foisonnement de groupements littéraires qui revendiquent la même esthétique et qui cherchent à l'inscrire dans des contextes divers de sorte que le parti pris pour le ‹ peuple › perd sa signification et ne devient qu'une préférence floue. La situation s'aggrave au fur et à mesure que l'ensemble du champ littéraire se politise à partir des années trente, créant ainsi une pression bien plus forte pour les groupements littéraires de se définir et de se distinguer.

En revenant sur les positions assumées par les écrivains de l'époque face au ‹ peuple › en littérature et au populisme, je dresserai dans les suivants paragraphes le bilan du champ littéraire. Ce sous-chapitre se comprend, par conséquent, comme une conclusion aux sous-chapitres antérieurs, mais change légèrement la perspective : au lieu des débats et des publications de la période entre 1928 et 1935, les positions les plus significatives dans le Champ littéraire seront ici au centre. Ainsi, les limites de l'esthètique populiste deviendront plus palpables.

2.4.1 Classicisme littéraire ou art déco ? La position esthète face au ‹ peuple ›

Les sous-chapitres précédents ont montré que la littérature prolétarienne et le roman populiste voient leur raison d'être dans l'opposition à une littérature « prétentieuse » écrit par des « snobs »,[248] ou par « ces hommes de plume trop bien assis » qui « ont eu des culottes de bonne coupe tout de suite ».[249] Les différents auteurs des manifestes dénoncent tous la production littéraire de l'élite littéraire, éloignée des enjeux de la vie sociale de leur époque, identifiée au modèle de Marcel Proust, des auteurs autour d'André Gide et de la *NRF*. En effet, Lemonnier insiste sur toute l'étendue de son refus de la production littéraire dans *Populisme* : « Notre mouvement est d'abord une réaction contre la littérature d'analyse, contre l'esthétisme, contre tout ce qu'on est convenu d'appeler la littérature moderne. »[250] Le roman populiste se pose donc comme alternative à la littérature de l'acabit de Proust et de la *NRF*,[251] mais aussi, au plan plus général, à toute forme d'innovation moderniste en littérature. En 1935,

---

248 Léon Lemonnier : *Populisme*, p. 165.
249 Henry Poulaille : *Nouvel âge littéraire*, p. 108.
250 Léon Lemonnier : *Populisme*, p. 194.
251 Einfalt remarque que Proust devient sous l'influence de Jacques Rivière la figure de proue de l'esthétique de la *NRF*, cf. Michael Einfalt : *Nation, Gott und Modernität . . .* , p. 146.

au moment où Lemonnier entreprend la dernière tentative de regrouper les écrivains adhèrant à l'esthétique populiste, il répète cette charge contre le modernisme littéraire, attaquant d'abord le surréalisme comme une excroissance d'une « tradition anarchique, individualiste, antisociale »[252] qui abuserait du langage et s'approcherait ensuite du « gidisme » qui, faute de conscience morale et de contextualisation sociale, pêcherait de même, aboutissant également dans l'anarchisme.[253] Le roman populiste opérerait d'une manière bien différente et chercherait bien au contraire la vérité et le contexte social, ce que Lemonnier – tout comme son adversaire Poulaille[254] – considère comme le véritable objectif de la littérature.

Si l'esthétique populiste est donc justifiée par son opposition à toute forme de littérature moderne, elle s'oppose avant tout au pôle esthète du champ littéraire et seulement d'une moindre intensité contre le surréalisme. Cela s'explique par la position de Lemonnier, Poulaille et de leurs groupes respectifs qui se situent eux-mêmes dans une position similaire au sein du champ et qui représentent ainsi une forme d'avant-garde alternative. Par le souci de s'opposer au style établi et par le refus de la prise de position politique, les défenseurs de l'esthétique populiste n'attaquent pas en premier lieu d'autres représentants se situant très proches d'eux, mais la position de force,[255] c'est-à-dire celle des écrivains esthètes autour de la *NRF*.

Par ailleurs, le retour à la tradition réaliste chère à l'esthétique populiste s'oppose aussi au classicisme moderne de la *NRF*. Se pose dès lors la question de la définition du ‹ bon › classicisme : celui qui cherche à conserver une image folklorique de la France et notamment de Paris ou celui qui intègre les innovations stylistiques et formelles et qui se cristallise dans les pages de la *NRF*. En effet, la position esthète ne se distingue pas par son modernisme, mais bien au contraire par la recherche d'un nouveau classicisme que l'on pourrait appeler avec Michel Collomb le « style art-déco ».[256] Cette forme de classicisme revendique la reprise d'éléments de la rhétorique du XVIIe siècle comme la pureté de

---

252 Léon Lemonnier : Front littéraire commun, p. 228.

253 ibid., p. 228sq.

254 Henry Poulaille : *Nouvel âge littéraire*, p. 104 : « Le romancier, l'auteur dramatique devrait prendre à cœur d'être le témoin impartial de son époque, ou partial même. »

255 Dans ce procédé, les populistes autour de Lemonnier ressemblent particulièrement à l'image typique de l'avant-garde, cf. Gisèle Sapiro : Das französische literarische Feld: Struktur, Dynamik und Formen der Politisierung, p. 165.

256 Michel Collomb : *La littérature art déco. Sur le style d'époque*. Paris : Méridiens Klincksieck 1987, p. 107–111.

l'expression et la simplicité de la structure parce qu'ils seraient de « bon goût »[257] et plus apte à rendre compte des phénomènes de la modernité que les stylistiques trop avant-gardistes. Autrement dit, le « classicisme moderne » de la *NRF* peut se caractériser comme une tentative d'élaboration d'un langage littéraire modéré, dans le sens où elle n'exclut pas l'influence d'ouvrages récents, mais que la forme de l'œuvre ne doit pas se perdre dans les expériences stylistiques. Cette acceptation partielle des courants modernes de la littérature se reflète au sein de la *NRF* par la volonté d'ouvrir la revue à des écrivains catholiques ou aux écrivains avant-gardistes modérés sous la direction de Jacques Rivière et, à plus forte raison, sous celle de Jean Paulhan à partir de 1925.[258] Cette ouverture conduit la *NRF* à s'impliquer davantage dans des débats d'ordre intellectuel et, dans un deuxième temps, dans une aporie du positionnement politique.

L'implication de la *NRF* dans le discours intellectuel provoque incidemment un rapprochement du débat sur le rôle du ‹ peuple › dans la littérature : en novembre 1928, Paulhan publie un essai de Jean Guéhenno, « L'Humanité et les humanités » dans lequel le critique d'*Europe* signale le grand écart entre le ‹ peuple ›, identifié à l'« humanité » dans l'essai, et les tentatives de la création d'une culture intellectuelle que Guéhenno appelle les « humanités ». Guéhenno prend la défense du ‹ peuple › contre une culture élitiste qui ne garantit pas l'accès à tous. Dans la tradition de Jules Michelet, il prône l'éducation du ‹ peuple › et exige que la culture ne puisse plus exclure les défavorisés de la société. Dans son essai, Guéhenno fait preuve de sa sympathie pour la révolution communiste, mais insiste simultanément sur l'abîme qui les sépare quant à la question de la culture. Le véritable intérêt réside cependant dans le fait que Guéhenno réussit à placer son essai dans la *NRF* et ouvre ainsi la revue à la prise de position politique, même si ce n'est qu'avec un ton modéré – en faveur de la révolution, mais contre la destruction de l'héritage culturel. Par le biais de son article, l'entourage de la *NRF* prend conscience du discours autour du ‹ peuple ›. Ce qui déclenche un débat sur la crise de l'humanisme au sein de la *NRF* lors duquel la revue cherche à garder sa distance par rapport à l'esthétique populiste ainsi qu'à une véritable politisation.

Il est possible d'expliquer cette double brèche entre la revue et la politisation d'un côté et l'esthétique populiste de l'autre, grâce aux convictions littéraires de Jean Paulhan. En effet, la position hétéronome des partis politiques et celle des sympathisants du roman populiste peuvent être identifiées à sa notion

---

257 ibid., p. 106.
258 Michael Einfalt : *Nation, Gott und Modernität* . . . , p. 145.

de « terreur » qui se développe dans *Les Fleurs de Tarbes ou La Terreur dans les Lettres* :

> Il semble qu'à l'instant d'une découverte qui va changer la figure du monde, chaque poète se voie, comme Colomb, pendu à son mât et menacé de mort. Je ne sache pas de danger plus insidieux ni de malédiction plus mesquine que ceux d'un temps où *maîtrise* et *perfection* désignent à peu près l'artifice et la convention vaine, où *beauté*, *virtuosité* et jusqu'à *littérature* signifient avant tout ce qu'il *ne faut pas faire.*[259]

La terreur consiste à dénoncer la conformité aux règles établies et un certain classicisme du langage. Paulhan constate une telle façon de terreur dans toute la production du champ littéraire au plus tard en 1936, date de la première version de son essai. Dans la version de 1941, il s'affronte plus précisément contre le réalisme et le surréalisme qui tous les deux esquivent la question de la responsabilité pour l'expression stylistique en « s'effa[çant] ici devant le document humain, là devant le document surhumain ».[260] Paulhan conclut que cette littérature sans forme, dont il est même exigé de ne pas porter des traces d'une création, est une expression de la terreur car

> [l]'on appelle *Terreurs* ces passages dans l'histoire des nations [. . .]où il semble soudain qu'il faille à la conduite de l'État, non pas l'astuce et la méthode, ni même la science et la technique – de tout cela l'on n'a plus que faire –, mais bien plutôt une extrême pureté de l'âme, et la fraîcheur de l'innocence commune.[261]

Paulhan se positionne donc à l'encontre de l'exigence de l'authenticité qui caractérise l'esthétique populiste – et, dans une forme légèrement altérée, la base des poétiques surréalistes. Paulhan n'accepte pas l'engouement pour l'authenticité et continue à défendre l'autonomie de la littérature, même après la politisation de Gide en 1932 et la politisation de la *NRF* en faveur de la guerre à partir de 1938.[262]

Au niveau de son apolitisme de base, la position esthète et la *NRF* s'accordent néanmoins bien avec la vision du roman populiste telle qu'elle se formule dans le *Manifeste du roman populiste* de Lemonnier. Au fond, l'écart entre Lemonnier et la *NRF* s'explique seulement à partir de deux éléments : premièrement, le « classicisme moderne » affiché par la revue que Lemonnier considère comme une « pose » bourgeoise ; deuxièmement, la position de force de la *NRF*

---

259 Jean Paulhan : *Les fleurs de Tarbes, Œuvres complètes* III, édité par Bernard Baillaud. Paris : Gallimard 2011, p. 121. Italiques reprises de l'original.
260 ibid., p. 126.
261 ibid., p. 134.
262 À propos de la politisation de la revue, cf. Martyn Cornick : Une institution française : La *Nouvelle Revue Française* de Jean Paulhan. In : *Études littéraires* 40, 1 (2009), p. 77–96, p. 91sq.

face au groupe d'écrivains qui se rassemblent autour de Lemonnier et qui détiennent peu de capital culturel. Ces deux éléments suffisent cependant à séparer assez clairement les deux groupements dans le champ littéraire : en effet, à part Jean Prévost, qui fait partie de la nouvelle génération admise à la collaboration à la *NRF*, aucun autre écrivain du cercle intérieur de la revue se rapproche de l'esthétique populiste, il en va de même du côté de la littérature prolétarienne.[263]

2.4.2 La notion de ‹ peuple › face à la littérature militante : l'impossible alliance à la littérature révolutionnaire

La deuxième opposition qu'il convient de rappeler est celle entre la littérature militante de gauche et l'esthétique populiste, évidente au moment des résolutions de Kharkov, condamnant le roman populiste, la littérature prolétarienne de Poulaille ainsi que la revue *Monde* de Barbusse. Étant donné que cette partie du débat est déjà très bien explorée par la recherche,[264] il suffit de revenir sur quelques éléments centraux de cette opposition et de montrer comment le réalisme socialiste, dont Louis Aragon se fait le premier – et pratiquement le seul – promoteur en France pendant l'entre-deux-guerres,[265] et toute la littérature militante conforme à la ligne du parti communiste jusqu'à 1932 se distinguent de l'esthétique populiste.

Les analyses précédentes ont déjà montré que les critiques hétéronomes adressent deux griefs majeurs au roman populiste ainsi qu'à la littérature prolétarienne selon le modèle de Poulaille : d'une part, ces deux courants

---

263 Marcel Aymé publie dans la *NRF*, ne représente cependant pas le cercle intérieur de la revue qui est composé, selon Einfalt, de Jean Paulhan, Benjamin Crémieux, Charles Du Bos, Bernhard Groethuysen, et à partir de 1923, Ramon Fernandez, Jean Prévost et Marcel Arland (Michael Einfalt : *Nation, Gott und Modernität . . .* , p. 157).

264 Il suffit de citer à titre indicatif quelques titres d'envergure : Jean-Pierre A. Bernard : *Le Parti Communiste Français et la question littéraire* ; Nicole Racine-Furlaud : Les mouvements en faveur de la littérature prolétarienne en France : 1928–1934 ; Jean-Michel Péru : Des Ouvriers écrivent ; Karl-Anders Arvidsson : *Henry Poulaille et la littérature prolétarienne française des années 1930*, ainsi que *Sociétés & Représentations*, n° 15, 2003, dirigé par Paul Aron et Gisèle Sapiro, avec le sujet : « Repenser le réalisme socialiste ».

265 Si par exemple Paul Nizan soutient lui aussi les efforts d'une littérature révolutionnaire conforme aux idéaux du PC, il n'utilise cependant pas le terme de « réalisme socialiste », mais parle de « littérature révolutionnaire », cf. Philippe Olivera : Aragon, « réaliste socialiste ». Les usages d'une étiquette littéraire des années trente aux années soixante. In : *Sociétés & Représentations* 15 (2003), p. 229–246, p. 236.

défendraient un modèle réaliste erroné, qui ne cède pas assez de place à la réflexion d'ordre historique ; d'autre part, les protagonistes des romans de ces courants ne se présenteraient pas comme des « héros positif[s] »[266] qui conduiraient les lecteurs à s'identifier et à prendre conscience de la nécessité de la révolution. Comme je l'ai déjà indiqué, les critiques et écrivains communistes préfèrent le modèle du réalisme balzacien qui emploie un certain didactisme historique pour encadrer les personnages : la littérature révolutionnaire doit relever un certain déterminisme historique et souligner l'exemplarité des protagonistes représentés. Comme le montrent les affirmations d'Aragon dans *Pour un réalisme socialiste*, l'écriture réaliste est perçue dans ce cadre comme un outil pour dévoiler l'importance de la révolution :

> Nous autres, les alliés du prolétariat révolutionnaire, ses frères de combat, nous avons pour devoir de jeter à bas ce trompe-l'œil, nous autres nous attendons tout de la dénonciation de la réalité. Nous n'avons rien à cacher, et c'est pourquoi nous accueillons comme une parole joyeuse le mot d'ordre de la littérature soviétique, le réalisme socialiste.[267]

Chaque forme d'esthétisme, dénoncée comme une expression fasciste,[268] est représentée par Aragon comme une tentative d'occulter la vérité. Or, la lutte pour la libération des classes prolétaires aurait justement besoin de la représentation la plus véridique possible, d'où s'explique l'importance du réalisme. En effet, au niveau esthétique, les revendications qu'Aragon présente pour le réalisme socialiste ne représentent pas de véritables innovations ; la seule valeur nouvelle – et la plus essentielle pour Aragon – est le lien entre le réalisme et l'idéologie communiste.[269] La littérature prolétarienne de Poulaille et le roman populiste de Lemonnier, en revanche, s'opposent précisément contre cette alliance essentielle entre l'idéologie politique et l'esthétique littéraire.

La relation entre le récit littéraire, la présentation de la situation historique et l'idéologie révolutionnaire, qui caractérise le réalisme socialiste et marque l'écart par rapport à l'esthétique populiste, apparaît aussi dans la littérature révolutionnaire d'autres écrivains, tel Paul Nizan. Son premier roman, *Antoine Bloyé*, paraît en 1933 chez Grasset et représente la vie entière d'un ingénieur-cheminot qui fait partie d'une certaine tranche du prolétariat vivant

---

266 Régine Robin : *Le réalisme socialiste : une esthétique impossible.* Paris : Payot 1986.

267 Louis Aragon : *Pour un réalisme socialiste.* Paris : Denoël et Steele 1935, p. 85sq.

268 ibid., p. 82.

269 Cf. Philippe Olivera : Aragon, « réaliste socialiste ». Les usages d'une étiquette littéraire des années trente aux années soixante, p. 238.

le « déclassement par le haut »,[270] c'est-à-dire l'aliénation de sa classe de naissance suite à son ascension personnelle comme ingénieur. Même si Aragon reconnaît ce roman comme un modèle du réalisme socialiste,[271] Nizan ignore un de ces préceptes centraux, la présence d'un héros positif. Néanmoins, l'esthétique de la littérature communiste militante s'oppose aussi chez Nizan à l'ésthétique populiste qui contient le paradigme de l'apolitisme de l'œuvre littéraire ou, au moins, la négation d'une adhésion évidente à une idéologie de parti.

Le réalisme socialiste et la littérature révolutionnaire font donc office de limite de l'esthétique populiste. Il ne faut cependant pas surévaluer le rôle d'une telle esthétique communiste au cours des années trente. Effectivement, l'esthétique du réalisme socialiste prend son véritable envol seulement après la Seconde Guerre mondiale et ne représente guère de poétique de préceptes pendant les années 1930.[272] À partir de la fondation de l'AEAR et plus précisément à partir de l'adoption de la politique du rassemblement, le soutien du parti communiste peut s'exprimer aussi en dehors de la création littéraire et le parti communiste ne cherche plus à condamner les écrivains qui divergent de l'esthétique promue par le parti. Il s'agit dès lors de motiver les écrivains « compagnons de route » à adhérer à l'association et, par conséquent, le parti accorde plus de liberté aux écrivains dans leur création littéraire, ce qui provoque, entre autres, l'adhésion de Tristan Rémy en 1935 à l'AEAR.[273] De cette manière, le parti communiste change de stratégie : au lieu de vouloir politiser directement la littérature, il se concentre sur la politisation des agents du champ littéraire et attend une politisation de la littérature dans un pas subséquent.

Le grand essor de l'AEAR coïncide enfin, au plan de l'esthétique littéraire, avec un changement de sujet : au lieu de mettre en scène le quotidien du ‹ peuple ›, les auteurs s'intéressent davantage à des récits d'engagement dans la lutte antifasciste comme c'est le cas pour *Espoir* de Malraux (1937) qui met en scène l'engagement de l'auteur contre le fascisme lors de la guerre

---

270 Ambroise développe ce terme suite aux travaux de Richard Hoggart et de Vincent de Gaulejac et montre en quoi la littérature prolétarienne représente toujours, à une certaine échelle, ce sort de l'intellectuel issu de la classe ouvrière, cf. Jean-Charles Ambroise : Écrivain prolétarien, p. 44.

271 Louis Aragon : Livres : Antoine Bloyé. In : *Commune* 7–8 p. 824–826, p. 826.

272 Gisèle Sapiro signale que le réalisme socialiste ne représente plus qu'un « imprimatur » au moment de la publication des *Cloches de Bâle* d'Aragon en 1934, cf. Gisèle Sapiro : Formes et structures de l'engagement des écrivains communistes en France. De la « drôle de guerre » à la Guerre froide. In : *Sociétés & Représentations* n° 15, 1 (2003), p. 154–176, p. 158.

273 Jean-Charles Ambroise : Entre Littérature prolétarienne et réalisme socialiste: le parcours de Tristan Rémy, p. 51.

civile espagnole. L'essor de ce nouveau sujet marque la véritable fin de l'esthétique populiste. Si des écrivains importants pour le roman populiste et la littérature prolétarienne, comme Eugène Dabit, Louis Guilloux et une grande partie des collaborateurs d'*Europe,* adhère assez tôt à l'association communiste, ce pas marque seulement une distanciation du groupe de Lemonnier, mais pas encore de l'esthétique populiste comme je le montrerai à l'exemple de l'œuvre d'Eugène Dabit. La politisation des écrivains conduit, dans un deuxième temps, à un changement de sujet : au lieu de s'intéresser au ‹ peuple › et à son sort, la littérature se consacre à l'antifascisme et porte son regard ailleurs, soit dans des reportages, soit dans le roman comme pour Malraux.

2.4.3 La position moyenne : convergences programmatiques et impossibilité d'un « Front littéraire commun »

Entre les deux positions extrêmes, le pôle autonome et le pôle hétéronome, se crée entre 1928 et 1935 un sous-champ moyen qui se caractérise non par l'appartenance à une même école littéraire ou un groupe identitaire d'écrivains, mais par une esthétique partagée que j'appelle, en référence au *Manifeste du roman populiste*, l'esthétique populiste. Cette appellation semble, à première vue, déplacée étant donné que le roman populiste ne dispose pas d'une influence très importante au niveau de l'histoire littéraire. Mais c'est le roman populiste qui se trouve exactement au centre de ce champ médian et qui établit les liens entre les agents divers qui s'y manifestent.[274] En outre, le débat autour du roman populiste est le « catalyseur »[275] pour l'existence de ce champ et pour la radicalisation des positions comme le constate Jean-Michel Péru. Finalement, l'appellation tient mieux compte de la mise en scène du ‹ peuple ›, omniprésente dans la littérature de cette période, alors que celle proposée par Benoît Denis, la « littérature de bonne volonté »,[276] inspirée par le titre de la série des romans de Jules Romains, ne peut pas tenir compte d'auteurs importants pour le roman populiste comme André Thérive, étant donné qu'il ne montre aucune forme de sympathie pour le communisme et se situe, comme bien d'autres auteurs tel Marcel Aymé, politiquement à droite, préférant collaborer pendant l'occupation nazie.

---

274 Cf. Philippe Roger : Le roman du populisme. In : *Critique* 776–777, 1 (2012), p. 5–23, p. 8.
275 Jean-Michel Péru : Des Ouvriers écrivent, p. 130.
276 Benoît Denis : La littérature de « bonne volonté » dans la France d'entre-deux-guerres.

Un autre grief que l'on pourrait adresser à cette catégorie découle précisément de l'état diffusé des éléments esthétiques au sein du champ littéraire. En effet, le champ moyen, dominé par l'esthétique populiste pendant les années 1928 et 1935, réunit des agents de groupes adversaires – comme je l'ai souligné maintes fois, au plan esthétique, la différence entre le groupe de Lemonnier et celui de Poulaille est minime et parfois inexistant –, mais aussi des auteurs qui revendiquent fortement leur indépendance comme Louis Guilloux et d'autres qui ne se prononcent même pas dans les débats autour du renouveau du réalisme littéraire, tels Pierre Mac Orlan ou Marcel Aymé. Néanmoins, un tel rapprochement n'est pas erroné si l'on regarde les motifs et les sujets qui se répercutent au travers de tout ce champ de production moyen se situant à la fois entre les pôles de l'autonomie et de l'hétéronomie ainsi qu'à mi-chemin entre la haute légitimité et la consécration temporelle.[277] À titre d'exemple, la théorie du « fantastique social » corrobore la revendication d'un pittoresque du ‹ peuple › se trouvant dans le *Manifeste* de Lemonnier et l'élargit sous la forme d'une théorie d'une vision alternative de la modernité, focalisant davantage l'influence des technologies sur les traditions et le changement de la vie en commun dans les villes ; les romans *L'Hôtel du Nord* d'Eugène Dabit, œuvre-clé du roman populiste, et *La Rue sans nom* de Marcel Aymé semblent se situer dans les mêmes groupes sociaux et représentent les mêmes formes de sociabilité. L'appartenance ou la non-appartenance aux groupes ou écoles littéraires ne joue plus un rôle prépondérant dans la structuration du champ littéraire à cette époque ; au sein du champ moyen, les sympathies politiques, trop floues pour se cristalliser comme de véritables dogmatismes idéologiques, n'ont pas non plus une force particulière sur la structuration. C'est uniquement à partir du moment où l'AEAR prend de la vigueur et que la situation politique change avec l'avènement du Front Populaire que le champ médian s'effondre et que la scission entre le pôle hétéronome et le pôle autonome se précise à nouveau – avec un fort déséquilibre pour le pôle hétéronome.

L'existence courte de ce champ moyen et de son esthétique concomitante dans la production littéraire s'explique notamment par deux raisons. Premièrement, la politisation du champ littéraire et notamment la politique de rassemblement du parti communiste ouvrent la voie aux écrivains sympathisants de gauche qui s'engagent auprès du parti communiste sans pour autant devoir compromettre leurs conceptions esthétiques personnelles. L'imminence de la Seconde Guerre mondiale provoque un décalage des visions esthétiques de la représentation d'un ‹ peuple › pauvre et pittoresque vers des sujets plus

---

277 Denis situe de la même manière la littérature de « bonne volonté » (cf. ibid., p. 215).

engagés qui conduit finalement à l'essor de la littérature engagée qui éclipse cette littérature de « situations moyennes ».[278] Deuxièmement, le champ moyen est composé de groupements trop opposés l'un de l'autre pour qu'un essor comme position partagée affichée devienne impossible.[279] La lutte pour le positionnement dans le champ s'accompagne, et pour le groupe de Lemonnier et pour celui de Poulaille, d'un fort combat pour se distinguer ;[280] ce combat, en revanche, limite leurs capacités de croître et de se développer en tant qu'écoles dominantes. La destruction de cette production mitoyenne ne s'explique donc pas uniquement par les pressions politiques sur le champ littéraire et l'affaiblissement du pôle autonome, mais aussi par les tensions à l'intérieur.

Pourtant, Lemonnier et son groupe entreprennent deux tentatives pour unifier le champ médian autour de leur étiquette. D'abord, la femme de lettres Antonine Coullet-Tessier fonde entre 1930 et 1931 le Prix du roman populiste sous la tutelle d'André Thérive qui est pour la première fois annoncé dans *Les Nouvelles littéraires*. Dans cette annonce, il est stipulé que le « Populisme n'est pas une École littéraire », mais « seulement le nom symbolique qu'on a pris l'habitude de donner à une tendance qui semble fort à encourager, chez les romanciers modernes, celle de l'observation sociale. »[281] De cette manière, les promoteurs du prix soulignent l'indépendance de ce prix et utilisent le terme de « Populisme » d'une façon assez vaste, analogue à l'emploi d'esthétique populiste dans ce travail. Cette indépendance est soulignée par la composition du jury qui inclut à part Lemonnier, Thérive, Coullet-Tessier et les critiques des *Nouvelles littéraires* Frédéric Lefèvre et Edmond Jaloux, un des grands écrivains pacifistes de l'époque, Georges Duhamel.[282] Aussi, le prix cherche-t-il à mobiliser l'ensemble des romanciers de l'époque. Le prix en soi

---

278 Cette appellation est de Jean-Paul Sartre : *Qu'est-ce que la littérature?* Paris : Gallimard 2008, p. 221.
279 Les schémas en annexe (1 et 2), qui se basent dans leur structuration aux travaux de Pierre Bourdieu et de Gisèle Sapiro, doivent servir à éclairer davantage la situation et les positions des agents dans le champ littéraire de l'entre-deux-guerres. Le premier montre d'une manière simplifiée les positions et trajectoires des écrivains cités dans ce travail ; le second, en revanche, cherche à situer les différentes revues analysés ci-dessus, dans le champ littéraire entre 1928 et 1935.
280 Bourdieu constate dans une phrase célèbre ce fonctionnement du champ littéraire qu'il décrit comme « un univers où exister c'est différer » (Pierre Bourdieu : *Les règles de l'art*, p. 393).
281 *Les Nouvelles littéraires*, 17 janvier 1931, p. 2.
282 Les autres membres du jury sont John Charpentier, Léon Deffoux, Daniel Halévy, Robert Kemp, le critique de la *NRF* Gabriel Marcel, Pierre Mille et Robert Bourget-Pailleron.

remporte un certain succès étant donné qu'il existe toujours, mais il ne jouit pas d'une très grande renommée ce qui montre l'échec de la stratégie de la fondation du prix.[283]

La deuxième tentative est l'appel déjà évoqué que Lemonnier lance au Groupe d'écrivains prolétariens de Poulaille à savoir de fonder un « front littéraire commun ». Lemonnier publie l'appel dans deux articles distincts avec le même titre sous des aspects distincts. Le premier appel est publié encore une fois dans *L'Œuvre* et ferme ainsi de manière consciente la boucle avec le *Manifeste du roman populiste*. Lemonnier s'y adresse explicitement aux écrivains prolétariens qui auraient montré d'abord leur enthousiasme pour le populisme avant d'y « tourn[er] le dos », « comme sur un mot d'ordre ».[284] Lemonnier stipule également qu'« aucune doctrine littéraire » ne sépare les deux courants et que c'est uniquement la conception de l'authenticité renforcée chez les prolétariens qui marque la différence ; Lemonnier suggère que les deux groupes devraient s'unir comme les partis politiques sous le Front populaire et lance surtout son appel aux écrivains Eugène Dabit, Henry Poulaille et Tristan Rémy. Dans cet article, Lemonnier n'explique pourtant pas la nécessité de s'unir et surtout quel « adversaire » il faudrait combattre. Un deuxième article qui paraît un jour après dans le *Mercure de France* précise ces détails : le Front littéraire commun devrait en premier lieu s'opposer aux avant-gardes littéraires et au « gidisme », donc aux groupes les plus autonomes du champ littéraire à cause de leur inscription dans une « tradition anarchique, individualiste, antisociale »[285] qui ne se soucie que de la forme et ne réussit pas à résoudre les questions morales. Contrairement à ces mouvements, le populisme littéraire montrerait clairement sa position : selon Lemonnier, « le réalisme et le populisme sont démocratiques ; ils sont nés du groupement dans les villes »[286] et dépassent ainsi la politique au sens strict : la démocratie de ces courants littéraires entre bien plus profondément dans les valeurs nationales de la République française qui se sont instaurées avec la Révolution de 1789. Après un aperçu historique du développement du réalisme après la Révolution jusqu'à la situation présente, Lemonnier aborde la situation délicate des écrivains prolétariens qui sont soi-disant les seuls à être isolés étant donné que les communistes ont acceptés les écrivains bourgeois grâce à la politique du rassemblement : « la position des prolétariens français, groupés autour de Poulaille, est devenue difficile à cet égard. Ils ont rejeté l'orthodoxie marxiste et ont été ainsi attaqués par les

---

283 Philippe Roger : Le roman du populisme, p. 8.
284 Léon Lemonnier : Encore un manifeste ? « Front littéraire commun ».
285 Léon Lemonnier : Front littéraire commun, p. 228.
286 ibid.

écrivains qui l'acceptent. Mais il importe d'oublier ces dissensions [. . .] »[287]
Le Front littéraire que Lemonnier propose est donc un mouvement littéraire
parfaitement apolitique, uniquement intéressé à un art social devant servir à
rappeler les valeurs du ‹ peuple › et indirectement préoccupé d'atteindre un
autre public que la littérature autonome. Lemonnier identifie clairement les
adversaires du Front littéraire commun : d'une part, les avant-gardes et les esthètes « dont le regard vire vers les nuages »[288] et qui utilisent l'esthétisme
pour cacher leurs tergiversations au plan politique – cette attaque s'adresse à
la fois à Gide qui se déclare pour le Parti communiste en 1932 et à Aragon.
D'autre part, le geste de la main tendue vers les écrivains prolétariens définit
le deuxième ennemi, l'AEAR qui encercle lentement les deux groupes, même
si Lemonnier ne souligne que l'isolation des écrivains prolétariens.

Cet appel pour un Front littéraire commun marque cependant un échec.
Henry Poulaille réagit dans sa revue *À contre-courant* en septembre, réitère la
volonté de ne défendre qu'une littérature d'ouvriers qui travaillent manuelle-
ment et exprime clairement sa position : « [q]u'ils nous foutent donc la paix. On
travaille ; leurs théories, leurs appels ne nous intéressent point. »[289] Tristan
Rémy, à son tour, répond directement à l'appel dans les pages de *L'Œuvre* :
après qu'Aragon a déjà signalé dans *L'Œuvre* l'existence de l'AEAR et qu'elle
représente déjà parfaitement le Front littéraire commun dont parlait Lemonnier, Rémy réitère cette opinion et souligne le caractère non-idéologique de
l'association : « j'ai adhéré à l'AEAR, dans un but de pacification, de rassemblement, d'unification. J'ai adhéré à l'AEAR, parce qu'on ne m'a pas demandé
de souscrire à un programme littéraire. »[290] De cette manière, la volonté de
présenter un contre-poids autonome contre l'AEAR ne réussit pas à se réaliser.
En effet, Léon Lemonnier sort peu après du champ littéraire : en 1935, il publie
encore son roman *Cœur imbécile* dans les Éditions de la Nouvelle Revue critique et ne réapparaît guère plus, sauf comme angliciste universitaire, spécialiste de Poe, ou comme co-auteur de petites pièces, en partie pour la radio. La
carrière littéraire de Lemonnier était trop fortement liée à l'étiquette du roman
populiste pour y survivre.

Mais quelles sont donc plus précisément les caractéristiques de l'esthétique populiste ? Comme nous l'avons vu, le *Manifeste du roman populiste*, ne contient pas

---

287 ibid., p. 235.
288 ibid., p. 236.
289 Henry Poulaille : Front littéraire commun ? Non ! In : *À contre-courant* 3 (septembre 1935),
p. 185sq., repris dans Henry Poulaille : *La littérature et le peuple*, p. 266–268.
290 Tristan Rémy : Front littéraire commun ? Front littéraire unique ? Une réponse de Tristan
Rémy. In : *L'Œuvre* (2 juillet 1935).

de programme exact sauf la représentation de « la pittoresque rudesse de la vie » des « petites gens ».[291] Si une telle revendication n'est guère exacte, Lemonnier semble prôner un renouveau du réalisme qui doit susciter la sympathie de la part du lecteur. Dans la prochaine partie, je consacrerai par conséquent un chapitre à l'analyse de cette prédisposition pittoresque du réalisme pendant l'entre-deux-guerres.

---

291 Léon Lemonnier : *Manifeste du roman populiste*, p. 73.

3 Crise de l'esthétique, esthétique de crise : la fondation d'un réalisme de l'entre-deux-guerres

[. . .] Que ce soit dans les fabliaux ou dans la peinture flamande tout art qui s'intéresse au peuple ou qui vient du peuple tend à devenir réaliste ; et réciproquement, tout art réaliste trouve sa matière d'élection dans les scènes populaires.[1]

L'esthétique populiste s'appuie sur l'idée d'un réalisme littéraire qui doit représenter le quotidien des classes populaires. Comme le montre bien la citation ci-dessus, Lemonnier voit un lien essentiel entre l'approche réaliste et les sujets populaires qui explique bien ce parti pris. Néanmoins, il n'est pas le seul à repérer un lien essentiel entre le réalisme et la mise en récit du ‹ peuple › ; bien au contraire, la nécessité de revenir à une écriture réaliste est au cœur même de l'esthétique populiste. Pour cette raison, le chapitre présent cherchera à élucider la manière dont le réalisme devient un enjeu fondamental de la littérature de l'entre-deux-guerres. Ce faisant, il essaie également de répondre à la question de savoir comment les écrivains de cette époque envisagent un renouveau du réalisme.

Afin de mieux comprendre les bases réalistes de l'esthétique populiste, un premier sous-chapitre reviendra dans la forme d'un préambule théorique sur le terme de réalisme et son usage dans le contexte de la narratologie moderne ; ensuite, un deuxième chapitre analysera de plus près les éléments du Manifeste et d'autres textes manifestaires pour souligner les éléments distinctifs du réalisme prôné : l'authenticité, l'enjeu du français parlé, ainsi que la nécessité de dépasser la description réaliste pur en faveur d'un réalisme magique. Enfin, le dernier sous-chapitre prépare les études de cas suivants en étalant les bases réalistes de l'esthétique populiste et en comparant les approches des différents agents littéraires de l'époque.

3.1 Pour une culture de la rue : le réalisme de l'entre-deux-guerres

Thématiser le lien entre la littérature et sa représentation de la société, les mythes et les figures de style que la première invente pour s'approcher de l'expression de la vie d'une communauté, comporte un nombre considérable de problèmes lexicaux : comment, en effet, qualifier ce regard porté sur le monde que la littérature – parmi d'autres formes de création artistique, tel le cinéma ou la

---

1 Léon Lemonnier : *Populisme*. Paris : La Renaissance du Livre 1931, p. 194.

https://doi.org/10.1515/9783110721157-004

photographie – exprime afin de rendre compte et de critiquer les conditions sociales ? La notion de ‹ réalisme › semble s'imposer.

Néanmoins, le terme de réalisme en soi reste ambigu[2] et désigne d'un côté une époque historique, qui trouve son apogée au XIXe siècle avec l'œuvre d'auteurs comme Balzac, Stendhal, Flaubert ou même Zola,[3] de l'autre une manière d'écrire[4] transhistorique qui poursuit le but de la *mimésis*.[5] Afin d'inclure dans son analyse des auteurs comme Simenon ou Céline, Jacques Dubois parle au lieu d'écrivains réalistes de « romanciers du réel » ;[6] une telle formulation lui permet de faire abstraction des différences stylistiques des auteurs et de souligner, en revanche, les constantes d'une écriture qui engage la représentation de la société : selon Dubois, « [l]e roman du réel suppose par avance une construction de l'objet social ».[7] Tandis que la terminologie proposée par Dubois offre une approche plus large de la figuration du social et des différents procédés de totalisation narrative dans le roman, cette ‹ ouverture › implique également la difficulté que ni les socialités représentées au sein du roman, ni les techniques narratives employées pour leur représentation ne sont suffisamment distinguées : la société telle qu'elle est envisagée chez Proust est différente de celle de Louis-Ferdinand Céline ; néanmoins, Dubois classe les deux auteurs comme des « romanciers du réel ».

---

2 Cf. à ce propos déjà Roman Jakobson qui constate le manque de rigueur dans la définition du terme dans « Du réalisme en art », Roman Jakobson : *Questions de poétique*, traduit et édité par Tzvetan Todorov. Paris : Éditions du Seuil 1973, p. 31–39, surtout p. 32.
3 Déjà Auerbach relie le projet naturaliste de Zola avec la *mimésis* réaliste (Erich Auerbach : *Mimesis. Dargestellte Wirklichkeit in der abendländischen Literatur*. Bern : Francke 1971, p. 476).
4 Je traduis ici le terme de *Schreibweise*, forgé par Klaus W. Hempfer : *Gattungstheorie. Information und Synthese*. Munich : Fink 1973, p. 27.
5 Cette différenciation s'appuie sur l'article de Benoît Denis : Le roman peut-il se passer du réel ? Les querelles du réalisme. In : Geneviève Fabry et al. (éds.) : *Les frontières du réalisme dans la littérature du XXe siècle. Actes du colloque international (Louvain-la-Neuve 1–3 décembre 2004)*. Louvain-la-Neuve : Université catholique de Louvain 2006, p. 21–34, p. 21.
6 Jacques Dubois : *Les romanciers du réel: de Balzac à Simenon*. Paris : Éd. du Seuil 2000. Jacques Dubois comprend sous la catégorie du réel une amplification de « l'effet de réel » barthésien : « l'idée d'effet de réel se révèle opératoire dès qu'on ne la limite pas aux seuls détails insignifiants : le discours réaliste s'authentifie de nombreuses marques qui appartiennent à sa stratégie mais ne se vident pas de sens pour autant » (p. 41). La première marque est la référence aux structures sociales qui repose sur une conviction sociologique de pouvoir révéler « une société de classes et de classements, et que les individus sont conditionnés par cette division » (p. 65). À part cela, le réel se distingue également par « l'effet de totalité » (p. 76), qui donne au lecteur l'impression d'être confronté à un univers autonome, et par l'importance du détail qui met en scène une société obsédée par les objets (p. 103sq.).
7 ibid., p. 46.

Sophie Béroud et Tania Régin proposent une autre terminologie apte à limiter le champ de recherche : elles emploient le terme de « roman social » afin de décrire une « littérature engagée du côté du monde ouvrier »[8] de la fin du XIXe siècle jusqu'à l'extrême contemporain. Toutefois, elles n'explorent pas uniquement la littérature ouvrière dans un sens strict, la représentation des artisans et des employés chez des auteurs comme Louis Guilloux est également thématisée.[9] Le « roman social » désigne plutôt des récits qui représentent les difficultés d'une société marginale et instable, tant au niveau économique qu'à l'échelle de l'urbanisme, des conditions de travail et de la sécurité sociale. Le « roman social » doit faire entendre les « voix d'en bas »,[10] sans différencier entre les métiers ou les classes sociales. Ce qui compte – au moins pour la période de l'entre-deux-guerres – est la mise en scène d'un système social hiérarchisé avec une ‹ haute › classe bourgeoise, inatteignable, et la focalisation sur le ‹ bas ›, sur une partie marginalisée de la société, qui apparaît comme exclue de la sphère publique.

Autrement dit, le « roman social » de l'entre-deux-guerres invente le mythe d'une société populaire urbaine qui se retrouve dépassée par la modernité ; il met en scène une classe que Sophie Béroud appelle les « gens de peu »,[11] mais qui reste dans la majorité des cas inerte, étant donné qu'elle est présentée comme modèle éthique. De cette manière, les romanciers de l'entre-deux-guerres essaient délibérément de fournir une analyse politique dans leurs récits en identifiant les ‹ vainqueurs › et les ‹ vaincus › au sein de la société. Le « roman social » fait partie de ce que Pierre Rosanvallon appelle la « figuration directe du social » :[12] la littérature, notamment le roman, devient un outil de

---

8 Sophie Béroud/Tania Régin : Introduction. Réflexions sur la notion de roman social. In : Sophie Béroud/Tania Régin (éds.) : *Le Roman social. Littérature, histoire et mouvement ouvrier.* Paris : Éditions de l'Atelier 2002, p. 9–16, p. 11.

9 Yannick Pelletier : L'univers social des artisans et employés. Louis Guilloux. In : Sophie Béroud/Tania Régin (éds.) : *Le Roman social. Littérature, histoire et mouvement ouvrier.* Paris : Éditions de l'Atelier 2002, p. 79–88.

10 Cf. Sophie Béroud/Tania Régin : Introduction. Réflexions sur la notion de roman social, p. 12. C'est le titre de la collection des éditions Plein Chant animée par Edmond Thomas et qui contient notamment des ouvrages d'auteurs prolétariens et des textes à propos de la littérature prolétarienne. Le titre est une citation du poème « La fée aux rimes » de 1842 par Pierre Jean de Béranger : « Ces artisans chantent, fredonnent, racontent./Le peuple parle ; hier il bégayait,/Du haut du trône on s'écrie inquiet:/Voici les voix d'en bas qui montent » (cf. Pierre Jean de Béranger : La fée aux rimes. In : *Dernières chansons de P.J. Béranger (1834–1851)*. Paris 1842, p. 232).

11 Sophie Béroud : De 1914 à 1939. Une littérature de lutte des classes. In : Sophie Béroud/Tania Régin (éds.) : *Le Roman social. Littérature, histoire et mouvement ouvrier.* Paris : Éditions de l'Atelier 2002, p. 71–77, p. 76.

12 Pierre Rosanvallon : *Le Peuple introuvable : histoire de la représentation démocratique en France*. Paris : Gallimard 1998, p. 279.

la représentation démocratique à côté d'une représentation politique perçue comme défaillante.[13]

Les difficultés lexicales que l'on confronte en décrivant la mise en récit de la ‹ réalité › – ou plus exactement : de la vie sociale d'une époque et de ses problèmes – deviennent encore plus flagrantes si l'on s'intéresse de plus près à l'expression culturelle de l'entre-deux-guerres, notamment à la littérature, mais aussi au cinéma. La représentation réaliste et le regard social sont au centre des discussions intellectuelles à cette époque quoique le terme de réalisme soit largement évité dans le contexte littéraire.[14] Néanmoins, le terme apparaît paradoxalement dans la critique d'autres médias comme c'est le cas pour la chanson réaliste ou le cinéma du réalisme poétique. Quant à la littérature, il n'est question de réalisme que comme esthétique à éviter, notamment chez les surréalistes.[15] Les auteurs et critiques qui s'engagent dans le débat autour du roman populiste et de la littérature prolétarienne préfèrent à leur tour la notion de ‹ naturalisme › et citent Zola à la fois comme autorité et comme repoussoir. Dans ce contexte, il convient de rappeler le rapport paradoxal que le groupe populiste entretient avec le naturalisme :

> La nouvelle école, a-t-on dit, veut reprendre la tradition du naturalisme et plus spécialement de ce Huysmans pour lequel André Thérive professe la plus profonde admiration [. . .]. Or Huysmans, plus qu'aucun naturaliste, a connu les curiosités mystiques, et il a, dans *Là-bas*, traité la magie, comme Lefèvre dans *Samson*.

> Pourtant, on l'a répété aussi, le populisme tient à s'opposer au naturalisme, et notamment sur l'un des points les plus caractéristiques de l'œuvre de Zola : le scientisme.[16]

---

13 ibid., p. 284sq. Dans sa présentation de cette « représentation poétique », Pierre Rosanvallon fait référence à Eugène Sue et à la littérature de la première moitié du XIXᵉ siècle. Rosanvallon affirme qu'après 1848, « subsiste pourtant avec force le sentiment qu'existe une culture véritablement populaire, manifestant une identité propre » (p. 287) qui prendrait néanmoins d'autres voies d'expression que la littérature, ce que Rosanvallon n'explique pas en détail. Cette perspective est trop générale en ce qui concerne le XXᵉ siècle et sera discutée plus en détail ici pour l'intervalle de l'entre-deux-guerres.
14 C'est le constat de Maria Chiara Gnocchi : Classements gênants : les réalismes de l'entre-deux-guerres et leur réception critique. In : Geneviève Fabry et al. (éds.) : *Les frontières du réalisme dans la littérature du XXᵉ siècle. Actes du colloque international (Louvain-la-Neuve 1–3 décembre 2004)*. Louvain-la-Neuve : Université catholique de Louvain 2006, p. 93–101, p. 93.
15 Cela devient évident à partir de la récusation catégorique de « l'attitude réaliste » dans le premier *Manifeste du Surréalisme* d'André Breton (André Breton : *Manifeste du surréalisme, Œuvres complètes* I, édité par Marguerite Bonnet. Paris : Gallimard 1999, p. 309–346, p. 313) ; cf. à ce propos Dominique Combe : « L'œil existe à l'état sauvage ». In : *Melusine* 21 (2001), p. 9–24.
16 Léon Lemonnier : *Populisme*, p. 132sq.

Lemonnier cite autant dans son *Manifeste* que dans le recueil *Populisme* – qui le complète avec d'autres articles et le prolonge – Huysmans et Maupassant comme modèles de l'écriture. Néanmoins, il dénonce les prétentions scientifiques de l'esthétique de Zola et précise que le naturalisme zolien ne peut pas servir à la nouvelle école que la mouvance du roman populiste doit représenter. En lieu de ce scientisme, Lemonnier exige l'étude des « croyances obscures et secrètes »[17] des ‹ petites gens ›, outre la description des métiers. De cette façon, l'esthétique du roman populiste doit reprendre un « naturalisme interne »[18] que l'œuvre de Huysmans représente.

Les ambiguïtés du terme ‹ réalisme › sont aussi palpables du côté des écrivains communistes. En 1935, Aragon se réfère au modèle de Zola dans son discours au congrès international des écrivains afin d'illustrer sa vision du réalisme socialiste en France.[19] Aragon y juxtapose Zola à Hugo en affirmant que les deux auteurs seraient réalistes :

> Réalisme socialiste ou romantisme révolutionnaire : deux noms d'une même chose, et ici se rejoignent le Zola de *Germinal* et le Hugo des *Châtiments*. Il fallait, pour que cette synthèse fût possible, l'écroulement du capital et la victoire de l'économie socialiste sur un sixième du globe.[20]

Pour Aragon, contrairement à Lemonnier, le réalisme ne doit pas tellement se soucier de la littérature, mais établir le lien avec le monde extratextuel et doter la littérature d'une valeur de dénonciation. En ce sens, Aragon peut considérer à la fois Hugo et Zola comme des auteurs réalistes. Dans sa conception, réalisme signifie donc un certain engagement qui s'appuie sur l'humanisme littéraire, ce qui inclut une esthétique populiste en ce sens que l'écrivain parle pour les opprimés, met en scène leur quotidien en le valorisant et cherche à lancer un appel pour l'amélioration de leurs conditions de vie. Ce réalisme socialiste doit aussi comporter un renouveau des techniques d'écriture afin de créer l'effet de réel adéquat pour le XXe siècle. Par conséquent, Aragon revendique même les avant-gardes comme des courants réalistes et justifie la récupération de leurs techniques.[21]

---

17 ibid., p. 185.

18 ibid., p. 186.

19 Louis Aragon : *Pour un réalisme socialiste*. Paris : Denoël et Steele 1935, p. 69–87.

20 ibid., p. 86.

21 ibid., p. 77 : « La machine est entrée dans l'art. L'affiche, la réclame se sont fait poèmes. Le voyant, selon Rimbaud, rivalise avec le bonisseur des foires, l'agent de publicité, le haut-parleur de la radio, le refrain des voûtes du métro : *Dubo . . . Dubon . . . Dubonnet*. Dans l'univers affolé de la production capitaliste, c'est par le réalisme, et par le réalisme seul que valent l'humour sinistre d'un Alfred Jarry, le lyrisme de Guillaume Apollinaire. »

Chez Lemonnier et Aragon, le naturalisme zolien n'est donc mobilisé comme une facette d'un renouveau du réalisme. Cette prise de position particulière dans la vogue néo-naturaliste, typique pour l'époque, recèle également une conception générale du réalisme littéraire et des procédés qu'il doit employer : en effet, Lemonnier semble constater, comme la plupart des critiques de l'époque, que l'omniscience narrative n'est plus capable de susciter l'effet de réel ; l'insistance sur le « naturalisme interne » de Huysmans semble en effet indiquer que Lemonnier préfère le modèle du réalisme subjectif et qu'il cherche d'autres voies de la totalisation narrative que le « grand réalisme » du XIXe siècle.[22] La visée du retour au réel chez les populistes semble se situer à un autre niveau : contrairement au roman expérimental qui revendique la méthode scientifique afin d'aboutir à la création artistique, le populisme souligne davantage le projet d'une création artistique *empathique*, qui doit aboutir à une réévaluation des couches défavorisées de la société comme étant le noyau essentiel de la cohésion sociale.

Il faut donc retenir que le terme de ‹ réalisme › recouvre pendant l'entre-deux-guerres non seulement la nécessité de s'insérer dans l'héritage du réalisme et du naturalisme du XIXe siècle, mais de chercher un réalisme alternatif, au-delà de la narration omnisciente et évoquant d'un point de vue plus subjectif le quotidien vécu de la population moyenne. La nouvelle conception du réalisme de l'entre-deux-guerres – et, en conséquence aussi l'esthétique populiste – s'appuie donc sur l'idéal du ‹ moyen › et du ‹ médiocre ›.[23]

3.2 Le réalisme de l'entre-deux-guerres et l'esthétique populiste

Les réflexions de Lemonnier signalent un changement de l'esthétique du réalisme dont les enjeux principaux sont l'effet de réel – ou plus précisément : la revendication de la ‹ vérité › par les écrivains –, le besoin d'une alternative au « grand réalisme » ainsi que la représentation du français populaire au sein du roman. Ces stratégies doivent suggérer l'idée d'une solidarité universelle et d'une sympathie pour ces parties de la société qui ne seraient pas représentées au niveau de la littérature – et au niveau du cinéma dans un deuxième pas. Le

---

22 Le terme de « grand réalisme » ainsi que la ligne générale de l'hypothèse sont de Benoît Denis : Le roman peut-il se passer du réel ? Les querelles du réalisme, p, 26.
23 Le terme est repris des recherches de Iacopo Leoni, à titre d'exemple cf. Iacopo Leoni : Figure della povertà nella letteratura populista francese degli anni Trenta. In : Elisabetta Sibilio (éd.) : *Rappresentazioni artistiche e sociali della povertà*. Cassino : Edizioni Università di Cassino 2017, p. 240–255, p. 242.

populisme littéraire reprend par conséquent trois grands axes de l'interrogation sur la forme romanesque de l'époque et cherche en grande partie à rejoindre des esthétiques antérieures sans pour autant se limiter à des traditions littéraires établies.

3.2.1 Authenticité, témoignage, réalité : la revendication de la ‹ vérité ›

L'idéal de l'authenticité est au cœur de ce renouveau de l'écriture réaliste. L'esthétique populiste se distingue par sa revendication de l'expression du ‹ vrai › face à une littérature « snob »[24] ou « bourgeoise »[25], représentée comme égocentrique et ‹ dégénérée ›, sans véritable intérêt pour la représentation de la réalité. Cette réclamation de la vérité pour le roman se retrouve de la même façon dans les programmes du roman populiste et de la littérature prolétarienne quoique Henry Poulaille emploie un lexique différent qui souligne encore davantage le besoin d'une « authenticité » littéraire. Si Poulaille utilise le terme d'authenticité de manière emphatique, il serait cependant erroné d'y voir une particularité personnelle ; bien au contraire, une juxtaposition aux réclamations programmatiques du roman populiste peut dégager les ressemblances entre les deux programmes. Plus encore, la réclamation de l'authenticité s'inscrit dans une tendance générale d'élever les sujets ‹ médiocres › à une catégorie thématique et esthétique de premier rang.[26]

Autant le *Manifeste du roman populiste* que *Nouvel Âge littéraire* d'Henry Poulaille attaquent la tradition littéraire à cause de leur prétendue fausseté et opposent à la ‹ littérature bourgeoise › une autre expression plus « simple », voire plus « authentique » : Lemonnier, pour sa part, exige dans son *Manifeste du roman populiste* que « la vie ou le métier aient mis le romancier en contact avec les gens qu'il veut peindre »[27] afin de fournir les informations justes du milieu décrit. L'enjeu est ici explicitement le dépassement d'une observation

---

24 Léon Lemonnier : *Populisme*, p. 162.

25 ibid., p. 163 ; Henry Poulaille partage la même position réprobatrice envers la littérature ‹ dominante ›, mais il critique « L'art bourgeois » en général qui est, à son avis, « un art de condamnés, un art condamné » (cf. Henry Poulaille : *Nouvel âge littéraire*. Bassac : Plein Chant 1986, p. 112). Quant à la littérature, il la désigne comme une « littérature de chambre », trop aliénée de la vie réelle de la majorité de la société (cf. ibid., p. 101).

26 Cf. à ce propos Benoît Denis/Jacques Dubois : Du médiocre jusqu'à La Nausée. Canonisation d'un thème et transactions au sein de la hiérarchie littéraire de l'entre-deux-guerres en France. In : Denis Saint-Jacques (éd.) : *Que vaut la littérature?* Québec : Éd. Nota Bene 2000, p. 187–217.

27 Léon Lemonnier : *Manifeste du roman populiste*. Paris : Jacques Bernard 1930, p. 56.

scientifique des milieux, présenté comme la base des romans naturalistes. Au lieu de s'engager dans des recherches et des observations savantes, le romancier populiste doit davantage transposer le vécu « afin d'imaginer le réel ».[28]

Une telle transposition du réel doit s'effectuer par l'usage d'un style particulièrement simple, car, comme l'explique Lemonnier, « [l]a chose exprimée a plus d'importance que l'expression. Usons, comme le peuple, de mots francs et directs. »[29] La proximité avec le milieu du roman doit certes être recherchée, mais non comme une fin de l'écriture romanesque ; seulement en partageant le quotidien avec des individus qui ont vécu les éléments thématiques d'un roman le romancier peut acquérir tout le savoir nécessaire pour la rédaction de son œuvre. Dès lors, la question du style ne se pose plus ou elle est moins signifiante. Lemonnier défend un réalisme qui se base sur les expériences personnelles de ses auteurs. Pour cette raison, il ne rejette pas la pratique du reportage et les connaissances journalistiques chez les écrivains parce qu'il les considère comme l'occasion de faire connaissance des « mondes les plus divers ».[30] Le journalisme peut pour cette raison servir comme base de l'esthétique populiste – pourvu que le style littéraire demeure simple.

Néanmoins, la revendication de la vérité est chez Lemonnier restée surtout une position de combat. L'intérêt du *Manifeste* gît surtout dans la présentation du roman populiste comme réaction « antimoderne »[31] à la tendance littéraire à l'analyse psychologique, qui chercherait dans chacun des personnages une pathologie.[32] Tandis que « la littérature d'analyse »[33] fausserait l'observation par l'application des théories psychologiques de Freud et que « l'esthétisme » tournerait le dos à la narration du réel par sa recherche stylistique perçue comme ‹ précieuse ›,[34] le recours au ‹ peuple › que Lemonnier propose est une manière d'aboutir à l'expression ‹ juste › de la société parce qu'il se distancie de l'artifice – de la « pose » – et parce qu'il s'appuie sur le sens commun : « [l]e populisme est un retour à la raison, qui est la commune mesure entre les hommes. »[35] De ce point de vue s'explique l'importance du ‹ peuple › chez Lemonnier : en premier lieu, celui-ci n'est qu'un sujet pour

---

28 ibid., p. 57.

29 ibid., p. 79.

30 ibid., p. 56sq.

31 Je reprends le terme d'Antoine Compagnon : *Les antimodernes: de Joseph de Maistre à Roland Barthes*. Paris : Gallimard 2005.

32 Léon Lemonnier : *Populisme*, p. 196.

33 ibid., p. 194.

34 ibid., p. 194 : « Nous voulons que le style se garde de la préciosité. »

35 ibid., p. 199.

mettre en scène « cette âpre nécessité d'après-guerre : gagner sa vie. »[36] Les « petites gens » de Lemonnier ne sont ni envisagées comme public, ni comme auteurs du roman populiste,[37] ils doivent seulement garantir de la « raison » de la narration et servir comme signe de distinction.

La revendication d'une authenticité accrue se trouve chez Poulaille. Dans *Nouvel Âge littéraire*, Poulaille la définit comme l'intérêt de la littérature sociale dont la littérature prolétarienne doit être une expression :

> Autrement elle [la littérature] ne peut être envisagée comme d'une portée sociale, que si elle exprime des caractères d'authenticité absolue. C'est ainsi que l'œuvre de Ramuz, celle de Thomas Hardy, de Bojer sans être soumises à quelque idéal politique que ce soit, sont des documents de littérature sociale plus importants que les essais révolutionnaires de Barbusse ou les romans de Romain Rolland, Victor Margueritte lesquels cachent des professions de foi ou les exposent.[38]

Dès lors, il est possible d'entrevoir la portée de la notion chez Poulaille, mais également dans l'entre-deux-guerres en général, sachant qu'elle est, comme le confirme Jérôme Meizoz, « un enjeu d'époque »[39] et n'apparaît pas uniquement chez l'auteur cité. À la suite de la publication de son roman *Voyage au bout de la nuit*, même Céline cherche encore à défendre la valeur authentique de son œuvre ; dit d'une autre manière, il présente une « symbiose sociale de l'auteur et de ses personnages ».[40] Pour Henry Poulaille, le cas est semblable.

Dans *Nouvelle Âge littéraire*, l'authenticité est une catégorie à double tranchant, d'un côté biographique et paratextuel, de l'autre esthétique et apolitique comme le confirme la citation. Poulaille rejette surtout la présence d'une empreinte idéologique dans le roman prolétarien parce qu'elle corromprait l'expression authentique des conditions de vie de la classe prolétarienne. L'idéologie politique aurait besoin, selon Poulaille, d'une adaptation des faits ‹ réels › ; l'intégration d'une morale, qu'elle soit socialiste ou anarchiste comme chez Barbusse ou seulement pacifiste et progressiste chez Rolland ou Margueritte, détourne la narration de la simple représentation des conditions de vie et déforme ainsi la portée sociale du roman dans le sens d'un programme politique ou d'une morale préexistants. Ce qui importe pour Poulaille est néanmoins la prééminence de la

---

36 ibid., p. 168.

37 ibid., p. 181 : « La littérature populiste n'est pas nécessairement faite *par* le peuple. Elle n'est point non plus nécessairement faite *pour* le peuple » (Italiques repris de l'original).

38 Henry Poulaille : *Nouvel âge littéraire*, p. 155.

39 Jérôme Meizoz : « Nous voilà tout de même singulièrement rapprochés. » Henry Poulaille et C.-F. Ramuz face à la question de l'‹ authenticité ›. In : *Autour d'Henry Poulaille et de la littérature prolétarienne*. Aix-en-Provence : PUP 2003, p. 83–96, p. 85.

40 Yves Pagès : *Les fictions du politique chez L.-F. Céline*. Paris : Seuil 1994, p. 44.

représentation des conditions sociales ; l'authenticité de la représentation garantit la véracité du récit et simultanément l'indépendance de la littérature et de l'écrivain face à des intérêts politiques ou idéologiques et même face aux autorités du champ littéraire.[41]

L'authenticité inclut pour cette raison le refus d'une prise de position politique nette ; en outre, ce refus doit également assurer la valeur universelle de l'écrit prolétarien : Poulaille explique à l'exemple de *Clarté* d'Henri Barbusse que la littérature ‹ politique › perd d'intérêt « une fois la révolution faite »,[42] c'est-à-dire après le changement de régime politique, alors que la description authentique des conditions de vie d'une classe sociale garderait toujours sa valeur.[43] Afin que la littérature prolétarienne soit universelle et à la hauteur de la littérature canonisée, elle doit donc être apolitique.[44] L'apolitisme n'est cependant pas la seule motivation pour la revendication d'une littérature authentique.

Comme c'est le cas dans le *Manifeste* de Lemonnier, Poulaille exige une connaissance complète des milieux populaires, mais il radicalise la position au point où il exclut les auteurs populistes : ainsi, Poulaille affirme que « [p]our parler de la misère, il faut l'avoir connue » ;[45] d'une certaine façon, le parcours biographique légitime l'écrivain prolétarien comme un expert de la misère étant donné que sa biographie garantit de l'authenticité du récit. Cela ne veut cependant pas dire, comme il sera évident par la suite, que la littérature prolétarienne doit se limiter à des récits autobiographiques. Si Poulaille ne demande pas explicitement la mise en récit de la biographie de l'auteur, elle doit néanmoins influer sur la perspective adoptée dans le roman.

Par le décalage de l'authenticité comme catégorie abstraite vers un ton d'authenticité, Poulaille cherche à fusionner le domaine sociologique – les origines des écrivains et leur entrée dans le champ littéraire – avec le style littéraire de leurs textes ; par conséquent, la notion d'authenticité ne doit pas uniquement servir à légitimer les textes prolétariens dans le champ littéraire, mais aussi à valoriser leur style particulièrement réel.

L'authenticité est cependant un critère de qualification qui s'appuie seulement en second lieu sur une esthétique littéraire : Philippe Geneste propose

---

41 Cf. Jérôme Meizoz : *L'Âge du roman parlant: (1919–1939)* ; *écrivains, critiques, linguistes et pédagogues en débat*. Genève : Droz 2001, p. 228.

42 Henry Poulaille : *Nouvel âge littéraire*, p. 156.

43 ibid., p. 157.

44 Karl-Anders Arvidsson : *Henry Poulaille et la littérature prolétarienne française des années 1930*. Göteborg : Acta Universitatis Gotheburgensis et al. 1988, p. 68–71.

45 Henry Poulaille : *Nouvel âge littéraire*, p. 144 ; cf. également Karl-Anders Arvidsson : *Henry Poulaille et la littérature prolétarienne française des années 1930*, p. 58.

cinq caractéristiques du concept de l'authenticité qui se cristallise dans les textes critiques d'Henry Poulaille dont seulement deux sont de nature littéraire.[46] Poulaille comprendrait donc l'authenticité d'abord comme une confirmation biographique du récit : l'auteur prolétarien aurait développé par son parcours une proximité avec les milieux qu'il décrit et refuserait le succès littéraire afin de garder la proximité (critère 1 et 2) ; il partage avec les ouvriers une origine prolétaire qui garantit une association à la classe ouvrière au moins au niveau des parents (critère 3). À part un tel raisonnement biographique, l'authenticité de la littérature prolétarienne est garantie au niveau esthétique par le fait que la littérature envisagée par Poulaille doit exprimer les conditions de vie de la classe ouvrière : l'écrivain prolétarien a « quelque chose à dire »[47] et ne s'occupe pas de questions stylistiques car l'expression de l'émotion compte (critère 4) :

> Le style pétrifié qui est le « style » ne leur [i.e. aux écrivains prolétariens] suffit pas. Ils recréent leur style, car ils savent qu'il doit être dans le rythme de la vie, et non dans celui des livres, pour être eux et lui à la fois et ce qu'ils veulent exprimer. Ils vont dans le sens de leur temps, au contraire des autres qui restent dans le passé sous le joug des traditions.[48]

Chaque inscription dans un certain style littéraire ou la recherche artificielle d'une expression artistique est vaine et inadéquate pour une littérature de la classe prolétarienne, selon Poulaille. La modernité de l'écriture prolétarienne dépend du refus d'une recherche stylistique en faveur d'une simplicité capable d'exprimer le quotidien des ouvriers. De cette simplicité de l'expression, Poulaille dégage une portée d'engagement de la littérature prolétarienne ;[49] le texte prolétarien doit ignorer toute interrogation esthétique afin de se focaliser sur le rôle social du texte comme révélateur de l'inégalité.[50] La négation de l'esthétique qui se manifeste dans sa position signifie cependant toujours une préoccupation esthétique,[51] à

---

46 Philippe Geneste : Henry Poulaille et l'authenticité. In : *Autour d'Henry Poulaille et de la littérature prolétarienne.* Aix : PUP 2003, p. 153–168, surtout p. 158–161.

47 Henry Poulaille : *Nouvel âge littéraire,* p. 141.

48 ibid., p. 438.

49 Par ex. ibid., p. 104 : « La mission de l'écrivain n'est-elle pas de tendre à éveiller les énergies ? Le romancier, l'auteur dramatique devrait prendre à cœur d'être le témoin impartial de son époque, ou partial même. C'est une question de tempérament. Mais sa première condition d'être devrait l'amener à recréer la vie, à dégager les grandes lignes des problèmes de la vie. Avoir une utilité en somme. »

50 ibid., p. 47: « Elle [la littérature prolétarienne] est l'expression d'une classe et dit les aspirations, les volontés de cette classe souvent, car la plupart de ses manifestations sont des œuvres de combat. »

51 Cf. également Karl-Anders Arvidsson : *Henry Poulaille et la littérature prolétarienne française des années 1930,* p. 71–75.

savoir celle de donner l'impression de simplicité – exigence qui se laisse également observer chez les romanciers populistes comme montré ci-dessous.

Le dernier critère, quant à lui, est intrinsèquement lié à l'esthétique de la simplicité : la littérature prolétarienne se distinguerait d'un « ton » qui « doit être dans le rythme de la vie ».[52] La notion du « ton » de la littérature prolétarienne souligne la préoccupation pour le réalisme littéraire chez Poulaille : non seulement la littérature prolétarienne doit représenter le quotidien et les conditions de vie des classes défavorisées afin de fournir un « document humain », mais afin d'y aboutir, cette littérature doit soigner la forme et ainsi authentifier la réalité du récit. Pour cette raison, Poulaille s'intéresse dans son roman *Le pain quotidien* à l'intégration de longs discours directs écrits dans un style oralisé ;[53] dans ses autres romans, il inclut même des pages de journaux ou autres documents inscrits – comme l'a déjà fait Aragon dans *Le Paysan de Paris* – à même le récit.[54]

Poulaille n'est pas seul à revendiquer l'oralisation du discours romanesque afin d'augmenter l'effet de réel : Lemonnier prône dans son *Manifeste*, comme déjà montré, l'usage « des mots francs et directs ».[55] En outre, la présence d'un langage qui cherche à s'adapter au français parlé est un enjeu majeur de l'époque qui mobilise autant romanciers que critiques et linguistes, comme l'a déjà constaté Jérôme Meizoz.[56] Le « ton » dont parle Poulaille dans *Nouvel Âge littéraire* résume en soi le paradoxe antistyliste qui détermine l'esthétique populiste : le roman ne doit pas disposer d'un style, mais exprimer la réalité. Une telle posture antistyliste n'est bien entendu qu'un simulacre derrière lequel se cache une interrogation importante de la forme dont la réalité extratextuelle peut être mise en récit. Jacques Dubois confirme dans *Les romanciers du réel* que l'écriture du réel a forcément besoin d'innovations stylistiques afin que l'effet de réel ait une fonction.[57] En conséquence, l'esthétique populiste ne dispose pas d'une tech-

---

52 Henry Poulaille : *Nouvel âge littéraire*, p. 438.

53 cf. par exemple André Not/Catherine Rouayrenc : La parole du peuple dans le roman est-elle possible ? La voix de ‹ la › Radigond (Poulaille, *Le Pain quotidien*). In : Corinne Grenouillet/Éléonore Reverzy (éds.) : *Les voix du peuple dans la littérature des XIXe et XXe siècles: actes du colloque de Strasbourg, 12,13 et 14 mai 2005*. Strasbourg : Presses Univ. de Strasbourg 2006, p. 155–165.

54 cf. Philippe Geneste : Henry Poulaille et l'authenticité, p. 164. C'est notamment le cas dans *Les Damnés de la terre* de 1935 où Poulaille intègre des discours de Jaurès ou d'Hervé ainsi que des affiches.

55 Léon Lemonnier : *Manifeste du roman populiste*, p. 79.

56 Jérôme Meizoz : *L'Âge du roman parlant*.

57 Jacques Dubois : *Les romanciers du réel*, p. 34.

nique d'écriture prescrite par des textes programmatiques comme le *Manifeste du roman populiste* ou *Nouvel Âge littéraire*, mais le roman populiste et la littérature prolétarienne doivent suivre les tendances de l'écriture réaliste de leur époque afin que l'effet de réel opère aux yeux du public.

Avant de définir en détail les enjeux narratologiques du réalisme dans le contexte de l'esthétique populiste, il faut revenir sur la notion de témoignage qui surgit dans le même contexte. En effet, Poulaille affirme que « les véritables artistes » doivent assumer « la mission d'écrire ayant à porter témoignage »[58] ainsi que ce témoignage littéraire « introduit le facteur expérimental dans l'esthétique littéraire » et que « le vrai peut être d'autant de valeur, pour le moins que le ‹ bien fabriqué ›. »[59] La littérature prolétarienne doit, selon Poulaille, se baser sur un témoignage personnel d'un parcours dans la classe prolétaire et les écrivains prolétariens « disent leur expérience vivante » ;[60] mais dans son article sur la littérature prolétarienne en 1935, il précise que cette authenticité du témoignage ne se base pas nécessairement sur un pacte autobiographique :

> [c]ela ne veut pas dire que la littérature prolétarienne doive faire fi de l'imagination ou de la fantaisie. Elle va de la poésie épique d'un Giono au réalisme rude d'Henriette Valet ou d'Henri Hisquin, de l'humour de Georges David et de la malicieuse ironie d'un Jean Reboul aux recherches psychologiques de Louis Guilloux. Quant aux décors : voici les champs, avec Lucien Gachon, Émile Guillaumin, Joseph Voisin, Rose Combe ; le village, avec Henri Hisquin, Georges David, Ludovic Massé, Gabriel Gobron ; l'école, avec H.-V. Crouzy, Albert Thierry, Roger Denux ; l'usine, avec Albert Soulillou, Marc Bernard ; l'atelier, avec Marguerite Audoux, Lucien Bourgeois, René-Léon Gauthier ; les postes, avec Charles Bontoux-Maurel, Sylvain Massé, le facteur Lucien Brunel, Henriette Valet ; les chemins de fer, avec René-Marie Hermant, Louis Paul ; le chantier, avec les Bonneff, Poulaille, Georgette Guégen-Dreyfus ; la mine, avec Constant Malva, Louis Gérin, Pierre Hubermont ; la mer, avec Édouard Peisson ; les bureaux, avec Ginevra Hubac, Léon Gerbe, pour ne citer que quelques noms.[61]

En montrant tout le panorama de ce que Poulaille entend par ‹ littérature prolétarienne ›, il dévoile les problèmes conceptuels de cette catégorie : ni les styles, ni les thématiques ne semblent partager des points en commun. Le seul élément

---

58 Henry Poulaille : *Nouvel âge littéraire*, p. 37.

59 H. Poulaille : Une opinion. Littérature prolétarienne. *Le Mois* 52 (avril-mai 1935), p. 153–160, repris dans et cité d'après Henry Poulaille : *La littérature et le peuple*, édité par Jérôme Radwan. Bassac : Plein chant 2003, p. 252–262, p. 255. Les citations suivantes de cet article se reporteront toujours à la réédition dans cette publication.

60 ibid., p. 256.

61 ibid., p. 260sq.

qui semble intéresser le critique est l'origine des auteurs. Comme le constate le début de la citation, on ne peut même pas catégoriser toutes les œuvres des auteurs cités comme des textes autobiographiques. À part l'origine des auteurs, l'authenticité et l'impression de témoignage que ces auteurs savent créer d'après Poulaille, ne s'explique que par le « ton » déjà cité. Cette définition affaiblit considérablement la notion d'authenticité chez Poulaille, mais elle montre également la difficulté des esthétiques des groupements littéraires de l'époque : avide de trouver autant de membres possibles, les critiques négligent la définition précise de leurs esthétiques. Pour cette raison, le roman populiste et la littérature prolétarienne ne semblent pas se différencier au plan esthétique.

La notion de ‹ témoignage › peut donc sembler bien faible dans le contexte de la littérature prolétarienne, mais elle s'inscrit dans une définition du témoignage très répandue à l'époque : Jean Norton Cru amorce le débat autour du terme avec sa publication de *Témoins. Essai d'analyse et de critique des souvenirs de combattants édités en français de 1915 à 1928* de 1929. Dans son ouvrage volumineux, l'essayiste s'interroge sur la véracité d'environ 300 récits de guerre qui dominent le champ littéraire français de l'époque et les qualifie de ‹ témoignages ›, empruntant ainsi ce terme du domaine juridique et l'appliquant dans un contexte social et littéraire – alors que, tout comme Henry Poulaille, il revendique une position anti-littéraire face au témoignage étant donné que la recherche d'effets littéraires éloignerait le récit de la représentation de la réalité. Cela ne veut cependant pas dire que l'agencement esthétique ne peut pas, selon lui, aussi corroborer l'effet documentaire du récit.[62] À titre d'exemple, Norton Cru critique l'ouvrage *Les Chemineaux de l'Orient*[63] de la manière suivante : « Les idées justes, originales abondent dans le livre, bien que trop souvent mal exprimées »[64] ; le style est donc aussi important pour Norton Cru, mais il ne doit pas s'imposer au lecteur de manière qu'il lui impose un jugement des scènes décrites. Comme presque au même moment chez Henry Poulaille, l'authenticité du récit dépend selon Norton Cru d'une part de la biographie de l'auteur : il doit avoir des expériences directes de la guerre et le lecteur doit être capable de vérifier la correspondance entre les faits réel, le ‹ vécu › de l'écrivain et son récit.[65] D'autre

---

[62] Cf. aussi Christophe Prochasson : Les mots pour le dire : Jean-Norton Cru, du témoignage à l'histoire. In : *Revue d'histoire moderne et contemporaine* 48, 4 (2001), p. 160–189, p. 165.
[63] Henry de Bernadotte : *Les Chemineaux de l'Orient*. Paris : Albert Messein 1921.
[64] Jean Norton Cru : *Témoins. Essai d'analyse et de critique des souvenirs de combattants édités en français de 1915 à 1928*. Paris : Les Étincelles 1929, p. 88.
[65] Christophe Prochasson : Les mots pour le dire, p. 164.

part, le style semble encore plus important que la teneur autobiographique du récit, comme le montrent les louanges de *Sous Verdun*[66] de Maurice Genevoix :

> Ces dialogues si nombreux, qui ne peuvent pas avoir été notés en sténographie et que l'on pourrait déclarer fictifs, sont en réalité une de ces réussites merveilleuses qui font penser au génie. Comparez-les aux dialogues des romans de guerre, évidemment artificiels, comparez-les aux quelques dialogues des souvenirs et vous trouverez ceux de Genevoix savoureux dans leur simplicité, exempts d'effort et d'esprit littéraires, adaptés aux personnages, poilus, civils ou officiers. Genevoix est doué d'une mémoire auditive qui lui a permis de retrouver les mots typiques de chaque individu, son accent, sa manière de discuter, tout son tempérament enfin qui se faisait jour dans ses paroles. Aucun écrivain de l'avant ou de l'arrière n'a su faire parler les poilus avec un réalisme d'aussi bon aloi, un réalisme qui ne les idéalise pas plus qu'il ne les avilit.[67]

Tout en soulignant la qualité littéraire de *Sous Verdun* en affirmant qu'« [a]ucun récit de guerre ne ressemble plus à un roman »[68], le ‹ ton › des dialogues semble authentifier le récit et le doter de toutes les qualités nécessaires pour un véritable ‹ témoignage › : il est simple et réaliste, qualificatifs qui suffisent pour exclure tout ‹ effet › littéraire.[69]

Le cas de Jean Norton Cru illustre donc la portée du terme de ‹ témoignage › à l'entre-deux-guerre : il prend d'envergure dans la discussion de la véracité des récits de guerre, mais il trouvera aussi d'autres champs d'application, comme le montre l'usage du terme chez Henry Poulaille. Le ‹ témoignage › ne limite cependant pas sa valeur à la seule présence d'un ‹ témoin › qui décrit son quotidien dans une situation particulière ; le témoignage est également le résultat d'un agencement littéraire particulier : il doit porter à croire que le texte n'est pas un résultat d'un travail esthétique au style, mais le style doit justement sembler le résultat spontané d'une transcription directe du réel et du ‹ ton › des dialogues. Les catégories de l'authenticité et du témoignage, telles qu'elles figurent chez Poulaille et dans une intensité mineure chez Lemonnier, s'inscrivent ainsi dans un débat autour des termes de l'époque et adoptent pour la plus grande partie la position de Norton Cru. Le témoignage doit donc être compris

---

66 *Sous Verdun* est édité dès 1949 avec d'autres textes de Genevoix comme partie de *Ceux de 14* (édition actuelle : Maurice Genevoix : *Ceux de 14*, édité par Charles Rivet. Paris : Larousse 2012, p. 14).
67 Jean Norton Cru : *Témoins. Essai d'analyse et de critique des souvenirs de combattants édités en français de 1915 à 1928*, p. 145.
68 ibid.
69 Il est intéressant de souligner ici que les romans d'Henri Barbusse sont écartés par Norton Cru comme de mauvais témoignages parce qu'il se focaliseraient trop sur l'agencement littéraire et la représentation des horreurs de la guerre (ibid., p. 161, cf. également Christophe Prochasson : *Les mots pour le dire*, p. 168).

d'abord comme le résultat d'un travail littéraire qui cache ses propres opérations ; dans un deuxième temps, il doit être corroboré par la possibilité de vérifier les faits relatés par la biographie de l'auteur.[70] Un pacte autobiographique n'est pourtant pas nécessaire.

Les exemples de *L'Hôtel du Nord* d'Eugène Dabit – à la fois revendiqué par Lemonnier et Poulaille pour leurs groupements respectifs – et le roman *Le Pain quotidien* d'Henry Poulaille illustrent cette situation : les deux romans rejettent le pacte autobiographique parce qu'il n'y a aucune identité entre auteur, narrateur et personnage principal ;[71] dans le cas du *Pain quotidien*, le personnage qui doit être identifié avec l'auteur est le petit garçon Loulou qui ni ne partage le nom avec l'auteur, ni n'est présenté comme le personnage principal du récit.[72] Quant à *L'Hôtel du Nord*, le narrateur est extradiégétique et observe une pléthore de personnages différents ; en outre, si Dabit était le fils des propriétaires de l'hôtel,[73] il va jusqu'à constater la destruction de l'hôtel à la fin du récit, ce qui, en réalité, n'a jamais eu lieu. Cela n'empêche pas que l'œuvre des deux

---

70 Après la Seconde Guerre mondiale, le terme de témoignage a été l'objet de reformulations qui l'appliquent surtout à des récits de la Shoah ce qui masque l'usage antérieur du terme de manière que la catégorisation des romans prolétariens et populistes comme ‹ témoignages › semble aujourd'hui absurde : Si l'on suit la catégorisation générique des témoignages que propose Nathalie Heinich à propos des témoignages de la déportation nazie, il s'agit au mieux de romans de témoignage (cf. Nathalie Heinich : Le témoignage, entre autobiographie et roman : la place de la fiction dans les récits de déportation. In : *Mots* 56, 1 (1998), p. 33–49, p. 40.). Dans l'intérêt de fournir une définition plus abstraite, Philippe Roussin définit le témoignage comme une « forme de la preuve et de la vérité donnée par l'expérience et par le pathos » qui s'appuie sur la « linéarité du récit [. . .] de l'identité narrative » et qui s'inscrit dans le cadre d'un usage social du récit (Philippe Roussin : L'économie du témoignage. In : *Communications* 79, 1 (2006), p. 337–363, p. 338). Dans un tel contexte qui souligne l'importance de la forme avant celle du contenu, il est possible de reconnaître dans quelques romans de l'entre-deux-guerres la forme du témoignage ce qui se montrera dans la suite ; la linéarité du récit n'est cependant pas aussi importante que le souci du ‹ ton › des récits analysés.
71 Philippe Lejeune : *Le pacte autobiographique*. Paris : Le Seuil 1996, p. 26.
72 Michel Ragon constate que dans sa série de romans que *Le Pain quotidien* commence, Poulaille « retrace l'existence d'une famille d'ouvriers au début de ce siècle. Et, pour ce faire, il a choisi ses parents comme modèles » (cf. Michel Ragon : *Histoire de la littérature prolétarienne de langue française: littérature ouvrière, littérature paysanne, littérature d'expression populaire*. Paris : A. Michel 1986, p. 206). La trame du roman ne révèle pourtant pas du tout ce lien biographique ; il est seulement possible à partir de la connaissance des paratextes : la préface anonyme de l'édition de 1986 décrit le roman comme « un témoignage de l'auteur qui nous raconte ici les souvenirs de son enfance » (Henry Poulaille : *Le Pain quotidien*. Paris : Grasset 1986, p. 9.) et la dédicace suggère l'identité d'Henri et d'Hortense Magneux avec les parents de Poulaille (ibid., p. 11).
73 Michel Ragon : *Histoire de la littérature prolétarienne de langue française*, p. 211.

romanciers soit considérée comme des exemples de témoignages authentiques.[74] Est donc témoignage tout texte qui se base sur des événements de la biographie de l'auteur pour que le lecteur puisse croire à la véracité du récit.

De cette façon, il faut corriger légèrement la vision de Maria Chiara Gnocchi qui voit dans les textes prolétariens la continuation des témoignages de guerre :[75] s'il est vrai que les auteurs s'y réfèrent et que la mode du témoignage est vive pendant l'entre-deux-guerres, il faut voir que derrière ce classement littéraire se cachent aussi des textes qui ne sont pas des récits d'événements réels, mais qui s'inspirent plus ou moins explicitement de la biographie de l'auteur ou de son entourage. Un véritable témoignage demanderait cependant plus de détails et un pacte de lecture divers que ces récits réalistes.[76]

Pour conclure, l'authenticité littéraire est au niveau de l'esthétique une catégorie anti-styliste qui revendique, au lieu de défendre la ‹ beauté › de l'expression littéraire, la représentation crue du réel et un programme mimétique. Dans le cas du roman *Le Pain quotidien* d'Henry Poulaille, cet anti-stylisme s'affiche dans la prédominance du dialogue face à la faible présence d'un narrateur hétérodiégétique ; de cette manière, Poulaille dissimule la médiation de son récit. Le roman apparaît comme un compte rendu de la vie quotidienne des personnages mis en scène. Cette impression est renforcée par la transcription de l'argot. Cependant, *Le pain quotidien* n'est ni un document, ni le résultat d'une

---

74 À titre d'exemple, André Thérive lui-même écrit une critique panoramique de la littérature et le ‹ peuple › déjà en 1925 et y cite le roman *Âmes neuves* comme un exemple d'une littérature qui cherche « à dépouiller toute littérature apparente et à laisser aux choses toutes simples leur nudité » ; s'il boude cette approche comme trop simpliste, Thérive constate la valeur de témoignage du roman : « Cela vaut surtout comme document sur les mœurs » (André Thérive : Les romans et le peuple. In : *L'Opinion* (24 octobre 1925), p. 17). Quant à Dabit, Poulaille lui-même défend l'authenticité de son œuvre en renvoyant à sa biographie (H. Poulaille : Une littérature neuve : à propos du Populisme. In : *Paris et le monde* 3 (3 mai 1930), p. 1 et 3, repris dans Henry Poulaille : *La littérature et le peuple*, p. 101–110).
75 Maria Chiara Gnocchi : Classements gênants : les réalismes de l'entre-deux-guerres et leur réception critique, p. 94sq.
76 À part le pacte autobiographique du témoignage, ce genre nécessite surtout un cadre particulier de la publication absente pour les écrits prolétariens et populistes : « Ces conditions [. . .] comprennent principalement soit la notoriété de l'auteur − c'est-à-dire son statut de personne publique −, soit des circonstances historiques qui valorisent l'individu en tant que témoin » (cf. Michael Pollak/Nathalie Heinich : Le témoignage. In : *Actes de la recherche en sciences sociales* 62, 1 (1986), p. 3–29, p. 13). Si ces textes traduisent certes un « vécu collectif », ils ne sont pas le résultat d'un trauma historique collectif ou d'un événement historique passé dont la littérature doit ‹ témoigner ›. Au contraire, les romans qui sont l'objet des analyses présentes, cherchent à transmettre une image des conditions de vie de l'époque contemporaine et de ses problèmes sociaux qui persistent.

observation sociologique minutieuse ; l'œuvre est un véritable roman et à ce titre une création de fiction. Cela veut dire que l'authenticité de Poulaille ne peut pas annuler le style comme Poulaille affirme vouloir le faire ; l'authenticité est plutôt un *effet d'authenticité*, suscité par des moyens stylistiques ce qui montre que Poulaille s'inscrit dans le renouveau du réalisme pendant la période de l'entre-deux-guerres.

En effet, le terme d'authenticité cache – au moins au plan esthétique – un retour aux esthétiques du ‹ grand › réalisme.[77] Derrière la revendication de la ‹ vérité › ne se cache pas une esthétique bien nette, mais une dénonciation des pratiques littéraires du début du XXᵉ siècle. La catégorie de la véracité de l'expression littéraire doit donc avant tout servir à séparer deux camps dans le champ littéraire : celui de la littérature dite bourgeoise, qui se consacre à des expériences de forme qualifiées comme inutiles, et celui d'une littérature sociale qui exprime le ‹ peuple ›. Cette dichotomie se manifeste autant chez Lemonnier que chez Poulaille : le premier décrit le roman populiste comme « une réaction contre la littérature d'analyse, contre l'esthétisme, contre tout ce qu'on est convenu d'appeler la littérature moderne » ;[78] Poulaille, pour sa part, confirme l'existence de deux littératures, « [u]ne de jeu, et une pour qui écrire n'est pas un jeu »,[79] c'est-à-dire la littérature ‹ bourgeoise › et la littérature prolétarienne qui est éclipsée par l'autre alors qu'elle serait la seule ‹ vraie › littérature.[80] À part effectuer cette division, la réclamation d'une littérature authentique contient un projet littéraire qui se base sur le réalisme littéraire. La conception de cet héritage réaliste est semblable entre le roman populiste et la littérature prolétarienne, mais de légères différences se laissent distinguer, notamment à propos de la transcription du langage parlé.

3.2.2 Le langage représentatif : l'enjeu du français populaire

Le renouveau du réalisme va de pair avec une valorisation de l'idéal stylistique de la simplicité. La revendication d'un style simple est autant visible chez Lemonnier que chez son adversaire Poulaille, même si les deux auteurs ont une

---

77 Maria Chiara Gnocchi : Classements gênants : les réalismes de l'entre-deux-guerres et leur réception critique, p. 95.
78 Léon Lemonnier : *Populisme*, p. 194.
79 Henry Poulaille : *La littérature et le peuple*, p. 254.
80 Cf. Henry Poulaille : *Nouvel âge littéraire*, p. 142 : « Le peuple a, au contraire de ce que maintes gens du peuple pensent, la plus belle part. En effet, c'est à lui qu'appartiennent la plupart des chefs-d'œuvre de la littérature du monde [. . .]. »

compréhension légèrement divergente de la notion. Néanmoins, l'idéal de la simplicité est déjà répandu avant l'entrée de ces deux agents dans le champ littéraire. En vérité, la simplicité est au cœur de l'esthétisme littéraire de l'époque, notamment chez les auteurs de la *N.R.F.*[81] Malgré les attaques du pôle esthète au sein de son *Manifeste*, Lemonnier évoque de nombreuses préoccupations qui étaient déjà objet de débats dans les pages de la *N.R.F.*, qui accueille dès les années 1920 de divers écrivains qui prônent la simplicité.[82]

Vu d'une perspective plus large, l'enjeu de la simplicité du style s'intègre dans une longue lignée de débats au sein du champ littéraire français qui exige dès l'âge classique un style clair et limpide ; en conséquence, exiger un style simple s'intègre dans la plupart des cas à un projet littéraire traditionaliste. Mais l'appréciation d'une littérature populaire de par sa simplicité traditionaliste se laisse également observer avant la Grande Guerre : Le lien entre traditionalisme, valorisation littéraire et le style simple, perçu comme le signe de poéticité et de qualité impérissable, est déjà établi, par exemple, dans les critiques des œuvres de Charles-Louis Philippe ou Marguerite Audoux,[83] deux modèles historiques qui sont cités comme exemples de la littérature prolétarienne.[84] Nelly Wolf constate que l'installation de l'obligation scolaire dans la Troisième République conduit à une canonisation de l'écriture réaliste du XIXe siècle ; devenu « un nouvel académisme »,[85] les nouveaux écrivains ressortissants de l'école républicaine, cherchent à innover l'expression littéraire et prennent congé du français du roman réaliste en faveur d'un français qui incarne davantage un savoir partagé de tous et s'appuient sur le français d'école afin de créer un style ‹ simple ›, voire ‹ naïf ›, procédé qui se laisserait observer par exemple chez Charles-Louis Philippe,[86] co-fondateur de la *N.R.F.*

Mais le terme de ‹ simplicité › n'a pas toujours le même sens. Les grands auteurs consacrés de l'entre-deux-guerres qui se rassemblent autour de la *N.R.F.*,

---

81 Pour un relevé détaillé du débat autour de la simplicité, cf. Stéphanie Smadja : *La nouvelle prose française : étude sur la prose narrative au début des années 1920*. Pessac : Presses universitaires de Bordeaux 2013.

82 Stéphanie Smadja : Le style simple dans les années 1920 : le mode majeur de la prose française. In : *COnTEXTES. Revue de sociologie de la littérature* 18 (18 décembre 2016), en ligne, paragraphes 8–18.

83 ibid., paragraphes 5–7.

84 Notamment dans Henry Poulaille : *Nouvel âge littéraire*, p. 221–238 et p. 255–258.

85 Nelly Wolf : *Le peuple dans le roman français de Zola à Céline*. Paris : Presses Universitaires de France 1990, p. 158.

86 Wolf appelle cette stratégie qu'elle observe chez Péguy ou Philippe comme une « transgression par le bas » qui s'oppose au « beau style » et qui recourt notamment à des procédés de répétition et de parallélisme (cf. ibid., p. 160sq.)

notamment André Gide, revendiquent par exemple un style simple pour leurs propres créations alors que leur style littéraire se compose d'un mélange de stratégies d'écriture qui s'opposent en partie à une esthétique réaliste.[87] En outre, la simplicité devient particulièrement importante chez Cocteau qui la cite comme une des valeurs essentielles de la nouvelle littérature dans *Le Rappel à l'ordre* en 1926.[88] Cocteau y considère la simplicité et le classicisme comme égaux ; de ce point de vue, il semble être d'accord avec les critiques de la *N.R.F.* qui misent également sur la valeur de la simplicité dans la perspective d'un retour aux traditions de la littérature française.

Si au début des années 1920 la question de la simplicité est surtout focalisée sur la structure du récit romanesque, puis au style d'écriture, elle devient un enjeu différent à partir de 1926 où il y entre peu à peu des interrogations politiques.[89] L'emphase de la simplicité comme seule option stylistique autant dans le roman populiste que dans la littérature prolétarienne en témoigne : l'argument stylistique y est utilisé comme signe de distinction entre ces courants socialement ‹ engagés › et la littérature dite moderne, perçue comme « snob » ou « bourgeoise ». Cela devient palpable à l'orée des années 1930 et la publication du *Manifeste du roman populiste* dans lequel ‹ simplicité › est opposé à la littérature du pôle esthète :

> Notre mouvement est d'abord une réaction contre la littérature d'analyse, contre l'esthétisme, contre tout ce qu'on est convenu d'appeler la littérature moderne. Nous avons choisi ce mot de populisme, parce qu'il nous a paru former la plus violente antithèse avec ce qui nous répugne le plus, le snobisme. Comme les gens du peuple, nous avons horreur de toute pose.
>
> Nous voulons que le style se garde de la préciosité. Un mot doit s'entendre sans cette méprise que voulait Verlaine. Une image ne doit pas être recherchée pour elle-même, et surtout, elle ne doit point laisser le lecteur bouche bée devant l'ingéniosité de l'écrivain. La chose exprimée à plus d'importance que l'expression.[90]

Même si Lemonnier n'utilise pas littéralement le terme de ‹ simplicité › pour désigner le style recherché du roman populiste, sa revendication de cet idéal reste pourtant évidente. Par ailleurs, il est clair aussi que cette simplicité s'oppose à la « préciosité » de la littérature moderne et qu'elle devient par conséquent un enjeu du combat contre l'esthétisme. Lemonnier récuse la recherche d'un style

---

87 Cf. Stéphanie Smadja : Le style simple dans les années 1920, paragraphe 34.

88 Jean Cocteau : *Le Rappel à l'ordre*. Paris : Stock 1926, p. 15, italiques et majuscules reprises de l'original.

89 Stéphanie Smadja : Le style simple dans les années 1920, paragraphe 24.

90 Léon Lemonnier : *Populisme*, p. 194sq.

extravagant pour son mouvement et adopte une position anti-styliste afin d'expliquer son anti-élitisme.

Cette posture n'est pas sans rappeler celle d'Henry Poulaille qui prône une esthétique similaire dans *Nouvel Âge littéraire*. La simplicité revêt ici le rôle d'un bouclier contre les tendances de la littérature ‹ moderne › ou moderniste :

> Quand on déclare que la littérature moderne est supérieurement intelligente, on sous-entend « cérébrale ». Jamais, certes la littérature et l'art n'ont été si gonflés d'intelligence. Cela n'empêche pas qu'au strict point de vue humain cet art et cette littérature, manquent de la plus élémentaire intelligence restant du domaine spéculatif.
>
> C'est à qui sera plus intelligent que son voisin. Hélas nul ne se préoccupe d'être surtout simple, intelligible.[91]

Il est évident que les deux critiques partagent la position anti-styliste face au pôle esthète et emploient pour cette raison la notion de simplicité afin de désigner leur style. Comme Poulaille, Lemonnier exprime sa méfiance contre la littérature moderne institutionnalisée, il l'identifie à une création élitiste et il la confronte à une contre-littérature simple et stylistiquement transparente, une littérature, en somme, qui doit comporter un message au lieu de se soucier de son agencement rhétorique. La simplicité prônée chez les deux auteurs est en tout cas représentée comme une réaction nécessaire aux débauches de la tradition symboliste.

De ce point de vue, la valeur de la simplicité change : si elle se réfère dans la *N.R.F.* et chez Cocteau dans les années 1920 à la forme romanesque et au style littéraire, ce style commence à comporter une portée sociale qui doit marquer un positionnement différent dans le champ littéraire. Si, pendant les années 1920, l'idéal de la simplicité se traduit dans un style transparent et pratiquement invisible, elle implique pendant les années 1930 une opposition à l'esthétisme littéraire. Cette position anti-styliste, que le terme de simplicité recèle dans le contexte de l'esthétique populiste, implique en outre un intérêt de plus en plus accru pour un rapprochement littéraire du langage parlé. Le « cloisonnement des voix »,[92] c'est-à-dire la limitation d'une expression argotique au discours direct du roman, est lentement abandonné en faveur d'un de techniques d'« oralisation »,[93] autant au niveau des dialogues des personnages qu'à

---

91 Henry Poulaille : *Nouvel âge littéraire*, p. 111.

92 Terme repris de Jérôme Meizoz : *L'Âge du roman parlant*, p. 23.

93 Le terme provient d'Andreas Blank : *Literarisierung von Mündlichkeit: Louis-Ferdinand Céline und Raymond Queneau*. Tübingen : Narr 1991 qui analyse les procédés de la transposition du français populaire dans le langage littéraire à partir de *Voyage au bout de la nuit* de Louis-Ferdinand Céline et du *Chiendent* de Raymond Queneau.

celui du discours narratif. Il faut souligner le fait que l'ouverture du roman à l'oralisation est explicitement identifiée avec la notion de simplicité, comme le prouvent le *Manifeste du roman populiste* et *Nouvel Âge littéraire*.

Ce rapprochement entre la simplicité et l'oralisation est favorisé par les débats linguistiques qui ont libre cours pendant l'entre-deux-guerres. En 1921, le linguiste Joseph Vendryès constate le grand écart entre la langue parlée et l'écriture et constate dans la langue française une « misère orthographique »[94] causé par l'écart ; bien qu'il soit convaincu qu'une réforme de l'orthographe peut avoir des effets bénéfiques pour la langue française, il s'interroge sur sa faisabilité.[95] En conséquence, les littéraires réagissent de deux manières sur ce constat :[96] certains écrivains et critiques, comme Cendrars, Ramuz, Giono, Queneau et Céline, cherchent à démolir la frontière entre l'écrit et le parlé en employant de stratégies de transposition de l'oral dans leurs récits.

D'autres, notamment les créateurs plus conservateurs comme André Thérive, louent en revanche l'écart entre l'écrit et l'oral et plaident pour la considération du langage littéraire comme langue morte.[97] En 1929, Thérive est notamment connu comme chroniqueur grammatical et critique littéraire et publie dans cette fonction en 1923 un essai sur l'évolution du français, *Le Français, langue morte ?*[98] Comme dans son article de 1925, Thérive y défend une position puriste qui argumente pour le respect des règles grammaticales et l'usage d'un vocabulaire classique dans le roman. Pour cette raison, il défend la position des « grammairiens » contre la littérature moderne :

> N'avaient-ils pas raison de croire que la stylistique d'une nation dépend de l'ensemble de l'usage de cette nation, et non pas des arbitraires de tel ou tel écrivain isolé ? Le soin extrême qu'ils apportaient à faire rentrer toute chose dans la régularité, dans l'alignement, à dénoncer comme mauvais ce qui au fond n'était que trop neuf ou trop rare, ce soin dénotait à tout le moins un anti-individualisme, qui paraît aujourd'hui peu conciliable avec l'art.[99]

---

94 Joseph Vendryès : *Le langage. Introduction linguistique à l'histoire.* Paris : Albin Michel 1968 [1921], p. 362.

95 *Ibid.*, p. 369.

96 Cf. également Philippe Roussin : *Misère de la littérature, terreur de l'histoire. Céline et la littérature contemporaine.* Paris : Gallimard 2005, p. 305–309.

97 Cf. également Jérôme Meizoz : *L'Âge du roman parlant*, p. 157–173.

98 À propos de l'influence de Thérive sur le débat linguistique dans le champ littéraire de l'entre-deux-guerres, cf. ibid., p. 157–173. Dans le paragraphe suivant, je suis les grandes lignes de l'analyse de Meizoz.

99 André Thérive : *Le Français, langue morte ?* Paris : Plon 1923, p. 177.

Adopter le langage populaire, ou mieux, chercher à le transposer à l'écrit équivaudrait donc, aux yeux de Thérive, à une révolte contre l'ordre et les valeurs nationales. Selon Thérive, le roman littéraire doit cependant participer à la création d'une identité et une culture nationale et justement s'opposer contre l'individualisme de la littérature moderne. À l'aide de ces repères, la position de Thérive s'explique clairement : son soutien pour le renouveau d'une littérature du ‹ peuple › doit s'exprimer par un langage littéraire simple, mais non point oralisé. Contrairement à l'oral qui est difficile à contrôler et régulariser, l'écrit demeure pour Thérive le foyer de l'ordre, de l'identité nationale et du patrimoine ; par conséquent, l'écrivain doit à son avis honorer cet héritage et le perpétuer, ce qu'illustrent aussi ses romans.

Le roman *Le Charbon ardent* ne fait que confirmer l'obsession pour l'ordre et la volonté de revenir à une structuration claire de la société : au niveau de l'histoire, le roman met en scène le rapprochement renouvelé d'un couple marié qui s'est séparé, uniquement motivé par des préoccupations morales.[100] Ce faisant, le roman ne s'intéresse pas aux grandes transformations de la vie urbaine ou à l'essor de la classe ouvrière dans les banlieues ;[101] tout au contraire, il brosse le portrait d'un ‹ peuple › passif et fataliste qui assure néanmoins la cohésion sociale par son traditionalisme.[102] Au niveau linguistique, le roman corrobore encore davantage l'impression d'un ‹ retour à l'ordre ›, car Thérive structure clairement les discours entre celui de ses personnages, le monologue intérieur

---

100 André Thérive : *Le Charbon ardent*. Paris : Grasset 1929, p. 271 : « Mon honneur exige que je montre mon mari que je suis aussi digne que lui de respecter l'état de mariage. Notre morale, je disais, vaut mieux que la sienne, à ce cagot ! » Un autre exemple de la mise en scène d'un ‹ drame › moral se trouve dans *La femme sans péché* de Léon Lemonnier (1927) où une famille petite-bourgeoise se charge de l'éducation d'un enfant du voisinage après la mort de ses parents. Après la mort de leur fille, causée par une maladie à laquelle le garçon a survécu, la famille se désintègre. Néanmoins, la mère continue à soigner le garçon qui l'exploite jusqu'à son adolescence. Le père qui a commencé une nouvelle vie avec une jeune voisine se rapproche de son épouse à la fin. Les problèmes économiques et les conditions de vie ne sont que de mineure importance ; au centre est la problématisation du mariage, de la religion et des conceptions morales qui informent la structure familiale.

101 C'est, selon Annie Fourcaut, un des éléments centraux pour la constitution d'une historiographie de la banlieue, cf. Annie Fourcaut : Banlieue rouge, au-delà du mythe politique. In : Annie Fourcaut (éd.) : *Banlieue rouge, 1920 - 1960 : années Thorez, années Gabin ; archétype du populaire, banc d'essai des modernités*. Paris : Ed. Autrement 1992, p. 12–37, p. 16.

102 C'est aussi la critique de Jean Guéhenno : Notes de lecture : Le Secret. In : *Europe* 85 (15 janvier 1930), p. 112–116, p. 116 : « L'esprit du peuple ne rôde plus autour des églises. Sa flamme la plus vive jaillit ailleurs. Les grands drames populaires ne sont pas des drames huysmaniens. Si M. Thérive est vraiment curieux de l'âme populaire, le sujet qu'il ne pourra manquer de rencontrer, c'est celui de la Révolution. »

et le discours du narrateur. Si le point de vue du narrateur varie aucune tournure du français populaire ne s'introduit dans le roman. Le style demeure sobre et classique.[103]

La représentation du ‹ peuple › est, dès lors, motivé par le souci de garder l'ordre au sein de la société. Dans l'argumentation de Thérive, l'inclusion du langage parlé dans la littérature menace à la fois l'unité de la langue au niveau de l'écrit, mais aussi l'unité de la nation ; intégrer les parlers populaires signifierait, au contraire, la mise en scène d'un individualisme qui menace l'ordre et la cohésion sociale. Pire encore, assumer les incorrections du langage parlé menacerait la correction morale de la société. Thérive associe irrémédiablement l'état de la langue à celui de l'état et de son ‹ peuple ›.[104] Par conséquent, l'idéal de la simplicité se réalise dans son œuvre par le biais de l'annulation des sociolectes et équivaut au purisme langagier.

Néanmoins, la position de Thérive ne détermine pas complètement la position des adeptes du roman populiste. Si les auteurs ne défendent pas un renouveau radical de la littérature à partir de l'oral, leur esthétique s'appuie également sur l'identification de l'oral avec la simplicité et ils s'intéressent à une écriture simple. Ce faisant, ils marquent leur distance par rapport à la position conservatrice de Thérive.

Les différents moments de l'identification de l'idéal de la simplicité avec un intérêt pour le langage parlé se laissent observer à partir de la formation programmatique du groupe autour de Lemonnier et Thérive : dans son article « Les romans et le peuple » de 1925 qui préfigure la publication du *Manifeste* de Lemonnier, André Thérive limite encore la portée de la simplicité romanesque et avertit les écrivains – avant tout Henry Poulaille qu'il critique – de confondre celle-ci avec la naïveté. Thérive affirme simultanément que « [l]'art a des fins moins pratiques qu'une chronique ou un reportage passager »[105] et justifie ainsi « une traduction plus savante » des sujets populaires dans la littérature.

La perspective change si l'on consulte *Populisme* de Léon Lemonnier où le critique semble plutôt souligner les atouts d'une influence ‹ naïve › : désormais, le style simple ne signifie donc plus nécessairement une expression claire et transparente, mais davantage une expression sans système, ‹ des simples pour les simples ›. Ainsi, Lemonnier rappelle dans un interview qu'il a écrit son roman *La Femme sans péché* « sans aucun esprit de système » et qu'il « [s]e trouvai[t]

---

103 Trois chapitres du roman se présentent sous la forme d'un monologue intérieur du protagoniste alors que le reste du récit est rapporté par un narrateur hétérodiégétique.

104 Jérôme Meizoz : *L'Âge du roman parlant*, p. 168.

105 André Thérive : Les romans et le peuple, p. 17.

dans un milieu simple et sympathique »[106] qui l'a influencé pendant la rédaction. De ce point de vue la distinction entre « naïveté » populaire et « simplicité » littéraire que Thérive établit seulement quelques années auparavant semble s'évaporer : Lemonnier, contrairement à Thérive, prône l'immersion complète dans le milieu populaire pour la rédaction du roman populiste et s'oppose à une approche savante.

Le *Manifeste du roman populiste* propage aussi l'idée d'une assimilation du langage oral dans le roman, mais témoigne aussi de ses limites : comme déjà mentionné, l'auteur doit user « comme le peuple, de mots francs et directs » ;[107] cependant, la question du langage romanesque est moins importante dans l'é-conomie du *Manifeste*. Certes, Lemonnier exige que le style du roman doit contribuer à « faire vrai, et non point bizarre »,[108] mais Lemonnier n'évoque le sujet du style qu'afin de souligner l'importance d'un style imperceptible qui ne s'oppose pas au projet réaliste. Moins que la question du style et du langage romanesques compte pour Lemonnier l'évocation du « peuple » comme « matière romanesque ».[109] La portée de la simplicité qu'il cherche dans les « mots francs et directs » du « peuple » reste vague.

Pour résumer, le roman populiste de Thérive et de Lemonnier reprend donc l'esthétique de la simplicité du pôle esthète autour de la *N.R.F.*, mais charge cette étiquette, qui aurait dû conduire chez les promoteurs de la revue à un classicisme moderne, d'une portée représentative de la population française. Si cette simplicité doit soi-disant s'adapter à la manière de parler du ‹ peuple ›, les romans des chefs de file ne poursuivent pas l'objectif d'une oralisation du discours romanesque et d'un ‹ décloisonnement › des voix.[110] En revanche, la récusation du « snobisme » littéraire s'appuie au moins chez Thérive sur la compréhension du roman comme un élément du patrimoine national qui doit activement participer à la conservation de la culture française. Si donc la simplicité de leur style doit por-ter une valeur représentative et démocratique, celle-ci s'explique donc plutôt dans la conservation des codes langagiers dans la création romanesque et, par ce biais, de l'héritage national.

La situation se présente d'une manière différente dans les romans d'Henry Poulaille qui se distinguent par la grande attention prêtée aux discours des

---

106 Léon Lemonnier : *Populisme*, p. 127.

107 Léon Lemonnier : *Manifeste du roman populiste*, p. 79.

108 ibid., p. 80.

109 ibid., p. 73.

110 Jérôme Meizoz appelle « cloisonnement des voix » le fait que « le récit se donne en fran-çais national, alors que les dialogues des personnages transposent à leur gré des formes orales socialement marquees » (Jérôme Meizoz : *L'Âge du roman parlant*, p. 23).

personnages. Dans *Le Pain quotidien*,[111] premier roman qui ouvre la série des romans autour de la famille Magneux, l'écrivain met en scène la vie d'un immeuble à plusieurs familles d'artisans au XVe arrondissement de Paris, au début du vingtième siècle. La narration du récit est en large partie confiée aux dialogues entre les personnages. L'écrivain utilise les répliques de ses personnages afin de transposer des expressions et tournures argotiques à l'écrit et profite au cours de la présentation des dialogues de discuter le langage utilisé, comme le montre l'extrait suivant :

> Pour Loulou, un litre c'était un litron, les heures des plombes, l'argent du pèse ou de l'auber ; les pronoms je, te, se transformaient en mézigue, tézigue, moi en « mon gniasse », moi aussi en « moi-saucisse » ! [. . .]

> Quand Émile usait de ces mots, elle le reprenait, sans sévérité, mais adroitement, elle en eût fait volontiers autant pour le petit Magneux, mais, n'osait. Il y avait, peut-être, aussi en plus de la pudeur qui l'empêchait de sermonner l'ami de son fils, l'attrait qu'avait pour elle ce vocabulaire, où l'image fraîche, côtoyait malheureusement trop souvent, le terme ordurier. Cet attrait, elle le subissait, elle ne pouvait le nier.

> Quand Loulou disait « J'm'ai carapaté », « J'm'ai » pour « je me suis » la gênait plus que le verbe si vivant qui venait après, si nettement expressif.[112]

La mère d'Émile, un des amis du petit Loulou Magneux, assume apparemment la même position que Poulaille lui-même :[113] si le vocabulaire du langage populaire est présenté comme charmant et expressif, la construction syntactique des phrases doit demeurer simple et obéir à la norme pour ne pas gêner. Au fil des pages du roman, cette discussion entre la norme grammaticale et le vocabulaire riche du parler populaire réapparaît et dans la plupart des cas, la narration souligne d'abord les avantages de l'expression argotique. Néanmoins, la voix du narrateur n'emploie guère des stratégies d'oralisation du discours. Pour cette raison, *Le Pain quotidien* n'aboutit pas à un véritable ‹ décloisonnement › des voix ; si les incorrections morphosyntaxiques et des écritures alternatives figurent dans le texte, ils ne s'introduisent pas exactement dans le discours du narrateur, mais elles apparaissent soit dans le dialogue, soit entre guillemets qui doivent encore souligner la particularité de l'expression, soit dans la forme du discours indirect libre.

Ainsi, Poulaille respecte la hiérarchie classique des voix et des discours selon laquelle le narrateur doit représenter l'ordre, suivre la norme grammaticale

---

111 La première édition du roman est Henry Poulaille : *Le Pain quotidien*. Paris : Librairie Valois 1931 ; les citations dans ce travail se reportent néanmoins à la réimpression de 1986 chez Grasset.
112 Henry Poulaille : *Le Pain quotidien*, p. 253.
113 C'est également le jugement de Meizoz qui met cette citation en relation aux textes théoriques de Poulaille (cf. Jérôme Meizoz : *L'Âge du roman parlant*, p. 251).

de la langue et respecter un certain style soutenu. Mais *Le Pain quotidien* donne aussi lieu à des procédés de « contamination énonciative » :[114] à l'aide du discours indirect libre, les expressions argotiques et les techniques d'oralisation – c'est-à-dire les écritures se rapprochant de la prononciation, l'élision des ‹ e ›, ‹ l › ou ‹ r › muets, les fautes grammaticales – entrent au niveau de la narration ; cependant, ce n'est pas vraiment le narrateur qui emploie de manière assumée un discours oralisé, mais au contraire le narrateur prend du recul afin de laisser l'espace aux personnages de prononcer leur pensée :

> Janvier passé, c'est février. Il fait un peu moins froid, mais plus humide. On se sentirait plutôt plus mal qu'en plein hiver. Parce que l'on est forcé de compter tout ce que l'on a déjà dépensé en pétrole, en charbon.
>
> Et c'te salop'rie d'cuisinière qui tire pas ! On est enfumés comme des cochons. . . Et les hommes rentrent mouillés, i's puent l'chien ! I's ont aussi un caractère de chien. Ah ! lala ![115]

À part le fait que l'alinéa marque clairement le changement de voix, les signes graphiques d'élision, les trois points et les points d'exclamation soulignent que le narrateur a confié le récit au personnage de la Radigond. S'il ne s'agit pas ici d'un discours direct classique, il n'est pourtant pas possible de qualifier cet extrait comme un exemple d'une ouverture de la voix de narration au discours oralisé. Bien au contraire, les voix du discours se distinguent clairement par le changement de graphie et de construction de la phrase.

Au lieu de donner l'impression d'une ouverture latente de la voix du narrateur à l'oralisation, on peut observer souvent l'intrusion du style soutenu dans la parole des personnages, comme le montrent notamment les répliques de Magneux qui ne résiste pas à l'usage du subjonctif plus-que-parfait, très rare dans le langage oral.[116] En général, les parents Henri et Hortense Magneux représentent des formes plutôt correctes et peu oralisées de parler ce qui contraste notamment avec les personnages de la Radigond, son mari et sa famille ainsi que du fils des Magneux, Loulou.[117] Les différences entre les voix des personnages doivent marquer le niveau d'érudition des personnages : Hortense Magneux parle simple, mais de manière correcte, ayant

---

114 ibid., p. 260sq.
115 Henry Poulaille : *Le Pain quotidien*, p. 321.
116 Cf. Henry Poulaille : *Le Pain quotidien*, p. 285 et Jérôme Meizoz : *L'Âge du roman parlant*, p. 265.
117 C'est aussi ce qui constate Klaus D. Drissen : Populisten, Anarchisten, Proletarier: *L'Hôtel du Nord* (1929) von Eugène Dabit und *Le Pain quotidien* (1931) von Henri Poulaille. In : Edward Reichel/Heinz Thoma (éds.) : *Zeitgeschichte und Roman im Entre-Deux-Guerres*. Bonn : Romanistischer Verlag 1993, p. 109–124, p. 120, sans pour autant chercher une explication pour une telle inconséquence.

intériorisé les règles grammaticales et représentant les valeurs de l'école dans le roman ; Henri Magneux, en revanche, représente le modèle de l'autodidacte anarchiste qui a abouti par ses propres moyens à une certaine forme d'érudition, modèle pour tous les autres personnages du roman qui n'ont pas encore conscience de leur position de classe.[118] Ainsi, la présence des techniques d'oralisation sert à la réalisation d'un panorama ‹ authentique › qui inclut les différents rôles que les ouvriers peuvent revêtir au sein de la société. L'intrusion de l'argot et la polyphonie du roman doit s'opposer à la « littérature littératurante »[119] que Poulaille condamne dans *Nouvel Âge littéraire*.

Un décalage flagrant s'opère entre l'œuvre de Thérive et celle de Poulaille : alors que la simplicité est chez Thérive une obligation afin de conserver la langue française, Poulaille situe la simplicité dans l'expression naturelle du ‹ peuple › qu'il veut transposer. Ce faisant, il garde les différences de niveau entre l'ensemble des personnages ainsi qu'entre les personnages et le narrateur et valorise indirectement les règles du français standard.[120]

La simplicité du *Pain quotidien* a été accueillie plutôt défavorablement par la critique de l'époque : à titre d'exemple, Jean Guéhenno reproche à Poulaille de « sténographier des conversations et de photographier des paysages »[121] sans investir un travail stylistique d'écrivain dans son projet d'écriture. Selon Guéhenno, Poulaille trahit le sujet de son livre, se focalisant trop sur la reproduction d'« expressions souvent savoureuses »[122] et le légitimant trop avec ces origines médiocres. Mais cela ne lui suffit pas :

> Ce n'est donc pas le métier qui distinguera jamais la « littérature prolétarienne » de la littérature. Du point de vue technique, il y a de bons et de mauvais écrivains. Voilà tout.

---

118 Cf. Céline Pobel : La représentation du peuple à travers ses prises de parole : du sociotype d'Émile Zola au contresociotype d'Henry Poulaille (*Le Pain quotidien*). In : Corinne Grenouillet/ Éléonore Reverzy (éds.) : *Les voix du peuple dans la littérature des XIXe et XXe siècles : actes du colloque de Strasbourg, 12,13 et 14 mai 2005*. Strasbourg : Presses Universitaires de Strasbourg 2006, p. 279–289, p. 283–285 ou André Not/Catherine Rouayrenc : La parole du peuple dans le roman est-elle possible ? La voix de « la » Radigond (Poulaille, *Le Pain quotidien*), p. 163sq., où l'écart entre la Radigond et Magneux est souligné ; finalement, Jérôme Meizoz : *L'Âge du roman parlant*, p. 262 constate la différence entre les modes de parler masculin et féminin.
119 Henry Poulaille : *Nouvel âge littéraire*, p. 23.
120 Nelly Wolf compte donc pour cause Henry Poulaille parmi les écrivains chez qui « le choix retenu est toujours celui du langage cité, ou celui des citations intermédiaires, discours indirect libre, mimétisme de la voix narrative » (Nelly Wolf : *Le peuple dans le roman français de Zola à Céline*, p. 156sq).
121 Jean Guéhenno : Notes de lecture : Littérature prolétarienne. In : *Europe* (15 décembre 1931), p. 568–576, p. 570.
122 ibid.

Si l'on devait former un vœu, ce serait seulement que les écrivains du peuple doivent à leur simplicité même, à leur naïveté, à ce bonheur qu'ils ont d'être encore tout mêlés à la vie la plus naïve, de retrouver les principes de cet art simple et naturel qui fait des grandes œuvres des sources où tous les hommes s'abreuvent. Des règles, ceux qui sont trop allés aux écoles savent mieux les petites que les grandes. Ils connaissent mieux les ‹ poétiques › que les poèmes.[123]

Selon Guéhenno, l'absence de règles et une mauvaise construction du livre ne s'excuse pas par le fait que le récit est écrit par un ‹ véritable › ouvrier. Les règles et le respect des normes seraient importants pour former une œuvre universelle comme ce serait le cas pour tous les autres métiers aussi. Le reproche fait à Poulaille ne se réfère cependant pas seulement aux techniques d'oralisation qu'il emploie, mais au fait qu'il ne poursuit pas l'idéal de la simplicité au niveau de l'histoire de son récit : Poulaille abandonnerait la simplicité en faveur de la représentation de scènes filmiques et rappelle qu'« un scénario de film n'est pas un livre ».[124] La domination du récit par le dialogue est alors au centre de la critique de Guéhenno. Une telle construction pourrait, selon le critique, aboutir à illustrer bien la « vie populaire » par le fait que le langage et les dialogues sont aussi expressifs, mais un roman devrait atteindre un message ultérieur qui ne reste pas à la représentation des manières de parler. En effet, Poulaille recourt dans ses représentations par dialogue au même exotisme du quotidien qui se trouve également chez les véritables populistes comme Lemonnier et Thérive. Son cloisonnement des voix finit de même par exhiber ce qu'il qualifie comme langage populaire au lieu de le légitimer ou de le mettre à la position d'une expression prestigieuse.[125] Pour cette raison, il n'est pas aisé de distinguer la production qui se résume sous le terme de la littérature prolétarienne du roman populiste. Dans les deux cas, les idéaux d'un réalisme ‹ authentique › ainsi que de la simplicité du langage se manifestent, même si avec des accentuations et dans des intensités diverses. Les deux groupes se servent des mêmes éléments esthétiques, même si l'oralisation est plus au centre de la littérature prolétarienne. Mais aucun écrivain de ce groupe ne parvient à une véritable oralisation du récit. Les écrivains populistes ainsi que ceux de la littérature prolétarienne concentrent leur attention sur des éléments différents, mais défendent en fin de compte la même esthétique d'un renouveau de l'écriture du réel.

---

123 ibid., p. 571.
124 ibid., p. 569.
125 C'est la conclusion de Jérôme Meizoz : *L'Âge du roman parlant*, p. 267.

3.2.3 La transcendance du réel : populisme, réalisme magique et réalisme poétique

Pendant l'entre-deux-guerres, les techniques narratives réalistes héritées du XIXe siècle ne semblent plus adaptées aux écrivains qui tentent de sonder les fonds de la subjectivité.[126] Les romanciers de l'entre-deux-guerres envisagent une écriture du réel qui doit garder la prétention d'analyser les hiérarchies sociales et de révéler les défauts du tissu social, tout en employant une voix individualisée qui traduit bien la subjectivité de l'observation. Souligner cette subjectivité comporte cependant un grand problème : bien entendu, la subjectivité de la voix narrative authentifie d'une certaine façon le récit, surtout si des traces d'un pacte autobiographique se laissent soupçonner ; néanmoins, l'objectif de fournir une image ‹ totale › de la société qui caractérise également l'écriture du réel se complique considérablement : comment peut-on convaincre le lecteur de disposer de tout le matériel pour une analyse complète de la société si l'on souligne simultanément sa subjectivité, faisant référence ainsi à la limitation nécessaire du point de vue personnel ?

Les solutions que proposent les romans populistes et la littérature prolétarienne varient, mais ne permettent pas une distinction nette entre les courants : s'il existe une tendance dans la littérature prolétarienne à employer un narrateur homodiégétique et une focalisation interne – ce qui signifie assumer pleinement la limitation du point de vue et du projet totalisant de l'écriture du réel[127] – elle n'est ni universelle, ni majoritaire. La plupart des romans des deux côtés – et pratiquement l'intégrité des romans du corpus analysé au fil de ce travail – cherchent une autre manière de transcender le réalisme historique tout en gardant la prétention d'écrire le réel : l'esthétique populiste analysée ici s'appuie notamment sur la fragmentation de la narration (c'est notamment le cas dans les romans de Pierre Mac Orlan et d'Eugène Dabit), le retrait du narrateur en faveur du discours direct (ce qui se laisse observer chez Henry Poulaille), voire, dans les cas moins extrêmes, sur le changement systématique, de chapitre en chapitre, de la focalisation ou même du narrateur (ce qui est illustré par les romans d'André Thérive).

Les techniques employées par les romans analysés dans ce cadre ne représentent pas des innovations littéraires à l'époque ; plus précisément, elles semblent

---

126 Pavel constate que les romanciers du XXe siècle brisent avec les modèles d'une narration objective et claire en faveur d'une narration subjective qui s'écarte de la narration de faits réels, cf. Thomas Pavel : *La pensée du roman*. Paris : Gallimard 2014, p. 517sq.
127 Pour une analyse du rôle des stratégies totalisantes dans le roman du réel, cf. Jacques Dubois : *Les romanciers du réel*, p. 70–87.

renouer avec le projet du renouveau du roman que Jacques Rivière a déjà proposé en 1913 sous le nom de « roman d'aventure ».[128]

L'aventure du roman réside selon Rivière dans un certain regard posé sur la vie quotidienne, toujours remplie d'un certain enchantement de la part du narrateur. L'écrivain doit se soucier de créer une image d'un narrateur naïf qui ne fait que découvrir le monde ensemble avec le lecteur.[129] Pour résumer, le roman d'aventure décrit une esthétique romanesque qui s'appuie sur des modèles de narration réalistes, mais la forme de la « totalisation »[130] qu'il doit opérer change : la variété des personnages et l'instabilité de leurs caractères sont des nouvelles valeurs qui doivent garantir une représentation plus complète de la réalité ; le narrateur ne doit pas uniquement figurer comme un observateur, mais comme un observateur enchanté en train de découvrir le monde qu'il décrit.

Si d'un côté le roman d'aventure s'inscrit donc consciemment dans un héritage réaliste, il cherche également à le dépasser en introduisant une forme d'émerveillement ‹ magique › dans le point de vue du narrateur. Cela devient plus clair en considérant que le roman *Le Grand Meaulnes* de l'ami et beau-frère de Rivière, Alain-Fournier, est le plus souvent cité comme exemple du roman d'aventure moderne et de l'esthétique du « réalisme magique » qu'il comporte.[131] Le roman d'Alain-Fournier se sert des mêmes éléments esthétiques que Rivière introduit dans son essai : si le début du roman est encore situé dans un milieu réaliste – une école de garçons de province – le protagoniste Augustin Meaulnes se retrouve dans un château merveilleux pendant un mariage dans une atmosphère de conte de fée. Le mélange entre la description de situations quotidiennes et le merveilleux, les départs toujours renouvelés de Meaulnes ainsi que la confrontation de la perspective subjective, souvent romantique, du jeune François Seurel avec des scènes de désenchantement illustre la fusion entre une forme de réalisme subjectif et l'emphase de la représentation d'émotions toujours changeantes que Rivière exige dans son essai. *Le Grand Meaulnes* se focalise sur la représentation de la vie

---

128 Jacques Rivière : Le roman d'aventure. In : *NRF* 53–55 (mai 1913), p. 748–765, 914–932, 56–77. Par la suite, je cite cet essai dans l'édition suivante : Jacques Rivière : *Le Roman d'aventure*, édité par Alain Clerval. Paris : Des Syrtes 2000.

129 Jacques Rivière : *Le Roman d'aventure*, p. 66.

130 Jacques Dubois décrit la « totalisation » ou « l'effet de totalité » des romans du réel comme une tentative de « produire un univers romanesque tellement dense et plein qu'il paraît se refermer sur lui-même et assurer ainsi son autonomie » (Jacques Dubois : *Les romanciers du réel*, p. 76).

131 Il suffit de citer Benoît Denis : Le roman peut-il se passer du réel ? Les querelles du réalisme, p. 27 et Albert Mingelgrün : Le domaine français. In : Jean Weisgerber (éd.) : *Le Réalisme magique. Roman, peinture et cinéma*. Genève : L'Âge d'Homme 1987, p. 180–200, p. 182.

intérieure de ses personnages et refuse une perspective naturaliste dans le sens du XIXᵉ siècle : de cette façon, le roman doit aboutir à une représentation plus large de la vie ‹ réelle ›, ne s'appuyant plus uniquement sur les évidences objectives, mais aussi en décrivant l'intériorité la plus enfouie de ses personnages.[132]

Cette combinaison entre la volonté de renouveler et préciser le réalisme et l'exploration de l'intérieur se résume dès lors sous l'étiquette de « réalisme magique » et connaît d'abord une répercussion moins importante pendant la Première Guerre Mondiale dans l'espace de la littérature française ; après 1918, cette esthétique romanesque semble perdre de l'importance face à la condamnation du roman par les surréalistes.[133] En examinant les manifestes et les critiques de l'époque, un tel constat n'est pourtant pas complètement exact : en effet, Léon Lemonnier semble défendre justement cette esthétique s'il exige de son roman populiste de représenter « non seulement les gestes et le métier de ses personnages, mais encore leurs croyances obscures et secrètes ».[134] Lemonnier réclame la même dualité et la réconciliation entre la représentation de scènes quotidiennes et du portrait de « l'atmosphère morale »[135] du ‹ peuple › représenté, c'est-à-dire que les récits des conditions sociales doivent être enrichis par une mise en intrigue de la vie psychique des personnages, de leurs superstitions et de leurs angoisses secrètes. Faisant abstraction de la condamnation du roman par les surréalistes, le réalisme magique sous-tend l'esthétique littéraire de l'époque ; au moment où les surréalistes se mettent à écrire à leur tour des romans, comme André Breton *Nadja* ou Louis Aragon son *Paysan de Paris*, l'influence des concepts esthétiques du réalisme magique y transparaissent aussi.[136]

Quant au programme du roman populiste, ce « naturalisme interne »[137] doit se réaliser sans que la narration s'intègre dans la tradition de la littérature d'analyse que Lemonnier perçoit comme l'incarnation de la littérature moderne qu'il veut combattre.[138] Si Lemonnier demande donc une représentation des processus psychiques des personnages dans le roman, elle ne peut pas être au centre du récit romanesque, mais elle doit s'allier à la représentation des conditions de vie ;

---

132 Benoît Denis : Le roman peut-il se passer du réel ? Les querelles du réalisme, p. 27.

133 Éric Lysøe : Le réalisme magique : avatars et transmutations. In : *Textyles. Revue des lettres belges de langue française* 21 (15 août 2002), p. 10–23, p. 16sq.

134 Léon Lemonnier : *Populisme*, p. 185.

135 ibid., p. 188.

136 J'y reviendrai à propos de Philippe Soupault et *Les Dernières nuits de Paris* dans le troisième chapitre.

137 Léon Lemonnier : *Populisme*, p. 186.

138 ibid., 194.

avant tout, le roman populiste doit brosser un portrait ‹ positif ›, c'est-à-dire empathique pour les personnages représentés :

> Nous nous sommes dits populistes, parce que nous croyons que le peuple offre une ma-
> tière romanesque très riche et à peu près neuve. Ce fut l'erreur des naturalistes de prendre
> le peuple pour un troupeau bestial, en proie à ses instincts et à ses appétits. Nous croyons
> qu'il est possible de le peindre autrement, en montrant, avec ses qualités, la pittoresque
> rudesse de sa vie.[139]

Selon Lemonnier, le naturalisme n'a pas réussi à montrer la vie des marginalisés et des basses classes. Ses techniques narratives n'auraient contribué qu'à
créer l'image d'un ‹ peuple › hideux et détestable alors qu'une autre représentation est possible, s'appuyant sur la valeur du regard sympathique et sur le pittoresque. L'esthétique populiste reprend donc, avec des termes changés, la
position de base du roman d'aventure : il doit représenter la réalité extratextuelle, mais également examiner les croyances de ses personnages ; il doit se
baser sur des expériences de la vie quotidienne mais également en souligner le
côté magique : « [l]e monde n'est plus à découvrir, mais la vie quotidienne
nous réserve des surprises », constate Lemonnier.[140] Seulement si le roman inclut cette représentation « pittoresque », il aurait la force de créer des personnages qui restent dans la mémoire du lecteur vu comme s'ils étaient réels. De
cette manière, Lemonnier défend l'idée d'une transcendance du réalisme traditionnel par l'inclusion d'une certaine forme de merveille ; le côté magique dont
dispose le roman d'aventure est supplanté chez Lemonnier par une autre terminologie : la « sympathie » et le « pittoresque » est ce que le roman populiste
doit révéler dans la misère et la « rudesse » de la vie des « petites gens ».

  Le *Manifeste* n'est pas le seul texte de l'entre-deux-guerres qui montre l'importance du dépassement du réalisme traditionnel par la représentation du
‹ magique › ; effectivement, l'idée du pittoresque, du fantastique et de l'aventure[141] dans le roman sont des éléments récurrents dans l'œuvre de Pierre Mac
Orlan qui s'intègre bien dans la production magico-réaliste de l'époque comme
nous verrons. Mais en outre, c'est le critique littéraire influent Edmond Jaloux
qui discute le terme à plusieurs reprises dans sa rubrique « L'esprit des livres »
dans *Les Nouvelles littéraires*.[142] Dans ce contexte, il est important de retenir le

---

139 Léon Lemonnier : *Manifeste du roman populiste*, p. 73.
140 ibid., p. 37.
141 Mac Orlan reprend, à titre d'exemple, le terme de l'aventure et l'importance de celle-ci
pour le roman dans son essai satirique Pierre Mac Orlan : *Petit manuel du parfait aventurier*,
édité par Sylvain Goudemare. Paris : Éd. Sillage 2009.
142 Éric Lysøe : *Le réalisme magique*, p. 17sq.

jugement de ce critique à propos du récit *Un mort tout neuf* d'Eugène Dabit, lauréat du premier Prix du roman populiste en 1931 : Jaloux compte Dabit parmi les « auteurs qui se servent d'un réalisme aussi brutal et aussi précis [que les naturalistes] pour y introduire cette poésie centrale, cette atmosphère de rêve et de magie qui, pour certaines imaginations, se dégage tout naturellement du spectacle même de la réalité. »[143] Selon Jaloux, la prose de Dabit se présente sous une apparence dénuée et simple qui se rapproche du reportage ; ce dénuement et cette volonté de ne vouloir rien introduire que la narration des faits, sans jugement ou commentaire, créerait dans ses romans une image ‹ différente › du réel qui donne au lecteur la sensation de découvrir une nouvelle réalité. Si donc le dépassement du réel est une volonté affirmée dès le *Manifeste du roman populiste*, elle se trouve également réalisée dans les œuvres des romanciers de l'époque – ou c'est au moins la critique de l'époque qui l'y trouve.

Ces quelques remarques illustrent que l'idéal du réalisme magique n'est pas absent dans la littérature française avant les années 1930 ou bien, comme l'affirme Benoît Denis, complètement absorbé par le surréalisme.[144] Au contraire, parallèlement au surréalisme surgit avec le roman populiste une réactualisation de cette esthétique qui se positionne contre l'avant-garde française. Si elle est aujourd'hui peu connue, cela ne veut pas dire qu'elle était sans influence : en effet, l'esthétique cinématographique de l'entre-deux-guerres qui s'appelle aujourd'hui, d'après un article de Georges Sadoul,[145] le « réalisme poétique » est fortement imbue

---

143 Edmond Jaloux : L'Esprit des livres. *Un mort tout neuf*, par Eugène Dabit – *Mythologie personnelle*, par Maxime Alexandre. In : *Les nouvelles littéraires, artistiques et scientifiques* (28 avril 1934) 3.

144 Benoît Denis : Le roman peut-il se passer du réel ? Les querelles du réalisme, p. 27 : « [E]ntre ces deux dates [la mort d'Alain-Fournier et de Jacques Rivière], se situe l'émergence du surréalisme qui, en condamnant le roman, s'approprie pour un temps le monopole de la définition du « poétique » en le plaçant dans une relation d'équivalence avec la notion de merveilleux, le genre romanesque étant purement et simplement assimilé à une esthétique déterministe et rationaliste. » Si les observations à propos du surréalisme sont correctes, le réalisme magique persiste également en dehors de ce groupe d'avant-garde.

145 Comme le montre François Albera, le terme de réalisme poétique n'est pas inventé comme une catégorie objective pour désigner une époque historique du cinéma, mais il devient d'un usage commun à partir d'un « ralliement » successif au terme par le critique Georges Sadoul (François Albera : 1945 : trois « intrigues » de Georges Sadoul. In : *Cinémas: Revue d'études cinématographiques* 21, 2–3 (2011), p. 49–85, p. 74–79.) Pour un survol général sur l'arrivée du terme dans la critique du cinéma, cf. le même article, p. 68–74, et James Dudley Andrew : *Mists of regret: culture and sensibility in classic French film*. Princeton, NJ : Princeton Univ. Press 1995, p. 11–19.

de l'esthétique populiste. Un article devenu célèbre[146] de Marcel Carné, publié en 1933, résume de manière succincte la manière dont la représentation de conditions de vie précaires doit contribuer à un renouveau d'un réalisme dans le cinéma et s'appuie, pour ce faire, sur les mêmes notions esthétiques que le roman populiste. Le cinéaste, au moment de la parution de l'article peu connu,[147] s'interroge sur le réalisme du film de la manière suivante :

> [q]ui chantera le vrai mirage, l'attraction, la puissance de Paris, sans clichés et sans fard, et quand donc un cinéaste nous rendra la beauté majestueuse des quais de l'île Saint-Louis noyés d'une brume ténue ; le « climat » équivoque, inquiétant, des environs de l'École militaire, envahis un peu plus chaque jour par les constructions neuves ; de l'atmosphère poignante du quartier d'Italie, étalant sa pauvreté comme une lèpre ?[148]

Les éléments esthétiques relevés par Carné dans la citation ci-dessus font indirectement référence au roman populiste : ils montrent les paradoxes du style cinématographique recherché par Marcel Carné et qu'il est convenu d'appeler le « réalisme poétique » : d'un côté, Carné revendique une représentation ‹ vraie ›, ‹ directe › – « sans clichés et sans fard » – qui doit exprimer la réalité telle que chaque observateur peut la voir. Dès le titre de son article, Carné renoue un tel réalisme avec une certaine tradition du film muet qui inclut notamment le tournage dans les rues de la capitale française, sans pour autant chercher la représentation de monuments ou de paysages urbains connus. Carné exige un retour du cinéma à une esthétique de la rue qui évoque « la vie simple des petites gens »[149] et qui serait créé par le biais d'un tournage dans les quartiers populaires de la capitale. Certes, le recours du film parlant à un appareil technique complexe et encombrant afin d'enregistrer le son explique le tournage des films en studio, néanmoins, Carné affirme que la présence de coulisses peintes qui reprennent des monuments emblématiques pour les scènes situées à l'extérieur, prive l'image d'un regard ‹ vrai › sur la capitale ; le film ne

---

146 Ainsi, Pierre Billard prend l'article de Carné comme point de départ du cinéma du « réalisme poétique » qu'il appelle – également à partir de l'article de Carné – « populisme tragique », cf. Pierre Billard : *L'âge classique du cinéma français. Du cinéma parlant à la Nouvelle Vague*. Paris : Flammarion 1995, p. 245–266.

147 Jusqu'en 1933, il n'a tourné qu'un documentaire, *Nogent, Eldorado du dimanche* (1929), et a assisté à la mise en scène de *Cagliostro* de Richard Oswald (1929) et de *Sous les toits de Paris* de René Clair (1930) ; cf. Edward Baron Turk : *Child of Paradise : Marcel Carné and the Golden Age of French Cinema*. Harvard University Press 1989, p. 19–29.

148 Marcel Carné : Quand le cinéma descendra-t-il dans la rue ? In : *Cinémagazine* 13 (novembre 1933), p. 12–14, p. 14.

149 ibid., p. 14.

montre ainsi qu'un « Paris-Cartes Postales »,[150] c'est-à-dire un paysage urbain monumental qui se sépare de la sphère de la vie quotidienne et qui se limite à la représentation de poncifs. Carné cherche, en revanche, un retour à l'image ‹ vraie › qui serait encore visible dans certains films du cinéma muet par le fait qu'ils ont été tournés dans les rues des faubourgs, de la banlieue et des quartiers populaires de Paris. Selon le programme esthétique de Carné, seulement ces lieux marginaux de la capitale ont le pouvoir de représenter la vie sociale ‹ vraie ›, le ‹ réel › ou l'‹ authentique ›.

Néanmoins, les termes dans lesquels Carné fait référence à ces espaces réels de Paris ne s'intègrent que difficilement dans un projet ‹ réaliste › de par leur valorisation esthétisante : Carné cherche la représentation de l'« inquiétant » dans le paysage urbain, le « pittoresque »[151] de la périphérie parisienne et de ses constructions exiguës. La représentation de l'espace urbain réel ne doit donc pas uniquement servir à doter le film d'un « effet de réel » qui situe l'action dans le contexte d'un monde extratextuel, mais les espaces ainsi que les personnages des films doivent suggérer au public que le quotidien des quartiers populaires et des banlieues dispose d'une transcendance esthétique à la fois capable d'inquiéter et d'éblouir le spectateur. Si le cinéaste ne doit pas truquer les lieux de tournage, voire recourir à des coulisses qui évoquent les grands monuments de la ville, le film doit néanmoins, selon Carné, chercher la représentation d'espaces et de milieux sociaux « pittoresques », c'est-à-dire autrement spectaculaires, par le fait qu'ils transportent un surplus atmosphérique[152] qui dépasse le réalisme et qui ouvre la voie à une interprétation subjective des espaces réels filmés comme des terrains dangereux, mais séduisants.

Vers la fin de son article, Carné défend son esthétique cinématographique en se référant à la littérature.[153] Après avoir eu recours à un grand nombre de noms d'auteurs – parmi eux Pierre Mac Orlan, Jules Romains, Eugène Dabit ou André Thérive – de cinéastes – notamment René Clair ou des maîtres du film

---

150 ibid., p. 13–14.

151 ibid., p. 14.

152 Ben McCann montre que le cinéma du réalisme poétique fait un usage particulièrement renforcé du décor et de l'espace filmé pour transporter une signification, de sorte que l'espace devient un « action space » (cf. Ben McCann : « A discreet character? » Action spaces and architectural specificity in French poetic realist cinema. In : *Screen* 45, 4 (1 décembre 2004), p. 375–382). Une telle charge de l'espace qui doit ainsi traduire une ‹ ambiance › et toucher ainsi l'humeur de l'individu qui le confronte correspond à la définition de l'atmosphère comme un ‹ espace à humeur › (« gestimmter Raum ») dans Gernot Böhme : *Aisthetik. Vorlesungen über Ästhetik als allgemeine Wahrnehmungslehre*. Fink 2001, p. 51.

153 M. Carné, Quand le cinéma descendra-t-il dans la rue ? . *Cinémagazine* 13 (novembre 1933), p. 14.

muet expérimental comme Dimitri Kersaneff ou Eugène Deslaw – et même de photographes documentaires et expérimentaux de l'époque – comme Brassaï, André Kertész, Germaine Krull ou Man Ray – Marcel Carné reprend l'appellation de Lemonnier et de Thérive en défense de l'esthétique qu'il envisage pour le film en général et pour sa création en particulier. Le grand écart entre la représentation crue de la réalité à même les rues de Paris et sa transformation en image pittoresque et esthétisante du quotidien, qui se laisse entrevoir déjà dans cet article et qui sera encore plus flagrant dans ses adaptations filmiques comme *Le Quai des brumes* ou *Hôtel du Nord*,[154] est donc identifié avec l'esthétique du roman populiste ; simultanément, Marcel Carné montre que ses exigences esthétiques ne se limitent uniquement à la sphère littéraire, mais qu'elles transcendent les médias. Le « populisme » tel qu'il le décrit et le comprend trouve donc ses répercussions également dans les débuts du film et dans la photographie de son époque.

La citation de noms de photographes expérimentaux comme Man Ray ou Germaine Krull montre, en outre, que ce populisme que Carné décrit, transcende la création uniquement documentaire ou journalistique et se matérialise également dans la création d'avant-garde. Carné comprend ainsi le populisme comme il sera analysé également ici : il est une position de base esthétique qui se matérialise dans les créations les plus divers ; le « roman populiste », réclamé par Lemonnier et Thérive, n'en est que sa manifestation la plus directe.

La citation antérieure fournit un résumé concis de cette esthétique populiste : il s'agit de représenter la simplicité de la vie des « petites gens » et de présenter par conséquent une image réaliste du quotidien ; cette simplicité se traduirait notamment dans la représentation du travail et de la vie quotidienne dans les quartiers populaires. Par ailleurs, une telle représentation contraste fortement avec une création cinématographique soi-disant dominante jusqu'alors, qui ne fait voir que la vie d'une élite inatteignable et décadente.

L'article de Carné accentue donc les éléments centraux de l'esthétique populiste, au moment où elle se traduit de manière consciente dans le cinéma :[155]

---

154 Voir à ce propos Dudley Andrew/Steven Ungar : *Popular Front Paris and the Poetics of Culture*. Cambridge : Belknap Press of Harvard University 2005, p. 277–298 et chapitre 8.2. de ce travail.

155 Le cinéma muet cité par Carné ne peut être considéré que l'avant-coureur de l'entrée de l'esthétique populiste étant donné que le choix de tourner sur les rues de Paris n'est pas uniquement un choix artistique mais également une contrainte budgetaire ; par ailleurs, les films évoqués par Carné s'inscrivent davantage dans l'héritage du cinéma documentaire naissant (cf. Myriam Juan : Le cinéma documentaire dans la rue parisienne. In : *Sociétés & Représentations* 17 (janvier 2004), p. 291–314, p. 291).

la représentation des quartiers populaires d'un mode pittoresque qui souligne également l'aspect inquiétant et dangereux de ces espaces, les modalités de la vie en communauté dans les mêmes quartiers ainsi que le monde du travail, ses transformations et la crise de l'emploi. Ces trois domaines seront dans la suite l'objet d'analyses détaillés. Pour l'instant, il suffit de retenir que le réalisme poétique du cinéma recourt à la même esthétique populiste qui se manifeste dans la littérature : elle y comprend un retour à l'écriture réaliste, mais avec un décalage vers la représentation de ce qui transcende la seule représentation des milieux sociaux. L'esthétique populiste met l'emphase sur une présentation ‹ sympathique ›, voire ‹ pittoresque › des milieux défavorisés et veut, par ce biais, aboutir à une représentation plus exacte de ces milieux que le naturalisme zolien.[156]

3.3 Les éléments fondamentaux de l'esthétique populiste et leurs influences sur le réalisme littéraire

Les chapitres précédents ont pu identifier quelques stratégies narratives qui se laissent repérer dans presque toutes les œuvres des années 1930 et, à plus forte raison, dans les récits issus de la nébuleuse populiste. Parmi elles, il faut retenir tout d'abord la motivation sociale pour un renouveau du réalisme. Dans le cas de la littérature, cette forme de réalisme n'a pas de nom précis, mais des termes comme ‹ populisme ›, ‹ naturalisme interne › ou ‹ réalisme magique › reviennent fréquemment dans la critique littéraire. Quant au cinéma, Marcel Carné cherche à transmettre la notion de populisme pour désigner sa propre production cinématographique ; toutefois, je montrerai dans la suite qu'un autre terme fait ses preuves dans la critique : le réalisme poétique. Toutes ces notions ont en commun l'intérêt de vouloir renouer avec le grand réalisme du XIXe siècle tout en le dépassant.

Dans les textes littéraires, ce dépassement est tout d'abord le résultat de l'abandon de la focalisation zéro en faveur d'une focalisation interne qui, dans la plupart des textes, change de chapitre en chapitre. De cette manière, les écrivains cherchent à créer l'effet totalisant qui caractérise le réalisme[157] et garantissent en même temps une certaine faillibilité de l'instance narrative qui permet l'intrusion d'éléments invraisemblables ou la mise en récit de croyances

---

156 Ainsi, Lemonnier constate dans *Populisme* que « pour peindre un milieu, il faut, non seulement l'imagination qui le fait revivre, mais aussi la sympathie qui le fait aimer » (cf. Léon Lemonnier : *Populisme*, p. 189sq.).

157 Jacques Dubois : *Les romanciers du réel*, p. 70.

personnelles des personnages qui déterminent leur regard. Le réalisme de l'esthétique populiste devient ainsi plus personnel : la mise en récit de personnages en crise et de leurs croyances qui bousculent leur train de vie, tel que c'est le cas dans *Le Charbon ardent* d'André Thérive ou dans *Une femme sans péché* de Léon Lemonnier, permet, en outre, un rapprochement du groupe de l'*inquiétude* qui domine le pôle autonome du champ littéraire : alors que leur style psychologisant est identifié comme un des adversaires principaux dans le *Manifeste du roman populiste*, les romans prouvent une certaine proximité. Les romanciers dans la nébuleuse populiste se démarquent pourtant du groupe de l'*inquiétude*, comme je le montrerai dans le chapitre suivant, par le fait qu'ils ne se limitent pas à la représentation d'une crise intérieure des personnages, mais ils élargissent l'horizon et situent leurs récits dans le cadre d'une crise sociale. La stratégie des points de vues changeants permet, dans ce cadre, la généralisation du sentiment du crise comme une expérience partagée de l'époque, ce que le roman *Le Quai des brumes* de Pierre Mac Orlan montre clairement.

Certains auteurs agrandissent l'effet de proximité avec les personnages par l'utilisation de termes argotiques ou de tournures repris du français populaire. Néanmoins, la plupart des écrivains de l'entre-deux-guerres respecte encore le « cloisonnement des voix »[158] qui reste l'apanage de deux écrivains pendant cette période : Louis-Ferdinand Céline et Raymond Queneau. Ces deux auteurs restent en dehors des cercles littéraires et poursuivent un autre but : alors que Céline utilise le français populaire comme la base de son propre style individuel – et qui doit justement servir à souligner le caractère unique de son œuvre[159] –, Raymond Queneau emploie une pléthore de styles différents dans son premier roman *Le Chiendent* ; par conséquent, l'intrusion du français populaire dans la voix narrative ne poursuit pas l'objectif d'agrandir l'effet de réel, mais s'intègre bien davantage dans le projet satirique de l'auteur.[160] Dans le cadre de l'esthétique populiste, il est plus important de maintenir l'équilibre entre un style écrit et l'oralisation pour suffire mieux au « devoir démocratique » qu'ils inscrivent dans leurs textes. L'exemple des articles et des essais d'André Thérive montre à quel point la correction linguistique correspond au devoir

---

158 Jérôme Meizoz : *L'Âge du roman parlant*, p. 22.

159 Dans ce cadre, il convient de rappeler que Céline n'a pas été lu en premier lieu comme un écrivain prolétarien ou populiste, mais comme un médecin qui analyse froidement le monde (cf. cf. Philippe Roussin : *Misère de la littérature, terreur de l'histoire. Céline et la littérature contemporaine*, p. 150)

160 Derek Schilling souligne la « distanciation humoristique » au cœur du *Chiendent* (cf. Derek Schilling : *Le Chiendent* entre histoire et fiction ou les parfaits banlieusards de Raymond Queneau. In : *The Romanic Review* 95, 1–2 (mars 2004), p. 41–61, p. 61).

patriotique des écrivains selon la vision populiste ; simultanément, les écrivains de la nébuleuse populiste veulent aussi marquer leur distance à la littérature établie, c'est-à-dire celle des autorités du pôle autonome. Pour cette raison, ils reviennent aux modèles des écrivains ouvriers du début du XXe siècle, comme Marguerite Audoux ou Charles-Louis Philippe qui se sont démarqués par un style très sobre et naïf qui à la fois révèle leurs origines modestes et indique leur scolarisation correcte pendant la IIIe République.[161]

Cette écriture qui ne permet le style oral que dans les dialogues et qui cherche à dissimuler chaque forme d'écart personnel doit de cette façon contribuer à l'effet d'authenticité du récit : il nie l'extravagance qui est attaqué dans le *Manifeste* et il suggère la proximité avec la classe ouvrière en s'inspirant des écrivains ouvriers antérieurs. Cette proximité est d'une importance particulière si l'on considère que Lemonnier lui-même confirme la nécessité de bien connaître les milieux décrits dans les romans et que lui-même s'est laissé inspirer par des faits réels qui se sont déroulés dans son voisinage pour son roman *Une femme sans péché*.[162] Les écrivains prolétariens autour d'Henry Poulaille ne font que radicaliser cet effet d'authenticité par le fait que Poulaille exige que la littérature prolétarienne soit écrite par des écrivains aux origines ouvrières.

Par conséquent, le réalisme de l'esthétique populiste est socialement motivé, ce qui trouve aussi ces répercussions dans la manière d'écrire : il s'explique logiquement qu'une analyse du milieu selon les préceptes de Zola n'est pas possible si l'effet d'authenticité engage tous les moyens afin de garantir de la proximité avec son sujet. Pour cette raison, le lecteur trouve davantage de stratégies qui soulignent le point de vue personnel des personnages qu'une vue d'ensemble éloigné et froide.

Afin de mieux comprendre les transformations de l'écriture réaliste et de mieux comprendre en quoi l'esthétique populiste consiste exactement, il faut cependant regarder de plus près les romans qui ont été publiés entre 1929 et 1935. Les prochains chapitres se focalisent sur un choix motivé en vue de relever les traits les plus marquants de l'esthétique populiste. Ce faisant, ces chapitres dégagent aussi les éléments constitutifs de l'imaginaire du ‹ peuple › qui l'accompagne.

Dans un premier temps, il convient de regarder de plus près le dépassement du réalisme par l'esthétisation de la pauvreté. En effet, la misère dans laquelle les personnages vivent gagne souvent une allure fantastique qui révèle

---

161 A propos de la simplicité d'Audoux, Philippe et d'autres auteurs du début du XXe siècle, cf. M.C. Gnocchi, « Vers une pratique ‹ primaire › de l'écriture. La simplicité, valeur littéraire dans les premières décennies du XXe siècle », *Publije* (2013), en ligne.
162 Léon Lemonnier : *Populisme*, p. 179sq.

une partie cachée et mystérieuse de la vie urbaine. Dans ce cadre, il convient de s'intéresser surtout à Pierre Mac Orlan et à son esthétique personnel du « fantastique social » ou du « romantisme social ». Si l'analyse du champ littéraire a déjà montré que Pierre Mac Orlan ne fait pas partie du cercle intérieur de la nébuleuse populiste, il convient de s'intéresser à son œuvre pour plusieurs raisons : pendant l'entre-deux-guerres, il était un auteur influent qui s'est non seulement démarqué par son œuvre romanesque, mais aussi par son intérêt pour les ‹ nouveaux médias › de l'époque : la photographie, le cinéma et la radio. Dans ses essais, il a toujours fait l'effort de dégager le sentiment de crise et l'inquiétude sociale qui ébranla la société de son époque. Si l'on compare ses essais avec le *Manifeste* de Lemonnier, on trouve la même préoccupation avec la mise en récit des croyances intimes, du pittoresque et de l'inquiétant. Une comparaison entre *Le Quai des brumes* et *Le Charbon ardent* d'André Thérive montre, par ailleurs, que la mise en récit des périphéries urbaines comme un paysage dangereux se ressemble entre les deux romans ce qui permet le rapprochement de Mac Orlan à l'esthétique populiste. Enfin, la discussion du fantastique social et des esthétiques avoisinantes du réalisme magique ou de la Nouvelle Objectivité montre que l'œuvre de Mac Orlan fait fusionner les particularités esthétiques de l'entre-deux-guerres dans une esthétisation de la pauvreté qui permet un chamboulement des hiérarchies sociales au niveau moral – ce qui correspond au projet populiste de défendre le ‹ peuple › comme le véritable foyer de l'honnêteté.

Ensuite, il conviendra de s'intéresser à la mise en récit des rapports sociaux et de la proximité humaine qui caractérise le ‹ peuple ›. Dans la plupart des récits de la nébuleuse populiste, le lecteur retrouve une société au bord de son effritement face aux pouvoirs de l'industrie et de l'urbanisation. Dans ce cadre, il sera opportun de se focaliser sur l'œuvre d'Eugène Dabit qui montre les liens instables de ces personnages dans son premier roman *L'Hôtel du Nord* et qui s'intéresse ensuite dans son roman *Villa Oasis ou les faux bourgeois* à la manière dont l'ascension sociale corrompt les personnages issus des classes populaires. Une comparaison avec *La Rue sans nom* de Marcel Aymé montre à quel point l'imaginaire d'un ‹ peuple › menacé par la croissance économique est répandu pendant l'entre-deux-guerres. Ces récits montrent en outre comment une prise de position anticapitaliste va de pair avec une attitude antimoderne qui se reflète également dans les choix narratifs et les caractérisations traditionalistes. L'esthétique populiste poursuit, en effet, à tout niveau la revalorisation des traditions populaires : ainsi elle déplore la disparition des rapports familiaux traditionnels et prône les rôles des genres traditionnels.

Cela devient encore plus clair si l'on s'intéresse à la caractérisation de la classe ouvrière, qui sera au centre du dernier chapitre de la partie suivante. En effet, il s'avère que l'esthétique populiste brosse un portrait particulier de l'ouvrier ce qui devient clair en étudiant l'œuvre d'Henry Poulaille : au lieu de présenter la classe ouvrière dans le contexte des autres classes sociales, les récits de Poulaille et d'autres écrivains comme Louis Guilloux isolent les personnages ouvriers et les montrent uniquement dans leur milieu. Afin de souligner leur savoir-faire, les auteurs choisissent en outre des personnages dont la position sociale correspond davantage à l'artisanat, en excluant presque catégoriquement le travail en usine. Il devient donc clair que l'esthétique populiste opère une mise en récit qui s'oppose à l'historiographie qui confirme l'importance particulière des usines pendant l'entre-deux-guerres. Dans l'esthétique populiste, il convient de montrer l'ouvrier comme autodidacte indépendant qui maîtrise les conventions sociales et qui impose l'ordre dans son entourage : par conséquent, il est *pater familias* autoritaire, clairement supérieur aux ouvrières et expert de son métier.

Autrement dit, trois éléments constitutifs de l'imaginaire du ‹ peuple › seront au centre des chapitres suivants : la misère, le rapport social et l'identité ouvrière. Chacun est le point de départ d'une analyse qui apprécie les stratégies esthétiques pour mettre en récit ces éléments : le fantastique social, la valorisation des traditions et les relations interpersonnelles. Ainsi, il deviendra plus clair en quoi l'esthétique populiste opère des choix particuliers dans le contexte des narrations réalistes.

Deuxième partie: **Eléments constitutifs de l'esthétique populiste**

4 La ‹ beauté › de la pauvreté : le « romantisme social » de Pierre Mac Orlan et la représentation de la misère

Qu'est-ce qu'un romancier qui ne sait pas, autour de ses personnages, tracer le halo de l'atmosphère ? Le roman populiste tient compte de cette âpre nécessité d'après-guerre : gagner sa vie.[1]

L'esthétique populiste se sert de plusieurs scripts narratifs afin de créer un certain savoir social. Le premier élément du populisme littéraire est la manière dont un grand nombre de romans de l'entre-deux-guerres essaie de revaloriser esthétiquement la pauvreté comme un état favorable de la condition humaine face aux pouvoirs aliénants de la modernité. Autrement dit, le roman de l'entre-deux-guerres tente une revalorisation des milieux pauvres, partant de l'imaginaire social des « bas-fonds »[2] afin d'aboutir à la représentation paradoxale d'une « pègre »[3] honnête – tout en gardant la mise en scène stéréotype des « classes dangereuses »[4] : la misère figure comme une atmosphère inquiétante et décorative, éclairant les lignes de faille et les abîmes de la vie sociale de l'époque. Elle révèle les transformations fondamentales de la société urbaine et les présente comme les éléments d'une crise de la modernité où les innovations dans le champ médiatique – comme la radio et les avances du cinéma – ainsi que ceux de la culture industrielle avec ses nouvelles formes de travail s'affrontent avec la misère des couches sociales exclues du progrès.[5]

---

1 Léon Lemonnier : *Manifeste du roman populiste*. Paris : Jacques Bernard 1930, p. 78.
2 Kalifa définit les « bas-fonds » comme un décor de la médiatisation des marges sociales qui naît au XIXe siècle, décor qui s'appuie néanmoins constamment sur trois autres concepts qui s'y retrouvent : « la misère, le vice et le crime » (Dominique Kalifa : *Les bas-fonds: histoire d'un imaginaire*. Paris : Le Seuil 2013, p. 11). Les bas-fonds constituent ainsi un imaginaire social qui décrit l'envers de la société bourgeoise, une « contre-société » (ibid., p. 61) qui englobe les perdants de l'industrialisation et simultanément la menace de l'ordre social.
3 Ce terme revient, comme celui de « populace », notamment dans la description de la population appauvrie et révoltée dans la presse du XIXe siècle en France et en Angleterre (cf. ibid., p. 116–118).
4 Pour ce terme, cf. le travail pionnier de Louis Chevalier : *Classes laborieuses et classes dangereuses à Paris pendant la première moitié du XIXe siècle*. Paris : Perrin 2007 [1958].
5 Cf. à ce propos également les recherches autour de la culture de la république de Weimar de Harro Segeberg : *Literatur im Medienzeitalter. Literatur, Technik und Medien seit 1914*. Darmstadt : Wissenschaftliche Buchgesellschaft 2003, p. 34–54.

https://doi.org/10.1515/9783110721157-005

La citation antéposée illustre très bien cette connexion entre pauvreté et ambiance incertaine : Lemonnier souligne d'abord la nécessité d'une ‹ atmosphère › qui contribue à la caractérisation des personnages romanesques ; ensuite il stipule le besoin de représenter la précarité économique des personnages. Par conséquent, il exige la création d'une esthétique de crise, qui laisse transparaître l'indigence des individus représentés aussi dans l'entourage dans lequel ils sont présentés ; c'est « le halo » dont il parle. La manifestation de la crise, de la pauvreté ou de la précarité peut, comme je le montrerai, aller d'un agencement esthétique qui conduit à la nostalgie des traditions populaires jusqu'à un sentiment de menace, une inquiétante étrangeté face à la modernité.

Parmi les auteurs de cette esthétisation de la misère, on peut compter Pierre Mac Orlan qui évoque les deux représentations artistiques dans ses essais comme « pittoresque »[6] d'une part, comme «romantisme social »[7] ou « fantastique social »[8] de l'autre. Le chapitre présent suivra les appellations que l'auteur emploie pour évoquer cet imaginaire des ‹ petites gens › et cherchera à définir ses composants esthétiques au sein de la production romanesque et artistique de l'entre-deux guerres, tant à l'échelle nationale qu'internationale, tout en se focalisant sur l'œuvre de Pierre Mac Orlan. Il apparaîtra que l'esthétisme de la misère se réalise notamment dans la description de l'espace urbain qui adopte toutes les qualités de la misère.

Dans un premier temps, je m'intéresserai à la manière dont le champ culturel de l'entre-deux-guerres perçoit une crise profonde et à la notion d'inquiétude qui naît simultanément. Il s'avérera que Pierre Mac Orlan se distingue des auteurs du groupe littéraire de *l'inquiétude* en se concentrant davantage sur les conditions sociales de ses personnages. Son programme esthétique personnel s'inscrit plutôt dans la mode du réalisme magique qui se diffuse dans l'art plastique et dans la littérature des années 1920. Dans un deuxième temps, je cher-

---

6 Pierre Mac Orlan : Atget. In : Pierre Mac Orlan : *Masques sur mesure*. Paris : Cercle du bibliophile 1970, p. 348–361, p. 351.

7 Dans Pierre Mac Orlan : Le Fantastique. In : *Œuvres complètes* VI. Évreux : Cercle du bibliophile 1969, p. 329–342, l'auteur parle des éléments qui créent un « romantisme d'après-guerre » (p. 340) ; dans Pierre Mac Orlan : Le Décor sentimental. In : Pierre Mac Orlan : *Masques sur mesure*. Paris : Cercle du bibliophile 1970, p. 13–108, le terme de « romantisme social » apparaît dès la préface (*ibid.*, p. 15). Mac Orlan ne distingue pas clairement entre le « fantastique social » et le « romantisme social » ; le deuxième terme me semble cependant être plus englobant par le fait qu'il ne décrit pas uniquement les éléments banals du quotidien qui déclenchent l'inquiétude, mais il inclut aussi une attitude épistémologique qui renie les apports ‹ raisonnables › du savoir positif, perçu comme déclencheur de la Grande Guerre (*ibid.*, p. 16).

8 À titre d'exemple, cf. Pierre Mac Orlan : Le Fantastique, p. 332.

cherai à définir le « fantastique social » ou le « romantisme social » de l'auteur à travers ses essais. Enfin, je montrerai à partir d'une lecture du roman *Le Quai des brumes* comment le fantastique social se manifeste dans la littérature ce qui me permettra d'ouvrir le horizon vers le roman populiste et son emploi des éléments du fantastique social.

4.1 Le réalisme de la crise : fantastique social, inquiétude, *réalismo magico*

Si l'on peut constater un certain dépassement des codes traditionnels du réalisme dans la littérature – et en conséquence dans le film – de l'entre-deux-guerres, la recherche d'un nouveau réalisme au cœur de l'esthétique populiste s'inscrit dans un cadre plus large qu'il convient de découvrir : en effet, le réalisme de l'entre-deux-guerres est l'expression d'une conscience de crise à plusieurs niveaux. D'un côté, la transformation de l'esthétique se manifeste comme une réaction à la crise historique que la nation française subit à la fin de la Première Guerre mondiale, de l'autre, ce renouveau du réalisme conduit le même en crise dans les expressions artistiques qui cherchent le ‹ fantastique › dans les réalités vécues de leur temps. Par la suite, je m'intéresserai donc à la situation de l'esthétique populiste par rapport aux diverses expressions de la conscience de la crise de l'entre-deux-guerres. Cette analyse permettra de contextualiser d'abord l'œuvre littéraire dans les crises sociales qui éveillent l'intérêt des écrivains de l'époque. Ensuite je reviendrai aux auteurs de l'*inquiétude* et à leur compréhension de la notion de crise ce qui me conduira enfin à la considération de la mise en récit d'une inquiétude sociale dans l'œuvre de Pierre Mac Orlan, qui entretient en outre un rapport intime avec les esthétiques de la *Neue Sachlichkeit* allemande et du *réalismo magico* italien, deux approches supplémentaires d'une esthétisation de la crise.

4.1.1 Les origines de l'inquiétude dans le champ culturel

La culture de l'entre-deux-guerres est fortement déterminée par la conscience d'une crise à toutes les échelles. La Première Guerre mondiale a laissé surtout en France des traces considérables et la reconstruction de la société se heurte à partir des années 1930 aux conséquences du krach boursier de 1929 qui marque l'époque avec un chômage de masse inouï. Mais déjà à l'orée de la Grande Guerre, la société subit des changements importants : la fin des batailles marque le début du véritable essor de la classe ouvrière en France, comme le remarque Annie Fourcaut.[9] Les usines de l'Île de France, notamment dans le secteur de l'industrie automobile française, deviennent les nouveaux grands employeurs et demandent beaucoup de main-d'œuvre.[10] Cette apogée est accompagnée par d'autres transformations importantes : importance grandissante du travail en usine, imposition du PCF dans les municipalités comme porte-parole politique de la classe ouvrière, augmentation des logements en banlieue. Une telle transformation ne demeure pas sans conséquences pour la composition démographique de la France de cette époque : les structures urbaines et avec elles la répartition du travail entre les régions rurales et urbaines se transforment fortement, mais même la composition des quartiers et des banlieues des grandes villes change complètement. Pour le cas de Paris, cela signifie notamment la disparition des fortifications qui entourent l'espace *intra muros* entre 1919 et 1929 et la libération de la « zone » non habitable ce qui permet la création de nouveaux projets de logements.

La ville grandit de cette façon et après les grandes transformations de l'haussmannisation à la fin du XIXᵉ siècle qui ont renouvelé notamment les quartiers centraux de la ville, c'est maintenant dans les quartiers extérieurs et dans l'entourage immédiat que la ville change de visage : la « zone » devient un espace contradictoire où de nouveaux projets d'habitations à bon marché et des projets prestigieux comme la Cité universitaire contrastent avec l'existence continue d'espaces marginaux, *slums* et habitations insalubres.[11] Les projets de logements ne suffisent pas pour résoudre la crise du logement ; la banlieue immédiate demeure toujours en grande partie un espace surpeuplé et marginal.[12] Cette crise du logement ne devient que plus urgente dans le sillage de la crise financière en aggravant encore la situation de mal-lotissement des banlieusards.

---

9 Annie Fourcaut : Banlieue rouge, au-delà du mythe politique. In : Annie Fourcaut (éd.) : *Banlieue rouge, 1920–1960 : années Thorez, années Gabin ; archétype du populaire, banc d'essai des modernités*. Paris : Ed. Autrement 1992, p. 12–37, p. 16.

10 Pierre Lannoy montre que l'industrie automobile devient dans l'entre-deux-guerres l'incarnation de la prouesse industrielle de la nation, notamment par le biais de la photographie documentaire (cf. Pierre Lannoy : L'usine, La photographie et la nation. L'entreprise automobile fordiste et la production des photographes industriels. In : *Genèses* 80 (21 septembre 2010), p. 114–135.)

11 James Cannon : *The Paris Zone: A Cultural History, 1840–1944*. Farnham : Ashgate 2015, p. 126sq.

12 Cela n'empêche pas, pourtant, que le rêve pavillonnaire, c'est-à-dire la volonté d'une grande partie des banlieusards de construire leur propre maison dans l'espace de la banlieue, persiste et fleurit également dans cette époque (cf. Annie Fourcaut : Banlieue rouge, au-delà du mythe politique, p. 21).

L'industrialisation et la reconstruction après la guerre conduisent donc à un renversement des pratiques de vie urbaines qui change le visage des quartiers, mais qui ne réussit pas à résoudre les problèmes structurels qui dominent déjà les régions suburbaines avant la guerre. Suite au krach de 1929, la pauvreté et la marginalité des individus logés en banlieue empire encore ; en conséquence, l'évocation de la banlieue et des quartiers extérieurs dans la littérature et dans les articles journalistiques de l'époque est souvent accompagnée d'un imaginaire qui les représente comme espace unique et homogène, indigent et criminel.[13]

Cet espace est souvent appelé les « faubourgs » et englobe autant les quartiers extérieurs de Paris que la « zone » et la banlieue qui entoure la ville. Deux exemples s'imposent pour l'illustration de la notion : Eugène Dabit publie en 1933 le recueil *Faubourgs de Paris* où le XIIIe et le XIXe arrondissement sont confrontés à la représentation de la « grande banlieue sud » ;[14] Lucien Bourgeois mélange d'une manière assez similaire dans les récits de *Faubourgs* la description du sort de jeunes femmes de la zone, d'ouvriers banlieusards et d'artisans des quartiers périphériques de Paris.[15] Dans les ouvrages de l'entre-deux-guerres, se crée ainsi l'imaginaire d'un espace défavorable aux bords des grandes villes qui est le décor de la misère sociale qu'une grande partie de la population doit affronter. Cela n'empêche pas Pierre Mac Orlan d'affirmer que justement ces espaces marginaux transportent l'idée de l'identité française :

> Ce n'est pas par l'architecture officielle que les villes opposent leurs personnalités, mais par cette indéfinissable apparence des rues populaires qui sont autant de petites chansons d'un patriotisme très délicat. [. . .] Ce ne sont pas les grands hôtels internationaux, les ministères et les banques, les églises et les temples qui donnent la personnalité à une ville, mais tout au contraire les souvenirs intelligents de ces quartiers populaires qui font naître des bars dans la brume et qui présentent ingénument une théorie de spectacles dont les origines sont innombrables et qui peuvent aboutir aux guinguettes de Frascati, aux tôles ondulées de la banlieue occupée par les chiffonniers, en passant par tous les bals musette de la Bastille, du Temple et des Gravilliers.
>
> Paris, si l'on veut bien le comprendre est toujours le Paris de François Villon.[16]

---

13 ibid., p. 29. Angelil et Siress constatent que la dichotomie entre centre-ville et banlieue représente classiquement la dichotomie entre bien et mal (cf. Marc Angélil/Cary Siress : The Paris « Banlieue » : Peripheries of inequity. In : *Journal of International Affairs* 65, 2 (2012), p. 57–67, p. 58.)
14 Eugène Dabit : *Faubourgs de Paris*. Paris : Gallimard 1990, p. 101.
15 Lucien Bourgeois : *Faubourgs. Douze récits prolétariens*. Bassac : Plein chant 2015.
16 Pierre Mac Orlan : Atget, p. 356.

La découverte de la vraie identité de la ville se fait donc, selon Mac Orlan, par la fréquentation des rues dans les quartiers populaires ou même en banlieue. Même si les espaces sont dangereux par leur criminalité – la mention des bals-musette ainsi que des spectacles « dont les origines sont innombrables » fait référence à l'ambiguïté de ces lieux de loisir populaires en voie de déchéance[17] – ce sont eux qui servent comme fondation du « patriotisme » et qui représentent la tradition de l'identité française à partir de François Villon, cité comme symbole du non-conformisme, soi-disant typique de l'identité française.[18]

Ces remarques illustrent que le discours sur la crise de l'entre-deux-guerres doit forcément se focaliser sur les marges de la ville, les quartiers populaires et la périphérie suburbaine afin d'évoquer le choc entre tradition et modernité que la société subit à cette époque. La banlieue et les quartiers populaires figurent dans un nombre considérable des romans de l'époque comme cadre du récit ; simultanément, la banlieue est également au centre de l'intérêt de la politique et des planifications urbanistiques. Les espaces urbain et suburbain représentent ainsi une articulation d'envergure entre le champ culturel et le discours sur la crise du logement, de l'économie et les transformations culturelles du temps. La modernisation industrielle entre dans le contexte du débat sur les formes de vie en banlieue et dans les quartiers populaires de la grande ville, notamment de Paris, dans la création littéraire et propose un script narratif servant à transcrire les changements des conditions de vie.

Néanmoins, les mutations démographiques et structurelles en ville ne sont pas les seules transformations qui marquent le champ culturel de l'entre-deux-guerres : comme le remarque Pascal Ory,[19] la culture française développe la conscience d'une crise double, d'une part par le décalage de l'attention vers les nouveaux médias comme le cinéma, le disque et la radio qui montent en considération et qui s'emparent d'une partie du prestige anciennement attribué à la littérature ;[20] d'autre part, cette nouvelle concurrence aggrave encore la situation précaire dans laquelle se trouve le financement de spectacles publics et d'autres activités artistiques.[21] Si cette crise touche tous les domaines de la

---

17 Cf. à ce propos, avec beaucoup de prudence à cause de l'imprécision et la nostalgie apparente de l'auteur face à son sujet, Claude Dubois : *La Bastoche. Une histoire du Paris populaire et criminel*. Paris : Perrin 2011.

18 James Cannon : *The Paris Zone*, p. 130 et 183.

19 Pascal Ory : *La Belle illusion : culture et politique sous le signe du Front populaire, 1935–1938*. Paris : Plon 1994, p. 27.

20 À propos de la considération dont jouit le cinéma notamment dans l'entre-deux-guerres en France parmi les littéraires, cf. notamment Nadja Cohen : *Les poètes modernes et le cinéma (1910–1930)*. Paris : Classiques Garnier 2013.

21 Je reprends encore les informations de Pascal Ory : *La belle illusion*, p. 32–35.

création artistique de l'époque et ne laisse pas de côté les nouvelles formes d'expression, la crise économique ébranle notamment les secteurs ‹ classiques › de la création, dont également le livre qui ne se vend guère plus à l'étranger. Du coup, il n'est pas surprenant si une conscience de crise détermine la création de l'époque ; cette crise prend l'allure d'une secousse qui affecte la prédominance culturelle de la France et devient ainsi une question nationale : de moins en moins visible à l'étranger, en cours d'une mutation importante, la culture française, représentante de la culture européenne, semble, à l'œil d'observateurs aussi variés que Marcel Arland, Paul Valéry ou Pierre Mac Orlan, menacée par une inquiétude déclenchée par la guerre :

> Cette période dont nous sommes l'élément musical et sensible est une époque de craintes et de superstition. Une sensibilité nouvelle, une morale nouvelle s'ébauchent petit à petit dans une nuit à peu près préhistorique à force d'être primaire, malgré les éblouissements pratiques que la science fait crépiter au bout des doigts de ses jeunes savants. [. . .] Le mystère inventé par la science est infiniment plus angoissant que celui qui fut créé par l'imagination des intermédiaires divins. [. . .] Les hommes qui vécurent les heures rapides de la fin de ce qui fut leur civilisation, c'est-à-dire la mortification d'un grand organisme social, connurent-ils cette angoisse délicate ?[22]

Dans cette citation exemplaire, Pierre Mac Orlan souligne la portée de la modernisation technique au sein de l'imaginaire de la société et la représente comme l'apocalypse de la culture européenne : les progrès de la science inquiètent les gens au point où toute la civilisation telle qu'elle s'est présentée jusqu'alors leur semble menacée de disparaître. Par conséquent, la crise qui ébranle réellement le champ culturel de l'entre-deux-guerres et qui transforme ses formes d'expression se fait voir au sein de la création même comme cadre sombre et pessimiste.

Par la suite, je chercherai à jauger les différentes expressions d'une telle conscience de crise dans la littérature de l'époque ; contrairement à la visée de Pascal Ory, qui analyse plutôt les conditions logistiques et économiques de la création artistique des années 1930, je m'intéresse aux répercussions des crises sociales et économiques dans la production littéraire en soi, perspective fortement négligée encore. En effet, les citations ci-dessus montrent déjà que la notion de la crise ne se reporte pas uniquement au domaine de la politique ou de l'économie, mais que la crise est bien au contraire une métaphore centrale avec laquelle les écrivains de l'entre-deux-guerres décrivent la situation morale et sociale de leur époque.

---

22 Pierre Mac Orlan : Le demi-jour européen. In : Pierre Mac Orlan, Francis Lacassin (éd.) : *Domaine de l'ombre. Images du fantastique social*. Paris : Phébus 2000, p. 109–113, p.p. 113.

4.1.2 La génération de l'inquiétude et la conscience de la crise

Roger W. Baines suit dans sa monographie sur Pierre Mac Orlan les grandes lignes de la critique littéraire de l'entre-deux-guerres en appelant « inquiétude » le malaise dont l'auteur serait le représentant idéal.[23] Effectivement, le terme revient souvent dans les essais de Mac Orlan, mais son utilisation de la notion diverge de l'emploi qui se manifeste dans la critique littéraire de son temps. Pour cette raison, il convient de distinguer deux ‹ inquiétudes › qui sont néanmoins intrinsèquement liées : d'un côté le concept d'inquiétude qui peut se trouver dans chaque œuvre littéraire, peu importe l'appartenance à un genre ou à un groupe littéraire, de l'autre, je distingue l'*inquiétude* – en italiques – de la notion globale pour évoquer un groupe littéraire de l'entre-deux-guerres qui se constitue à partir d'une discussion de la critique littéraire, notamment dans les pages de la *N.R.F.*[24]

Paul Valéry est parmi les premiers à constater une crise profonde de la société française dans son essai *La Crise de l'esprit* de 1919 :

> [l]a crise militaire est peut-être finie. La crise économique est visible dans toute sa force ; mais la crise intellectuelle, plus subtile, et qui, par sa nature même, prend les apparences les plus trompeuses (puisqu'elle se passe dans le royaume même de la dissimulation), cette crise laisse difficilement saisir son véritable point, sa *phase*.[25]

En effet, on peut constater en regardant les statistiques établies par les historiographes de cette époque que la ‹ Grande Guerre › a bousculé la société française : la France a perdu suite à la guerre 1.400.000 personnes dans les tranches d'âge productives et en sort affaiblie ; la reconstruction de l'économie française exigeait la mobilisation de nouveaux employés et ouvriers ce qui a déclenché l'appel aux travailleurs étrangers et ruraux, mais aussi l'activation de la main d'œuvre féminine.[26] Le résultat est donc un système de liens sociaux

---

23 Roger W. Baines : *« Inquietude » in the work of Pierre Mac Orlan*. Amsterdam : Rodopi 2000.
24 Si Roger W. Baines distingue Mac Orlan des auteurs de l'*inquiétude*, il le fait en le démarquant néanmoins comme un auteur qui « certainly fitted into this framework, but he was unusual » (ibid., p. 15) par son intérêt pour le romantisme allemand. En général, Baines ne semble pas différencier assez le concept d'inquiétude de la discussion autour de la *N.R.F.* de sorte qu'il cherche des signes de l'inquiétude aussi chez des auteurs divers comme Gide, Drieu la Rochelle ou Malraux (ibid., p. 19–22). Pour un portrait du groupe d'*inquiétude* cf. Ralph Winter : « Moderne Hamlets » : Die französische Autorengruppe der Inquiétude 1924–1927. In : Gerhard Lauer (éd.) : *Literaturwissenschaftliche Beiträge zur Generationenforschung*. Göttingen : Wallstein 2010, p. 85–107.
25 Paul Valéry : *La Crise de l'esprit* [1919], repris dans *Œuvres* I, édité par Jean Hytier. Paris : Gallimard 1957, p. 990.
26 Ralph Schor : *Histoire de la société française au XXe siècle*. Paris: Belin 2005, p. 153–154.

changés : les rôles des sexes se trouvent en partie assouplis et la société française doit se considérer dès lors comme un pays d'immigration qui a besoin de la main d'œuvre étrangère. Tous ces éléments se trouvent résumés par Valéry dans la citation antérieure dans l'image d'une crise qui se répand comme un virus et qui touche les différents domaines de la vie sociale, commençant avec la guerre et allant par le ressort économique jusqu'au domaine des idées et de la morale.

Chez Valéry, la conséquence logique de la guerre et de la crise économique est un effondrement de la croyance moderne au progrès ; par conséquent, Valéry compare la société européenne à un « Hamlet intellectuel »,[27] indécis et méditant toujours les effets dévastateurs du progrès et de la modernité. La société européenne aurait, selon Valéry, perdu la confiance en sa force de changer et améliorer les conditions de vie ; pour cette raison, le regard vers l'avenir n'est plus accompagné par la foi au progrès, mais seulement par un certain « ennui de recommencer le passé ».[28] En conséquence, le modèle de l'histoire comme éternelle ascension s'est transformée en une boucle sans issue qui pousse les individus d'une indécision à l'autre.

Si l'évocation d'Hamlet comme représentation du statut de crise est une métaphore typique pour les récits de crise,[29] le portrait que Valéry brosse de la société de l'entre-deux-guerres est aussi à l'origine de l'esthétique du groupe de l'*inquiétude*.[30] Le critique littéraire Benjamin Crémieux voit les conséquences de la perturbation de l'ordre social chez les jeunes écrivains après la guerre. Selon lui, leurs œuvres se distinguent par une nouvelle tendance à l'introspection et à l'exploration de l'identité propre tout en gardant la distance avec l'écriture d'analyse telle qu'elle se serait manifestée chez Marcel Proust.[31] Au lieu de disséquer la vie intérieure, les nouveaux écrivains présentent, selon Crémieux, leurs impressions de manière désorganisée et convulsive. Le désordre que la guerre a provoqué dans la société trouverait ainsi une répercussion dans l'expression littéraire. Crémieux n'est pas le seul à constater ce parallélisme entre la société traumatisée et la littérature comme mode d'expression

---

27 Paul Valéry : *La Crise de l'esprit* [1919], repris dans *Œuvres* I, p. 993.

28 ibid.

29 Cf. Walburga Hülk : Narrative der Krise. In : Uta Fenske/Walburga Hülk/Gregor Schuhen (éds.) : *Die Krise als Erzählung: transdisziplinäre Perspektiven auf ein Narrativ der Moderne*. Bielefeld : Transcript 2013, p. 113–131, p. 125.

30 La référence à Hamlet comme représentant de la génération de l'entre-deux-guerres que Daniel-Rops reprend dans son essai en est la preuve (Daniel-Rops : *Notre inquiétude. Essais*. Paris : Perrin 1927, p. 86).

31 Benjamin Crémieux : Le bilan d'une enquête. In : *N.R.F.* 120 (1923), p. 287–294, ici p. 293.

d'une inquiétude personnelle : suite à son enquête de 1923, d'autres auteurs et critiques qui publient notamment à la *N.R.F.* comme Marcel Arland ou Daniel-Rops adoptent le terme d'inquiétude pour décrire leur propre écriture et celle de leurs contemporains.[32]

Dans ce cadre, Marcel Arland légitime cette nouvelle inquiétude en le comparant au « mal de siècle » qu'Alfred de Musset a constaté pour les intellectuels romantiques qui ont atteint la majorité après la défaite de Napoléon et qui se sentaient par conséquent déracinées.[33] A partir de l'article d'Arland, le terme d'inquiétude se répand dans la critique littéraire et devient, selon Albert Léonard, « le thème à la mode et fait la manchette de tous les journaux et revues entre 1925 et 1935 ».[34] Ainsi, Daniel-Rops publie en 1927 une collection d'essais sous le nom *Notre inquiétude* dans laquelle il analyse à son tour les dimensions de cet état de crise personnelle et religieuse :

> [. . .] les signes par lesquels se marque le nouveau mal du siècle sont nombreux. Témoins des catastrophes, les auteurs de cette génération nouvelle sont, comme le dit M. André Germain, « assis sur les tronçons de notre civilisation ». Ils se connaissent mal, ont peur de se connaître, et répètent volontiers le cruel « Que suis-je ? » des inquiets. *Nés pour partir* (Ph. Soupault), ils fuient aussi bien les règles extérieures que les lois du destin. Cette jeunesse d'aujourd'hui n'a pas l'âme forte. Elle cherche un maître avec émoi. Non un maître artificiel, imposé par l'éducation ou l'habitude, mais ce maître mystérieux que l'on se construit soi-même, au plus profond de son âme. Cependant, partagé entre le goût de l'équilibre et sa crainte, elle hésite en sa recherche, va dans l'indécision – vit dans l'inquiétude.[35]

L'*inquiétude* apparaît comme un phénomène touchant la jeunesse qui n'a pas participé à la guerre. Cette jeunesse n'a plus confiance dans les autorités établies et cherche de nouveaux modèles tout en s'interrogeant sur les conséquences d'un tel modèle. La reconnaissance de leur propre identité présente un problème majeur pour ces individus parce qu'ils ne peuvent pas prendre les mesures nécessaires afin d'aboutir à une connaissance d'eux-mêmes. Daniel-Rops caractérise donc l'inquiétude comme une méfiance généralisée envers la société et ses règles, aboutissant à une individualisation complète et, en der-

---

32 Roger W. Baines : « *Inquietude* » *in the work of Pierre Mac Orlan*, p. 12.

33 Marcel Arland : Sur un nouveau mal du siècle. In : *N.R.F.* 125 (1924), p. 149–158. Sur le terme de mal de siècle dans le contexte du romantisme, cf. Deborah Gutermann : Mal du siècle et mal du « sexe » dans la première moitié du XIXe siècle. Les identités sexuées romantiques aux prises avec le réel. In : *Sociétés & Représentations* 24 (1er novembre 2007), p. 195–210.

34 Albert Léonard : *La Crise du concept de littérature en France au XXe siecle*. Paris : Corti 1974, p. 59.

35 Daniel-Rops : *Notre inquiétude. Essais*, p. 72.

nière conséquence, une dispersion des liens sociaux dans cette génération, uniquement semblable dans sa désorientation.

Il existe donc un abîme apparent entre la crise de l'entre-deux-guerres et celle qui s'exprime dans les textes de l'*inquiétude*. Comme le *mal du siècle* romantique, l'*inquiétude* traduit le sentiment d'inutilité et de désorientation de la jeunesse – surtout masculine –, imbue de l'idéal de l'héroïsme, face au ‹ retour à l'ordre ›[36] de la société. C'est donc l'individu et non la société qui sont au centre des romans. Si certains éléments de cette écriture de l'*inquiétude* se retrouvent également chez Pierre Mac Orlan, on peut néanmoins y observer une autre approche qui ne cherche pas nécessairement les raisons de l'angoisse de ses contemporains dans le traumatisme de la Grande Guerre, mais plutôt dans l'expérience de la modernisation et des nouvelles formes de pauvreté et d'insécurité qu'elle crée au sein de la société. En général, le concept d'inquiétude n'apparaît pas comme une crise de la personnalité, mais comme une crise sociale et des conditions de vie de la population urbaine. Par conséquent, elle engage chez Pierre Mac Orlan une toute autre forme d'écriture qui interroge la portée du réalisme historique et cherche un renouveau de l'écriture en faveur de l'effet ‹ pittoresque › qui a également été prôné par Léon Lemonnier dans son *Manifeste*. Chez Mac Orlan, ce pittoresque est inquiétant et s'exprime dans la mise en scène des conditions sociales des marginalisés et de leurs problèmes de subsistance dans une société fortement technologisée et marquée par la vitesse. Son inquiétude se base donc sur le concept de l'inquiétante étrangeté freudienne, l'« unheimlich »,[37] qui se cristalliserait selon l'auteur dans l'espace urbain.

Crémieux, Arland et Daniel-Rops excluent en bloc la portée sociale de l'inquiétude. C'est exactement pour cette raison que Mac Orlan prend une position particulière face au groupe de l'*inquiétude*. Dans « Le Décor sentimental », Mac Orlan semble vouloir explicitement se séparer de l'inquiétude à la manière d'Arland et de Daniel-Rops :

> L'inquiétude contemporaine a deux origines : elle est morale chez certains et purement sociale chez les autres. Les uns demandent aux dieux la paix de la chair et de l'esprit et les autres demandent à leur patrie le pain quotidien et tous les détails de l'économie domestique que ce cliché contient en soi.[38]

---

36 À propos de ce terme, très répandu dans la critique d'art des années 1920, cf. Annick Lantenois: Analyse critique d'une formule: « retour à l'ordre ». In: *Vingtième siècle. Revue d'histoire* 45.1 (1995), p. 40–53.
37 Cf. Sigmund Freud : Das Unheimliche. In : Sigmund Freud : *Gesammelte Werke. Chronologisch geordnet* XII, édité par Anna Bernays. Frankfurt/Main : Fischer 1999, p. 227–278.
38 Pierre Mac Orlan : Le Décor sentimental, p. 74.

Mac Orlan fait référence au concept religieux de l'*inquiétude* que notamment Daniel-Rops propage dans ses essais ; mais contrairement à ce groupe d' ‹ inquiets ›, Mac Orlan s'intéresse davantage à l'inquiétude qui trouve ses origines dans le système social et son conditionnement économique, comme il l'affirme explicitement dans son essai « Désarroi littéraire » de 1931.[39] Afin de dégager cette inquiétude collective, il s'inspire dans ses œuvres, comme l'a déjà montré Roger W. Baines,[40] de l'expressionisme allemand et introduit les problématiques sociales, qui sont cependant travaillés avec la même tonalité tragique que Hewitt constate pour le groupe de l'*inquiétude*.[41]

À titre d'exemple, le roman *Le Quai des brumes* illustre la conception d'une rupture profonde entre d'une part les marginalisés, exclus à cause de leur pauvreté et de leurs difficultés d'entrer dans le marché du travail, et d'autre part une ‹ haute classe › d'individus aliénés qui s'accordent à une vie ‹ rapide › et ‹ monotone ›, imposée par la technique. Le chômage provoque un glissement des personnages dans la clandestinité, la prostitution ou l'affrontement de la violence au sein de l'armée. L'insécurité et l'effondrement des liens sociaux sont, en résumé, les grands sujets qui informent l'œuvre macorlanienne et qui provoquent un changement des paradigmes esthétiques de l'inquiétude : au lieu de s'intéresser à la mise en récit d'un sentiment de désorientation de la jeunesse, Pierre Mac Orlan met au centre de ses textes la représentation des luttes quotidiennes de la pauvreté et de l'exclusion.

Afin de définir la forme de crise qui surgit dans l'œuvre macorlanienne, il suffit de considérer la citation de *Le Quai des brumes* suivante qui mentionne la menace latente d'une crise sociale imminente : « À cette époque l'Europe dormait entre ses pattes comme une bête de proie hypocrite, et l'humanité pensait à tort et à travers avec la permission tacite de la bête endormie. »[42] Avec cette phrase, Mac Orlan propose un rapprochement entre la trame de son roman, qui se focalise sur cinq personnages divers, et l'état politique de la société française et européenne entre 1910 et 1930 au sein de la narration même. Mac Orlan conclut que la société du début du XXe siècle se trouve à un moment critique ce que démontre, de manière exemplaire et allégorique, la trame du roman.

Pierre Mac Orlan a trouvé lui-même une appellation particulière pour cet état de crise et l'inquiétude qui informe l'esthétique de son œuvre et de celle de

---

39 Pierre Mac Orlan : Désarroi littéraire. In: Pierre Mac Orlan : *Domaine de l'ombre. Images du fantastique social*. Paris : Phébus 2000, p. 105–108, p. 105.

40 Roger W. Baines : *« Inquietude » in the work of Pierre Mac Orlan*, p. 32.

41 Nicholas Hewitt : *Les maladies du siècle : the image of malaise in French fiction and thought in the inter-war years*. Hull, England : Hull University Press 1988.

42 Pierre Mac Orlan : *Le Quai des brumes*. Paris : Gallimard 1927, p. 149.

ses contemporains. Dans « Le Décor sentimental », il présente le concept du « romantisme social » qu'il atteste pour l'imaginaire de la société de l'entre-deux-guerres :

> Ce temps dans lequel nous vivons nous semble singulièrement opaque. Il enveloppe tou-tes les catastrophes d'une sorte de halo mystérieux qui leur confère une autorité roma-nesque. Le romantisme social contemporain est constitué par la menace latente de catastrophes sociales encore mieux combinées que les précédentes. Chacun se confie à son propre instinct du danger que la dernière guerre développa. La confiance, non pas dans les lois humaines, mais dans la responsabilité de l'homme et des collectivités d'hommes, disparaît chaque jour un peu plus. A des dangers héréditaires d'autres dangers mécaniques se nouent en vue d'on ne sait quelle apothéose.[43]

Pierre Mac Orlan opère avec une acception très large de la notion de romantisme. Au lieu de se référer à une époque historique qui part de certains *a priori* esthétiques comme le retour à la religion liée à l'appréciation de la nature et comme l'intérêt à l'affectivité individuelle,[44] Mac Orlan comprend le « romantisme » comme un imaginaire qui se nourrit d'idées reçues et de concepts flot-tants qui déterminent la perception du monde réel. Le « romantisme social » signifie ainsi « à la fois déséquilibre des êtres, perméabilité morale, sentimentale et spirituelle »,[45] comme le formule Ilda Tomás. Autrement dit, le « romantisme social » dont parle l'auteur dans la citation désigne un mode de perception esthé-tique de la modernité qui est centré sur la représentation du danger sous la forme de la violence et de la marginalisation, à la fois sources de la peur des indi-vidus et éléments fascinants de la vie moderne. De cette façon, le « romantisme social » peut être compris comme une conscience de crise qui suscite le soupçon d'un chavirement prochain de l'ordre social.

Pierre Mac Orlan et le groupe de l'*inquiétude* sépare donc leur centre d'inté-rêt. Si les derniers concentrent sur l'exploration de leur propre subjectivité, Mac Orlan se penche sur les lignes de faille de la société. Sa crise se situe dans le domaine social ; par conséquent, il s'intéresse aux phénomènes de la pauvreté, de la ‹ précarisation › et leurs effets sur la cohésion sociale.[46] L'imaginaire de

---

43 Pierre Mac Orlan : Le Décor sentimental, p. 67sq.
44 Ce sont les idéaux du romantisme que relève déjà Henri Peyre, parmi le désespoir musse-tien et l'importance de l'historiographie, cf. Henri M. Peyre : *Qu'est-ce que le romantisme?* Paris : PUF 1979, notamment p. 164–171.
45 Ilda Tomás : *Pierre Mac Orlan. Ombres et lumières*. Granada : Universidad de Granada 1995, p. 318.
46 Si j'emploie ici le terme de ‹ précarisation ›, il est seulement utilisé pour décrire la dégradation des systèmes du travail et de la sécurité économique. Il faut donc distinguer cet usage de son em-ploi propre dans le contexte sociologique (cf Robert Castel/Klaus Dörre (éds.) : *Prekarität, Abstieg, Ausgrenzung. Die soziale Frage am Beginn des 21. Jahrhunderts*. Frankfurt/New York : Campus

l'inquiétude que Mac Orlan décrit dans « Le Décor sentimental » trouve donc, à part l'expérience de la guerre, ses origines dans cette précarité du système professionnel :

> Les hommes perdent confiance dans leurs professions. La morale la plus haute contenue dans une profession quelle qu'elle soit est d'apporter la sécurité dans la vie. Toute profession qui ne nourrit pas son homme est un élément de révolte ou, ce qui ne vaut pas mieux, de passivité décourageante.[47]

La précarité du monde du travail apporte, en résumé, une double instabilité au système social qui nourrit, selon Pierre Mac Orlan, l'imaginaire de l'inquiétude : d'un côté, la précarité provoque le désespoir des employés qui doivent affronter la misère même s'ils travaillent dans un secteur primordial de la société. De l'autre, ce désespoir crée un état de crise au sein de la société par le fait que le désespoir peut facilement se transformer en une révolte contre l'État. Par conséquent, l'inquiétude de Pierre Mac Orlan se conjugue avec la conception d'une crise sociale, englobant à la fois l'imaginaire collectif secoué par la Grande Guerre, mais également ébranlé par la crise économique et ses conséquences, notamment la dévalorisation du travail et de l'organisation traditionnelle de l'emploi.

Une telle conception de l'état de la société révèle la manière dont Mac Orlan, mais aussi de nombreux autres auteurs de son époque, indépendamment de leur appartenance à de mouvements littéraires, envisagent la représentation du ‹ réel › dans leurs œuvres. Au travers de l'imaginaire de la crise sociale, qui crée de nouvelles formes de marginalisation dans une société technologique, la représentation des pratiques du quotidien des ‹ classes › populaires et des « bas-fonds »[48] est paradoxalement valorisée comme « fantastiques » dans leurs inquiétante étrangeté ce que l'on ne peut pas uniquement observer dans les essais[49] et les romans de Pierre Mac Orlan, mais également dans le groupe surréaliste, notamment dans le concept voisin d'Aragon du « merveil-

---

2009, p. 11). Je cherche cependant à faire référence à la description de l'état d'exclusion, de l'insuffisance du travail et des modalités précaires de l'emploi. Une telle conception se dégage à partir de la définition de la précarité dans Roswitha Böhm/Cécile Kovacshazy (éds.) : *Précarité: littérature et cinéma de la crise au XXIe siècle.* Tübingen : Narr Francke Attempto 2015, p. 9–21, p. 12sq. Cf. également chapitre 1.3.

47 Pierre Mac Orlan : Le Décor sentimental, p. 75.

48 Dominique Kalifa : *Les bas-fonds.*

49 À part *Masques sur mesure*, il faut citer ici notamment Pierre Mac Orlan : *Chroniques de la fin d'un monde.* Paris : Arléa 2010 et Pierre Mac Orlan : *Rues secrètes.* Paris : Arléa 2009.

leux quotidien »,[50] et dans l'esthétique populiste qui justement cherche à explorer le quotidien des « petites gens » dans un contexte de crise. La conscience de crise influence largement l'écriture de l'entre-deux-guerres et engendre des idées reçues sur la vie des marginalisés et du quotidien du ‹ peuple ›.

Cela devient plus clair si l'on se focalise sur l'agencement de l'espace dans *Le Quai des brumes* : Mac Orlan situe la trame de son roman dans un espace de la réalité extratextuelle, mais qu'il agence d'une manière particulière : le Haut-Montmartre. La mise en scène du récit à cet endroit dans cette période n'est pas anodine si l'on tient compte du fait que Montmartre est en train de perdre sa valeur comme centre culturel et intellectuel en faveur de Montparnasse.[51] Le quartier même est donc un terrain de transformation et, par conséquent, d'un bouleversement de la structure urbaine, ce qui est dramatisé dans *Le Quai des brumes*. La déchéance du quartier et le surgissement des ‹ mauvais garçons › dans un Montmartre démodé sont également le sujet du *Château des brouillards*[52] de Roland Dorgelès, ami de Mac Orlan ; une déchéance semblable est par ailleurs visible dans *L'Équipe. Roman des fortifs*[53] de Francis Carco qui met en scène la vie de cambrioleurs proche des fortifications du XXe arrondissement. Carco, Dorgelès et Mac Orlan font partie d'un groupe d'auteurs bohémiens qui sont restés à Montmartre, dans l'entourage du *Lapin Agile*, et qui ont esthétisé les marges de la société en créant dans leurs ouvrages une atmosphère « pittoresque » des espaces insécurisés.[54] Cette réactualisation de l'imaginaire des quartiers périphériques, de la « zone » ou de la banlieue, souvent associée à la celle-ci,[55] trouve également ses répercussions dans les textes centraux du populisme littéraire, comme dans *Le Charbon ardent* d'André Thérive. En outre, la représentation qui dépasse la description ‹ réaliste › des endroits pour la création d'une ambiance inquiétante – ‹ métaphysique › pour reprendre

---

50 Louis Aragon : Le Paysan de Paris. In : Louis Aragon : *Œuvres poétiques complètes*. Paris : Gallimard 2007, p. 143–301, p. 149. À propos de la proximité des deux concepts, cf. également Clément Chéroux : Pourtant Mac Orlan. La photographie et le fantastique social. In : Pierre Mac Orlan : *Écrits sur la photographie*. Paris : Textuel 2011, p. 7–27, p. 15.

51 Cf. Évelyne Cohen : *Paris dans l'imaginaire national de l'entre-deux-guerres*. Paris : Publications de la Sorbonne 1999, p. 199.

52 Roland Dorgelès : *Le Château des brouillards*. Paris : Albin Michel 1932.

53 Francis Carco : *L'Équipe. Roman des Fortifs*. Paris : Albin Michel 1925.

54 Dominique Kalifa : *Les bas-fonds*, p. 248sq.

55 Jean-Marc Stébé : *La crise des banlieues*. Paris : PUF 2010, p. 19sq. Pour une historiographie culturelle de la « zone », cf. James Cannon : *The Paris zone: a cultural history, 1840–1944*. Farnham, Surrey, England ; Burlington : Ashgate 2015.

le terme de Giorgio de Chirico[56] – rapproche l'esthétique de Mac Orlan d'un autre concept esthétique vague de l'entre-deux-guerres : le réalisme magique.

4.1.3 Reconstructions esthétiques : le fantastique social dans le contexte du réalisme magique

Mac Orlan ne défend pas l'idéal d'une représentation ‹ objective › de la réalité dans ses romans comme c'était le cas pour les écrivains réalistes et naturalistes du XIXe siècle.[57] Au contraire : la peur existentielle, déclenchée par le chômage de masse et la crise économique, transformerait la perception des réalités quotidiennes ce qu'il identifie comme le moyen capital afin d'arriver à la création du « fantastique ».[58] Si Mac Orlan affirme que l'on peut déjà observer une telle peur fantastique dans la littérature romantique et ses représentations du diable, le fantastique de la littérature moderne ne peut gagner son effet qu'en poursuivant la localisation des éléments fantastiques dans la société urbaine moderne :

> Le diable n'est pas terrifiant sur la lande de Siboro, au milieu des sorcières, mais il peut l'être en apparaissant dans un petit cabaret de la zone, dont le patron, par exemple, fait des réparations de bicyclettes.[59]

Le fantastique s'ancre désormais dans la « réalité réelle »,[60] en se référant, à titre d'exemple, à des espaces urbains ou aux conditions de vie des marginalisés. Si la représentation de la vie urbaine chez Pierre Mac Orlan se nourrit notamment d'influences de la littérature romantique,[61] comme le montrent les

---

56 À propos du terme chez de Chirico, cf. Pierre Van Bever : « Metafisica », réalisme magique et fantastiques italiens. In : Jean Weisgerber (éd.) : *Le Réalisme magique. Roman, peinture et cinéma*. Genève : L'Âge d'Homme 1987, p. 73–89, p. 75–77.

57 Jacques Dubois constate, à titre d'exemple que « le réalisme produit un ordre, qui est supposé être celui du monde. Il engage donc des procédures variées d'organisation et d'objectivation à l'intérieur du représentable, qui vont de l'inventaire descriptif à la mise à distance ironique. » (Jacques Dubois : *Les romanciers du réel: de Balzac à Simenon*. Paris : Éd. du Seuil 2000, p. 29).

58 Pierre Mac Orlan : Le Fantastique, p. 330.

59 ibid., p. 331–332.

60 Je reprends le terme de Niklas Luhmann : *Die Kunst der Gesellschaft*. Frankfurt am Main : Suhrkamp 2007, p. 229–232, qui l'utilise en le contrastant avec la « réalité fictionnelle » qui n'existe que grâce à son traitement par les médias, alors que la « réalité réelle » se réfère au monde qui facilite le système communicatif de l'art.

61 Raymond Queneau signale notamment l'importance de l'œuvre nervalienne pour Pierre Mac Orlan (cf. Raymond Queneau : Préface. In : Pierre Mac Orlan : *Œuvres complètes* I, édité par Gilbert Sigaux. Évreux : Cercle du bibliophile 1969, p. VII–XX, p. XVII). Dans Pierre Mac

références récurrentes à l'œuvre des romantiques allemands comme Achim d'Arnim[62] et Adalbert von Chamisso,[63] Mac Orlan qualifie le fantastique traditionnel de « puéril » vu qu'il ne correspond pas au sentiment de menace qui parcourrait la société contemporaine. Afin d'atteindre le public, l'écrivain ou l'artiste doit repérer les éléments fantastiques dans un cadre ‹ réaliste › qui assure la continuité avec le monde d'expériences du lecteur.[64] Par conséquent, le fantastique que Mac Orlan promeut dans ses textes, auquel il donne, à partir de son essai « Le Fantastique » de 1926 également le nom du « fantastique social », cherche explicitement l'hybridation d'éléments de la littérature fantastique et des conventions de la littérature ‹ réaliste › de sorte que l'apparence d'éléments surnaturels crée un contraste avec la récurrence d'effets de réel.

L'esthétique littéraire de Pierre Mac Orlan poursuit ainsi le but d'un dépassement des formes établies du réalisme historique sans pour autant partir complètement de l'idéal d'une écriture du réel. Le terme de fantastique social

---

Orlan : Le Fantastique, p. 331, l'exemple de Nerval sert à illustrer la littérature fantastique française mal réussie par le fait qu'elle apparaît trop rapidement comme un effet littéraire qui ne trouve pas une parallèle dans la vie extratextuelle.

62 Achim d'Arnim est cité dans Pierre Mac Orlan : Le Fantastique, p. 331 comme un des modèles réussis de la littérature fantastique romantique : « Achim d'Arnim pouvait impunément peupler la rue et un cabinet de travail des traditionnels golem [sic] du fantastique allemand. [. . .] Achim d'Arnim jouait franchement le jeu. » Dans Pierre Mac Orlan : *Chroniques de la fin d'un monde*, p. 27, l'auteur distingue au début de 1939 le « romantisme de l'Est » moderne des êtres surnaturels d'Achim d'Arnim et d'E.T.A. Hoffmann en constatant que les nouveaux golems et démons sont « des disciplines, des hymnes et des mystiques ». Selon Mac Orlan, les grandes idéologies du XXe siècle, le communisme et le fascisme, créent en tant que « propagandes mensongères » (*ibid.*) de nouveaux imaginaires collectifs qui attirent ou effrayent comme des entités fantastiques.

63 Dans Pierre Mac Orlan : Le Décor sentimental, il revient à deux reprises sur Chamisso et son roman *Peter Schlemihls wundersame Geschichte*. Dans la première occurrence, Mac Orlan compare la trame du roman au sort de la génération qui a survécu la Première Guerre mondiale : « Ce M. John qui acheta l'âme de Pierre Schlemihl, c'est pour nous la guerre qui acheta des âmes [. . .]. » (p. 17). Il revient sur Chamisso avec Achim d'Arnim en le citant comme un auteur qui « vit le diable et nous le raconta franchement » (p. 85). Les auteurs du romantisme allemand sont pour Mac Orlan moins des modèles d'un fantastique absolu qui se nourrit d'images du surnaturel, mais, comme l'a déjà constaté Roger W. Baines, il les emploie comme des exemples d'un fantastique sinistre et suggestif (Roger W. Baines : *« Inquietude »* in the work of Pierre Mac Orlan, p. 35).

64 Lorenzo Bonoli définit le texte réaliste comme un genre qui doit renvoyer « à un ensemble de connaissances encyclopédiques à ‹ forte stabilité culturelle › et largement partagé, que le lecteur n'a pas de problème à ramener à sa connaissance effective du monde réel », cf. Lorenzo Bonoli : Ecritures de la réalité. In : *Poétique* 137 (janvier 2004), p. 19–34, p. 22.

exprime cela par le rapprochement de termes quasi oxymores :[65] l'irréel, le mythe ou l'imaginaire d'un côté et le réel de l'autre. Une telle volonté de dépasser le réalisme comme forme établie du roman s'intègre bien dans ce que Jacques Dubois appelle le « réalisme de crise »[66] qui détermine la création littéraire de l'entre-deux-guerres et de l'après-guerre.

Il est plus aisé de comprendre la portée du « fantastique social » en le comparant au terme « réalisme magique » qui est diffusé par la critique d'art – avec les travaux de Franz Roh[67] – et par les avant-gardes littéraires internationales – avec Massimo Bontempelli et sa revue « 900 ». *Cahiers d'Italie et d'Europe* – à partir des années 1920.[68] Jean Weisgerber constate dans son étude introductive sur le réalisme magique que cette esthétique « n'est ni un mouvement d'avant-garde, ni même une école, mais un simple courant littéraire groupant des écrivains isolés et qui s'insère dans le réalisme élargi du XXe siècle »[69] et souligne de cette manière que le binôme paradoxal entre les termes du réalisme et du magique excède bien le secteur de la peinture où il a été fondé ; plus encore, le réalisme magique représente un groupement théorique de créateurs de différentes origines qui partagent néanmoins le même souci de vouloir transcender l'esthétique réaliste établie.

Certes, l'appellation de « magischer Realist » en opposition à « magischer Idealist » a déjà été forgé par Novalis[70], mais ce n'est qu'à partir de l'ouvrage *Nach-Expressionismus, magischer Realismus : Probleme der neuesten europäischen Malerei*[71] que le terme prend son envol. A partir de ce moment, il désigne la production artistique après l'expressionisme qui poursuit l'idéal d'une représentation figurale et objective du monde et qui est nommé par Gustav Hartlaub

---

65 La conception du social chez Mac Orlan rejoint la définition du terme chez Durkheim comme « un phénomène qui s'origine au cœur de la société » (cf. Clément Chéroux : Pourtant Mac Orlan. La photographie et le fantastique social, p. 14.)

66 Jacques Dubois : *Les romanciers du réel*, p. 157.

67 Pour une introduction à la notion du réalisme magique chez Roh, cf. Irene Guenther : Magic Realism, New Objectivity, and the Arts during the Weimar Republic. In : Lois Parkinson Zamora/Wendy B. Faris (éds.) : *Magical realism: theory, history, community*. Durham, N.C : Duke University Press 1995, p. 33–73.

68 Michael Scheffel : *Magischer Realismus: die Geschichte eines Begriffes und ein Versuch seiner Bestimmung*. Tübingen : Stauffenburg 1990, p. 16.

69 Jean Weisgerber : La locution et le concept. In : Jean Weisgerber (éd.) : *Le Réalisme magique. Roman, peinture et cinéma*. Genève : L'Âge d'Homme 1987, p. 11–32 27.

70 Pour un regard approfondi sur ce terme, cf. Christopher Warnes : *Magical realism and the postcolonial novel: between faith and irreverence*. Basingstoke ; New York : Palgrave Macmillan 2009, p. 20–25.

71 Franz Roh : *Nach-Expressionismus : magischer Realismus. Probleme der neuesten europäischen Malerei*. Leipzig : Klinkhardt & Biermann 1925.

la *Neue Sachlichkeit*, la nouvelle objectivité.[72] Le réalisme magique représente chez Roh une récréation de la nature par le biais d'une approche individuelle ; cependant, une telle exigence ne devrait pas mener à une image ‹ naïve › du monde qui se base sur des concepts ésotériques. Roh n'envisage pas le côté ‹ magique › de ce nouveau réalisme artistique comme un retour à la magie ‹ ethnologique ›, mais la magie se trouverait plutôt dans la vénération de l'ordre rationnel de la vie moderne comme miracle.[73] Par conséquent, le réalisme magique de Roh s'exprime plutôt par une tonalité sobre qui doit faire ressortir des objets quotidiens sous un nouveau regard de sorte qu'ils deviennent étrangers et inquiétants ce qui rapproche les concepts de Roh de la « pittura metafisica » de Giorgio de Chirico.[74]

Sur ce plan, on peut constater des parallèles avec la littérature de Pierre Mac Orlan : effectivement, lui aussi cherche dans la plupart des cas – au lieu de recourir à des motifs traditionnels de la littérature fantastique et de les actualiser dans un contexte de sa propre contemporanéité – à esthétiser la vie moderne dans les grandes villes en s'intéressant à une description des espaces des marginalisés et de l'atmosphère du danger qu'ils diffusent. Par conséquent, il n'y a pas d'intégration d'éléments surnaturels dans une trame ‹ réaliste ›, mais la recherche du dépassement du ‹ réel › par la conjonction d'espaces de la réalité extratextuelle et des émotions qu'ils provoquent.[75] Une telle conception du fantastique rapproche le romantisme social dont parle Mac Orlan plutôt du réalisme magique et de sa définition chez Franz Roh au lieu de correspondre au fantastique au sens de Todorov.[76]

---

72 Irene Guenther : Magic Realism, New Objectivity, and the Arts during the Weimar Republic, p. 34. Jean Weisgerber constate que la definition du réalisme magique change chez Roh : si celui-ci n'est d'abord qu'un synonyme de *Neue Sachlichkeit*, alors que dans les années 1960, le critique reprendrait le terme comme une branche particulière de la nouvelle objectivité, opposée au vérisme (cf. Jean Weisgerber : La locution et le concept, p. 11).

73 Franz Roh : *Nach-Expressionismus : magischer Realismus. Probleme der neuesten europäischen Malerei*, p. 67sq. Cf. aussi Irene Guenther : Magic Realism, New Objectivity, and the Arts during the Weimar Republic, p. 35.

74 Irene Guenther : Magic Realism, New Objectivity, and the Arts during the Weimar Republic, p. 36 et 38sq.

75 C'est dans ce sens qu'il faut comprendre, selon Rauh, la notion d'atmosphère: l'atmosphère se retrouve dans l'espace, mais elle ne dépend pas directement d'un agencement particulier ou d'une description détaillée d'un espace, mais plutôt de l'expérience subjective qui peut uniquement être influencée par la distribution de l'espace (cf. Andreas Rauh : *Die besondere Atmosphäre: ästhetische Feldforschungen*. 2012, p. 25). Le terme d'atmosphère relie donc nécessairement l'espace avec la subjectivité, tout en prétendant une impersonnalité objective, cf. Gernot Böhme : *Aisthetik. Vorlesungen über Ästhetik als allgemeine Wahrnehmungslehre*. Fink 2001, p. 52.

76 Tzvetan Todorov : *Introduction à la littérature fantastique*. Paris : Seuil 1970.

Au moment où Pierre Mac Orlan commence à développer son concept esthétique du fantastique social, la locution de réalisme magique s'applique aussi à la littérature : l'auteur italien Massimo Bontempelli utilise la même notion – ce dont Mac Orlan doit bien être au courant.[77] Bontempelli fonde en 1926 ensemble avec Curzio Malaparte la revue « *900* ». *Cahiers d'Italie et d'Europe* et y promeut une rénovation de la littérature italienne à partir d'une image cosmopolite du progrès et de la modernité.[78] De cette manière, il se présente comme défenseur des idéaux de la « *stracittà* », c'est-à-dire dans un courant des adeptes du fascisme en Italie qui cherchent à promouvoir leur nation par le biais à une ouverture à l'étranger européen en vue de rénover la culture italienne.[79] Le cosmopolitisme se fait voir au niveau linguistique de « *900* » : les quatre premiers numéros de la revue sont publiées en français. Bontempelli a en outre gagné comme co-rédacteurs de sa revue de grands noms de la littérature européenne moderne comme Ilya Ehrenburg, James Joyce, Georg Kaiser, Ramón Gómez de la Sierna – et également Pierre Mac Orlan. « *900* » se présente ainsi comme une plateforme de l'avant-garde littéraire internationale sans pour autant se fixer sur un courant particulier : à titre d'exemple, Bontempelli publie comme premier en Italie autant des extraits de *Ulysses* de Joyce dans sa traduction française que des textes du dadaïste Ribemont-Dessaignes. Avec une telle ouverture vers l'Europe, multiple et urbaine, transgressant les particularités nationales, Bontempelli prend ses distances avec la politique culturelle du fas-

---

[77] Il n'est pas certain si Bontempelli fait référence à Roh ou s'il forge le terme indépendamment. Weisgerber relève de possibles liens entre l'écrivain et le critique artistique, mais souligne également les divergences entre leurs visions du réalisme magique (Jean Weisgerber : La locution et le concept, p. 15).

[78] Vittoria Borsò : « Strapaese o Stracittà? » Massimo Bontempellis « realismo magico » und « 900 » als kritisches Werkzeug nationaler Identität. In : Helene Harth/Barbara Marx/Hermann H. Wetzel (éds.) : *Konstruktive Provinz. Italienische Literatur zwischen Regionalismus und europäischer Orientierung*. Frankfurt/Main : Moritz Diesterweg 1993, p. 147–174, p. 147.

[79] Fabriano Fabbri : *I due Novecento: gli anni Venti fra arte e letteratura: Bontempelli versus Sarfatti*. San Cesario di Lecce (Lecce) : Manni 2008, p. 67. Le cosmopolitisme, tel qu'il l'affiche dans cette déclaration, doit uniquement servir à promouvoir la culture italienne – notons que Bontempelli évoque l'héritage romain de la nation italienne ce qui correspond à la vision fasciste de l'Italie comme continuation de l'Empire Romain (Massimo Bontempelli : Justification. In : « *900* ». *Cahiers d'Italie et d'Europe* 1 (automne 1926), p. 9–12, p. 12). Pour cette raison Christopher Warnes qualifie Bontempelli comme « a fascist sympathiser » (Christopher Warnes : *Magical realism and the postcolonial novel*, p. 28) et Maggie Ann Bowers renchérit en disant qu'il cherche à « contribute to Mussolini's unification of Italy by creating a common consciousness » (Maggie Ann Bowers : *Magic(al) realism*. London ; New York : Routledge 2004, p. 61) à travers l'esthétique du réalisme magique.

cisme italien qui, très tôt, change de stratégie et souligne bientôt les racines rurales et la valeur des traditions.[80]

Le programme du « realismo magico », que Bontempelli élabore plus tard
dans son essai « L'Avventura Novecentista »[81] à partir de ses préambules de
« *900* », s'inscrit dans un terrain politique flou, à la fois se rapprochant de
l'idée d'une culture populaire, créant des mythes pour le ‹ peuple › – ce qui correspond aux idées de la politique culturelle fasciste – mais qui transcende également les prérequis du régime en ouvrant par le biais de la métaphore et des
démarches de déréalisation un espace de critique voilée du fascisme.[82]

En général, les quatre premiers numéros de la revue proposent avec les pré-
faces de Bontempelli une ligne esthétique qui résume bien les particularités de
la littérature narrative de l'entre-deux-guerres et qu'il appelle lui-même, à partir du quatrième numéro, réalisme magique.[83] Comme pour les auteurs de l'*inquiétude*, la Grande Guerre représente ici un tournant décisif qui marquerait
seulement la fin du XIXe siècle et du romanticisme selon Bontempelli.[84] Néanmoins, la guerre ne figure pas comme une crise profonde comme chez Valéry ;
pour Bontempelli, la Guerre est l'accomplissement nécessaire d'un ordre de
penser qui désormais doit être refondé. De cette façon, la Grande Guerre figure
seulement comme le dernier élément de l'époque romantique que le futurisme

---

80 Vittoria Borsò : « Strapaese o Stracittà? » Massimo Bontempellis « realismo magico » und
« 900 » als kritisches Werkzeug nationaler Identität Néanmoins, Bontempelli ne peut pas être
considéré comme un auteur ‹ résistant ›, critique du régime, étant donné qu'il a pris lui-même
pendant un an le poste de secrétaire du *Sindicato fascista dei Autori e Scrittori* (1927–1928).
Tant la direction politique de « 900 » que celle de Bontempelli restent ainsi ambiguës. À cause
de la prévalence de la direction *strapaese* du parti, la revue « 900 » ne sait pas s'imposer face
à d'autres organes de presse littéraire et culturelle strapaesana comme *Il selvaggio* ou *L'Ita-
liano* : à partir de 1928, la revue est publiée en italien et doit abandonner ses co-rédacteurs
étrangers afin de s'adapter davantage à la ligne politique fasciste, avant de disparaître en
1929.
81 Massimo Bontempelli : L'Avventura novecentista. In : *Opere scelte*. Mondadori Editore
1978, p. 747–803.
82 Fiorucci, Wissia : Self-censorship in Massimo Bontempelli's Magical Realism. In : *Between*
5, 9 (mai 2015), en ligne, 1–24, p. 10.
83 M. Bontempelli : Analogies. In : « *900* ». *Cahiers d'Italie et d'Europe* 4 (été 1927), p. 7–13,
p. 9.
84 Massimo Bontempelli : Justification, p. 10. Dans la version italienne du texte qui apparaît
comme préambule de l'essai *L'Avventura novecentista* de 1938, Bontempelli relativise dans une
note la fonction de la Grande Guerre comme point du départ du *novecento* : selon l'auteur, la
fin de la Grande Guerre ne fait qu'ouvrir un interstice entre les siècles et la « Terza Epoca » ne
commence pas encore (cf. Massimo Bontempelli : L'Avventura novecentista, p. 751). De cette
façon, Bontempelli souligne encore le rôle prépondérant de sa revue qui doit observer « quella
‹ atmosfera in formazione › » (ibid., p. 750) dont il parle dans son texte.

congédie ultimement au niveau culturel.[85] Mais même si Bontempelli « profess[e] une grande admiration pour le futurisme, qui a carrément et sans égards coupé les ponts qui reliaient le XIXème siècle au vingtième »,[86] le réalisme magique doit clairement se séparer du dernier par son attention portée à la création narrative, son départ du formalisme futuriste, la recherche de la transcription d'une « atmosphère » de l'époque, la volonté d'une création « populaire », connue par toute la communauté nationale et « d'usage quotidien », ainsi que par le rejet complet de la société antérieure – sans se focaliser, comme les futuristes, sur la technique – et par son retour aux spéculations philosophiques.[87]

Dès le premier numéro de « 900 », Bontempelli accentue l'importance de la « reconstitution de la réalité extérieure et de la réalité individuelle »[88] qui se sont confondus dans l'époque antécédente ; désormais, il serait nécessaire de « croire de nouveau à un Temps et à un Espace objectifs et absolus » afin d'aboutir à la vraie « redécouverte de l'Individu ».[89] Si Bontempelli insiste donc sur la distinction entre la « réalité extérieure » et la « réalité individuelle », il cherche à mieux dégager l'influence de l'imaginaire et du rêve sur la perception du réel. Seulement la reconnaissance des deux facettes de la réalité comme entités en conflit pourrait créer une image complète du réel.[90]

Il ne s'agit donc pas de la perpétuation des traditions nationales ou régionales, mais de la création d'un conditionnement épistémique qui s'oppose à une *mimésis* transparente.[91] En soulignant la différence entre la réalité extérieure et l'expérience individuelle, le réalisme magique met au centre du récit

---

85 Massimo Bontempelli : Justification, p. 10.

86 Massimo Bontempelli : Analogies, p. 9.

87 ibid., p. 10–13.

88 Massimo Bontempelli : Justification, p. 8.

89 ibid.

90 Michael Scheffel : *Magischer Realismus*, p. 13.

91 Vittoria Borsò : « Strapaese o Stracittà? » Massimo Bontempellis « realismo magico » und « 900 » als kritisches Werkzeug nationaler Identität, p. 163. Effectivement, Bontempelli constate que les nouveaux écrivains ne doivent pas se soucier de « se renouer à la tradition » vu qu'elle « est faite d'une intime *continuité profonde entre des manifestations nouvelles et inattendues*. Chacun des auteurs que la tradition accueille est un rebelle contre l'aspect traditionnel qui l'a immédiatement précédé : c'était un qui s'en fichait très dévotement. » (cf. Massimo Bontempelli : Conseils. In : « *900* ». *Cahiers d'Italie et d'Europe* 3 (printemps 1927), p. 7–13 p. 12, italiques repris de l'original). De cette manière la position paradoxale de Bontempelli face à la tradition s'explique par sa définition de celle-ci comme une canonisation de ce qui s'oppose à l'histoire littéraire. Afin de créer une œuvre d'importance transhistorique, celui qui peut entrer dans la mémoire collective jusqu'à devenir un mythe, doit donc être impérativement révolutionnaire.

le problème de la perception du réel et l'impossibilité d'une connaissance impersonnelle. Bontempelli représente le réalisme magique comme un travail de refonte de la perception du réel en soi qui s'est basé sur les dichotomies entre l'intérieur et l'extérieur, le rêve et le réel – alors que les deux parties sont indispensables afin d'avoir une vision complète du monde.[92] Mais le réalisme magique ne doit pas s'en tenir à être le régime esthétique de la narration ; tout au contraire, il doit contribuer à faire entrer la narration dans la mémoire collective de la société et former ainsi, de manière plus matérielle, la perception du réel dans la collectivité.[93]

À part cela, le réalisme magique doit partir de la représentation des apparences du réel et percer dans « l'Autre » par la représentation d'une « atmosphère ».[94] Le réalisme magique doit chercher la « *stupeur* » qui surprend et inquiète le lecteur. Ainsi, le réalisme magique ne doit pas confier à l'efficacité de l'effet de réel pour créer l'attention chez le lecteur ; tout au contraire, l'effet de réel doit toujours être contrasté avec des éléments déréalisants afin que la « *stupeur* »[95] du lecteur soit éveillée. Le but de Bontempelli est ainsi une littérature qui dépasse la simple narration mimétique. Contrairement à la littérature fantastique qui doit également éveiller le doute concernant la véracité du récit, le réalisme magique propose ses éléments déréalisants comme une partie du

---

92 Notons à partir de cette volonté de reconstruction d'une unité la proximité du projet de Bontempelli et de celui des surréalistes. Bontempelli note que le réalisme magique – qu'il appelle également « novecentisme » – « refuse le réalisme de même que la « fantaisie pour la fantaisie », et vit par le sens magique qu'il sait découvrir dans la vie quotidienne de la nature » (cf. Massimo Bontempelli : Analogies, p. 8) alors que Breton formule cette recherche de la réunification des deux domaines de la manière suivante : « Je crois à la résolution future de ces deux états, en apparence si contradictoires, que sont le rêve et la réalité, en une sorte de réalité absolue, de *surréalité*, si l'on peut ainsi dire. » (cf. André Breton : *Manifeste du surréalisme*, *Œuvres complètes* I, édité par Marguerite Bonnet. Paris : Gallimard 1999, p. 319, italiques reprises de l'original.)

93 De cette façon, Bontempelli préfigure dans son concept du réalisme magique une théorie de la « communauté narrative » (« Erzählgemeinschaft »), concept forgé par Wolfgang Müller-Funk : *Die Kultur Und Ihre Narrative. Eine Einführung.* Dordrecht : Springer 2007, p. 110. Warnes constate en des termes plus généraux que le réalisme magique comme esthétique, surtout dans le contexte de la littérature latinoaméricaine, représente un « attempt to supplement, extend or overwhelm causality with the terms of participation. The causal paradigm is seen as flawed because it has been too limited by preconceptions and prejudices born of the circumstances of its development from the early modern period. » (Christopher Warnes : *Magical realism and the postcolonial novel*, p. 11sq.). De cette façon, il voit même dans la continuation de la tradition du réalisme magique une tentative d'une réformation de la vision du monde à travers une naturalisation du surnaturel et une tentative de dépassement de la logique.

94 Massimo Bontempelli : Analogies, p. 7sq.

95 *Ibid.*, italiques reprises de l'original.

monde narratif, à la même échelle que les éléments ‹ réalistes › au sens propre.[96] Le réalisme magique suggère ainsi que la transcendance du ‹ réel › fait partie du monde narré en soi et ne dépend pas d'une sensibilité subjective.

Chez Pierre Mac Orlan, on peut observer le même détournement du sujet et la déformation du quotidien qui doit ébranler le sentiment de sécurité et déclencher un état d'inquiétude. Son fantastique social se présente ainsi simultanément comme un produit de la crise culturelle dont parle Valéry et un déclencheur de celle-ci ; il est à la fois une méthode esthétique de la représentation ‹ réaliste › ainsi qu'un imaginaire que Mac Orlan relève dans ses essais. Le fantastique social est comme le réalisme magique une tentative de faire fusionner la réalité extérieure et les sentiments d'inquiétude subjectifs.

D'une manière plus générale, il est cependant aussi possible de constater un rapprochement entre le concept de réalisme magique, de fantastique social et de naturalisme interne que Lemonnier prône dans le *Manifeste*. En effet, l'esthétique populiste se base sur ce même chargement subjectif de l'observation réaliste afin d'exprimer à la fois la crise de la société représentée et le ‹ pittoresque › de son quotidien. Le prochain sous-chapitre illustrera ce procédé par une étude plus approfondie des essais de l'auteur. Il sera notamment nécessaire de revenir sur le concept de pittoresque et son rapport avec les représentations de la pauvreté ainsi que les chevauchements avec les exigences du *Manifeste du roman populiste* afin de montrer la portée de l'esthétique populiste dans son œuvre.

4.2 Le fantastique social et l'atmosphère : Pierre Mac Orlan et l'esthétique populiste

Avant de considérer la portée du « pittoresque » chez Mac Orlan, il faut néanmoins revenir sur la perspective sous laquelle Mac Orlan envisage sa version de réalisme magique qu'il appelle le « fantastique social ». Dans son essai « Le Fantastique », Mac Orlan constate que le fantastique est une valeur individuelle et que la difficulté d'une définition de celui-ci comme de l'aventure se trouve dans le fait qu'ils « n'existent que dans l'imagination de celui qui les recherche ». [97] Ainsi, le fantastique et l'aventure apparaissent sous la forme de catégories immatérielles qui dépendent de la sensibilité individuelle des personnages. Une

---

96 Maggie Ann Bowers : *Magic(al) realism*, p. 31 signale également que c'est la distinction principale entre la littérature fantastique et le réalisme magique comme catégorie stylistique transhistorique.

97 Pierre Mac Orlan : Le Fantastique, p. 329.

telle conception semble d'abord correspondre à la conception de Todorov qui souligne que le fantastique apparaît dans les œuvres littéraires toujours comme une indécision entre la nature et le surnaturel qui s'explique par le point de vue limité et non-fiable d'au moins un personnage du récit.[98] À part le fait que Mac Orlan ne limite pas son constat à la description d'effets littéraires – tout au contraire, son essai interroge bien davantage le cinéma –, il souligne que chaque époque accentue différemment le fantastique et définit autrement son contenu de sorte que le fantastique de l'époque romantique n'aurait plus d'effet sur les individus de l'entre-deux-guerres.[99]

Afin de mieux comprendre le concept du fantastique social, il ne suffit donc pas uniquement de situer cette notion dans le contexte historique et culturel de l'entre-deux-guerres, mais il sera désormais nécessaire de revenir sur la définition que Mac Orlan en donne lui-même dans ses essais. Trois notions seront importantes pour bien le saisir : à part le fantastique social, il sera notamment question des termes ‹ l'atmosphère › et ‹ pittoresque › que l'auteur emploie souvent pour définir son esthétique.

4.2.1 Le fantastique social comme imaginaire collectif

Mac Orlan part de la conception du fantastique comme catégorie relevant de l'imagination individuelle et installe un nouveau fantastique qui change de face au fil des époques. Car, si le sentiment du fantastique serait provoqué par la peur et par un sentiment vague de menace, le partage du savoir et des idées au sein de la société détermine toujours de nouveaux éléments qui déclenchent cette peur.[100] Le fantastique devient ainsi une catégorie collective : il dépend toujours de l'imagination, mais il s'agit d'une imagination collective, d'où l'appellation du fantastique *social* que Mac Orlan invente pour cette mentalité ou bien pour l'« imagination populaire »[101] de son époque, pour reprendre les termes de l'auteur. Ainsi, l'écrivain constate en 1937 :

> La science, mise au service de la guerre, a renouvelé le visage du diable. Les catastrophes artificielles doivent tenir compte de l'autorité des buildings. La lumière des projecteurs révèle abominablement la vie larvaire de la nuit. Un désordre lent et sournois associe chaque jour des hommes dont l'imagination est trop féconde. Le disque, le film et la T.S.F. multiplient les pouvoirs des imaginations les plus vulgaires.

---

98 Tzvetan Todorov : *Introduction à la littérature fantastique*, p. 37sq.
99 Pierre Mac Orlan : Le Fantastique, p. 331.
100 ibid., p. 330.
101 Pierre Mac Orlan : Le Décor sentimental, p. 39.

> Chacun sait lire entre les lignes. C'est-à-dire que chacun sait découvrir un reflet de sa pro-
> pre inquiétude derrière un rideau d'arbres, devant un carrefour, au coin d'une rue, der-
> rière une porte mal fermée. Il y a des minutes où le monde s'arrête de respirer afin
> d'écouter. Le fantastique social n'est qu'une interprétation plus ou moins ingénieuse de
> cette image assez compliquée.[102]

D'après cette description métaphorique, le fantastique social doit être conçu
comme le moment où les objets quotidiens de l'espace urbain comme les arbres,
les rues ou les portes semblent cacher une vérité inquiétante. Par conséquent,
ces éléments de la vie quotidienne sont dotés d'un qualificatif subjectif et
commencent à correspondre aux humeurs des individus. Comme chez Bontempelli, les réalités extérieure et intérieure coïncident dans le fantastique social et
créent un réalisme magique particulièrement inquiétant. Cette inquiétude provient selon Mac Orlan des progrès des sciences et leur irruption dans la vie
quotidienne : d'abord, comme promoteurs de la technisation de la guerre, les
sciences se manifestent également dans l'illumination nocturne et dans le
progrès des médias qui influencent l'imagination des individus.

Pour résumer, le fantastique social apparaît comme un imaginaire collectif
qui décrit les objets de la vie quotidienne comme des éléments anxiogènes
parce que la quotidienneté des objets semble seulement être une surface qui
cache une vérité atroce et menaçante. Si cette peur est individuellement ressen-
tie, elle est constante chez les membres d'une société à la même époque ; la
vue de portes entrouvertes peut donc déclencher un récit imaginaire qui cherche à donner un sens à l'obscurité et arrive à des conclusions anxiogènes. L'i-
maginaire du fantastique social laisserait ainsi transparaître le traumatisme de
la modernité, notamment parmi les individus les plus défavorisés. La Première
Guerre mondiale ne serait qu'un élément déclencheur de ce traumatisme. L'expérience de la pauvreté et de la marginalité est bien plus au centre de cette
esthétique.[103]

Mac Orlan présente le fantastique social comme un concept descriptif qui décrit l'esthétique des œuvres artistiques de son temps et de la pensée commune
de la société entière de son époque. Mac Orlan cherche à résumer sous la notion
la pensée de sa génération ; cependant, il souligne également que « le cinéma
nous a fait apercevoir le fantastique social de notre temps ».[104] C'est donc dû au

---

102 ibid., p. 19.
103 Cf. Margarete Zimmermann/Otto Gerhard Oexle : Pierre Mac Orlan et la pauvreté: le
vécu – l'imaginaire – le littéraire. In : Philippe Blondeau/Bernard Baritaud (éds.) : *Mythologies
macorlaniennes. Actes du colloque de Péronne, 8–10 octobre 2011*. Amiens : Presses universitaires 2013, p. 216–230, p. 218.
104 Pierre Mac Orlan : Le Fantastique, p. 332.

développement des médias de masse et avant tout grâce au cinéma que la mentalité du fantastique social est devenue consciente. Ainsi, Mac Orlan referme la boucle : si le fantastique social se présente comme un imaginaire collectif qu'il emploie pour la création de ses propres œuvres, celui-ci a déjà été marqué par la création. Jusqu'à un certain point, le fantastique social est donc aussi une création artistique,[105] mais il est tellement répandu que la référence à l'art n'est plus consciente.

Dans son essai à propos du fantastique social dans le cinéma, l'écrivain français énumère onze caractéristiques du fantastique social. À partir de ces éléments, on peut observer les parallèles avec le réalisme magique de Bontempelli car les caractéristiques montrent la fusion entre l'objet extérieur et les sentiments intérieurs :

> 1° Les lumières – publicité lumineuse – lampes à arc dans le Bois – avec association d'idées sur le dévergondage de nos contemporains.
> Il suffira de descendre la rue Pigalle vers minuit pour concevoir une organisation inscrite comme un cancer doré dans les tissus mêmes de la ville ;
> 2° la misère, avec ses éléments pittoresques. Le peuple de l'ombre. Ses hommes, ses femmes et ses enfants ;
> 3° les filles cérébrales et lettrées ;
> 4° le vent, la pluie, la disparition du soleil en France ;
> 5° l'instabilité du change ;
> 6° les écarts de la sensualité ;
> 7° le mysticisme (adoration du sou percé – du chiffre 7 – de Saint Christophe, etc.). Tendance vers une création de religion personnelle ;
> 8° la campagne immobilisée, pour les citadins mobilisés, sous son aspect de guerre ;
> 9° la dépréciation du mot « mort » ;
> 10° la peur – si l'on veut une peur de poche, facilement transportable avec soi et qui n'est peut-être qu'un développement subit et prodigieux de l'instinct ;
> 11° la vitesse.[106]

À première vue, la liste de Mac Orlan paraît très disparate. À titre d'exemple, il est intéressant d'observer que l'atmosphère comme entité météorologique figure au numéro 4 et cela au même niveau que des catégories sociales comme la misère ou économiques comme l'instabilité du change au numéro 5. Mais juste-

---

105 D'après Pierre Mac Orlan, ce sont notamment les arts techniques qui réussissent à captiver le fantastique social, cf. Pierre Mac Orlan : Le Décor sentimental, p. 29 : « Phonographe, photographe, tous les mots en graphe, après avoir été rejetés loin des existences délicates et sensibles, se réinstallent en maîtres dans la vie de ceux qui s'émerveillent de voir et d'entendre. Ils prennent une singulière revanche en restituant aux choses dont ils reproduisent mécaniquement les limites la présence de ce mystère universel dont chaque objet possède une part qui lui confère et sa personnalité et son intérêt dans le monde. »
106 Pierre Mac Orlan : Le Fantastique, p. 341–342.

ment la diversité des éléments montre que le sentiment de menace se manifeste dans chaque domaine de la vie. Le fantastique social devient ainsi une esthétique de crise : les conditions météorologiques ainsi que la valeur de l'argent fournissent des explications et des modèles d'anticipation d'une catastrophe imminente. Tous les éléments cités par Mac Orlan contribuent à la création de l'impression d'un déclin de la société qui peut conduire jusqu'à une conception apocalyptique de la modernité comme le montre l'imaginaire de la France où le soleil ne se lève plus (cf. numéro 4) et où la campagne n'est qu'un champ de guerre délabré et désert (cf. numéro 8). Néanmoins, le « romantisme actuel » décrit ici opère surtout au niveau de la description d'espaces citadins, étant donné qu'ils portent davantage de marques de la modernité. Ainsi s'expliquent notamment les deux premiers paragraphes dans lesquels l'auteur indique l'importance de l'illumination nocturne des espaces urbains et les effets qu'elle a déclenchés au sein de la société ainsi que l'intérêt de la misère comme destin de masse ce que souligne la notion de « peuple de l'ombre » : la misère à laquelle il fait allusion crée une société parallèle qui se fait uniquement voir à partir de la nuit.[107]

Après le premier paragraphe sur l'illumination nocturne, il devient évident que Mac Orlan évoque ce « peuple de l'ombre » comme une communauté aux marges ou même hors-la-loi ce qui s'explique par l'emphase sur le « dévergondage » associé à l'illumination du Bois ou la description de la lumière de la rue Pigalle comme un cancer. Ces terrains des marges de la ville sont ainsi intimement liés à une dévalorisation morale ; dans les deux premiers paragraphes, Mac Orlan fait ainsi allusion à la prostitution et à la perte des scrupules qui se situent dans la périphérie de la capitale pendant la nuit. S'il fait allusion au Bois et à Pigalle comme à des quartiers rouges, Mac Orlan ne poursuit pas, pourtant, une étude naturaliste des milieux défavorisés de la ville ; son fantastique social doit plutôt créer une atmosphère de danger et d'apocalypse comme état liminal et esthétique de l'expérience urbaine. Pour cette raison, la misère et le déclin moral au sein de l'espace urbain créent un ‹ pittoresque › particulier, le « cancer » dont il est question au premier paragraphe est « doré ». La dévalorisation morale rencontre une esthétisation simultanée de la misère.

Dans ce cadre, l'espace citadin est organisé chez Mac Orlan comme dans le poème « Le crépuscule du soir » de Baudelaire : la population de la ville se

---

107 Ce regard sur la vie nocturne des indigents se retrouve également dans les reportages de l'auteur à Berlin et sert à la mise ne place d'une topographie de la pauvreté, cf. Margarete Zimmermann : Bilder der Armut. Pierre Mac Orlans Reportagen aus dem Berlin von 1932. In : Wolfgang Klein/Wolfgang Asholt (éds.) : *Dazwischen. Reisen – Metropolen – Avantgarden. Festschrift für Wolfgang Asholt*. Bielefeld : Aisthesis 2009, p. 345–369, p. 365–369.

transforme à la tombée de la nuit, ce sont les criminels et les prostituées qui deviennent tout à coup visibles et reprennent le rôle actif de la ville.[108] Comme Baudelaire, Mac Orlan esthétise cette vie obscure du « peuple de l'ombre » tout en faisant allusion à la misère et au pittoresque. Baudelaire, aussi, évoque un imaginaire de la lumière et d'une structuration méticuleuse de l'espace urbain nocturne ;[109] au lieu de décrire la prostitution comme une maladie, elle est comparée chez Baudelaire aux insectes.[110] Les deux écrivains partagent la vision de la prostitution comme un réseau qui creuse l'espace citadin et reprend les rues ; alors que Baudelaire y voit l'intelligence collective comme dans une colonie de fourmis qui s'emparent de la ville, Mac Orlan emploie la métaphore du cancer comme force maligne qui conquiert le tissu urbain. Dans les deux cas, la misère, le déclin moral et l'espace urbain sont tissés ensemble comme un ‹ paysage de la conscience › :[111] en mentionnant des espaces concrets de la ville (Montmartre et les Bois à la périphérie de Paris) que le lecteur peut reconnaître et découvrir à son propre tour, Mac Orlan crée un effet de réel qu'il fait contraster cependant avec une esthétisation très subjective qui souligne le « pittoresque » de la misère et de la marginalité. Il charge ses espaces urbains de contrastes forts entre l'illuminé et l'obscur ainsi que du sentiment d'inquiétude face à la possibilité d'un éclatement subit de la violence. Le résultat est la création d'une atmosphère :[112] la description de l'espace concret reste à l'arrière-plan tandis qu'une valorisation subjective prend la place prépondérante. Au lieu de la description exacte des constituants des espaces évoqués, Mac Orlan s'intéresse plutôt à sa configuration à l'aide de la lumière et des éléments météorologiques afin de suggérer une réaction émotive chez le lecteur.

Les cohérences avec l'esthétique populiste sont apparentes : dans son *Manifeste du roman populiste*, Léon Lemonnier prend congé de manière semblable

---

108 Charles Baudelaire : « Le crépuscule du soir. », Le même: *Les Fleurs du Mal.* Éd. de John E. Jackson. Paris : Librairie Générale Française 1999, p. 147–148.

109 *Ibid.*, v. 15sq. : « La Prostitution s'allume dans les rues ; / Comme une fourmilière elle ouvre ses issues ».

110 Au vers 20, elle est décrite « Comme un ver » (*ibid.*).

111 Je traduis ici la notion de « Landschaft des Bewusstseins » qui apparaît chez Karlheinz Stierle : *Der Mythos von Paris: Zeichen und Bewußtsein der Stadt.* München : Dt. Taschenbuch-Verl 1998, p. 747.

112 Clément Chéroux arrive à la même conclusion en constatant que « [l]e fantastique social apparaît donc comme ce sentiment latent d'inquiétude qui corrompt sournoisement l'atmosphère de toute l'Europe de l'entre-deux-guerres. Ils [sic !] est ressenti et partagé par la plupart des avant-gardes artistiques par-delà les frontières nationales et les styles respectifs » (Clément Chéroux : Pourtant Mac Orlan. La photographie et le fantastique social, p. 18).

du réel en faveur d'un récit romanesque capable de transposer la réalité et, par ce biais, de l'exprimer plus exactement. Ainsi, Lemonnier refuse le procédé naturaliste consistant à noter ses observations du monde extratextuel et invite les écrivains à « imaginer le réel »[113] afin de transposer leurs reportages. Dans ce cadre, la représentation d'une certaine atmosphère de la vie urbaine est de mise, comme le suggère le passage suivant :

> Les apparences suffisent au bonheur et au malheur d'un homme. Le monde n'est plus à découvrir, mais la vie quotidienne nous réserve des surprises. La place de l'Opéra s'illumine chaque soir des mêmes jeux de lumière à répétition que règlent des machines ; mais la couleur du ciel, la transparence de l'air n'est jamais la même, et ce que le mécanicien a voulu toujours identique est varié à l'infini pour les yeux de l'artiste. Dans la foule des hommes qui passent, il n'y a pas deux visages, pas deux âmes qui se ressemblent.[114]

Le romancier doit, autant dans la représentation de l'espace urbain que dans celle de ses personnages, soigner les différences et traduire l'humeur de l'atmosphère qui les entoure. De cette manière, il aboutit à un « naturalisme interne »[115] qui transcende la pure présentation de l'espace observable et l'enrichit avec le domaine des sentiments. Autrement dit, Lemonnier cherche tout comme Mac Orlan un nouveau réalisme qui se nourrit de la fusion de l'objectif et du subjectif. Ce ‹ naturalisme interne › s'intéresse, par ailleurs, tout comme le fantastique social à la représentation de la misère : il doit présenter la « pittoresque rudesse de la vie »[116] et esthétise l'indigence des marginaux.

L'emploi du même terme de pittoresque ainsi que le dépassement du réalisme traditionnel montrent donc la proximité du roman populiste et des concepts de Léon Lemonnier. En vérité, il semble que la reprise du vocabulaire macorlanien dans le cadre de la représentation du ‹ peuple › dans le *Manifeste* de Lemonnier est un indice qui illustre à quel point les procédés d'esthétisation de la misère sont centraux pour la littérature de l'entre-deux-guerres. En revanche, le *Manifeste* ne décrit pas clairement la portée du ‹ pittoresque › que Lemonnier revendique et se contente de la seule mention du naturalisme interne sans pour autant bien décrire comment il peut être réalisé. Ce qui est à la base des idées de Lemonnier et de Mac Orlan est la création d'une atmosphère, mais seul ce dernier explique concrètement comment cette atmosphère peut être engendrée.

---

113 Léon Lemonnier : *Manifeste du roman populiste*, p. 57.
114 ibid., p. 37.
115 ibid., p. 58.
116 ibid., p. 73.

4.2.2 L'atmosphère des espaces urbains comme porteuse du fantastique

Avant de regarder de plus près les composantes de l'atmosphère et du pittoresque chez Mac Orlan, il convient de rappeler que l'atmosphère est devenue une des catégories centrales pour définir les descriptions spatiales dans les études culturelles et dans la recherche littéraire allemandes après le *spatial turn*. Jörg Dünne montre, à titre d'exemple, que la description de l'espace est agencée à partir des trois procédés de la constitution chorographique, la localisation géographique et la spécification atmosphérique.[117] Dünne comprend sous le terme de la constitution chorographique une description de l'espace qui peut être superficielle ou détaillée, mais qui crée un champ lexical récurrent. Dans le cas de la description de l'espace urbain, on peut ainsi retrouver les représentations de rues et de maisons qui peuvent, selon Nitsch, s'accumuler dans une description d'un milieu pourvu que les habitants soient aussi évoqués sans devenir des héros dans le sens de Lotman.[118] La localisation géographique, quant à elle, n'est pas obligatoire : elle désigne des procédés qui désignent l'espace décrit par une appellation d'un endroit concret ou fictionnel ce qui peut être fait aussi par l'évocation de monuments connus. Selon Nitsch, l'agencement atmosphérique, enfin, représente la stratégie la plus importante : elle dote l'espace décrit de certaines qualités qui créent une isotopie sémantique à part entière.[119]

Si la constitution chorographique crée un effet de réel au sens de Barthes, l'agencement atmosphérique s'oppose à cet effet et esthétise l'espace comme une résonance de la perception subjective. Cette esthétisation atmosphérique entre en concurrence avec l'effet de réel et crée un malaise chez le lecteur qui a du mal à s'imaginer les espaces décrits par l'effet de correspondance entre l'espace décrit et l'état d'âme d'un personnage ou du narrateur. Ce qui est décrit avec le nom d'atmosphère est donc le centre d'intérêt du réalisme de Bontempelli, mais aussi du fantastique social de Pierre Mac Orlan. Pour revenir à la définition de l'atmosphère du philosophe Gernot Böhme, l'atmosphère est un ‹ espace à humeur ›[120] qui apparaît sous le masque d'une description objective

---

117 Jörg Dünne : *Die kartographische Imagination. Erinnern, Erzählen und Fingieren in der Frühen Neuzeit*. Paderborn : Fink 2011, p. 71–87.

118 Wolfram Nitsch : Topographien: Zur Ausgestaltung literarischer Räume. In : Jörg Dünne/ Andreas Mahler (éds.) : *Handbuch Literatur & Raum*. Berlin/München/Boston : De Gruyter 2015, p. 30–40, p. 31sq. Lotman qualifie le héros d'un récit comme celui qui transgresse les frontières entre deux espaces, cf. Jurij M. Lotman : *Die Struktur literarischer Texte*, traduit par Rolf-Dietrich Keil. München : Fink 1993, p. 338.

119 Wolfram Nitsch : 2. Topographien, p. 32.

120 Gernot Böhme : *Aisthetik*, p. 51. Je traduis ici le terme de « gestimmter Raum ».

et impersonnelle alors qu'elle contient déjà une valorisation personnelle. Dans tous les cas, la sensibilité subjective est donc confiée à un espace qui semble indépendant du point de vue, mais qui est fortement marqué par une subjectivité par le biais de sa description.

À partir d'une telle définition, il devient clair que l'espace urbain peut devenir une localisation du concept de crise dans la littérature de Pierre Mac Orlan ainsi que dans le roman populiste à proprement parler : si la constitution chorographique de l'espace est bien présent dans les romans analysés, elle est souvent limitée et apparaît à l'arrière-fond, alors que l'atmosphère de la ville et de la vie urbaine y apparaissent comme l'expérience d'une menace latente et d'un dépassement des traditions – à partir de la déchéance des métiers artisanaux et des valeurs de la petite bourgeoisie.

Le recours à l'atmosphère, qui est au centre du fantastique social, ne prétend ni fournir des outils pour une analyse sociologique de l'exclusion, ni appeler le lecteur à un engagement quelconque ; tout au contraire, il s'agit d'une esthétique qui veut, comme le réalisme magique, réinventer l'approche de la réalité moderne par le biais des médias de masses. Car il faut retenir que Mac Orlan considère le fantastique social comme une esthétique transmédiale. Il s'interroge, à ce titre, sur l'influence des médias sur la manière de penser de la société :[121] ainsi, il développe sa théorie du fantastique social à partir de l'exemple du cinéma dans « Le Fantastique » de 1926. Dans de nombreux articles, il l'aborde en outre dans le contexte de la photographie, ce qui fait de lui le critique photographique français le plus important de son époque.[122] Quant à la littérature populaire, il s'intéresse notamment au roman d'aventure qui est abordé dans son *Petit manuel du parfait aventurier*.[123] Le fantastique social se présente comme le résultat de la ‹ modernité des médias ›,[124] la mentalité collective ou le *Zeitgeist* de l'entre-deux-guerres.

---

121 Cf. Pierre Mac Orlan : Le Décor sentimental, p. 18.

122 Clément Chéroux : Pourtant Mac Orlan. La photographie et le fantastique social, p. 7.

123 Ce sont notamment les chapitres V à XIII qui montrent, contrairement aux autres chapitres, d'une manière moins ironique les objectifs de ce renouveau du roman d'aventure (Pierre Mac Orlan : *Petit manuel du parfait aventurier*, édité par Sylvain Goudemare. Paris : Éd. Sillage 2009, p. 37–67) : Mac Orlan souligne ainsi entre autres l'importance de l'atmosphère (p. 39), l'ignorance de la condition féminine (p. 42) dont la présence est identifié au roman psychologique et au roman feuilleton, l'intérêt à la littérature médiévale et notamment à la poésie de Villon (p. 46sq), l'importance des ports (p. 56) et ses cabarets (p. 58–61) et la misère comme élément esthétique (p. 67).

124 Je traduis ici le terme de « Medienmoderne », cf. Harro Segeberg : *Literatur im Medienzeitalter. Literatur, Technik und Medien seit 1914*, p. 125sq.

Plus important pour la compréhension du fantastique social est cependant son recours à une esthétique romantique : le pittoresque. Comme nous l'avons vu, ce recours n'est pas une particularité de Mac Orlan, mais semble bien présent dans la littérature de l'entre-deux-guerres. Les réflexions de Mac Orlan sur les différents médias et leur pittoresque permettront de comprendre la portée du mot ainsi que les petites différences qui distinguent le pittoresque du fantastique social à proprement parler.

4.2.3 Retour à une catégorie visuelle romantique : le pittoresque

Si j'ai déjà évoqué la réévaluation de la misère par ses « éléments pittoresques »[125] dans le fantastique social macorlanien, il manque jusqu'ici une définition claire de ce que l'écrivain entend par ‹ pittoresque ›. En effet, le concept du pittoresque semble s'opposer à sa signification commune, établie à partir de l'art plastique romantique. Comme le montre la description des quartiers rouges dans l'essai de Mac Orlan sur Tunis et ses « rues secrètes », le pittoresque sert à décrire la pauvreté des classes misérables, surtout visible chez les prostituées :

> Là, comme dans tous les pays, la prostitution possède son aristocratie, sa bourgeoisie et ses pauvres. L'aristocratie échappe aux lois du pittoresque ; la bourgeoisie également. Les jeunes femmes qui la composent sont correctes, sérieuses. Elles fréquentent les maisons clandestines, qui sont nombreuses et de bon ton. Les pauvres seules apportent un pittoresque indéniable dans l'exercice d'un métier qui les nourrit mal et les laisse sans défense devant toutes les offensives quotidiennes qui les menacent.[126]

La prostitution ne représente pas toujours le pittoresque ; ce ne sont que les prostituées pauvres qui sont identifiées comme les déclencheurs du pittoresque selon Mac Orlan. Le pittoresque semble impliquer selon l'auteur un lien intrinsèque avec la pauvreté, ainsi qu'avec une résistance contre l'ordre moral – sachant que les prostituées « bourgeoises » sont décrites comme « correctes ». La prostitution ne devient pittoresque qu'au moment où elle révèle la misère de l'existence humaine et dégrade celle-ci au niveau d'une vie primitive et rétrograde : « L'émotion doit naître de cette fête bêtement désespérée où les instincts jugulés par les lois de la journée se débrident et commandent dans la lumière froide et artificielle des ampoules municipales. »[127] Le pittoresque naît donc dans la confrontation entre l'érotisme primitif et le progrès technique du

---

125 Pierre Mac Orlan : Le Fantastique, p. 341.
126 Pierre Mac Orlan : *Rues secrètes*, p. 18sq.
127 ibid., p. 10.

moderne. Les quartiers réservés des villes se montrent ainsi sous un aspect particulier : ils sont le foyer de la libération des instincts humains et montrent l'humanité qui les habite ou les parcourt comme une humanité en dehors de la temporalité. Simultanément, les mêmes quartiers sont illuminés par la lumière électrique ; ils sont, ainsi, situés dans la contemporanéité, même si les parties pauvres de la société ne peuvent pas en profiter.

Plus encore, la misère des quartiers rouges suggère que la pensée humaine n'a pas changé depuis l'aube de l'existence humaine.[128] La description de la prostitution est, par conséquent, une manière de remonter vers les origines de l'humanité et d'en découvrir son essence. Mac Orlan ne s'intéresse pas dans les textes de *Rues secrètes* à décrire des sorts particuliers, mais tente, tout au contraire, de souligner le caractère commun et global – dans tous les sens du mot – de l'amour vénal qui persiste malgré toute condamnation morale. Ce qui l'intéresse, en outre, est la représentation de la prostitution et de ses quartiers comme un milieu de désespoir continu, marqué par la misère la plus élémentaire, qui provoque un retour moral des prostituées et des clients dans un ordre social transhistorique qui s'oppose à la modernité. Le pittoresque se trouve exactement ici : c'est la misère éternelle et la marginalisation sociale qui sont représentées comme des éléments foncièrement esthétiques, étant donné qu'elles montrent les êtres humains sous leur aspect ‹ vrai ›, ‹ authentique ›, sans le fard du progrès technique.

Une telle approche de la prostitution et de la misère comporte également une posture particulière de l'auteur envers ses sujets. Mac Orlan s'oppose à tout jugement éthique et revendique, au contraire, une valorisation esthétique de l'indigence, comme il le dit explicitement :

> Il ne s'agit pas d'entreprendre ici la défense de ces quartiers mal famés qui sont en général assez malsains à tous les points de vue. Ce n'est pas un écrit qui changera le cours des choses. Il ne s'agit [. . .] que d'une étude sur le pittoresque humain dont ces quartiers sont le décor.[129]

Mac Orlan se distancie ici, comme dans la plupart de ses textes, d'une posture d'auteur engagé et présente ses textes comme une exploration du pittoresque de la misère du monde. Au lieu de vouloir changer les conditions de vie des indigents par le biais de sa description attendrissante, la qualification de la misère comme « pittoresque » fait preuve d'une approche esthétisante de la misère qui la représente comme « décor » et « atmosphère ».

---

128 ibid., p. 23.
129 ibid., p. 9.

La conception sous-jacente du pittoresque qui apparaît dans les textes de Mac Orlan se distingue de la notion du pittoresque, utilisée par la critique artistique du romantisme. En effet, la notion surgit déjà avant le romantisme comme description de certaines constellations du paysage qui sont représentées dans la peinture. Le terme en soi fait déjà référence à ce lien avec la peinture dès son importation en France par Scarron qui traduit l'expression italienne « alla pittoresca » en français au sens d'« à la manière des peintres ».[130] Si en France ce caractère pittoresque peut se manifester en tout genre d'objet, c'est notamment dans le contexte de la description des jardins anglais et de leur composition volontairement ‹ sauvage › que le terme trouve un emploi fréquent et doit ainsi désigner « un paysage qui inspire l'émotion et l'imagination, et qui frappe par la disposition singulière, voire sublime, de ses éléments ».[131] Tout comme la notion récurrente chez Mac Orlan de l'atmosphère, le pittoresque suggère également un enchevêtrement de la disposition spatiale d'un lieu et d'une sensibilité subjective.

Contrairement au fantastique social de Mac Orlan, le pittoresque des romantiques n'est néanmoins pas lié à la vie urbaine et aux conditions sociales de certains citadins, mais il naît notamment d'une disposition du paysage qui suggère l'absence d'une influence humaine : le paysage doit sembler brut et délaissé et par ce fait signaler l'omnipotence de la nature sur l'humanité.[132] Un paysage pittoresque représente le sommet de la nature souveraine ; l'idée du surgissement de structures urbaines dans un tel paysage correspond mal au concept si ce n'est pas afin de souligner mieux la faiblesse de la création humaine. C'est d'ici que naît l'émotion du sublime chez l'observateur romantique qui doit se rendre compte de l'insignifiance de l'existence humaine. Pour cette raison, la vue sur une ville ou la représentation de rues n'est pas envisagée comme ‹ pittoresque ›.

En général, la présence humaine est largement exclue chez Uvedale Price qui accepte les traces de l'humanité uniquement si elles ont été partiellement

---

130 Wil Munsters : *La Poétique du pittoresque en France de 1700 à 1830*. Paris : Droz 1991, p. 26. Cela correspond également à la conception de Gilpin qui le définit comme « such objects as are proper subjects for painting » (cf. William Gilpin : *Three essays: on picturesque beauty; on picturesque travel; and on sketching landscape; to which is added a poem, on landscape painting*. London : R. Blamire, in the Strand 1794, p. 36).
131 Tim Farrant : Balzac : du pittoresque au pictural. In : *L'Année balzacienne* 5 (1 octobre 2008), p. 113–135, p. 114.
132 Francis D. Klingender : *Art and the industrial revolution*. St. Albans : Paladin, Reprint 1975, p. 74.

effacées par le temps[133] ; William Gilpin, en revanche, accepte la représentation de personnes s'il s'agit de groupes sociaux qui ne travaillent pas et qui ne correspondent pas aux ‹ classes productives › de la société : « figures in long, folding draperies ; gypsies ; banditti ; and soldiers, – not in modern regimentals, but as Virgil paints them [. . .] ».[134] Ces « figures », types marginaux de la société, se caractérisent d'un côté par leur inaction dans les tableaux ; de l'autre, par leur intemporalité comme le suggère la référence à la poésie de Virgile. Quoi qu'il en soit, ces personnages ne deviennent jamais le sujet d'un ouvrage pittoresque, mais ne représentent que des « *picturesques appendages* »[135] soulignant le délaissement de la nature et sa puissance. Celle-ci apparaît comme principe fondamental auquel l'observateur se soumet complètement. Le résultat est une peinture ‹ spontanée ›, sans composition, montrant la nature d'une manière brute. Selon des théoriciens anglais comme Uvedale Price ou William Gilpin le pittoresque doit se comprendre comme une catégorie artistique qui exclut l'influence de l'homme et notamment de l'artiste afin de proposer, en revanche, une composition toute naturelle du paysage et de ses composants locaux.

Malgré les différences évidentes, il est possible d'observer des points communs entre le pittoresque macorlanien et celui des paysagistes romantiques. Le paysage pittoresque se caractérise par son délaissement et son agencement naturel sur lequel l'homme ne semble pas influer. Mac Orlan, à son tour, observe un délaissement semblable dans la description des quartiers rouges, « mal famés », « malsains »[136] et en général marqués par la misère la plus profonde. En outre, les quartiers sont souvent décrits comme délabrés et mal soignés ce qui les rapproche de l'élément favori du pittoresque paysagiste, la ruine.[137]

Le cas de la ruine, qui devient au début du XIXe siècle l'incarnation du pittoresque, illustre le changement du sens du terme : au lieu de souligner le rapport avec la peinture, le pittoresque désigne notamment des paysages et des objets d'une importance historique.[138] La ruine pittoresque est donc bien da-

---

133 Uvedale Price : *An essay on the picturesque, as compared with the sublime and beautiful; and, on the use of studying pictures, for the purpose of improving real landscape.* London : J. Robson 1796, p. 239.

134 William Gilpin : *Observations, relative chiefly to picturesque beauty. Made in the year 1772, on several parts of England, particularly the mountains and lakes of Cumberland and Westmoreland* II. London 1786, p. 46.

135 ibid., p. 45.

136 Pierre Mac Orlan : *Rues secrètes*, p. 9.

137 Wil Munsters : *La Poétique du pittoresque . . .* , p. 66–70.

138 Pour cette raison, le français accueille le terme de ‹ pictural › afin de désigner ce qui auparavant a été décrit comme pittoresque (cf. Tim Farrant : Balzac, 115). Une telle conception se laisse entrevoir dans les « voyages pittoresques » du début du XIXe siècle qui ne sont pas uni-

vantage qu'un objet pictural, elle porte en elle une signification historique et peut indiquer un héritage du passé dans le présent.[139] L'émotion que la vue des ruines est censée éveiller ne dépend pas uniquement du fait que la nature éternelle semble plus puissante que la création humaine ; au lieu de frapper l'observateur de mélancolie, le pittoresque des *Voyages pittoresques et romantiques*, ouvrage fondamental qui témoigne de l'intérêt historiographique des artistes romantiques,doit provoquer une nostalgie qui établit un lien de descendance entre les traces de l'histoire incarnée par la ruine et l'observateur qui la reconnaît comme un élément de son identité nationale.

Sous plusieurs aspects, on peut observer des convergences entre les romantiques et Pierre Mac Orlan quant à l'apparition de l'histoire dans l'espace pittoresque. L'écrivain décrit la prostitution également comme un de ces « lieux de mémoire », capable de dévoiler le passé des conditions de vie en France :

> Cependant, ces quartiers réservés demeurent les derniers ‹ vieux parapets › des vieux pays encore soumis à de pittoresques survivances des temps anciens. Entre un bordel dans une ville de province quelconque et une étuve où Villon allait promener sa mélancolie aux côtes d'une fille publique et d'un ‹ affranchi › du temps, la différence est peu sensible.[140]

Comme je l'ai déjà montré, l'attirance que Mac Orlan ressent envers les quartiers réservés et sa misère trouve son explication par le fait que la pauvreté ne permet pas aux individus l'accès à la modernité qui se fait voir dans les rues illuminées et dans les bâtiments des villes de son temps. La prostitution, elle aussi, est demeurée inchangée dès l'origine de la société. Par conséquent, entrer dans les quartiers rouges signifie une rencontre des pratiques de la vie moderne avec des stratégies de survivance très vieilles et déclenche ainsi cette fusion du passé et du présent typique du pittoresque romantique. La misère, notamment dans les quartiers rouges, montre les limites du progrès moderne et ouvre ainsi une fenêtre sur le passé qui montre la décadence inhérente au progrès, incapable d'emporter toutes les couches sociales.

Au lieu de l'héritage patrimonial d'une nation, la prostitution représente cependant un héritage de la pauvreté mondiale, comme le montre *Rues secrè-*

---

quement des guides ‹ touristiques › pour peintres, mais qui dévoilent également des sites historiques majeurs comme c'est le cas dans les *Voyages pittoresques et romantiques dans l'ancienne France* dirigés par Isidore Taylor (Isidore Justin Séverin Taylor/Charles Nodier/Alphonse de Cailleux : *Voyages pittoresques et romantiques dans l'ancienne France. Ancienne Normandie* I. 1820).

139 C'est aussi le jugement de Klingender, qui constate la fusion du passé et du présent dans le paysage pittoresque (Francis D. Klingender : *Art and the industrial revolution*, p. 90).

140 Pierre Mac Orlan : *Rues secrètes*, p. 8.

tes, où Mac Orlan collectionne des reportages et des essais sur la prostitution dans de diverses villes de l'Europe et de l'Afrique du Nord. Le pittoresque macorlanien se trouve donc dans les quartiers de la prostitution et de la pauvreté par le fait que les deux états sont, comme celui des bandits, des soldats et des gitans chez Gilpin, des positions de marginalité qui subsistent de manière inchangée dans un paysage urbain changé et marqué par le progrès. Cependant le pittoresque de Mac Orlan ne provoque pas en premier lieu la nostalgie, mais une « attirance du malheur »[141] qui ressemble à une invitation à l'aventure.

C'est dans ce pittoresque d'une inquiétante étrangeté de ce qui semble ‹ hors-la-loi › que réside le fantastique social : dans « Le Décor sentimental », Mac Orlan décrit l'attrait morbide de la criminalité, la pauvreté et la prostitution comme des éléments mystérieux qui occupent « l'imagination populaire »[142] par l'influence de la presse qui relate des assassinats cruels de prostitués. L'« humanité de l'ombre »[143], donc non seulement les prostitués, mais l'ensemble de ceux qui se déplacent dans la ville pendant la nuit, est pour cette raison doté d'une aura de mystère qui s'explique par la terreur de la violence des individus. Néanmoins, ce « mystère traditionnel » dote les déambulateurs nocturnes également d'« une manière de beauté ».[144] Ceci s'expliquerait, selon Mac Orlan par le fait qu'ils deviendraient plus transparents étant donné qu'ils agiraient en grande partie instinctivement, mais aussi parce qu'ils révèleraient davantage d'eux-mêmes, ce que Mac Orlan explique par la « trouble lumière d'aquarium ».[145] L'espace urbain, son ‹ atmosphère › et les personnages qui le peuplent deviennent ainsi un ‹ décor › cohérent qui dispose de sa propre forme de pittoresque : il s'agit d'un état esthétique où la vie citadine est montrée sous son aspect ‹ brut ›, authentique et brutal à la fois, qui prouve l'héritage millénaire de l'homme moderne par son retour à l'instinctif et à la transparence.

Le pittoresque devient ainsi chez Mac Orlan l'effet révélateur d'une violence et d'une criminalité sous-jacentes à la société moderne qui représente

---

141 ibid., p. 7.

142 Pierre Mac Orlan : Le Décor sentimental, p. 39.

143 ibid., p. 42.

144 ibid., p. 41.

145 ibid. Notons, en passant, qu'Aragon explique avec presque les mêmes mots l'attrait des passages comme ‹ zones d'ombre › où une autre humanité se manifeste : « Lueur glauque, en quelque manière abyssale, qui tient de la clarté soudaine sous une jupe qu'on relève d'une jambe qui se découvre. Le grand instinct américain [. . .] va bientôt rendre impossible le maintien de ces aquariums humains déjà morts à leur vie primitive, et qui méritent pourtant d'être regardés comme les recéleurs de plusieurs mythes modernes, car c'est aujourd'hui seulement [. . .] qu'ils sont devenus le paysage fantomatique des plaisirs et des professions maudites [. . .]. » (cf. Louis Aragon : Le Paysan de Paris, p. 152).

une menace ‹ traditionnelle › de l'ordre social. Il doit brosser un portrait ambigu du progrès moderne et de ses effets sur les individus de l'entre-deux-guerres ainsi que sur leur imaginaire. Pierre Mac Orlan le formule de la façon suivante :

> Nous vivons dans une époque trouble, peuplée d'hypothèses extraordinaires. Elle encourage tous les témoignages. L'atmosphère sentimentale et pittoresque de notre existence est celle d'un changement de décor. La situation, pour cette raison, n'est pas franche. L'ancien décor qui irrésistiblement rejoint les bibliothèques et les musées n'est pas encore complètement enroulé et le nouveau qui descend lentement à sa place n'a pas encore déroulé toutes ses surprises. Nous sommes pris entre deux films, entre deux séries d'images dont les éléments sentimentaux représentent des rythmes et des décors différents.[146]

Par une série de métaphores de l'ordre du spectacle visuel, allant du théâtre jusqu'au cinéma et la photographie, Pierre Mac Orlan aborde la crise fondamentale du changement des mœurs et traditions comme un changement de régime esthétique : alors que c'était dans le passé pendant longtemps l'écriture qui informait l'imagination de l'humanité, ce sont à partir du XXe siècle les nouveaux médias de la T.S.F., du cinéma et de la photographie qui auraient, selon Mac Orlan, une répercussion beaucoup plus importante sur les individus.[147] Le pittoresque de la modernité, c'est-à-dire le fantastique social est pour cette raison une catégorie notamment esthétique qui met en scène l'inquiétude due aux transformations inégales de la société.

Il est possible de constater chez l'auteur un retour à l'héritage littéraire du romantisme noir de Charles Baudelaire : le fantastique social et son pittoresque sont conceptuellement très proches du concept de la beauté moderne baudelairienne. En effet, le devoir de l'artiste est, selon Baudelaire, de « dégager de la mode ce qu'elle peut contenir de poétique dans l'historique, de tirer l'éternel du transitoire ».[148] En d'autres termes, l'artiste flâneur de Baudelaire cherche aussi le pittoresque : la mode devient aux yeux de l'artiste un signe de l'histoire qu'il veut enregistrer afin de le transmettre aux générations à venir. Plus encore, afin de représenter le beau, l'artiste doit se séparer du concept d'une beauté abstraite et chercher justement des éléments qui traduisent la « beauté présente », plus complète que la recherche de la « beauté absolue »,[149] au centre de la peinture historique.

---

146 Pierre Mac Orlan : Belleville & Ménilmontant. Préface de Willy Ronis, Belleville-Ménilmontant. In : Pierre Mac Orlan : *Écrits sur la photographie*. Paris : Textuel 2011, p. 75–79, p. 75.
147 ibid., p. 76sq.
148 Charles Baudelaire : Le peintre de la vie moderne. In : *Œuvres complètes II*. Édité par Claude Pichois. Paris : Gallimard 1976, p. 1152–1192 & 1711–1713.
149 ibid., 1164.

L'artiste-flâneur cherche donc explicitement cette « beauté moderne » hors de chez soi, dans la rue qui devient pour lui un paysage « évocateur » :[150] la rue et les observations étranges que le flâneur-artiste peut y enregistrer deviennent l'allégorie du malaise personnel qu'il ressent.[151] C'est à ce niveau que la ‹ beauté moderne › de la « mode-éternité » correspond au fantastique social de Mac Orlan : les deux esthétiques sont à la poursuite de ce que Baudelaire appelle le « fantastique réel »[152] de la vie urbaine, c'est-à-dire des usages et des objets quotidiens qui portent une valeur particulière pour l'observateur de sorte qu'il les interprète de manière allégorique, capable d'expliquer la modernité et le changement de mœurs.

Néanmoins, des différences persistent. Une particularité du fantastique social est qu'il se présente comme la valorisation esthétique d'une conscience de. Les quartiers ‹ insalubres ›, qui n'ont pas encore été l'objet de la modernisation, les ‹ petits métiers › qui n'ont pas encore changé d'apparence alors que la vie urbaine a changé beaucoup au cours de l'industrialisation, de la motorisation et de la médiatisation continuelle, ébranlent le sentiment de certitude et engendrent un imaginaire apocalyptique que Mac Orlan appelle le fantastique social.

Alors que le fantastique social se laisserait, selon Mac Orlan, vraiment observer dans l'espace urbain sous les lumières électriques et au sein des promeneurs nocturnes, il est également un effet des médias comme la photographie, ce qu'il explique notamment à partir de l'œuvre atgetienne,[153] mais aussi à partir du film ou de la chanson populaire qui informent cet imaginaire et lui proposent des récits de types de vie. Mac Orlan oscille pour cette raison entre la présentation du fantastique social comme un fait observable et comme un procédé artistique que la littérature devrait également utiliser. En vérité, les deux niveaux semblent s'influencer mutuellement : l'observation des effets de lumière ou des espaces

---

150 Grażyna Bosy : Les Images de la métropole. Entre le fugitif et la contemplation : Charles Baudelaire et l'acte créateur du poète flâneur. In : Angelica Rieger/Angelika Corbineau-Hoffmann/Anne Laporte (éds.) : *Paris. Créations d'un espace culturel. Actes de la section 25 du 7ème Congrès de l'Association des Francoromanistes Allemands : « ville, culture, espace » à Essen, 29/09 au 02/10/2010*. Aachen : Shaker 2011, p. 113–124, p. 123.

151 Pour la conception de la rue comme allégorie cf. Scott Carpenter : Entre rue et boulevard : les chemins de l'allégorie chez Baudelaire. In : *Romantisme* 134, 4 (2006), p. 55–65 ; le malaise et sa transformation artistique qui conduit à la jouissance du poète flâneur, une fois rentré chez lui, devient le sujet de poèmes comme « Les sept vieillards », cf. Grażyna Bosy : Les Images de la métropole. Entre le fugitif et la contemplation : Charles Baudelaire et l'acte créateur du poète flâneur, p. 120.

152 Charles Baudelaire : Le peintre de la vie moderne, p. 1166.

153 Cf. à ce propos P. Mac Orlan : Atget. In : *Masques sur mesure*, Paris: Cercle du bibliophile, 1970, p. 348–61.

‹ pittoresques › crée le sentiment du dépassement du réel ; mais l'observateur qui constate le fantastique social est déjà influencé par des scripts et des récits de l'inquiétante étrangeté par la production culturelle.

4.3 L'essor littéraire du fantastique social

Les enjeux principaux de l'esthétique macorlanienne sont donc désormais identifiés : d'une part, Pierre Mac Orlan défie le grand réalisme du XIXe siècle au travers de sa poursuite d'un certain réalisme magique qui dépasse la narration objective sans pour autant abandonner le narrateur hétérodiégétique. Ce dépassement se sert notamment de la création d'une atmosphère inquiétante qui exprime la conscience de crise de l'époque. D'autre part, cette atmosphère se sert d'une esthétique romantique, le pittoresque, tout en la réactualisant. Au lieu de se référer à un paysage rugueux et pourtant agréablement agencé, Mac Orlan décrit le pittoresque à partir de l'œuvre photographique d'artistes de l'envergure d'Eugène Atget ou de techniques moderne comme le cinéma ou le TSF.

Afin de mieux comprendre la portée du fantastique social et de son pittoresque, les prochains sous-chapitres montreront comment le fantastique social se manifeste dans l'écriture romanesque pendant l'entre-deux-guerres. D'abord, une analyse approfondie du roman *Le Quai des brumes* illustrera comment Mac Orlan met en jeu le fantastique social afin de créer une atmosphère de crise dans sa représentation des pratiques du quotidien dans le Paris de la première moitié du XXe siècle. Le dernier sous-chapitre montrera, ensuite, l'étendue et les ressemblances de concepts voisins dans la littérature de l'entre-deux-guerres : ainsi, la comparaison avec le roman *Le Charbon ardent* d'André Thérive prouvera la pertinence du fantastique social pour le roman populiste et montrera donc que la spatialisation atmosphérique de la crise est une composante cardinale de l'esthétique populiste de l'entre-deux-guerres.

4.3.1 La narration de la crise et la pensée apocalyptique : Le Quai des brumes comme l'effondrement de la société face à la ‹ modernité ›

Le roman *Le Quai des brumes* peut être considéré comme la mise en récit du fantastique social. Il démontre la disparition des ‹ petites gens ›, notamment de ses représentants masculins, au cours de la modernisation des pratiques de vie urbaine. Pour ce faire, le roman opère sur trois niveaux : au premier niveau, il met en scène une crise de la bohème parisienne et des individus qui s'y intègrent. Tous les projets de vie des protagonistes du roman se terminent soit avec la mort violente, soit avec l'imminence de la mort à l'armée ou l'acceptation de la criminalité comme issue de la crise. Au deuxième niveau, les espaces urbains évoqués sont teintés de contrastes qui reprennent l'écart social grandissant entre riche et pauvre tout en donnant plus d'espace à la mise en scène de l'ombre et des marges sociales où les individus doivent assumer des identités précaires afin de subsister. Enfin, le roman montre les débouchés de cette crise sociale qui se reflète au plan spatial et souligne la transformation de la cohésion sociale : les personnages ne trouvent plus le moyen d'entrer en contact et vivent de manière machinale ; toute forme de communauté se dissout à la fin du roman. Si l'avant-guerre est représenté comme la source du danger au sein de la société urbaine, qui garde ses qualités pittoresques de par son désespoir, l'entre-deux-guerres se présente nettement comme étant plus sobre, privé de toute forme d'« aura » ce qui se manifeste par la présence d'une humanité aliénée et automatisée. De cette manière, l'inquiétude sociale ne diminue pas après la guerre, elle change seulement de registre ; l'inquiétante étrangeté de la modernité éveille même la nostalgie pour le pittoresque perdu.

Le Quai des brumes montre l'évolution de la société autour de la grande Guerre à partir d'un groupe de quatre personnages marginaux que l'on pourrait qualifier de bohémiens ou comme étant proches de la bohème montmartroise. Chacun d'eux connaît la misère et cherche les moyens de s'en débarrasser : Jean Rabe, vagabond et dessinateur sans emploi ; Michel Kraus, artiste convaincu de pouvoir révéler la violence et la mort dans ses peintures ; un soldat anonyme en train de déserter l'armée coloniale ; Nelly, jeune fille mythomane et irrégulièrement prostituée se rencontrent une nuit d'hiver dans le café *Le Lapin Agile*, à Montmartre, alors qu'un groupe de criminels rôde autour du bâtiment et tire sur les volets. Cette bande d'« apaches »[154] est à la recherche du boucher Zabel que les autres trouvent finalement devant le cabaret. S'installe par la suite un huis clos qui change le cours de la vie de tous les personnages. Ce changement fondamental est dû à l'identité ambiguë et inquiétante du « boucher-soldeur »[155] Zabel que Mac

---

[154] Le terme renvoie à une appellation argotique pour des bandes criminelles de la Belle Époque qui retentit jusqu'à l'entre-deux-guerres et évoque un imaginaire de la criminalité sauvage, cf. Dominique Kalifa : Archéologie de l'Apachisme. Les représentations des Peaux-Rouges dans la France du XIXe siècle. In : *Revue d'histoire de l'enfance « irrégulière ». Le Temps de l'histoire* 4 (15 novembre 2002), p. 19–37. Au cours du roman, les initiateurs de la fusillade sont uniquement appelés comme « un groupe de malfaisants » (Pierre Mac Orlan : *Le Quai des brumes*, p. 60).

[155] Pierre Mac Orlan : *Le Quai des brumes*, p. 77. Au même endroit l'auteur précise que le nom de famille du personnage est en vérité Isabel ce qui souligne l'identité déstabilisante du personnage, entre homme et femme.

Orlan décrit comme le représentant d'une violence moderne, antagoniste de la bohème misérable des autres personnages.

Si Zabel trouve abri au Lapin Agile, il ne réussit pas à s'intégrer parmi la
clientèle parce qu'il est foncièrement différent, non seulement parce qu'il est
un assassin cruel, mais surtout parce qu'il appartient à un autre groupe social,
comme il le constate lui-même :

> Vous êtes tous des artistes et Mademoiselle aussi [. . .], moi je ne suis pas artiste, je suis
> boucher aux environs de Paris, mais j'aime beaucoup les arts, la musique surtout, la
> grande musique même. J'aime particulièrement la musique religieuse. [. . .] Je tue tous
> les vendredis deux bœufs, deux veaux et trois moutons. Je connais la valeur du sang, ses
> reflets, son odeur et les idées qui se cognent les unes contre les autres entre les quatre
> murs de l'abattoir. C'est l'arrière-boutique de la pensée des hommes. Nous possédons
> tous, très loin dans la nuit de notre pensée, un abattoir qui pue.[156]

Au début de sa présentation, Zabel essaie d'établir un lien entre ses interlocuteurs et lui-même en faisant référence à son goût pour la musique, mais son
discours prend une autre direction et dévoile son côté inquiétant de boucher
philosophe qui réfléchit sur « la valeur du sang » et qui compare l'abattoir à
l'inconscient en parlant de « l'arrière-boutique de la pensée » que tout le
monde posséderait. Ce faisant, il indique clairement la place prépondérante de
la violence dans sa pensée, à la même échelle que la musique, mais il suggère
également que les autres, aussi, possèdent un côté violent refoulé.

Zabel représente par ce fait l'individu fantastique social par excellence[157] et
il montre ce que la modernité signifie pour Mac Orlan : Zabel est un personnage
aliéné et incapable d'établir des liens avec son entourage, mais il est notamment conscient de la violence inhérente de sa personnalité. Son obsession du
sang, juxtaposée à sa prédilection pour la musique religieuse, détient le même
pouvoir irritant que la définition de l'abattoir que Georges Bataille fournit dans
Documents, où l'abattoir devient un lieu de culte « maudit » faute de la morale
bourgeoise qui se distinguerait par un « besoin maladif de propreté, de petitesse bilieuse et d'ennui ».[158] De cette manière, Mac Orlan dote le personnage

---

156 ibid., p. 68sq.

157 Ce que constate également Roger W. Baines : *« Inquietude » in the work of Pierre Mac
Orlan*, p. 96.

158 Georges Bataille : Abattoir. In : *Documents* 6 (1929), p. 329. La réflexion sur la valeur du
sang et la violence inhérente à l'homme est également récurrente dans les essais de Mac Orlan
lui-même. À titre d'exemple, il suffit de citer de « Décor sentimental » où l'auteur fait fusionner
l'économie et le crime par le biais du sang : « Chacun sait bien que la vraie richesse sociale
c'est le sang humain qu'il faut coter en Bourse, comme une valeur qui contient toutes les autres, depuis le coquillage des primitifs jusqu'au dollar le plus récent. » (Pierre Mac Orlan : Le

du boucher de traits de caractère ‹ modernes › et iconoclastes, s'opposant à la bourgeoisie. Il défend les idées avant-gardistes et dans sa philosophie de la vie, il fait allusion à la psychologie freudienne qui s'établit comme domaine scientifique dans la première décennie du XXᵉ siècle. Le résultat est donc un personnage qui avant-gardiste et anti-bourgeois, incorporant l'inquiétante étrangeté et irritant le petit groupe du *Lapin Agile*, comme le montre la réaction du patron du cabaret Frédé : « [. . .] tu n'as pas besoin non plus de revenir par ici, car je ne t'ouvrirai pas la porte. Tu as une tête que je n'aime pas ».[159] De cette façon, Zabel est l'incarnation d'un surréalisme déviant : il est un individu moderne aliéné qui se heurte à la bohème, représentée d'une manière plus homogène par les autres personnages du roman. Néanmoins, les transformations de la modernité auront également des effets sur eux.

En effet, Pierre Mac Orlan agence le petit groupe du *Lapin Agile* comme une communauté d'individus très ressemblants. À titre d'exemple, tous les personnages masculins partagent l'intérêt fatal pour la création artistique : dès le début, Jean Rabe, à la recherche d'argent, réfléchit sur les possibilités de gagner un peu d'argent afin d'« acheter du papier et de l'encre de Chine pour faire des dessins autant que possible pornographiques, afin d'aider à la vente » ;[160] le soldat déserté de la Coloniale projette de « dessiner des bonshommes avec une légende sur papier bristol »[161] pour gagner sa vie. Pour les deux, la profession de caricaturiste demeure cependant inaccessible. Nelly se présente de temps en temps comme artiste alors qu'elle revêt surtout le rôle de la muse d'artiste ;[162] en tout cas, elle se situe dans le même milieu artistique et marginal.

Décor sentimental, p. 77). Dans d'autres articles, Mac Orlan médite sur les motifs des tueurs en série et les appelle les « serviteurs du démon des pensées secrètes » (cf. Pierre Mac Orlan : Quatre serviteurs du démon des pensées secrètes. In : Pierre Mac Orlan : *Domaine de l'ombre. Images du fantastique social*. Texte établi par Francis Lacassin. Paris : Phébus 2000, p. 73–77) ce qui se rapproche de la pensée de Zabel et explique les crimes violents par « l'insensibilité » générale déclenchée par la guerre (cf. Pierre Mac Orlan : Le fantastique criminel. In : Pierre Mac Orlan : *Domaine de l'ombre. Images du fantastique social*. Texte établi par Francis Lacassin. Paris : Phébus 2000, p. 69–72, p. 71). La tournure « valeur du sang » se retrouve également dans un texte pour *Le Figaro* en 1929, ou Mac Orlan dénonce la brutalité des individus après la Première Guerre mondiale (cf. Pierre Mac Orlan : Considérations sur le sang et sur sa valeur. In : Pierre Mac Orlan : *Domaine de l'ombre. Images du fantastique social*. Paris : Phébus 2000, p. 67–68).

159 Pierre Mac Orlan : *Le Quai des brumes*, p. 72.
160 ibid., p. 14.
161 ibid., p. 97.
162 ibid.

Michel Kraus est le seul qui peut vivre du métier d'artiste, mais son art suscite l'inquiétude car il se présente comme « peintre de police »,[163] capable de « dénoncer la menace qui se dissimule derrière les choses les plus candides »[164] et dont les tableaux ont servi à éclairer des crimes atroces. Afin de se libérer de cette charge, l'allemand Kraus est venu s'installer à Paris sans pour autant abandonner la peinture. Mais il se sent toujours poursuivi par ses visions de violence et de crime, de sorte qu'il ne voit pas d'autre moyen que de se suicider.[165] Michel Kraus est donc un personnage fantastique dans le sens le plus classique du terme[166] étant donné que la coïncidence de sa création artistique et de la découverte de crimes dans les paysages représentés dans ses toiles pourrait également s'expliquer par la superstition du personnage ; quand il expose les étapes importantes de sa vie aux autres personnages ou quand il réfléchit sur sa propre situation, la narration de sa vie reste indécise entre la représentation d'événements et son interprétation surnaturelle qui ne semble pourtant pas la seule explication possible.[167]

Le résultat est l'image d'une communauté homogène qui s'identifie avec les caractéristiques typiques de la bohème : ils sont représentés comme des personnages intellectuels et artistiques qui souffrent néanmoins d'un statut marginal au sein de la société.[168] Cette marginalité est surtout créée par l'ac-

---

163 ibid., p. 39.

164 ibid., p. 37.

165 ibid., p. 114.

166 Dans ce contexte, la nationalité de Kraus est également importante : Mac Orlan inscrit son personnage dans la lignée du romantisme allemand qui est le centre d'intérêt de Mac Orlan, comme le constate Roger Baines : « The essential difference between the French and the German Romantic movements is the freer use of imagination, the drawing on folk culture and the subsequent presence of the supernatural and the fantastic in German Romantic fiction, and it is this that interests Mac Orlan above all and is what he exploits to create ‹ inquiétude ›. » (Roger W. Baines : « *Inquietude* » *in the work of Pierre Mac Orlan*, p. 35).

167 À titre d'exemple, il suffit de regarder le premier crime que Kraus dévoile à l'aide d'un de ses tableaux : se rendant compte de la valeur inquiétante d'un puits qu'il a peint dans un paysage proche de Francfort, il prie la police de l'accompagner à l'endroit représenté sur la toile et les gendarmes trouvent effectivement une tête coupée dans le puits représenté (Pierre Mac Orlan : *Le Quai des brumes*, p. 37–39). Selon Todorov, cette indécision entre le réel et le fictif est l'élément crucial du récit fantastique, cf. Tzvetan Todorov : *Introduction à la littérature fantastique*, p. 37sq. Roger W. Baines considère Kraus comme « the most overtly supernatural element in what, despite its structure, is [. . .] an otherwise realist novel » (cf. Roger W. Baines : « *Inquietude* » *in the work of Pierre Mac Orlan*, p. 98).

168 Si l'on reprend la terminologie de Pierre Bourdieu, on peut reconnaître dans les personnages les deux formes de bohème qui se développent au cours de la seconde moitié du XIXe siècle : d'un côté, on peut identifier Jean Rabe, le soldat et Nelly aux « intellectuels prolétaroïdes », toujours au bords de la subsistance, de l'autre Michel Kraus avec la bohème bourgeoise qui possède

cent que l'auteur met sur les conditions misérables et précaires de ses personnages : à propos de Rabe, il est question de « sa propre misère qui le suivait partout comme une compagne dévouée »[169] et de son incapacité de trouver un emploi fixe,[170] le soldat dispose d'« un visage qu'une misère quelconque rendait distingué »,[171] Nelly est désirée par le peintre Kraus à cause de « l'extrême misère de cette pauvre fille, vêtue de loques prétentieuses » ;[172] même le boucher-soldeur Zabel tue pour des raisons économiques.[173] La misère, la difficulté de trouver un emploi et de vivre de son métier sont les mobiles centraux dans *Le Quai des brumes*.[174] La pauvreté semble le sort inévitable de la société entière puisque le roman ne propose pas d'autre narration.

L'inquiétude que représente Mac Orlan dans son roman diffère donc foncièrement de celle du groupe de l'*inquiétude* : au lieu de chercher l'absolu et de s'impliquer dans un renouveau chrétien comme chez Daniel-Rops, les personnages du *Quai des brumes* s'interrogent sur les moyens de survivre. À titre d'exemple, on peut nommer les monologues intérieurs de Jean Rabe dans lesquels il essaie d'imaginer une vie ‹ ordinaire › :

> Si j'avais de l'argent, pensait-il, je mangerais d'abord un bifteck très saignant avec des pommes de terre frites. Avant, j'absorberais une douzaine d'huîtres. [. . .] Si j'avais une situation régulière, mon plus grand plaisir serait de lire le journal dans mon lit le dimanche matin. J'irais promener mon chien avant de prendre l'apéritif chez Masuccio. Je serais vêtu d'un complet de sport : une blouse de Norfolk, des pantalons de même étoffe, des souliers jaunes. J'aimerais une casquette de même drap que le complet. Un logement de deux pièces me suffirait : l'une serait ma chambre, l'autre mon cabinet de travail. Alors, j'écrirais un roman.[175]

---

un certain *habitus* d'artiste qui réussit s'il ne se sentait pas aussi déchu (cf. Pierre Bourdieu : *Les règles de l'art: genèse et structure du champ littéraire*. Paris : Éditions du Seuil 2015, p. 101). Tous les personnages s'approchent par conséquent des « bas-fonds » ce qui est également une représentation stéréotype de la bohème selon Kalifa qui s'appuie sur la symbolique de l'ombre dont se sert également Mac Orlan (cf. Dominique Kalifa : *Les bas-fonds*, p. 242–244).

169 Pierre Mac Orlan : *Le Quai des brumes*, p. 11.

170 ibid., p. 10.

171 ibid., p. 44.

172 ibid., p. 57sq.

173 ibid., p. 125. L'ajout de « soldeur » au nom de sa profession évoque déjà un imaginaire de pauvreté.

174 Bernard Alavoine constate également que le lien entre les quatre personnages, qui représenteraient une « humanité désespérée », est la misère (cf. Bernard Alavoine : Le Quai des brumes: Mac Orlan entre Carné et Simenon. In : *Roman 20–50* 47 (2009), p. 49–58, p. 51).

175 Pierre Mac Orlan : *Le Quai des brumes*, p. 23.

Ces récits au conditionnel rythment le récit,[176] mais ne se réalisent jamais. Rabe perd tout l'argent qu'il réussit à emprunter et revient au service militaire dans une extrême misère.[177] Humilié par les regards désapprobateurs de ses camarades ainsi que par les ordres de son capitaine, il cherche à s'enfuir, tire sur le capitaine et est tué à son tour.[178] C'est la misère et le manque de solidarité qui conduisent à sa mort violente.

Stylistiquement, les rêves de Rabe augmentent encore le drame de sa situation misérable : la confrontation des récits au conditionnel avec le récit au premier degré qui montre la misère inéluctable du protagoniste crée une « intensité »[179] qui accentue la tragédie de la fin violente de Rabe ; ses projets de vie aisée et bourgeoise demeurent des rêves et la comparaison avec les récits sur les autres personnages du roman n'invite pas à l'optimisme. La vie réglée et stable semble inaccessible ; la présence des imaginations des personnages souligne cependant qu'une amélioration de leur condition est pensable, mais irréalisable, d'où le sentiment de drame qu'évoque le roman.

Mais la pauvreté n'est pas le seul indice d'une crise dans ce roman. La menace vitale des personnages se manifeste métaphoriquement au moment où un groupe de criminels apparaît et tire sur le bar. À partir de ce moment, il est possible de parler de la représentation d'une crise dans le roman selon les catégories d'Ansgar Nünning, car la rencontre fortuite des personnages et la menace collective qu'ils affrontent ont des conséquences inattendues qui changent profondément le cours de leur vie – ce qui correspond aux catégories de la surprise, de l'expérience commune et du déclenchement de transformations structurelles.[180] L'assaut du *Lapin Agile,* faisant référence à un événement réel,[181] assume ainsi le rôle symbolique d'une crise transformatrice au sein du roman : en effet, l'assaut survient à la moitié du roman, intro-

---

176 Ibid., p. 41, 115, 120, 136. Michel Kraus pense également aux possibilités irréalisables (cf. *ibid.*, p. 109).

177 Ibid., p. 120 et p. 138.

178 Ibid., p. 142.

179 « L'intensité » décrit ici les passages qui ont pour effet d'agrandir la « conscience de la vie » des personnages (cf. Stéphane Chaudier : Style et intensité dans la prose de Mac Orlan. In : *Roman 20–50* 47 (2009), p. 79–90, p. 81). Tandis que Chaudier traite la comparaison comme un élément du « style d'intensité » chez Mac Orlan, il néglige néanmoins le contraste qui me semble encore plus pertinent comme point de départ.

180 Ansgar Nünning : Grundzüge einer Narratologie der Krise: Wie aus einer Situation ein Plot und eine Krise (konstruiert) werden. In : Henning Grunwald/Manfred Pfister (éds.) : *Krisis!: Krisenszenarien, Diagnosen und Diskursstrategien*. Munich : Fink 2007, p. 48–71, p. 58.

181 Roger W. Baines : *« Inquietude » in the work of Pierre Mac Orlan*, p. 79 ; Pierre Mac Orlan : Le Décor sentimental, p. 81.

duit un nouveau personnage avec le boucher et change par ailleurs la structure narrative du roman qui poursuit la biographie de chaque personnage isolément.[182]

Mais c'est notamment au niveau de l'agencement de l'espace que le roman crée l'image d'une crise profonde, dotant toutes les localités évoquées d'une apparence misérable et très peu diverse. Cette monotonie ne signifie pourtant pas que la mise en scène soit sans contrastes ; tout au contraire, le contraste entre la lumière et l'ombre, le noir et le blanc est très marqué au fil du texte. En conséquence, les espaces évoqués reprennent une charge émotive qui reflète les contrastes sociétaux que les monologues de Rabe ont déjà dévoilés : il s'agit d'une mise en scène atmosphérique entre la richesse et la pauvreté, même si l'attention se concentre toujours sur la représentation de la misère comme ambiance pittoresque.

Afin de représenter la crise, Mac Orlan situe la trame de son roman dans un espace de la réalité extratextuelle, mais qu'il agence d'une manière particulière.[183] De cette manière, le choix du Haut-Montmartre comme quartier principal de l'action n'est pas anodin : le quartier n'est plus celui des artistes que pour quelques incorrigibles – dont Mac Orlan lui-même. Le quartier représente ainsi une grandeur magique dépassée qui se cristallise encore dans quelques cabarets notoires ; pour le reste, Montmartre est devenu un paysage de la criminalité ce dont témoignent les assauts réels déjà évoqués.[184] La promenade de Jean Rabe au début du roman, menant de Montparnasse à Montmartre, illustre la perte de prestige, Montparnasse étant le nouveau centre des intellectuels. En outre, cette promenade crée l'atmosphère misérable du roman :

> Cette nuit-là, il pouvait être onze heures ; Rabe, après avoir dîné chez un ami à qui il avait tenté, sans succès, d'emprunter quelques sous afin de louer une chambre pour la nuit dans le passage de l'Élysée-des-Beaux-Arts, se décida instinctivement à remonter sur la Butte-Montmartre, où le « Lapin Agile » devait allumer dans la nuit un petit feu rouge.
>
> Il neigeait, et Rabe secoua la neige qui alourdissait son chapeau. Il avait traversé tout Paris, car il venait de Montparnasse, marchant vite, la tête baissée et rentrée dans les épaules, les poings enfoncés dans un pardessus d'été trop étroit pour lui.[185]

---

182 Même si Rabe et Nelly restent un certain temps ensemble, leur lien se dissout également quand Rabe part pour Rouen, cf. Pierre Mac Orlan : *Le Quai des brumes*, p. 120sq.

183 Roger W. Baines : « *Inquietude* » *in the work of Pierre Mac Orlan*, p. 93 : « The novel is set in the marginal area of pre-war Montmartre and is grounded in the reality of that period due to the naming of its streets, the *Lapin Agile* and its proprietor Frédé. »

184 Dominique Kalifa : *Les bas-fonds*, p. 248–250 évoque ce double visage du mélange de bohème, de vagabonds et de criminels dans le milieu montmartrois.

185 Pierre Mac Orlan : *Le Quai des brumes*, p. 13sq.

Plusieurs contrastes peuplent cet extrait : d'abord, la pauvreté de Rabe rencontre la richesse relative de son ami qui ne veut pas lui emprunter de l'argent, ensuite l'obscurité de la nuit coïncide avec la blancheur de la neige, enfin, la lumière rouge du *Lapin Agile*, suggérant chaleur et convivialité,[186] est juxtaposée au froid de la nuit. Cette création d'une atmosphère hostile s'appuie ainsi sur des éléments très minimaux : la température (surtout basse) et les couleurs (noir, blanc, rouge) accompagnent la description de la pauvreté et transcendent la seule description des personnages. Car en réalité, ce sont les lieux qui sont dotés de cette atmosphère ; néanmoins, l'atmosphère s'accorde complètement à la situation misérable du personnage, exclu de la chaleur, de la lumière et des moyens de subsister.

La charge atmosphérique avec laquelle Mac Orlan dote la description des espaces urbains demeure largement la même au cours du roman, ainsi que les couleurs et le temps dont il est question. Par l'obscurité et le froid que Mac Orlan souligne, l'atmosphère devient hostile et difficile à supporter. Malgré la rudesse de l'environnement, il insiste tout de même à plusieurs reprises sur le fait que les espaces évoqués sont « pittoresques ».[187] La ville devient un « décor » qui peut révéler l'atrocité de la misère : « Oui, dit Rabe, la neige donne à la misère son décor le plus émouvant. Un misérable sur la neige possède encore une valeur sociale, tandis qu'un misérable en plein soleil, c'est déjà de la pourriture. »[188] Si de telles qualifications ne sont pas sans cynisme, surtout dans la bouche de Rabe qui est bien conscient de sa situation de miséreux, une telle représentation fait pourtant partie de l'esthétique du fantastique social : effectivement, le fantastique social s'avère dans le roman autant que dans les essais de Mac Orlan une tentative de revalorisation esthétique de la pauvreté urbaine.

Pierre Mac Orlan y aboutit en faisant fusionner l'atmosphère contrastée de la nuit ou de l'aube et de la pénombre avec des milieux sociaux défavorisés qui gagnent dans ce procès un air supérieur, dont fait preuve l'essai « Le Décor sentimenal » où l'écrivain affirme que

> [c]'est à l'aube que les éléments décoratifs dédiés à la chronique criminelle vivent d'une
> vie incompréhensible et bacillaire. [. . .] L'humanité de l'ombre offre des types d'une ri-

---

186 Ilda Tomás propose une autre interprétation de la couleur rouge qui « appartient [. . .] au registre des révélations sociales et signifie la violence temporelle d'une civilisation tournée vers la mort » (Ilda Tomás : Pour une symbolique des couleurs: le rouge chez Pierre Mac Orlan. In : *Estudios de lengua y literatura francesa* 7 (1993), p. 169–178, p. 172). Si l'on peut certainement défendre cette position, il me semble que les contrastes entre les couleurs et les atmosphères renforcent encore cette impression.

187 Pierre Mac Orlan : *Le Quai des brumes*, p. 133.

188 ibid., p. 27.

chesse presque sans limites [. . .], l'extrême misère donne à des individus prédestinés une sorte de parure royale.[189]

Dès la première phrase, les milieux dangereux et pauvres sont associés au ‹ décor › et subissent ainsi une esthétisation de leurs conditions de vie. Seulement pendant la nuit et dans son ombre, l'observateur peut remarquer la diversité des pratiques de vie cachées qui peuvent même aboutir à une transformation esthétique.

Le fantastique social se présente donc comme une esthétique de la nuit et de la pénombre qui cherche à faire ressortir une face cachée de la vie urbaine. Ainsi, les espaces urbains gagnent une dimension merveilleuse qui déforme le quotidien. Contrairement au « merveilleux quotidien » d'Aragon,[190] Mac Orlan essaie, au lieu d'explorer le subconscient, de provoquer le sentiment de la menace à partir d'éléments réels de la vie moderne.[191]

Dans *Le Quai des brumes*, l'atmosphère d'insécurité est largement dû aux effets de lumière et d'ombre. Il suffit de regarder de plus près la scène de l'assaut du cabaret *Le Lapin agile* et la façon dont la lumière et les couleurs sont évoquées. Au moment où le « groupe de malfaisants »[192] apparaît, l'espace devant le cabaret est présentée de la manière suivante :

> Par la porte entrouverte ils virent la rue recouverte de neige immaculée. Personne n'était passé là. L'unique bec de gaz clignotait devant le haut mur du cimetière Saint-Vincent. Frédéric poussa la porte, regarda à droite, à gauche. Il aperçut au coin de la rue Saint-Vincent un groupe d'une dizaine d'hommes immobiles et silencieux.[193]

Dès l'amorce du siège du cabaret, Mac Orlan crée une atmosphère d'une inquiétante étrangeté qui se base sur les effets de lumière. La rue devant le *Lapin Agile* est couverte d'une couche de neige récente qui la démarque clairement de l'obscurité. Cette couche « immaculée » souligne parallèlement que le cabaret se trouve dans un endroit isolé où personne ne passe. La lumière vacillante du réverbère suggère l'ombre de la scène où les détails ne se laissent pas apercevoir. La présence du groupe d'hommes semble triplement surprenante : d'abord, parce que la rue devant le cabaret montre tous les signes de l'isolement. En outre, le peu de lumière dans la rue doit le rendre malaisé d'apercevoir les hommes. Enfin, leur immobilité et leur silence dote la situation d'un air irréel et menaçant, ce qui correspond au concept du fan-

---

189 Pierre Mac Orlan : Le Décor sentimental, p. 41–42.
190 Louis Aragon : Le Paysan de Paris, p. 149. Cf. Clément Chéroux : Pourtant Mac Orlan. La photographie et le fantastique social, p. 15sq.
191 Pierre Mac Orlan : Le Fantastique, p. 330.
192 Pierre Mac Orlan : *Le Quai des brumes*, p. 60.
193 ibid.

tastique social. Comme dans une photographie de l'époque,[194] ce fantastique social est créé par les contrastes entre noir et blanc et par l'immobilité du groupe criminel.[195]

Au cours de l'assaut du cabaret, le contraste entre noir et blanc, entre silence et bruit des coups de revolver augmente. Mac Orlan souligne que les tirs se déplacent entre « la lumière de la neige » et « une lampe Pigeon posée dans l'escalier des chambres » ;[196] les coups de feu créent une « longue flamme mince »[197] et un « sifflement long et aigu déchir[e] la nuit sur toute la longueur de la rue de Saules » ce qui crée « l'effet d'une fusée lumineuse ».[198] Entre les points et les lignes de lumière, le reste du décor ainsi que les personnages disparaissent complètement. Seul demeure le contraste entre noir et blanc. La description est donc centrée sur les contrastes, ce qui est également clair quand on regarde la description du bruit : avant l'assaut le silence est complet dans la neige ;[199] puis, ce silence est toujours interrompu par les tirs qui « claqu[ent] » ou produisent « un coup sourd ».[200]

---

194 On peut comparer la situation décrite par Mac Orlan avec la photo « La bande du grand Albert » de Brassaï où l'on voit un groupe de cinq hommes au coin d'une rue déserte ; le mur à la gauche cache la source de la lumière et porte l'ombre sur le devant de la scène. Les hommes regardent dans la direction de la lumière mystérieuse. Comme dans le texte de Mac Orlan, leur présence dans cet espace désert et peu accueillant – dans l'arrière-fond, on peut voir un hangar ou autre bâtiment industriel – semble inquiétant par leur immobilité et par le contraste entre lumière et ombre (Image n° 98 dans le catalogue Brassaï : *Brassaï. Le flâneur nocturne*, édité par Sylvie Aubenas et Quentin Bajac. Paris : Gallimard 2012).
195 Mac Orlan souligne que l'« on ne peut se guider, pour recréer le peuple de l'ombre et donner un sens au romantisme social qui nous entoure, qu'à l'aide d'un révélateur puissant. Et c'est ainsi qu'apparaît l'art photographique ». Pour plus de détails sur la photographie chez Mac Orlan cf. 2.2.2. de ce travail et Pierre Mac Orlan : *Écrits sur la photographie*, édité par Clément Chéroux. Paris : Textuel 2011. En 1953, Mac Orlan revient sur Brassaï et d'autres photographes de son époque en ces termes : « Le meilleur de ce que je fus, je veux dire le plus efficace, se silhouette au coin d'une rue recueillie par Brassaï, Doisneau ou Izis. » (cf. Pierre Mac Orlan : La photographie et la poésie du monde. In : *Écrits sur la photographie*. Paris : Textuel 2011, p. 119–123, p. 122). Le lien établi entre la photographie de Brassaï et l'écriture de Mac Orlan n'est donc pas une construction hasardeuse, au contraire, Mac Orlan a même influencé l'esthétique de Brassaï, comme le constatent Andrew et Ungar (cf. Dudley Andrew/Steven Ungar : *Popular Front Paris and the Poetics of Culture*. Cambridge : Belknap Press of Harvard University 2005, p. 244sq.).
196 Pierre Mac Orlan : *Le Quai des brumes*, p. 63.
197 ibid.
198 ibid., p. 64.
199 ibid., p. 62.
200 ibid., p. 64.

En conséquence, l'espace périurbain dans lequel s'inscrit l'action disparaît derrière la tension de l'atmosphère qui se traduit dans les contrastes visuels et auditifs. Cette atmosphère tendue démarque, dès lors, la transformation substantielle que subit le quartier et le cabaret : au lieu de représenter le refuge de la bohème, Montmartre – et plus précisément le *Lapin Agile* – deviennent l'espace du danger. Cependant, en faisant abstraction d'une description exhaustive des lieux de ce roman, Mac Orlan construit une atmosphère du danger qui s'éloigne d'une description réaliste.[201]

Par la suite, l'ombre de la ville devient de plus en plus le symbole de la déchéance des protagonistes qui s'oppose à la lumière du jour, identifié à une existence réglée. En conséquence, l'atmosphère reprend la charge de caractérisation des personnages ; au lieu de décrire leurs sentiments, Mac Orlan situe ses personnages dans un réseau d'ombre et de lumière qui caractérise leurs positions sociales. Après la nuit du *Lapin Agile*, la narration suit dans sept chapitres individuellement le cours de vie des personnages.[202] À titre d'exemple, le soldat déserté est l'objet du chapitre 8. Il adopte une autre identité afin de se cacher de l'armée coloniale et s'appelle désormais Jean-Marie Ernst[203] et parvient à s'identifier à l'ombre lui-même :

> L'ombre de la nuit donnait au fleuve une apparence fantastique. Mais Ernst ne craignait rien, grâce à son costume, et surtout à ce masque merveilleux de la misère qui lui ouvrait toutes les portes de l'ombre et, au-delà de la nuit, toutes les portes de l'enfer, tel qu'il est humainement concevable.[204]

Si le soldat a cherché du travail et un lieu où habiter, la seule manière de subsister qu'il a trouvé est d'assumer le travail de débardeur sans abri, qui le réduit à

---

201 C'est aussi la conclusion d'Alavoine qui rapproche du fantastique social de Mac Orlan l'écriture de Simenon (cf. Bernard Alavoine : Le Quai des brumes: Mac Orlan entre Carné et Simenon, p. 58).

202 Signalons, en passant, le symbolisme du numéro de chapitre : La magie des chiffres prend une place considérable dans les essais de Mac Orlan (cf. Pierre Mac Orlan : Le Décor sentimental, p. 68 ; Pierre Mac Orlan : Le Fantastique, p. 341.). Par conséquent, il n'est pas par hasard si le chapitre 7 marque la fin de la nuit, vu que le chiffre est le numéro magique par excellence ; le nombre de chapitres – treize au total – fait allusion au mauvais sort que les personnages subissent.

203 Pierre Mac Orlan : *Le Quai des brumes*, p. 95. Le nom de famille allemand n'est pas par hasard, bien entendu. Comme dans le cas de Michel Kraus, le mot allemand, signifiant « gravité » ou « sérieux », fait encore une fois référence au double héritage du romantisme et de l'expressionisme allemands que Baines a largement dégagé dans l'œuvre de Mac Orlan (cf. Roger W. Baines : *« Inquietude » in the work of Pierre Mac Orlan*, p. 31–62).

204 Pierre Mac Orlan : *Le Quai des brumes*, p. 99.

l'existence de « machine humaine mal mise au point ».[205] Dans cette existence, la vie des marginalisés comme lui se sépare en deux parties distinctes. Tandis que le jour n'offre qu'un travail abrutissant et peu rémunérateur, la nuit donne à Ernst une certaine marge d'action. Comme tous ceux qui partagent son sort, il est uniquement un individu dans la nuit alors que le jour le réduit au rôle de pure main-d'œuvre. De cette manière, la vie marginalisée que Jean-Marie Ernst représente montre la complexité de la misère[206] qui est personnifiée dans la citation : alors que le fait d'être sans moyens restreint la vie au cours de la journée, la nuit dote le marginal d'une certaine puissance dans la clandestinité. La misère ouvre ainsi la voie à une intensité cachée de sorte que le déserteur peut, la nuit tombée, finalement « vivre sans vergogne ».[207] L'atmosphère de la misère semble donc parer les individus d'un certain pouvoir obscur, mais comme le montre le récit du soldat déserté, il n'y a pas d'issue véritable de la misère : le soldat qui s'est enfoui à cause de son « cafard »[208] face à la perspective de mourir dans une bataille ne peut pas trouver un autre moyen de subsister. De cette manière, Mac Orlan démystifie jusqu'à un certain point l'imaginaire de la « parure royale » de la misère qu'il crée dans ses essais.

Le tragique de sa situation se prolonge au cours du roman étant donné que tous les autres personnages masculins meurent de façon violente. Comme mentionné, Jean Rabe lui-même doit entrer à l'armée et est tué pendant un exercice militaire. L'artiste Michel Kraus se pend. Isabel cache l'argent qu'il a volé à un homme qu'il a tué – ce qui a été la raison de l'assaut du *Lapin Agile* – et continue pendant un certain temps sa vie comme boucher pauvre jusqu'à ce que la tête de sa victime soit retrouvée et la police l'identifie comme l'assassin ce qui lui vaut la peine de mort.[209] Seule Nelly réussit à s'enrichir, mais en se prostituant.

De cette manière, Mac Orlan met en scène la mort d'une certaine couche sociale que l'on pourrait identifier à la bohème des bas-fonds, entre aspirations artistiques et réalité délinquante, qui ne peut plus subsister dans la société de l'après-guerre. Cela correspond aux affirmations de Mac Orlan dans son essai « Le Décor sentimental » : « Ces nuits [de 1901 à 1913] furent riches en images, dont il n'est plus permis de retrouver l'équivalent. Le pittoresque social suit d'autres modes. Celui qui existe en ce moment ne peut se prévaloir de l'an-

---

205 ibid., p. 99.
206 Je reprends ici en partie l'argumentation de Stéphane Chaudier : Style et intensité dans la prose de Mac Orlan, p. 83.
207 Pierre Mac Orlan : *Le Quai des brumes*, p. 100.
208 ibid., p. 46.
209 ibid., p. 125.

cien. »[210] Les formes de la vie sociale ont changé à tel point que même l'imaginaire « pittoresque social » n'est plus pensable alors que les nouvelles formes de cet imaginaire semblent moins séduisantes.

Les pratiques et l'imaginaire de l'entre-deux-guerres sont particulièrement critiqués au dernier chapitre du *Quai des brumes* qui étale la vie de Nelly. Le mode de vie du seul personnage qui sort gagnant de la période de la guerre a drastiquement changé. Sa vie est paradoxalement représentée comme un succès : après la Grande Guerre, Nelly entame une carrière comme prostitué, mais elle « règne dans le dancing telle la divinité de la rue », elle est « vraiment une fille de la rue élevée au grand pouvoir ».[211] Nelly devient une « machine à faire l'amour en série »[212], se lie à un homme qui « se dépla[ce] également dans la vie avec l'intransigeance d'une machine »[213] et le fait assassiner quand il n'est plus utile. Avec une telle attitude, elle est semblable à tous les individus de l'entre-deux-guerres à propos desquels le narrateur affirme que « chacun remonte ainsi sa vie comme un mécanisme ».[214]

Cette vision de la vie après la Guerre montre le vrai noyau de la crise et de l'inquiétude selon Pierre Mac Orlan : si l'époque de l'avant-guerre est marquée par la misère qui se reflète dans les quartiers populaires et les milieux pauvres d'un Montmartre enneigé, l'entre-deux-guerres perd dans son dépassement de la misère son pittoresque – et provoque ainsi l'aliénation inquiétante que subissent toutes les personnes décrites au cours du chapitre. Effectivement, elles semblent perdre leur individualité dans la foule composée de « plusieurs centaines de personnes soumises à l'atmosphère de l'époque ».[215]

Mac Orlan laisse Nelly pénétrer dans un dancing rempli de gens modernes alors qu'elle est la seule à porter des cheveux longs et relevés « à la mode des pierreuses », ainsi qu'une robe à paniers ; elle se distingue également par sa stature grande qui contraste avec les « jeunes gens en smoking, fragiles et élégants ».[216] Nelly représente une élégance dépassée, caractérisée par une certaine dureté tout en faisant référence à ses origines simples qui se montrent

---

210 Pierre Mac Orlan : Le Décor sentimental, p. 81. À la même page, Mac Orlan indique également « [q]u'un jeune étudiant américain vienne aujourd'hui, entouré de sa famille, rendre visite à ce fameux et fumeux petit *Lapin à Gill* [sic], il ne retrouvera plus, dans les murs de ce calme cabaret, la présence des éléments qui firent le ‹ tumulte › d'autrefois. »
211 Pierre Mac Orlan : *Le Quai des brumes*, p. 146.
212 ibid., p. 122.
213 ibid., p. 130.
214 ibid., p. 146. À la page suivante, Mac Orlan décrit les « jeunes gens rusés comme des vieillards [qui] se morfondent dans un ennui d'apparat ».
215 ibid., p. 146.
216 ibid., p. 145.

dans sa coiffure ainsi que dans son maquillage tandis que la mode du dancing est arrivée à l'idéal par une élégance efféminée et fragile. La force et la simplicité sépare Nelly de la société qui l'entoure. C'est par son regard d'exclue que le lecteur découvre la nouvelle atmosphère teintée de jazz et imbue d'une industrie du divertissement.

Le dancing est décrit comme une « usine à fabriquer la joie » qui couvre seulement en partie l'atmosphère inquiétante décrite comme « l'odeur doucereuse et fade du sang »[217] qui caractérise les années après la Grande Guerre. Pour le reste, le dancing se caractérise d'une élégance moderne et débordante : il y a deux jazz-bands qui jouent en même temps une chanson qui « sature l'atmosphère de la salle d'une électricité tout à fait intelligente ».[218] Tout semble suggérer l'énergie et la clarté : un homme parle de l'avenir et le décrit comme « plein de lumières ».[219]

Cette surabondance de sons et de couleurs contraste fortement avec la pauvreté du décor qui domine la description du Montmartre nocturne, néanmoins le dancing est également doté d'une atmosphère inquiétante par le fait que la violence de la Grande Guerre ne semble pas complètement surmontée comme en témoigne la mention de l'odeur du sang. Dans la multitude, les individus se rendent en outre à une vie qui exclut chaque mouvement individuel. Les personnages ressemblent à des machines et s'intègrent ainsi dans le rythme ‹ moderne › de la vie, dicté par l'automatisation qui conduit à la dépersonnalisation et à l'aliénation.

Au lieu d'un pittoresque de la misère, le lecteur découvre dans la description de la contemporanéité un fantastique social nouveau qui se caractérise par une inquiétante étrangeté latente : en comparant les danseurs à des machines, ils sont dépourvus de personnalité ; en évoquant les relents du sang versé dans la guerre, la fête gigantesque du dancing semble de mauvais goût. Face à une telle aliénation, Nelly se souvient avec nostalgie du « ciel glacé et cruel de la rue »[220] qu'elle a rencontré en sortant du *Lapin Agile* presque dix ans. En outre, Nelly s'est emparé d'un souvenir qui lui rappelle Jean Rabe pour qui elle a développé des sentiments tendres : après sa mort, elle a cherché son chien.[221] De cette manière, Nelly se distingue du milieu chic des Années Folles : son apparence semble ana-

---

217 ibid., p. 146. L'idée de la ressemblance entre usine et dancing se retrouve également dans Pierre Mac Orlan : Le Décor sentimental, p. 44sq. Contrairement au *Quai des brumes*, Mac Orlan y utilise cette comparaison afin de souligner « l'amour de l'homme pour la machine » ; dans le roman, la périphrase du dancing comme usine semble plutôt souligner la nécessité de la société de l'entre-deux-guerres de se distraire de la violence qui l'a secouée récemment ; l'aliénation n'est donc pas un choix, mais la seule conséquence possible afin d'éviter l'inquiétude.
218 Pierre Mac Orlan : *Le Quai des brumes*, p. 146.
219 ibid., p. 147.
220 ibid.
221 ibid., p. 149.

chronique, elle ne s'intéresse pas à la danse autour d'elle et elle est nostalgique alors que son entourage ne semble pas disposer d'un passé. Elle s'oppose à la ‹ modernité › des Années Folles, avides de luxe et de distraction, en rêvant d'un passé rude et effroyable, mais plein d'un pittoresque dépassé.

C'est seulement à partir de ce chapitre final que le lecteur peut accéder à la vraie signification du roman : certes, on peut constater avec Alavoine que Mac Orlan cherche à créer des personnages d'une « authenticité désespérée » afin de présenter un « témoignage de la misère qui traîne dans les bas quartiers des villes et en même temps les menaces cachées qui pèsent sur cette société de l'entre-deux-guerres » ;[222] cependant un tel commentaire doit être précisé. Les menaces de l'entre-deux-guerres sont moins la criminalité et la marginalité qui entourent ses personnages, mais, au contraire, la perte du pittoresque qui accompagne la vie moderne. Celle-ci cache la misère et la violence sous-jacente.[223] Seuls ceux qui ont vécu la pauvreté avant la guerre comme Nelly sont capables de voir à travers la façade joyeuse de la modernité. Néanmoins, Nelly n'est pas libre : sa position dans la société est payée au prix de devoir se prostituer et de perdre toutes les scrupules afin d'exploiter son entourage.

De ce point de vue, Mac Orlan montre une société qui a trouvé une normalité malaisée après la crise de la guerre. Dans le processus, elle s'est débarrassée de son humanité. Afin de survivre, les personnages ne choisissent pas leur chemin, mais rentrent dans un parcours monotone qui leur semble prédestiné : le déserteur rentre à l'armée, « tourna[nt] encore en rond, comme un cheval de cirque »[224] et Nelly est « lancée sur les pistes du ‹ tapin › comme un train sur ses rails ».[225] Elle réussit dans la prostitution qui lui permet une ascension sociale dans la société. La détermination avec laquelle elle poursuit son destin est comparée à l'avènement de la Grande Guerre où les « futures victimes, préparées par les journaux s'engraissaient dans l'inconscience du cataclysme »[226] et abandonnent leur pensée individuelle en faveur de l'enthousiasme collectif pour la guerre. Ces observations montrent que la société de l'entre-deux-guerres apparaît chez Pierre Mac Orlan comme le foyer de l'aliénation moderne, où les individus peuvent uniquement réussir s'ils acceptent de se vendre.

En vérité, la société de l'entre-deux-guerres n'a donc pas surmonté la crise sociale chez Pierre Mac Orlan ; elle a changé, en revanche, d'atmosphère qui est moins palpable, plus sournoise. Afin d'illustrer cette transformation de la

---

222 Bernard Alavoine : Le Quai des brumes : Mac Orlan entre Carné et Simenon, p. 57.
223 Cf. Roger W. Baines : « Inquietude » in the work of Pierre Mac Orlan, p. 98.
224 Pierre Mac Orlan : Le Quai des brumes, p. 123.
225 ibid., p. 122.
226 ibid., p. 124.

crise, Mac Orlan se distingue des écrivains de l'*inquiétude* et s'intéresse aux conditions sociales des marges. Ainsi, Mac Orlan voit les origines de la « crise de l'esprit » dont parle Valéry dans l'expérience de la pauvreté et de l'exclusion sociale qui apparaît dans *Le Quai des brumes* comme le sort général, et non dans la Première Guerre Mondiale. Après la Guerre, cette marginalisation des misérables ne devient qu'une aliénation généralisée qui interdit tout vrai contact. Cependant, cette aliénation machinale n'apparaît pas comme une conséquence de la Première Guerre Mondiale, exclue du récit ; elle trouve ses racines avant la Guerre dans l'exclusion sociale qui dégrade les humains en les réduisant à l'état de machines. De cette façon, Mac Orlan détourne l'attention portée à la guerre afin de se focaliser sur la crise des marginalisés et exclus de la société. Au lieu de fournir les éléments d'une condamnation directe de la société moderne, il se concentre sur la création d'une atmosphère pittoresque qui esthétise la misère des exclus et leur rend ainsi une certaine dignité face à la dépersonnalisation de la modernité.

4.3.2 Conclusion : André Thérive, le fantastique social et le populisme littéraire

Dans son *Esthétique et théorie du roman*, Bakhtin introduit la notion de « chronotope » et définit cette catégorie comme une entité qui fait fusionner espace et temps et qui assume toujours une charge émotionnelle ou de valeur.[227] Les atmosphères observées dans l'œuvre de Mac Orlan illustrent exactement la création d'un chronotope particulier : celui des quartiers populaires et des banlieues parisiennes comme manifestation de la crise. Les espaces périphériques de Paris représentent avec leur atmosphère particulière un chronotope qu'emploient tous les auteurs qui s'inscrivent dans la nébuleuse populiste. Ce faisant, ils chargent ces espaces urbains et suburbains d'une atmosphère soit pittoresque soit inquiétante qui dépasse de loin un projet purement documentaire ou même réaliste. Au lieu de brosser le portrait de la misère des défavorisés dans la ville, des romans comme *Le Quai des brumes* – mais aussi d'autres ouvrages comme *La Rue sans nom* de Marcel Aymé, *Le Château des brouillards* de Roland Dorgelès, ou comme je montrerai tout de suite, *Le Charbon ardent* d'André Thérive – se distinguent par leur projet esthétisant que l'on pourrait qualifier de romantisme social. S'il est question de la misère, de l'exclusion sociale ou de l'aliénation face à la mo-

---

227 Mikhaïl Bakhtine : *Esthétique et théorie du roman*, traduit par Daria Olivier. Paris : Gallimard 1978, p. 237.

dernité et aux transformations considérables que subit le tissu urbain, les descriptions des espaces disposent d'un traitement contrasté qui, d'une part, souligne l'indigence et la précarité des protagonistes et des endroits dans lesquels ils se manifestent, mais, qui d'autre part, cherche à dépasser esthétiquement le constat de la misère en l'interprétant soit comme une aventure,[228] soit comme une liberté perdue dont on ne peut que se souvenir avec nostalgie, soit comme merveilleux et transcendant. Au cas où le ton nostalgique et la représentation des vieux métiers dans le cadre d'une urbanité en transformation prédomine, il convient d'appeler l'esthétique des récits ‹ pittoresque › ; si la représentation de l'aventure et d'une misère inquiétante prend le dessus, en revanche, il faut parler de fantastique social.

Mac Orlan et les autres auteurs qui se soumettent à des projets semblables à son romantisme social actualisent ainsi les traditions du roman d'épouvante. Au lieu de se servir de contrées fantastiques ou de châteaux comme dans les romans gothiques,[229] les auteurs de l'entre-deux-guerres adoptent les lieux réels des marges des villes, notamment de Paris, et les dotent d'une atmosphère lugubre afin de mettre en scène des épouvantes nouvelles : la criminalité des bandes, les tueurs en série macabres ou – de manière beaucoup moins drastique – le milieu équivoque de la bohème. Ce genre de romantisme social comporte une nostalgie particulière en évoquant le danger et la misère, face à une modernité ayant chassé toute forme de divergence de la ville.

L'ampleur du discours sur les banlieues et les quartiers populaires, ainsi que l'envergure qu'il prend dans la production littéraire de l'époque, forme un imaginaire assez influent dans l'appréhension des espaces périphériques de l'urbain. L'imaginaire d'une urbanité misérable, même inquiétante, mais pittoresque ne se retrouve pas uniquement chez des auteurs de la bohème montmartroise comme Carco, Dorgelès ou Mac Orlan, il parcourt également les œuvres narratives d'auteurs surréalistes comme Soupault, Aragon ou même Breton. Au surplus, il apparaît aussi chez les auteurs des groupes populistes et prolétariens comme Aymé, Dabit, Poulaille ou Thérive.

Cela provoque la fusion de deux *topoï* littéraires différents, le fantastique social et l'écriture du quotidien : la récurrence de ce chronotope dans la littérature de l'entre-deux-guerres résulte de la création d'un imaginaire de la préten-

---

228 Ce constat est aussi valable, selon Laura Eugenia Tudoras, pour la représentation de Barcelone dans *Rue secrètes* de Pierre Mac Orlan, cf. Laura Eugenia Tudoras : Retratos literarios del espacio urbano del siglo XX : Barcelona en Pierre Mac Orlan y Michel Deón. In : *Revista de lenguas y literaturas catalana, gallega y vasca* 15 (2010), p. 257–266, p. 260.

229 Pour le roman gothique et ses correspondances françaises, cf. Anthony Glinoer : *La littérature frénétique*. Paris : Presses universitaires de France 2009, p. 44–57.

due vie authentique du ‹ peuple › dans la grande ville et gagne ainsi la valeur d'une représentation réaliste. C'est-à-dire que le danger qui sous-tend ces espaces et qui ne peut être découvert que par celui qui fréquente les périphéries parisiennes pendant la nuit doit être conçu par les lecteurs contemporains comme une vérité cachée de la réalité urbaine, à plus forte raison s'ils comparent les récits du fantastique social avec les faits-divers des journaux.[230] Cet imaginaire de l'atmosphère menaçante dans les espaces urbains est ainsi la première constante de l'esthétique populiste, mais elle transcende aussi largement les auteurs programmatiques de ces courants.

Son apparition est évidente dans *Le Charbon ardent* d'André Thérive. Dans ce roman, la nuit dans la banlieue sud est la situation privilégiée de l'apparence de l'atmosphère inquiétante et peu sûre, notamment pour les femmes. Ainsi, la protagoniste féminine du roman, la jeune et honnête Gabrielle, devient souvent l'objet de désir des « suiveurs »[231] qui veulent la séduire. Musicienne pour le cinéma d'Arcueil, mais habitant sur le plateau de Villejuif dans une masure de briques « sans eau, sans gaz, avec l'électricité qui marche quand il me tombe un œil », comme le dit sa sœur,[232] doit souvent rentrer à pied à la maison pendant la nuit et raconte ses peurs à Jean Soreau, employé de banque récemment abandonné par sa femme :

> [. . .] En hiver, les chemins n'ont pas de lumière après neuf heures du soir. D'ailleurs les lampes des poteaux sont toujours cassées, parce que les gamins tirent dessus avec leurs cailloux. Et la boue ! c'est là qu'il faut la voir, quand je rentre à minuit, avec ma lanterne, et que les chiens [. . .] sautent après les portes à claire-voie, en traînant leur chaîne ! Des fois, je sors de voir des films sur le Pôle Nord, avec les pauvres explorateurs qui expirent sous la neige, ou des histoires de vampires, d'assassins ; je vous assure qu'il vaut mieux penser à autre chose en se promenant dans le noir. [. . .][233]

S'il est vrai qu'ici les craintes de Gabrielle peuvent s'expliquer encore par une nature craintive qui est trop impressionnée par les films qu'elle regarde, Gabrielle se rend ensuite compte qu'une personne la suit sur le chemin. Pour cette

---

230 Cf. Marie-Ève Thérenty : La rue au quotidien. Lisibilités urbaines, des tableaux de Paris aux déambulations surréalistes. In : *Romantisme* 171 (11 avril 2016), p. 5–14, p. 13sq. et Dominique Kalifa : Les lieux du crime. Topographie criminelle et imaginaire social à Paris au XIXe siècle. In : *Sociétés & Représentations* n° 17, 1 (1 mars 2004), p. 131–150.
231 André Thérive : *Le Charbon ardent*. Paris : Grasset 1929, p. 234.
232 ibid., p. 168.
233 ibid., p. 68.

raison, Jean l'accompagne avec sa sœur à la maison où ils voient effectivement une ombre que Jean attaque :

> L'ombre courut de plus belle, vers la droite. Il ne la voyait presque plus. Alors il tira au hasard ; une lueur, deux lueurs sortirent de sa main ; le revolver tomba ; il le chercha par terre à genoux, le reprit avec précaution. Et comme il se relevait, il fut presque culbuté par l'homme qui dévalait à toutes jambes, terrifié, en aveugle sans doute. Il le vit tomber sur le chemin, cahoter, décroître, arriver enfin à la première lampe électrique.[234]

La description de la scène correspond à l'*emplotment*[235] de Mac Orlan. Comme chez le dernier, la nuit est tellement sombre que les seuls points visibles sont la lumière électrique éloignée et les tirs du revolver de Soreau. Thérive construit la tension dans l'atmosphère de cet espace suburbain avec les mêmes contrastes que Mac Orlan qui éveillent par ailleurs les craintes romantiques – de vampires et d'assassins – chez Gabrielle.

Si l'atmosphère lugubre des nuits en banlieue correspond à celle qui est également présente chez Mac Orlan, le suiveur de Gabrielle n'est pas un criminel à proprement parler. En effet, la narration semble suggérer que le patron de Jean Soreau, M. Latapie, soit l'ombre de la nuit : le lendemain, il arrive tard au bureau, l'air vieilli, et donne la main gauche à Soreau ;[236] le jour après, il prétend avoir un furoncle au bras qu'il a pansé et réagit d'une manière suspecte quand Soreau raconte qu'il rentrerait au plateau de Villejuif.[237] À la fin du roman, Latapie se suicide en expliquant sa décision « parce qu'il avait passé l'âge du plaisir et de l'amour, et qu'il s'était toujours promis de n'y point survivre ».[238] Au lieu d'un ‹ apache › ou d'un suiveur quelconque, M. Latapie a cherché à se rapprocher de Gabrielle afin de prouver qu'il est toujours homme ; blessé par Soreau, il doit se rendre compte du contraire.

Le fantastique social se trouve de cette façon normalisé: le danger apparent n'est qu'un phénomène quotidien, surtout parce que Gabrielle elle-même avoue à Jean qu'elle est souvent suivi par des hommes.[239] Par ce moyen, Thérive insiste sur l'enracinement du vice extrême dans la société, étant donné que le harcèlement et le risque du viol sont bien réels pour les personnages féminins. Le fantastique social de la périphérie de Paris apparaît donc bien dans *Le Charbon ardent*,

---

234 ibid., p. 205.
235 Terme emprunté de Hayden White : *Metahistory. The historical Imagination in Nineteenth-Century Europe*. Baltimore : John Hopkins University Press 1993, p. 7.
236 André Thérive : *Le Charbon ardent*, p. 211.
237 ibid., p. 216.
238 ibid., p. 285.
239 ibid., p. 235.

mais d'une manière différente que chez Mac Orlan : le fantastique social n'est plus ce qui sort du quotidien, mais il s'intègre dans le cours des vies décrites.

Le roman populiste tend à normaliser les atmosphères de la crise qu'il emploie afin d'évoquer le sort des ‹ petites gens ›. Les crises, notamment celle des lotissements dans l'entre-deux-guerres, mais aussi la grande crise financière et le chômage qui en résulte en France, trouvent une répercussion romanesque marquant l'imaginaire du ‹ peuple › : proche de la criminalité, toujours en danger face à l'indigence et sans protection par l'État qui l'ignore, il est cependant le plus menacé par la modernité qui introduit les machines et qui exige la rénovation des quartiers populaires de sorte que la population de ces quartiers et des banlieues est de plus en plus dispersée.

C'est la disparition des liens entre les ouvriers et les employés qui est aussi au centre des romans dans le sillage de l'esthétique populiste. La modernité urbaine n'a pas des effets positifs pour les protagonistes des romans populistes ; bien au contraire, leur manière de vivre ne semble pas apte à la froideur de la modernité. De cette manière, les liens sociaux disparaissent de plus en plus dans les romans ou se trouvent souvent en danger. Pour cette raison, je chercherai maintenant à analyser de plus près ces liens sociaux, la vie en commun et la communication entre la communauté des personnages, particulièrement dans les romans d'Eugène Dabit, mais aussi dans ceux de Marcel Aymé, de Léon Lemonnier et de Jean Prévost.

5 La communauté en danger : la solidarité du ‹ peuple › face à la modernisation de Paris

Dans une ville qui se transforme, s'enfle, se pare, une vie pitoyable se traîne et continue. Ville pleine de passé et d'art, trop avide, alourdie d'une joie facile et de fragiles richesses. Je me penche sur elle sans tendresse pour entendre des plaintes au milieu des rires, pour trouver une voie lumineuse parmi des rues noires.[1]

Les chapitres antérieurs ont montré que l'esthétique populiste se base sur une fusion obligatoire de la représentation soi-disant réaliste de la pauvreté ou de la marginalité avec la revalorisation esthétique de ces états d'indigence : soit les écrivains adoptent un point de vue qui présente la marginalité comme un état de connaissance moralement supérieur, soit ils déclarent directement la pauvreté comme beau, insistant sur le pittoresque de leur état, comme c'est le cas chez Pierre Mac Orlan. Les romanciers populistes essaient à la fois de signaler les problèmes sociaux et de mettre le lecteur en garde face à la modernité qui ne serait guère favorable aux couches sociales inférieures, ainsi que de tourner les hiérarchies sociales établies en faveur des défavorisés. L'indigence, le manque et l'isolement social deviennent les marqueurs de la force du ‹ peuple › ; par conséquent, l'écrivain ne cherche pas à éveiller la pitié du lecteur, mais à lui démontrer la supériorité de l'expérience de la misère. Ce procédé de renversement, répandu dans la littérature de l'entre-deux-guerres, se rapproche du concept de populisme tel que Passeron et Grignon le définissent.[2]

À part une telle esthétisation de la misère, le roman populiste et la production qui l'entoure pendant l'entre-deux-guerres, se distingue également – et peut-être de manière plus flagrante encore – par la mise en récit de la communauté du ‹ peuple ›.

Si le premier chapitre de ce travail a déjà insisté sur l'impossibilité de déterminer scientifiquement la signification de cette notion, la production romanesque de la période analysée fournit une définition implicite qui prend comme point de départ la situation défavorisée du ‹ peuple › dans les hiérarchies sociales établies et dote celui-ci, dans un deuxième temps, d'une identité qui s'appuie sur son caractère communautaire. Autrement dit, il faut comprendre le ‹ peuple › comme une société de pauvres, pourvue d'un lien social étroit qui crée un réseau de sympathie et de soutien, notamment face à l'automation et

---

1 Eugène Dabit : *Faubourgs de Paris*. Paris : Gallimard 1990, p. 36.
2 Claude Grignon/Jean-Claude Passeron : *Le savant et le populaire. Misérabilisme et populisme en sociologie et en littérature*. Paris : Le Seuil 2015, p. 60.

https://doi.org/10.1515/9783110721157-006

l'aliénation de la bourgeoisie. Ce lien est d'autant plus important que les autres formes de sécurité et de protection – par rapport à la criminalité, la déchéance économique ou la maladie – semblent défaillir pour les personnages mis en scène. Les romans d'Eugène Dabit, qui seront au centre des analyses de ce chapitre, mais aussi la création romanesque de Léon Lemonnier, Marcel Aymé ou Jean Prévost, insistent sur la particularité de la vie en commun dans des immeubles isolés, dans les quartiers populaires ou dans la banlieue. Mais la plupart des ouvrages ne s'arrêtent pas là.

Au contraire, des romans comme *L'Hôtel du Nord*, *Villa Oasis ou les faux bourgeois* ou *La Rue sans nom* montrent que les liens d'amitié et de soutien mutuel sont continuellement menacés par les mutations de la société comme les transformations des quartiers, l'ascension sociale ou l'immigration. Les romans peignent ainsi le portrait du ‹ peuple › sous les assauts de la modernité, de sorte que la vie en commun, trait constitutif du ‹ peuple ›, est menacé de disparaître. Le ‹ peuple ›, ses traditions et ses usages s'effondrent peu à peu dans les romans et ne laissent derrière eux qu'une masse anonyme.[3]

Afin d'analyser la manière dont les romans populistes décrivent la cohésion sociale, ce chapitre mobilise les approches théoriques d'Ottmar Ette à propos du savoir sur la vie dans la littérature.[4] Selon Ette, un tel savoir apparaîtrait notamment dans le contexte de la représentation des communautés diverses – nationales, religieuses, régionales – et leur confrontation de l'autre. La littérature serait capable de fournir des modèles d'une telle « convivance ».[5] Pour appliquer

---

3 C'est le constat de Philippe Roger dans son analyse de l'œuvre de Dabit, cf. Philippe Roger : Le roman du populisme. In : *Critique* 776–777, 1 (2012), p. 5–23, p. 13–16.

4 Le postulat d'ouvrir les Lettres à l'exploration transdisciplinaire de la vie, de la survie et des modes de la vie en commun qu'Ottmar Ette lança à partir de 2007 (cf. Ottmar Ette : Literaturwissenschaft als Lebenswissenschaft. Eine Programmschrift im Jahr der Geisteswissenschaften. In : *Lendemains* 125 (2007), p. 7–32 ; Wolfgang Asholt/Ottmar Ette (éds.) : *Literaturwissenschaft als Lebenswissenschaft. Programm – Projekte – Perspektiven.* Tübingen : Narr Verlag 2010) mobilisa un bon nombre de chercheurs, d'abord surtout en Allemagne, mais bientôt aussi dans le monde hispanophone (Par exemple par le biais de la publication Ottmar Ette (éd.) : *Trans(it)Areas: convivencias en Centroamerica y el Caribe: un simposio transareal.* Berlin : Edition Tranvia/Verlag Walter Frey 2011) et francophone. Du deuxième cas rend notamment compte le dossier sur le sujet dans les *Cahiers d'Histoire des Littératures Romanes* de 2010 qui réunit les contributions à la journée d'étude tenue dans la même année à la maison Heinrich Heine (cf. par exemple : Dominique Viart : Quand l'écriture fait savoir. Contribution à une histoire des relations entre sciences humaines et littérature (française). In : *Romanistische Zeitschrift für Literaturgeschichte/ Cahiers d'Histoire des Littératures Romanes* 34.3/4 (2010), p. 491–507).

5 Ce néologisme apparaît également en langue allemande dans le titre de l'étude d'Ottmar Ette, cf. Ottmar Ette : *ZusammenLebensWissen: List, Last und Lust literarischer Konvivenz im globalen Maßstab.* Berlin : Kadmos 2010. En français, le terme se retrouve depuis peu de temps

le terme au roman de l'entre-deux-guerres, il faut le modifier légèrement car il ne s'y agit guère de la diversité culturelle ou de la rencontre d'individus issus de contextes culturels divers ; en vérité, très peu d'exemples illustrent de telles confrontations. Ce qu'il importe bien davantage de relever est la manière dont le roman de l'entre-deux-guerres aborde la vie en commun et le rapport entre les individus dans l'espace urbain. Vivre ensemble trouve donc ainsi deux manifestations différentes qu'il est possible de caractériser comme la représentation de l'espace partagé de la communauté du ‹ peuple › – ce qui inclut également le rapport de force inverse, c'est-à-dire la représentation du pouvoir de création de communautés de l'espace – ainsi que les pratiques de la création et de l'entretien du rapport social.

Pour cette raison, il convient de s'intéresser à la manière dont les romanciers populistes représentent la vie en commun du ‹ peuple › et quels dangers celui-ci affronte quotidiennement. Cette analyse fournira, d'abord, un survol de la création de cet auteur qui montrera que son œuvre est particulièrement intéressée à la représentation des rapports sociaux et trouve un imaginaire capable d'exprimer les transformations de la vie en commun du ‹ peuple ›. Ces remarques conduiront ensuite à l'analyse des deux formes de mise en récit de la sociabilité populaire dans les romans de l'entre-deux-guerres. D'une part, l'instabilité du lien social se reflète dans l'agencement des espaces qui définissent la communauté populaire. D'autre part, les liens sociaux sont évoqués à partir de certaines unités sociales comme la famille ou les immigrés qui, à leur tour, se trouvent dans un processus de transformation dans la société. Les romans de Lemonnier, Prévost ou Aymé montrent ainsi que les logiques de support familial, qui ont été instaurées particulièrement par l'hégémonie morale de la religion, s'effondrent, mais sont remplacées, au moins en partie, par une nouvelle solidarité de classe ou bien, de manière plus générale, de la condition sociale. Ainsi, l'esthétique populiste insiste sur un danger supplémentaire que le ‹ peuple › doit envisager : sa propre fragmentation en classes sociales, en groupements identitaires ou encore en personnes individualistes, ce qui risque d'endommager le rapport étroit et ainsi l'unité du ‹ peuple ›. Ces deux volets de la vie en commun, c'est-à-dire la mise en scène de ses endroits ainsi que de ses pratiques et traditions, aboutissent à la définition du ‹ peuple › comme réseau de sociabilité.

---

dans certains titres des sciences politiques ou dans les essais de divulgation politique comme J. Couture : *Convivance. Pour un meilleur vivre-ensemble.* Saint-Denis : Édilivre, 2016. Des membres de l'académie française introduisent le mot en France avec l'espoir de contribuer à l'amélioration des rapports sociaux, cf. Ghislaine Alajouanine : *Plaidoyer pour la convivance. Failles et faillites des sociétés hyperconnectées.* Paris : Hermann 2017, p. 7sq.

5.1 Portrait d'Eugène Dabit en champion de l'esthétique populiste

La fragmentation du ‹ peuple › à tous les niveaux est particulièrement palpable dans l'œuvre romanesque d'Eugène Dabit qui sera, pour cette raison, au centre des analyses suivantes. Avant d'entamer l'analyse des romans en soi, il faut néanmoins revenir d'abord sur leur signification dans le cadre de la production de l'entre-deux-guerres et leur situation par rapport à l'esthétique populiste.[6]

L'analyse du champ littéraire de l'entre-deux-guerres et de la position de l'esthétique populiste dans celui-ci a déjà montré que Dabit prend certes ses distances avec les écrivains et du programme du roman populiste, mais ne se distingue pas vraiment, sur le plan esthétique, des revendications du *Manifeste*. Comme les autres écrivains proches de la revue *Europe*, Dabit défend sa position comme écrivain indépendant qui veut utiliser la littérature comme moyen de rendre compte de la réalité, sans s'intéresser particulièrement à l'innovation formelle ou langagière et sans s'associer à un programme politique. Plus encore, Dabit semble accepter l'identification comme écrivain populiste sur le plan superficiel, étant donné qu'il accepte le premier Prix du roman populiste décerné en 1931 et qu'il ne s'oppose guère publiquement à l'étiquette.[7]

En regardant la correspondance privée entre Dabit et Lemonnier, leur rapport et l'étiquette de roman populiste pour le roman du premier deviennent plus claire : à partir de la lettre que Dabit adresse le 17 février à Lemonnier, il est possible de conclure que Dabit a envoyé par l'intermédiaire de son éditeur Robert Denoël un exemplaire de son roman à Lemonnier. D'une certaine façon, Dabit cherche donc à se rapprocher des écrivains populistes, mais il souligne simultanément l'écart qui les sépare :

> Il ne s'agissait point de populisme, je n'y songeais guère lorsque j'ai écrit cet ouvrage. Comme je suis heureux que, à l'encontre de certains, vous ne m'accusiez point d'avoir usé d'une tendance pour me servir.

---

6 Une telle mise en situation est possible grâce aux recherches biographiques très complètes à propos de l'écrivain de Pierre-Edmond Robert : *D'un Hôtel du Nord l'autre. Eugène Dabit 1898–1936*. Paris : Bibliothèque de littérature française contemporaine 1986.

7 Une des rares exceptions est l'entretien avec Frédéric Lefèvre qui suit à la publication de *Petit-Louis* dans lequel Dabit stipule que le roman populiste présente « un travail littéraire auquel manque l'état de grâce que donnent l'amour et une compréhension » alors que Dabit veut porter un témoignage qui doit « servir » à sa « classe », tout en soulignant l'importance du travail littéraire sur la forme (cf. Frédéric Lefèvre : La littérature et le peuple. Une heure avec Eugène Dabit. In : *Les Nouvelles littéraires, artistiques et scientifiques* (27 décembre 1930), p. 7).

Nous nous rencontrons sur le même terrain, avec des soucis simplement humains. Ce monde auquel vous vous consacrez est le mien, je ne pense pas le quitter jamais. C'est vous dire combien je me sens proche de votre effort.[8]

Au fond, Dabit ne s'oppose pas à l'esthétique populiste ; ses réticences à adhérer officiellement au roman populiste s'expliquent seulement par sa volonté d'être reconnu comme un écrivain qui ne souscrit à aucune *doxa*. Autrement dit, il redoute que la sincérité de son œuvre puisse être compromise s'il assumait pleinement l'étiquette de Lemonnier. Dabit constate qu'il poursuit le même objectif que Lemonnier, c'est-à-dire de montrer la dignité du ‹ peuple › dans sa condition humaine.[9]

L'indifférence apparente de Dabit face aux débats littéraires de son époque s'expliquent donc par sa stratégie de se placer dans le champ littéraire. Dabit aspire à une certaine autorité au pôle autonome du champ littéraire et développe de plus en plus la posture de l'artiste-écrivain, sans oublier ses racines populaires. S'il n'est pas exempt de la politisation du champ littéraire – Dabit adhère à l'AEAR à partir du 15 novembre 1932 malgré ses doutes d'être instrumentalisé[10] –, il professe une admiration particulière pour Gide[11] et le suit en 1936 pendant son voyage en URSS où l'auteur de *L'Hôtel du Nord* meurt suite à une maladie obscure. En raison de sa mort précoce, la trajectoire professionnelle littéraire de Dabit est extrêmement courte et ne comprend que 10 ans si l'on compte ses débuts comme critique d'art à *Europe* en 1926.[12] Néanmoins, la trajectoire de l'écrivain se présente comme une véritable histoire de succès et il arrive à la position d'une certaine autorité littéraire, au moins dans le champ de la production médiane. Atteste de son importance la publication d'un recueil

---

8 Eugène Dabit : Lettre à Léon Lemonnier, 17 février 1930, Bibliothèque nationale de France, NAF 14111, feuille 33.

9 Dabit réitère sa position dans une autre lettre à Lemonnier : « [. . .] les problèmes que vous vous posez sont aussi les miens. Nous leur trouvons des solutions différentes. Des questions d'écoles et de journalisme les rendent confuses. [. . .] L'essentiel dans tout cela, est de retrouver l'homme » (Eugène Dabit : Lettre à Léon Lemonnier, 17 décembre 1930, Bibliothèque nationale de France, NAF 14111, feuille 34).

10 Pierre-Edmond Robert : *D'un Hôtel du Nord l'autre*, p. 135.

11 Le roman *La Zone verte* s'ouvre sur une dédicace à André Gide « qui, certain jour de février 1927, simplement m'accorda son attention et me fit confiance » (cf. Eugène Dabit : *La Zone verte*. Paris : Gallimard 1935, p. 7).

12 Eugène Dabit : Rétrospective Loutreil (1885–1925). In : *Europe* 36 (15 mars 1926), p. 426–428. Pierre-Edmond Robert compte comme véritable début de la carrière littéraire de Dabit la publication de *L'Hôtel du Nord* et arrive pour cette raison à la conclusion que la « carrière littéraire [de l'écrivain] n'aura couvert que sept années à peine » quand il meurt en 1936 à Sébastopol (Pierre-Edmond Robert : *D'un Hôtel du Nord l'autre*, p. 9).

de témoignages qui évoquent l'écrivain, *Hommage à Eugène Dabit*, dans la collection de la *N.R.F.* en 1939 qui réunit notamment des autorités du champ littéraire de l'époque comme Gide, Giono et Guéhenno ainsi que le leader du roman populiste, André Thérive.[13]

L'entrée de Dabit dans le champ littéraire n'est toutefois pas directe. En effet, la littérature n'est pas la première occupation de Dabit qui commence sa vie professionnelle comme apprenti serrurier à quatorze ans,[14] puis travaille pendant le début de la Grande Guerre comme laveur et balayeur aux Chemins de fer du Nord afin de soutenir sa mère. Après la Grande Guerre, qui lui donne l'occasion de perfectionner ses compétences de dessin, il jouit du soutien de ses parents et poursuit une formation comme peintre et forme à partir de 1924 avec d'autres peintres mineurs le « groupe de Pré-Saint-Gervais » autour de Maurice Loutreuil.

Eugène Dabit n'entre donc pas directement comme écrivain dans le champ littéraire, mais son parcours connaît plusieurs détours par les arts plastiques avant que son entrée soit assurée par la publication par Denoël. Ce n'est cependant pas uniquement grâce à Denoël que Dabit réussit à se placer comme écrivain. En effet, les efforts de Dabit pour être reconnu en tant qu'écrivain et de trouver un éditeur datent de 1927 quand l'écrivain cherche le contact avec son grand modèle André Gide afin de lui soumettre la première version de son deuxième roman, *Petit-Louis* qui reprend ses souvenirs de jeunesse.[15]

Si André Gide lui recommande de ne pas publier *Petit-Louis*,[16] Dabit lui envoie un nouveau cahier quelques mois plus tard qui contient la première version de *L'Hôtel du Nord* ; Gide n'est toujours pas convaincu, mais recommande, après quelques semaines de réflexion, l'ouvrage à Roger Martin du Gard qui doit aider Dabit à retravailler le manuscrit.[17] S'il est impossible de connaître toute l'étendue de l'influence de l'auteur des *Thibault* sur Dabit, étant donné que le manuscrit de ce qui s'appelait encore *L'Hôtel du Nord ou la Détresse parisienne* n'est pas conservé,[18] le travail des deux écrivains s'avère long : Dabit retravaille pratique-

---

13 Collectif (éd.) : *Hommage à Eugène Dabit*. Paris : Gallimard 1939. En outre, le recueil contient des textes des écrivains Marcel Arland, Claude Aveline, Marc Bernard, Jean Blanzat, André Chamson, Léopold Chauveau, Max Jacob, Marcel Jouhandeau, André Maurois ainsi que du sociologue Georges Friedmann, du philosophe Brice Parain, et des dessinateurs et peintres Frans Masereel et Maurice Vlaminck.

14 Pierre-Edmond Robert : *D'un Hôtel du Nord l'autre*, p. 25.

15 ibid., p. 61.

16 Maurice Dubourg/André Gide : *Eugène Dabit et André Gide*. Paris : Plaisir du bibliophile, p. 29.

17 Pierre-Edmond Robert : *D'un Hôtel du Nord l'autre*, p. 65sq.

18 Eugène Dabit/Roger Martin Du Gard : *Eugène Dabit, Roger Martin Du Gard : Correspondance* I : *(1927–1929)*, édité par Pierre Bardel. Paris : CNRS Éditions 1986, p. 155sq., n. 4.

ment l'intégralité de son roman conformément aux remarques de Roger Martin du Gard et de Léopold Chauveau qu'il rencontre en 1928,[19] et ce n'est qu'à la fin de cette année que le roman aboutit lentement à sa version finale.

Malgré les réticences de Roger Martin du Gard, Eugène Dabit veut le publier le plus vite possible. Dabit a du mal à trouver un éditeur : Jean-Richard Bloch qui dirige une collection chez Rieder juge qu'« il manque au livre de Dabit je ne sais quelle chaleur centrale et cachée qui lui donnerait sa vie propre »,[20] Jean Guéhenno, de la même maison d'édition, porte un jugement plus favorable, mais le transmet à Marcel Martinet qui le refuse finalement en octobre. Simultanément, Dabit se renseigne sur la possibilité de publier le livre à ses propres frais et rencontre Robert Denoël qui vient d'ouvrir une bibliothèque et qui lui propose d'éditer le roman.[21] Grâce à cette publication, la stratégie de presse avancée qui distingue Robert Denoël comme jeune éditeur[22] et grâce au soutien de Roger Martin du Gard, Eugène Dabit réussit une entrée en force dans le champ littéraire. Son roman suscite l'intérêt des agents du champ, notamment parce que la tutelle de Roger Martin du Gard se fait rapidement connaître.[23] Encore par le biais de Roger Martin du Gard, Gaston Gallimard développe aussi un fort intérêt pour le jeune romancier qu'il veut dès lors publier dans les éditions de la *N.R.F.*[24] Dabit signe le contrat avec Gallimard en 1930 et jouit désormais d'un public plus grand. Ses prochains romans ne rencontreront pourtant pas le succès du premier.

La publication de *L'Hôtel du Nord*, qui a lieu le 10 décembre 1929, coïncide presque exactement avec les débats autour des premiers articles qui formeront au début de l'année prochaine le *Manifeste du roman populiste* de Lemonnier dans *L'Œuvre* ; cette coïncidence – et l'annexion successive de Dabit par le courant de Lemonnier – contribuent au succès du livre et portent Dabit rapidement au centre des débats littéraires. Son relatif silence face au groupe de Lemonnier et le changement de stratégie de celui-ci, qui ne prétend plus à partir de 1930 à fonder une école littéraire, mais à constater « une tendance générale qui, peu à peu, a pris conscience d'elle-même en quelques années »,[25] permettent cette

---

19 ibid., p. 32.
20 ibid., p. 327.
21 Pierre-Edmond Robert : *D'un Hôtel du Nord l'autre*, p. 81.
22 À propos de Denoël et le travail de l'éditeur, cf. Philippe Roussin : *Misère de la littérature, terreur de l'histoire. Céline et la littérature contemporaine*. Paris : Gallimard 2005, p. 61.
23 Pierre Bardel : Introduction. In : Eugène Dabit/Roger Martin Du Gard : *Eugène Dabit, Roger Martin Du Gard : Correspondance*. I : *(1927–1929)*. p. 7–149, p. 52sq.
24 Pierre-Edmond Robert : *D'un Hôtel du Nord l'autre*, p. 82.
25 Léon Lemonnier : *Manifeste du roman populiste*. Paris : Jacques Bernard 1930, p. 66.

approximation à juste titre. De cette façon, Dabit prend la place du ‹ champion ›
de l'esthétique populiste : son premier roman est publié au bon moment et se
sert de la bonne thématique – la vie et la communauté d'un milieu populaire
dans un hôtel de basse qualité – de sorte que son auteur prend la place centrale
de l'esthétique populiste.

En vérité, Eugène Dabit s'inscrit à la fois dans la production du roman populiste et dans celle de la littérature prolétarienne. Si Dabit accepte en 1931 le
premier Prix du roman populiste pour *L'Hôtel du Nord*, il fait simultanément
partie de manière temporaire du comité de rédaction de *Nouvel Âge* d'Henry
Poulaille. À ce titre, son nom figure aussi parmi les signataires du manifeste du
Groupe d'écrivains prolétariens que Poulaille fonde en 1932.[26] Cette adhésion
s'explique cependant moins par la conviction que le programme de Poulaille
est le mieux adapté aux aspirations de Dabit, mais plutôt par la volonté de rester en dehors des politiques de parti. Dabit opte en général pour une approche
apolitique de la littérature qui va de pair avec son statut d'auteur publié par les
collections de la *N.R.F.*[27]

En 1931, Eugène Dabit décrit très concrètement dans un article pour *Les Lettres* ce qu'il poursuit dans ses efforts littéraires : il s'agit de décrire l'« atmosphère
de Paris » et de dégager « une force saine, une poésie simple et farouche »[28] des
quartiers des ouvriers. Selon Dabit, c'est « l'amour, et cet état de grâce que nous
donne la pauvreté »[29] qui manque à la plupart des romans populistes et qu'il
poursuit en s'inspirant de Jules Vallès, Charles Péguy et Charles-Louis Philippe.
Il est important de noter que cette remarque qui doit distinguer Dabit des populistes autour de Lemonnier ne fait que l'en rapprocher, étant donné que le dernier écrit simultanément qu'il s'agit de traduire « l'amour du peuple »[30] dans les
romans populistes. Ce qui intéresse autant les populistes que Dabit est de créer,
comme le dit Dabit lui-même, non « une littérature de classe, mais d'une foule
qu'il faut tirer de l'oubli, dont on doit dessiner le visage, dire les souffrances et
les joies, les deuils et les espérances. »[31] Cette « foule » qu'évoque Dabit se caractérise par sa passivité et par le fait qu'il souffre d'un manque de cohésion sociale.

---

26 H. Poulaille : ‹ Notre position ›. Manifeste du Groupe des écrivains prolétariens de langue
française. In : *Bulletin des Écrivains prolétariens* 1 (mars 1932), p. 1–2, repris dans Henry Poulaille : *La littérature et le peuple*, édité par Jérôme Radwan. Bassac : Plein chant 2003,
p. 168–172, p. 171.
27 P.-E. Robert, « Eugène Dabit, écrivain et peintre français (1898–1936) », *Roman 20–50*, décembre 1994, n° 18, p. 7–15, p. 10.
28 L'article est repris dans Eugène Dabit : *Ville lumière*. Paris : Dilettante 1990, p. 17–24, p. 22.
29 ibid.
30 Léon Lemonnier : *Populisme*. Paris : La Renaissance du Livre 1931, p. 189.
31 Eugène Dabit : *Ville lumière*, p. 22.

La représentation littéraire que Dabit entreprend poursuit un objectif aussi net : « en retraçant leurs misères, tenter de les délivrer »[32] ainsi que « condamner les laideurs de leur ville, cette ville dure, bruyante, presque monstrueuse, qui est leur création et qui leur apporte, comme un amour, le désespoir et la joie. »[33] La représentation réaliste des conditions de vie, dont leur espace vital, doit donc contribuer à une amélioration de la situation.

5.2 L'immeuble, le quartier et la banlieue comme foyers identitaires du ‹ peuple ›

Le sujet principal de l'écriture de Dabit étant la transformation du ‹ peuple › en foule anonyme, il faut s'interroger sur les formes et situations d'interaction entre les personnages dans les romans de Dabit afin de comprendre les différences entre le ‹ peuple › comme détenteur des traditions nationales et les individus qui se retrouvent dans les pages de Dabit. Car l'écrivain n'envisage le ‹ peuple › ni comme union nationale, ni comme force révolutionnaire : au contraire, toute son œuvre peint une population composée d'individus uniquement unis dans la médiocrité de leur existence[34] et décrit par ailleurs son inertie et son déracinement.

Quels sont donc les traits constitutifs du ‹ peuple › dans l'œuvre de Dabit ? Une première piste pour l'analyse de l'identité populaire dans les romans se trouve dans la description des espaces où les personnages vivent. *L'Hôtel du Nord* illustre notamment la manière dont les conditions de vie précaires se traduisent notamment dans un décor instable. Ensuite, la lecture de *Villa Oasis ou les faux bourgeois* montrera que c'est notamment l'espace citadin qui détermine l'identité du ‹ peuple ›.

5.2.1 L'instabilité du logement : L'Hôtel du Nord contre la société moderne

En guise d'introduction à l'analyse de *L'Hôtel du Nord*, il convient de revenir au résumé que Dabit en fournit lui-même dans son article « Atmosphère de Paris » en 1931 :

---

32 ibid., p. 23.
33 ibid., p. 23sq.
34 C'est ainsi que Roger décrit le ‹ peuple › qui est représenté dans les romans populistes, cf. Philippe Roger : Le roman du populisme, p. 14.

> Le destin m'a fait longtemps vivre et travailler à l'Hôtel du Nord. J'y ai vu arriver un à un les personnages de mon livre, je les ai vus partir, et plus jamais ne les ai rencontrés. Rien de plus émouvant, de plus désespérant aussi que leur existence, sans poésie ni révolte, ni rêve. Des hommes confiants dont certains venus de la campagne, pauvre chair broyée sous la meule des villes. Rien d'eux ne subsiste aujourd'hui. Un nom ? Pas toujours. Et c'est alors que me vient le désir de les faire revivre, de les comprendre, de les aimer, moi qui leur ressemblais un peu, aussi de m'effacer devant eux, de les montrer nus, simples, confiants.[35]

Dabit remarque la solitude de ses personnages et le manque de contact entre lui et eux ; ils se distinguent par leur mouvement d'arrivée et de départ ainsi que par la remarque qu'ils représentent de la « pauvre chair broyée sous la meule des villes ». Dans les deux cas, la caractérisation des personnages se base sur des représentations spatiales, même si la dernière remarque est de valeur métaphorique ; il est néanmoins remarquable que les villes, dans leur composition comme espace de vie et comme réseau de liens sociaux, sont personnifiées comme les destructeurs de la vie humaine. Dabit crée de cette manière une antinomie entre la vie et la ville qui, à son tour, dépersonnalise les individus. Cette permutation des rôles communs – la ville destructrice active et les foules passives – montre à quel point la représentation de la ville et de ses espaces est essentielle dans l'œuvre de Dabit :[36] l'espace influence les personnages romanesques et les contraint à certaines formes d'action. La citation est effectivement représentative du procédé esthétique de l'écrivain, car les véritables conflits se situent au niveau de l'interaction des personnages avec leur entourage vital.

L'importance de l'espace dans l'œuvre d'Eugène Dabit est déjà l'objet de quelques articles de recherche.[37] Dans l'article qu'il consacre à *L'Hôtel du Nord*, Dirck Degraeve insiste sur la fonction double de l'hôtel telle qu'elle s'est montrée dans la citation ci-dessus : ce lieu est à la fois garant de l'authenticité du roman, mais aussi, malgré l'absence de descriptions exactes, l'antagoniste pri-

---

35 Eugène Dabit : *Ville lumière*, p. 20.

36 Cf. Évelyne Cohen : *Paris dans l'imaginaire national de l'entre-deux-guerres*. Paris : Publications de la Sorbonne 1999, p. 265sq.

37 Bernard Alluin : *L'Hôtel du Nord* : un univers dénué de sens. In : *Roman 20–50* 18 (déc. 1994), p. 27–34 ; DirckDegraeve : La représentation de l'espace dans *L'Hôtel du Nord* d'Eugène Dabit. In : *Roman 20–50* 18 (déc. 1994), p. 35–46 ; Derek Schilling : La grande banlieue d'Eugène Dabit. Essai de géopoétique historique. In : *Poétique* 131 (sept. 2002), p. 331–355 ; Carme Figuerola : Lieux magiques ou maudits ? Autour du Paris d'Eugène Dabit. In : *Lieux magiques. Magie des lieux*. Clermont-Ferrand : Presses Universitaires Blaise Pascal 2008, p. 77–92 ; Azucena Macho Vargas : À propos des espaces dans Villa Oasis d'Eugène Dabit. In : *Roman 20–50* 50 (1er fév. 2016), p. 137–146.

mordial des personnages romanesques.[38] Comment est-ce possible ? En analysant *L'Hôtel du Nord*, on peut se rendre compte que plusieurs tensions soustendent la représentation de l'hôtel du roman : d'abord, l'hôtel s'oppose à la création d'une identité individuelle des personnages ; ensuite, l'hôtel ne permet pas l'établissement d'un véritable lien solidaire entre les personnages et nie ainsi – jusqu'à un certain point – la fonction de foyer de la communauté populaire ; enfin, l'hôtel ne semble pas véritablement s'inscrire dans une temporalité concrète ce qui conduit à un certain conflit entre l'espace et le temps. Ainsi, l'hôtel du roman représente une hétérotopie dans le sens foucaldien[39], mais une hétérotopie qui dévoile l'inanité de la vie du ‹ peuple › ou même de la vie en général. Dans les analyses suivantes, il convient de regarder plus précisément ces tensions que les descriptions de l'hôtel créent dans la représentation de l'ensemble de ses personnages afin de revenir à l'analyse de la configuration du ‹ peuple › à l'intérieur du roman.

Avant d'entrer au vif de l'analyse, il faut rappeler les grandes lignes du roman de Dabit. *L'Hôtel du Nord* se compose de 35 chapitres qui rapportent des épisodes de la vie des propriétaires et des habitants de l'hôtel nommé. Dans ce contexte, la narration insiste notamment sur le quotidien des personnages. La structure du roman qui découle de l'intérêt pour les anecdotes de la vie quotidienne explique l'absence d'une véritable trame narrative du roman :[40] la multiplicité des personnages qui sont réunis par la seule existence de l'hôtel ne permet pas de véritable développement, mais conduit à la répétition de la représentation de la misère du ‹ peuple ›.[41] La récurrence de quelques personnages choisis ne donne qu'un certain cadre. C'est notamment le cas pour les propriétaires et les employées du lieu :[42] Émile Lecouvreur, ancien cocherlivreur, et son épouse décident d'acheter l'Hôtel du Nord avec de l'argent prêté par le frère de l'épouse. De cette manière, ils espèrent disposer d'un logement stable et s'enrichir. Ils font d'abord la connaissance des habitués de l'hôtel, des hommes qui jouent à la manille et s'enivrent dans l'hôtel, mais aussi de Renée, qui commence à y travailler comme femme de chambre. Son travail dans l'hôtel et le fait d'être abandonnée par son compagnon Pierre conduisent à sa lente

---

38 Dirck Degraeve : La représentation de l'espace dans *L'Hôtel du Nord* d'Eugène Dabit, p. 35.
39 Cf. Michel Foucault : Des espaces autres. In : Michel Foucault : *Dits et écrits. 1954–1986* 4. Paris : Gallimard 1994, p. 752–762.
40 Bernard Alluin appelle *L'Hôtel du Nord* le « roman du ‹ non-événement › » (Bernard Alluin : *L'Hôtel du Nord* : un univers dénué de sens, p. 31).
41 N. Wolf : Image du peuple et forme narrative dans *L'Hôtel du Nord* d'Eugène Dabit. In : *Roman 20–50* 5 (1988), p. 105–111, notamment p. 109sq.
42 ibid., p. 107.

déchéance comme prostituée qui conduit à son expulsion. Le sort de sa remplaçante Jeanne n'est guère différent : après avoir été violée, elle devient l'amante du boxeur Chartron, ensuite de l'électricien Couleau et finalement abandonnée, elle tombe enceinte et doit quitter son travail. L'hôtel doit fermer et sera détruit pour faire place aux bureaux de l'entreprise « *Cuir moderne* » ;[43] aucun souvenir de l'hôtel ne sera conservé, mais les Lecouvreur peuvent jouir d'une rente modeste.[44]

Le roman brosse ainsi le portrait d'un certain milieu qui se compose, selon les affirmations de l'ancien propriétaire de l'hôtel Goutay, « de la bonne clientèle d'ouvriers » ;[45] le lecteur pourrait donc s'attendre à la présentation détaillée d'un microcosme qui doit être représentatif de toute une classe comme dans les romans balzaciens du type du *Père Goriot*. En effet, le roman de Dabit présente une variété de « spécimens sociaux », représentant un éventail de personnages qui exercent les métiers les plus variables.[46] L'auteur ne se soucie en revanche ni de fournir des descriptions détaillées de ses personnages, ni de les doter d'une trajectoire particulière et individuelle.[47] En réalité, le texte ne dévoile guère de détails concernant les personnages, ni au niveau physique, ni au niveau de leur caractère ; seul leur métier est nommé et cela doit suffire à la description des personnages. Ils demeurent donc souvent indéfinis, uniquement des fonctions sociales dont la voix du narrateur confirme le « destin monotone » et l'identité d'« existences machinales irrévocablement rivées à des tâches sans grandeur. »[48] Malgré la figuration de divers métiers dans la diégèse du roman, le lecteur ne gagne aucune impression claire des personnages ; plus encore, il peut même avoir de la peine à les distinguer. Ce trouble d'identification des personnages s'explique non seulement par l'absence de descriptions, mais également par la configuration des espaces dans lesquels Dabit les situe.

En vérité, l'espace en soi n'est pas non plus l'objet de descriptions exactes. Pis encore, les descriptions qui apparaissent au fil du roman se contredisent dans certains cas mutuellement. Cette indéfinition de l'espace est d'abord visible au niveau du quartier dans lequel l'hôtel se situe. *A priori*, l'espace du roman est clairement délimité : à part quelques exceptions insignifiantes, l'action du roman se déroule exclusivement dans le quartier autour du quai des

---

43 Eugène Dabit : *L'Hôtel du Nord*. Paris : Denoël 1956, p. 210, italiques reprises de l'original.
44 ibid., p. 214.
45 ibid., p. 16.
46 Nelly Wolf : Image du peuple et forme narrative dans *L'Hôtel du Nord* d'Eugène Dabit, p. 107sq.
47 Bernard Alluin : *L'Hôtel du Nord* : un univers dénué de sens, p. 27.
48 Eugène Dabit : *L'Hôtel du Nord*, p. 47.

Jemmapes et du canal Saint-Martin.[49] Toutefois, l'espace du quartier est l'objet de descriptions contradictoires : d'une part, la vue du toit de l'hôtel convainc Émile Lecouvreur d'acheter l'hôtel,[50] d'autre part, le quartier suscite la peur pendant la nuit et devient également la scène de crimes atroces. Après l'acquisition de l'hôtel, les Lecouvreur sortent de l'hôtel et constatent qu'« [o]n ne pouvait pas en voir grand-chose à cette heure-là. A peine si un réverbère permettait de distinguer les fenêtres du premier étage ; le reste se perdait dans la nuit » et Louise Lecouvreur prend notamment conscience du canal désert et du « bruit sinistre »[51] de l'écluse. De cette manière l'espace autour de l'hôtel s'inscrit dès le troisième chapitre dans l'atmosphère de ce que Mac Orlan appelle le fantastique social. Il est à la fois le foyer de promenades joyeuses,[52] mais il est aussi l'endroit où des « rôdeurs »[53] apparaissent subitement, où les noyés sont repêchés[54] et où les bagarres entre la police et les manifestants éclatent le premier mai.[55]

De cette façon, il est malaisé de donner une qualification exacte et nette du quartier ; le même personnage, Émile Lecouvreur semble découvrir à nouveau le paysage urbain après la découverte de la noyée :

> Jamais il n'a eu la curiosité de se promener à la tombée du jour. [. . .]Il va lentement. Il contourne un homme étendu, qui repose la tête appuyée sur un sac de ciment. Un « clochard ». L'asile du quai de Valmy est là-bas, sombre et nu comme une caserne. Des êtres marchent, les épaules repliées, la poitrine creuse, des vieux qui traînent, traînent leur existence comme le palefrin. Un à un, en courbant l'échine, ils franchissent la porte de l'Asile.
>
> « Y sont tout de même mieux là-dedans que sous les ponts », pense Lecouvreur.
>
> Sur un tas de sable des amoureux se tiennent embrassés. Il surprend leurs baisers, leurs chuchotements. Il s'arrête et pousse un soupir. Des rôdeurs le frôlent. On entend, de loin, le métro passer sur le viaduc dont les piliers se perdent dans l'ombre ; des convois éblouissants rayent le ciel comme des comètes.[56]

Le quartier du canal Saint-Martin n'est plus le quartier des promenades amusantes de Lecouvreur, mais se présente comme l'endroit d'une langueur douloureuse qui dévoile aussi d'autres existences sociales : si *L'Hôtel du Nord* met

---

49 Carme Figuerola : Lieux magiques ou maudits ? Autour du Paris d'Eugène Dabit, p. 82.
50 Eugène Dabit : *L'Hôtel du Nord*, p. 17.
51 ibid., p. 28.
52 ibid., p. 70 et p. 168sq.
53 ibid., p. 44, p. 88.
54 ibid., p. 84sq.
55 ibid., p. 177–179.
56 ibid., p. 88.

en scène des « vies précaires »[57] comme le narrateur le dit explicitement, c'est la seule fois qu'il est question des sans-abris dans le roman. En outre, Lecouvreur observe les difficultés de la vieillesse chez les individus qui vont à l'asile. Dans ce contexte, il semble même que l'entrée de l'asile provoque la courbature du dos, autrement dit, que c'est l'espace qui déforme les êtres dans *L'Hôtel du Nord*.

Mais même au moment où les rôdeurs des boulevards se joignent à Lecouvreur, ni la voix du narrateur, ni celle de Lecouvreur n'aboutissent à la problématisation de ces existences marginales ; bien au contraire, la rencontre avec le sans-abri et les vieux est combinée avec la représentation des amours des pauvres allongés sur un tas de sable. Cette observation, qui aurait pu conduire à la discussion supplémentaire de la pauvreté, contribue à l'esthétisation de cette misère urbaine, soulignée par le soupir de Lecouvreur. Pour le reste, Dabit évite toute forme de dramatisation de la pauvreté ou de la misère des marginaux,[58] bien au contraire, le commentaire laconique de Lecouvreur à propos des personnes âgées déjoue la véritable pitié ou au moins l'indignation face aux injustices sociales. Un jugement à propos des situations observées manque complètement dans le récit,[59] ce qui contribue à l'ambivalence de la mise en scène du quartier. Lecouvreur semble s'évanouir derrière la présentation sobre des faits sociaux et des endroits. En effet, depuis la vue du corps mort, il reste pratiquement muet et ses pensées aussi restent vagues et sans émotions. Dans un tel contexte, il n'est pas surprenant que Lecouvreur se détourne du canal sans commentaire supplémentaire et retourne à l'hôtel.

La représentation de la vie urbaine oscille ainsi entre deux pôles sans que le jugement d'un personnage ou la voix du narrateur ne décide que l'un ou l'autre soit plus décisif[60] : d'un côté, la narration présente des individus seuls et précaires, marginaux de la vie sociale de la vie. De l'autre, l'espace de la ville donne la possibilité – et le lieu – à l'amour. La citation ci-dessus montre déjà cette dichotomie qui rythme également les autres chapitres du roman ; elle montre également qu'un jugement final sur le quartier du canal Saint-Martin n'est jamais présent dans le roman et que l'horreur est toujours confrontée avec le beau, procédé qui rapproche la représentation chez Dabit du fantastique social de Mac Orlan.

---

57 ibid., p. 44.

58 Cf. aussi Bernard Alluin : *L'Hôtel du Nord* : un univers dénué de sens, p. 29–31.

59 Cf. aussi Nelly Wolf : Image du peuple et forme narrative dans *L'Hôtel du Nord* d'Eugène Dabit, p. 109.

60 Cf. Carme Figuerola : Lieux magiques ou maudits ? Autour du Paris d'Eugène Dabit, p. 81.

Il n'est pas surprenant, par conséquent, que la caractérisation des personnages reste souvent neutre, car ce n'est pas seulement le quartier, mais aussi l'hôtel qui n'est pas capable de les doter d'une identité plus prononcée. Car il faut souligner que l'hôtel ne se distingue par aucune particularité qui ne soit pas objet d'une relativisation subséquente. La plupart du temps, les chambres, les couloirs et les salles de l'établissement sont exempts de descriptions ; quand il y en a, par ailleurs, elles refusent d'accorder de véritables caractéristiques au lieu.

La première description des intérieurs de l'hôtel lors de la visite du site par les Lecouvreur suggère notamment un espace qui se démarque par son obscurité et par l'exiguïté : d'abord le couloir qui dessert les chambres est tellement sombre qu'il est « impossible de lire sur les portes les numéros des chambres » et que Lecouvreur soutient qu'« on se croirait dans un tunnel. »[61] D'une des chambres dont le lecteur apprend qu'elle est « si petite qu'il n'y pouvait guère tenir qu'un visiteur à la fois » la voix narrative, qui emprunte le point de vue de Louise Lecouvreur, retient le suivant :

> Une lumière grise s'accrochait aux rideaux déchirés, un papier à fleurs attristait les murs ; le lit se trouvait serré entre une armoire de bois blanc et la table de toilette ; dans un coin, près du seau hygiénique, traînait une paire de vieux souliers. L'exiguïté, le dénuement, l'odeur de ce lieu, créaient un malaise.[62]

Rien ne semble retenir l'attention dans cette chambre qui se présente dans différentes nuances de gris ;[63] en vérité, Louise ne retient que l'état de délabrement de la chambre dans laquelle le papier peint a perdu sa couleur, les rideaux sont abîmés et tout semble vieux et exigu. Néanmoins, la voix narrative constate que la pauvreté de la décoration et l'étroitesse déclenchent un trouble chez Louise. C'est-à-dire qu'il ne s'agit pas, *a priori*, d'un « lieu neutre »[64] comme l'appelle Dirck Degraeve, mais d'un lieu blafard qui semble hostile précisément à cause de son manque de couleur et d'entretien. L'emploi du verbe « attrister » pour ‹ décorer › corrobore cette charge atmosphérique de l'espace.

L'hostilité de la chambre se trouve néanmoins annulé dans la suite du récit : Émile rappelle qu'il a vu pendant la guerre bien d'autres formes d'abris[65] et même Louise se montre peu après bien plus favorable à l'hôtel que son malaise et son

---

61 Eugène Dabit : *L'Hôtel du Nord*, p. 14.
62 ibid., p. 15.
63 Cf. Dirck Degraeve : La représentation de l'espace dans *L'Hôtel du Nord* d'Eugène Dabit, p. 36.
64 ibid., p. 35.
65 Eugène Dabit : *L'Hôtel du Nord*, p. 16.

refus de vouloir visiter davantage pourraient le laisser penser : « Les chambres aussi sont bien négligées, mais avec un coup de torchon et un peu de goût, on pourrait en tirer quelque chose de coquet »,[66] affirme-t-elle. Encore une fois, la description des espaces culmine dans l'ambigüité : si la première description montre au lecteur une chambre pauvre et grise, mal entretenue, les réflexions et les propos des personnages relativisent la misère de l'endroit.

Le chapitre XXVIII du roman illustre à la fois comment l'exiguïté de l'espace vital dans l'hôtel est inacceptable pour la vie des habitants ainsi que le fait qu'il n'y a pas d'alternative à cette spatialité restreinte. Quand le personnage Mimar introduit la première fois son épouse Lucie dans sa chambre, elle s'étonne de l'étroitesse suite à quoi il lui répond : « T'es plus à la campagne ».[67] Les personnages de l'hôtel trouvent ainsi toujours des explications qui justifient et normalisent leur vie dans cet espace minimal. Lucie cherche à s'habituer à ce style de vie et passe ses journées confinées dans la chambre, mais a toujours la nostalgie de la campagne. Lucie trouve finalement un autre logement, mais la situation se détériore fortement :

> La chambre donnait sur de grands murs tristes ; jour et nuit une odeur de vaisselle empoisonnait la courette. De sa fenêtre, Lucie voyait les cheminées, un coin de ciel couleur de suie ; malgré son bonheur d'être « dans ses meubles », elle se rappelait la belle vue qu'on avait à l'Hôtel *du Nord*.[68]

Le nouvel appartement des Mimar se distingue par son insalubrité. Certes, il permet le développement d'un goût personnel qui se traduit dans le choix des meubles, mais les odeurs et le manque de lumière privent Lucie d'abord de sa « bonne humeur »[69] et ensuite de sa santé. Encore une fois, il ne passe pas inaperçu que l'adjectif « triste » et le verbe « empoisonner » se réfèrent à des entités spatiales et les chargent non seulement de l'atmosphère déprimante, mais leur accordent aussi la responsabilité pour leur atmosphère : ce sont les murs qui sont tristes et la cour qui empoisonne les habitants au lieu de chercher la faute de l'insalubrité chez l'administration et les habitants.

Par la suite Mimar retourne à l'hôtel du Nord et vend les meubles de Lucie.[70] De cette manière, la tentative de développer sa propre individualité échoue pour Lucie et le seul moyen de subsister pour le veuf Mimar est de rentrer à l'hôtel, ce

---

66 ibid., p. 19.
67 ibid., p. 165.
68 ibid., p. 169.
69 ibid., p. 170.
70 ibid., p. 173.

qui ne permet pas le développement d'une vie individuelle.[71] Bien d'autres personnages dans le roman cherchent à personnaliser leurs chambres par la décoration et par l'usage : ainsi, le cuisinier Pluche « avait transformé la chambre en cuisine »[72] avec ses poêles et casseroles ; l'homosexuel M. Adrien prend grand soin de sa chambre et la décore avec des objets foisonnants, parmi eux notamment « son portrait de ‹ première communion ›, celui de ses parents et les photos dédicacées de ses amis : Gaston et Julien dans leur uniforme du métro, un soldat et quelques jeunes civils que domine la photo d'un garçon boucher » ;[73] la chambre des sœurs Pellevoisin « était à leur image : décor sans grâce, sans air, où naissaient et mouraient leurs songeries de vieilles filles. »[74] Les personnages agencent donc le peu d'espace qui leur est accordé selon leur propre goût ; mais cette décoration individuelle ne peut pas contribuer à la formation d'une individualité stable, étant donné que les intérieurs changent également au fil du temps. Quand l'ancien locataire Deborger veut visiter sa chambre, Louise Lecouvreur le prévient qu'il « ne la reconnaîtr[a] plus »[75] et en effet, toute la distribution de la chambre a changé : « Je m'y retrouve plus . . . Le lit était là-bas. Ici, y avait une table pliante. . . C'était pratique. Il toucha le mur. Y a plus de papier ? »[76]

Bien que les habitants du lieu cherchent donc à s'inscrire dans l'espace et à le conquérir, ces tentatives ne réussissent pas à long terme. Les habitants du roman qui représentent des types sociaux opprimés, ne trouvent donc pas la place pour vivre et pour laisser une trace, même au sein de l'hôtel.[77] Au surplus, leur espace privé est toujours menacé : Louise Lecouvreur détient un passe-partout pour toutes les serrures et l'utilise même si l'habitant, comme le militant communiste Bénitaud, garde sa clé ;[78] quand la mère Chardonnereau assume le travail de domestique, les habitants ne peuvent même plus être sûrs de leur propriété car elle fouille les chambres et vole de l'argent.[79]

Ce n'est cependant pas uniquement l'absence d'une véritable sphère privée qui détermine la vie dans l'hôtel. En effet, les personnages du roman sont encore bien plus marqués par les formes de sociabilité – restreinte et éphémère –

---

71 Cf. Bernard Alluin : *L'Hôtel du Nord* : un univers dénué de sens, p. 32.

72 Eugène Dabit : *L'Hôtel du Nord*, p. 132.

73 ibid., p. 196.

74 ibid., p. 146.

75 ibid., p. 208.

76 ibid., p. 209.

77 Cf. Dirck Degraeve : La représentation de l'espace dans *L'Hôtel du Nord* d'Eugène Dabit, p. 38.

78 Eugène Dabit : *L'Hôtel du Nord*, p. 174.

79 ibid., p. 201.

qui se développent dans l'espace et c'est souvent l'espace qui engendre les pratiques de la vie collective au sein de l'hôtel. Tout d'abord, il faut rappeler que l'espace d'un hôtel est généralement un lieu de passage. Cette remarque, aussi banale et évidente qu'elle soit, n'explique donc pas uniquement la transformation constante des chambres, mais aussi la composition de la communauté des habitants. C'est le personnage du père Deborger qui constate le départ des anciens habitués de l'endroit et qui en souffre :

> La boutique était pleine de clients, quelques jeunes gens débitaient des blagues. Toujours le même remue-ménage ! Seulement, lui, il ne connaissait plus personne, Dagot, Kenel, Maltaverne, Mimar, tous les manilleurs avaient quitté l'hôtel. Le mois dernier, par hasard, il avait revu Julot qui était monté en grade. Achille était mort ; et Ramillon, le « merlan ». . .[80]

Dans la forme d'un *Ubi sunt*, Deborger passe en revue les habitants et les visiteurs du bar de l'hôtel qui ont jusqu'ici composé la plus grande partie des personnages du roman. Mais tous ces personnages sont désormais partis ou morts, laissant le père Deborger comme un étranger dans la « boutique » de l'hôtel qui est pourtant toujours remplie des mêmes conversations. Deborger reste en dehors de cette communauté éphémère.

L'impression d'anonymat et d'isolation apparaît encore plus prononcée à cause des points de vue que la voix narrative emprunte afin d'évoquer les liens de sociabilité entre les habitants. Quand il est question des habitués et de leur séjour dans le bar de l'hôtel, Dabit se plaît à les montrer notamment du point de vue des nouveaux-arrivés, des non-initiés. C'est tout d'abord le cas dans le chapitre VI qui montre les soirées quotidiennes des habitants du point de vue d'un narrateur hétérodiégétique, extérieur à l'action, ne rendant pas compte des pensées des habitants ou de Lecouvreur, mais seulement des gestes et des paroles, qui se distinguent, en outre, par leur répétition qui est signalée par l'usage prédominant de l'imparfait. En effet, le narrateur reste toujours éloigné des conversations ; il ne constate que la présence de « [t]oujours les mêmes discussions, les uns qui en tiennent pour ‹ l'amer ›, les autres pour ‹ l'anis ›, celui-ci est ‹ unitaire ›, celui-là qui est ‹ cégétiste ›, et tout ça vociféré comme si le sort du monde devait en dépendre. »[81] Le lecteur a l'impression de ne recevoir que des bribes de la conversation des clients et ne peut pas reconstruire la logique d'un tel échange qui va subitement de la discussion des préférences pour les boissons aux opinions politiques ; d'ailleurs, la voix narrative souligne l'insignifiance des discours en remarquant qu'il s'agit toujours des mêmes propos.

---

80 ibid., p. 206.
81 ibid., p. 41.

Dans d'autres situations, comme au chapitre XXV, le narrateur emprunte plus précisément le point de vue du personnage de Julie Pellevoisin qui prend pour la première fois le petit-déjeuner dans le bar et se rend compte de son exclusion : « Un courant de sympathie existait entre tous ces êtres et Julie, sans bien s'en rendre compte de sa solitude. »[82] De cette manière, la sympathie et l'échange entre les habitués, qui composent la communauté de l'hôtel, demeurent pour la plupart des cas masqués. Il n'est pas possible de déterminer en quoi la sympathie consiste parce qu'elle n'est pas exprimée de manière plus concrète. Même les quelques mots que Louise Lecouvreur adresse à Julie Pellevoisin pour la réconforter ne sont pas transmis dans le texte.[83]

Ce manque des descriptions détaillées des rapports sociaux entre les personnages laisse penser que la « sympathie » des clients de l'hôtel n'est peut-être qu'une impression du dehors et que les liens sont en vérité basée sur une complicité factice. Quelques autres indices semblent le suggérer. En regardant de plus près les interactions des clients dans la boutique, on ne peut trouver que trois mobiles pour les échanges qui en tiennent lieu : jouer, boire ou séduire. Dès le chapitre VI, le narrateur montre que même le jeu des cartes n'est pas une véritable passion, mais une excuse :

> Le père Louis, Mimar et Marius Pluche, étaient grands joueurs de cartes. D'interminables manilles servaient de prétexte pour boire. Pluche montrait de la hardiesse dans le choix des consommations. Tandis qu'on distribuait les cartes, il inspectait du regard les bouteilles alignées derrière le comptoir.[84]

Si les manilleurs représentent le groupe le plus présent dans le café de l'hôtel et qu'on puisse penser par conséquent que le jeu des cartes est une activité essentielle, notamment pour la cohésion des rapports sociaux entre les habitants de l'hôtel, le narrateur signale dès le début que ce n'est pas le cas : en vérité, le jeu de cartes n'est qu'un passe-temps qui remplit les moments entre deux consommations.[85] Plus tard, il est précisé que la manille est pour le personnage Mimar plutôt un passe-temps, car « dès qu'il voyait passer un jupon, il lâchait

---

82 ibid., p. 148.

83 Le petit déjeuner de Julie termine ainsi : « Louise, qui estimait les deux sœurs, lui disait quelques mots aimables. Elle lui répondit par un sourire ; gauchement accoudée au comptoir, elle regardait son image dans la glace. Son verre vidé, pensive, elle quittait la boutique » (ibid., p. 148sq.).

84 ibid., p. 40.

85 Ici, on peut par conséquent apercevoir une proximité du café de l'hôtel et de l'assommoir de Zola ; cf. Dirck Degraeve : La représentation de l'espace dans *L'Hôtel du Nord* d'Eugène Dabit, p. 40.

les cartes » ;[86] il utilise surtout les parties de cartes afin de distraire les maris et de séduire les épouses simultanément.[87] Kenel, aussi, profite du temps de la manille à laquelle Maltaverne participe afin de continuer la séduction de Ginette, l'épouse de ce dernier.[88] En conséquence, le jeu n'est pas une activité primordiale qui réunit les personnages du roman, bien plus important sont l'alcool et la sexualité illicite – adultère, prostitution, viol, homosexualité[89] –, à peine cachée. Cette réduction des personnages à leurs instincts primitifs intègre le roman de Dabit dans la « matrice naturaliste de représentation du peuple »,[90] mais ce faisant, *L'Hôtel du Nord* semble suggérer que c'est l'espace qui promeut une telle sociabilité primitive et immorale.

Un autre espace favorise encore davantage que le café les échanges sexuels et illustre, ce faisant, la véritable fissure dans les rapports sociaux entre les personnages : il s'agit du couloir. Dès le premier chapitre décrit comme un « tunnel »[91], ce n'est pas uniquement l'obscurité qui le prédestine aux rapports sexuels, mais surtout l'étroitesse :

> Quand il [i.e. Mimar] était « de repos », il allait à l'affût. Il s'embusquait dans un renfoncement du couloir, sur le palier ou à la sortie des « water ». Il avait bien calculé son coup. La femme passait devant lui. Il sortait de l'ombre, il lui barrait la route : « Eh, la petite, on passe pas sans me donner un bécot. » Presque toujours il gagnait la partie. En avait-il ébauché des liaisons dans ces couloirs ![92]

Le personnage de Mimar illustre bien comment l'espace restreint de l'hôtel lui facilite le harcèlement sexuel. Le couloir est grâce à l'étroitesse comparable à un terrain de chasse – notons que la voix narrative parle de « l'affût » de Mimar – d'une masculinité qui s'approprie l'espace et peut transgresser à tout moment les règles de la morale et du respect des femmes. En effet, son comportement abusif n'est qu'une illustration des manières d'agir des personnages mâles du roman qui profitent notamment des femmes de chambre : Bernard pénètre dans la

---

86 Eugène Dabit : *L'Hôtel du Nord*, p. 54.

87 ibid., p. 55.

88 ibid., p. 112.

89 Si l'homosexualité ne représente pas un délit en soi pendant l'entre-deux-guerres, il faut néanmoins souligner que les pratiques homosexuelles sont perçues par les médias de l'époque comme un signe de déchéance morale, cf. F. Tamagne : Le « crime du Palace » : homosexualité, médias et politique dans la France des années 1930. In : *Revue d'histoire moderne et contemporaine* 53/54.4 (1er déc. 2006), p. 128–149, notamment p. 145.

90 M.-A. Paveau : Le « roman populiste » : enjeux d'une étiquette littéraire. In : *Mots* 55 (1998), p. 45–59, p. 54.

91 Eugène Dabit : *L'Hôtel du Nord*, p. 14.

92 ibid., p. 55.

chambre de Renée pendant qu'elle dort et « se vautr[e] sur elle » ;[93] le sergent Cisterino viole Jeanne pendant qu'elle nettoie sa chambre.[94] Les hommes se permettent presque toujours dans *L'Hôtel du Nord* de traiter les femmes comme des objets sexuels qui doivent leur obéir. Ce comportement masculin généralisé explique le fait que les personnages féminins ne sortent guère de leurs chambres, commençant par Lucie,[95] la future épouse de Mimar, et terminant par les sœurs Pellevoisin, dont l'aînée veille jalousement à ce que sa sœur ne sorte plus sans accompagnement.[96] Les femmes qui transgressent effectivement le seuil de leur chambre et mènent une vie publique, comme Fernande ou Raymonde, sont considérées par conséquent comme des « putains ».[97]

En analysant le texte, il devient clair que l'hôtel n'invite pas à la complicité de ses habitants ; au contraire, l'agencement de l'espace, son exiguïté et obscurité, contribuent au trouble des rapports sociaux. Il n'y a pas d'union stable entre les personnages dans les murs de l'hôtel. Cela devient surtout visible au niveau des interactions entre hommes et femmes ; une amélioration semble impossible comme en témoigne le fatalisme de Louise Lecouvreur : « Trois ans d'hôtel l'avaient inclinée à accepter la vie avec résignation. »[98] Ainsi, le viol et le harcèlement sont stylisés comme des lois naturelles qui caractérisent le ‹ peuple › que Dabit représente et auxquelles il est inutile de s'opposer.

En général, les personnages du roman sont caractérisés par une inertie impressionnante face à leur sort.[99] Même en vue d'un rassemblement politique pour l'amélioration des conditions de vie des habitants, un lien social ne s'établit pas. Certes, le lecteur apprend que certains personnages défendent des convictions politiques, mais comme je l'ai déjà remarqué ci-dessus, ces convictions sont très peu formulées et se perdent dans le verbiage des discussions arrosées pendant le jeu de manille. Le cuisinier Pluche se démarque comme personnage « syndiqué »,[100] mais sa récitation d'un poème communiste qu'il a écrit lui-même est interrompue très vite par la voix narrative qui suit le point de vue du « meneur »[101] politique Bénitaud. En général, l'hôtel est présenté comme un lieu

---

93 ibid., p. 128.
94 ibid., p. 162.
95 ibid., p. 167.
96 ibid., p. 152.
97 ibid., p. 201.
98 ibid., p. 162.
99 Cf. Bernard Alluin : *L'Hôtel du Nord* : un univers dénué de sens, p. 32.
100 Eugène Dabit : *L'Hôtel du Nord*, p. 176.
101 ibid., p. 175.

parfaitement apolitique :[102] « Lecouvreur ne fait pas de la politique »,[103] stipule la voix narrative et chaque introduction de références à la politique tourne court. Quand le révolutionnaire militant Bénitaud parle à Louise, elle « n'entendit pas grand-chose » ;[104] quand Pluche parle de sujets politiques, il semble ridicule par le choix de ses mots et la voix narrative ne résiste pas à commenter ironiquement que « Pluche parlait politique comme les jeunes gens de leurs amours : intarissablement. »[105] L'engagement politique est donc généralement représenté comme une passion vaine et incompréhensible pour le ‹ peuple › de l'hôtel.

Toutefois, la politique n'est pas complètement absente du récit. Bien au contraire, Dabit semble plutôt s'efforcer d'inclure les bribes d'un discours politique afin d'illustrer son illégitimité face au milieu qu'il veut représenter.[106] La représentation du premier mai dans le roman corrobore cela : le meeting et le cortège que Bénitaud organise près de l'hôtel, au fameux endroit des agitations communistes et socialistes à la Grange-aux-Belles, éclate dans des violences entre les militants et la police. Cet événement est commenté de manière cynique par Louise Lecouvreur : « C'est du beau, leur premier mai », dit-elle d'une voix tremblante d'effroi et de colère. « Faudrait coffrer tous les meneurs. » Et, tournée vers les clients : « Votre Bénitaud en tête ! »[107] Les partisans de Bénitaud ne savent pas répondre à son indignation. De cette façon, Louise Lecouvreur exprime la voix de la raison qui rappelle les habitants à l'ordre. Mais cet ordre se distingue précisément par la résignation et par l'impossibilité de la révolte sociale. Le ‹ peuple › du roman devient donc apolitique, séparé moralement et spatialement de l'agitation politique – notons que ni le meeting, ni la bagarre n'ont pas lieu à l'hôtel et ne représentent qu'une irruption passagère dans le récit.

De manière générale, l'espace de l'hôtel ne s'inscrit pas dans la temporalité. A part très peu de signes qui permettent de situer l'action entre 1923 et 1928,[108] le roman ne tient pas compte des développements techniques et cultu-

---

102 Cf. Jean-Luc Martinet : Quelle vision du prolétaire ? *L'Hôtel du Nord* d'Eugène Dabit. In : *Aden. Paul Nizan et les années trente* 11 (octobre 2012), p. 97–112, p. 104.

103 Eugène Dabit : *L'Hôtel du Nord*, p. 69.

104 ibid., p. 176.

105 ibid., p. 133.

106 Cf. Jean-Luc Martinet : Quelle vision du prolétaire ? *L'Hôtel du Nord* d'Eugène Dabit, p. 107.

107 Eugène Dabit : *L'Hôtel du Nord*, p. 179.

108 Ces dates sont tirés de Klaus D. Drissen : Populisten, Anarchisten, Proletarier: *L'Hôtel du Nord* (1929) von Eugène Dabit und *Le Pain quotidien* (1931) von Henri Poulaille. In : Edward Reichel/Heinz Thoma (éds.) : *Zeitgeschichte und Roman im Entre-Deux-Guerres*. Bonn : Romanistischer Verlag 1993, p. 109–124, p. 112 ; l'action du roman se déroule au moins sur une période de trois ans (cf. Eugène Dabit : *L'Hôtel du Nord*, p. 163 : « Trois ans d'hôtel l'avaient

rels de l'époque : il n'y est pratiquement pas question d'automobiles et le quartier ressemble dans ses descriptions plutôt à un village isolé, d'où il est impossible de partir, qu'à un quartier de Paris.[109] La modernité se trouve à un autre endroit qu'à l'hôtel. La question de l'immigration des ouvriers ainsi que les nouveaux métiers dans les usines ne trouvent non plus une véritable représentation : certes, le début du roman annonce une clientèle composée par les ouvriers des usines voisines, mais les personnages qui apparaissent au fil du roman ne sont pas touchés par l'industrialisation. La plupart des professions citées ne s'inscrivent même pas dans le secteur du travail ouvrier, mais plutôt dans le secteur des services et dans l'artisanat. À partir de la liste des professions citées dans le roman, établie par Nelly Wolf[110], la catégorisation suivante s'impose :

- Services : hôtelier, bonne-à-tout-faire, typographe, comptable, coiffeur, sergent de ville, employé de commerce ;
- Artisanat : serrurier, maçon, armurier, tapissier, électricien, imprimeur, plâtrier, charpentier, entrepreneur en peinture, couturière, modiste, corsetière ;
- Ouvrier : porteur, éboueur, terrassier, cocher, camionneur, éclusier, débardeur, manutentionnaire, garçon-boucher, ouvrière dans la confection, dans les peausseries et filatures ;
- Soldat : colonial.

S'ajoute à cette liste encore le métier de cuisinier avec le personnage de Marius Pluche et celui de pâtissier de Monsieur Adrien que Wolf oublie. La liste de l'ensemble de ces professions montre clairement la prédominance de l'artisanat dans la représentation du ‹ peuple › ; parmi les métiers ouvriers à proprement parler, il n'y en a aucun qui s'est seulement établi grâce à l'impact de l'industrialisation. Au niveau des socialisations des personnages aussi, Dabit brosse le portrait d'un ‹ peuple › romanesque qui s'inscrit davantage dans les traditions de Charles-Louis Philippe et de ses prédécesseurs du XIXe siècle que dans une représentation de la condition ouvrière sous l'emprise de la modernité.

---

inclinée à accepter la vie avec résignation »). La manifestation du premier mai semble faire référence aux événements de cette journée en 1928 : le narrateur remarque que « [l]'arrivée du préfet de Police et de son état-major rassura Louise » (ibid., p. 178). Effectivement, en 1928, le préfet de Police Chiappe s'est déplacé au quartier de Belleville – et non au canal Saint-Martin –, ce qui se rapproche de cette affirmation (cf. *Humanité*, 2 mai 1928, p. 1).

109 Cf. Klaus D. Drissen : Populisten, Anarchisten, Proletarier: . . ., p. 112sq.

110 cf. Nelly Wolf : Image du peuple et forme narrative dans *L'Hôtel du Nord* d'Eugène Dabit, p. 108.

La fin du roman offre une explication de ce curieux choix qui semble se désintéresser de la répercussion de l'industrialisation et de la modernité sur les modes de vie en commun du ‹ peuple › : si jusqu'à la fin *L'Hôtel du Nord* se présente comme un document de la vie quotidienne du ‹ peuple ›, mieux informé que la politique sur les conditions de vie,[111] le dernier chapitre rompt avec le contrat d'une lecture du roman comme document authentique, étant donné que Dabit y décrit l'expropriation et la démolition de l'hôtel qui doit céder sa place aux bureaux d'une entreprise au nom de « *Cuir Moderne* ».[112] Cette démolition n'a pourtant jamais eu lieu. Cet écart des faits réels prend donc l'envergure d'un symbole qui emploie l'espace afin de montrer l'éviction du ‹ peuple › du tissu urbain.

Dans ce contexte, il ne faut pas ignorer le nom de l'entreprise qui s'installe au lieu du vivre-ensemble morose de l'hôtel : le « *Cuir Moderne* » porte déjà la modernité dans son nom. Cette modernité s'empare des lieux du ‹ peuple › et les transforme d'une telle manière qu'une vie en commun, aussi pauvre soit-elle, est remplacée par le commerce. *L'Hôtel du Nord* est ainsi l'allégorie précoce de la gentrification urbaine qui pousse les habitants issus du ‹ peuple › à se disperser dans les quelques endroits qui leur restent encore accessibles.[113] Il convient de souligner à nouveau la résignation qui prévaut face à l'expropriation : personne ne cherche à se révolter contre la démolition.[114] Certains sortent même gagnants de la démolition : Lecouvreur touche assez d'argent pour s'assurer une vie de rentier, Pluche gère son propre restaurant à Montrouge.[115]

---

111 C'est l'interprétation de Martinet qui atteste à Dabit le « souci de témoigner » (cf. Jean-Luc Martinet : Quelle vision du prolétaire ? *L'Hôtel du Nord* d'Eugène Dabit, p. 111). Pour l'enjeu du témoignage chez Dabit, cf. Maryvonne Baurens : *Eugène Dabit. Dimension et actualité d'un témoignage*. Rom : Università degli studi di Macerata 1986.

112 Eugène Dabit : *L'Hôtel du Nord*, p. 210.

113 ibid., p. 212sq. : « — Où voulez-vous que j'aille à mon âge ? gronda Pélican, hargneux comme un chien qu'on dérange du coin du feu. Le père Louis cria : ‹ Vous êtes des spéculateurs. ›

Louise les apaisa, leur trouva deux chambres rue de la Grange-aux-Belles, à l'hôtel *du Bon Coin*. [. . .]

Pour les jeunes gens, tous les hôtels se valaient. Ils partirent l'un après l'autre, indifférents, leur valise à la main. Les ménages, empêtrés de leurs fouillis, eurent plus de peine à se débrouiller. »

114 Bernard Alluin : *L'Hôtel du Nord* : un univers dénué de sens, p. 32.

115 Eugène Dabit : *L'Hôtel du Nord*, p. 213sq.

Mais le point de vue de ces victorieux est moins important face à la démoli-tion[116] car la voix narrative emprunte le point de vue de Louise Lecouvreur qui regarde de manière nostalgique l'hôtel :

> Louise demeurait silencieuse. « C'est comme si l'Hôtel *du Nord* n'avait jamais existé, pen-sait-elle. Il n'en reste plus rien. . . pas même une photo. » Elle baissa les paupières. De toutes ses forces, elle chercha à se représenter son ancien domicile, les murs gris, les trois étages percés de fenêtres, et plus loin, dans le passé, le temps qu'elle n'avait pas connu, où l'hôtel n'était qu'une auberge de mariniers. . .
>
> Lecouvreur se pencha vers elle :
>
> — Qu'est-ce que tu dis de ça ?
>
> Le bras tendu il montrait l'armature du *Cuir Moderne* qui arrivait déjà à la hauteur d'un troisième étage.[117]

En empruntant la focalisation interne du personnage de Louise Lecouvreur, Dabit charge émotionnellement la destruction de l'hôtel. Elle représente non seulement la démolition d'un lieu, mais de tout son souvenir, aucun vestige ne semble plus rester.[118] De manière performative, le roman se présente comme tentative de documenter la vie en commun perdue du ‹ peuple › face à une mo-dernité supérieure qui tue les traditions et qui disperse les communautés des ‹ petites gens ›. L'hôtel figure comme une hétérotopie des ‹ petites gens › en dehors du progrès ; seulement la démolition de l'hôtel détruit l'infinité mono-tone de l'endroit.

En montrant le dénuement et l'insignifiance de la vie en commun du ‹ peu-ple ›, *L'Hôtel du Nord* peut être considéré comme le roman le plus pessimiste de Dabit ;[119] toutefois, l'indéfinition des catégories sociales, le refus d'une issue politique et la charge nostalgique que Dabit emprunte afin de mettre en scène son ‹ peuple › contribuent également à l'humanisation du récit : plutôt que de fournir un document qui dénonce les dysfonctionnements sociaux et l'expul-sion des pauvres de la ville, Dabit introduit toujours par le biais de la générali-sation des caractères quelques éléments qui les mettent en scène comme des « figures de l'humanité ».[120] Si donc la sympathie entre les habitants et clients

---

116 C'est ici que se trompe, à mon avis, Drissen qui souligne sur la réussite sociale des personna-ges de Lecouvreur et Pluche (cf. Klaus D. Drissen : Populisten, Anarchisten, Proletarier: . . ., p. 115). Drissen ignore complètement la voix narrative et la mise en scène de la démolition comme appel nostalgique.

117 Eugène Dabit : *L'Hôtel du Nord*, p. 214.

118 Jean-Luc Martinet : Quelle vision du prolétaire ? *L'Hôtel du Nord* d'Eugène Dabit, p. 105.

119 Cf. Bernard Alluin : *L'Hôtel du Nord* : un univers dénué de sens, p. 32.

120 Jean-Luc Martinet : Quelle vision du prolétaire ? *L'Hôtel du Nord* d'Eugène Dabit, p. 104.

de l'hôtel s'avère comme factice, le lecteur peut ressentir de la sympathie pour les personnages, notamment pour Louise Lecouvreur : c'est elle qui soigne les malades[121] – même si elle souhaite, comme dans le cas de Monsieur Ladevèze leur prochain départ[122] – et c'est elle qui introduit l'émotion dans la destruction de l'hôtel.

La stratégie narrative, qui procède à la dépolitisation du récit et à la généralisation des personnages comme modèle humain, explique l'accueil favorable que Dabit a rencontré notamment du côté des défenseurs du roman populiste – et moins dans la critique de la gauche militante. Ainsi, Dabit signale dans sa correspondance avec Roger Martin du Gard que Jean Prévost s'intéresse à son livre même avant sa parution officielle[123] et publie un compte-rendu élogieux dans la *NRF* le 1er janvier 1930 ; André Thérive consacre une critique enthousiaste au roman de Dabit et le compare à l'œuvre de son confrère Lemonnier ;[124] Francis Ambrière, critique des *Nouvelles littéraires*, célèbre le roman de Dabit comme étant une « extraordinaire réussite ».[125] Dans la critique moins enthousiaste de Louis Guilloux pour *Monde*, on trouve néanmoins les louanges de la « note parfaitement humaine »[126] du roman. En général, l'accueil est plus favorable chez les critiques de droite que de gauche :[127] cette dernière favorise des récits qui entreprennent l'héroïsation du prolétariat.[128] En effet, le projet de montrer le ‹ peuple › comme un exemple de la condition humaine s'accorde mieux avec le roman populiste, de même que la tonalité pessimiste du roman.[129]

---

121 Eugène Dabit : *L'Hôtel du Nord*, p. 140–145, p. 175, p. 208sq. *passim*.

122 ibid., p. 142sq.

123 Eugène Dabit/Roger Martin Du Gard : *Eugène Dabit, Roger Martin Du Gard*, p. 404.

124 André Thérive : Les livres. In : *Le Temps* (10 janvier 1930), p. 3.

125 Francis Ambrière : Eugène Dabit. In : *Les Nouvelles littéraires, artistiques et scientifiques* (8 février 1930), p. 3.

126 Louis Guilloux : Compte rendu : Eugène Dabit – *L'Hôtel du Nord*. In : *Monde* (30 mai 1930), p. 4.

127 Cf. Philippe Baudorre : Louis Guilloux et la revue *Monde*. In : Francine Dugast-Portes /Marc Gontard (éds.) : *Louis Guilloux, écrivain*. Rennes : Presses universitaires de Rennes 2016, p. 69–87, p. 52.

128 Cf. Michel Ragon : *Histoire de la littérature prolétarienne de langue française: littérature ouvrière, littérature paysanne, littérature d'expression populaire*. Paris : Albin Michel 1986, p. 183.

129 Raoul Stéphan indique déjà le pessimisme du roman populiste, cf. R. Stéphan : Le populisme et le roman populiste. In : *La Grande Revue* (juillet 1938), p. 523. A propos du pessimisme dans le roman populiste, cf. V. Trottier : Antonine Coullet-Tessier, Jean Pallu, André Thérive . . . Le pessimisme du roman populiste des années 1930 : impuissance, repli intérieur et solitude. In : *Aden. Paul Nizan et les années trente* 11 (oct. 2012), p. 75–94.

La généralisation culmine dans une image et un imaginaire de la vie en commun du ‹ peuple › qui se réduit aux interactions sociales les plus limitées. Mais cette limitation de la vie en commun, qui trouve aussi son expression dans la représentation de l'espace, est exactement le trait le plus distinctif de l'imaginaire du ‹ peuple › pendant l'entre-deux-guerres : il s'agit d'une culture opprimée, moins par d'autres classes, mais par la modernité en soi et par la dépersonnalisation concomitante.

5.2.2 La banlieue verte : les illusions perdues de la vie campagnarde dans Villa Oasis ou les faux bourgeois

L'Hôtel du Nord ne fournit que les premiers traits du ‹ peuple › dans le roman de l'entre-deux-guerres. Afin de mieux le comprendre, il faut s'intéresser à ses autres romans – et avec ceux-ci, à d'autres spatialités de la vie en commun. En 1932, Eugène Dabit publie son troisième roman, *Villa Oasis ou les faux bourgeois* après son témoignage de guerre, *Petit-Louis*. La publication ne suscite pas une grande attention de la part des critiques littéraires, mais les premiers comptes rendus, publiés dans *Le Mercure de France* et *Europe*, sont en général positifs :[130] John Charpentier affirme que Dabit « [lui] paraît avoir beaucoup progressé depuis [son] premier livre » par le fait que l'auteur ne se limite pas à un « naturalisme assez brutal » mais « abord[e] le mystère de la vie en étudiant le tourment de l'âme chez des individus très vulgaires. »[131] Jean Duval insiste d'abord sur l'« anxieuse sensibilité » de Dabit qui lui permettrait de « regarder bien au delà [sic] des moyens de l'art » ;[132] si dans le roman « tout n'est pas essentiel » selon le critique, il dégage « une qualité, [. . .] une certaine attitude devant la vie qui est propre à Dabit et qui est belle : un grand mouvement d'amour le porte vers les êtres » ainsi qu'un style qui se démarque par « une retenue, un effacement admirables »[133] de la part de l'auteur. Les deux critiques littéraires concordent ainsi sur le fait que le roman fait preuve d'une représentation très nuancée et compassionnelle d'un milieu social modeste ; Dabit ne se

---

130 Il faut contredire à Derek Schilling qui affirme que le roman a vu un « accueil peu enthousiaste », cf. Derek Schilling : La grande banlieue d'Eugène Dabit. Essai de géopoétique historique, p. 335.

131 John Charpentier : Les romans. In : *Mercure de France* 822 (15 septembre 1932), p. 653–658, p. 655.

132 Jean Duval : Comptes rendus: Eugène Dabit – *Villa Oasis ou les Faux Bourgeois*. In : *Europe* (15 sept. 1932), p. 120–122, p. 120.

133 ibid., p. 122.

limiterait pas à une description stéréotypée de « ces déclassés par en haut »[134] ou des « parvenus de l'espèce la plus hideuse »[135] comme les critiques identifient les personnages principaux. *Villa Oasis* brosserait en revanche le portrait très ambivalent et complexe de ses personnages par le fait que les actions ne sont pas l'objet d'une récusation résolue au plan moral de la part de la voix narrative, mais sont présentées avec une certaine distance qui rendrait la dignité humaine aux personnages. Autrement dit, la neutralité du style, qui a été également constatée dans *L'Hôtel du Nord*, devient à nouveau un atout aux yeux de la critique.

Villa Oasis introduit néanmoins des nouveautés par rapport à la représentation des liens sociaux : le roman choisit de nouveaux milieux, autant au niveau spatial que social, afin de démontrer l'inanité de la volonté de s'élever dans l'échelle sociale. L'action du roman se concentre sur la vie de trois personnages de la même famille, les Monge, qui vivent pour la première fois ensemble dans un immeuble du bas Montmartre. Hélène, âgée de 19 ans, arrive d'Italie chez sa mère biologique Irma qui l'y a laissée chez une amie et son père biologique. Entre-temps, Irma s'est mariée avec Julien, copropriétaire d'un hôtel ambigu ; les deux se sont enrichis et peuvent donc permettre une vie confortable à Hélène. Mais celle-ci, atteinte de tuberculose et bouleversée par le style de vie qui lui est offerte, meurt ; Irma ne supporte pas de vivre dans la maison où sa fille est morte. Julien vend donc ses parts de l'hôtel et achète une villa en banlieue. Les époux y sont d'abord heureux et jouissent des attraits de la banlieue avec leurs amis, mais l'hiver, la villa devient un terrain de solitude. Julien revient souvent en ville pour voir ses amis alors qu'Irma est toujours hantée par l'image de sa fille et se noie par accident dans le bassin du jardin. Julien se retire dans la villa. Mais esseulé, d'une tendance alcoolique, il s'ennuie et meurt dans son jardin.

Le résumé du roman laisse transparaître l'importance de l'espace dans la structuration du récit : en effet, chacune des trois parties du roman est concomitante d'un changement de personnage principal – qui n'est pourtant ni le narrateur, ni le seul point de focalisation[136] –, mais aussi d'un changement du statut de résidence : dans la première partie, Hélène emménage chez Irma et Julien dans la rue Bourquin, dans la deuxième partie, Irma et Julien l'abandonnent afin de rentrer d'abord à l'hôtel Montbert, ensuite à la villa et y passent leur premier temps ; dans la troisième partie, la villa devient une prison que les

---

134 John Charpentier : Les romans, p. 655.
135 Jean Duval : Comptes rendus: Eugène Dabit – *Villa Oasis ou les Faux Bourgeois*, p. 121.
136 Derek Schilling : La grande banlieue d'Eugène Dabit. Essai de géopoétique historique, p. 335.

personnages ne quittent plus. En outre, l'action du roman provoque un renversement des imaginaires des valeurs qui s'associent avec les deux chronotopes
majeurs du roman, Paris et sa banlieue : si la seconde apparaît au début
comme la destination d'une ascension sociale, elle s'avère le point final d'une
déchéance sociale et morale des personnages qui s'y retrouvent isolés et dépourvus de moyens de se sauver.

Il faut par conséquent s'intéresser à trois formes d'espaces qui engagent les
formes de vie en commun : d'abord, le foyer familial, qui est le centre de la représentation et de la formation de l'identité bourgeoise, ensuite la ville, localité
insalubre et lieu de travail qui permet simultanément l'échange avec les amis et
la solidarité, et enfin son contraire, la banlieue, lieu de plaisir et de pension qui
conduit cependant à l'isolement et à la mort.

Comme l'a montré le résumé ci-dessous, le sujet principal du roman est la
recherche d'un ‹ chez soi ›, non seulement dans le sens d'un domicile stable,
mais aussi dans sa valeur symbolique de foyer identitaire et social des personnages. L'établissement d'un véritable foyer identitaire dans la forme de l'intérieur de l'appartement est l'enjeu prépondérant pour Irma et Julien ce que peut
constater Hélène lorsqu'elle entre pour la première fois chez eux :

> Elle marcha sur un tapis de laine où ses pieds s'enfonçaient, hésita, entra dans une salle
> à manger où elle se trouvait à l'étroit comme dans le taxi. Une glace lui renvoya son vi-
> sage : fiévreux, laid, ahuri, et elle eut peine à se reconnaître ; alors, elle demeura plantée
> sur le seuil, sans un mot.
>
> – Ça te plaît ? demanda Julien. On a de beaux meubles, c'est du massif !
>
> Un buffet monumental aux panneaux de bois sculpté, une desserte, une table, six chai-
> ses, une suspension ; et la cheminée couverte de bibelots. [. . .]
>
> Il entraîna Hélène qui n'avait jamais mis les pieds dans un salon. Elle resta bouche
> béante, branlant la tête, hébétée, comme devant un mirage, tandis que Julien désignait
> avec de grands gestes le bureau empire, la vitrine, la bibliothèque, chaque fauteuil, et les
> tableaux suspendus au mur.
>
> – Tu croyais pas découvrir tant de belles choses ?
>
> Elle tomba dans un fauteuil et, en balbutiant, passa la main sur son front.[137]

L'entrée dans l'appartement d'Irma et de Julien établit pour Hélène l'abîme qui
la sépare de ses nouveaux parents. En premier lieu, ils disposent de salles dans
l'appartement dont elle n'a jamais vu de ses propres yeux l'existence ; en outre,
le décor de la chambre, remplie de meubles et de bibelots, étourdit Hélène et
lui donnent l'impression d'être à l'étroit comme dans la cabine d'un taxi. La

---

137 Eugène Dabit : *Villa Oasis ou les faux bourgeois*. Paris : Gallimard 1998, p. 18sq.

volubilité de Julien et sa fierté de lui montrer toutes les salles de l'appartement malgré le malaise d'Hélène, enfin, souligne les différences entre les personnages : tandis qu'Hélène se sent assommée par le décor et par Julien, désireux d'afficher sa réussite économique, les époux s'identifient à travers leurs « belles choses ». Ainsi, Irma réfléchit au moment d'aller au lit aux objets qu'elle pourrait montrer à sa fille le lendemain et la voix narrative ajoute dans le monologue intérieur libre : « Que dirait sa fille d'un luxe pareil ? »[138]

Les Monge se définissent donc par l'intérieur de leur logement ce qui correspond, comme l'a déjà montré Walter Benjamin dans son essai sur Paris, au statut du bourgeois à partir du XIXe siècle.[139] En parallèle avec l'essai de Benjamin, Dabit insiste sur le tapis de laine dont la structure molle retient la trace de l'habitant dans l'appartement ; l'étroitesse de la salle à manger correspond à la volonté du bourgeois de construire son intérieur à l'image d'un étui qui le protège et le rend étranger par rapport à l'extérieur – et ainsi du monde social – et le grand nombre de bibelots sur la cheminée ainsi que la vitrine indiquent le penchant pour les collections qui doivent doter les simples marchandises d'une valeur personnelle.[140]

La description de l'intérieur des Monge ainsi que des sentiments qu'ils expriment par rapport à celui-ci confirme donc clairement la volonté des époux de réussir et de s'élever à la classe bourgeoise. En effet, Irma confesse littéralement qu'elle « veu[t] devenir quelqu'un, tu en profiteras. »[141] Son ambition pour le succès social est si prononcée qu'elle ne se rend même pas compte du malaise d'Hélène qui se sent complètement déplacée. Les descriptions de l'apparence extérieure d'Hélène, en revanche, confirment le contraste : alors que son visage lui paraît « fiévreux, laid, ahuri », les meubles de l'appartement sont « du massif », l'intérieur est « cossu »[142] tandis qu'Hélène « n'était pas trop bien nippée. »[143] Par conséquent, Hélène ne peut pas s'identifier à l'intérieur qui l'entoure lorsqu'elle rejoint sa mère : trop grandes sont les différences entre

---

138 ibid., p. 22.
139 Cf. Walter Benjamin : Paris, die Hauptstadt des XIX. Jahrhunderts. In : Walter Benjamin/ Siegfried Unseld (éds.) : *Illuminationen. Ausgewählte Schriften*. Francfort : Suhrkamp 1961, p. 185–200, notamment p. 192–194 et Walter Benjamin : Paris, Capitale du XIXe siècle. In : *Gesammelte Schriften 5: Das Passagen-Werk*. Francfort-sur-le-Main : Suhrkamp 1989, p. 60–77, 67–69.
140 Comme le confirme Macho Vargas, les bibelots sont également le symbole du statut économique des personnages (cf. Azucena Macho Vargas : À propos des espaces dans Villa Oasis d'Eugène Dabit, p. 141).
141 Eugène Dabit : *Villa Oasis ou les faux bourgeois*, p. 20.
142 ibid.
143 ibid., p. 22.

sa manière de vivre et la compréhension bourgeoise de l'intérieur qui « n'est pas uniquement l'univers du particulier, il est encore son étui »,[144] selon la formule de Benjamin.

Ce que Julien et Irma considèrent comme confortable et luxueux bouleverse Hélène qui a grandi dans un milieu beaucoup plus modeste. Afin de se sentir à l'aise, elle a justement besoin de moins de décoration et moins de modernité comme dans l'intérieur de la famille de Berthe, la sœur de son beau-père Julien :

> La salle à manger était plus étroite que celle des Monge, mais aussi encombrée ; seulement les meubles étaient vieux, la suspension démodée avec sa grosse lampe à pétrole. Hélène fut vite à l'aise. Oncle Ernest et tante Berthe la tutoyaient déjà ; quant à Étienne, il lui disait vous. Elle parlait presque sans arrêt, racontait ses promenades, détaillait ses visites dans les grands magasins.[145]

La rencontre avec la famille de Berthe est la seule où Hélène ne se sent pas déplacée et la narration suggère que l'agencement de la salle à manger provoquerait ce changement d'attitude. En effet, Hélène « ne se sentait pas différente des Arenoud, plus proche d'eux qu'elle ne l'était parfois d'Irma » ;[146] bien que l'intérieur soit décrit comme ‹ aussi encombré ›, le style des meubles, usés et démodés, réduit l'écart entre les personnes de sorte qu'un dialogue amical peut se développer, conduisant jusqu'au tutoiement d'Hélène par son ‹ oncle › et sa ‹ tante ›. Ce rapport amical contraste fortement avec les liens sociaux qu'Hélène ne peut qu'observer chez sa mère et son beau-père : dans les conversations avec le père Adam, elle n'est jamais incluse et sa mère lui demande d'aller se coucher afin qu'ils puissent parler plus librement ;[147] la plupart du temps, Hélène reste seule dans l'appartement et développe une peur de la solitude.[148]

Si le malaise d'Hélène par rapport à l'intérieur des Monge est pratiquement constant, Irma et Julien non plus ne parviennent pas à s'y sentir à l'aise à partir du moment où Hélène tombe malade. Lorsque les deux personnages discutent de la possibilité de soigner Hélène à la maison, Julien déclare qu'il n'est pas « bon pour payer une infirmière et vivre dans la pharmacie »[149] et Irma aussi s'avère phobique des microbes ; pendant la maladie, Irma s'enferme la plupart

---

144 Walter Benjamin : Paris, Capitale du XIXe siècle, p. 68.
145 Eugène Dabit : *Villa Oasis ou les faux bourgeois*, p. 43.
146 ibid.
147 ibid., p. 37.
148 ibid., p. 52.
149 ibid., p. 59.

du temps dans la chambre pour ne pas voir Hélène au point de mourir dans le salon.[150] La tuberculose conduit donc à la destruction de l'idylle familiale qui s'annonçait à peine au début du roman : le grand appartement de la rue Bourquin devient un espace fractionné qui emprisonne les personnages dans des chambres différentes et l'aspect des salles change aussi étant donné que Julien a dû adapter la décoration aux besoins d'accueillir la malade. Cette transformation de l'appartement en « pharmacie », dans un espace de mort et de solitude[151] au lieu d'un espace de vie et de convivance, illustre le manque d'une véritable vie en commun ce dont Hélène se rend compte sur son lit de mort :

> Elle regarda le ciel d'été, écarquilla les yeux ; puis sa tête retomba. Plus lourde devenait chaque jour sa solitude. Quand on l'entourait, elle restait seule. Ses amis, ah ! elle les connaissait maintenant, secs, insouciants, indifférents, vaniteux, menteurs, « tous des parvenus, disait Berthe, des gens comme nous, mais eux n'ont qu'une idée : être pris pour des bourgeois ». Il n'y avait que les Arenoud pour l'aimer sincèrement, et sa mère.[152]

La clarté de sa pensée pendant sa maladie dévoile à Hélène la véritable nature des rapports sociaux et des personnes qui l'entourent. Autour d'elle, il n'y a que des « faux bourgeois » qui s'intéressent seulement à l'apparence et à leur appartenance à une classe au lieu de manifester une véritable solidarité avec les plus faibles. Les seuls à s'intéresser à elle, selon Hélène, sont sa mère et les Arenoud. Comme le montrent les explications ci-dessus, Irma ne porte cependant pas beaucoup d'attention à sa fille, trop occupée d'elle-même et de son bien-être. En conséquence, il ne reste que les Arenoud qui représentent la solidarité dans le roman de Dabit. De cette façon, le roman établit une distinction entre les personnages : d'un côté, le lecteur trouve les « faux bourgeois », c'est-à-dire les Monge, leurs amis Alfred et le père Adam, de l'autre, les « gens comme nous », c'est-à-dire le ‹ peuple ›, composés par Hélène et les Arenoud. Du côté des premiers, le lecteur ne trouve que l'égoïsme et l'avidité de s'enrichir ;[153] de l'autre, l'amour et la solidarité. Cette distinction va de pair avec un changement de jugement à propos de l'espace : si Hélène se sent mal à l'aise chez sa nouvelle famille, elle se sent rapidement intégrée dans la maison des Arenoud. L'espace de l'appartement est ainsi le miroir des sentiments des personnages et de la cohésion sociale entre eux.

---

150 ibid., p. 78.

151 Azucena Macho Vargas : À propos des espaces dans Villa Oasis d'Eugène Dabit, p. 142.

152 Eugène Dabit : *Villa Oasis ou les faux bourgeois*, p. 80.

153 Ainsi, Irma rappelle à sa fille : « Mais les affaires avant tout ; tu dois comprendre, tu n'es plus une gamine » (ibid., p. 51).

Cela est réaffirmé plus tard dans le roman : après la mort d'Hélène, sa mère sombre dans la dépression et continue à penser à sa propre mort. Julien réagit en lui proposant de rénover l'appartement et d'installer au lieu de la chambre d'Hélène une salle de bain.[154] Ses efforts de rénovation semblent porter des fruits, mais un détail de la décoration de la nouvelle maison déclenche à nouveau les angoisses d'Irma :

> Elle songeait qu'elle n'avait plus mis les pieds chez eux depuis l'enterrement. Ici, Hélène était morte. Mais Julien avait bien fait les choses, rien ne rappelait cette agonie. Un papier neuf ; les livres sur les étagères, une table basse, deux fauteuils de cuir à la place de leurs vieux meubles. Tout disait l'ordre, la propreté, la richesse. Soudain, elle poussa un cri. Au-dessus de la cheminée où une glace autrefois pendait, une photographie dans un beau cadre.
>
> – C'est une surprise, avoua Julien. La photo qu'on avait prise de ta gosse à Lausanne, j'en ai fait exécuter un agrandissement en couleurs naturelles. On croirait qu'elle va parler, hein ?[155]

Si la seule façon de guérir pour Irma semble le changement de l'espace, Julien a commis une erreur dans la rénovation et a implanté dans l'espace privé de leur appartement le souvenir d'Hélène sous la forme d'une photo. De cette manière, elle demeure au niveau de l'agencement de l'appartement le résidu de la vie avant la rénovation ; l'appartement reflète à nouveau les obsessions d'Irma. Son trouble et son refus simultané d'enlever la photo montrent le rapport intime que l'espace entretient chez les personnages avec leur propre identité : l'intérieur reflète la pensée d'Irma, par conséquent il est aussi douloureux de regarder la photo, qui représente la mémoire, que de l'enlever.

L'appartement devient ainsi un *locus horribilis*[156] et sa valeur se trouve complètement transformée : si au début l'appartement était surtout le symbole de la réussite économique des Monge, la photographie rappelle l'échec social et la perte de la famille. Cet échec révèle à Irma sa solitude et l'inanité de son existence : entourée de luxe, Irma a troqué le rapport social solidaire et amical du ‹ peuple ›, présent dans les interactions d'Hélène avec les Arenoud, contre la richesse. Ni Julien, ni même Irma ne se rendent cependant compte du fait que le décor n'est pas la vraie source du malaise ; par conséquent, ils achètent la villa Oasis avec l'espoir d'échapper à la dépression et au trauma d'Irma. Dans le jardin de la villa, cependant, l'existence du bassin conduit à nouveau Irma à se croire menacée par le décor :

---

154 ibid., p. 91.
155 ibid., p. 113sq.
156 Azucena Macho Vargas : À propos des espaces dans Villa Oasis d'Eugène Dabit, p. 142.

> Là, elle avait passé une partie de l'hiver ; elle y vivrait encore des années, avec sous les yeux ce bassin dont elle observerait indéfiniment la surface morne. Quand elle avait contemplé le portrait de sa fille, l'eau, comme un miroir, lui renvoyait l'image d'Hélène et elle poursuivait son rêve.
>
> Elle regarda le bassin au bord duquel se tenait Julien. Il aimait à raconter qu'il avait un lac dans sa propriété. « Un lac, les gars, un vrai lac ! » L'imbécile ! Elle lui en voulait de son calme. Impossible de lui avouer que ce bassin l'attristait, il aurait ricané.[157]

Tandis que pour Julien le bassin représente un symbole de sa réussite économique, Irma associe la surface de l'eau à la mort – parce qu'elle ne sait pas nager – et, en conséquence, à Hélène. Encore une fois, le décor prend donc le sens, au moins pour elle, de la fragilité de la vie ce qui l'empêche de jouir de son aisance bourgeoise dans la villa. Plus encore, le bassin devient la véritable incarnation de l'incompréhension entre elle et son époux.[158] Au lieu d'accueillir les époux et de représenter un foyer identitaire, la villa devient donc une prison qui signale le danger de la vie bourgeoise, toujours menacée par des attaques de l'extérieur : « Une nuit, on était venu pour cambrioler ; une autre nuit, elle avait cru la maison hantée par le fantôme d'Hélène. Elle suffoqua. Julien avait tiré leur porte, fermé les fenêtres, elle était dans cette chambre comme dans une prison dont le matin la délivrerait. »[159] L'arrivée tant désirée de la retraite et du bien-être s'avère alors un véritable cauchemar qui conduit à l'isolement des époux. Julien, aussi, regrette son départ du travail et commence à insulter Irma : « J'ai fait assez de blagues, je devrais être au Montbert à gagner du pèze, plutôt que d'habiter la cambrousse avec une femme bête comme trente-six cochons ! »[160]

La villa qui devait être la culmination du rêve bourgeois se transforme en enfer.[161] Cette transformation illustre les dimensions de l'échec des « faux bourgeois » de construire un chez soi. Julien se rend compte ultérieurement que ses interactions avec son entourage se basent uniquement sur l'intérêt économique[162] et qu'« il avait gâché sa vie pour un faux idéal ; il aurait dû rester tout

---

157 Eugène Dabit : *Villa Oasis ou les faux bourgeois*, p. 169sq.

158 Azucena Macho Vargas : À propos des espaces dans Villa Oasis d'Eugène Dabit, p. 144.

159 Eugène Dabit : *Villa Oasis ou les faux bourgeois*, p. 182.

160 ibid., p. 193.

161 Cf. Derek Schilling : La grande banlieue d'Eugène Dabit. Essai de géopoétique historique, p. 342.

162 « – On prétend que vous avez tenu un bordel à Paris . . .

On racontait pas ça quand on empochait mon pognon, répliqua Julien. J'ai peut-être tenu quelque chose dans ce goût-là ; mais pas en France. Des cancans ! Tous, si je voulais lâcher des sous, ils fermeraient le bec. » (Eugène Dabit : *Villa Oasis ou les faux bourgeois*, p. 184).

bonnement ouvrier comme Berthe et son frère Charles. »[163] L'ascension sociale ne permet donc pas la vie en commun réussie, au contraire, elle empêche le développement des rapports sociaux et ne promet que l'isolement, autant à l'échelle spatiale que sociale. De cette manière, la représentation du matérialisme bourgeois souligne comment Dabit veut revaloriser la vie du ‹ peuple › comme seule véritable forme de vie en commun, modèle contraire de l'ascension sociale et de la quête de la modernité et du confort.[164]

Ces remarques indiquent que l'agencement de l'espace chez Dabit est toujours accompagné d'un système de valeurs bipolaires qui s'attribuent aux lieux décrits de manière oscillante. Le changement de point de vue dote les espaces représentés de valeurs différentes qui entrent parfois en contradiction ; de cette manière, le roman atteint un fort degré de complexité au niveau de la description de l'espace et des milieux sociaux.[165] Ce procédé est notamment visible si l'on compare la représentation de la ville à celle de la banlieue dans le roman. La ville de Paris se montre d'abord sous le signe du commerce et de l'abondance : non seulement le logement des Monge affiche le luxe, mais les grands magasins dans lesquelles Hélène accompagne Irma sont également l'incarnation d'un « paradis » où « s'entassaient des étoffes chatoyantes, dans les vitrines s'alignaient des objets précieux » que gardent « des vendeuses belles comme des fées ».[166] Mais ce pays de cocagne est également troublant par la masse d'impressions qu'il suscite chez Hélène :

> Mais ce bonheur lui semblait lourd à gagner. Une chaleur suffocante l'étouffait, des parfums l'écœuraient ; elle devait suivre sa mère qui paraissait infatigable. Quelquefois tout se brouillait sous ses yeux, ce paradis devenait un enfer où grimaçaient des femmes peintes et des hommes aux gestes maniérés.[167]

En empruntant le point de vue d'Hélène, fille simple du ‹ peuple ›, Dabit souligne l'ambivalence des richesses et du luxe ; le personnage voit l'écart de sa normalité comme un exploit et comme inauthentique. De cette manière, le luxe dont Irma « ne peut s'en passer »[168] est immédiatement dévalorisé comme un écart de l'authenticité et de la vie honnête. Le même procédé est employé dans la représentation du Café des Courses, lieu de rencontre pour Julien et ses amis : d'une part, le café est le lieu qui dote Julien et ses compagnons d'une

---

163 ibid., p. 237.
164 Cf. Derek Schilling : La grande banlieue d'Eugène Dabit. Essai de géopoétique historique, p. 343.
165 Cf. Azucena Macho Vargas : À propos des espaces dans Villa Oasis d'Eugène Dabit, p. 138.
166 Eugène Dabit : *Villa Oasis ou les faux bourgeois*, p. 33.
167 ibid.
168 ibid., p. 34.

certaine identité, étant donné qu'ils disposent de leur propre coin où eux seuls peuvent s'asseoir. Cette emprise sur l'espace,[169] d'autre part, est contrasté par le point de vue d'Hélène qui « [p]lusieurs fois, [. . .] y avait sans aucun plaisir retrouvé son oncle ».[170] De cette manière, il devient aisément compréhensible pour le lecteur comment la mort d'Hélène suscite une transformation aussi drastique de la conception de la ville, de l'idéal du lieu du travail et du profit bourgeois en un lieu insalubre et en « mouroir » :[171] les jugements d'Hélène, *outsider* de cette vie bourgeoise citadine, déterminent le regard du lecteur sur le luxe et les formes de socialité représentées de sorte qu'il se rend facilement compte de l'inanité de l'existence des Monge.

La banlieue, en revanche, est notamment associée à l'imaginaire de la santé et du plaisir. C'est Alfred, l'ami de Julien, qui lui conseille de s'établir comme rentier à la campagne parce qu'Irma « s'anémie »[172] et Julien assure à Irma que « [c]'est pour toi que je bazarde. Si t'étais pas malade . . . »[173] De cette façon, la banlieue représente un endroit de santé et effectivement, Irma constate qu'elle va mieux quand elle arrive à la villa.[174] Cet imaginaire de la banlieue comme foyer de la santé s'explique notamment par le « grand air »[175] qui provoque la faim et par la large présence de la nature. Car la banlieue dont Julien et Irma font connaissance est notamment marquée par le paysage et non par les mouvements sociaux ; la villa est le représentant du rêve pavillonnaire qui ne se réalise pas pour la plupart des banlieusards dans l'entre-deux-guerres, demeurant comme « mal-lotis » dans des lotissements dépourvus d'un accès à l'eau courante ou aux routes.[176] De ce point de vue, *Villa Oasis* se sert des poncifs et d'un imaginaire idéaliste de la banlieue comme terrain de la liberté, de la santé et du plaisir populaire qui attire avec le paysage et les guinguettes. Cet imaginaire se répand par le biais de la littérature populaire sur la ‹ partie de campagne › depuis le XVIIIe siècle et devient plus important avec des auteurs comme Paul de Kock pendant le XIXe siècle ;[177]

169 Azucena Macho Vargas : À propos des espaces dans Villa Oasis d'Eugène Dabit, p. 139.
170 Eugène Dabit : *Villa Oasis ou les faux bourgeois*, p. 46.
171 Derek Schilling : La grande banlieue d'Eugène Dabit. Essai de géopoétique historique, p. 337.
172 Eugène Dabit : *Villa Oasis ou les faux bourgeois*, p. 107.
173 ibid., p. 112.
174 ibid., p. 119.
175 ibid.
176 Cf. Annie Fourcaut : *La banlieue en morceaux. La crise des lotissements défectueux en France dans l'entre-deux-guerres*. Grâne : Créaphis 2000.
177 Cf. à ce propos l'article de Julia Csergo : Parties de campagne. Loisirs périurbains et représentations de la banlieue parisienne, fin XVIIIe–XIXe siècles. In : *Sociétés & Représentations* 17

pendant l'entre-deux-guerres, il est en outre diffusé par les guides touristiques de la banlieue qui évoquent lentement le peuplement de la banlieue avec les pavillons et les villas populaires.[178]

Dans ses premières représentations de la banlieue, Dabit emprunte le même regard sur la commune fictive de Chapelle-sur-Seine qui devient le nouveau lieu de résidence des Monge.[179] Si Julien choisit la villa Oasis pour s'y retirer, c'est parce qu'il y cherche l'idylle campagnard où « on vient [. . .] pour vivre de ses rentes en braves bourgeois, et se vautrer dans l'herbe »[180] et avec leurs amis, Julien et Irma passent une journée qui correspond parfaitement au modèle de la partie de campagne :

> C'était une belle journée de juillet. Ils se découvraient du goût pour la campagne, particulièrement pour cette région où ça ne puait pas le fumier, où l'on ne voyait ni fermes ni croquants, où l'on ne trouvait pas d'usines ni de communistes ; et on était à cinq minutes de la forêt, de la Seine, où l'on pouvait aller rire dans les guinguettes.[181]

La banlieue se présente comme le terrain parfaitement dépeuplé, propice à l'expérience de la nature. L'absence des fermes et des usines marque la banlieue autour de la villa comme lieu de plaisance. Chapelle-sur-Seine est un terrain réservé à la récréation et l'élimination de chaque signe de travail le prédestine à la retraite et au nouveau mode de vie d'Irma et de Julien.[182] La banlieue repré-

---

(2004), p. 15–50. Je voudrais également signaler les travaux de ma collègue Constance Barbaresco à propos du sujet : cf. Constance Barbaresco : La partie de campagne chez Paul de Kock, itinéraire dans les environs de Paris. In : *Chemins de traverse en fiction. Actes du colloque interdisciplinaire de jeunes chercheur.euse.s, ENS Ulm, 19 et 20 mai 2017*. Paris : La Taupe médite 2018.

178 Annie Fourcaut/Emmanuel Bellanger/Mathieu Flonneau (éds.) : *Paris/banlieues : conflits et solidarités. Historiographie, anthologie, chronologie, 1788–2006*. Paris : Créaphis 2007, p. 186.

179 Macho Vargas signale que le nom de « Chapelle-sur-Seine » renvoie « à une banlieue quelconque » (cf. Azucena Macho Vargas : À propos des espaces dans Villa Oasis d'Eugène Dabit, p. 143) alors que Schilling voit uniquement un signal fictionnel dans l'appellation (Derek Schilling : La grande banlieue d'Eugène Dabit. Essai de géopoétique historique, p. 338). Dabit semble cependant avoir eu un modèle concret pour son roman ce qui indique son carnet de notes pour le roman : en effet, l'histoire des Monge est la mise en récit de l'histoire de son oncle Émile et de sa tante Raymonde, Dabit se représente lui-même dans le personnage du cousin timide d'Hélène, Étienne Arenoud, le modèle pour Chapelle-sur-Seine est la commune de Chartrettes, proche de Melun (E. Dabit, *Carnet de Notes – Villa Oasis*, Bibliothèque nationale de France, NAF 16565, p. 2 et 4).

180 Eugène Dabit : *Villa Oasis ou les faux bourgeois*, p. 117.

181 ibid., p. 141.

182 Cf. Derek Schilling : La grande banlieue d'Eugène Dabit. Essai de géopoétique historique, p. 341.

sente ainsi le contraire de la ville de Paris qui est toujours associée au travail, à la possibilité de « gagner du pèze ».[183] Pour cette raison, les personnages s'offusquent également quand il est question des ouvriers communistes qui se mobilisent en banlieue :

> La conversation roula sur les pauvres qui en général étaient responsables de leur misère. Chacun fournit des exemples de leur imprévoyance et de leur manque de reconnaissance envers les patrons.
>
> – Dire que ça veut tout chambarder !
>
> – Nous aussi, on a été ouvriers, on a connu la souffrance !
>
> – Qu'ils nous laissent finir nos jours tranquillement. Du reste, leur révolution, c'est pas pour demain.[184]

Les personnages se désolidarisent pour deux raisons du communisme tout en revendiquant leurs origines ouvrières : d'une part, ils sont des parvenus qui ont réussi à s'élever à une condition supérieure et se situent maintenant du côté des dominants ; d'autre part, ils n'acceptent pas dans l'espace récréatif dans lequel ils se trouvent la présence d'un discours sur la lutte des classes qui leur rappellerait le monde du travail. Les personnages s'opposent à une restructuration de la société et tiennent pour cette raison à l'ordre des choses, tant au niveau politique qu'au niveau de l'espace. Ce fait est également illustré par la visite des Arenoud chez les Monge : les premiers ne réussissent pas à s'amuser à la villa, trop habitués à mener une vie active ; les Monge, en revanche, notamment Irma, se sentent agressés par les remarques de Berthe qui indique l'écart économique qui les sépare.[185] Au niveau narratif, Dabit effectue par l'annulation de la dimension politique de la question ouvrière une première aliénation de ses personnages principaux face au ‹ peuple › qui les entoure : étant donné que ses personnages représentent des individus qui se désolidarisent de leur classe afin de monter, ils se retrouvent isolés, sans réseau social qui pourrait les accueillir.

L'isolement des protagonistes s'aggrave encore. En effet, si la confrontation bipolaire entre la ville laborieuse et la banlieue récréative demeure stable tout

---

183 Eugène Dabit : *Villa Oasis ou les faux bourgeois*, p. 193.

184 ibid., p. 141.

185 ibid., p. 147 : « Irma se disait que Berthe leur lançait trop souvent ‹ des pépins ›. Elle jugeait leurs discussions superflues, regrettait l'absence de ses amis qui étaient de bons vivants. Voyons, il y avait toujours eu des riches et des pauvres, fallait les deux pour créer un monde ; maintenant, qu'elle était riche elle ne souhaitait aucun changement et si les Arenoud parlaient en ce sens elle voyait là une menace, comme le geste, d'un voleur pour la dévaliser. En France, heureusement, il y avait de l'ordre, chacun tenait la place que le sort lui avait donnée ».

au long du récit, la perception du silence et du vide de la nature change chez les personnages : en hiver, les Monge se sentent opprimés par le calme de leur entourage. Après un bref retour en ville pendant lequel Irma devient de moins en moins capable de travailler, les Monge s'ennuient davantage dans leur vie quotidienne à deux et commencent à s'éloigner l'un de l'autre. Ainsi Julien pense : « Leur vie de rentier, quel ennui ! Un mois plus tôt, il vivait à Paname. Maintenant, il était seul avec une neurasthénique, une détraquée. »[186] Irma, à son tour, commence à développer du mépris envers son époux. L'aliénation de la classe et le manque de solidarité avec le combat des ouvriers communistes est donc suivi par un désengagement mutuel des deux époux.

La banlieue ne peut même pas garantir le même genre de compagnonnage que les Monge connaissent à Paris dans le Café des Courses : bien que Julien constate dès le début que l'auberge « ne valait pas le Café des Courses, mais avait un air pimpant »[187] et qu'il se lie d'amitié avec le patron Paul, leur amitié s'appuie uniquement sur la nostalgie de la vie parisienne et notamment du quartier de Montmartre : « Pour tous deux, c'était le bon temps lorsqu'ils descendaient le Faubourg ; ils s'arrêtaient devant les affiches du ‹ Palace › ; entraient dans un bar. Ces années ne reviendraient jamais. Autour d'eux, la nuit, le froid, la solitude. »[188] Tous les liens que Julien entretient encore en banlieue se basent sur l'idéalisation de Paris qui semble de moins en moins accessible aux personnages.[189] Comme le confirme John Charpentier dans son compte rendu du roman, les protagonistes sont « [i]ncapables de vivre seuls, comme tous les médiocres, et de se suffire à eux-mêmes en tirant profit de leurs loisirs » ;[190] tout en s'inscrivant dans l'imaginaire social du ‹ peuple ›, Dabit montre donc à quel point l'ascension des Monge est inutile : les protagonistes n'ont pas les recours nécessaires pour jouir de l'inactivité et de la liberté parce qu'ils auraient besoin d'un véritable lien social.

Les protagonistes du roman cherchent à remplir ce vide en s'identifiant avec le progrès et la modernité : Julien achète d'abord une voiture afin de mieux se déplacer entre la ville et la banlieue,[191] puis un phonographe qui doit

---

186 ibid., p. 169.
187 ibid., p. 120.
188 ibid., p. 158.
189 ibid., p. 159 : « Les amis que Julien possédait à Chapelle-sur-Seine ne savaient lui parler que de Paris ». Cf. aussi Derek Schilling : La grande banlieue d'Eugène Dabit. Essai de géopoétique historique, p. 344.
190 John Charpentier : Les romans, p. 655.
191 Eugène Dabit : *Villa Oasis ou les faux bourgeois*, p. 122.

« chass[er] le silence toujours angoissant du soir ».[192] Déjà avant d'emménager, Julien commande de grands travaux de rénovation qui changent l'aspect de la villa : il demande de boucher les fenêtres qui donnent sur la rue « pour être chez nous ».[193] De cette manière, il veut s'approprier l'espace ;[194] mais simultanément, les travaux l'isolent des autres habitants de la commune. Cet écart devient d'autant plus flagrant quand Julien se résout, suite à la demande pressante d'Irma, de supprimer le bassin, ce qui attire les plaintes des voisins.[195]

De cette manière, Dabit ne confronte pas vraiment les citadins contre la population rurale, mais plutôt la bourgeoisie, éprise de la modernité et de la modernisation, contre le ‹ peuple › et sa prédilection pour la tradition. Comme c'est déjà le cas à la fin de *L'Hôtel du Nord*, Dabit critique indirectement, en mettant en scène la volonté incessante des Monge de transformer leur propriété, la morale d'une ‹ fausse bourgeoisie › qui ne se contente pas du charme de la nature et des traditions.

Ces deux éléments sont néanmoins les valeurs les plus importantes de la campagne selon Dabit. Or, la modernité, la mobilité des citadins et l'extension des frontières de la ville corrompent l'aspect campagnard de la banlieue et la transforment en un espace qui perd peu à peu de son caractère. Plus que dans son roman *Villa Oasis ou les faux bourgeois*, cette critique devient surtout palpable dans *Faubourgs de Paris* qui contient plusieurs essais sur les espaces périphériques de la capitale et de leurs modes de vie. À propos de la « Grande banlieue sud », Dabit constate qu'il « voi[t] les signes de [l]a mort »[196] de la campagne banlieusarde :

> De place en place, des écriteaux annoncent des terrains à vendre. Ils ont poussé comme du chiendent, là où il y a une « vue » : la plaine, le champ d'aviation d'Orly avec ses deux hangars aux voûtes immenses comme celles d'une gare, et une zone déjà construite. Impossible d'oublier les hommes. Autrefois, les champs encerclaient les villes ; aujourd'hui, c'est l'inverse.[197]

La campagne disparaît en faveur du lotissement et de la construction continue de nouveaux bâtiments. Mais ce ne sont pas seulement les bâtiments qui détruisent la nature, les voitures et les avions, le bruit des machines et des véhicules,

---

192 ibid., p. 139.
193 ibid., p. 140.
194 Cf. Azucena Macho Vargas : À propos des espaces dans Villa Oasis d'Eugène Dabit, p. 143.
195 Eugène Dabit : *Villa Oasis ou les faux bourgeois*, p. 176.
196 Eugène Dabit : *Faubourgs de Paris*, p. 107.
197 ibid.

« une rumeur qui annonce l'avenir » va à l'encontre des « traces du passé »[198]
que représentent les villages et les vergers dans la campagne.

Le véritable objet de révolte dans *Faubourgs de Paris* est toutefois le fait
que cette modernisation de la banlieue ne conduit pas à une amélioration des
conditions de vie :

> Autour de ces villas, l'espace libre se resserre. Jardinets entourés de grillages, baraques à
> poules et à lapins, les possesseurs de ces maigres biens sont prisonniers. Ils vont chaque
> jour travailler à Paris, rentrent chaque soir éreintés ; et le dimanche, ils réparent les rava-
> ges du mauvais temps, ratissent, édifient une cabane. Ils sont propriétaires ; dans leur
> maison, comme l'escargot dans sa coquille. Ils ont plein la bouche de leur jardin, de leurs
> plantations ; leur lotissement est un monde ! Pour réaliser un vieux rêve, ils ont créé des
> villages dont l'avenir est misérable ; ils n'ont su qu'asservir bourgeoisement la terre, l'en-
> laidir, la partager.[199]

Ce n'est plus la banlieue campagnarde que les Monge retrouvent dans *Villa
Oasis*. Dans « Grande banlieue sud », Dabit évoque directement le sort des mal-
lotis en banlieue. De cette manière, il signale dans son essai un autre piège du
rêve pavillonnaire : l'idée que les propriétaires d'un lotissement en banlieue auraient l'occasion de vivre plus près de la campagne s'avère trop souvent une illusion et ne conduit qu'à la construction de « villages dont l'avenir est misérable » ;
autrement dit, les ‹ petites gens › n'ont pas d'échappatoire à la misère, les conditions de vie pauvres et le resserrement de leur espace vital n'apparaissant que
d'une manière différente en banlieue. Si à l'époque de Dabit le peuplement de la
banlieue représente toujours le progrès, il indique cependant que ce progrès n'a-
méliore pas les conditions de vie du ‹ peuple ›, au contraire, il l'écarte seulement
plus loin du centre de la capitale – et de sa véritable condition, comme en témoignent leurs cultivations ‹ bourgeoises › et donc peu professionnelles.

Dans les deux textes, Eugène Dabit montre que la vie en commun du ‹ peuple › ne s'améliore pas en dehors de la ville. La banlieue ressemble d'abord à la
promesse de santé et de bonheur dans *Villa Oasis*, alors que la ville est identifiée à la mort et la maladie, mais la banlieue verte s'avère une prison où les
individus perdent leur ancrage dans la société. Cela s'explique par une double
trahison que Dabit souligne dans son roman : d'abord, une trahison des origines qui est mise en scène par la mort et l'abandon d'Hélène, la fille perdue
d'Irma, mais aussi par l'abandon de l'ancienne résidence des Monge qui reflète
leur caractère. Cette trahison des origines et de l'espace du ‹ chez soi › cache
cependant une seconde trahison, plus grande encore : celle de la classe sociale.

---

198 ibid., p. 110.
199 ibid., p. 117.

En effet, à travers l'ascension sociale à laquelle les Monge parviennent par le biais d'un travail ‹ malhonnête › comme copropriétaires d'une maison de passes, ils sortent de leur classe et n'arrivent plus à se comprendre avec les ouvriers, représentés par les Arenoud, sœur et beau-frère de Julien.

En mettant en scène cette double trahison, Dabit revient à la dichotomie entre ville et campagne et montre que la banlieue devient le terrain central du conflit entre les deux systèmes. Les protagonistes de *Villa Oasis* associent des valeurs morales différentes à ces deux topographies ; en mélangeant les points de vue, Dabit brosse un portrait complexe du terrain de la banlieue comme un espace ambigu qui mélange la modernité et la tradition, qui incarne le choc entre campagne et urbanisme ainsi qu'entre bourgeoisie aisée et ‹ peuple › modeste. Dans l'essai « Grande banlieue sud » de *Faubourgs de Paris*, cette ambiguïté est aussi évoquée par la transformation de l'espace loti. La position de Dabit y est évidente : l'écrivain déplore la perte de la campagne et de ses manières de vivre, *a fortiori* parce que les lotissements de la banlieue ne conduisent pas à l'amélioration des conditions de vie du ‹ peuple ›.

De cette manière, Dabit utilise la mise en scène de l'espace afin de montrer les transformations des rapports sociaux du ‹ peuple › et arrive toujours à la même conclusion : le ‹ peuple › est le grand perdant de la modernité qui l'asphyxie et isole. Ces remarques montrent donc que les transformations de l'espace (péri-)urbain vont toujours de pair avec un changement de la morale du ‹ peuple › jugé souvent aussi dévastateur que les rénovations de la ville par les auteurs de la nébuleuse populiste.[200]

5.3 La fin de la solidarité populaire ? Individualisme et changement des mœurs

Les deux premiers sous-chapitres ont ainsi déjà illustré la façon dont l'esthétique populiste envisage la communauté du ‹ peuple › : strictement astreint à un certain quartier, plus encore, se manifestant pour la plupart dans un seul immeuble et son entourage immédiat, le ‹ peuple › des romans est très limité dans sa possibilité de se déplacer ou de s'exprimer ailleurs qu'au foyer familial. Ce foyer, en revanche, n'offre pas de stabilité ou de sécurité. Les personnages des romans analysés ne réussissent pas à créer une sphère privée stable. Pis encore, dans le

---

200 Seulement des auteurs prolétariens comme Henry Poulaille mettent en scène une communauté populaire fonctionnelle, mais parce qu'ils portent un regard nostalgique sur le ‹ peuple › de l'avant-guerre, cf. 6.2.1.

cas de *L'Hôtel du Nord* d'Eugène Dabit, l'immeuble entier qui a servi d'unique point de repère pour regrouper tous les récits, est détruit et ses locataires se dispersent à travers la ville. Le pessimisme de Dabit se traduit aussi dans son roman *Villa Oasis ou les faux bourgeois* même si les personnages de celui-ci ne souffrent plus de la précarité des personnages de l'*Hôtel du Nord*. Mais leur ascension sociale représente un écueil supplémentaire dans la vie des ‹ petites gens › dans l'imaginaire de Dabit : s'élever dans l'échelle sociale égale une trahison de sa ‹ classe › et conduit inéluctablement à l'aliénation sociale.[201] En lisant l'œuvre complète d'Eugène Dabit, le lecteur acquiert l'impression que Dabit imagine la société française comme abîmée par la Grande Guerre et en voie de se détruire.[202]

Cette destruction n'est toutefois pas l'œuvre d'une guerre imminente, mais plutôt d'un refus de la modernité : en effet, Eugène Dabit, mais aussi les autres écrivains adoptant une esthétique populiste dans leurs ouvrages, opposent la modernité aux traditions populaires et se déclarent les avocats de la culture du ‹ peuple ›. La modernité, c'est-à-dire la rénovation des quartiers parisiens, l'engouement pour la banlieue et l'urbanisation croissante, mais aussi la circulation en voiture ou l'enregistrement de la musique sont présentés comme des progrès à double tranchant qui provoquent l'individualisation et la distension de liens sociaux, la perte des formes de sociabilité traditionnelle et de la simplicité des loisirs.

L'esthétique populiste insiste pour cette raison sur une crise du ‹ peuple › qui transcende le domaine économique et concerne également la morale : la convivance du ‹ peuple › est fortement perturbée par la perte des traditions et des valeurs traditionnelles. Ce dernier sous-chapitre insistera, en conséquence, sur deux points de cette instabilité morale et sur le danger de la dispersion du ‹ peuple › tout en ouvrant l'horizon à d'autres romans de l'esthétique populiste en dehors de l'œuvre de Dabit. D'abord, un tour d'horizon sur deux romans de Léon Lemonnier et de Jean Prévost montrera que les liens de famille et le mariage perdent de l'importance dans l'imaginaire de la convivance populaire et culminent dans une désintégration de la communauté ; ensuite, *La Rue sans*

---

201 Un sort similaire se laisse observer pour le personnage de Nelly dans *Le Quai des brumes* : seule à réussir dans la société après la Grande Guerre, son succès social est fondé sur la trahison de ses origines.

202 Cette impression est également partagée par Pierre Bardel qui repère chez lui « l'angoisse où cette œuvre prend sa source et qui fait de Dabit, comme des plus grands de ses contemporains, le témoin de l'inquiétude d'une génération hantée par le spectre de la guerre et de la barbarie » (cf. Pierre Bardel : Un écrivain trop oublié : Eugène Dabit. In : *Littératures* 14, 5 (1967), p. 97–106, p. 105).

nom de Marcel Aymé fera surgir la question de savoir si les immigrés font partie de la communauté populaire.

5.3.1 Fin de la vie en famille : Lemonnier et Prévost

Léon Lemonnier et Jean Prévost sont parmi les écrivains qui constatent l'érosion de la cohésion familiale. Dans ce sous-chapitre, il suffit de s'appuyer sur les romans *La Femme sans péché* et *Les Frères Bouquinquant* afin d'illustrer la manière dont la famille est évoquée dans les romans de la nébuleuse populiste et pour constater les ressemblances esthétiques avec l'œuvre d'Eugène Dabit : autant chez Lemonnier que chez Prévost, les valeurs traditionnelles, comme le sacrement du mariage, le besoin d'honorer sa famille et de se soutenir mutuellement, sont mises en question dans le contexte d'une vie urbaine qui a changé ses valeurs. Chez Lemonnier et Prévost, il est cependant plus difficile de savoir si les romanciers sont nostalgiques des rapports traditionnels ou s'ils ne plaident pas pour un nouveau regard sur le lien social du ‹ peuple ›.

Dans un premier temps, il faut regarder le roman *La Femme sans péché* de Léon Lemonnier. Celui-ci cite lui-même son ouvrage comme exemple du roman populiste[203] et si la critique s'interroge en partie sur le rôle que le ‹ peuple › revêt dans son œuvre, ce roman est considéré comme « le plus ‹ populiste › »[204] de l'auteur. Comme déjà *L'Hôtel du Nord* ou *Le Pain quotidien*, *La Femme sans péché* est un roman qui met en scène la vie d'un immeuble dans un quartier populaire, les Grandes-Carrières, situé dans le XVIIIe arrondissement à côté de Montmartre et Saint-Ouen. Plus précisément, le récit est centré sur la vie de la famille Martin : Edmond travaille dans un atelier tandis que Sophie s'occupe du ménage et de leur fille Claire. Sophie s'identifie à ce point à son rôle de mère qu'elle refuse chaque avance sexuelle de son mari et qu'elle se sent obligée d'assumer la responsabilité de Tit-Jean, fils de son cousin germain qui meurt au début du roman. Afin d'échapper à l'ennui du mariage chaste – quand Tit-Jean emménage chez les Martin, Sophie impose qu'elle dorme avec sa fille et son mari avec le petit garçon – Edmond commence une affaire avec la jeune voisine Yvonne et abandonne finalement son épouse après la mort subite de Claire. So-

---

203 Léon Lemonnier : *Populisme*, p. 178–180. Lemonnier y avoue qu'il a développé l'idée du roman populiste à partir de la rédaction de son roman : « Quand le roman fut achevé, j'éprouvai le besoin de justifier en théorie le choix instinctif que j'avais fait. C'est alors que je pensai au populisme » (ibid., p. 180).

204 Véronique Trottier : Léon Lemonnier : romancier populiste ? In : *Études littéraires* 44, 2 (2013), p. 37–51, p. 43.

phie se dévoue par la suite à l'éducation de Tit-Jean qui devient de plus en plus vicieux avec la puberté et qui l'abandonne à son tour lorsqu'il réalise qu'il ne peut pas la séduire.

Dans son compte rendu pour *Europe*, Jean Guéhenno exprime une appréciation avec réserves pour le roman, constatant que « [t]out cela ne ferait qu'une assez banale histoire, si n'intervenait, comme un élément tragique, la piété de la femme sans péché. »[205] En effet, la foi chrétienne et les conceptions concomitantes de la sexualité et de l'amour du prochain sont au centre du roman : dès le début du roman, la voix narrative explique que le ménage de la famille Martin ne s'est pas construit à cause de l'amour entre les époux, mais parce qu'Edmond Martin s'est laissé convaincre par le curé Daniel, un vieil ami, qu'il devrait se marier avec une fille chrétienne.[206] Edmond obéit et épouse Sophie malgré le fait qu'il n'éprouve pas de désir pour elle, décrite comme une femme laide avec de grands pieds et de 6 ans son aînée. Sophie se caractérise toutefois par l'abandon de soi dans le mariage : toutes ses actions sont motivées par la volonté de faire plaisir à son mari.[207]

Néanmoins, le dévouement de Sophie connaît des limites. Elle refuse les rapports sexuels avec son mari ; quand celui-ci la force au lit, elle se tient calme afin qu'il termine plus vite et lui reproche de l'avoir assaillie sans vouloir procréer.[208] En général, la sexualité gêne Sophie : dans une conversation avec Yvonne et sa mère, elle soutient de ne jamais avoir ressenti du plaisir, elle se caractérise comme étant « plus mère qu'épouse »[209] et elle regarde avec dégoût les excès sexuels d'Edmond Martin sans pour autant s'interroger sur les rapports sexuels que celui-ci pourrait entretenir en dehors du mariage : « elle s'arrêtait au seuil de certaines pensées. Au-delà, c'était ce domaine où les hommes peuvent s'aventurer sans se salir, mais auquel la pudeur empêche une honnête femme de songer un instant. »[210] La sexualité est complètement dévalorisée aux yeux de Sophie, qui distingue entre hommes et femmes et qui situe les valeurs de la pureté et de la chasteté dans l'identité féminine.

---

205 Jean Guéhenno : Notes de lecture : Le Secret. In : *Europe* 85 (15 janvier 1930), p. 112–116, p. 114.
206 Léon Lemonnier : *La Femme sans péché*. Paris : Flammarion 1927, p. 22.
207 Cela se montre aussi plus tard, quand Sophie reste pendant la fête de la compagnie d'Edmond à garder le piquenique pendant que son cousin, son mari et Yvonne partent pour voir les activités sportives (ibid., p. 56).
208 ibid., p. 88.
209 ibid., p. 117.
210 ibid., p. 118.

Cet imaginaire est religieusement motivé, comme le signale à plusieurs reprises la voix narrative : Sophie va régulièrement à la messe et soutient que la mort de sa fille s'explique par la volonté de Dieu alors que son mari considère Tit-Jean comme coupable, étant donné qu'il a passé la scarlatine à Claire.[211] Ces exemples montrent clairement que Sophie Martin est marquée par la doctrine chrétienne, à tel point qu'elle devient l'incarnation de la piété : elle se dévoue d'abord à son enfant et à son mari, ensuite à Tit-Jean et n'arrête pas à subordonner ses propres intérêts aux autres, malgré les humiliations qu'elle subit. C'est pour cette raison que le critique Édouard Marye loue le roman dans *Les Nouvelles littéraires :*

> [. . .] on n'oubliera plus Sophie Martin, la femme patiente et sans péché, en qui la mère a tué l'épouse ; la femme anguleuse et gauche, aux grands pieds, à la démarche disgracieuse, qui va, soutenue dans la pauvreté, le deuil et l'abandon, par les disciplines morales du catholicisme ; qui porte, dans son cœur souffrant et consolé, la foi, l'espérance et la charité ; qu'enivrent, presque à son insu, parmi des comparses débiles que leurs instincts mènent vers de pauvres joies, les hautes voluptés du sacrifice.[212]

Le critique considère Sophie Martin comme un symbole du catholicisme et de son système moral. Si une telle lecture semble jusqu'à ce point pertinente, il faut néanmoins se poser la question de savoir si Sophie Martin figure vraiment comme héroïne positive dans le roman de Lemonnier. Plusieurs éléments suggèrent une vision ambivalente de Sophie dans le roman. Contrairement au dire du critique, en aucun moment, sa foi est représentée comme une ‹ volupté › et Sophie Martin n'est jamais représentée comme un personnage qui éprouve une joie quelconque. Ensuite, les « pauvres joies » de ses « comparses débiles » sont bien davantage au centre du récit que le personnage de Sophie et ses sentiments ; enfin, le lecteur peut se rendre compte que la moralité catholique que Sophie incarne ne conduit qu'à l'isolement social tandis que le système moral des autres personnages les mène vers la stabilité et le bonheur. En effet, dans la dernière rencontre d'Edmond avec Sophie, celui-ci confirme qu'il est heureux avec Yvonne, bien que sa fille défunte lui manque ;[213] Sophie, en comparaison, apparaît indifférente à sa vie, pratiquement apathique, et souhaite continuer sa vie seule jusqu'à la mort.[214]

---

211 ibid., p. 193.
212 Édouard Marye : Romans. La Femme sans péché. In : *Les Nouvelles littéraires, artistiques et scientifiques* (16 novembre 1929), p. 3.
213 Léon Lemonnier : *La Femme sans péché*, p. 226.
214 ibid., p. 246.

En outre, l'exemple du personnage d'Yvonne se construit pratiquement en parallèle à celui de Sophie et illustre comment les gens du ‹ peuple › peuvent atteindre le bonheur. En effet, au début du récit Yvonne est caractérisée dans son lieu de travail comme « moraliste du bureau » parce qu'elle n'entretient aucune relation amoureuse quoiqu'elle ait déjà 25 ans.[215] Le lecteur apprend qu'elle avait un fiancé pendant la guerre, mais après sa mort, chaque tentative de trouver un homme qui l'épouse s'est avérée un échec parce qu'elle se refusait aux rapports sexuels prémaritaux. Sa mère, en revanche, se déclare dès le début comme adepte de « l'union libre »[216] et l'incite d'abord à séduire Dartois et, après sa mort, lui suggère de séduire Edmond Martin. Lorsqu'Yvonne s'abandonne finalement à Edmond, elle a moins envie de lui que d'être considérée prude ; en effet, Yvonne est heureuse de se présenter comme compagne d'un homme marié devant ses collègues.

Tous ses faits portent donc à croire que la religion et les valeurs catholiques sont plutôt conçues comme des idées déplacées dans le milieu populaire de la ville ; Sophie, dans son rôle de paysanne, ne s'adapte pas à la vie urbaine et ne suit pas le système moral qui est répandu dans son milieu, ce qui déclenche la véritable tragédie : sans ses idées de chasteté, son mari ne l'aurait pas trompée ; sans sa piété, elle n'aurait pas accueilli Tit-Jean dont la brutalité est soulignée dès la première page,[217] sa fille aurait survécu et son mariage aurait pu être sauvé. Ce qui apparaît comme de la piété s'avère donc finalement un comportement qui déstabilise la convivance du couple ainsi que de son entourage. La religion ne crée pas l'union entre les personnages, elle les sépare et crée le désordre. De cette manière, la communauté du ‹ peuple › est foncièrement laïque et n'a pas besoin d'une doctrine religieuse pour vivre ensemble ; bien au contraire, la religion suscite seulement la discorde.[218]

---

215 ibid., p. 45.

216 ibid., p. 60.

217 ibid., p. 10 ; Sophie Martin se rend même compte du caractère brutal de Tit-Jean : « Tu as été brutal ? insista sa tante » (ibid., p. 15).

218 Chez Eugène Dabit, une telle vision de la religion se laisse également observer dans *Un mort tout neuf* où les personnages de Lucienne et de Victor se heurtent toujours à la religiosité d'Élise. Ainsi, Victor réfléchit en arrivant chez sa sœur sur le testament et les obsèques d'Albert en ces termes : « Pourvu que le gros Édouard ne cherche pas des chinoiseries – celui-là, avec sa forte gueule ! – et que son Élise ne lui souffle pas, comme lorsque la grand'mère est morte, de faire une cérémonie religieuse ? . . . Oh ! il les enverra promener carrément, pas de curés ! » (Eugène Dabit : *Un mort tout neuf*. Paris : Éd. Sillage 2009, p. 49). Lucienne rappelle à Élise : « Tu connaissais les idées d'Albert : pas d'église, alors ne va pas jeter cette histoire sur le tapis. Les miennes aussi, tu les connais : je ne veux pas de curé quand je mourrai. S'il existe un bon Dieu et qu'il a son para-

Dans son article sur les romans de Léon Lemonnier, Véronique Trottier constate que l'auteur évoque dans la plupart des cas le ‹ peuple › comme moyen de
critiquer la bourgeoisie sans pour autant s'intéresser à la représentation des ‹ petites gens ›.[219] Celles-ci serviraient uniquement à souligner le contraste avec
des mœurs bourgeoises perçues comme arrogantes et asociales. *La Femme sans
péché*, roman que Trottier n'analyse pas pour des raisons obscures, n'oppose pas
le ‹ peuple › à la décadence de la bourgeoisie, mais le ‹ peuple › du quartier parisien s'y manifeste contre le système des valeurs chrétiennes et plaide pour une
indulgence plus grande envers la sexualité et les passions amoureuses. L'union
libre y est proposée comme modèle alternatif de la vie en famille qui ne conduit
qu'au malheur dans *La Femme sans péché*. Si les autres romans de Lemonnier
s'intéressent plus à la dénonciation de la morale bourgeoise, *La Femme sans
péché* semble plutôt s'attaquer au catholicisme et montre à quel point il est in-
compatible avec la pauvreté de la vie populaire où l'amour semble le seul loisir
viable.

Ainsi, le roman doit tout comme *La Maîtresse au cœur simple* du même auteur contribuer à « relativis[er] la rigidité d'une morale à transformer »[220] et polémique ainsi contre les systèmes moraux en vigueur[221], peu importe si ceux-ci
sont bourgeois ou, comme présenté dans *La Femme sans péché*, répandus dans
le milieu paysan. Contrairement à Dabit, Lemonnier ne brosse donc pas le portrait de la tradition comme le trésor de l'identité populaire qu'il faudrait conserver et soigner ; si le récit ne condamne jamais la religion, le roman montre
néanmoins l'incompatibilité de celle-ci avec les coutumes et la morale du milieu populaire que représente Lemonnier. Il valorise néanmoins la vie en proximité et met en scène les sorties des Martin avec les voisins et l'entente entre les
individus comme la clef du bonheur dans le voisinage. Dans l'univers romanesque de Lemonnier, la convivance du ‹ peuple › est uniquement possible si
tous partagent le même système de valeurs. Le roman suggère que celui-ci devrait être complètement laïque ; dans ce stade de transition, où la morale chré-

---

dis, il saura bien voir si je mérite d'y entrer, même sans baptême et sans communion. Mais il n'y a
rien après nous, Élise . . . rien ! » (ibid., p. 96).

219 Véronique Trottier : Léon Lemonnier, p. 42.

220 ibid., p. 40.

221 C'est Anne-Marie Paveau qui constate que « le populisme littéraire est un polémisme : son
appel au peuple est un appel contre certains ‹ autres › » (Marie-Anne Paveau : Le « roman populiste » : enjeux d'une étiquette littéraire, p. 52). Son affirmation s'appuie sur la définition du
populisme politique que fournit Pierre-André Taguieff (cf. Pierre-André Taguieff : Le populisme et la science politique. Du mirage conceptuel aux vrais problèmes. In : *Vingtième Siècle.
Revue d'histoire* 56, 1 (1997), p. 4–33, p. 15).

tienne joue encore un certain rôle sans prédominer, la cohésion sociale est menacée par le choc des deux visions du monde.

Quant à Jean Prévost, son roman *Les Frères Bouquinquant* montre la désintégration d'une famille qui conduit à l'amélioration des conditions de vie des personnages. Plus encore, le roman est le récit d'un fratricide et le frère assassin n'est jamais poursuivi en justice, étant donné que les autres personnages le sauvent. Ainsi, la solidarité du ‹ peuple › cache un crime majeur pour sauver un membre du ‹ peuple › de la prison ; la proximité des personnages s'oppose à la fois aux bonnes mœurs établies – la vérité, la justice, le comportement civilisé – ainsi que contre les institutions – la police et les tribunaux.

Dans *Les Frères Bouquinquant*, Jean Prévost met en scène deux ouvriers, Léon et Pierre Bouquinquant, dont le lecteur apprend dès le début la brutalité, ainsi que la jeune servante bérichonne Julie qui s'est mariée avec Léon : « Mariée depuis deux ans, Julie ne s'étonnait plus d'être battue, ne se reprochait pas non plus d'avoir *fauté*. Elle craignait ses deux hommes, l'un avec ennui, l'autre avec amour. Elle attendait un enfant. »[222] Léon, alcoolique, abuse de sa femme dès le début de leur mariage et la trompe souvent. Son frère Pierre, communiste, possédant toutes les signes d'une altérité physique qui le distingue comme étant ‹ dur ›,[223] s'avère bien plus tendre avec Julie et devient le héros positif du récit.[224] Les deux cachent leur relation devant Léon qui ne sait pas que son frère est le père de leur enfant. Une nuit, Pierre est témoin des violences que Léon inflige à Julie et intervient pour la sauver ainsi que son enfant. Dans une lutte acharnée sur le ponton proche du quartier de Grenelle, Pierre tue Léon. Afin d'assurer qu'il ne soit pas condamné, Julie assume la culpabilité de l'assassinat et se dénonce auprès de la police. Forcée au parjure devant le tribunal, elle parvient avec l'aide de Pierre et des mariniers voisins d'être acquittée. Pierre, qui a entre-temps préparé une maison en banlieue, peut finalement vivre ensemble avec sa famille.

---

222 Jean Prévost : *Les frères Bouquinquant*. Paris : Gallimard 2000, p. 14.
223 « Déjà Pierre criait en riant tous les mots méprisants des enfants d'Yport, des moindres pêcheurs ou caboteurs, contre les marins d'eau douce [. . .]. Sa tête mal rasée et ébouriffée apparut [. . .] » (ibid., p. 19) ; pour ses cheveux mal peignés et sa façon de secouer la tête, un vernisseur l'avait surnommé le Roi des Animaux ; le sobriquet faisait contraste avec les opinions communistes du réparateur [. . .] » (ibid., p. 51sq.). Il s'agit ici de « discours de l'altérité » qui se trouvent dans les représentations du ‹ peuple › dès le roman naturaliste, cf. Nelly Wolf : *Le peuple dans le roman français de Zola à Céline*. Paris : Presses Universitaires de France 1990, p. 20.
224 Cf. Lucien Wasselin : Pierre Bouquinquant, une figure romanesque aragonienne ? In : *Faites entrer l'infini* 37 (2004), p. 58–61, p. 59.

L'ouvrage de Jean Prévost doit ainsi montrer la supériorité du ‹ peuple › par rapport au système de justice bourgeois et par rapport aux mœurs établies. La publicité pour son recueil de nouvelles *Lucie-Paulette* stipule que l'objectif de l'auteur serait de voir « dans les gens du peuple des êtres plus complexes, plus particuliers, plus personnels, plus libres que les gens du monde et les bourgeois » ;[225] le même but transparaît aussi dans son premier roman *Les Frères Bouquinquant* de 1930. Marc Bertrand qualifie le roman de Prévost de « behavioriste » [226] au lieu de populiste et signale les notes de Prévost qui explique : « J'étudiais la mimique sur les hommes ; je suivais les mariniers sur les quais avec soin et amour, en m'efforçant de pressentir leurs gestes et leurs paroles [. . .] »[227]

La citation de Prévost prouve cependant à quel point les objectifs de cet auteur se rapprochent du projet du roman populiste qui exige « l'amour du peuple »[228] dans la description de ses usages. La volonté de dévoiler la supériorité du ‹ peuple › se montre à deux niveaux : tout d'abord, à l'échelle de la convivance et de la solidarité entre les gens du ‹ peuple › ; elle est aussi palpable dans les rapports entre homme et femme qui sont possibles malgré l'oppression de la femme, très courante dans les romans de l'époque.

Avant le procès, Pierre rencontre les mariniers qui ont témoigné du meurtre qu'il a commis. Mais il se rend bien vite compte que ces personnes ne trahiront pas le stratagème de Julie qui a assumé la culpabilité pour la mort de Léon :

> Ces trois hommes-là savaient qu'il avait jeté Léon à l'eau, c'était certain. Ils en avaient délibéré entre eux, ça se voyait, et ils lui avaient fait grâce ; ils n'auraient rien vu : c'était clair. [. . .]
>
> « Ils me donnent raison », se dit Pierre d'abord ; il avait besoin de cette pensée : « Et on a beau ne pas les connaître, c'est des frères tout de même ; je me comprends. »
>
> Ce qu'il voulait dire, c'est que ces gens-là, même sans l'approuver, n'auraient rien dit contre lui devant la justice. Les prolétaires ne sont pas jugés selon leurs mœurs, ils ne sont pas toujours sûrs encore que les juges ne les comprennent pas ; que savent-ils, les juges, de l'honneur, de la vie insouciante, généreuse, plus fraternelle et plus violente que la leur ? [. . .] Les gens du peuple, même et surtout les travailleurs honnêtes, regardent comme des crimes la délation, le témoignage véridique.[229]

---

225 Cette publicité finit sur le constat : « Tel est le populisme de l'auteur », cf. NRF : Publicité pour *Lucie-Paulette*. In : *Nouvelle Revue Française* 262 (juillet 1935), p. 219.
226 Marc Bertrand : Jean Prévost et le roman populiste. In : *Cahiers Henry Poulaille* 6 (1993), p. 133–138, p. 136.
227 Jean Prévost : *Faire le point*. Abbeville : F. Paillart 1931, p. 28.
228 Léon Lemonnier : *Populisme*, p. 189.
229 Jean Prévost : *Les frères Bouquinquant*, p. 89.

Deux systèmes de valeurs entrent donc en conflit : le système bourgeois qui ne comprendrait pas les codes d'honneur et la violence du ‹ peuple › et chercherait uniquement la ‹ vérité › aux dépens de la solidarité. Le ‹ peuple ›, en revanche, ne valoriserait que la « fraternité », une solidarité qui lie tous les marginaux et défavorisés en face du système. Pendant le procès, l'un des mariniers va jusqu'à donner d'autres repères dans son témoignage pour soutenir mieux la cause de Julie et de Pierre.[230] Jean Prévost semble souligner l'importance d'une telle fraternité populaire[231] et montre dans son roman à quel point cette fraternité est raisonnable : sans le sacrifice de Julie, elle serait privée des moyens de subsister et de nourrir son enfant et Pierre serait, de surcroît, en prison. Grâce au fait qu'elle assume toute la responsabilité pour le meurtre, elle est emprisonnée pour peu de temps et les deux peuvent continuer à élever leur enfant ensemble.

En outre, le roman de Jean Prévost juxtapose deux modèles de rapports entre homme et femme : le mariage entre Julie et Léon est marqué par la violence et par l'oppression de la femme. Tandis que Léon bat sa femme, elle se soumet complètement à Léon : « Elle ne sut pas se défendre contre son mari ; elle sortait du métier de servante pour reprendre les mêmes travaux, et elle les reprit dans le même esprit, parce qu'elle était traitée, aux meilleurs jours, de la même façon. »[232] Comme dans la plupart des relations dans *L'Hôtel du Nord*, Léon exerce le patriarcat dans son ménage, mais il se montre encore plus violent. Dans *Les frères Bouquinquant*, le patriarcat n'est cependant pas la seule option et une autre façon de vivre s'annonce avec Pierre.[233] Pendant l'incarcération de Julie, Pierre s'avère le père parfait, préoccupé du soin de son fils : il est toujours soucieux de ne pas blesser son enfant et il « taill[e] une couche dans sa plus fine chemise »[234] quand il n'a plus de langes propres ; même ses opinions politiques, auparavant communistes, deviennent moins radicales parce qu'il sent la responsabilité pour son enfant.[235] De cette manière Prévost montre comment une ‹ bonne › famille peut naître à partir de la destruction d'une autre. En effet, le meurtre devient bénéfique pour Julie qui ne voulait pas divorcer par scrupules religieux : il permet au

---

230 ibid., p. 198.

231 Cf. Hélène Baty-Delalande : « Les romans, ça sert à chercher l'avenir » (*Merlin*). Sur les romans de Jean Prévost. In : Emmanuel Bluteau (éd.) : *Jean Prévost le multiple*. Rennes : Presses Univ. de Rennes 2015, p. 17–30, p. 27.

232 Jean Prévost : *Les frères Bouquinquant*, p. 25sq.

233 Cf. Lucien Wasselin : Pierre Bouquinquant, une figure romanesque aragonienne ?, p. 61.

234 Jean Prévost : *Les frères Bouquinquant*, p. 110.

235 ibid., p. 171.

couple de changer les rôles et de vivre d'une manière plus équitable dans une relation qui permet l'égalité complète entre les deux époux.

Si les romans d'Eugène Dabit et la plupart d'autres romanciers de la nébuleuse populiste déplorent la perte des liens de famille, les romans de Lemonnier et de Prévost poursuivent une autre approche : ils louent la solidarité des ‹ petites gens ›, mais la distinguent clairement des liens de famille traditionnels, marqués par les valeurs de la religion. La famille et le mariage y paraissent comme des obligations trop contraignantes qui s'opposent à la liberté et aux manières d'agir instinctives du ‹ peuple ›. De cette manière, la destruction de la famille peut être légitime si elle conduit à une amélioration générale de la convivance ; l'imaginaire populiste prône la souplesse morale et la libre expression des émotions face à des systèmes moraux trop rigoureux, marqués par la religion ou par les contraintes des institutions de l'État.

5.3.2 Un seul ‹ peuple › ? La question des étrangers dans *La Rue sans nom*

Avant de clore les analyses de la convivance et de l'imaginaire de la solidarité du ‹ peuple › dans les œuvres littéraires de l'esthétique populiste, il convient de s'interroger sur le roman *La Rue sans nom*. L'intérêt de ce roman s'explique par deux raisons : en premier lieu, le roman est à tort considéré par la critique littéraire comme le premier ouvrage à avoir remporté le Prix du roman populiste, en 1930, alors qu'Eugène Dabit est le premier lauréat du prix en 1931. Cette imprécision remonte à l'essai de Jean Cathelin sur l'œuvre d'Aymé en 1958[236] et a été relevée par l'auteur lui-même dans une lettre à la chercheuse Dorothy Brodin en 1962,[237] mais elle se maintient de sorte qu'elle se trouve même affirmée dans la notice de l'ouvrage dans l'édition de la Pléiade des *Œuvres romanesques complètes* de l'auteur.[238] Cyril Piroux montre, néanmoins, que le roman comporterait assez d'éléments esthétiques pour être considéré comme un roman populiste.[239] En effet, les contemporains de Marcel Aymé considèrent *La Rue sans nom* comme un roman populiste ce que montrent les remarques de Maurice Genevoix et André

---

236 Jean Cathelin : *Marcel Aymé ou le Paysan de Paris*. Paris : Debresse 1958, p. 29 et p. 63.

237 Cf. Dorothy Rothschild Brodin : *The comic world of Marcel Aymé*. Paris : Debresse 1964, p. 159 ; cf. également la biographie de Marcel Aymé, Michel Lécureur : *Marcel Aymé. Un honnête homme*. Paris : Les Belles Lettres/Archimbaud 1997, p. 367.

238 Yves-Alain Favre : Notice. In : Marcel Aymé : *Œuvres romanesques complètes* I, édité par Yves-Alain Favre. Paris : Gallimard 1989, p. 1389–1394, p. 1394.

239 Cf. Cyril Piroux : Marcel Aymé, romancier populiste par défaut. In : *Études littéraires* 44, 2 (2013), p. 101–114, p. 113.

Lamandé dans l'enquête des *Nouvelles littéraires*.[240] Pour cette raison, *La Rue sans nom* semble comporter certains éléments de l'esthétique populiste que la critique littéraire de l'époque a remarqués sans que l'auteur se soit officiellement associé au groupe de Lemonnier ou que son roman ait été adopté par ses adeptes.[241]

En second lieu, *La Rue sans nom* présente un particulier intérêt dans le contexte de la convivance parce qu'il met en scène, au début du livre, une communauté de voisins incohérente qui trouve au cours du récit des moyens de s'unir, ce qui ne l'empêche pourtant pas d'échouer face aux hiérarchies établies. En effet, le roman présente au début plusieurs conflits qui se situent tous dans la même rue anonyme : la rue abrite à la fois des ouvriers et des artisans pauvres français ainsi que des ouvriers italiens. Les tensions apparaissent entre les français et les « Macaronis »[242] parce que ces derniers séduisent fréquemment les épouses des autres. Les rivalités s'intensifient suite à l'arrivée de la jeune et belle Noa avec son père Finocle : tous les hommes de la rue tombent amoureux d'elle, mais vite les français, représentés par Johannieu, entrent en compétition avec les italiens qui soutiennent les efforts de leur compatriote Cruseo, le plus fort et le plus romantique des Italiens. À part cela, d'autres conflits persistent : Finocle, ancien prisonnier qui s'est enfui avec Méhoul, cherche un abri pour lui et sa fille adulte. Méhoul, entre-temps installé comme menuisier avec une femme et un fils adulte, Mânu, accepte à contrecœur de l'accueillir, de peur d'être trahi par Finocle et d'être tué par un ancien ennemi. Mânu, à son tour, se sent menacé par l'arrivée de Finocle et désire Noa qu'il essaie de violer à plusieurs reprises. Simultanément, il développe une haine féroce pour Finocle

---

240 Maurice Genevoix : Réponse à l'enquête *Roman paysan et littérature prolétarienne*. In : *Les Nouvelles littéraires, artistiques et scientifiques* (2 août 1930), p. 1 : « *La Rue sans nom*, tenez, voilà une poussée bien vivante, bien ‹ naturelle ›. C'est cela qui importe, bien plus que les noms en isme imprimés en lisière des courants sur les atlas de géographie littéraire » ; André Lamandé : Réponse à l'enquête *Roman paysan et littérature prolétarienne*. In : *Les Nouvelles littéraires, artistiques et scientifiques* (6 septembre 1930), p. 6 : « En revanche, laissez-moi vous dire le plaisir que j'ai éprouvé en lisant trois romanciers qui viennent de composer, avec les joies, avec les souffrances, avec la moelle même du peuple, trois œuvres fort différentes mais toutes trois remarquables. C'est Giono avec *Un de Baumugnes* ; Marcel Aymé avec *La Rue sans nom* ; Jean Prévost avec *Les Frères Bouquinquant*. »
241 Marcel Aymé a toujours pris ses distances à tout groupement littéraire et stipule dans la même enquête qu'une littérature vouée à la représentation du ‹ peuple › « ne fait que continuer une tradition littéraire déjà ancienne, qui n'a jamais menacé ruines » (Marcel Aymé : Réponse à l'enquête *Roman paysan et littérature prolétarienne*. In : *Les Nouvelles littéraires, artistiques et scientifiques* (9 août 1930), p. 4).
242 Marcel Aymé : *La Rue sans nom*, *Œuvres romanesques complètes* I, édité par Yves-Alain Favre. Paris : Gallimard 1989, p. 358.

qu'il veut d'abord punir par le biais de Cruseo. Mais celui-ci cherche à convaincre Finocle de lui donner la main de sa fille Noa. Entre-temps, la famille de Johannieu est affaiblie par son amour pour Noa : Johannieu passe toute la journée à l'observer. L'inattention de Johannieu conduit même à la mort de son fils Louiset que Noa cherche à soigner, avec pour résultat qu'elle-même devient malade. Mânu, dont on apprend qu'il est devenu indicateur de police, dévoile la véritable identité de Fincocle à la police. Ainsi, le roman culmine dans un désastre : Finocle est recherché par la police, Noa est malade et Cruseo est tué par Johannieu dans sa folie. En outre, la rue qui est pendant tout ce temps menacée d'être démolie par l'administration municipale « pour faire place à d'orgueilleuses constructions en ciment armé où l'on aménagerait une cité de bureaux »[243] doit finalement disparaître. Tous sauf le propriétaire de café Minche, bourgeois riche et sournois, perdent non seulement leur foyer, mais toute leur propriété.

La Rue sans nom met en scène, comme beaucoup d'autres romans dans le sillage de l'esthétique populiste, la vie dans le microcosme d'une rue d'un quartier populaire. En outre, il se sert de la même fin tragique que *L'Hôtel du Nord* : dans les deux cas, la vie populaire doit céder à l'urbanisation et à la construction de bureaux. Les deux romans culminent à la mise à mort des ‹ petites gens › face au capital, à la froideur du marché moderne. Ainsi, s'opposent l'imaginaire du ‹ peuple › – de pauvres gens qui travaillent sans loisir – aux logiques du marché. Mais l'originalité du roman d'Aymé est que cette opposition n'est que le point culminant de la trame narrative : avant d'y aboutir, Aymé brosse un portrait plus complexe de la topographie de son ‹ peuple ›.

Le seul espace représenté dans le roman d'Aymé est la rue anonyme évoquée dans le titre du roman. Si la voix narrative affirme que Cruseo et Noa se rencontrent « dans quelque quartier éloigné »,[244] de peur que Cruseo puisse être arrêté par la police, les actions qui se déroulent en dehors de la rue ne sont jamais représentées. En revanche, le lecteur a une idée claire de la rue et de ses habitants au plus tard dès le deuxième chapitre :

> Entre 5 et 6 heures du matin, la rue bruissait de voix mornes et de semelles traînées ; les hommes sortaient des maisons, engourdis de chaleur, pour arriver dans les usines du lointain à l'heure où le jour se lèverait. La paupière lourde encore de sommeil, résignés aux habitudes nécessaires, ils s'en allaient à la peine monotone qui faisait du pain pour tous les jours et un litre de rhum le samedi soir.[245]

---

243 ibid., p. 430.
244 ibid., p. 487.
245 ibid., p. 363.

La rue du roman est une rue des quartiers ouvriers d'une grande ville française pendant l'entre-deux-guerres :[246] déjà auparavant, elle est caractérisée par une certaine angoisse qu'elle crée chez les passants à cause de « l'odeur des maisons sales et la hargne des chiens qui cherchaient leur nourriture dans les détritus de la rue molle de boue. »[247] La saleté, l'insalubrité, mais aussi le passage des ouvriers en masse sont présents dès le début du roman et créent une atmosphère sombre et dure qui encadre le récit. Outre le caractère sordide de la rue et son anonymat, sa localisation demeure complètement incertaine : les seuls deux autres nom de localité qui entourent la rue, « Bout-de-la-Fontaine » et « Coin-des-Gueux » n'expriment pratiquement rien, à part le fait que le dernier est appelé ainsi « à cause de l'aspect misérable des habitations ».[248] Aymé situe ainsi l'action de son roman dans un terrain anonyme, marqué par la pauvreté et le travail.

Dans cet espace de pauvreté, Marcel Aymé place un premier conflit :

> Les autres habitants de la rue, les hommes surtout, regardaient avec une méfiance agressive ces étrangers qui engrossaient couramment leurs femmes. [. . .] Le plus grave était qu'une femme quittât son mari pour s'en aller loger dans le Coin-des-Gueux. Le drame passionnel se déroulait avec les accessoires ordinaires, gifles, agression à main armée, quand il n'aboutissait point, par un soir de gros vin, à quelque boucherie compliquée dans le cabaret de chez Minche. Ces sortes de tragédies étaient rares, et bien qu'un homme de la rue ne manquât jamais à se réjouir d'un malheur survenu dans le Coin-des-Gueux, les relations, dans le courant, n'étaient pas si tendues qu'on évitât de se parler. Au contraire. On reconnaissait à ces étrangers un rôle nécessaire dans le plaisir.[249]

La rivalité entre les Italiens et les ouvriers français se base sur le poncif de l'italien séducteur qui met les femmes mariées enceintes et profite de l'ingénuité de celles-ci. En effet, la voix narrative constate que la femme de Johannieu, Louise, est allée pendant six mois vivre avec un des terrassiers italiens, Bassanti, dans le Coin-des-Gueux, partie de la rue qui est réservée aux Italiens. L'évocation de cet épisode donne à Johannieu l'occasion d'exprimer son antipathie personnelle pour les Italiens et souligne l'amoralité des femmes qui se laissent séduire par eux : « Les Italiens qui mangent des pommes de terre toute l'année pour envoyer nos sous à leurs femmes, c'est de la sale denrée, mais les femmes d'ici qui s'en vont avec eux, c'est plus sale que la gangrène de rat d'égout. »[250] Dans

---

246 Cyril Piroux : Marcel Aymé, romancier populiste par défaut.
247 Marcel Aymé : *La Rue sans nom . . .*, p. 353.
248 ibid., p. 364.
249 ibid., p. 365.
250 ibid., p. 375.

cette phrase, Aymé résume tous les éléments classiques de la xénophobie : d'abord, les Italiens sont identifiés à des ‹ voleurs › par le fait qu'ils se servent de leur salaire français afin de permettre la subsistance de leurs familles restées en Italie, ensuite il les insulte pour aboutir à un appel de ségrégation, n'acceptant pas l'établissement de relation entre Italiens et Françaises. Johannieu est ainsi désigné dès le début comme le xénophobe le plus important, étant donné qu'il se distingue par sa violence.[251] L'assassinat de Cruseo qu'il commet à la fin du roman ne s'explique donc aussi par sa xénophobie prononcée.

La longue citation antérieure montre cependant que cette animosité entre les ouvriers français et les immigrés italiens n'est pas de règle générale et qu'au contraire, les Italiens sont complètement acceptés pendant les fêtes et les soirées dans le café de la rue. La grande qualité des Italiens est la joie et leur tendance à chanter. Une nuit Cruseo rentre ivre au Coin-des-Gueux et réveille d'abord tout l'immeuble et enfin le voisinage par sa chanson :

> Les Italiens ne songeaient plus à dormir. Cruseo dirigeait leurs voix hésitantes et leur apprenait un couplet après l'autre, avec méthode. Lorsque chacun connut l'air et les paroles, il organisa un chœur qui fit vibrer la maison et mit en émoi tout le Coin-des-Gueux. Bientôt, la chambre fut pleine d'Italiens réveillés par le bruit, qui joignaient leurs voix à celles de leurs amis. L'assistance devint si nombreuse qu'une lourde chaleur oppressa les hommes. On ouvrit la fenêtre et le chant s'échappa dans la rue immobile, porté par les voix de ténor, il peuplait la nuit jusqu'aux profondeurs où le réverbère n'éclairait plus.[252]

De cette façon, Marcel Aymé se sert du stéréotype de la joie italienne afin de brosser le portrait d'une communauté italienne solidaire : même si les autres hommes viennent dans la chambre de Cruseo pour se plaindre du bruit qu'il fait avec son accordéon, ils finissent à être emportés par son chant. Les Italiens deviennent ainsi une communauté modèle : les sentiments de l'individu deviennent ceux des autres de sorte qu'un véritable lien de solidarité peut naître.

Il n'est pas étonnant, en conséquence, que ce sont aussi les Italiens qui organisent les manifestations contre la démolition de la rue. Mais ils ne sont pas les seuls.[253] La menace de la démolition imminente – qui ne vient pourtant pas sans avoir été annoncée, mais qui n'a pas été considérée par les ouvriers dans leur vie de routine – conduit à la solidarité entre les ‹ peuples › qui habitent la rue. À partir de ce moment, les différences entre les nations ne sont plus importantes. En effet, Finocle et Cruseo se réconcilient et vont jusqu'à s'associer pour

---

251 Dans sa réplique, il confirme qu'il « aurai[t] saigné[. . .] tous les deux » si sa femme et son amant n'avaient pas quitté la rue et relate également qu'il bat régulièrement sa femme, parfois trop fort (ibid.).

252 ibid., p. 446.

253 ibid., p. 432.

déménager tous ensemble en Italie.[254] Les différences entre Italiens et Français s'effacent donc, à part pour Johannieu. Un autre conflit s'installe à la place de l'autre : désormais, les habitants de la rue attaquent de plus en plus Minche qu'ils perçoivent comme une incarnation de la richesse et de l'élite qui les expulse de leur chez soi. Avant la réconciliation entre Cruseo et Finocle, le premier considère Minche comme son véritable adversaire amoureux à cause de son argent, bien que Minche ne manifeste à aucun moment de l'intérêt pour Noa ;[255] au moment où Minche veut mettre de l'ordre dans les tumultes des voisins, il est de nouveau attaqué par des Italiens.[256] En effet, Minche regarde avec condescendance les voisins et les appelle des « idiots »[257] parce qu'ils ne savent pas s'organiser et être raisonnables. Le nouveau conflit qu'Aymé met donc désormais en place est entre la force émotive du ‹ peuple ›, ses cris et son indignation, et le calme et l'éloge de l'ordre ‹ bourgeois ›, incarné par Minche.

La véritable menace de la rue n'est cependant pas incarnée par le prétendu bourgeois Minche, mais par le fils de Méhoul, Mânu. Celui-ci est ouvrier comme son père, mais dès le début, il se caractérise par son manque de solidarité et son individualisme : il s'oppose à l'installation de Finocle dans l'appartement de ses parents.[258] Miche voit du potentiel dans Mânu qui est décrit à ses yeux comme un « jeune homme renfermé et têtu » au « caractère qu'il pressentait de bon emploi à ses desseins personnels »[259] et le recrute pour devenir indicateur de police. Si Minche se présente donc comme un personnage sournois et adversaire du ‹ peuple ›, Mânu est encore plus nocif car sa fonction d'indicateur est ignorée. Plus encore, Mânu abuse de sa force afin de faire arrêter son adversaire Cruseo pendant une manifestation.[260] C'est encore lui qui sert Finocle à la police au moment où son père lui révèle la véritable identité de ce dernier. Mais il ne le fait pas par goût de justice, bien au contraire :

> « C'est parce que j'aurai du plaisir à le voir par terre, il me dégoûte. Qu'est-ce que tu veux, j'aime mon métier, moi. Et puis, je veux sa fille. Et pour ça, il faut qu'elle n'ait plus ni père ni fiancé. . . oui, tu as bien entendu, ni fiancé. Je veux sa fille pour m'en servir et la jeter au trottoir après, voilà. »[261]

---

254 Cf. ibid., p. 458.
255 Cf. ibid., p. 447.
256 Cf. ibid., p. 481.
257 ibid., p. 435.
258 ibid., p. 359.
259 ibid., p. 375.
260 Cf. ibid., p. 480.
261 ibid., p. 492.

Mânu dévoile donc à la fin du roman sa véritable identité : il est foncièrement égoïste et sadique, la souffrance des autres ne suscite que du plaisir chez lui. Afin de parvenir et d'acquérir une position de pouvoir au sein de la société qui l'entoure, Mânu est prêt à tout faire ; il représente, par conséquent, une forme dramatisée et pervertie des parvenus non-solidaires qui figurent également dans l'œuvre romanesque d'Eugène Dabit.

Mânu est donc le véritable danger de la convivance populaire et l'ennemi du ‹ peuple › : il s'associe et rompt avec son entourage pour son propre avantage ; pis encore, il ressent du plaisir en nuisant aux autres. Alors que son père se montre ému et transfiguré par la mort subite du petit Louiset, l'enfant de Louise et Johannieu, rien n'apaise la froideur de Mânu. Le contraste entre lui et son père illustre la façon dont le calcul froid et raisonnable s'oppose à la solidarité des personnages qui représentent les valeurs du ‹ peuple › :[262] la raison pure ne conduirait qu'à la perversion sadique par rapport au sort des autres, alors que les personnages de Méhoul, de Noa ou de Cruseo incorporent un humanisme qui accorde une certaine place au cas particulier, à la pitié et à la solidarité désintéressée. En effet, face à la maladie de Louiset, Noa n'hésite pas à aider Louise bien qu'elle se mette en danger d'être contaminée ; Méhoul décide de se livrer à la police lorsque Finocle est arrêté ; dans les luttes contre la démolition de la rue, Cruseo prend la charge du porte-parole. Ces trois personnages illustrent donc l'idéal de Marce Aymé, « une certaine honnêteté, faite de rigueur intellectuelle et de solidarité avec l'espèce humaine dans toute sa misère ».[263] Mais la solidarité importe plus que l'intellectualisme, ou bien celui-ci comporte des dangers s'il est pensé sans la solidarité pour les démunis.

5.4 Conclusion : l'émotion populaire contre la raison bourgeoise

Les romans analysés dans ce chapitre montrent un fil conducteur esthétique : le ‹ peuple ›, qui se manifeste dans le roman sous la forme d'une communauté qui habite un immeuble ou la même rue, prend toute sa force quand il devient une unité solidaire et organise sa convivance de la manière la plus étroite possible. La solidarité et l'empathie, l'ouverture face aux émotions sont les grands avantages du ‹ peuple › selon cet imaginaire partagé des romans de l'esthétique populiste. Or, ces valeurs se manifestent toujours dans un système qui les me-

---

262 Cf. Cyril Piroux : Marcel Aymé, romancier populiste par défaut, p. 105.
263 Ebbe Spang-Hanssen : *La docte ignorance de Marcel Aymé*. Paris : Klincksieck 1999, p. 21.

nace : la modernisation et la rénovation des quartiers populaires conduit à l'é-
vacuation des espaces qui permettent la convivance, mais celle-ci est aussi menacée par l'égoïsme et l'individualisme de certains personnages.

Dans les deux cas, la communauté du ‹ peuple › est menacée par les transformations de la vie sociale que l'on pourrait identifier comme capitalistes ou
bourgeoises : dans *L'Hôtel du Nord* et *La Rue sans nom*, les vies des ‹ petites
gens › doivent céder aux besoins du marché ; dans les autres romans d'Eugène
Dabit comme *Villa Oasis ou les faux bourgeois* et *Un mort tout neuf*, le romancier
montre comment l'ascension sociale ronge les capacités d'empathie des personnages. Mais toujours, la solidarité s'oppose au froid calcul et apparaît comme la
valeur la plus sûre du ‹ peuple › quoique les romans montrent que la société
moderne avec ses nouvelles valeurs individualistes et capitalistes l'abandonne.
Les romans apparaissent ainsi comme une réaction à cette nouvelle forme de
société individualiste et prônent l'importance de la cohésion sociale ; pour ce
faire, ils chargent émotionnellement les démolitions des espaces populaires et
ils dotent les héros de leurs récits d'une empathie exemplaire. En effet, le ‹ peuple › se distingue, comme le soutient Dabit dans un reportage sur la Tchécoslo-
vaquie, d'une vie pleine d'émotion :

> C'est qu'on avait le sang vif, ici ; pour relever un affront ou une injure, on ne sortait pas
> un couteau de sa poche, mais c'était tout comme. J'avais affaire à des hommes aux ins-
> tincts primitifs, paysans depuis peu citadins, nomades depuis peu d'années fixés sur ce
> coin de terre. Je plongeais dans ce courant de vie comme je l'avais souhaité. Oui, mon
> désir eût été de me perdre dans cette vie, de la vivre ainsi que ces hommes, et sans doute
> de cette façon connaîtrais-je leurs secrets ?[264]

Pour Dabit – mais le même constat serait possible pour Prévost, Aymé et aussi
Poulaille, comme nous verrons – la pensée intellectuelle est inférieure à la vie
instinctive, riche en mouvements émotionnels brusques. La violence serait acceptable au sein du ‹ peuple › parce qu'elle est une des rares formes d'expression accessibles à celui-ci et elle n'est pas institutionnelle ; elle est surtout
compensée par le grand élan d'amour et de solidarité qui garantit la cohésion
sociale.

En guise de conclusion, il suffit de signaler que cet usage de l'émotivité du
‹ peuple › dans l'esthétique populiste s'inverse dans le *Voyage au bout de la
nuit* de Céline : si l'auteur insiste surtout après la Seconde Guerre mondiale sur
son style émotif, *Voyage au bout de la nuit* montre que cette émotivité ne se
trouve qu'au sein du langage du narrateur lui-même. Comme le montre Jérôme

---

264 Eugène Dabit : Découvertes. In : *Le Mal de vivre*. Paris : Gallimard 1939, p. 256–261,
p. 260sq.

Meizoz, Céline se sert de la posture prolétarienne pour s'insérer dans le champ littéraire[265] et Nelly Wolf constate qu'avec le *Voyage au bout de la nuit*, « Céline a imposé dans le roman l'autorité de la voix d'en bas. »[266] En effet, le langage du roman est complètement oralisé et ne porte plus de distinction entre la voix du narrateur et celle des personnages.

De cette façon, cependant, Céline élimine toute forme de polyphonie du texte et le roman devient la seule expression du narrateur qui rapporte dans son propre langage les discours des autres, au point où même une citation de Montaigne adopte le langage du narrateur : « *Ah !* qu'il lui disait le Montaigne, à peu près comme ça à son épouse. *T'en fais pas va ma chère femme ! Il faut bien te consoler ! . . . Tout s'arrange dans la vie . . .* »[267] Mais par cette ingestion d'autres discours sans prise de distance, le narrateur totalise avec son langage hétérogène le discours ; il prend tout le pouvoir sur les manières de s'exprimer et ne laisse plus la place à l'expression du ‹ peuple ›.[268] Au contraire, il concentre toute l'attention sur lui-même et cherche à fournir une « langue qui serait imaginairement le territoire de l'affect, du non-scolaire, du non-pensé, du précontrat »[269], mais de cette manière il concentre toute forme d'émotivité sur le personnage du narrateur. Aucune véritable émotion extérieure peut se manifester sans passer par le crible de sa voix.

La voix du narrateur, en revanche, confirme la séparation entre riches et pauvres :

> Les riches n'ont pas besoin de tuer eux-mêmes pour bouffer. Ils les font travailler les gens comme ils disent. Ils ne font pas le mal eux-mêmes, les riches. Ils payent. On fait tout pour leur plaire et tout le monde est bien content. Pendant que leurs femmes sont belles,

---

265 Cf. Jérôme Meizoz : *L'Âge du roman parlant: (1919–1939)* ; *écrivains, critiques, linguistes et pédagogues en débat*. Genève : Droz 2001, notamment p. 368–372. Il convient néanmoins de signaler qu'un certain rapport entre Céline et le roman populiste existe également : Meizoz suggère que Céline s'est intéressé au roman populiste seulement à cause de « la médiatisation de son prix » (ibid., p. 370), mais Céline était également parmi les auteurs invités au Salon populiste (cf. Charles Fegdal : Le Salon populiste sous le signe des châtaignes. In : *La semaine à Paris* 596 (20 octobre 1933), p. 5–6) et la correspondance de Léon Lemonnier montre également qu'il était prévu que Céline devait présider un déjeuner du groupe populiste en 1936 auquel il ne pouvait cependant pas assister (*Lettres adressées à Léon Lemonnier*, Bibliothèque nationale de France, NAF 14111, p. 30).

266 Nelly Wolf : *Le roman de la démocratie*. Paris : Presses Universitaires de Vincennes 2003, p. 203.

267 Louis-Ferdinand Céline : *Voyage au bout de la nuit, Romans* I, édité par Henri Godard. Paris : Gallimard 1992, p. 289, italiques reprises de l'original.

268 Cf. Nelly Wolf : *Le roman de la démocratie*, p. 210.

269 ibid., p. 210sq.

celles des pauvres sont vilaines. C'est un résultat qui vient des siècles, toilettes mises à part. Belles mignonnes, bien nourries, bien lavées. Depuis qu'elle dure la vie n'est arrivée qu'à ça.[270]

Comme dans les romans de Dabit – et de manière plus générale dans toutes les productions de l'esthétique populiste – la société est divisée en deux classes, les riches dominants et les pauvres opprimés. La citation suggère néanmoins davantage : les pauvres ne disposent pas, comme dans les romans analysés ci-dessus, d'un réseau de soutien mutuel, la solidarité n'existe pas chez Céline. Cela apparaît à partir de l'exemple des Henrouille : issus du ‹ peuple › de Paris et vivant dans la proche banlieue, les Henrouille possèdent un pavillon où ils sont logés avec la mère de Monsieur Henrouille. Comme les ‹ faux bourgeois › de Dabit, ils s'intéressent à s'enrichir davantage et veulent se débarrasser de leur aïeule. Quand ils échouent à convaincre Bardamu de la déclarer folle, ils ont l'intention de l'assassiner avec l'aide de Robinson : « C'est à cause de la vie, tu sais, qui est de plus en plus chère, qu'ils voudraient bien s'en débarrasser »,[271] confie-t-il à Bardamu.

Ni chez Robinson, ni chez Bardamu, ce plan ne suscite cependant de l'indignation.[272] Le lecteur peut donc se rendre compte que la solidarité est absente dans la société que Céline représente. Les personnages qui représentent le ‹ peuple ›, tel Bardamu et Robinson, sont tellement appauvris qu'ils ont également perdu leur sens de la morale. Comme les Henrouille qui n'hésitent pas à tuer la mère pour s'enrichir, le plus important pour eux est d'assurer leur avenir économique. De cette façon, la société que Céline présente se montre sous un jour encore plus sombre, sans aucun espoir de solidarité – et sans espoir que la parole pourrait changer la situation : « Autant pas se faire d'illusions, les gens n'ont rien à se dire, ils ne se parlent que de leurs peines à eux chacun, c'est entendu. Chacun pour soi, la terre pour tous. »[273] Chez Céline, l'aliénation est tellement avancée qu'aucun lien social authentique n'est plus pensable. De cette manière, l'auteur ne voit plus de valeur dans le ‹ peuple › comme c'est le cas pour les auteurs qui adhèrent à l'esthétique populiste : il adopte uniquement les poncifs de leur discours, mais les utilise pour créer un ouvrage foncièrement pessimiste envers l'humanité entière.

---

270 Louis-Ferdinand Céline : *Voyage au bout de la nuit*, p. 332.
271 ibid., p. 305.
272 ibid., p. 308.
273 ibid., p. 292.

6 L'amour du métier : écrire l'emploi et la condition ouvrière

L'ouvrier accomplit chaque jour par ses mains le salut du monde. Et c'est à lui que l'art devra sa vie nouvelle. Après tant d'images usées, voici la Renaissance.[1]

Il peut être surprenant que la plupart des œuvres qui s'inscrivent dans les étiquettes du roman populiste et de la littérature prolétarienne n'accordent une place prépondérante ni aux mises en scènes du travail ouvrier, ni au travail tout court. C'est d'autant plus étonnant si l'on tient compte du fait que les initiateurs du roman populiste et de la littérature prolétarienne déplorent l'absence des représentations littéraires du travail.[2] Rares sont les descriptions du travail et de ses conditions chez Eugène Dabit, pratiquement absentes chez Pierre Mac Orlan ; la même observation est valable pour les autres auteurs analysés jusqu'ici : André Thérive, Jean Prévost ou même Léon Lemonnier ne montrent pas leurs personnages au travail. En règle générale, les ouvrages littéraires de cette époque s'intéressent davantage aux problèmes de la vie privée et à la création d'une atmosphère inquiétante qui se répandrait dans les quartiers populaires et dans la banlieue de Paris, comme je l'ai montré dans les chapitres précédents.[3]

Néanmoins, Pierre Hamp, qu'Henry Poulaille cite longuement dans *Nouvel âge littéraire*[4] et qui doit être considéré comme autorité de la littérature sur le travail à cette époque,[5] a bien raison de souligner l'importance de la représen-

---

1 Pierre Hamp : *L'Art et le travail*. Paris : Stock 1923, p. 13.

2 Certes, le travail n'est jamais au premier plan dans les propos des défenseurs du roman populiste qui s'intéressent « à la vie intérieure, et en particulier à toutes les formes de mysticisme quelles qu'elles soient » au sein du ‹ peuple › (Léon Lemonnier : *Populisme*. Paris : La Renaissance du Livre 1931, p. 125). Mais il suffit de rappeler que Lemonnier précise également que « puisque nos adversaires présentent des bourgeois oisifs [. . .], nous présenterons des gens du peuple ayant un métier » (ibid., 147), ce qui montre l'importance du travail pour la caractérisation des personnages. Quant à la littérature prolétarienne, son animateur Henry Poulaille soutient que « le travail seul compte et celui des bras a pour le moins plus d'importance que celui de l'esprit » (Henry Poulaille : *Nouvel âge littéraire*. Bassac : Plein Chant 1986, p. 23).

3 Par ailleurs, Nelly Wolf arrive au même constat dans son analyse du roman français pendant la Troisième République ; depuis Zola, les sociotypes représentés dans la littérature n'ont pour cette raison guère changé, cf. Nelly Wolf : *Le peuple dans le roman français de Zola à Céline*. Paris : Presses Universitaires de France 1990, p. 68.

4 Cf. Henry Poulaille : *Nouvel âge littéraire*, p. 135–141.

5 La réputation de Pierre Hamp comme auteur du travail est aussi grande que pendant l'entre-deux-guerres, ses œuvres complètes sont directement traduites en russe et y figurent comme modèle d'un ‹ roman de production ›, objectif de l'avant-garde de gauche, cf. Andreas Guski :

https://doi.org/10.1515/9783110721157-007

tation du travail dans les romans et récits de l'entre-deux-guerres : les analyses montrent que l'emploi compte parmi les informations les plus citées afin de caractériser les personnages alors que la description de leur labeur quotidien demeure dans la plupart des cas absente.

Il convient donc de constater que la représentation littéraire du ‹ peuple › subit un traitement paradoxal : alors que le lecteur peut apprendre, par exemple, que le protagoniste masculin de *La Femme sans péché*, Edmond Martin, travaille comme ouvrier dans un « atelier »,[6] il n'est jamais précisé de quelle sorte d'atelier il s'agit et le protagoniste n'est jamais mis en scène à son poste de travail. D'une manière moins drastique, Jean Soreau est certes présenté dans sa fonction d'employé de banque dans *Le Charbon ardent* d'André Thérive, mais ce roman n'évoque à aucun moment le travail de véritables ouvriers dans les industries modernes ; l'œuvre romanesque de Dabit dessine, enfin, uniquement dans *Petit-Louis* le portrait d'un jeune apprenti comme nettoyeur de métro,[7] mais se focalise, pour le reste, sur des propriétaires d'hôtels, de bars ou de cabarets, en partie sur des éclusiers. La grande industrie est donc dans la plupart des cas absente et les pratiques du travail n'entrent pratiquement jamais au centre du récit.

Pour cette raison, ce chapitre cherche à sonder la représentation paradoxale de l'emploi dans les romans. Cette interrogation doit permettre d'apercevoir l'imaginaire du ‹ peuple › de l'entre-deux-guerres comme main-d'œuvre qui se définit par son métier, mais qui n'est pas encore incarné par l'ouvrier d'usine : l'absence des représentations du travail en usine semble justement suggérer que les romanciers dans la nébuleuse de l'esthétique populiste n'appréhendent pas l'ouvrier comme classe ouvrière homogène et mobilisée, mais comme un univers de petits travaux. Dans l'esthétique populiste, les personnages du ‹ peuple › ne doivent subir ni une mise en scène qui les déshumanise en tant que société de masse, ni une représentation qui les réduit à l'appartenance à une certaine classe : les ‹ petites gens › apparaissent, au contraire, dans leur qualité d'‹ humain ›, c'est-à-dire surtout en dehors de leur productivité, avec leurs états d'âme et leur moralité personnelle.

Afin de vérifier cette hypothèse de base et de la développer, je m'intéresserai dans un premier temps à la représentation du travail en tant qu'unité identitaire, autant pour les romanciers que pour ses personnages. L'exemple du *Pain quoti-*

Literatur und Arbeit: Produktionsskizze und Produktionsroman im Russland des 1. Fünfjahrplans (1928–1932). Wiesbaden : Harrassowitz 1995, p. 253sq.

6 Cf. Léon Lemonnier : *La Femme sans péché*. Paris : Flammarion 1927, p. 39.

7 Eugène Dabit : *Petit-Louis*. Paris : Gallimard 1988, p. 39–44. Les descriptions du travail demeurent cependant toujours à l'arrière-plan.

dien d'Henry Poulaille doit, dans un deuxième temps, montrer comment le travail représente une passion anoblissante pendant l'entre-deux-guerres. En troisième lieu, je montrerai que les rares exemples d'une littérature sur l'usine prennent congé de ce modèle, mais restent marginaux par rapport à l'idéalisation de l'ouvrier comme spécialiste.

6.1 Métier absent, identité du métier : le paradoxe ouvrier

Il faut constater le manque d'études sur l'image du travail dans les créations artistiques françaises de la première moitié du XXe siècle, et en particulier de la période de l'entre-deux-guerres. Certes, des recherches comme celles de Nelly Wolf[8] ou de Jérôme Meizoz[9] révèlent soit au niveau de l'esthétique littéraire, soit à celui de la mise en scène des écrivains l'importance du travail pour la forme littéraire, mais il manque encore une étude approfondie de la signification du travail dans le roman de la période.

Pour cette raison, le chapitre présent cherche à signaler un paradoxe dans le rapport entre la création littéraire et la culture ouvrière : d'une part, les écrivains soulignent leur intérêt, voire même leur appartenance à la classe ouvrière, d'autre part, ils proposent une définition de la condition ouvrière qui exclut le travail en usine et les conséquences du taylorisme sur la perception de soi ou sur l'individualité de la main-d'œuvre. En revanche, la mise en récit de l'ouvrier souligne avant tout l'activité manuelle et le savoir-faire de sorte que le terme d'ouvrier ne désigne plus vraiment une main-d'œuvre dépendante et remplaçable, mais un artisan savant.[10] Cette mise en scène opère à trois niveaux : d'abord, la posture de l'écrivain prolétarien établit dès le début l'ouvrier comme expert qualifié de parler de sa condition ; ensuite, les ouvriers mis en scène sont choisis parmi les branches moins automatisées. Une telle définition du travail ouvrier permet, enfin, une mise en récit des gestes lorsque leur travail est décrit et conduit à la présentation de l'ouvrier comme héros capable de construire le quotidien. Contrairement à l'héroïsation de l'ouvrier dans le réalisme socialiste, cette mise en scène ne culmine pourtant pas dans la repré-

---

8 Nelly Wolf : *Le peuple dans le roman français de Zola à Céline.*

9 Jérôme Meizoz : *Postures littéraires. Mises en scène modernes de l'auteur.* Genève : Slatkine 2007, notamment p. 75–100.

10 Cf. Rosemary Chapman : *Henry Poulaille and proletarian literature 1920–1939.* Amsterdam : Rodopi 1992, p. 173, qui remarque déjà ce paradoxe mais cherche à l'expliquer par la lente industrialisation de la France en comparaison avec le Royaume Uni ou l'Allemagne.

sentation de la classe ouvrière comme acteur politique, mais dans la revendication de la dignité du travail.

6.1.1 La posture prolétarienne : l'écrivain comme ouvrier

Henry Poulaille souligne l'authenticité comme valeur centrale et qui prône, pour cette raison, l'importance de l'identité ouvrière de l'écrivain. Dans sa réponse à Suzanne Engelson à propos de l'adhésion de la littérature prolétarienne au marxisme, Poulaille soutient que la politique est à côté de la question, en revanche, le terme de littérature prolétarienne lui

> paraît plus adéquat à cette littérature née du peuple, représentative d'une documentation vraie, qui, expérimentale, vient tout à coup remplacer les quelques œuvres où existait l'intuition de cette vie prolétarienne, les nombreux bavardages sans bases solides et les reportages qui nous parlaient d'elle sur de simples impressions du dehors.[11]

Pour Poulaille, la littérature prolétarienne doit donc se baser sur une documentation exacte, mieux encore sur l'expérience de l'auteur afin de représenter véritablement la réalité ouvrière. Cette exigence de la connaissance approfondie du milieu représenté n'est pas nouvelle ; elle semble remonter à l'idéologie des intellectuels libertaires du XIXe siècle comme Pierre Kropotkine qui, lui aussi, exhorte les artistes à s'identifier complètement aux ouvriers :

> Il faut avoir passé par l'usine, connu les fatigues, les souffrances et aussi les joies du travail créateur, forgé le métal aux fulgurantes lueurs du haut fourneau ; il faut avoir senti *vivre* la machine pour savoir ce qu'est la force de l'homme et le traduire dans une œuvre d'art. Il faut enfin se plonger dans l'existence populaire pour oser la retracer.[12]

Exiger la connaissance complète des milieux décrits ne représente donc en aucun cas une nouveauté dans la littérature, sachant que cette expérience ainsi que la nécessité de la représentation exacte des classes laborieuses est un parti pris typique de la littérature naturaliste dès le XIXe siècle.[13]

---

11 Henry Poulaille : Littérature prolétarienne marxiste ou littérature prolétarienne ? La polémique avec Suzanne Engelson. In : *Nouvel Âge* 4 (avril 1931), p. 373–375, repris dans Henry Poulaille : *La littérature et le peuple*, édité par Jérôme Radwan. Bassac : Plein chant 2003, p. 127–137, p. 136sq.

12 Petr Alekseevič Kropotkin : *La conquête du pain*. Paris : Tresse et Stock 1892, p. 149.

13 Claire White : *Work and leisure in late nineteenth-century French literature and visual culture. Time, politics and class*. Basingstoke/New York : Palgrave Macmillan 2014, p. 39.

La nouveauté des revendications de Poulaille réside autre part : l'écrivain ne veut pas promouvoir simplement un certain néo-naturalisme, mais une littérature prolétarienne *authentique*. Cette authenticité exige, en revanche, que l'écrivain prolétarien soit identifié comme tel, c'est-à-dire qu'il donne les repères nécessaires afin que le lecteur puisse connaître sa biographie et se rendre compte de son appartenance à la classe ouvrière. Par conséquent, il n'est pas suffisant de reprendre les codes de la littérature naturaliste ; il ne suffit pas non plus d'être d'origine populaire et de se mettre à écrire pour être un écrivain authentiquement prolétaire. L'authenticité doit être suggérée au lecteur par la posture de l'écrivain. Elle n'est donc pas uniquement une esthétique anti-littéraire, mais également une « qualité morale »[14] qui distingue les prolétaires des bourgeois, autant dans l'imaginaire de Poulaille que dans celui d'autres auteurs cités par Poulaille comme exemples de la littérature prolétarienne, tels Neel Doff, Louis Nazzi ou Eugène Dabit. En conséquence, les écrivains qui mettent en jeu l'authenticité la mobilisent à deux niveaux, celui du style littéraire, mais aussi celui de la mise en scène extra-littéraire.[15] Dans les deux cas, les écrivains cherchent à concilier leur position intellectuelle avec leurs – parfois prétendues – origines populaires. Deux exemples peuvent bien illustrer cette manière d'agir : d'abord celui de Poulaille lui-même, ensuite celui de Louis-Ferdinand Céline.

Henry Poulaille emploie pendant son activité littéraire plusieurs stratégies afin de souligner son appartenance à la classe ouvrière. En effet, la biographie de jeunesse de l'écrivain contient beaucoup d'éléments qui permettent facilement de le qualifier de prolétaire, et l'auteur les utilise tous.[16] Né en 1896 d'un père charpentier, proche du milieu syndicaliste et d'une mère canneuse de chaises à Ménilmontant, Poulaille jouit seulement d'une éducation scolaire

---

14 Jérôme Meizoz : *Postures littéraires*, p. 75. Dans le suivant, je m'appuie notamment sur les recherches de ce chercheur.

15 Cf. ibid., p. 79.

16 Pour cette raison son biographe, Thierry Maricourt, déclare parfois trop rapidement identiques la biographie de l'écrivain avec les éléments représentés dans son œuvre romanesque. À titre d'exemple, il suffit de constater qu'aux premières pages, Maricourt établit l'identité entre le père de Poulaille et d'Henri Magneux du *Pain quotidien* : « Henri Poulaille, Henri Magneux dans le cycle du *Pain quotidien*, exerce ensuite la profession de charpentier » (cf. Thierry Maricourt : *Henry Poulaille. 1896–1980*. Levallois-Perret : Manya 1992, p. 16). Directement après, l'auteur soutient que les voisins de la famille Poulaille s'appelaient Radigond, sans même revenir sur le fait que Poulaille n'aurait pas changé le nom lors de la rédaction du cercle biographique. Sans fournir de preuves pour ces intuitions, cette approche demeure très littérale et ne fournit guère d'informations de valeur pour une étude littéraire de l'œuvre ou une analyse sociologique de la posture, sauf pour quelques détails rapportés sur la personne de l'auteur.

assez courte, étant donné que ses deux parents meurent en 1910 dans un très court délai et qu'il doit désormais vivre de son propre travail alors que ses frères et sœurs sont dispersés chez d'autres membres de la famille ou dans des orphelinats. Henry Poulaille commence à travailler comme commis dans une pharmacie, mais la Première Guerre mondiale interrompt son parcours professionnel ; blessé durant la guerre et réintégré comme infirmier, il ne réussit pas à réintégrer son ancien poste et travaille d'abord comme vendeur de journaux, comme homme-sandwich et comme ouvrier dans une usine pharmaceutique pour nourrir sa propre famille. À partir de 1921, Poulaille réussit à contribuer à *L'Humanité* ; en 1923, il commence en outre à diriger le service de presse aux éditions Bernard Grasset, poste qu'il occupera jusqu'en 1956. C'est donc à partir de 1923 que Poulaille commence sa carrière littéraire et en 1925, il publie chez Grasset son premier roman, *Ils étaient quatre*.

Simultanément, il se rapproche du groupe *Clarté* et notamment d'Henri Barbusse[17] qui lui permettra de collaborer à *Monde* à partir de 1928 où Poulaille place notamment ses critiques de disques. À partir de l'enquête sur la littérature prolétarienne en 1928, Poulaille se profile, par ailleurs, comme le promoteur de son propre groupe d'écrivains prolétariens qu'il fonde officiellement en 1932, suite à la dénonciation du « groupe Valois »[18] dans la résolution de Kharkov. De cette manière, Poulaille adopte peu à peu la posture prolétarienne afin de justifier sa position dans le champ littéraire.[19]

Le parcours d'Henry Poulaille prend donc les allures d'une ascension sociale qui lui permet l'entrée dans le champ littéraire au sein d'un grand éditeur et qui garantit ensuite son autorité comme chef de son propre groupe littéraire. Mais la posture prolétarienne doit justement masquer cette ascension et rappeler seulement les origines de l'écrivain afin de créer le noyau identitaire du prolétarien. Pour cette raison, le cycle autobiographique du *Pain* – c'est à dire les romans *Le Pain quotidien* (1931), *Les Damnés de la terre* (1935), *Pain de soldat* (1937) et *Les Rescapés* (1938)[20] – ne recouvre que les années entre 1903 et 1920 et ne traite donc pas de l'ascension sociale de l'auteur. Celui-ci semble, par ailleurs, mettre

---

17 Cf. Jérôme Meizoz : *L'Âge du roman parlant : (1919–1939) ; écrivains, critiques, linguistes et pédagogues en débat*. Genève : Droz 2001, p. 213.

18 Les livres. La résolution de Kharkov. In : *L'Humanité* (20 octobre 1931).

19 Cf. Jean-Charles Ambroise : Écrivain prolétarien : une identité paradoxale. In : *Sociétés contemporaines* 44, 4 (2001), p. 41–55, p. 45.

20 On peut compter parmi ces livres également *Seul dans la vie à 14 ans*, publié à titre posthume en 1980 qui reprend la période entre le deuxième et le troisième roman de la série. Cf. Henry Poulaille : *Seul dans la vie à quatorze ans*. Paris : Stock 1980.

tout en œuvre pour faire oublier sa situation plutôt aisée :[21] dans *Nouvel Âge littéraire*, il dénonce « ces hommes de plume trop bien assis »[22] et toute forme de
travail intellectuel.[23] D'après les témoignages de ses contemporains, il s'est également refusé à emprunter la tenue vestimentaire typique pour sa fonction professionnelle et s'est montré au travail plus direct et franc que ses confrères ;[24]
selon d'autres, il s'est exprès mis en scène comme ouvrier ou issu du ‹ peuple ›
en empruntant le béret pour les photographies au lieu des chapeaux mous qu'il
portait normalement.[25] De cette façon, Poulaille tente à camoufler son statut d'intellectuel et de le reconduire à ses origines ouvrières.

Dans tous les cas, Poulaille cherche à cacher la part intellectuelle de son
activité, voire à la présenter comme la prolongement du travail ouvrier :[26] dans
sa critique de la ‹ haute › littérature, Poulaille affirme que les ouvrages de son
temps « ressemblent davantage à des tours de passe-passe ou à des exercices
d'acrobatie qu'à du bel et bon ouvrage »[27] et qu'« [œ]uvrer, travailler implique
amour d'œuvre, donc joie. L'art et la littérature d'aujourd'hui pour la plus
grande part expriment plutôt une tension de l'esprit que l'esprit lui-même. »[28]
Pour Poulaille, le terme « œuvre littéraire » implique donc un véritable travail
comparable à celui de l'ouvrier. Il n'est pas le seul à défendre une telle position
qui cherche à réconcilier le pôle intellectuel avec le travail de l'ouvrier : dans
Populisme, Léon Lemonnier affirme que « [n]ous ne sommes que des ouvriers
des lettres qui avons le goût de notre tâche et qui voulons l'accomplir simplement. »[29] Il s'agit donc d'une stratégie répandue qui doit légitimer, de manière
paradoxale, la littérature comme travail comparable à l'ouvrage manuel ou industriel et qui doit ouvrir le champ littéraire à un nouveau public et à des écrivains issus des classes ouvrières.

---

21 Cf. Jérôme Meizoz : *Postures littéraires*, p. 80.
22 Henry Poulaille : *Nouvel âge littéraire*, p. 108.
23 ibid., p. 110 : « Ils sont tous intelligents. Tout le monde s'accorde à le reconnaître. [. . .]
L'intelligence dans leur cas nous apparaît plus une circonstance aggravante, qu'atténuante,
car il en manque par trop ailleurs pour qu'on se puisse réjouir de la voir gâcher sous le prétexte d'écrire. » À propos de l'anti-intellectualisme, cf. également Karl-Anders Arvidsson :
Henry Poulaille et la littérature prolétarienne française des années 1930. Göteborg : Acta Universitatis Gotheburgensis et al. 1988, p. 48–54.
24 Cf. Thierry Maricourt : *Henry Poulaille. 1896–1980*, p. 71.
25 Cf. Jean-Charles Ambroise : *Écrivain prolétarien*, p. 54, note 23.
26 ibid., p. 54.
27 Henry Poulaille : *Nouvel âge littéraire*, p. 111.
28 ibid.
29 Léon Lemonnier : *Populisme*, p. 163.

Ainsi, Poulaille invente la posture de l'écrivain prolétaire qui connaît le ‹ vrai › travail contrairement aux intellectuels établis ; l'écrivain prolétaire se démarque par son besoin de rendre compte du sort de sa classe et par son dévouement au travail, soit-ce le travail manuel ou le travail comme écrivain. Mais ces textes n'ont pas de prétention artistique, Poulaille récuse violemment l'idée de « distraire » ;[30] son œuvre doit être l'expression « authentique » de sa vie, un « document humain »[31] qui exprime les conditions de vie des ouvriers. Pour cette raison, il emploie aussi un style oralisé pour ses romans qui marque l'écart entre sa littérature prolétarienne et les écrits des auteurs consacrés.

Une telle posture ouvrière devient à la mode de sorte que des écrivains d'autres couches sociales essaient aussi de l'adopter. À titre d'exemple, Louis-Ferdinand Céline cherche à l'imiter au moment de son entrée dans le champ littéraire.[32] Faute de véritables expériences biographiques, il invente largement sa posture. Plusieurs ouvrages de recherche ont déjà abordé cette fiction autobiographique qui doit légitimer l'écrivain dès son entrée au champ ;[33] pour cette raison, je reviendrai seulement sur les éléments centraux de cette mise en scène de Céline comme écrivain prolétarien : l'invention des origines ouvrières et l'insertion consécutive dans les débats autour du roman populiste ainsi que l'anti-intellectualisme qui s'exprime à travers sa théorie langagière.

Dès la publication du *Voyage au bout de la nuit*, Louis-Ferdinand Céline, d'ailleurs pseudonyme du médecin Louis Détouches, insiste sur ses origines modestes dans un milieu ouvrier et pauvre.[34] S'il est vrai que sa mère était propriétaire d'un magasin de mode et de lingerie qu'elle a dû fermer quand Céline avait trois ans à cause des mauvaises affaires,[35] la situation économique est loin d'être aussi instable que Céline le prétend : en 1899, la mère peut ouvrir une nouvelle boutique à Paris, le père est employé au service de correspondance d'une assurance et les parents peuvent garantir des cours privés d'allemand et

---

30 Henry Poulaille : *Nouvel âge littéraire*, p. 104.
31 ibid., p. 157.
32 Jérôme Meizoz : *Postures littéraires*, p. 102sq.
33 À part les travaux de Meizoz, il faut avant tout citer Philippe Roussin : *Misère de la littérature, terreur de l'histoire. Céline et la littérature contemporaine*. Paris : Gallimard 2005 qui entre dans les détails du champ et de la mise en scène de l'écrivain Céline, mais aussi Marie-Christine Bellosta : *Céline ou l'art de la contradiction. Lecture de Voyage au bout de la nuit*. Paris : PUF 1990 et Yves Pagès : *Les fictions du politique chez L.-F. Céline*. Paris : Le Seuil 1994.
34 À titre d'exemple, il suffit de regarder l'entretien de l'écrivain avec Georges Altman pour *Monde* qui est publié le 10 décembre 1932, republié dans Louis-Ferdinand Céline : *Céline et l'actualité littéraire. 1932–1957* I, édité par Jean-Pierre Dauphin et Henri Godard. Paris : Gallimard 1976, p. 34–38.
35 Cf. Jérôme Meizoz : *L'Âge du roman parlant*, p. 381.

d'anglais à leur fils unique, dans les pays respectifs. D'abord employé comme apprenti dans une maison de tissus, puis dans une joaillerie, il a même le privilège de reprendre les études après la Grande Guerre, devient médecin et part pour la mission Rockefeller à l'étranger, entre autres aux États-Unis. Le mythe de l'existence ouvrière et misérable que Céline invente, notamment à la suite de son deuxième roman *Mort à crédit,* ne représente donc qu'un « immense travail mythographique dans lequel il s'appropria l'identité prolétarienne. »[36]

Le refus d'appartenir à quel groupe social ou littéraire que ce soit, l'insistance sur sa propre pauvreté et sur son existence marginale d'écrivain-médecin-ouvrier Céline, ne sont cependant les seuls éléments qui rapprochent sa posture de celle du défenseur du ‹ peuple › Poulaille : si l'on considère le style de l'auteur du *Voyage au bout de la nuit,* il est possible de reconnaître une valorisation de l'expression authentique semblable à celle qui se met en place dans *Le Pain quotidien.* Plus concrètement, Céline poursuit dans sa création, tout comme Poulaille, la recherche d'une langue littéraire vivante qui s'oppose au classicisme psychologisant de Proust.[37] Les *Bagatelles pour un massacre* de Céline le prouvent bien : dans ce pamphlet, l'écrivain impose son propre style ainsi que l'émotivité de son expression contre les conformismes bourgeois, répandus par le système scolaire que l'écrivain prétend ne pas avoir suivi. Ainsi, il dénonce les enfants bourgeois :

> Enfance des petits bourgeois, enfance de parasites et de mufles, sensibilités de parasites, de privilégiés sur la défensive, de jouisseurs, de petits précieux, maniérés, artificiels, émotivement en luxation vicieuse jusqu'à la mort . . . Ils n'ont jamais rien vu . . . ne verront jamais rien . . . humainement parlant . . . Ils ont appris l'expérience dans les traductions grecques, la vie dans les versions latines et les bavardages de M. Alain . . . Ainsi qu'une recrue mal mise en selle, montera sur les couilles de travers, pendant tout le reste de son service . . . tous les petits produits bourgeois sont loupés dès le départ, émotivement pervertis, séchés, ridés, maniérés, préservés, faisandés, du départ, Renan compris . . .[38]

La formation scolaire apparaît sous la plume de Céline comme une déformation qui pervertit l'authenticité de l'individu et l'éloigne de son émotivité. Afin d'exprimer l'« émotion directe » dans la littérature, l'écrivain doit soit se libérer du poids de la formation, soit ne jamais l'avoir subi. Cette authenticité qui s'exprime par le langage comporte cependant un autre enjeu, absent chez Poulaille, à savoir la valeur nationale.

---

36 Marie-Christine Bellosta : *Céline ou l'art de la contradiction. Lecture de Voyage au bout de la nuit,* p. 113.
37 Cf. ibid., p. 102.
38 Louis-Ferdinand Céline : *Bagatelles pour un massacre.* Paris : Denoël 1937, p. 165.

En effet, dans la conception de Céline, le français populaire représente le français authentique qui embrasse l'ensemble de la nation contre le français ‹ classique › qui serait un ‹ dépouillement › contre nature.[39] Le style sobre mènerait à l'insensibilité et au conformisme. Ce conformisme est dans les yeux de Céline d'autant plus grave qu'il associe « de petits bourgeois aryens et de petits juifs » ;[40] seuls les pauvres, qui n'ont pas subi la formation scolaire du deuxième cycle, seraient libre de cette association raciale. Son insistance sur les expressions argotiques s'expliquerait donc par la volonté d'éloigner le langage des influences non-françaises. S'inscrivant dans un « purisme populiste »[41] qui trouve ses origines chez Edmond de Gourmont et qui voit l'unité nationale dans l'unité de la langue populaire et qui se poursuit, d'une certaine façon également chez André Thérive,[42] l'authenticité de Céline a donc une valeur nationaliste. Contrairement à Henry Poulaille, Céline n'envisage pas le langage populaire comme l'expression d'une classe sociale, mais comme celle d'une identité raciale et nationale. Néanmoins, il s'inscrit dans le même discours littéraire sur l'oralisation du langage et emprunte la posture prolétarienne afin de se placer dans le champ littéraire.

Les procédés d'oralisation et l'irruption d'éléments du français populaire dans le roman ne signalent cependant pas toujours la présence d'une posture prolétarienne : lorsque Raymond Queneau publie en 1933 son *Chiendent*, la critique littéraire perçoit le roman, quand elle lui prête attention, d'abord comme un roman humoristique mal écrit.[43] Cela s'explique d'autant par le fait que les procédés d'oralisation se heurtent à des passages en style soutenu dans le roman, mais aussi par le dialogue que Queneau a toujours entretenu avec les linguistes de son temps.[44] L'usage de certains termes du langage oral ne suffit donc pas à créer cette posture. Raymond Queneau, qui est entré dans le champ littéraire par le biais de contributions aux revues surréalistes comme *La Révolution surréaliste* et en s'approchant surtout de Jacques Prévert, Marcel Duhamel et Tanguy, apparaît comme le commentateur ironique des débats autour du roman populiste et la littérature prolétarienne ainsi que du concept d'authenticité. En effet, il dénonce à la fois le roman populiste et la littérature proléta-

---

39 Jérôme Meizoz : *Postures littéraires*, p. 105 et Louis-Ferdinand Céline : *Bagatelles pour un massacre*, p. 166sq.

40 Louis-Ferdinand Céline : *Bagatelles pour un massacre*, p. 166.

41 L'expression vient de Philippe Roussin : *Misère de la littérature, terreur de l'histoire. Céline et la littérature contemporaine*, p. 333.

42 Pour mieux appréhender la façon dont Thérive mobilise le pursime, cf. Jérôme Meizoz : *L'Âge du roman parlant*, p. 157–173.

43 Cf. ibid., p. 457–459.

44 Cf. ibid., p. 432–439.

rienne dans *Bâtons, chiffres et lettres*: « Il est curieux, en effet, de constater que toute cette littérature ‹ populiste ›, ‹ prolétarisante › ou ‹ populaire › n'est absolument pas ‹ de gauche ›, quand elle n'est pas formellement réactionnaire. »[45]

Faisant abstraction du cas de Queneau, la reprise des codes linguistiques de la littérature prolétarienne ou du roman populiste est le plus souvent accompagnée d'une posture qui accentue sa proximité avec le ‹ peuple › : Lemonnier l'exige et l'illustre à partir de son exemple – il s'est lié d'amitié avec un ouvrier de son voisinage et a observé ses voisins.[46] Dabit, à son tour, accentue au début de sa carrière ses origines ouvrières et masque son identité de peintre.[47] De cette manière, les romanciers de l'entre-deux-guerres tentent dans une grande partie d'inventer des stratégies afin de créer une posture qui les rapproche de la classe ouvrière. De cette manière, ils veulent également rapprocher leur travail d'écrivain du travail manuel et le distinguer de la sphère intellectuelle.

6.1.2 Être ouvrier : une définition à partir de la littérature, l'exemple de Louis Guilloux

Dans leurs œuvres, en revanche, les écrivains rapprochent leurs personnages ouvriers des intellectuels ce qui doit contribuer au dépassement de l'abîme qui sépare les deux milieux. *La Maison du peuple*[48], premier roman de Louis Guilloux publié en 1927, donc avant les débats autour du roman populiste et la littérature prolétarienne, semble imposer à plusieurs niveaux un modèle pour la définition de ‹ l'ouvrier › intellectuel.

---

45 Raymond Queneau : Lectures pour un front. In : *Bâtons, chiffres et lettres*. Paris : Gallimard 1973, p. 157–220, p. 191. Sa critique se porte donc contre la mauvaise foi politique qu'il ressentirait dans une telle littérature, ainsi que contre le style qui lui semble plus que classique. De cette manière, Queneau s'oppose *a priori* à ces mouvements. Cela ne l'a pourtant pas empêché de présenter en 1940 sa candidature au Prix du roman populiste avec *Un rude hiver* dans une lettre personnelle adressée à Léon Lemonnier. Certes, Queneau admet dans cette lettre de ne pas être « bien sûr que ce livre relève d'un ‹ populisme › bien strict » (R. Queneau, « Lettre à Léon Lemonnier », 5 avril 1940, Bibliothèque nationale de France, NAF 14111, p. 153), mais il est important de souligner cet incident qui prouve que même chez cet auteur qui prend officiellement ses distances par rapport au populisme, la littérature prolétarienne et tout idéal d'authenticité dans la littérature ou la posture, la récusation de ces systèmes ne s'affirme pas de manière catégorique.

46 Cf. Léon Lemonnier : *Populisme*, p. 178–180.

47 Robert constate que Dabit souligne ses origines ouvrières dans une lettre adressée à André Thérive en 1930, cf. Pierre-Edmond Robert : *D'un Hôtel du Nord l'autre*, p. 90.

48 Cité dans l'édition : Louis Guilloux : *La Maison du peuple*, suivi de *Compagnons*. Paris : Grasset 2004.

La Maison du peuple relate l'histoire du cordonnier François Quéré dans une ville de province avant la Première Guerre mondiale. La narration emprunte le point de vue du fils de Quéré qui est encore un enfant. Quéré a pris le même métier que son père, mais il s'oppose à lui par le fait qu'il revendique des droits de travail tandis que le grand-père du narrateur se distingue par son obéissance et sa morale de travail. Le militantisme de François le conduit à se rapprocher des ouvriers engagés autour du docteur Rébal. Celui-ci l'incite à fonder une section socialiste qui remporte sept sièges dans les élections municipales. Mais Rébal ne s'intéresse qu'à son propre succès et la section socialiste se fragmente. Afin de contrebalancer la trahison de Rébal, Quéré, qui a désormais perdu tous ces clients à cause de son engagement politique, fonde une « Maison du Peuple », [49] endroit de rassemblement et de discussion sur la condition ouvrière. Si cette tentative remporte un certain succès et améliore la situation de la famille de Quéré, la Première Guerre met fin à son projet. De cette manière, Guilloux souligne les difficultés de la revendication des droits des ouvriers et laisse espérer, selon Henry Poulaille « la réalisation pour plus tard du rêve avorté »,[50] insistant sur la solidarité et la volonté acharnée de ses personnages.

Dès sa publication, le roman de Guilloux a joui d'un grand intérêt de la part de la critique. Premièrement, Léon Lemonnier revendique Louis Guilloux comme un exemple du roman populiste dès son *Manifeste*[51] et constate dans *Populisme* à propos de l'écrivain :

> Plus occupé de politique que de littérature, ayant en horreur toutes les contraintes, même celles d'un parti trop discipliné, son œuvre de socialiste révolutionnaire l'a poussé à écrire cette *Maison du peuple* qui est l'un des meilleurs livres que l'on ait consacrés à la vie des petites gens dans les villes.[52]

Léon Lemonnier adopte le roman de Guilloux comme un exemple de son nouveau mouvement tout en soulignant que l'œuvre de Guilloux est plus politique que cela devrait être le cas pour le roman populiste. Louis Guilloux, à son tour, s'est toujours opposé à cette revendication du mouvement de Lemonnier et Thérive ainsi qu'à la présentation comme écrivain politique,[53] mais il s'est tou-

---

49 ibid., p. 122.

50 Henry Poulaille : *Nouvel âge littéraire*, p. 367.

51 Léon Lemonnier : *Manifeste du roman populiste*. Paris : Jacques Bernard 1930, p. 62.

52 Léon Lemonnier : *Populisme*, p. 175.

53 Cf. chapitre 2.3.3. et Michèle Touret : Louis Guilloux et le populisme, une longue histoire. In : *Études littéraires* 44, 2 (2013), p. 127–146, notamment p. 127–130. Chez Guilloux, les critiques du mouvement semblent se reporter, ensuite, notamment à la position d'André Thérive, comme l'illustre un passage des *Carnets* de 1945 dans lequel Guilloux ironise sur les critiques littéraires du dernier : « Voyons si M. Thérive (c'est sa partie) se sera même rendu compte que

jours intéressé au roman populiste et a même accepté en 1942 le Prix du roman populiste pour *Le Pain des rêves*.[54]

Deuxièmement, Henry Poulaille a recours à Louis Guilloux et à *La Maison du peuple* pour définir la littérature prolétarienne : dans *Nouvel Âge littéraire*, Poulaille consacre 3 pages au portrait de l'auteur[55] et souligne *La Maison du peuple* à cause de la véracité du récit.[56] Face au groupe d'écrivains prolétariens, Guilloux garde encore ses distances[57] et ne s'associe pas à Poulaille. Son œuvre littéraire, en revanche, est considérée comme un exemple et un modèle de la littérature prolétarienne, tout comme pour le roman populiste.

Mais le cas le plus intéressant pour comprendre l'influence de Guilloux sur la production littéraire est cependant le suivant : son roman *La Maison du peuple* impose notamment des stratégies narratives afin d'évoquer l'identité et le travail ouvriers ce qui se montre le plus clairement dans une comparaison du premier roman de Guilloux avec *Le Pain quotidien* d'Henry Poulaille. En effet, beaucoup de ressemblances structurelles rapprochent les deux romans l'un de l'autre : premièrement, il s'agit dans les deux cas de récits d'enfance qui mettent surtout en scène le travail du père ainsi que le début du XXe siècle comme contexte historique. Par ce biais, les deux romans représentent une contribution à l'historiographie de la situation des classes inférieures au début du siècle et s'intéressent à la mobilisation politique de celles-ci. Il ne s'agit pas, cependant, d'un regard en arrière purement nostalgique de l'avant-guerre :[58] bien au contraire, les deux romans paraissent au moment d'une renaissance des coopératives ouvrières et de la mobilisation des ouvriers dans des mouvements gré-

---

la scène n'est pas éclairée ! . . . Ah, ah ! je vous tiens. [. . .] » (Louis Guilloux : *Carnets*, II: *1944/1974*. Paris : Gallimard 1982, p. 23sq.). Des chercheurs comme Anne Roche ont analysé cette opposition à Thérive comme une prise de distance face à tout le mouvement du roman populiste (cf. Anne Roche : Louis Guilloux, entre roman populiste et prolétarien. In : André Not/Jérôme Radwan (éds.) : *Autour d'Henry Poulaille et de la littérature prolétarienne*. Aix : PUP 2003, p. 143–152, p. 143sq.) ce qui mérite au moins à être relativisé, à l'égard à la correspondance assez chaleureuse entre Guilloux et Lemonnier, à consulter à la Bibliothèque nationale de France, NAF 14111.

54 Dans une lettre du 21 mai 1942, Guilloux remercie Lemonnier « pour la part que vous avez prise à ce bon succès » (Louis Guilloux, « Lettre à Léon Lemonnier », 21 mai 1942, Bibliothèque nationale de France, NAF 14111, p. 117).

55 Henry Poulaille : *Nouvel âge littéraire*, p. 365–368.

56 ibid. 367.

57 Sylvie Golvet : L'art romanesque de Louis Guilloux et le tournant des années 1930. In : Madeleine Frédéric/Michèle Touret (éds.) : *L'Atelier de Louis Guilloux*. Rennes : Presses Univ. de Rennes 2012, p. 103–116, p. 108.

58 Cf. aussi Sylvie Golvet : *Louis Guilloux: devenir romancier*. Rennes : Presses Univ. de Rennes 2010, p. 37.

vistes divers ; ainsi, les romans indiquent les écueils de la lutte des classes et l'esprit à adopter pour une revendication des droits des ouvriers.

A part ces ressemblances générales entre les deux romans, il convient de constater des détails au niveau de l'histoire qui se répètent : à titre d'exemple, il suffit de relever le fait que l'incipit du *Pain quotidien*, dans lequel Loulou regarde les enfants qui jouent sur la rue, se présente comme une réécriture du chapitre XX de *La Maison du peuple*.[59] Mais c'est avant tout le rôle du père, mis en scène comme ouvrier savant, qui rapproche les deux romans.

En effet, sa représentation du personnage principal, le cordonnier François Quéré, met en place le triple déplacement qui sous-tend la défense de l'ouvrier comme sujet du roman. Le déplacement consiste, dans un premier temps, en une identification de l'ouvrier à l'artisan ; ensuite, il se sert d'une description de la condition artisanale en dehors de l'activité laborieuse, insistant sur le caractère moral de son personnage ; enfin, le récit se situe au début du XXe siècle et suggère un rapport autobiographique romancé, procédé qui est aussi employé par Poulaille dans *Le Pain quotidien* ou Dabit dans *Petit-Louis*. S'éloignant de l'actualité, Guilloux tente de contourner l'écueil de parler de la politique de son temps et celui d'une représentation d'une condition ouvrière bien différente, celle des travailleurs en usine.

L'association de la classe ouvrière et de l'artisanat conduit tout d'abord à un imaginaire du ‹ peuple › qui l'identifie à la pauvreté, mais pas au prolétariat.[60] Le travail de François se distingue bien de la définition classique du travail ouvrier qui s'accomplit dans le statut d'employé. Le grand problème de François Quéré devient, en revanche, sa situation indépendante et le manque de clients. Quéré n'est pas salarié et dépend de l'arrivée constante de la clientèle ; or, son engagement pour la lutte des droits d'ouvrier le conduit presque à la ruine :

> Depuis le lundi, il n'était venu personne à sa boutique. Plus un sou d'ouvrage ! Il avait comme honte. Même à la morte-saison, il y avait toujours ce qu'il appelait « un petit courant ». A présent, il n'avait plus qu'à fermer boutique, et à se croiser les bras. Mais fermer boutique était une humiliation trop grande et trop difficile à supporter. Et pourtant il ne pouvait rester là à ne rien faire, assis sur son tabouret.[61]

---

59 Henry Poulaille écrit : « Loulou, penché sur la rue, retenu par la barre d'appui, regardait les enfants qui s'échappaient par bandes par la petite porte. Il y en avait de tous les âges, de cinq à treize ans. Tout ce petit peuple se dissipât en folles gambades, en criant tue-tête » (Henry Poulaille : *Le Pain quotidien*. Paris : Grasset 1986, p. 13). Chez Guilloux, la présentation du nouveau voisinage est introduite de la même manière par l'enfant « [p]enché à la fenêtre de notre nouvelle maison » qui regarde notamment les roulottes des forains Barreau (Louis Guilloux : *La Maison du peuple*, p. 78).

60 Cf. Anne Roche : Louis Guilloux, entre roman populiste et prolétarien, p. 150.

61 Louis Guilloux : *La Maison du peuple*, p. 54.

Le drame de *La Maison du peuple* est donc une forme de précarité qui résulte de l'indépendance du travail de François Quéré et non de la condition ouvrière ou la dépendance d'un patron. Pourtant, le narrateur et le protagoniste du roman identifient continuellement Quéré à un ouvrier. Le plâtrier Pélo et l'ouvrier Le Braz, dont le lecteur n'apprend pas le métier exact, sont désignés comme des « camarade[s] »,[62] et François attend la révolution pour la libération des ouvriers.[63] De cette manière, l'artisan devient un ouvrier dans le roman de Guilloux alors que les sociologues et historiens sont d'accord que l'artisanat fait partie des classes moyennes de la société à cette époque.[64]

Quant au travail de François Quéré, il est rarement l'objet des descriptions. Non seulement Guilloux consacre-t-il six chapitres au chômage forcé de son protagoniste, mais il prend comme narrateur le fils du cordonnier qui observe davantage la vie en famille ou les échanges dans l'échoppe du père avec ses camarades engagés. Par conséquent, le rôle de la main d'œuvre est peu important dans le portrait de François Quéré ; la narration s'intéresse davantage à ses réactions et à son caractère. A ce niveau, le lecteur ne rencontre donc pas un protagoniste ‹ ouvrier › au milieu de son activité professionnelle, mais dans ses interactions personnelles et dans ses réflexions sociales. Dès le début, Quéré apparaît comme un cordonnier qui se distingue bien du simple ouvrier focalisé sur son travail. En différence à son propre père, Quéré s'intéresse aux « idées nouvelles » et développe une conscience de classe qui lui montre son état d'opprimé :

> Depuis plus de quarante ans qu'il était sur le métier, mon grand-père n'avait jamais cessé de verser sa cotisation à la Société de secours mutuels. Il était vieux et usé.
>
> « Qu'est-ce que tu veux de plus ? disait-il à mon père ; si tu es malade on t'envoie le médecin, et la Société te paie un bout des frais. »
>
> Il ne craignait que la maladie. Et puisqu'il fallait travailler, tant qu'il avait ses bras, il ne se plaignait pas.
>
> « Bien sûr, répondait mon père. Mais tu ne me feras pas croire que, si les ouvriers étaient organisés, ils ne seraient pas un peu mieux. »[65]

Alors que le grand-père se concentre uniquement sur son propre travail, Quéré a développé un intérêt pour le syndicalisme et défend avec ferveur le droit d'autogestion des ouvriers. Guilloux agence, en outre, la voix narrative de telle façon qu'il est évident que le narrateur sympathise avec les opinions du père : afin d'expliquer la position inerte et résignée du grand-père, le narrateur

---

62 ibid., p. 26.
63 ibid., p. 30.
64 Sylvie Golvet : *Louis Guilloux*, p. 38.
65 Louis Guilloux : *La Maison du peuple*, p. 20.

remarque qu'il « était vieux et usé » et écarte par ces qualifications l'opinion du grand-père comme étant illégitime. En revanche, l'engagement du père en ressort comme la seule position viable et l'intransigeance de François Quéré relève du courage exceptionnel. Ce courage se manifeste surtout dans la comparaison avec son épouse, toujours angoissée de manquer d'argent pour la subsistance de la famille et, pour cette raison, contre l'engagement politique de son mari :

> Quand elle apprit qu'une section socialiste venait d'être fondée, ma mère demanda :
>
> « Alors, François, qu'est-ce qui va arriver ?
>
> Comment, dit mon père, j'espère bien que la révolution n'est pas loin. »
>
> Elle leva les bras au ciel.
>
> « Bien sûr que oui, dit-il, la Révolution. »
>
> Qu'est-ce qu'il racontait là ! Avait-on besoin de révolution ? Et la misère qui viendrait. On était bien assez malheureux sans cela.
>
> « Et tes trois gosses ?
>
> Mais c'est justement », dit-il.
>
> Elle secoua la tête.
>
> « Tu n'aurais pas dû te fourrer là-dedans. Un sang bouillant comme toi ! S'il arrive quelque chose, tu seras le premier qui attrapera. »
>
> [. . .]
>
> Il répliqua d'un ton brusque :
>
> « Il le faut. »[66]

Alors que l'épouse est inquiète de pouvoir perdre les moyens de nourrir sa famille, Quéré ressent le devoir de défendre ses idées politiques et la cause de sa classe sociale. Il n'écoute pas les inquiétudes de son épouse et ne parvient pas à mieux expliquer la nécessité de son engagement que par le besoin et par sa « fierté d'homme ».[67] Cette fierté et son courage le conduisent à soutenir les efforts pour la fondation d'une section socialiste dans la ville. Lorsque Quéré et ses camarades se rendent compte de la trahison du docteur Rébal, leur chef de file, le courage du premier conduit aussi à la dissolution de celle-ci et à la fondation d'une nouvelle Maison du Peuple qui doit assumer la fonction de lieu de rencontre et de discussion pour les ouvriers. Le père du narrateur devient donc la force principale pour la refonte de la section socialiste et crée l'hétérotopie de la Maison du Peuple qu'il veut construire en réalité.[68]

---

66 ibid., p. 30.
67 ibid., p. 31.
68 ibid., p. 128.

La Maison du Peuple représente le point culminant des aspirations des ouvriers.[69] Mais si les camarades de Quéré montrent au moins des réticences face à la faisabilité de cette utopie, Quéré s'avère beaucoup plus pragmatique et propose des plans afin de réaliser leur hétérotopie. De cette façon, l'énergie et l'insistance de François Quéré le transforment en ouvrier héroïque qui réussit pratiquement sans soutien à créer une nouvelle section socialiste et à lutter pour la réalisation de la révolution. Simultanément, la narration opère le décalage du portrait de l'ouvrier dans sa fonction de main d'œuvre vers son portrait en être moral et social d'une volonté extraordinaire. Le travail et les conditions de travail ne jouent, en revanche, qu'un rôle secondaire : en effet, il n'est jamais question des pratiques du travail et de la dureté du labeur en soi ; ce qui est mis en récit est le manque du travail et le manque des moyens qui ne sont cependant que les conséquences de la lutte acharnée de Quéré pour les droits des ouvriers.

En vérité, ce ne sont ni les conditions de travail, ni la politique sociale qui mettent fin à l'utopie de la Maison du Peuple, mais la guerre : la mobilisation des ouvriers arrête tout effort pour la construction de leur domaine. Yannick Pelletier fait la même remarque à propos de la nouvelle *Compagnons* de Guilloux qui se situe après la guerre : là encore, la mort du plâtrier Jean Kernevel et la déchéance de sa communauté d'ouvriers n'est pas le résultat des mauvaises conditions de travail, mais des blessures de guerre.[70] Pour cette raison, il est effectivement juste que Guilloux se révolte contre l'appellation d'écrivain politique car la politique n'est qu'un volet d'un engagement humaniste qui oppose la guerre à la solidarité de la population travaillante. Selon Albert Camus, qui écrit la préface à *La Maison du peuple* en 1953, Guilloux « n'utilise la misère de tous les jours que pour mieux éclairer la douleur du monde. Il pousse ses personnages jusqu'au type universel, mais en les faisant passer d'abord par la réalité la plus humble. »[71] Cette remarque est pertinente pour *La Maison du peuple* et explique aussi la définition sous-jacente de l'ouvrier dans le roman : le métier est superflu dans le portrait de l'ouvrier comme artisan qui se distingue par son énergie et son sens social. Ainsi, Quéré devient le type universel de l'ouvrier qui s'oppose à toute forme d'injustice.

---

69 Cf. Monica Lebron : Les Romans de Louis Guilloux entre 1927 et 1942 : aux frontières du populisme, p. 128.
70 Cf. Yannick Pelletier : L'univers social des artisans et employés. Louis Guilloux. In : Sophie Béroud/Tania Régin (éds.) : *Le Roman social. Littérature, histoire et mouvement ouvrier*. Paris : Éditions de l'Atelier 2002, p. 79–88, p. 83.
71 Albert Camus : Avant-propos. In : Louis Guilloux : *La Maison du peuple*, suivi de *Compagnons*. Paris : Grasset 2004, p. 11–16, p. 15.

Ces deux décalages sont accompagnés d'un troisième qui est aussi répandu : l'action du roman se déroule dans l'avant-guerre et met l'accent sur des conditions de vie et de travail qui sont déjà dépassées par l'arrivée de l'automatisation. Les progrès de l'industrialisation ont provoqué la marginalisation des travaux artisanaux tels qu'ils sont représentés par Guilloux et d'autres écrivains de son époque. Le roman prend donc la fonction du témoignage historique d'une société avant la grande irruption des logiques de prolétarisation ;[72] la question des ouvriers se pose autrement dans le roman que dans la sphère politique du temps où la force des syndicats est déjà une réalité acquise. En outre, étant donné que le narrateur est le fils de Quéré, le regard est moins politisé sur l'action du roman et met l'accent sur les liens sociaux. De cette façon, il est vrai que *La Maison du peuple* n'est pas un roman politique, mais traite de la « douleur » de la pauvreté, pour reprendre le terme de Camus, et la manière dont le ‹ peuple › doit lutter contre l'indigence qui l'entoure. En conséquence, l'identité de l'ouvrier se définit dans ce roman notamment par la force, le courage et l'énergie, toujours investis dans une entreprise communautaire et humaniste.

6.2 La mise en récit du travail à l'exemple du *Pain quotidien*

Comme déjà mentionné, Henry Poulaille reprend la situation de base de Louis Guilloux pour son premier roman d'inspiration autobiographique, *Le Pain quotidien :*[73] le roman narre également des événements de l'avant-guerre, le protagoniste principal appartient seulement dans la définition plus ample à la classe ouvrière étant donné qu'il s'agit d'un charpentier qui travaille dans les chantiers et qui occupe le poste de contremaître après sa guérison. En général, le travail n'est pas non plus au centre de ce roman.[74] Enfin, si le narrateur du roman est hétérodiégétique, il suit le point de vue de Loulou, le fils du protago-

---

72 Cf. Yannick Pelletier : L'univers social des artisans et employés. Louis Guilloux, p. 83.

73 Poulaille commence à rédiger le cycle autour de la famille des Magneux à la suite des incitations de Marcel Martinet qui l'encourage à écrire « la grande fresque ouvrière » ; au cours des années 1930, Poulaille publie *Le Pain quotidien* (1931), *Les Damnés de la terre* (1935), *Pain de soldat* (1937) et *Les Rescapés* (1938). Trois autres romans qui devraient couvrir le temps entre le deuxième le troisième roman, c'est-à-dire les années 1911–1914, sont restés sans publication du vivant de Poulaille ; seulement *Seul dans la vie à quatorze ans*, le premier entre eux, a été l'objet d'une publication en 1980 (cfRosemary Chapman : *Henry Poulaille and proletarian literature 1920–1939*, p. 170).

74 Franziska Sick : Littérature prolétarienne et culture ouvrière. Pour une nouvelle lecture du *Pain quotidien* de Henry Poulaille. In : *Cahiers Henry Poulaille* 6 (1993), p. 89–105, p. 95.

niste Henri Magneux. Comme dans *La Maison du peuple*, l'enfance et de la vie familiale sont donc au centre.

Ce roman met en scène la vie de la famille Magneux dont le père, charpentier, souffre d'un accident grave survenu sur un chantier qui l'immobilise pendant des mois. La famille, qui ne peut pas bénéficier d'une indemnisation ou d'une couverture par l'assurance, doit chercher d'autres moyens pour assurer sa subsistance ; le voisinage et notamment la voisine Nini Radigond sont d'une grande utilité. Même au moment où Henri Magneux reprend le travail, le soutien de Nini reste constant ; Magneux s'engage pour la cause des ouvriers. Il participe à une grève qui déstabilise encore les finances de la famille, en vain : le roman se termine sur la reprise du travail « sans rien obtenir »[75] – et sur le fils Loulou qui a pris conscience de la valeur de la nourriture.[76]

Alors que *Le Pain quotidien* reprend la même esthétique de base de Guilloux afin d'évoquer le sort des ouvriers, le roman contient cependant plus d'informations sur les conditions de travail de l'époque. Aussi Poulaille insiste-t-il davantage sur le manque de réseaux de sécurité sociale chez les ouvriers du bâtiment et sur l'oppression de la femme, autant dans le domaine du travail qu'au foyer familial. Ce qui prévaut cependant est la mise en scène de l'amour du métier, qui s'accompagne de la représentation de l'ouvrier comme expert, autant que des bonnes mœurs en société.

Dans les prochains sous-chapitres, il sera par conséquent question de l'insistance sur le savoir-faire de l'ouvrier avant d'élucider les moyens employés pour mettre en scène les conditions de travail précaires. Le dernier sous-chapitre montrera que la situation du travail féminin est encore plus dégradante étant donné qu'il est soumis aux règles du patriarcat auxquels la contre-culture ouvrière ne propose pas d'issue. La condition féminine dévoile ainsi les lignes de faille de l'esthétique populiste qui se manifestent également dans toute la production littéraire des années 1930 : tout en déplorant l'oppression des femmes, les protagonistes masculins ‹ positifs › des romans n'attestent pas d'une attitude égalitaire ; le monde du travail rejoint parfaitement le domaine de la convivance où les femmes doivent agir de manière soumise.

---

75 Henry Poulaille : *Le Pain quotidien*, p. 350.
76 C'est entre autres pour cette raison que Bessière soutient que *Le Pain quotidien* met en scène le « jeu du calcul des pauvres », cf. J. Bessière, « Projet romanesque et thématisation de la pauvreté dans les années trente (Henry Poulaille, George Orwell, Henry Miller) », dans Michel Biron/Pierre Popovic (éds.), *Écrire la pauvreté*, Toronto, Éditions du Gref, 1996, p. 239–257, p. 245.

6.2.1 Le travail manuel : savoir-faire ouvrier et fierté du métier

S'il est question du travail et des ouvriers dans les œuvres de l'entre-deux-guerres, l'esthétique populiste sous-jacente provoque un changement de perspective en comparaison à la littérature naturaliste de Zola : tandis que celui-ci met en place des « codes de l'altérité »[77] pour évoquer le ‹ peuple › travaillant, autant les romanciers populistes que les écrivains de littérature prolétarienne s'opposent à cette idée d'un ‹ peuple › différent par les défauts héréditaires de leur classe et par l'influence nocive de leur milieu. Ainsi, Lemonnier constate que « non content d'exposer, il [i.e. Zola] voulut prouver » ;[78] Poulaille dénonce la tendance du naturalisme « de prendre le peuple pour un troupeau bestial, en proie à ses instincts et à ses appétits. »[79] Contre une telle pathologisation, Lemonnier propose littéralement de « décrire le peuple avec sympathie » ;[80] en conséquence, les conditions de travail peuvent toujours paraître comme scandaleuses, mais la représentation du caractère ouvrier doit s'élever en dessus de son milieu. Autrement dit, la dénonciation de la situation ouvrière doit se reporter à l'accusation d'un système injuste, mais la morale du travailleur demeure exempte d'une telle accusation.

Le Pain quotidien illustre bien la façon dont l'esthétique populiste prône le dévouement de l'ouvrier à son travail. Henri Magneux est amoureux de son métier de charpentier et la maladie provoque une certaine honte d'être inactif. Dans son lit, Magneux accueille le tâcheron Costi et lui serre la main :

> Magneux lui tendit la main. Elle était blanche, plus que celle de Costi. Il en fut un instant gêné, et prit le parti de rire. La patte de Costi avait des marques de callosité, des coupures, des noirs.
>
> Nom de Dieu ! fit-il enfin. . . c'est pourtant vrai que j'ai des mains de faignant maintenant ![81]

Le teint et les blessures de Costi montrent l'usure que le travail provoque chez les ouvriers du bâtiment. Magneux, en revanche, n'a plus ces traces visibles du travail ce qui le gêne car le métier définit son caractère. La remarque de Magneux laisse transparaître qu'il considère tout travail qui n'est pas manuel comme un loisir ou de l'oisiveté. L'appréciation du travail manuel comme partie intégrante du personnage va de pair avec le culte de masculinité sur lequel

---

77 Nelly Wolf : *Le peuple dans le roman français de Zola à Céline*, p. 18.

78 Henry Poulaille : *Nouvel âge littéraire*, p. 63.

79 Léon Lemonnier : *Populisme*, p. 190.

80 ibid.

81 Henry Poulaille : *Le Pain quotidien*, p. 153.

je reviendrai. La main blanche de Magneux est dans ce passage un symbole puissant de l'état dans lequel le personnage se trouve : la maladie ne l'éloigne pas uniquement de la dureté du travail, mais aussi de sa propre identité et de l'image qu'il a de lui-même. Le travail manuel est une partie constituante de l'identité masculine de l'ouvrier.

En effet, cette importance du travail manuel est corroborée par Magneux lui-même dans la suite. Costi lui propose de travailler à ses côtés dans la fonction de contremaître, ce qui équivaut, *a priori*, à une promotion au niveau du travail. Mais Magneux a des doutes face à cette nouvelle fonction, étant donné qu'occuper ce nouveau poste reviendrait à ses yeux à une « espèce de trahison »[82] à l'égard de ses compagnons de travail. Son compagnon Lunel doit le convaincre de prendre le travail et il confronte les doutes de Magneux de la façon suivante :

> Henri, je crois que tu remonteras avec nous aux échafaudages, mais j'ai peur que ça ne soit pas tout de suite. Pas avant un an, un an et demi même, et je suis sûr que c'est pas en voulant faire les bouchées doubles que tu y arriveras. Costi t'a fait une offre. Tu veux mon avis ? Accepte-la.[83]

Lunel n'avance qu'un seul argument pour convaincre Magneux : même si celui-ci rentrait plus tôt, il ne pourrait pas participer au travail sur les échafaudages. La participation effective et la part manuelle du travail serait donc en tout cas limitée. Magneux doit se résigner à abandonner en partie le travail manuel afin de subsister. L'échange entre les deux ouvriers illustre bien, en conséquence, que seulement l'activité manuelle dispose d'une véritable légitimité dans les yeux de Magneux ; incapable de l'assumer directement, il doit accepter la prétendue « trahison » à l'égard de ses compagnons de l'échafaudage.

Par ailleurs, le roman montre clairement que le travail représente davantage qu'une source de revenus pour Magneux. Lors d'un déménagement, Magneux investit le hangar du propriétaire pour y installer un atelier personnel dans lequel il construit des meubles sans s'intéresser à l'argent. En effet, l'atelier représente pour lui un point de départ à l'utopie de son système communiste personnel : les murs sont décorés avec « des dessins de Steinlein [sic !], extraits de *la Feuille* et du *Gil Blas illustré*, [. . .] les photos de Zola et de Kropotkine, et une vue de Moscou. »[84] Toutes ses images donnent à l'atelier l'air de l'autel d'un culte ouvrier éclectique entre anarchisme et communisme. Comme

---

82 ibid., p. 154.
83 ibid., p. 156sq.
84 ibid., p. 299.

l'échoppe de Quéré dans *La Maison du peuple*, l'atelier de Magneux devient une hétérotopie dans laquelle le changement de la société devient pensable. Les amis de Magneux y passent des heures avec lui et le regardent bricoler. Car Magneux y passe surtout son temps pour réaliser son idéal du travail libre, comme il l'explique à Radigond après avoir refusé de travailler pour un des voisins qui ne lui plaît pas :

> Ce pékin-là ! . . . Il n'en revenait pas qu'on puisse travailler pour son plaisir. Parce que la société est à la merci de quelque cent mille Jean-foutre fainéants, ils sont un tas à se figurer que le travail est une obligation par nature, et qu'on ne travaille que pour être payé ! Quand tout le monde travaillera, personne n'aura le dégoût du boulot. Tous connaîtront que cela peut être un vrai plaisir. Ici, je vis dans ma colonie anarchiste. Quand on sera en communisme, tout le monde pourra comme moi, prendre plaisir à travailler.[85]

Magneux prend plaisir à esquisser et construire des meubles, surtout parce qu'il est absolument indépendant dans son atelier ce qui va jusqu'au fait qu'il travaille parfois « à vide »,[86] c'est-à-dire sans personne qui lui commande des ouvrages. Magneux fait donc preuve d'amour envers son métier ; il ne travaille pas le bois afin de gagner sa vie, mais le travail est la base de sa fierté. Dans son passe-temps, il se transforme, en outre, en artisan : alors que Poulaille prend soin de le définir comme ouvrier au fil du livre, il est appelé dans ce chapitre XLV « l'artisan ».[87] Encore une fois, la valorisation du personnage ouvrier s'opère donc à partir d'un décalage ; mais cette fois, il n'est pas établi dès le début du roman comme chez Guilloux, mais Magneux conquiert sa liberté dans le travail au cours de la narration. Dans les deux cas, en revanche, l'ouvrier protagoniste est représenté comme un individu exemplaire qui se démarque par sa volonté de travailler et son amour du métier, mais aussi par son savoir-faire extraordinaire.

Ce savoir-faire est aussi visible dans la nouvelle fonction de contremaître. Lors de sa rentrée aux chantiers, Magneux se démène comme le véritable maître des travaux et contrôle de manière exacte les travaux des jeunes charpentiers alors que Costi, le premier contremaître, ne s'est intéressé à guère plus que la vitesse du travail. Magneux, en revanche, arrête les autres ouvriers et corrige leurs gestes de travail :

> - Je vais te faire ton machin. En me regardant faire, écoute-moi, et dis-moi si tu comprends mal. Je n'aime pas ceux qui jouent au malin et font semblant d'avoir saisi. Il n'y a pas à avoir honte de questionner.
>
> - Oui, compagnon !

---

85 ibid., p. 301.
86 ibid., p. 300.
87 ibid., p. 299.

Et tandis qu'autour d'eux les coups, les appels, les allées et venues concouraient à l'œu-vre, le compagnon disait à son élève la théorie du métier.[88]

Magneux se distingue par son « autorité maniaque »[89] comme elle est décrit du point de vue de Costi, mais le narrateur prend soin de souligner que cette auto-rité se montre seulement pour le bien des travailleurs et du travail en soi. Ma-gneux commence à enseigner plusieurs jeunes charpentiers à mener à bien leurs tâches et partage son savoir et son amour pour le travail bien fait. Son in-sistance sur les bons usages du métier et l'adoption des bonnes pratiques s'op-pose à la désinvolture de Costi qui veut accélérer le travail : « il y a plutôt qu'avec votre système du ‹ cavaler, cavaler ›, vous ferez si bien que n'importe quel ‹ limosinaut › sera bientôt l'égal d'un charpentier. »[90] Pour Magneux, il est évident que le travail des ouvriers des bâtiments, aussi, a besoin d'une spéciali-sation. Par conséquent, il faut que les ouvriers deviennent des experts dans leur domaine et adoptent les pratiques de leur travail comme une passion.

En effet, le narrateur constate que l'approche de Magneux n'est pas uniquement autoritaire, mais aussi efficace :

la jeune équipe devenait plus sûre sous la coupe de l'Ancien. Costi avait même constaté avec un certain plaisir, que les flâneries n'existaient plus, ni les petites pauses, que pres-que tous, ils s'accordaient [. . .]. Ce n'était pas là, le fait de la poigne de son second, mais le résultat de son enseignement, la prise de conscience du travail bien fait [. . .].[91]

Certes, Magneux se distingue avant tout par son autorité. Mais ce n'est pas par peur que la jeune équipe améliore son éthique du travail, mais grâce à son en-seignement. De cette façon, l'approche de Magneux est doublement valorisée : non seulement, son éthique du travail, qui le transforme en passion person-nelle, est exemplaire, mais son enseignement qui conduit au partage de cette vision du travail est aussi tellement efficace que le moral général s'améliore au chantier. Ainsi, la narration confirme que le travail peut devenir un plaisir si chacun travaille et si chacun connaît les bons gestes à accomplir.

Le travail ouvrier n'apparaît donc plus comme une horreur ou une peine comme c'était le cas dans les œuvres de Zola : au contraire, en choisissant un secteur de travail qui se rapproche à nouveau du travail artisanal, Poulaille souligne l'amour des ouvriers pour leur activité professionnelle et la fierté que le travail bien fait peut inspirer aux ouvriers. Par ce biais, le travail ouvrier se

---

88 ibid., p. 170.
89 ibid.
90 ibid., p. 169.
91 ibid., p. 171.

présente comme une activité qui peut conduire à la plénitude au lieu de l'aliénation. Dans la foulée, la transformation du sociotype de l'ouvrier s'opère
aussi. Dans *Le Pain quotidien*, l'ouvrier est autosuffisant et solidaire, il se montre fort, autoritaire et jamais dans son tort parce qu'il est expert dans son domaine et connaît la manière d'accomplir bien son travail. À l'encontre de la
pathologisation du milieu ouvrier, Poulaille crée un « contresociotype ouvrier »[92] qui valorise l'éthique du travail et le personnage ouvrier en soi. Le bon
ouvrier est donc un expert, très proche de l'artisan, et il est capable d'organiser
librement son travail.

Mais ce n'est que le premier volet de l'esthétisation populiste du travail ouvrier. En vérité, l'esthétique populiste doit aussi montrer l'oppression du même
milieu par un système social injuste. C'est, en effet, le cas dans la mise en récit
du travail dans *Le Pain quotidien* : les hiérarchies et usages établis par le patronat conduisent à l'oppression des ouvriers et de leurs aspirations.

6.2.2 Les injustices du métier : hiérarchies, assurances et pouvoir syndicaliste

Si les véritables représentations du travail sont rares dans *Le Pain quotidien*, il
faut néanmoins souligner l'importance de la représentation des conditions du
travail et, à partir du jugement de celles-ci, d'une certaine idéologie du travail
dans l'économie du roman. En effet, l'accident d'Henri Magneux dévoile une
hiérarchie sociale bipolaire qui donnerait tous les droits aux patrons et oppri-
merait les ouvriers ; cette hiérarchie ne change pas au cours du récit et fonctionne comme base de toute réflexion des personnages ainsi que de certains
choix stylistiques qui s'opposent à cette hiérarchie soi-disant ‹ établie ›. Certes,
les patrons d'Henri Magneux ne figurent pas dans le roman ; en vérité, le lecteur n'apprend même pas le nom de l'employeur de Magneux.

Le pouvoir est seulement incarné par le personnage du « tâcheron » Costi
qui annonce que Magneux n'a pas droit à une indemnisation à la suite de l'accident. Costi, porte-parole de l'entreprise de construction, est cependant en position de faiblesse dans les discussions avec les compagnons et voisins autour
de Magneux.[93] Costi n'a guère droit à la parole, étant donné que Lunel explique

---

92 Cf. Céline Pobel : La représentation du peuple à travers ses prises de parole: du sociotype
d'Émile Zola au contresociotype d'Henry Poulaille (*Le Pain quotidien*). In : Corinne Grenouil-
let/Éléonore Reverzy (éd.) : *Les voix du peuple dans la littérature des XIXe et XXe siècles : actes
du colloque de Strasbourg, 12,13 et 14 mai 2005.* Strasbourg : Presses Univ. de Strasbourg 2006,
p. 279–289, p. 288.
93 Henry Poulaille : *Le Pain quotidien*, p. 46sq.

la situation et que les autres personnages commentent constamment ce qu'il dit. Il est aussi la victime de menaces et d'agressions de la part de Magneux et Lunel. Néanmoins, il est le personnage le plus apte à représenter une autorité dans la hiérarchie de la compagnie pour laquelle travaille Magneux. Cette autorité patronale n'est pas respectée par les personnages qui agressent Costi et qui limitent sa parole à cause de leurs cris d'indignation et de révolte.[94] Par ce biais, Poulaille dote son ‹ peuple › du pouvoir de juger de l'injustice des conditions de travail. Les voix des ouvriers paraissent assurées et fortes alors que les représentants de l'ordre et des hiérarchies établies s'effacent doublement : d'une part parce qu'ils apparaissent seulement sous la forme de porte-paroles qui eux aussi ne font qu'obéir à leurs ordres[95] ; de l'autre parce que ces porte-paroles n'ont pas le droit de s'exprimer librement dans le roman. Cela n'empêche pourtant pas que les personnages autour de Magneux ne réussissent pas à s'imposer face à la Compagnie : Magneux ne reçoit pas de soutien de sa part. Le seul soutien provient des dons de ses collègues du syndicat. L'auto-organisation des ouvriers représente ainsi un système de solidarité à côté des hiérarchies imposées. *Le Pain quotidien* procède à n'illustrer que les actions et événements qui se situent dans le champ de force de ce système parallèle alors que les dominants de la hiérarchie sont écartés de toute forme de considération.

Les hiérarchies imposées, quant à elles, sont envisagées comme un carcan d'injustice qui est conspué, mais pas concrètement combattu. C'est aussi pour cette raison que Magneux hésite longuement à accepter le poste de contremaître aux côtés de Costi : Magneux déteste toute forme d'autorité et ne peut, par conséquent, accepter de devenir lui aussi un représentant de celle-ci. Il ne craint pas seulement de devoir collaborer avec les personnes qui lui semblent la source de l'oppression des ouvriers, mais aussi d'être exclu de son système de sociabilité et de vie professionnelle, du syndicat : « Et au syndicat, que pensera-t-on de moi ? »[96] L'expression de cette crainte montre clairement que la communauté des ouvriers et son pôle de pouvoir, le syndicat, représentent un système parallèle qui se refuse à l'ascension sociale.

Ce n'est qu'au moment où Magneux apprend que Costi a apporté le maximum d'argent à la collecte des ouvriers qu'il peut se résoudre à assumer la nouvelle fonction dans son domaine de travail : le geste de Costi, qui prouve que

---

94 Céline Pobel : La représentation du peuple . . ., p. 286.

95 Dans le chapitre VII, Costi souligne à plusieurs reprises que les informations qu'il partage avec Magneux ne sont que ce que les responsables de la Compagnie lui ont transmis et non l'expression de sa propre volonté, cf. Henry Poulaille : *Le Pain quotidien*, p. 47 et 50.

96 ibid., p. 155.

malgré son poste il s'implique dans le réseau de solidarité syndicale, permet à Magneux d'envisager le travail comme contremaître au sein de sa compagnie. Le charpentier comprend qu'en vérité, Costi aussi est un « bon gars »[97] et pas seulement le représentant du pouvoir. Par sa participation à la collecte, Costi s'intègre dans la communauté des ouvriers solidaires. La fonction de contre-maître et l'appartenance au système parallèle de l'auto-organisation syndicale devient désormais viable.

Le réflexe de refuser de parvenir et le changement d'avis subséquent prouvent que Magneux tente à tout moment de s'opposer au patronat et qu'il veut exercer le métier qu'il a appris afin d'honorer l'éthique de sa profession, sans se soumettre aux demandes du patronat. Assumer une autre charge, située plus haut dans la hiérarchie, serait une trahison vis-à-vis du travail en soi et l'é-thique personnelle, mais aussi des compagnons qui sont pour le personnage le seul système social auquel il faudrait obéir.

Mais Magneux ne tente jamais la révolte ouverte contre le patronat : en effet, il résiste même au début de la grève générale parce qu'elle lui semble une action politique et non syndicale ;[98] en d'autres termes, la méfiance des élites va chez Magneux jusqu'au point où il rejette même les candidats du parti communiste, représentants d'une élite politique, alors qu'ils défendent ses idéaux de base. Magneux suit catégoriquement la doxa marxiste qu'il cite à plu-sieurs reprises : « *L'émancipation des travailleurs sera l'œuvre des travailleurs eux-mêmes !* »[99] Pour cette raison, il ne donne sa confiance qu'aux ouvriers et soutient l'idéal d'une classe ouvrière indépendante.

L'insistance sur la force et l'indépendance des ouvriers trouve sa justifica-tion, au niveau de la narration, dans deux faits qui ont été abordés dans les chapitres précédents : d'un côté, le travail rend les ouvriers du bâtiment les maîtres du monde tangible, étant donné qu'ils créent les édifices qui perdurent dans le temps ; de l'autre, leur autorité s'explique par leur culte de la virilité et de la force. La culture ouvrière qui est représentée dans *Le Pain quotidien* est donc loin d'adhérer à un idéal antiautoritaire. Au contraire, le cas de Magneux et de son imaginaire du travail laisse transparaître que celui-ci s'attaque à l'op-pression de la classe ouvrière afin de la promouvoir à la place des dominants. Autrement dit, Poulaille n'interroge pas l'existence des hiérarchies en général,

---

[97] ibid., p. 156.
[98] ibid., p. 329.
[99] ibid., p. 326 et 327, italiques reprises de l'original.

mais uniquement la justice des hiérarchies établies et adhère donc implicitement à l'ordre symbolique d'une société de classes.[100]

En termes de la sociologie moderne, un tel projet littéraire tombe dans un des pièges centraux qui apparaissent lors de la description de la domination sociale : certes, Poulaille évite le ton misérabiliste et révèle les particularités de la classe ouvrière, mais son point de vue idéalise leur sort et se focalise sur la représentation de leur culture sans rendre compte des systèmes de domination qui l'engendrent. Ce processus est typique du regard populiste au sens sociologique du terme.[101]

Un premier indice se trouve dans le fait que Henri Magneux n'est pas seulement le porte-parole de sa classe, mais que cette autorité accordée par le narrateur trouve sa justification dans l'insistance sur sa virilité stéréotypée : même pendant sa maladie, Magneux demeure le « chef de famille »,[102] il décide même du le mariage de Nénette,[103] la fille de sa voisine Nini, et sa virilité marquée est la seule qui réussit à dominer la fureur de Nini.[104] Cette force virile dépend du travail et de l'activité dans le métier comme le prouve la fierté de Magneux lorsqu'il sort à nouveau dans ses vêtements de travail :

> Magneux partait maintenant tous les matins faire une courte promenade pour se refaire les jambes. Il avait une canne, et elle jurait bien un peu avec son accoutrement de charpentier. Il ne manquait que le mètre dans la poche droite. . .
>
> Il revenait une demi-heure après, très fier, de bonne humeur.
>
> Il était redevenu un homme. Un homme heureux.[105]

L'identité ouvrière et la masculinité sont profondément unies. Le travail – et même l'apparence d'être ouvrier – fait partie de son identité d'homme et seulement le travail manuel et l'exercice du métier confirment son identité masculine. De cette manière, Poulaille souligne que l'identité ouvrière est nécessairement dépendante d'un ordre patriarcal : l'ouvrier est seulement complet au moment où il se sent homme, dominant par sa force physique et par son autorité patriarcale complète-

---

100 L'observation d'une adhésion implicite à l'ordre symbolique existant se retrouve aussi au niveau de la posture de l'écrivain prolétarien comme le souligne Ambroise (cf. Jean-Charles Ambroise : Écrivain prolétarien, p. 43).

101 Claude Grignon/Jean-Claude Passeron : *Le savant et le populaire. Misérabilisme et populisme en sociologie et en littérature*. Paris : Éd. du Seuil 2015, p. 87–89.

102 Franziska Sick : Littérature prolétarienne et culture ouvrière. Pour une nouvelle lecture du *Pain quotidien* de Henry Poulaille, p. 96.

103 Henry Poulaille : *Le Pain quotidien*, p. 114.

104 ibid., p. 198.

105 ibid., p. 159.

ment naturalisée par le point de vue de la narration. Afin d'y aboutir, l'ouvrier a cependant besoin du travail : seulement celui-ci le rend vraiment homme parce que son identité active s'inscrit dans son corps comme nous l'avons vu dans la description des mains de Costi.

La représentation de la situation injuste des ouvriers dans la société s'illustre donc à partir d'un paradoxe fondamental : alors que la narration souligne toujours la force des ouvriers, qui s'exprime le mieux dans l'autorité virile de Magneux, ils sortent chaque fois perdants de leurs combats. Un premier exemple en est le refus de l'assurance de payer le rétablissement de Magneux malgré la forte insistance des personnages du roman ; à plus large échelle, la révolte échouée des ouvriers, sur laquelle le roman se termine, en est un autre. Le cas de la famille Magneux figure donc dans le roman comme une métonymie de la situation ouvrière en général : représentés comme les véritables maîtres du monde, ils sont toutefois les victimes de la politique. La méfiance d'Henri Magneux face aux partis politiques se trouve justifiée, son anarcho-syndicalisme s'avère être la seule façon de libérer les ouvriers, mais la situation ne peut être changé pour l'instant.

L'avant-dernier chapitre du roman illustre cette situation. Dans ce chapitre, Poulaille dessine le panorama des actions autour de la grande manifestation du 1er mai 1906, qui, fortement marquée par la catastrophe minière à Courrières, devient un moment important de la revendication des droits ouvriers. Dans *Le Pain quotidien*, Poulaille prétend que les grèves autour du 1er mai auraient surtout pour origine la solidarité des branches ouvrières avec les mineurs du Nord alors que d'autres mobiles, notamment la lutte pour la journée de huit heures sont en vérité le point de départ de la forte mobilisation de tous les domaines du travail ouvrier.[106] En recentrant l'attention sur la continuité des grèves minières qui se sont déjà arrêtées avant la fin d'avril, Poulaille met la lutte des ouvriers sous le signe de la solidarité, sujet central dans son portrait de la classe ouvrière.

Cette solidarité des ouvriers concerne cependant uniquement les hommes, étant donné que, d'une part, les femmes sont plus réticentes à voir un sens dans l'agitation politique et syndicale. Hortense Magneux est constamment préoccupée de la sécurité de son mari ainsi que de la situation économique,[107] étant donné qu'elle doit dépenser toutes leurs économies pendant la grève. Les hommes, d'autre part, excluent les femmes de la grève : Lunel affirme que « les fem-

---

106 Cf. Maurice Dommanget : *Histoire du premier mai*. Paris : Éditions de la Tête de Feuilles 1972, p. 215–245, qui montre que les manifestations de 1906 tournent autour des huit heures et marquent l'importance croissante de la CGT.
107 Henry Poulaille : *Le Pain quotidien*, p. 340 et 345sq.

mes, ça ne peut pas comprendre »[108] et par la suite, la grève déclenche les tensions au sein des couples d'ouvriers.[109] Ainsi, la narration effectue une distinction entre les genres : la solidarité masculine revêt la fonction de conscience de classe alors que celle des femmes ne se manifeste que dans leurs rapports de voisinage.[110]

La solidarité entre ouvriers – masculins – est illustrée à partir des réseaux d'amitié et de voisinage qui s'avèrent particulièrement actifs pendant la grande grève du premier mai. Magneux est préoccupé du sort de son collègue Lunel quand il rentre à la maison ; il se résout de l'aller voir alors que la voisine Radigond raconte les expériences de son mari et de son fils qui ont été agressés par la police. Quand il rentre de chez Lunel, Magneux remarque que son collègue voulait venir chez lui au moment où ils se sont retrouvés.[111] De cette manière, Poulaille brosse le double portrait de ses personnages en tant que compagnons amicaux qui se soucient de leurs proches ainsi que comme victimes qui sont soit battus, soit arrêtés par la police. La solidarité entre ouvriers s'accompagne, par conséquent, d'un certain mépris des forces de l'ordre qui les opriment de manière injuste : en effet, la Radigond constate que « les flics ont été plus vaches que jamais » et que « [c]haque fois qu'y a eu torchage de gueules, c'est les flics qu'ont commencé. »[112] La police, représentant la hiérarchie et le pouvoir des dominants, est donc dénigrée comme source de l'injustice sociale et de l'oppression de la population active.

Si la police apparaît donc comme l'ennemi des ouvriers, le jugement des hommes politiques apparaît plus complexe. Comme déjà indiqué, Magneux est sceptique face au pouvoir politique. Ce scepticisme s'exprime clairement dans ses affirmations : « J'ai plus confiance dans la lutte sur le plan économique que sur le plan politique. L'action syndicale a plus d'importance que toutes vos théories collectivistes. »[113] Convaincu de la force des syndicats et mettant tout son espoir en l'action directe, en « la bataille dans la rue »,[114] la politique lui devient pratiquement indifférente. Même s'il vote pour le député socialiste Chauvière, il se demande : « A quoi bon des députés ! A quoi servent-ils ? »[115] Magneux est

---

[108] ibid., p. 347.
[109] ibid., p. 349.
[110] Franziska Sick : Littérature prolétarienne et culture ouvrière. Pour une nouvelle lecture du *Pain quotidien* de Henry Poulaille, p. 100.
[111] Henry Poulaille : *Le Pain quotidien*, p. 341–343.
[112] ibid., p. 342.
[113] ibid., p. 326.
[114] ibid., p. 346.
[115] ibid., p. 344.

décrit comme antiparlementaire et syndicaliste. Sa manière de penser est en contraste avec l'admiration de Radigond pour le député Chauvière et par sa confiance dans le parti socialiste. En outre, les opinions de Radigond sont toujours présentées comme naïves ou ridicules, de sorte que le lecteur est toujours amené à se mettre d'accord avec Magneux.[116] Ainsi, le narrateur insiste souvent aussi sur le fait que « [t]out le monde autour de Magneux était d'accord avec lui ».[117]

Lorsque les ouvriers doivent se résigner à terminer la grève, Magneux insiste sur le fait que la grève en soi aurait pu fonctionner si les ouvriers n'avaient pas respecté le cadre juridique de leur mobilisation :

> Le tort, disait Magneux, c'est d'avoir voulu obéir à une décision de Congrès vieille de deux ans. Un mouvement ne part pas comme une bombe réglée par un système d'horlogerie. Si le mouvement avait été décidé avec huit jours de préparation seulement, il risquait d'être plus violent, et de réussir. Tandis qu'on nous attendait, on nous a eus. On saura maintenant. . .[118]

Ainsi, Magneux soutient encore une fois que la libération de la classe ouvrière devrait s'effectuer sans respecter le cadre imposé par la loi et par les dominants qui les oppriment. L'idéal de Magneux est la révolution anarchique qui s'appuie sur les syndicats comme seuls pôles de pouvoir tandis que l'action politique des socialistes ainsi que le procédé des grévistes en 1906 lui semblent soit sans fonction, soit trop prudent.

Une telle vision anarcho-syndicaliste n'a rien pour plaire aux membres du Parti Communiste qui défend la lutte politique et elle va à l'encontre du concept de lutte de classe défendu par celui-ci. Dans ce cadre, il n'est pas surprenant que Jean Fréville, critique de *L'Humanité*, présente *Le Pain quotidien* comme l'exemple d'une « littérature de soumission » :

> Poulaille, qui nie la possibilité pour le prolétariat, fort de sa supériorité morale, d'arracher aux classes ennemies certains éléments et de les conquérir, s'est laissé lui-même conquérir par l'idéologie de la classe dominante. [. . .]
>
> Cette glorification du travail – du tâcheronnat – qu'on a lue déjà dans Zola, n'éveillera pas l'esprit de classe chez les prolétaires. A l'heure actuelle, exalter le travail – salarié – c'est faire œuvre de propagande bourgeoise, c'est proposer en exemple aux travailleurs le type du « bon ouvrier ». Celui qu'on exploite et qui applaudit à son exploitation.[119]

---

116 Cf. Rosemary Chapman : *Henry Poulaille and proletarian literature 1920–1939*, p. 189.
117 Henry Poulaille : *Le Pain quotidien*, p. 332.
118 ibid., p. 350sq.
119 Jean Fréville : Une littérature de soumission. In : *L'Humanité* (2 février 1932).

Deux éléments sont donc critiqués par la presse communiste dans ce roman de Poulaille. D'une part, la narration ne montre pas le succès de la grève et donne l'impression d'une certaine résignation chez le lecteur.[120] Si cette impression s'explique par la focalisation de la narration qui se concentre sur le point de vue de Loulou Magneux,[121] il est cependant vrai que la conscience de classe, que les lecteurs communistes trouvent à manquer, ne se montre pas souvent, étant donné que ni l'enfant, ni l'épouse de Magneux comprennent vraiment l'importance de la grève et que leurs points de vue prennent une place importante dans l'économie de la narration.[122]

D'autre part, Jean Fréville souligne l'absence d'éléments que la classe ouvrière pourrait « conquérir » des dominants. Il semble donc que l'absence des dominants et de la description de leur style de vie s'oppose aussi à la *doxa* communiste. Certes, la critique de Fréville qui présente *Le Pain quotidien* comme de la « littérature de soumission » va très loin : il serait erroné de considérer le roman comme apolitique et le statut précaire de la classe ouvrière est au centre de la trame. En vérité, il omet même la véritable action révolutionnaire, étant donné que Magneux se montre certes souvent critique face à l'action politique qui lui semble inefficace, mais soutient les grèves sans assumer activement le rôle de leader : Magneux ne fait que suivre les décisions du syndicat, sans pour autant agir lui-même.

Pour Poulaille, par conséquent, la classe ouvrière est complètement indépendante des autres classes. Néanmoins, elle est présentée comme opprimée et cette oppression par le patronat est dénoncée. Plus encore, Poulaille présente des personnages révolutionnaires qui veulent renverser le système ; mais ce renversement doit uniquement promouvoir la classe ouvrière comme nouveaux dominants sans supprimer toute forme de hiérarchie. Comme le montrera le sous-chapitre suivant avec l'exemple du travail féminin, les ouvriers représentés dans le roman soutiennent le système patriarcal et justifient leur prétention à la place des dominants par le mythe de la force ouvrière.

En conclusion, on peut donc constater que dans l'esthétique populiste, le discours sur le travail est souvent l'objet d'un décalage vers un discours sur la

---

120 C'est aussi l'impression d'Eric Stüdemann : La perspective dans *Le Pain quotidien*. In : *Entretiens* 33 (1974), p. 53–59, p. 58.

121 Cf. Rosemary Chapman : *Henry Poulaille and proletarian literature 1920–1939*, p. 184sq.

122 La fin du chapitre renforce encore l'impression que la grève est plutôt perçue comme un stade anormale insensé alors que finalement « [o]n était revenu à la vie normale » (Henry Poulaille : *Le Pain quotidien*, p. 352), qui est représentée comme une idylle. Plus tard, le narrateur compare la grève à une maladie : « C'était comme une maladie dont tout le monde avait été atteint, et dont tous à la fois avaient été guéris » (ibid., p. 353).

solidarité.[123] Elle se trouve au centre de l'idéologie du travail, à côté du dévouement pour le métier. Cela ne veut pas dire que les écrivains de l'époque de l'entre-deux-guerres adoptent pour la plupart la même idéologie anarcho-syndicaliste que Poulaille, bien au contraire : Henry Poulaille lui-même souligne que même les écrivains prolétariens ne désirent pas nécessairement la révolution et sont, en conséquence, apolitiques.[124] Néanmoins, il convient de remarquer l'importance de la solidarité dans la représentation du travail des ‹ petites gens ›. Ainsi, c'est justement le manque de solidarité qui participe à la mise en scène de Soreau dans *Le Charbon ardent* comme marginal et expulsé de la société ; Dabit déplore dans *L'Hôtel du Nord* la destruction de l'espace populaire qui dote les ‹ petites gens › de leur identité commune et le canal Saint-Martin y apparaît comme un seul lieu de travail qui crée une communauté ouvrière. Les conditions du travail figurent dans l'esthétique populiste donc surtout comme un élément constitutif de l'atmosphère laborieuse. Elle est un réseau de sécurité qui protège le ‹ peuple › contre la pauvreté et l'oppression par la bourgeoisie – même si les mécanismes de l'exploitation des personnages demeurent pour la plupart invisibles.

Ce faible traitement des problèmes de l'emploi permet cependant une attention plus approfondie pour la représentation de l'interaction et la solidarité entre les travailleurs. Dans *Le Pain quotidien*, Poulaille présente toute une culture et une idéologie du travail ouvrier qui implique, en outre, le refus de monter afin de rester fidèle à sa classe.[125] Cette philosophie du « refus de parvenir » est fortement imbriquée dans la posture libertaire et trouve ses origines dans l'essai « Des conditions de la paix » de l'enseignant libertaire Albert Thierry de 1916, un des textes-clés de l'anarchisme du XXᵉ siècle.[126] Dans *Le Pain quotidien*, le refus va si loin que Magneux rejette toute forme d'autorité ou d'élitisme ; ce qui compte, c'est l'appartenance à la classe ouvrière et l'amour du métier qui dignifie l'ouvrier en tant qu'homme. Autrement dit, Pou-

---

123 Cf. Franziska Sick : Littérature prolétarienne et culture ouvrière. Pour une nouvelle lecture du *Pain quotidien* de Henry Poulaille, p. 105.

124 H. Poulaille, « Littérature prolétarienne marxiste ou littérature prolétarienne ? La polémique avec Suzanne Engelson », Henry Poulaille : *La littérature et le peuple*, p. 137.

125 Pour plus de détails sur cette idée dans l'œuvre de Poulaille, cf. Karl-Anders Arvidsson : *Henry Poulaille et la littérature prolétarienne française des années 1930*, p. 62–68.

126 Les fragments essentiels de cet essai, devenu aujourd'hui presque introuvable dans les bibliothèques, ont été republiés par le Centre international de recherches sur l'anarchisme (CIRA) de Lausanne, cf. Albert Thierry : Des conditions de la paix. In : Centre international de recherches sur l'anarchisme (éd.) : *Refuser de parvenir. Idées et pratiques*. Paris/Lausanne : Nada éditions 2016, p. 279–286.

laille constitue son personnage principal comme héros libertaire qui prône la valeur intrinsèque et indépendante du travail manuel.

6.2.3 Le travail féminin : précarité, dépendance et exploitation

Si le travail rend donc la dignité à l'ouvrier, la situation se présente d'une manière différente pour l'ouvrière : *Le Pain quotidien* montre le rôle de la femme travaillante comme particulièrement précaire, surtout en vue du fait qu'elle est victime des agressions sexuelles et de l'exploitation sur le lieu du travail, mais aussi de son environnement masculin dans sa vie privée. L'oppression de la femme n'est pas, en revanche, l'objet d'une dénonciation générale et apparaît dans une partie importante des représentations de la condition féminine comme un état naturel et juste. La représentation du travail féminin dans *Le Pain quotidien* illustre très bien, pour cette raison, les paradoxes inhérents à l'esthétique populiste de l'entre-deux-guerres par rapport à la position sociale de la femme au sein du ‹ peuple ›. Dans l'imaginaire de l'époque, elle est certes employée et fait même preuve d'une certaine force, mais elle est toujours caractérisée dans son rôle traditionnel : soumise envers son époux, elle montre notamment sa qualité de mère ; veuve ou célibataire, elle est l'objet des tentatives réitérées de soumission par les personnages masculins.

Les romans de l'entre-deux-guerres – et parmi eux, *Le Pain quotidien* – participent à la naturalisation du patriarcat, alors que les années 1920 ont déjà vu une réévaluation des rapports entre les genres qui s'est répercutée dans la production littéraire, à titre d'exemple dans le roman *La Garçonne* de Victor Margueritte de 1922 qui met en scène la libération sexuelle d'une jeune femme bourgeoise.

Dans ce contexte, l'esthétique populiste s'avère être réactionnaire et moralisatrice et s'oppose à cette liberté bourgeoise, dénigrée comme pratique « des vices soi-disant élégants »[127] dans le *Manifeste du roman populiste* de Léon Lemonnier. La logique sous-jacente des romans dans le sillage du populisme prétend donc que la libération morale des années 1920 n'aurait pas touché le ‹ peuple › qui est resté ‹ honnête › ou sait au moins apprécier les valeurs morales traditionnelles du temps d'avant la guerre. Cette précision est nécessaire car des romans comme *Le Pain quotidien* sont situés au début du XXe siècle et ne s'expriment donc pas directement sur le présent des écrivains ; cela n'empêche

---

127 Léon Lemonnier : *Manifeste du roman populiste*, p. 60.

pourtant pas, que les romans représentent un certain idéaltype de l'interaction sociale comme je le montrerai par la suite.

Le roman d'Henry Poulaille est un bon exemple de la représentation de la condition féminine dans le contexte du travail salarié. Deux cas illustrent particulièrement la situation de la femme ouvrière dans le roman : d'une part, le travail précaire d'Hortense Magneux, canneuse de chaises, et la situation changeante de la couturière Juliette Angé quand elle devient veuve. Dans les deux cas, le travail féminin n'apporte pas la majorité du revenu familial, mais les femmes sont néanmoins contraintes à se laisser exploiter par leurs employeurs.

Cette situation est d'abord présentée à partir du cas particulier d'Hortense Magneux. Hortense travaille à la maison où elle répare des chaises. Si elle n'est pas dans une situation d'emploi régulier, étant donné qu'elle n'est pas employée dans un atelier, elle est d'autant plus dépendante des commandes que le chineur Cajac lui fournit. Elle se rend compte qu'elle reçoit des commandes qui lui rapportent de moins en moins depuis que son mari est malade et qu'elle doit travailler davantage afin de garantir la subsistance de sa famille.[128] En effet, Cajac semble repartir le travail selon ses propres intérêts et sympathies, étant donné qu'une autre rempailleuse, qui est aussi son amante, reçoit les travaux moins fatigants et mieux rémunérés.[129] Dans une discussion avec sa belle-sœur Berthe, Hortense révèle l'échelle de l'exploitation qu'elle doit subir :

> – Qu'est-ce qu'il peut gagner, lui ?
> – Autant que moi par châssis. Quelquefois plus, tiens sur ceux-là, ces chaises de luxe.
> – C'est de l'exploitation ! déclara la jeune fille.
> – Ma pauvre Berthe ! le travail, ce n'est que ça, et Cajac est comme tous les autres. Tous sont comme ça. Même ma patronne de la rue de la Roquette, dont je t'ai parlé en bien . . . elle en faisait autant. Et nous autres, qui étions chez elle, on était exploitées davantage encore, parce que le chineur lui cédait du travail après avoir pris son bénéfice : elle prenait donc le sien sur notre dos.[130]

Le discours d'Hortense sert à prouver que l'exploitation par Cajac n'est pas un cas isolé, mais bien la règle. Dans le cas d'un emploi régulier, la situation n'est pas meilleure parce que la patronne ou le patron s'ajoute comme intermédiaire

---

128 Henry Poulaille : *Le Pain quotidien*, p. 69.
129 ibid., p. 71.
130 ibid., p. 72.

supplémentaire qui prend une partie du bénéfice. Les coûts de matériel, en outre, sont à payer par l'ouvrière. De cette façon, la situation d'Hortense et de ses collègues est présentée d'une façon extrêmement précaire : ses revenus ne suffisent largement pas pour nourrir la famille.

À cette exploitation régulière de la canneuse s'ajoute encore l'auto-exploitation dont fait preuve le personnage d'Hortense : terrorisée par les principes de son mari qui ne veut pas faire des dettes, elle cherche à cacher la situation précaire de la famille et travaille la nuit bien qu'elle soit enceinte et qu'elle ressente de la douleur.[131] Elle continue à travailler jusqu'à quinze jours avant la naissance de son bébé et reprend le travail seulement un mois après afin de remédier le mieux possible à la situation économique pénible de sa famille.[132] Gagnant peu, à la merci de la bonne volonté de son employeur, l'ouvrière est doublement opprimée dans *Le Pain quotidien* : d'une part par l'exploitation de la part de son fournisseur de travail, d'autre part par la précarité des revenus qui la forcent au mutisme. Elle est responsable du foyer et souffre les plaintes de son mari si l'argent manque ; en outre elle est, comme déjà mentionné, moins politisée par peur des représailles et ne peut pas se mettre en grève comme son mari.[133] La seule option d'améliorer sa situation économique est de travailler davantage.

La situation d'exploitation se présente de manière encore plus grave pour les veuves comme en témoigne l'histoire de Juliette Angé vers la fin du roman. Comme Hortense Magneux, Juliette Angé travaille pour la plupart du temps à la maison de sorte qu'elle peut s'occuper de son fils et de son mari. Quand celui-ci meurt, sa situation de travail change : son directeur refuse de lui donner un nouveau travail, soi-disant d'abord à cause de la basse qualité de son ouvrage. Mais la conversation continue et le directeur lui propose de devenir son amante et de « quitter [sa] condition d'ouvrière ».[134] Elle refuse et se plaint auprès du patron de l'entreprise, mais celui-ci aussi lui propose de devenir son amante illégitime. Suite à ce harcèlement, elle le gifle, ce qui conduit à son licencie-

---

131 ibid., p. 66–68.

132 ibid., p. 121 et 135.

133 Sick ignore qu'Hortense Magneux exerce une activité rémunérée et explique la méfiance face à la grève uniquement par l'intérêt propre des femmes qui n'auraient pas besoin de poser des revendications (cf. Franziska Sick : Littérature prolétarienne et culture ouvrière. Pour une nouvelle lecture du *Pain quotidien* de Henry Poulaille, p. 101). Si ce jugement est en partie vraie, mon interprétation a en revanche l'avantage de signaler le fait que les activités féminines n'ont pas encore joui d'une défense par les syndicats.

134 Henry Poulaille : *Le Pain quotidien*, p. 291.

ment. Indignée, Juliette Angé se résout à quitter Paris et d'emménager chez sa mère en province.

Cette anecdote montre que le travail féminin n'est pas conçu par les patrons comme un travail légitime. Au contraire, les ouvrières célibataires, notamment les veuves qui ne doivent plus se soucier de rester vierge, sont considérées comme des corps prêts à être exploités pour le plaisir masculin. Quand Angé se manifeste devant son patron, il justifie le harcèlement du directeur et le présente comme naturel : « Allons, allons ! Ne vous emballez pas. Le mieux dans ces sortes de choses, c'est de ne pas prendre ça en tragique. Il y a un proverbe qui dit : ‹ Tout homme a dans son cœur un cochon qui sommeille. Parfois ce cochon se montre ! › »[135] Ainsi, le patron soutient que le directeur n'a réagi qu'à cause de sa nature sexuelle.

Le conflit entre les classes, entre employeur et employé, devient plus complexe dans le contexte du travail féminin : le patronat y est identifié à un patriarcat oppresseur qui réalise sa domination avec une culture de viol. Cette impression est corroborée dans la lecture des *Damnés de la terre*, la suite du *Pain quotidien :* dans ce roman, l'expérience d'Angé se répète ; cette fois, le chineur Cajac approche Hortense afin de la forcer aux rapports sexuels quand Magneux est à l'hôpital.[136] La domination du patron continue donc sur le plan privé pour les femmes.

Pourtant, la mise en récit d'une condition féminine fortement opprimée et exploitée dans le contexte du travail ne signale pas que Poulaille cherche à sensibiliser le public aux droits des femmes. Poulaille ne cherche même pas à expliquer le comportement violent des ouvriers face à leurs épouses avec les conditions de travail des hommes. En effet, le narrateur semble bien au contraire naturaliser l'oppression de la femme par le fait qu'elle s'intègre aussi en dehors du travail dans un système patriarcal, ce que je montrerai tout de suite. En outre, l'anecdote du harcèlement de Juliette Angé est précédée de quatre autres tentatives de rapprochement du personnage, cette fois par des hommes du voisinage au cours des deux premiers mois de son veuvage.[137] Si la culture du viol paraît donc dans les rapports entre patrons et salariées, elle est aussi enracinée dans le milieu populaire que Poulaille décrit et promeut, sachant que les prétendants viennent du voisinage direct. Considérer une femme célibataire comme une proie à conquérir n'est donc pas le privilège des patrons et se montre dans toutes les classes sociales. Par conséquent, si Poulaille poursuit l'objectif de sensibiliser le

---

135 ibid., p. 293.
136 Cf. Rosemary Chapman : *Henry Poulaille and proletarian literature 1920–1939*, p. 176.
137 Henry Poulaille : *Le Pain quotidien*, p. 285–289.

public à la condition précaire des femmes au travail,[138] cette dénonciation de l'exploitation est très faible parce qu'elle continue dans toutes les relations entre les sexes, indépendamment de la classe sociale. Par conséquent, la société des ouvriers représentée dans le roman obéit aux rôles genrés traditionnels et n'a rien de révolutionnaire.[139]

Ainsi se dévoile le paradoxe de l'imaginaire populiste de Poulaille : quoique l'écrivain revendique le caractère libertaire de la classe ouvrière par le biais de ses protagonistes, il considère les hiérarchies traditionnelles entre homme et femme comme étant une nécessité naturelle. Cette insistance sur le patriarcat au sein de la classe ouvrière prouve le traditionalisme latent de son esthétique et s'accorde bien avec les autres romans populistes des années 1930 qui tous accordent une place mineure à la condition féminine. Quand la femme figure dans ces romans, elle est dans la plupart des cas représentée dans une position de faiblesse : soumise, exploitée, souvent bonne mère préoccupée de son mari et de ses enfants. Les archétypes d'un tel personnage féminin se trouvent dans le personnage d'Hortense dans *Le Pain quotidien* ainsi que dans celui de la mère de *La Maison du peuple*. Dans le premier roman, la seule véritable exception à cette règle est Nini Radigond, mais elle aussi a le « secret besoin d'être dominée, diminuée ».[140]

En conclusion, dans l'imaginaire du ‹ peuple › du roman de l'entre-deux-guerres, il est donc normal que la femme travaille, mais son emploi n'apporte qu'un revenu supplémentaire et ne représente pas une véritable activité professionnelle. Alors que dans le travail masculin se traduit une dignité et un amour du métier, le travail féminin n'est qu'une activité économique. Il ne la dote pas d'une identité. Celle-ci se trouve, en revanche, dans son utilité sexuelle ou dans son rôle social de mère. La condition féminine illustre ainsi le côté réactionnaire de l'esthétique populiste même si des auteurs comme Henry Poulaille se situent au niveau politique de gauche : indépendamment des convictions politiques des écrivains, la représentation du ‹ peuple › comme force active de la société va de pair avec un certain traditionalisme qui présente les rapports entre les individus comme une nécessité naturelle et les considère, ainsi, d'un œil favorable.

---

138 Cela semble suggérér Rosemary Chapman : *Henry Poulaille and proletarian literature 1920–1939*, p. 176.
139 Cf. Franziska Sick : Littérature prolétarienne et culture ouvrière. Pour une nouvelle lecture du *Pain quotidien* de Henry Poulaille, p. 101.
140 Henry Poulaille : *Le Pain quotidien*, p. 198.

6.2.4 L'identité ouvrière comme foyer de la nature humaine

En guise de conclusion de cette analyse du *Pain quotidien*, il convient de revenir sur la position du narrateur et sur le langage oralisé du roman qui contribuent à la mise en scène de l'identité ouvrière comme modèle de la condition humaine. Cela se manifeste moins dans le cadre de la représentation du travail que dans la mise en scène de la convivance des personnages.

La plupart des travaux universitaires consacrés à l'œuvre d'Henry Poulaille s'intéressent notamment au langage et aux différents modes de parler utilisés dans l'économie de la narration, s'il y est question de son œuvre fictionnelle.[141] Bien que la transposition du langage oral soit à première vue l'attribut le plus flagrant des romans d'Henry Poulaille, cette structuration langagière ne peut pas être considérée sans rendre compte de la mise en scène de la sociabilité et de la proximité entre les personnages.

Non sans rappeler *L'Hôtel du Nord*, l'action du roman se déroule presque uniquement à l'intérieur de deux immeubles dans lesquels se trouve successivement le foyer familial des Magneux. Le roman précise que les Magneux logent d'abord rue Saint-Charles[142] et ensuite rue de la Convention, « dans la maison à côté »,[143] au rez-de-chaussée donnant sur la cour intérieure. Le roman est donc situé dans le XVe arrondissement de Paris, dans un quartier exclusivement ouvrier avant la Grande Guerre.[144] Le lecteur n'apprend pourtant rien de ce quartier, car en vérité, l'action se déroule dans un périmètre bien plus restreint, qui se compose de plusieurs petits espaces dont la séparation n'est pas

---

141 On lira notamment avec profit deux travaux à propos de ce sujet : André Not/Catherine Rouayrenc : La parole du peuple dans le roman est-elle possible ? La voix de « la » Radigond (Poulaille, *Le Pain quotidien*). In : Corinne Grenouillet/Éléonore Reverzy (éds.) : *Les voix du peuple dans la littérature des XIXe et XXe siècles : actes du colloque de Strasbourg, 12,13 et 14 mai 2005*. Strasbourg : Presses Univ. de Strasbourg 2006, p. 155–165, ainsi que le chapitre consacré au roman dans Jérôme Meizoz : *L'Âge du roman parlant*, p. 244–269. Les exceptions les plus notables d'une telle lecture linguistique sont les articles de . . . et de F. Sick, « Littérature prolétarienne et culture ouvrière. Pour une nouvelle lecture du *Pain quotidien* de Henry Poulaille », *Cahiers Henry Poulaille*, 1993, n° 6, p. 89–105.
142 Henry Poulaille : *Le Pain quotidien*, p. 196.
143 ibid., p. 174.
144 Le « Plan sociologique » contenu dans le *Guide Dent* de 1922 marque le carrefour entre la rue Saint-Charles et la rue de la Convention comme frontière entre les quartiers ouvriers et les quartiers pauvres de Paris (Edward Jefford/John George Bartholomew : *Paris pour tous*. Paris : J. M. Dent 1919, p. 12sq.). Cohen signale l'engouement de Brasillach pour le XVe arrondissement qui s'explique justement par son aspect ouvrier et populaire (cf. Évelyne Cohen : *Paris dans l'imaginaire national de l'entre-deux-guerres*. Paris : Publications de la Sorbonne 1999, p. 263).

toujours étanche : l'appartement, le palier, la cour et la rue devant l'immeuble de la rue de la Convention.

L'irruption des voisins dans l'espace privé ne présente guère une particularité pour les protagonistes du roman ; bien au contraire, il semble plutôt que l'immeuble entier est considéré comme une entité de la vie privée et partagée avec les voisins. L'immeuble crée une entité solidaire ce qui se montre dès le moment où des ouvriers portent Magneux, blessé, dans son appartement : « L'escalier était plein de bruit, des portes s'ouvraient à tous les étages. Par à-coups, le geignement pénible du blessé dominait le tumulte montant de la foule, massée dans le couloir pour voir. »[145] L'accident de Magneux ne passe pas inaperçu dans la communauté de l'immeuble où la curiosité de chaque habitant crée un certain lien personnel entre les voisins. La curiosité des voisins ne demeure pas uniquement celle de voyeurs, bien au contraire, elle les engage à venir en aide à la famille Magneux comme le montre particulièrement l'exemple d'une voisine, Nini Radigond.

En effet, c'est uniquement grâce à sa curiosité que la famille n'est pas complètement bouleversée par l'accident : elle est la première à s'intéresser aux détails de l'accident et à enquêter sur la nature de la blessure de Magneux, c'est elle qui demande que le médecin examine de nouveau le blessé. En outre, « Mme Radigond s'occupait de mettre tout en ordre. Elle faisait la soupe, car Hortense n'avait rien fait, et dans l'état où elle s'était mise, elle n'eût rien pris de chaud. »[146] La nature envahissante de Nini Radigond, qui au fond n'est en rien concernée par l'accident de Magneux, s'avère donc comme un véritable soutien pratique dont peut jouir la famille entière. Ce soutien ne s'arrête pas au moment où la survie de la famille est assurée : « la Radigond », comme elle est nommée habituellement dans le roman, intervient aussi pour assurer à Hortense et Henri un nouvel appartement dans le bâtiment d'à côté.[147]

Si d'autres personnages, notamment féminins, interviennent également de manière constante dans la vie des Magneux, ce ne sont pas uniquement eux qui sont l'objet de l'attention des autres, mais le cas inverse apparaît aussi : Hortense prête son aide à la nouvelle voisine de la rue de la Convention lorsque celle-ci s'évanouit,[148] Henri intervient quand la voisine Juliette Angé est battue par son époux alcoolique et les deux l'accueillent après que

---

145 Henry Poulaille : *Le Pain quotidien*, p. 16.
146 ibid., p. 24.
147 ibid., p. 200sq.
148 ibid., p. 202–207.

le mari meurt des suites de son alcoolisme.[149] Comme le prétend Franziska Sick, l'immeuble représente donc une unité de familiarité et les rapports privés entre les locataires créent une solidarité qui va au-delà de l'entr'aide dans les situations difficiles :[150] en vérité, le lien social qui s'établit entre les locataires élargit l'espace privé, l'immeuble entier représente une grande famille.

L'espace de la rue du quartier, quant à lui, représente un espace public. À ce titre, il est presque uniquement réservé aux hommes qui s'intéressent à la politique et qui y manifestent au cours de la grève. Néanmoins, le lecteur n'apprend guère de la rue et de la grève : en vérité, cette grève n'est pas mise en scène au cours de la narration, Poulaille ne raconte le retour des hommes à la maison, déçus et désillusionnés par la force publique qui réprime leurs efforts de se faire entendre.

Par ce procédé de la restriction des espaces du roman à l'espace qui favorise le contact privé entre les personnages, Poulaille emprunte le modèle théâtral du *campiello* comme il apparaît dans le théâtre de Goldoni ;[151] la restriction de l'espace à un seul coin de rue, à un immeuble et sa cour concentre l'action à la seule mise en scène de l'échange libre entre les personnages du ‹ peuple ›. Poulaille écarte pour la plupart du temps toute apparition de personnages historiques et politiques et concentre ainsi son attention à la mise en scène de la proximité entre les personnages qu'il représente.

Dans leur rapport interpersonnel, Poulaille brosse le portrait de la domination masculine, présentée comme l'état naturel des rapports sociaux et comme une garantie de la bonne réussite du combat des ouvriers. Ainsi, Henri Magneux et son fils Loulou sont caractérisés comme des personnages dominants. Dans le cas d'Henri Magneux, les descriptions semblent particulièrement marquées : à cause de sa douleur et l'immobilité, il est montré au début du roman comme particulièrement irascible,[152] mais même sans ses blessures, la mauvaise humeur provoque à de nombreuses reprises la peur chez son épouse qui hésite à lui parler.[153] Quant aux enfants de Magneux, Loulou constate que « [s]on père couché lui en imposait davantage encore que debout » et qu'« ils ne se

---

149 ibid., p. 266–275. Cette intervention est même précédée par l'inquiétude que Loulou ressent parce qu'il ne peut pas aider Mme Angé lui-même, ayant seulement huit ans (ibid., p. 261sq.). La solidarité se trouve donc même chez les enfants.

150 Franziska Sick : Littérature prolétarienne et culture ouvrière. Pour une nouvelle lecture du *Pain quotidien* de Henry Poulaille, p. 99.

151 Ce sont Not et Rouyarenc qui constatent ce lien entre Poulaille et Goldoni, cf. André Not/ Catherine Rouyarenc : La parole du peuple dans le roman est-elle possible ?, p. 161.

152 Henry Poulaille : *Le Pain quotidien*, p. 44 : « Le blessé devenait de plus en plus exigeant, et quand l'heure des sondages venait, c'étaient des accès de fureur. »

153 Ainsi, Hortense n'ose pas expliquer la situation économique précaire à son mari (ibid., p. 63), elle a beaucoup de réticences avant de lui parler de la possibilité du déménagement (ibid. p. 182).

comprenaient pas. [. . .] Avant l'accident, il croyait que c'était le travail qui le rendait nerveux, impatient, et jamais attentif à ses fantaisies sinon pour le punir. Dans son lit, il était resté le même. »[154] La relation entre père et fils est donc tendue à cause de la sévérité et de l'attitude colérique du père. Raymonde, la petite fille des Magneux, ressent aussi de la peur face à son père.[155] Henri Magneux est donc présenté en général comme un homme qui suscite la peur chez son entourage, qu'il soit malade ou pas.

Henri Magneux réussit toujours à imposer sa volonté face aux autres parce qu'il met ses interlocuteurs sous pression. Ainsi, il se brouille avec son frère et a le dernier mot sur ses opinions politiques qu'il juge, comme la religion, comme des « simagrées ».[156] En outre, il insulte le médiateur de la compagnie comme un « menteur » et un « faignant » en lançant une tasse dans sa direction dans l'intention de le blesser ;[157] lorsque la visite du nouvel appartement, Magneux intimide et ridiculise le propriétaire afin de s'assurer d'une place dans la remise pour y installer un atelier : quand le propriétaire lui demande du temps de réflexion avec son épouse, il répond « Hein ! [. . .], c'est votre femme qui porte la culotte ? Mon vieux, à votre âge, vous plaisantez, je suppose. »[158] L'attitude irrespectueuse de Magneux s'appuie sur une conception patriarcale de la masculinité : Magneux se présente lui-même comme le parfait patriarche qui n'a pas besoin de demander une approbation de la part des autres et qui ne respecte pas les femmes comme des pairs, mais comme des subordonnées.

Son attitude patriarcale est néanmoins constamment valorisée au fil de la narration de sorte que Magneux se présente comme le véritable héros de la classe ouvrière et comme la force active du roman : ainsi, son voisin Radigond applaudit le comportement de Magneux face au propriétaire de l'immeuble ;[159] Nini Radigond, elle aussi despotique et violente, doit s'avouer que dans son nouvel appartement « Magneux [. . .] lui manquait un peu, elle avait un secret besoin d'être dominée, diminuée. Sensation qu'elle avait près du mari d'Hortense, même s'il ne disait rien. »[160] De cette manière, la voix narrative naturalise le patriarcat et la position de pouvoir d'Henri Magneux : le personnage suggère que la domination masculine est une nécessité, et sa prise de position est unanimement acceptée par les autres personnages. Cela est même vrai pour Nini Radigond qui insulte réguliè-

---

154 Henry Poulaille : *Le Pain quotidien*, p. 61.
155 ibid., p. 246.
156 ibid., p. 78.
157 ibid., p. 47sq.
158 ibid., p. 185.
159 ibid. : « Ce Magneux ! Il ferait plier tout le monde ! ».
160 ibid., p. 198.

rement son mari et son fils et va jusqu'à les battre.[161] Si la Radigond se présente donc comme un personnage autoritaire[162], elle accepte l'ordre soi-disant ‹ naturel › qu'elle doit être dominée par un homme afin de mener une vie équilibrée.

Le comportement de Magneux est aussi justifié par deux éléments supplémentaires : au cours du roman, ou Magneux ou son fils Loulou prennent le rôle du protagoniste. De cette manière, l'autorité et un certain sans-gêne masculin sont représentés comme les attributs exemplaires du ‹ peuple › ouvrier représenté, car Loulou reprend complètement le caractère de son père face aux enfants du voisinage :[163]

> Loulou avait bien vite deviné que la rue étant aux enfants, elle serait à qui saurait être le maître de la bande. Et il rêva de le devenir. Il fallait en connaître au préalable la topographie, et tous les premiers soirs, il les passa à explorer les alentours. [. . .] Ensuite, il se joignit aux gosses de la cour. Il y avait Julot Ballanger, Milo Angé, Lucien. Gosses de son âge. Évidemment, il ne comptait pas Pépée, la petite de Mme Bondemayt, ni Adrienne, la gosse de la brocanteuse, ni Yéyette Edmondet, ni la môme Alarie qui pleurait toujours, ni Ernestine Ballanger, encore qu'elle eût deux ans de plus que lui, et dont il disait : « ça s'ra ma poule ». Pour le jeu, une seule règle. Les gars avec les gars, les filles avec les filles.[164]

Loulou dispose d'une vision hiérarchique de son voisinage et du groupe des autres enfants : il veut le guider et décide par la suite lequel des autres garçons pourrait être son lieutenant.[165] Simultanément, il intériorise l'oppression des femmes par le fait qu'il ne les considère même pas ou les décrit soit comme une fille « qui pleurait toujours » soit comme une future partenaire sexuelle. De cette façon, il se montre aussi despotique que son père.

Mais, en outre, ce despotisme n'est pas décrit comme tel, mais comme une autorité naturelle qui semble parfaitement adaptée à la défense de la cause ouvrière.[166] C'est pour cette raison que la trilogie de Poulaille est donc centrée sur ces deux représentants masculins de la famille Magneux. Poulaille montre clairement que ses opinions personnelles sont représentées par Magneux en lui donnant toujours le rôle de la voix de la raison,[167] avec laquelle les autres finissent toujours par se mettre d'accord.

---

161 ibid., p. 27sq.

162 Comme le montrent Not et Rouyarenc, cette autorité s'appuie notamment sur son usage du langage populaire, cf. André Not/Catherine Rouayrenc : La parole du peuple dans le roman est-elle possible ?, p. 162.

163 Cf. Céline Pobel : La représentation du peuple . . ., p. 286.

164 Henry Poulaille : *Le Pain quotidien*, p. 215.

165 ibid., p. 216.

166 Cf. Céline Pobel : La représentation du peuple . . ., p. 288.

167 André Not/Catherine Rouayrenc : La parole du peuple dans le roman est-elle possible ?, p. 163.

La légitimité de l'autorité de Magneux est expliquée par le fait qu'il représente l'instance de justice qui décide du bien et du mal dans la communauté des voisins.[168] Ainsi, les Radigond viennent auprès de lui à demander conseil par rapport à leur fille Nénette qui veut emménager avec Jean, un dessinateur de mode. Les Radigond, indécis et en désaccord, s'adressent à Magneux qui interroge les deux, inspecte les dessins du prétendant et autorise finalement l'union entre les amoureux. De cette manière, Magneux avance au rôle du patriarche et du leader moral de l'immeuble : c'est lui qui légitime les unions, c'est lui qui décide sur la bonne conduite, d'une telle manière que son épouse Hortense se sent à l'étroit au moment de sa maladie parce qu'elle doit prendre un crédit afin de financer leur survie :

> Elle ne comprenait plus rien. Elle se sentait lasse, et au lieu d'être satisfaite, elle sentait comme une autre blessure qui s'ouvrait. « Le crédit c'est la perte de la dignité », formulait Magneux. Elle venait de perdre sa dignité ! Elle avait menti en prétextant le besoin de sortir. Elle cacherait l'achat du pain à crédit, à son mari. Jusqu'où irait-elle de déchéance en déchéance ?[169]

Le système des valeurs propre à Magneux est donc valable pour tout le monde et cause de graves interrogations sur ses propres actions auprès de sa femme. Les sentences de Magneux illustrent ainsi son rôle prédominant dans la hiérarchie du voisinage : même blessé et immobile, Magneux garde son statut de chef de famille[170] – et étant donné que l'immeuble crée une seule communauté familiale, c'est lui qui est le chef du voisinage, et son fils le prince.

On peut être étonné que Poulaille insiste à ce point sur la représentation d'une communauté ouvrière patriarcale. Certes, l'action du *Pain quotidien* est située dans les années 1903 à 1906, les manifestations après le désastre de Courrières marquant la fin du récit ; mais si Poulaille situe probablement pour des raisons d'analogie à son enfance et à ses parents la trame narrative dans l'avant-guerre, le roman ne propose aucun contrat autobiographique au cours de la trame narrative.[171] Pour cette raison, il semble étrange que Poulaille revienne aussi loin dans l'histoire afin de brosser le portrait soi-disant ‹ authen-

---

168 Je reprends ici encore l'argumentation de Céline Pobel (Céline Pobel : La représentation du peuple . . ., p. 283).

169 Henry Poulaille : *Le Pain quotidien*, p. 86.

170 Cf. Franziska Sick : Littérature prolétarienne et culture ouvrière. Pour une nouvelle lecture du *Pain quotidien* de Henry Poulaille, p. 96.

171 Néanmoins, Curatolo remarque que la totalité des comptes rendus contemporains de Poulaille engage une lecture autobiographique, cf. Bernard Curatolo : La réception de la trilogie du Pain. *Le Pain quotidien, Les Damnés de la terre, Pain de soldat*. In : *Roman 20–50* 63 (17 juillet 2017), p. 31–52, p. 34.

tique › des classes populaires. En quoi la situation des habitants d'un quartier populaire au début du siècle serait-elle toujours intéressante et pertinente dans le contexte d'une littérature populaire ? Si l'on compare le récit de Poulaille à *L'Hôtel du Nord* d'Eugène Dabit, il est possible de formuler l'hypothèse qu'il s'agit de montrer les manques de solidarité et de décision qui distinguent les personnages du *Pain quotidien*, situé dans l'avant-guerre ; autrement dit, le roman de Poulaille développe la nostalgie d'une communauté ouvrière solidaire et anarcho-syndicaliste, qui croit à la valeur du travail et au culte de la dureté, créant ainsi une culture populaire bien différente de celle des classes bourgeoises. C'est peut-être donc moins pour des raisons d'exactitude historique[172] ou pour montrer la continuité des problèmes de la classe ouvrière[173] que Poulaille situe son roman dans l'avant-guerre, mais plutôt pour insister sur un idéal de la culture ouvrière qui n'est plus fonctionnel : la solidarité de la classe ouvrière, complètement séparée de la culture bourgeoise.

Plusieurs indices renvoient dans cette direction : tout d'abord, l'usage très poussé de techniques d'oralisation de la narration suggère l'importance d'une création divergente pour Poulaille. À plusieurs reprises, le roman souligne le « charme » du langage populaire : ainsi, lorsque Henri Magneux invite Nénette Radigond à lui parler de son fiancé,

> [i]l se délecta du bavardage de la jeune fille. Elle avait le débit lent des faubouriennes mais rattrapait le temps perdu, par de nombreuses élisions, souvent savoureuses. Ce parler peuple a un indiscutable charme, et Magneux, qui l'aimait, concevait qu'on le pût goûter, même si l'on n'était pas du milieu.[174]

Ce charme se fait également voir dans le parler de Loulou comme le perçoit Juliette Angé :

> Quand Emile usait de ces mots, elle le reprenait, sans sévérité, mais adroitement, elle en eût fait volontiers autant pour le petit Magneux, mais, n'osait. Il y avait, peut-être, aussi en plus de la pudeur qui l'empêchait de sermonner l'ami de son fils, l'attrait qu'avait pour elle ce vocabulaire, où l'image fraîche, côtoyait malheureusement trop souvent le terme ordurier. Cet attrait, elle le subissait, elle ne le pouvait nier.[175]

---

172 C'est l'explication de Franziska Sick : Littérature prolétarienne et culture ouvrière. Pour une nouvelle lecture du *Pain quotidien* de Henry Poulaille, p. 101.

173 C'est l'hypothèse de Klaus D. Drissen : Populisten, Anarchisten, Proletarier: . . ., p. 109–124, p. 121.

174 Henry Poulaille : *Le Pain quotidien*, p. 108.

175 ibid., p. 253.

L'argot provoque un certain malaise, notamment chez les personnages féminins comme Juliette Angé et Hortense Magneux[176] parce qu'il est associé au domaine du vulgaire et qu'il inclut souvent des fautes de grammaire. Néanmoins, la créativité des termes est généralement valorisée. La richesse du vocabulaire représente un premier élément de la culture populaire qui la différencie de la classe bourgeoise et qui l'enrichit par rapport à elle. Comme le constate Magneux dans sa réflexion par rapport au parler de Nénette, ce charme peut être ressenti par tout le monde ; en effet, la citation antérieure montre que ce n'est pas uniquement la pensée de Magneux, mais étant donné qu'elle est rapportée dans le style indirect libre, la voix narrative semble s'associer à ce jugement.

En général, le lecteur du *Pain quotidien* peut se rendre compte que souvent, la voix narrative disparaît complètement comme si elle voulait uniquement céder la place aux dialogues afin de narrer le récit. Dans son étude détaillée, Jérôme Meizoz montre que Poulaille n'opère certes pas un véritable « décloisonnement » des voix et marque souvent encore un certain écart entre la voix narrative et la voix des personnages ; en revanche, deux procédés sont utilisés afin d'ouvrir le récit à la mise en scène du langage populaire : d'une part, Poulaille retire le narrateur du récit et transmet la tâche de la narration aux personnages, d'autre part, le narrateur fusionne avec la pensée de ses personnages dans l'utilisation d'un discours indirect libre.[177] Ainsi, c'est à Nini Radigond de raconter le passé d'Henri Magneux, alors qu'elle n'en sait rien personnellement, ne rapportant que ce que son mari lui a raconté :

> Voilà, j'avais embêté Radigond pour qu'il sache. Et alors il y a d'mandé. – Alors Magneux, entr'hommes, explique-moi pourquoi qu'tu voulais donner c'nom russe à ta gosse ? T'as une raison. – J'suis allé en Russie qu'i dit. – Ça suffit pas, qu'répond Radigond. Quoi, tu peux m'dire ! Et Magneux, i's est pas fait plus prier qu'ça et y a dit : – Radigond, c'est pas c'que tu crois ! On était à deux avec le copain, et on allait de maison en maison, dans les villes où qu'on descendait. Ils étaient à Moscou. Dans une rue, une rue qu'a un nom à coucher dehors, mais Radigond a jamais été foutu de s'en rapp'ler ! D'ailleurs ça n'a pas d'importance, et i' y avait p't'êt'e pas dit ! Quoi ! . . .[178]

Poulaille donne sur deux pages et demie la responsabilité de la narration à Nini Radigond, le personnage le plus ‹ peuple › en ce sens qu'elle semble être le plus éloignée de la culture scolaire – ce qui se manifeste dans la transcription de

---

176 ibid., p. 14 : « Comme tu parles mal ! dit-elle [i.e. Hortense]. Tu prends de mauvaises manières à l'école. Au lieu de faire le voyou, tu ferais mieux de bien apprendre. »
177 Jérôme Meizoz : *L'Âge du roman parlant*, p. 264–266.
178 Henry Poulaille : *Le Pain quotidien*, p. 131sq.

son langage : le texte se démarque par de nombreuses élisions, par des usages agrammaticaux du « que » et par les omissions des « ne ».

De cette manière, Poulaille donne une importance particulière au langage parlé : non seulement la narration de son livre se compose en majorité de dialogues, mais dans ces dialogues, les personnages assument eux-mêmes le rôle de narrateur. De cette manière, Poulaille cherche à s'approcher de l'expression ‹ authentique › du ‹ peuple › : à force de marquer la distance de la culture bourgeoise, Poulaille retire son narrateur du récit et donne souvent aux personnages la responsabilité de la narration ; afin de montrer la différence, il utilise une graphie divergente et peu systématique.[179] Au moment où la voix du personnage rapporte aussi un discours direct, le lecteur peut se rendre compte d'une superposition des techniques d'oralisation.

Le discours indirect libre qui rapporte les pensées des personnages populaires, en revanche, porte les marques d'une « contamination énonciative ».[180] Quand Jean et Nénette rentrent pendant un mois chez la famille Radigond, le lecteur apprend de telle manière la pensée de Nini :

> Un télégramme avait averti les Radigond de leur venue. Que personne ne se gêne, disaient-ils, nous resterons à l'hôtel.
>
> Ça c'était inattendu !
>
> Ils promettaient de rester un mois entier ! Nini était heureuse. Un mois ! Mais pourquoi qu'i's coucheraient à l'hôtel ? Chez elle, on leur ferait place !. . .[181]

Pratiquement sans annonce, le point de vue de la narration glisse de la voix narrative impartiale vers le point de vue de Nini. Le fait d'aller à la ligne pour exprimer l'étonnement est un premier indice, mais seulement après le constat du bonheur de Nini, la narration emprunte les marques de la graphie divergente qui doit exprimer la voix de Nini. De cette manière se glissent de manière ponctuelle les formes oralisées dans la voix narrative, mais elles n'y persistent pas longtemps. Toutefois, le lecteur obtient l'impression que le narrateur se solidarise avec ses personnages et qu'il leur donne une importance prépondérante de sorte qu'ils méritent la parole du récit.

En vérité, il s'agit pour Poulaille de plus que de la défense du langage populaire : *Le Pain quotidien* est le panégyrique de la culture populaire. Le ‹ peuple › de l'immeuble ouvrier est le foyer des valeurs humaines les plus importantes

---

179 Catherine Rouayrenc : Recherches sur le langage populaire et argotique dans le roman français de 1914 à 1939, p. 291.

180 Jérôme Meizoz : *L'Âge du roman parlant*, p. 260.

181 Henry Poulaille : *Le Pain quotidien*, p. 302.

selon Poulaille : la solidarité et la dureté incorruptible. Pour cette raison, il est nécessaire que seulement certaines personnes portent clairement les marques d'oralisation et que ces procédés ne soient pas appliqués à tous les niveaux : les personnages comme la Radigond marquent une rupture avec le système qui les entoure et, de manière concomitante, une énergie révolutionnaire qui se perdrait si toute la narration portait les mêmes marques.[182] Les fautes grammaticales trahissent ainsi une attitude non-conformiste. Dans ce cadre, l'emploi de l'argot n'est qu'un exemple de la valorisation de la culture populaire, plus dure et dynamique que celle de la bourgeoisie. Cela est conforme à la description de la fonction du langage populaire chez Bourdieu :

> La licence linguistique fait partie du *travail de représentation* et de mise en scène que les ‹ durs › surtout adolescents, doivent fournir pour imposer aux autres et à eux-mêmes l'image du ‹ mec › revenu de tout et prêt à tout qui refuse de céder au sentiment et de sacrifier aux faiblesses de la sensibilité féminine.[183]

Le lecteur peut observer ce même culte de la dureté qui s'oppose à la fois à la sensibilité féminine et à la culture établie dans les comparaisons des deux que Poulaille propose dans son roman. La culture populaire s'oppose aux manières bourgeoises comme le montre la description de Berthe Magneux, la sœur d'Henri :

> C'était une solide paysanne, mais en toilette de ville. Une élégante Nantaise, remarquée sans doute à ce titre là-bas. Ici, on voyait en elle, moins l'élégante que la campagnarde, mais chacun s'accordait à la dire belle fille. [. . .]
>
> Là-bas, Berthe ne fatiguait guère. Elle aidait sa mère à la cuisine et s'occupait du ménage, il y avait d'ailleurs une femme de charge pour les gros travaux de récurage et de lavage. Elle n'avait qu'un seul plaisir, la lecture. Encore n'en abusait-elle sans doute point. Aussi son regard était-il pur, ses traits bien nets, son esprit libre de soucis et de rêves.[184]

Très peu d'éléments séparent Berthe de l'existence bourgeoise : fille désœuvrée qui ne doit s'occuper de peu d'autres choses que de lecture, elle a le seul avantage d'être campagnarde et pour cette raison facile à identifier comme ‹ peuple › au lieu de bourgeoise. Mais la description dévoile indirectement le grand défaut des vrais bourgeois : ils *abusent* de la lecture et perdent ainsi le rapport à la

---

182 André Not/Catherine Rouayrenc : La parole du peuple dans le roman est-elle possible ?, p. 165.
183 Pierre Bourdieu : Vous avez dit « populaire » ? In : *Actes de la recherche en sciences sociales* 46, 1 (1983), p. 98–105, p. 101, italiques reprises de l'original.
184 Henry Poulaille : *Le Pain quotidien*, p. 38.

réalité. Ce n'est pas le cas chez Berthe, mais Magneux la torture toutefois à cause de sa façon de lui lire l'œuvre d'Émile Zola :

> – Nom de Dieu ! c'que tu lis mal, ma pauvre Berthe, la coupait-il parfois.
>
> Et à la jeune fille interloquée, il expliquait :
>
> – Mets-toi à la place des personnages. Si c'est une injure, ça ne se dit pas comme ‹ Approchez la lampe je vous en prie. ›
>
> Un jour, il réclama qu'on lui lût *Nana*.
>
> – Tu devrais attendre d'être mieux pour le relire toi-même, lui fit observer Hortense, qui tremblait toujours que Berthe ne se fachât des exigences du blessé. Cette fois, c'était nettement pour le malin plaisir d'embêter sa sœur. Elle serait forcément heurtée par maints passages crus.[185]

Si Berthe est présentée comme une lectrice avide, elle ne sait pas lire à haute voix comme l'espère Magneux : elle ne souligne pas la verve émotionnelle qui lui est importante. Par ailleurs, ses livres ne heurtent pas des conceptions traditionnelles de la bienséance comme ce serait le cas de l'œuvre de Zola qu'Hortense juge trop « cru » pour plaire à Berthe. De cette manière apparaît un jugement double de la culture bourgeoise : la lecture en soi est considérée comme une tare par les personnages du roman, seule la littérature sociale naturaliste peut plaire à des autodidactes comme Magneux parce qu'elle représenterait le quotidien des ouvriers sans se soucier d'un style raffiné. La culture bourgeoise est indirectement jugée comme maniériste et éloignée de la réalité alors que seule la culture populaire, qui s'est approprié l'œuvre de Zola, serait capable de représenter la réalité. Poulaille installe donc dans la vision de ses personnages ses propres conceptions bien populistes d'une opposition nette entre les deux cultures.

En conclusion, *Le Pain quotidien* présente moins le travail ouvrier en soi, mais entreprend notamment la valorisation de l'identité ouvrière comme la seule bonne existence humaine : elle se distingue par l'amour du métier et la force de l'ouvrier, par la solidarité qui resserre les liens entre les travailleurs ainsi que par sa raison innée qui n'a pas été corrompue par la lecture ou la scolarisation. Afin de se séparer de la culture bourgeoise, il emploie les techniques d'oralisation et présente ainsi la culture de ses ouvriers comme divergente. L'imaginaire du ‹ peuple › de Poulaille rejoint ainsi celui de Michelet. Au cours du récit, Poulaille soulève néanmoins les lignes de faille de la communauté ouvrière qui s'oppose à l'oppression par la bourgeoisie : d'une part, les oppresseurs demeurent invisibles, ce qui affaiblit la position de Poulaille, d'autre

---

185 *Ibid.*, p. 60.

part, l'auteur montre bien que la communauté ouvrière se base sur les mêmes logiques de l'oppression patriarcale que la société bourgeoise. Par conséquent, *Le Pain quotidien* illustre bien le besoin de lutter contre les injustices infligées aux employés par un patronat invisible et supérieur, mais se refuse à illustrer un lien social révolutionnaire. Apparemment, Poulaille ne s'intéresse pas au changement complet de la société ; pour cette raison, il rejoint l'imaginaire du ‹ peuple › aussi présent chez les écrivains populistes : ses ouvriers sont apolitiques, traditionnels et seulement vaguement libertaires. Par ailleurs, la situation de son récit avant la guerre rejoint l'esthétique populiste dans sa nostalgie pour les liens sociaux perdus. Malgré les différences – l'oralisation du récit, l'irruption d'événements politiques – son roman ne se sépare pas beaucoup de ceux de Lemonnier et de Thérive et peut donc bien être considéré comme un exemple du populisme littéraire, *a fortiori* parce que les ouvriers sont mis en scène comme des artisans.

6.3 Difficultés de la représentation du travail en usine : deux alternatives à l'ouvrier-artisan

La mise en scène de l'ouvrier comme expert d'un artisanat est d'autant plus facile dans les cas de Louis Guilloux et d'Henry Poulaille que les deux auteurs décrivent des personnages qui poursuivent des travaux manuels : le personnage principal de *La Maison du peuple* est cordonnier, celui de *La Pain quotidien* charpentier. Pendant les années 1930, il n'existe en général que très peu de récits qui abordent le travail en usine et il s'agit notamment de récits courts. Cependant, il serait erroné de les ignorer : la collection de récits courts de Jean Pallu au nom de *L'Usine*, à titre d'exemple, éveille l'attention de la critique littéraire en 1931 et garantit à l'auteur l'attention nécessaire puisqu'il remporte l'année suivante le Prix du roman populiste avec son roman *Porte d'Escale*. Grâce à leur réception comme documents réalistes, les récits de l'auteur créent un poncif du travail en usine que ce chapitre élucidera, tout d'abord à partir d'un autre récit, « Jeunesse », de l'écrivain prolétarien Lucien Bourgeois. Ensuite, j'opposerai *L'Usine* de Jean Pallu au récit mentionné.

6.3.1 Lucien Bourgeois et le message ambivalent du récit prolétarien

Dans son *Histoire de la littérature prolétarienne*, Michel Ragon a déjà constaté que « le métallo écrivain est plus rare que le charpentier écrivain, que le cordonnier écrivain, que le paysan écrivain. »[186] En effet, il est vrai : même si l'on agrandit l'échelle et si l'on considère le roman de l'entre-deux-guerres en dehors de la littérature prolétarienne et autobiographique, la représentation de l'usine est très rare. Certes, il est question d'une usine dans *La Rue sans nom* de Marcel Aymé, par exemple : elle est même le lieu de travail de tous les personnages masculins, mais la narration ne traite jamais des conditions de travail ; pis encore, aucune scène a lieu dans l'usine. Les romans sur la condition ouvrière, notamment ceux de Guilloux ou d'Henry Poulaille, proposent une représentation complètement différente de l'ouvrier en mettant en scène les conditions de travail avant la guerre, dans une société peu industrialisée.

Ni le roman populiste, ni la littérature prolétarienne ne tiennent donc véritablement compte des conditions de travail dans l'industrie moderne. Il n'y a que de rares exceptions dans la production littéraire de l'entre-deux-guerres qui s'intéressent aux conditions de travail dans l'usine moderne : à titre d'exemple, il faut citer l'autobiographie d'André Philippe, *L'Acier* (1937) ou le premier roman, également autobiographique, de Maurice Lime, *Pays conquis* (1936). Ces deux ouvrages sont précédés par deux collections de récits courts qui attirent l'attention de la critique au début des années 1930 et qui cherchent à élucider la condition ouvrière de leur époque : d'une part le recueil *Faubourgs. Douze récits prolétariens*, écrit par Lucien Bourgeois et publié en 1931 aux Éditions sociales internationales,[187] d'autre part l'ouvrage *L'Usine* de Jean Pallu, paru également en 1931, chez Rieder.[188]

Il convient de revenir dans un premier temps sur l'ouvrage plus court, c'est-à-dire sur *Faubourgs. Douze récits prolétariens* de Lucien Bougeois. Si les deux ouvrages ont en commun d'être accueilli par la critique littéraire comme des ‹ documents › ou ‹ témoignages › de la situation actuelle des ouvriers industriels, Bourgeois jouit de l'attention d'Henry Poulaille qui le présente dans *Nouvel Âge littéraire* comme auteur autodidacte : « Je songe à l'effort formidablement méritoire de cet homme et je trouve ignoble le manque de respect de l'effort que journaux, revues, éditeurs montrent lorsqu'ils sont en présence de cas de ce genre. »[189] Si Poulaille applaudit dans *Nouvel Âge littéraire* le premier livre de Lucien Bourgeois, son autobiographie *L'Ascension*

---

186 Michel Ragon : *Histoire de la littérature prolétarienne de langue française: littérature ouvrière, littérature paysanne, littérature d'expression populaire*. Paris : Albin Michel 1986, p. 254.
187 Par la suite, je citerai d'après la nouvelle édition : Lucien Bourgeois : *Faubourgs. Douze récits prolétariens*. Bassac : Plein chant 2015.
188 Je citerai également ce recueil d'après sa nouvelle édition : Jean Pallu : *L'Usine*, édité par Emmanuel Bluteau. Le Raincy : La Thébaïde 2018.
189 Cf. Henry Poulaille : *Nouvel âge littéraire*, p. 364.

de 1925, Michel Ragon insiste sur sa qualité de conteur et n'évoque non seulement *Faubourgs. Douze récits prolétariens*, mais aussi une série de récits courts inédits ainsi que des poèmes qu'il conserve sans trouver d'éditeur qui veuille les publier.[190]

Considéré comme modèle de l'écrivain prolétarien,[191] Bourgeois ne s'est néanmoins jamais associé au Groupe des écrivains prolétariens de Poulaille. Plus encore, Ragon présente Bourgeois comme complètement indifférent au succès et à son rôle d'écrivain, préférant rester fidèle à sa classe :[192] selon les témoignages de Poulaille et de Ragon, Bourgeois aurait toujours vécu dans le même logement misérable dans le XVIIIe arrondissement et se serait retiré de plus en plus, sans chercher à se faire connaître ou à se consacrer à la littérature. Son indépendance et son refus de parvenir, qualités libertaires par excellence, sont les qualités principales qui éveillent l'intérêt de Poulaille, alors que l'expression littéraire ne compte pas particulièrement, comme c'est l'usage de ce critique.

Néanmoins, cette indifférence au succès littéraire et aux groupements d'écrivains de son époque suscite aussi des effets littéraires. Elle se traduit dans ses textes comme une sobriété impartiale sur le plan idéologique qui ouvre ses récits à toute forme d'interprétation sans que l'une soit plus probable que l'autre. La condition de l'ouvrier moderne, telle qu'elle est représentée dans le récit « Jeunesse » de *Faubourgs de Paris*, illustre bien cette impartialité de la prose de Bourgeois ; sa représentation s'appuie sur l'imaginaire partagé du travail ouvrier qui peut aussi être observé dans d'autres textes de la période.

Alors que la plupart des récits de *Faubourgs* évoque les conditions de vie des pauvres dans les environs de Paris, le récit « Jeunesse » est consacré à la représentation de la monotonie du travail en usine et des moyens afin de s'en échapper. Le récit suit le point de vue du jeune manœuvre Pierre pendant sa journée de travail dans une usine de poterie. Cette journée de travail se divise en trois parties illustrant trois mouvements différents de la condition ouvrière. Dès le début, le narrateur explique que la plupart des ouvriers de l'usine ne sont pas militants et Pierre ne fait pas exception. Cependant, Pierre partage le point de vue de Bourgeois – tel qu'il a été décrit par Poulaille et Ragon – et tient « en dédain ce monde aspirant à des distinctions supérieures » ;[193] par

---

190 Cf. Michel Ragon : *Histoire de la littérature prolétarienne de langue française*, p. 243. Les poèmes de Lucien Bourgeois sont désormais publiés : Lucien Bourgeois : *Poèmes des faubourgs et d'ailleurs*. Bassac : Plein chant 2015.

191 Michel Ragon : *Histoire de la littérature prolétarienne de langue française*, p. 241.

192 ibid., p. 242.

193 Lucien Bourgeois : *Faubourgs*, p. 106.

conséquent, Pierre ne s'intéresse pas, par exemple, aux femmes élégantes, mais seulement aux servantes. Pendant la matinée, Pierre travaille en haut des fourneaux et des machines et remplit des tubes avec du grès, une activité qui lui permet d'observer le grouillement et le travail des autres, mais le secoue aussi à cause du grondement des machines. Dans la description du travail, les machines sont comparées à des monstres, des créatures fantastiques ou des bêtes fauves alors que l'ouvrier apparaît dans sa position comme un marin :

> Leurs voix se perdent, les hans répétés continuent de plus belle. Ils arrivent maintenant en galop furieux, ce sont les cris d'une meute hurlante. Pierre en reçoit le souffle enragé. Il est continuellement secoué par le branle de la machine. Un méchant géant est au pied et veut l'arracher de sa carcasse. Bran. . . Bran. . . Bran. On lui vide le ventre. Un silence vient, apaisant. Puis, les bruits roulent au loin, sourdement, réguliers, tels les voix des lames de la mer. Eouan. . . Eouan. . . Sing. . . Sing. . . Eouan. . . Eouan. . . Il est le marin dans la hune qui domine et voit tout.[194]

Par ce procédé, le bruit et le tremblement des machines sont décrits comme des menaces que l'ouvrier doit affronter continuellement. Simultanément, cette lutte entre les machines de l'usine et l'homme se présente comme une grande aventure et reprend par le biais des comparaisons des sujets du roman d'aventure comme les voyages en mer ou des combats avec des créatures fantastiques. Le travail en usine apparaît donc moins comme monotone que comme une violence continuelle infligée aux ouvriers. Cela ne veut cependant pas dire que le récit dénonce clairement cette violence : au contraire, il procède à l'héroïsation de l'ouvrier comme aventurier qui résiste et à l'esthétisation du bruit et des machines comme des éléments fantastiques sociaux.

La pause, que Pierre peut d'ailleurs prendre librement sans être contraint par ses patrons à obéir aux heures de travail prescrites, marque le début du deuxième mouvement de la représentation de l'ouvrier en usine. Tandis que la partie antérieure illustre les conditions concrètes du travail en usine, la deuxième partie décrit la pensée de Pierre et cherche à interroger son attitude face à la lutte des classes. Pierre s'isole et réfléchit sur la condition de l'ouvrier :

> « Sale métier ! » Pourquoi fallait-il qu'il n'en eût pas de véritable ? Avec un vrai métier, la vie serait sûrement plus agréable car tout était dans l'agrément de la vie. Bien vivre. Tous donnaient l'exemple, tous se précipitaient dans les plaisirs et dans le confortable. Il n'avait qu'à regarder dehors. Les affiches modernes exposaient les douceurs prochaines des sites urbains parmi les rondeurs verdissantes des campagnes [. . .]. Elles entraient en lui par ses yeux, lui faisaient comme des brûlures, après une nuit passée dans un hôtel malpropre à écraser les punaises qui tombent par paquets du plafond. Alors il sentait qu'au-

---

194 *Id.*, p. 109.

dedans de lui quelque chose grondait à cause de l'inégalité des chances de réussite et de son mauvais sort.[195]

Pierre commence à se révolter intérieurement contre la condition ouvrière qui ne lui garantit pas la considération comme une main d'œuvre détenant un ‹ vrai › métier et qui, en conséquence, ne lui permet pas l'accès à la ‹ bonne › vie. L'ouvrier est à ses yeux exclu de la vie promise par la publicité, mais doit l'affronter quotidiennement. De cette façon, se réveillent en lui des aspirations qu'il ne peut pas atteindre à cause de l'injustice du système. Au cours de son monologue intérieur, Pierre définit sa recherche d'une meilleure vie comme une quête des moyens afin d'améliorer les conditions de vie et de jouir de la liberté, mais aussi de la sécurité du poste de travail.[196] En outre, il se rend compte du fait que les frontières entre les classes deviennent de plus en plus étanches de sorte qu'elles deviennent des barricades.[197] Malgré ce durcissement des positions, Pierre se sent comme « une unité perdue, un combattant isolé et indécis, réellement malheureux dans sa détresse » ;[198] autrement dit, sa conscience de classe ne se développe pas complètement parce qu'il se sent incapable de rejoindre les groupes révolutionnaires et se tient toujours à l'écart, incertain que la révolution soit le moyen de parvenir à sa libération. Enfin, le narrateur souligne que son point de vue correspond à celui de « la masse innombrable toujours menée et sacrifiée »[199] et souligne donc le caractère exemplaire de la pensée de Pierre.

Le dernier mouvement du récit prend une direction imprévue : Pierre continue son travail à l'usine sur un autre poste qui lui donne plus de tranquillité. Par conséquent, son occupation est présentée comme une activité ennuyeuse. Tandis qu'auparavant le bruit de l'usine apparaissait comme des cris furieux, il est maintenant décrit comme la « plainte stridente d'un animal blessé et perdu. »[200] Le travail n'est donc non plus une aventure, mais se présente désormais comme une agonie monotone. Ce cadre donne à Pierre l'occasion d'observer une nouvelle ouvrière dans l'usine qui devient l'objet de sa convoitise, lorsque la machine avec laquelle elle travaille déchire sa blouse de travail et révèle ainsi « sa jeune gorge, jaillissant droite et blanche. »[201] Cette vision fait

---

195 Lucien Bourgeois : *Faubourgs*, p. 112sq.
196 ibid., p. 116.
197 ibid., p. 114.
198 ibid., p. 117.
199 ibid.
200 ibid.
201 ibid., p. 119.

naître chez Pierre « un sentiment très doux, sensuel et tendre » :[202] il réalise qu'« [e]lle serait la compagne, l'amie, l'aimée, la femme : l'unique joie qu'on possédait vivant » et qu'il « avait trouvé le chemin d'évasion qu'il cherchait. »[203] De cette manière, Pierre oublie ses aspirations révolutionnaires et identifie la conquête d'une femme comme le moyen d'atteindre le bonheur. Le récit, par ailleurs, décrit ce bonheur comme un plaisir universel, étant donné qu'il est « l'unique joie qu'on possédait vivant », indépendant de la classe sociale dont on provient.

Par conséquent, deux lectures de « Jeunesse » sont possibles : l'une considérerait le récit comme un texte militant qui doit encourager le lectorat à s'engager dans la lutte pour les droits des ouvriers et pour la révolution ; l'autre, en revanche, a exactement la portée inverse et identifierait le récit à la « littérature de soumission » dont Fréville parle quand il critique la littérature prolétarienne. Les paragraphes suivants montreront que les deux lectures sont aussi probables.

Plusieurs éléments portent à croire que le récit de Lucien Bourgeois transmet un message militant en faveur de la révolution : l'usine est représentée comme un enfer où les machines luttent contre les ouvriers comme des bêtes sauvages alors que les derniers doivent résister comme des marins afin de continuer à travailler ; Pierre développe une conscience de sa condition précaire et se révolte intérieurement contre la société qui l'exclut de la jouissance de la vie. En outre, la première édition de *Faubourgs* contient une préface d'Henri Barbusse qui identifie le projet réaliste de Lucien Bourgeois comme une partie importante de l'art révolutionnaire : « Celui qui attaque aujourd'hui la vie réelle face à face, directement, pour la fixer par des mots non seulement dans son dessus, mais dans ses dessous, est aussi un soldat qui démolit l'art factice. »[204] Pour Barbusse, le recueil de Bourgeois est donc clairement une œuvre de combat car il représente les conditions de vie dans les faubourgs. Suivant une telle interprétation, la fin du récit « Jeunesse » présente donc le malheur des ouvriers indécis qui se résignent au bonheur sexuel, voir sentimental alors que le sort de toute leur classe est en jeu. En effet, le narrateur souligne le rôle métonymique de Pierre qui représente la pensée de toute sa classe.

Pourtant, le récit ne présente aucun signe de condamnation ou de critique de la position de Pierre. Bien au contraire, la première caractérisation de Pierre comme ouvrier qui refuse de parvenir est en parallèle avec la posture de Lucien

---

202 ibid.
203 ibid., p. 120.
204 Henri Barbusse : Préface d'Henri Barbusse à l'édition de 1931. In : Lucien Bourgeois : *Faubourgs. Douze récits prolétariens*. Bassac : Plein chant 2015, p. 167–168, p. 168.

Bourgeois lui-même. L'héroïsation de Pierre dans son travail renforce l'impression que le personnage doit plutôt représenter les valeurs positives de l'ouvrier. La présentation de l'amour – ou au moins de la concupiscence – comme une valeur générale, partagée par tous les hommes, peut convaincre que le récit s'oppose plutôt à l'agitation militante des ouvriers.[205] De cette manière, le lecteur peut avoir l'impression que l'écrivain appelle à la poursuite du bonheur au foyer privé, étant donné que ce serait le seul qui existe au monde. La cause de la classe ouvrière ne semble pas particulièrement importante pour Bourgeois : en somme, son récit n'enseigne pas en détail les peines que les ouvriers doivent endurer dans les usines et n'analyse ni leur situation économique, ni leur intégration dans le tissu social. Dans ce contexte, Bourgeois présente seulement les regrets de son personnage de ne pas avoir eu l'occasion de recevoir une formation lui garantissant l'accès à un autre métier. Ainsi, le refus de parvenir et la concentration sur l'amour se présentent au lecteur moins comme une position de combat, mais comme le résultat de la résignation du personnage.

En conséquence, « Jeunesse » s'aligne parfaitement à l'esthétique populiste : le texte ne comporte pas de conviction politique nette et diffuse surtout des poncifs de l'imaginaire du travail en usine, représentée comme un enfer assourdissant. L'ouvrier, quant à lui, est représenté dans sa force et son endurance, mais aussi dans son humanité par le fait que sa poursuite du bonheur se révèle être la recherche de l'amour. Cette universalisation de la condition ouvrière conduit au caractère ambivalent du populisme : d'un côté, elle a l'avantage d'appeler à la compassion et à l'empathie du lecteur et ne dresse pas le portrait d'un ouvrier-héros qui se distingue nettement des autres classes ; de l'autre, elle ignore justement les problèmes spécifiques de la classe présentée et se refuse ainsi à une approche plus engagée du sujet par sa volonté de présenter les aspirations et espoirs de tout le monde comme exactement égales.

---

205 C'est exactement la position de Tristan Rémy dans son compte-rendu pour *Europe :* « On ne peut dire pourtant que *Faubourgs* reflète l'esprit prolétarien. Le sexualisme, levier général du monde, ne diffère point d'une classe à l'autre. Les riches n'ont de commun avec les pauvres que leur bas-ventre. Bien des récits de Bourgeois comme *Tanisse, Daphnis et Chloé, Malvina, Jeunesse,* circonstances à part, ne contiennent rien de plus. [. . .] Ils tournent court et privés de leur point d'appui finissent dans une pureté de sentiments en demi-teinte, exemplaire, héroïque et peut-être pas si authentique que se l'imagine l'auteur » (Tristan Rémy : Compte-rendu : Lucien Bourgeois, *Faubourgs*. In : *Europe* 106 (15 octobre 1931), p. 266–267, p. 267).

6.3.2 Jean Pallu et les reportages pessimistes de *L'Usine*

La situation se présente de manière plus complexe dans le recueil *L'Usine* de Jean Pallu. Comme Bourgeois, Pallu prend comme point de départ ses expériences personnelles : pendant sa vie, il a toujours travaillé dans le contexte de l'industrie automobile, mais il a plutôt assumé des travaux dans le secteur administratif. Plus prolifique que Lucien Bourgeois, Pallu a publié entre 1931 et 1936 sept ouvrages chez Rieder avant de se retirer comme dirigeant d'une agence d'automobiles à Marseille.[206] De cette façon, Pallu se soustrait à la carrière littéraire et poursuit son parcours dans le domaine de l'industrie, mettant ainsi concrètement à l'œuvre le « refus de parvenir » prôné par les libertaires. En effet, Pallu ne semble pas se soucier de sa visibilité au sein du champ littéraire et disparaît au bout de cinq ans d'activité sans guère laisser des traces.[207]

Dans ses romans suivant la publication de *L'Usine*, Pallu s'intéresse moins aux ouvriers et donne le tableau plus complet du ‹ peuple › en s'intéressant aux employés, ce qui attire encore plus l'attention de la part de la mouvance populiste ;[208] mais en vérité, *L'Usine* tente déjà de diversifier les origines et les métiers de ses personnages. A titre d'exemple, le personnage principal de « Travail assis », le lieutenant Sabuc, devient pointeau d'atelier dans une usine d'automobiles, représentant ainsi plutôt le secteur des employés de bureau car il n'opère pas les machines ; le protagoniste des « Bourres » ne travaille qu'à la fin du récit dans une usine, mais y assume le travail de garde. Autant les origines de l'auteur que ce regard qui transcende les bords de la classe ouvrière expliquent l'intérêt accru de la part des romanciers populistes ainsi que la remise du Prix du roman populiste en 1932 à *Port d'escale*.[209]

Dans sa prière d'insérer, *L'Usine* est cependant représentée comme l'échantillon idéal de la littérature prolétarienne : « Voici un homme qui parle de ce

---

206 Cf. Emmanuel Bluteau : Jean Pallu, météore discret. In : Jean Pallu : *L'Usine*, édité par Emmanuel Bluteau. Le Raincy : La Thébaïde 2018, p. 7–14, p. 8.

207 Bluteau remarque que la presse des années 1930 a eu du mal à révéler la véritable identité de l'auteur avant un article paru dans *L'œil de Paris pénètre partout*, cf. ibid., p. 8sq.

208 Cf. Jean-Luc Martinet : Port d'escale de Jean Pallu. In : *Roman 20–50* 64 (2017), p. 127–139, p. 128.

209 Ce roman se consacre à la représentation de la vie modeste des employés d'une fabrique de soie artificielle et le changement de leur routine suite à l'arrivée du nouveau correspondancier Reynault qui a vécu pour longtemps en Amérique du Sud et qui, par conséquent, apporte un certain exotisme dans le contexte de l'usine lyonnaise. Le roman se focalise donc sur la vie des employés de bureau. Pallu remporte le Prix populiste dans un second tour, après que Jules Romains – qui aurait dû le remporter pour les deux premiers tomes des *Hommes de bonne volonté* – l'a refusé, soi-disant afin de laisser la place aux auteurs plus jeunes (cf. ibid., p. 127).

qu'il connaît [. . .]. En dehors de ses qualités purement littéraires, ce très beau livre a le grand mérite de restituer, à toute une classe d'hommes, leur dignité. »[210] Ainsi, la prière d'insérer insiste sur l'authenticité des récits ainsi que sur la représentation revendicative pour la classe ouvrière sans que l'auteur, pour autant, s'inscrive dans une idéologie de parti. Cette description de l'auteur et de sa posture prolétarienne, que les éditions Rieder ont forgée pour la publicité de la parution, a des répercussions sur la critique littéraire : ainsi, John Charpentier confirme dans son compte-rendu que Pallu « connaît ce dont il parle »[211] et Louis Guilloux, aussi, atteste de l'authenticité du récit dans sa critique pour *Europe*.[212] La vraisemblance des récits, le fait que l'auteur ne semble rien inventer et son intérêt à « fournir à son lecteur des images vivantes, véridiques, humaines »[213] sont pour les deux critiques les points forts de son ouvrage alors que les deux sont d'accord qu'il n'est pas un « écrivain de métier » et ne se soucie donc pas de son style.

Une analyse plus détaillée de *L'Usine* montre cependant que la dénonciation du travail dans les usines taylorisées s'appuie aussi sur le style. Le récit « Les Bourres », par exemple, illustre la perte d'identité et l'uniformisation des individus dans le contexte du travail ouvrier à l'aide d'un changement de la personne grammaticale afin de raconter l'histoire. Dans ce récit, le maréchal des logis Bernard est le personnage principal. Il perd son bras droit pendant un accident de voiture et doit trouver un travail pour subsister étant donné que les assurances et la rente de son service ne paient pas assez. Il trouve un emploi comme garçon d'ascenseur dans une entreprise peu définie. Dès l'instant où Bernard assume le métier, il perd son nom et le style narratif change :

> Quand il fut dehors, il se retourna. Toute sa vie de ces six dernières années, depuis sa nomination, défila devant lui dans le reflet des verrières crasseuses du grand manège [. . .] Le métier de garçon d'ascenseur – plus exactement de monte-charge, il ne faut pas exagérer – est un bon métier. On est assis toute la journée sur une caisse près d'un levier qui se place dans trois positions : montée – arrêt – descente. [. . .]
>
> Quelquefois – pas par méchanceté, bien sûr – pour se distraire, uniquement, on arrête la cage un doigt trop haut ou un doigt trop bas [. . .]

---

210 Jean Pallu : *L'Usine*, p. 173. La nouvelle édition de La Thébaïde comporte également les critiques littéraires contemporaines du recueil qui seront cités, par la suite, en référence à cette édition.

211 John Charpentier : Les romans. In : *Mercure de France* 789 (1 mai 1931), p. 663–668, p. 665.

212 Cf. Louis Guilloux : Compte-rendu : Jean Pallu, *L'Usine*. In : *Europe* 106 (15 octobre 1931), p. 262–263.

213 ibid., p. 263.

> D'autres fois, on choisit le moment où une des femmes de l'emballage gravit l'escalier pour mettre en marche et se tenir toujours en dessous d'elle [. . .].[214]

Si le narrateur nomme tout au début son personnage, ce nom disparaît à partir du moment où celui-ci sort de l'armée et entre dans les services de l'entreprise. Mais il ne perd pas uniquement le nom, le pronom « il » est dès ce moment toujours échangé par le pronom impersonnel « on ». De cette façon, Bernard n'apparaît plus comme un personnage identifiable, mais comme une fonction qui pourrait être incorporée par n'importe qui. « Les Bourres » montre ainsi que le marché libre et le travail comme ouvrier signifie la perte de l'identité qui va très loin : en effet, « Les Bourres » retrace l'itinéraire de l'ancien maréchal des logis comme une tragédie où l'individu, qui cherche la reconnaissance comme bon travailleur, est broyé par son poste et par le manque d'empathie sur son lieu de travail. Dans ce contexte, le protagoniste est autant victime de la dépersonnalisation que bourreau de ses collègues qu'il cherche à dénoncer afin d'assurer son succès.

Au niveau de l'imaginaire de la condition ouvrière, « Les Bourres », mais aussi un autre récit du recueil, « Les ‹ Mouches › », montrent la manière dont le travail en usine enferme les ouvriers dans leur activité professionnelle et comment elle les prive de leur liberté. En effet, les ouvriers sont constamment observés et n'ont pas le droit de se déplacer de leur poste de travail. Dans « Les Bourres », le personnage principal doit payer une amende parce qu'il s'est endormi sur son poste de monte-charge. Il réagit en cherchant un nouveau poste de travail qu'il trouve dans une usine de machines agricoles où il doit surveiller le travail des ouvriers. Chicané par les ouvriers qui le méprisent à cause de sa fonction de surveillant, il est de plus en plus aigri : « Alors on devient méchant. On se cache. On ne surveille plus, on espionne. »[215] Il emploie des ruses pour attraper les ouvriers au moment où ils veulent s'échapper. De cette manière, il aggrave le climat de travail afin de ressentir un succès personnel. Mais ce succès ne dure pas longtemps : une nuit, il est tué au moment de rentrer à la maison. Le récit montre ainsi que le manque de solidarité dont fait preuve le protagoniste qui préfère le bon travail à l'humanité et à l'empathie avec les ouvriers surveillés a des conséquences funestes : une fois parti du lieu du travail, sa position de force n'existe plus et il doit souffrir la violence qu'il a infligée aux autres.

L'autre récit, « Les ‹ Mouches › » montre que le système de surveillance utilisé par les usines ne s'arrête pourtant pas aux gardes de l'usine : le narrateur

---

214 Jean Pallu : *L'Usine*, p. 107–109.
215 ibid., p. 113.

de ce récit écoute des ouvriers dans un bar après le travail. Il les observe et les écoute à partir d'une certaine distance et commente leurs discours au lecteur. Il rapporte aussi les anecdotes qu'ils se racontent : toutes ces histoires mettent en scène la subversion des ouvriers ou des aventures sexuelles des collègues pendant leur travail et montrent ainsi comment les ouvriers résistent en cachette au rythme de travail inhumain qu'ils doivent souffrir afin de subsister. Le narrateur signale enfin « à une table voisine, quelquefois à la même table, un homme, un ouvrier comme les autres [qui] écoute et retient » :[216] cet homme est identifié comme le « mouchard de la boîte »[217] qui rapporte ces anecdotes à la direction. Celle-ci, par conséquent, pourrait licencier les ouvriers qui n'obéissent pas aux règles de l'entreprise. Cette forme de contrôle complet des employés peut aller très loin, comme en témoigne le narrateur :

> Sais-tu que dans certaines maisons, et non des moindres, personne n'échappe à ces contrôles secrets, que l'avancement d'un ingénieur ou d'un employé n'est pas établi en fonction de sa valeur seule, mais de renseignements portés sur des fiches confidentielles qui indiquent, par exemple, qu'il est catholique, ou protestant, qu'il va ou non à la messe, qu'il assiste régulièrement ou irrégulièrement à tel spectacle, que sa femme porte des robes trop courtes, trop décolletées, qu'elle danse, qu'elle fume, qu'elle flirte, que lui-même joue souvent au tennis par exemple avec Mme X. . . ou Mlle Y. . . Tu crois que j'exagère ? Ah, mon ami. Si les murs des bureaux de tous les directeurs du personnel de nos usines de France pouvaient parler. . . Tiens, faisons comme eux, taisons-nous et viens boire un bock.[218]

Pallu dessine le portrait sombre de l'usine comme une prison du labeur où les ouvriers ne peuvent pas agir librement ; à la sortie du travail ils sont toujours espionnés par des collègues et doivent parler avec beaucoup de prudence de leurs exploits ou de ceux de leurs collègues. Se montrer solidaire ne s'avère donc pas possible parce que cette solidarité peut comporter sa propre punition : quand la contremaîtresse permet dans « Les Bourres » à une ouvrière de s'échapper et de se reposer, elle est amendée.[219] Les ouvriers de *L'Usine* ne montrent aucune trace d'une conscience de classe ou d'une solidarité entre collègues parce qu'elle leur serait nuisible. Non seulement les usines, mais les grandes entreprises en général se présentent comme des haut-lieux d'espionnage : personne n'est sûr de la surveillance complète qui observe également les coutumes et les mœurs personnelles des employés.

---

216 ibid., p. 152.
217 ibid.
218 ibid., p. 153sq.
219 Cf. ibid., p. 114.

Le lieu de travail détermine donc toute la vie des employés, même si la situation se présente encore pire pour les ouvriers qui ne jouissent d'aucun contrôle sur leur vie : toujours réprimée par le rythme du travail, la sphère privée peut uniquement s'épanouir aux dépens du travail et, en conséquence, du salaire.[220] Le dernier récit, « Vingt-quatre heures d'une vie », relate la vie d'un couple d'ouvriers et résume ce déséquilibre entre vie privée et travail :

> Ils n'ont pas échangé dix mots depuis leur réveil. Pourquoi se parleraient-ils ? Ils n'ont rien à se dire. Les premiers temps de leur mariage, ces quelques minutes du matin parfumaient à l'avance leur journée. C'étaient des rires, des chatouilles, des poursuites, des baisers heureux. Un matin n'avaient-ils pas perdu tous les deux leur demi-journée pour se recoucher dans le lit encore chaud [. . .] Maintenant ils n'ont plus d'élan, plus d'illusions. La fatigue d'un jour de travail s'ajoute à celle des jours précédents. Dormir le plus possible, jusqu'à la dernière minute. On a le samedi pour se cajoler. . . et encore.[221]

Les ouvriers du récit ne peuvent pas se permettre de ne pas aller au travail et de soigner davantage leur relation. En outre, ils ont décidé de ne jamais fonder une famille, non à cause du manque d'argent, mais plutôt pour des raisons morales :

> Avoir des enfants quand on n'a pas la possibilité de les élever est un crime contre la société. Mais ils se moquent bien de la société. Si Marthe se laissait prendre, il lui faudrait cesser son travail pendant de longs mois, aller à l'hôpital, faire des frais. On n'est pas si bêtes.[222]

Leur manque d'argent et de sécurité les amène donc à ne pas désirer d'enfants et une grossesse involontaire représenterait une catastrophe pour leur foyer car la coupure du salaire de Marthe les conduirait directement à la misère. Mais leur travail, aussi, les brise, à ce point qu'ils ne réussissent plus à témoigner leur tendresse l'un à l'autre.

Néanmoins, *L'Usine* ne s'intéresse pas uniquement aux ouvriers. « Travail assis » met en scène un pointeau d'atelier dans une usine d'automobiles et se focalise ainsi davantage sur les employés. Mais ceux-ci vivent le même quotidien et le même rythme de travail ce qui conduit à la parallélisation de leur condition : le protagoniste du récit vit très concrètement la même pression que les ouvriers aux machines, de sorte qu'il n'ose même pas aller aux toilettes. En outre, tous se ressemblent au niveau physique à l'usine : « Il n'avait pas apporté de blouse, [. . .] mais il était le seul. Le directeur lui-même, ses cheveux blancs ébouriffés, promenait dans les ateliers sa silhouette menue ensevelie sous les plis d'une blouse trop

---

220 Cf. Jean-Luc Martinet : Postface. « Veuillez écouter ». In : Jean Pallu : *L'Usine*, édité par Emmanuel Bluteau. Le Raincy : La Thébaïde 2018, p. 191–204, p. 199.
221 Jean Pallu : *L'Usine*, p. 158sq.
222 ibid., p. 170.

grande, plaquée aux fesses de doigts graisseux. »[223] Tous deviennent ainsi égaux dans le domaine de l'usine, mais elle les enferme également dans ce que Jean-Luc Martinet appelle la « condition prolétarienne » :[224] Indépendant de la véritable appartenance d'une classe sociale, l'employé d'usine et l'ouvrier s'arrêtent dans leur position de travail et ne jouissent donc d'aucune mobilité sociale.

C'est donc la condition prolétarienne qui progresserait dans tous les domaines de l'activité sociale qui est dénoncée par l'auteur dans *L'Usine*. Cette forme de spécialisation de toute activité professionnelle ne conduirait qu'à l'abrutissement des travailleurs et la déshumanisation par leur travail.[225] Contrairement à Guilloux et Poulaille, qui célèbrent l'ouvrier justement à cause de son statut d'expert dans un secteur du travail, Pallu s'oppose à ce poncif littéraire et argumente que la spécialisation ne conduit qu'à l'abrutissement et à la résignation. Au lieu de conduire l'ouvrier à l'épanouissement, la spécialisation opprime toute autre pensée et l'individualisme du personnage de sorte qu'il devient échangeable. Le salut de l'être humain résiderait cependant selon Pallu dans l'élargissement des horizons, comme il l'illustre à partir du personnage de l'ingénieur.

Ainsi, la représentation du travail ouvrier en usine est beaucoup plus sombre chez Pallu que chez Bourgeois. Pallu soutient dans ses récits que l'usine taylorisée porte seulement à l'uniformisation et à l'aliénation des ouvriers. Leur vie est privée de sens et de contenu, leurs actions au travail et même en dehors sont l'objet d'observation continue. La seule façon de résister que les personnages de Pallu trouvent est la ruse. Les ouvriers qui cherchent à mener une vie privée en dehors du travail doivent recourir à des stratagèmes et se mettre en réseau afin de réussir avec leurs ruses. Les patrons, quant à eux, engagent des surveillants et des espions comme dans « Les Bourres » et « Les ‹ Mouches ›» afin de lutter contre les fraudes des employés. Tous les récits montrent cependant à quel point les rapports au lieu de travail sont envenimés, allant de l'indifférence et du manque de solidarité jusqu'à la méchanceté et la sournoiserie.

Pallu attaque en bloc toute la condition ouvrière, comme le prouve « Le Congrès » qui se termine sur les affirmations suivantes :

> Je sais que les inspecteurs du travail et de l'hygiène font leur devoir, qu'ils repoussent le plus souvent les propositions de chefs d'industrie qui n'hésitent pas, par quelques billets

---

223 ibid., p. 39.

224 Jean-Luc Martinet : Postface. « Veuillez écouter », p. 201.

225 Cf. Véronique Trottier : Antonine Coullet-Tessier, Jean Pallu, André Thérive . . . Le pessimisme du roman populiste des années 1930 : impuissance, repli intérieur et solitude. In : *Aden. Paul Nizan et les années trente* 11 (octobre 2012), p. 75–94, p. 83.

pliés en huit et discrètement glissés dans la paume de la main, à acheter leur tranquillité. Mais je me demande s'ils savent véritablement, si on leur a enseigné le prix d'une vie, le prix d'un bras, d'un œil, d'un doigt, d'un ongle.

Quand aurons-nous l'appareil à sabler, à polir, à ébarber, à peindre, entièrement automatique ?

C'est là que l'effort d'adaptation de la machine aurait dû se porter avant d'intensifier le débit des machines courantes. [. . .]

Ces réflexions, je les livre à ceux qui, comme moi, n'aiment pas les ouvriers en *dehors de leur travail*, car ils sont – neuf fois sur dix – des résignés, l'espèce que je méprise le plus au monde, sans idéal, sans désir d'évasion, sans hygiène morale – ne parlons pas de l'autre – sans besoin d'une nourriture spirituelle, si grossière soit-elle.[226]

Le récit révèle les dimensions du pessimisme de Jean Pallu. L'usine y apparaît non seulement comme le lieu de la déshumanisation de tous les employés, mais aussi comme lieu où les machines blessent et tuent les hommes, non adaptés au travail avec les machines. Pallu exige, en revanche, l'arrivée de l'usine complètement automatique et l'abolition de la classe ouvrière, seule manière de sauver les humains. Cette abolition de la classe ouvrière est d'autant plus nécessaire qu'elle représente à ses yeux tous les défauts moraux de l'humanité. La violence de sa réprobation de l'ouvrier permet de reconnaître les raisons pour lesquelles l'œuvre de Pallu se situe aux marges du roman populiste et de la littérature prolétarienne : les deux courants ont tendance à un certain pessimisme par rapport aux conditions de vie des pauvres et des médiocres, mais ils n'arrivent pas à une condamnation aussi catégorique de l'ouvrier, étant donné que l'objectif des populistes est de « décrire le peuple avec sympathie ».[227] Le manque de sympathie est également la raison pour laquelle Fréville classe *L'Usine* comme ouvrage exemplaire de la « littérature de soumission » et qu'il critique « ce jugement ignominieux » de Pallu par rapport à la classe ouvrière.[228]

Mais même si la sympathie pour la classe ouvrière fait défaut chez Pallu, l'auteur se sert également des scripts populistes du travail ouvrier : le travail dans l'usine est dur et fatigant, il prend toute l'énergie des ouvriers qui doivent constamment souffrir le bruit des machines. S'ils gardent une certaine individualité ou s'ils veulent s'opposer à l'oppression de la direction, ils sont brisés par le système qui ne leur donne aucune autre issue que d'être malhonnête. Ainsi, leur vie intérieure et leur spiritualité sont appauvries et le seul divertissement est la

---

226 Jean Pallu : *L'Usine*, p. 125sq.
227 Léon Lemonnier : *Populisme*, p. 190.
228 Jean Fréville : *Une littérature de soumission*.

sexualité, parfois même au lieu de travail et avec les outils du métier comme l'il-lustre « Jeux ». Quand des personnages féminins apparaissent, elles ne sont qu'un objet sexuel. Comme dans les romans de Guilloux ou de Poulaille, la société est donc clairement divisée entre hommes et femmes, même si toutes les femmes doivent également travailler dans les usines.

La seule nouveauté dans la description des conditions de travail est la dénonciation de la taylorisation chez Pallu. Le système de la spécialisation des ouvriers est présenté par l'auteur comme l'origine des problèmes de toute la classe. Cette forte critique du travail taylorisé est toute neuve à l'époque. Certes, Louis-Ferdinand Céline décrit en même temps dans *Voyage au bout de la nuit* l'horreur de l'usine américaine, mais la réprobation est beaucoup plus concrète et revendicative chez Jean Pallu. Néanmoins, Pallu est aussi peu engagé[229] que Bourgeois dans sa présentation de la classe ouvrière : les revendications ne font pas appel à la classe ouvrière et ne cherchent pas à éveiller une conscience de classe, mais révèlent la menace générale de la prolétarisation de la société et suggèrent, comme unique solution, de renforcer davantage l'automatisation de la production.

6.3.3 Conclusion : l'amour vide du travail dans l'esthétique populiste

Ce survol de la littérature sur le travail ouvrier a permis de montrer que les rares récits qui s'intéressent en effet à la représentation du travail en usine n'entreprennent pas une véritable défense des ouvriers. Le personnage de Lucien Bourgeois se caractérise par son manque de conscience de classe et le récit reste neutre face à la revendication d'un combat prolétaire ; Pallu, en revanche, brosse le portrait d'une classe ouvrière abrutie par les conditions de travail, mais ne prend pas sa défense et souhaite l'élimination de cette classe par l'avènement des usines automatisées. Les deux textes représentent cependant des cas particuliers de la littérature de l'entre-deux-guerres : la plupart des romans de l'époque envisagent tout à fait différemment la classe ouvrière, comme le montre bien l'exemple d'Henry Poulaille.

Alors que des auteurs comme Léon Lemonnier, André Thérive et même Eugène Dabit ne mettent pas vraiment en scène des ouvriers, mais plutôt des artisans et des employés, Poulaille revendique la condition ouvrière dans *Le Pain quotidien*, mais présente son personnage principal comme un artisan, connaisseur intime de son métier et passionné de la construction. De cette manière, il

---

229 Cf. Jean-Luc Martinet : Postface. « Veuillez écouter », p. 202.

envisage l'ouvrier immédiatement comme s'il était indépendant et savant, anoblissant ainsi la condition ouvrière. Néanmoins, les pratiques du travail ainsi que les conditions de l'emploi ne sont guère décrites de sorte que l'objet de ‹ l'amour › de l'ouvrier demeure toujours vague.

S'il est question de l'oppression des ouvriers par le patronat dans *Le Pain quotidien*, elle reste néanmoins abstraite et Poulaille se concentre davantage sur la représentation du bon fonctionnement de la communauté ouvrière au début du XXe siècle et idéalise dans ce cadre l'attitude patriarcale et l'oppression de la femme, prônant ainsi un modèle sociétal traditionnel qui culmine dans la représentation du personnage principal comme *pater familias* et chef de tribu, étant donné que l'ouvrier devient le juge pour tous les litiges au sein de la communauté de l'immeuble. Ainsi, Poulaille montre clairement les points cardinaux de la représentation de l'ouvrier dans l'esthétique populiste : la force, l'antiélitisme, la passion du travail et la fidélité de classe. Par conséquent, l'esthétique populiste s'appuie sur la représentation du ‹ peuple › comme un microcosme dans lequel chaque ascension signifie trahison et le statu quo doit à tout prix être conservé, car le ‹ peuple › est déjà dans son ordre établi et avec ses traditions le foyer de toute vertu.

Troisième partie: **L'esthétique populiste comme concept intermédial**

7 Du roman au film : pauvreté, travail et ‹ atmosphère › dans le réalisme poétique

Populisme, direz-vous. Et après ? Le mot, pas plus que la chose, ne nous effraie. Décrire la vie simple des petites gens, rendre l'atmosphère d'humanité laborieuse qu'est la leur, cela ne vaut-il pas mieux que de reconstituer l'ambiance trouble et surchauffée des dancings, de la noblesse irréelle des boîtes de nuit, dont le cinéma, jusqu'alors, a fait si abondamment son profit ?[1]

Avant d'arriver à la conclusion de cette exploration de l'esthétique populiste, il convient de s'intéresser de manière plus extensive au cinéma. S'il est vrai que la littérature représente encore le média dominant dans la première moitié du XXe siècle, le cinéma prend de plus en plus d'envergure au cours de l'entre-deux-guerres : d'un côté, il s'adresse plus directement à un public populaire et plus vaste, de l'autre, il entretient également une relation étroite avec le champ littéraire, comme en témoigne par exemple la fascination qu'il exerce sur les avant-gardes.[2] Mais ce ne sont pas uniquement les avant-gardes qui cherchent la proximité du cinéma : celui-ci s'inspire amplement de la littérature, ayant recours aux adaptations. Au surplus, des écrivains – dont avant tout Jacques Prévert – assument le rôle de scénaristes et dialoguistes. Des réalisateurs comme Marcel Carné se réfèrent explicitement à la proximité avec les modes littéraires de l'époque, comme en témoigne la citation en exergue. Pour ces raisons il ne faut pas être surpris que le phénomène du populisme trouvait aussi des répercussions dans la création cinématographique française.

En vérité, le regard porté sur la production filmique de l'entre-deux-guerres en France s'impose d'autant plus si l'on tient compte du fait que les œuvres cinématographiques influencées par les débats sur la représentation artistique du ‹ peuple › sont désormais devenus emblématiques de « l'âge d'or du cinéma français ».[3] La représentation filmique des ‹ petites gens › et l'esthétique populiste qui l'accompagnent sont donc des particularités d'une esthétique perçue comme canonique et, en conséquence, comme des échantillons exemplaires de

---

[1] Marcel Carné : Quand le cinéma descendra-t-il dans la rue ? In : *Cinémagazine* 13 (novembre 1933), p. 12–14, p. 14.

[2] À propos de ce sujet, cf. surtout Nadja Cohen : *Les poètes modernes et le cinéma (1910– 1930)*. Paris : Classiques Garnier 2013.

[3] Tel est le jugement de Philippe de Comes/Michel Marmin (éds.) : *Le Cinéma français : 1930– 1960*. Paris : Atlas 1984, p. 5.

https://doi.org/10.1515/9783110721157-008

la culture française. L'esthétique populiste se mue au cinéma en réalisme poétique et devient la marque d'un style, voire d'une certaine identité nationale du
cinéma français. Dans la littérature secondaire à propos du cinéma des années
trente, c'est jusqu'ici l'œuvre du réalisateur Jean Renoir qui revêt cette fonction
identitaire du cinéma ;[4] le présent chapitre cherche à montrer que c'est, plus
globalement, l'œuvre des cinéastes dans la tradition du roman populiste qui
forge l'esthétique filmique la plus influente et précise de cette façon l'idée
reçue de la position de Renoir comme modèle.

De cette manière, les analyses présentes insisteront davantage sur l'apport de la littérature pour l'émergence d'une esthétique populiste au cinéma.
Afin d'y aboutir, le premier sous-chapitre reviendra sur les conditions de production des films pendant les années 1930 et souligne la proximité entre le
champ littéraire et les créateurs et producteurs de film en France à cette
époque. Ensuite, le deuxième sous-chapitre se focalisera sur deux films réalisés par Marcel Carné en 1938 qui affichent clairement le rapport étroit que le
cinéma entretient avec la littérature, étant donné qu'il s'agit des adaptations
des romans *Le Quai des brumes* de Pierre Mac Orlan et *L'Hôtel du Nord* d'Eugène Dabit. Dans ce contexte, il faut néanmoins interroger le lien intermédial
entre le roman et le film car les adaptations s'éloignent beaucoup des originaux littéraires. Par conséquent, les films de Carné cherchent la proximité de
la littérature tout en empruntant d'autres moyens pour leurs narrations.
Enfin, le dernier sous-chapitre s'intéressera à deux films significatifs pour
l'époque des années 1930 qui ne disposent pas d'un modèle littéraire, mais
qui engagent le même imaginaire et développent une esthétique semblable :
il s'agit du *Crime de Monsieur Lange* (1936) de Jean Renoir et de *La Belle
équipe* (1936) de Julien Duvivier. Ces deux films, opérant la mise en scène
d'une communauté populaire, se rapprochent dans leur représentation du
‹ peuple › des revendications du *Manifeste du roman populiste* et développent
un pittoresque populaire cinématographique.

---

4 C'est, à titre d'exemple, le cas chez Martin O'Shaughnessy : Nation, history and gender in
the films of Jean Renoir. In : Elizabeth Ezra/Sue Harris (éds.) : *France in focus: film and national identity*. Oxford : Berg 2000, p. 127–141. Les historiographies du cinéma français accordent
cependant une place aussi importante au réalisme poétique comme en témoignent René Prédal : *Histoire du cinéma français: des origines à nos jours*. Paris : Nouveau Monde éditions
2013, p. 139–147 ou Pierre Billard : *L'âge classique du cinéma français. Du cinéma parlant à la
Nouvelle Vague*. Paris : Flammarion 1995, p. 245–266.

7.1 La naissance de l'atmosphère : le cinéma français dans son contexte culturel

Si l'on s'intéresse à la signification du réalisme poétique et à la transposition de l'esthétique populiste au cinéma en France, il faut respecter deux niveaux distincts d'une telle interrogation : d'une part, le constat d'un renouveau esthétique du cinéma à cette époque demande que le regard se porte sur les conditions générales de la production cinématographique : l'innovation du film parlant, la crise financière des grandes entreprises de production et aussi la fuite de nombreux créateurs allemands face au nazisme facilitent l'entrée de nouveaux agents dans le champ – scénaristes, dialoguistes, réalisateurs, acteurs et décorateurs – qui effectuent un renouveau de l'optique[5] du cinéma français. Mais cette explication historiographique et sociologique du champ du cinéma français pendant les années 1930 ne suffit pas à comprendre l'essor du réalisme poétique. Par conséquent, il convient, d'autre part, de s'intéresser à la critique cinématographique et ses terminologies ce qui permettra de constater une adoption précoce du terme de populisme pour la création filmique. Les sous-chapitres suivants se consacrent à ces deux facettes du contexte du réalisme poétique.

7.1.1 La situation du cinéma français dans l'entre-deux-guerres : pratiques, équipes, publics

Dans un premier temps, il convient de s'intéresser au contexte historique dans lequel le cinéma parlant français se développe.[6] Au début des années 1930, le cinéma français se retrouve dans une situation de désavantage par rapport aux marchés américains et allemands : tandis que les États-Unis présentent avec *The Jazz Singer* le premier film parlant en 1927, cette production arrive en France seulement en 1929, année des premiers efforts français pour présenter sa propre production parlante. Mais en vérité, ces premières productions françaises se rapprochent souvent du film muet et ne contiennent guère ou pas de dialogue ; les films ont encore de nombreux problèmes techniques et ont, par

---

5 Le terme d'optique est défini ici comme le choix restreint que les réalisateurs peuvent opérer pendant cette période pour la création de leurs films et se construit donc en analogie au terme d'écriture chez Roland Barthes ; cf. James Dudley Andrew : *Mists of regret: culture and sensibility in classic French film*. Princeton : Princeton University Press 1995, p. 19.
6 Le survol historique des conditions de production pendant les années 1930 s'appuiera notamment sur les ouvrages historiographiques de Pierre Billard : *L'âge classique du cinéma français. Du cinéma parlant à la Nouvelle Vague* et de René Prédal : *Histoire du cinéma français*.

ailleurs, l'inconvénient de devoir s'appuyer sur des techniques étrangères d'enregistrement sonore.[7] Les studios français ne sont pas encore équipés pour le tournage de scènes dialoguées et même au moment de l'importation de la technique, les films doivent recourir à des procédés brevetés en Angleterre ou en Allemagne, RCA, Western Electrics et Tobis étant les seules entreprises à posséder les droits d'exploitation de l'enregistrement des dialogues.[8]

Par conséquent, la production de films parlants devient très chère pour les producteurs français : soit ils doivent recourir à une production à l'étranger pour jouir de la technique sur place, soit ils se soumettent à la production de films en plusieurs langues par une société étrangère. Pour le cas français, il convient de relever notamment le cas des studios Paramount : ceux-ci s'installent à Joinville en 1930 et y réalisent simultanément plusieurs versions du même film afin de le diffuser en même temps partout.[9] Cette pratique n'est pas rentable pour longtemps et seulement accessible aux maisons de production les plus grandes. En général, les studios étrangers réussissent à garder leur position de force grâce aux nouvelles techniques de doublage. Pour cette raison, le film parlant 100% français connaît un retard important tandis que les productions des grands studios nord-américains – qui disposent de capital pour tourner des films en plusieurs versions – arrivent dans les cinémas en Europe.[10]

Afin d'affronter la production étrangère, l'industrie cinématographique française emprunte une stratégie double qui parvient à revaloriser le film français, mais qui conduit aussi, dans un premier temps, les sociétés de production à une crise de restructuration.[11] D'une part, les grandes entreprises tentent de poursuivre une stratégie d'intégration verticale et empruntent des sommes importantes auprès des banques françaises ce qui les rend vulnérables aux aléas de la crise financière à partir de 1931.[12] D'autre part, l'arrivée du parlant provoque aussi la

---

7 Cf. Philippe de Comes/Michel Marmin (éds.) : *Le Cinéma français*, p. 8sq.

8 Cf. René Prédal : *Histoire du cinéma français*, 115sq.

9 Cf. ibid., p. 114.

10 Pour un survol sur la production des films en plusieurs versions, cf. Pierre Billard : *L'âge classique du cinéma français. Du cinéma parlant à la Nouvelle Vague*, p. 47–55.

11 Pour un résumé sommaire des étapes importantes de cette restructuration, cf. René Prédal : *Histoire du cinéma français*, p. 115–117.

12 Cette stratégie comprend les efforts de réunir les différentes parties de l'industrie cinématographique – salles de spectacle, studios, maisons de production, distribution – dans une seule société, cf. Jean-Jacques Meusy : *Écrans français de l'entre-deux-guerres*, 2 : Les années sonores et parlantes. Paris : AFRHC, Association française de recherche sur l'histoire du cinéma 2017, p. 31–35. La fusion de la société Gaumont avec la société Aubert, la Franco-Film et les Établissements Continsouza, culminant dans la nouvelle société Gaumont-Franco-Film-Aubert (G.F.F.A.) est l'exemple le plus flagrant d'une telle déstabilisation, étant donné que cette nou-

formation d'un nouveau style cinématographique français qui s'oppose aux modèles hollywoodiens et qui se développe au sein de petites entreprises de production souvent éphémères : désormais, le film français insiste sur l'identité française et la plupart des réalisateurs et scénaristes ne cherchent plus à concurrencer les spectacles couteux que le cinéma des États-Unis propose, mais tournent des drames et comédies situés au milieu de la société.[13] En résulte une autre optique qui souligne l'importance du décor, une mise en récit qui évoque la vie quotidienne et la reprise de narrations qui proviennent de la littérature. En effet, les adaptations littéraires sont fréquentes, l'exemple le plus connu étant *Madame Bovary* (1934) de Jean Renoir.

Le lien étroit entre cinéma et littérature ne se manifeste pas uniquement par l'adaptation de récits littéraires, mais aussi par l'arrivée de nouveaux métiers – et ainsi de nouveaux agents – dans le champ cinématographique : la profession de dialoguiste, mais aussi celle de scénariste n'existent pas encore au temps du muet ; elles deviennent essentielles avec l'avènement du parlant.[14] Ces nouvelles professions sont assumées à titre d'activité principale par des écrivains francophones comme Charles Spaak, Henri Jeanson et, surtout, Jacques Prévert au début de la décennie. Ces nouveaux agents prennent au sérieux leur activité et inventent un langage cinématographique qui doit à la fois s'approcher de l'expression quotidienne et transmettre une certaine poésie. Par conséquent, les scénarios que ces dialoguistes écrivent affirment clairement leur proximité avec les démarches littéraires.[15] La naissance d'un nouveau style de film parlant s'explique donc en partie par l'entrée de ces nouveaux agents.

Il convient donc de s'intéresser au personnel des grandes productions cinématographiques et à leur rapport au champ littéraire. Parmi eux ne comptent pas uniquement les dialoguistes, mais aussi de nouveaux réalisateurs et acteurs qui entretiennent un rapport étroit avec le champ littéraire et, pour certains, avec la politique. Trois exemples majeurs méritent une attention particulière à

---

velle entité doit se déclarer en faillite en 1934 (Pierre Billard : *L'âge classique du cinéma français. Du cinéma parlant à la Nouvelle Vague*, p. 32).

13 James Dudley Andrew : *Mists of regret*, p. 9–11.

14 Michael Töteberg le montre pour le film allemand à partir des protocoles dans les archives de l'UFA : dans le cas de la réalisation d'une adaptation cinématographique, l'entreprise de production ne se contente pas de la collaboration de l'auteur original, mais a également recours à un scénariste professionnel (cf. Michael Töteberg : Die Ufa sucht keine Dichter. Der Drehbuchautor: Die Industrie kreiert einen Schriftsteller-Typus. In : Andreas Blödörn/Christof Hamann/Christoph Jürgensen (éds.) : *Erzählte Moderne. Fiktionale Welten in den 1920er Jahren.* Göttingen : Wallstein 2018, p. 395–407p. 398).

15 Cf. Pierre Billard : *L'âge classique du cinéma français. Du cinéma parlant à la Nouvelle Vague*, p. 252–258.

cause de leur importance pour le cinéma de l'entre-deux-guerres : d'abord le réalisateur Marcel Carné, ensuite le scénariste Jacques Prévert et le groupe Octobre qui l'entoure jusqu'en 1935, enfin l'acteur Jean Gabin qui figure dans 31 films entre 1930 et 1939.[16]

Il convient de citer en premier lieu Marcel Carné parce qu'il n'est pas seulement le réalisateur des adaptations du *Quai des brumes* et d'*Hôtel du Nord*, mais aussi le critique qui évoque le premier la nécessité de se tourner vers le roman populiste afin de renouveler les pratiques cinématographiques. Certes, Carné entretient un lien assez souple avec le champ littéraire, mais la littérature prend toujours la place principale dans ses projets, autant sur le plan du contenu que de la forme. Ainsi, Carné stipule dès 1933, avant le tournage de *Jenny* (1936), son premier long-métrage, que « sans parler de Mac Orlan ou de Jules Romains, nombre de romanciers actuels ne se sont pas fait faute de se pencher sur certains quartiers de Paris et d'en saisir l'âme cachée sous le visage familier de leurs rues »,[17] contrairement au cinéma qui se serait uniquement intéressé à la mise en scène d'une société de privilégiés. Il continue ensuite en faisant d'André Thérive, Bernard Nabonne, Robert Gairic et Eugène Dabit les modèles du renouveau du cinéma. Cette situation présente clairement le point de vue de Carné : pour ce cinéaste, la littérature ne doit pas uniquement servir comme source de scénarios, mais elle propose également un système de représentations sociales.

Bernard-G. Landry a déjà constaté en 1952 que Carné s'est rarement contenté de scénarios originaux et qu'il s'est en revanche intéressé à adapter « des pièces ou des romans, parce qu'il [était] avide de se nourrir d'une substance que les scénarios originaux lui apport[aient] rarement. »[18] Landry affirme que Carné ne cherche pas à créer du cinéma théâtral,[19] mais bien au contraire, qu'il puise dans ces sources littéraires afin de renouveler le cinéma. Quant à la terminologie, Carné souligne sa parenté littéraire, étant donné qu'il revient à de nombreuses reprises sur l'appellation de réalisme poétique et lui oppose celle de fantastique

---

16 Les agents relevés ne sont qu'un exemple illustrant la proximité entre le champ littéraire et la production cinématographique. D'autres agents du champ cinématographique, tel René Clair comme réalisateur qui a également collaboré au début de sa carrière avec les avant-gardes littéraires, Charles Spaak comme scénariste qui a adapté plusieurs romans et Arletty comme pendant féminin de l'acteur Gabin, procèdent d'une manière semblable dans leur apport à l'esthétique populiste au grand écran. Carné, Prévert et Gabin sont cependant les représentants les plus emblématiques du réalisme poétique et de son inspiration par la littérature.

17 Marcel Carné : Quand le cinéma descendra-t-il dans la rue ?, p. 14.

18 Bernard-G. Landry : *Marcel Carné. Sa vie, ses films*. Paris : J. Vautrain 1952, consultable sur Philippe Morisson : Marcel Carné (1906–1996), *Marcel Carné (1906–1996)*, en ligne.

19 Pour un compte rendu du théâtre filmé et la proximité entre cinéma et théâtre pendant l'entre-deux-guerres, cf. René Prédal : *Histoire du cinéma français*, p. 118–128.

social, hérité de Pierre Mac Orlan.[20] De cette manière, il tente d'insérer son œuvre dans le sillage de la notion de Pierre Mac Orlan et signale sa parenté avec l'œuvre d'un écrivain qu'il adapte en 1938 avec *Le Quai des brumes*. Autrement dit, autant comme source des scénarios que comme inspiration esthétique, Carné accorde la primauté à la littérature.

En vérité, il endosse au début des années 1930 deux casquettes en même temps : après avoir monté son premier film, le documentaire muet *Nogent, Eldorado du dimanche* (1929), Carné poursuit l'activité d'assistant technique, d'abord pour René Clair dans *Sous les toits de Paris* (1930), puis pour Jacques Feyder dans *Le Grand Jeu* (1933), mais il se distingue surtout comme critique cinématographique, publiant comme rédacteur en chef dans *Cinémagazine*, mais aussi comme collaborateur des revues *VU* ou *Paris-Match*.[21] Ses collaborations l'ont mis en contact avec le milieu intellectuel de l'époque et également familiarisé avec les débats autour du roman populiste et la littérature prolétarienne de l'époque. Ce lien avec le milieu littéraire, intellectuel et artistique doit se resserrer à partir de 1934, année de l'adhésion de Carné à l'AEAR.[22]

Mais Marcel Carné n'est pas seul responsable du rapprochement entre les champs cinématographique et littéraire. En réalité, ce rapprochement est plus évident dans le cas de son scénariste principal, Jacques Prévert, avec lequel il réalise au total huit films.[23] Prévert, aujourd'hui surtout considéré comme la voix poétique qui représente le mieux l'esprit de l'immédiat après-guerre,[24]

---

20 Pour le terme de ‹ réalisme poétique › cf. 3.2.3. et ibid., p. 139–147. Pour la position de Carné face à ce vocable, cf. Edward Baron Turk : *Child of Paradise : Marcel Carné and the Golden Age of French Cinema*. Harvard University Press 1989, p. 110. L'auteur argumente que Carné emprunte plus volontiers le terme de fantastique social parce qu'il dénote une proximité particulière à l'imaginaire et aux qualités escapistes. Néanmoins, Turk disqualifie cette appellation parce qu'elle lui suggère un « tempering of fantasy by attention to the ‹ real › and social – the precise opposite of what Carné claims he does » (*ibid.*, p. 111). Son interprétation erronée du fantastique social s'explique par son manque d'intérêt pour les implications de la notion : comme je l'ai montré plus haut, le fantastique social ne signifie pas une limitation du fantastique par l'attention à la représentation du ‹ réel ›, mais un effort pour découvrir une certaine transcendance du quotidien.
21 Cf. David Chanteranne : *Marcel Carné. Le môme du cinéma français*. Saint-Cloud : Ed. Soteca 2012, p. 15–17.
22 Cf. *ibid.*, p. 17.
23 *Jenny* (1936), *Drôle de drame* (1937), *Le Quai des brumes* (1938), *Le Jour se lève* (1939), *Les visiteurs du soir* (1942), *Les Enfants du paradis* (1945), *Les Portes de la nuit* (1946) et – avec Jacques Ribemont-Dessaignes – *La Marie du port* (1950), adaptation d'un roman de Georges Simenon.
24 Cf. Claire Blakeway : *Jacques Prévert. Popular French theatre and cinema*. Rutherford/London : Fairleigh Dickinson University Press 1990, p. 15.

adhère au milieu des années 1920 au groupe surréaliste et en est un membre important jusqu'à sa rupture en 1928, causée par son aversion envers l'attitude autoritaire d'André Breton.[25] Avant ses premières activités au cinéma, il est donc déjà entré dans le sous-champ littéraire de l'avant-garde. Même si son œuvre reste pendant cette période pour la plupart inédite,[26] ses amitiés avec des écrivains comme Raymond Queneau, des dialoguistes et traducteurs comme son ami Marcel Duhamel ou des peintres comme Yves Tanguy, qui se réunissent à son domicile rue du Château, lui permettent de développer une esthétique proche du surréalisme, mais plus éclectique et populaire.[27]

C'est seulement après cette première socialisation dans l'entourage du surréalisme que Prévert entre dans le monde du cinéma ; encore est-il vrai que cette entrée n'est pas directe. Pendant son adhésion au groupe surréaliste, il développe ses premiers scénarios ; après sa rupture avec Breton, Paul Vaillant-Couturier le recommande aux anciens membres du groupe de théâtre de propagande *Prémices* qui se renomme en 1932, suite à l'arrivée de Prévert et en hommage à la Révolution russe, *Octobre*.[28] Cette nouvelle troupe est le premier véritable relais créatif pour Jacques Prévert qui le prépare à son activité de scénariste de cinéma, étant donné que Prévert écrit les scénarios pour leurs sketchs et des pièces en faveur du communisme.[29] Mais l'activité du groupe Octobre ne s'arrête pas là : en effet, le groupe ne se présente pas uniquement comme un groupe de théâtre d'agitprop, mais aussi comme une première plateforme cinématographique, autant pour Jacques que pour son frère Pierre Prévert. Les frères réalisent en 1932 *L'Affaire est dans le sac*, écrit par Jacques Prévert et joué par des membres du groupe *Octobre*.[30]

---

25 Cf. ibid., p. 42.

26 Seuls les textes « Tentative de Description d'un dîner de têtes à Paris-France » et « Souvenirs de famille ou l'ange garde-chiourme » sont parus dans des revues (cf. Carole Aurouet : *Jacques Prévert. Une vie*. Paris : Les nouvelles éditions Jean-Michel Place 2017, p. 44). Prévert a cependant déjà écrit d'autres textes qui sont restés en partie à l'appartement de la rue du Château lors de son déménagement, parmi eux également des scénarios inachévés (cf. Claire Blakeway : *Jacques Prévert*, p. 34).

27 cf. Claire Blakeway : *Jacques Prévert*, p. 22. Son frère Pierre Prévert fait également partie du groupe du Château.

28 Cf. ibid., p. 48.

29 Malgré cet engagement auprès d'un groupe théâtral de gauche, Prévert continue à garder personnellement ses distances avec le parti communiste, cf. ibid., p. 44 et Pascal Ory : Le Crime de M. Lange. In : Olivier Barrot/Pascal Ory (éds.) : *Entre-deux-guerres*. Paris : Éditions François Bourin 1990, p. 263–285, p. 272.

30 Pascal Ory : Le Crime de M. Lange, p. 273.

Ce film marque une étape importante pour la création prévertienne et pour la forme du cinéma auquel il contribue par la suite : il s'agit du premier film parlant des frères Prévert qui montrent ainsi la distance par rapport au groupe surréaliste, étant donné que celui-ci s'oppose au cinéma parlant, qu'il juge trop peu onirique.[31] Comparé aux efforts cinématographiques (muets) du groupe surréaliste, *L'Affaire est dans le sac* se présente comme un film plus réaliste et montre ainsi le changement des paradigmes esthétiques, parallèle aux innovations techniques du cinéma : la trame se rapproche de la farce et montre un jeune homme qui s'éprend d'une jeune fille riche, nommée Gloria, et les quiproquos qui s'engendrent dans sa tentative de la conquérir. Au plan formel, *L'Affaire est dans le sac* est très conventionnel et correspond plutôt à une pièce théâtrale filmée qu'à un véritable film : la caméra reste souvent figée, les plans sont longs et la perspective ne change guère pendant une scène.[32] Par ailleurs, le film ne fait pas usage de musique ou d'autres sons hors plan.

Malgré le budget et le temps de tournage restreint, malgré la faible qualité du scénario et du peu de maîtrise au niveau de la technique, et même malgré l'échec économique,[33] le film marque l'entrée de Prévert dans le champ cinématographique et lui procure les contacts nécessaires pour lui permettre de contribuer à la réalisation d'une série d'autres films jusqu'à ce qu'il écrive le scénario du *Crime de Monsieur Lange* (1936) de Renoir et le début de sa longue collaboration avec Carné à partir de *Jenny* (1936). En outre, il donne aussi le ton stylistique à la plupart des productions auxquelles Prévert participe : *L'Affaire est dans le sac* ne met pas un seul protagoniste ou un couple au centre de la trame, mais présente une panoplie de personnages qui créent l'impression d'une petite société aux mailles serrées ;[34] cette ‹ égalité › entre les personnages est un élément que l'on peut observer dans les films plus tardifs.

L'importance d'une équipe qui se base sur l'idéal d'égalité ne nie cependant pas la présence de « stars »[35] dans les films de Prévert et Carné, ni dans les films qui relèvent d'une esthétique populiste. Bien au contraire, c'est notam-

---

31 Cf. Carole Aurouet : *Prévert et le cinéma*. Paris : Les Nouvelles éditions Jean-Michel Place 2017, p. 34–36.
32 Blakeway explique ce style cinématographique sobre par l'inexpérience de Pierre Prévert, cf. Claire Blakeway : *Jacques Prévert*, p. 82.
33 Cf. Colin Crisp : *Genre, Myth and Convention in the French Cinema, 1929-1939*. Bloomington : Indiana University Press 2002, p. 312.
34 Cf. Claire Blakeway : *Jacques Prévert*, p. 79.
35 Pour une définition approfondie de la notion de star qui inclut l'ambiguïté entre personnage et personne réelle, cf. Richard Dyer : *Stars*. London : British Film Institute 1979, notamment p. 22–24.

ment la participation de l'acteur Jean Gabin et la représentation du mythe masculin qu'il incarne qui déterminent l'esthétique populiste du cinéma des années
1930. D'une certaine façon, les stars des films – et c'est notamment le cas de
Jean Gabin – s'associent aux créateurs et influencent autant la forme que le
contenu des films.

L'acteur Jean Gabin figure dans 31 longs-métrages de 1930 à 1939 et compte
dans presque tous les cas parmi les acteurs principaux. Parmi ces films figurent,
en outre, les productions qui ont remporté les recettes les plus importantes du
cinéma de l'époque, comme *La Grande Illusion* (1937), *La Bête humaine* (1938) ou
Le Quai des brumes.[36] Mais cette omniprésence de Gabin n'explique pas à elle
seule l'influence de l'acteur sur l'esthétique du cinéma de son temps. En vérité,
Gabin exerce un certain pouvoir sur la production cinématographique française
pendant les années 1930. Ainsi, Ginette Vincendeau constate dès le début de son
étude sur l'acteur que celui-ci n'est pas seulement une ‹ valeur sûre › pour les
studios qui l'engagent, mais qu'il participe à la réalisation des films tels
qu'un « auteur » le ferait.[37] Certes, Gabin n'assume que dans certains ce rôle,
mais même dans les cas où il est seulement acteur, il détient très vite un tel
pouvoir qu'il peut décider des changements de scénario ce que confirme
André Bazin en 1953 : « Gabin n'est pas un acteur auquel on demande d'incar-
ner le héros d'une histoire. Il est lui-même préalablement à toute histoire un
héros auquel le scénariste doit au contraire plier son imagination. »[38] Les
grandes vedettes du cinéma comme Gabin, mais aussi comme Michèle Morgan
ou Fernandel, font partie intégrante de l'équipe et décident de l'optique et du
le contenu des films.

Dans les films de Jean Gabin, cette prise de décision se manifeste notamment dans l'homogénéité des personnages qu'il incarne et qui se rapprochent
de l'imaginaire de l'homme du ‹ peuple › tel qu'il se manifeste dans la littéra-

---

36 Selon les statistiques de Crisp, sept films entrent le palmarès des 40 films au plus grand
succès économique, cf. Colin Crisp : *Genre, Myth and Convention . . .* , p. 333.
37 Cf. Ginette Vincendeau : Gabin unique : le pouvoir réconciliateur du mythe. In : Claude
Gauteur/Ginette Vincendeau (éds.) : *Jean Gabin. Anatomie d'un mythe*. Paris : Nouveau Monde
éditions 1993, p. 93–206, p. 101.
38 André Bazin : *Le Jour se lève* (1938–1939) et le réalisme poétique de Marcel Carné. In : Jacques Chevalier (éd.) : *Regards neufs sur le cinéma*. Paris : Le Seuil 1953, p. 268–305, p. 301. Ce
pouvoir conduit les réalisateurs-auteurs de la Nouvelle Vague comme François Truffaut à se
tenir à l'écart des stars comme Gabin qu'il juge être « des artistes trop dangereux » (François
Truffaut : Le Jeune Cinéma n'existe pas, propos recueillis par A. Parinaud. In : *Arts* 720 (29
avril-5 mai 1959), repris dans François Truffaut : *Le Cinéma selon François Tuffaut*, édité par
Anne Gillain. Paris : Flammarion 1988, p. 41–43), étant donné qu'elles ne respectent pas l'autorité créative du réalisateur.

ture de l'époque. En effet, l'acteur choisit dans une grande partie des cas les adaptations et les rôles qui correspondent le mieux à l'image qu'il construit de lui-même à partir de *La Bandera* (1935) ; l'adaptation des romans se fait de sorte que le rôle de Gabin corresponde au personnage mythique qu'il crée.[39] L'image qui accompagne Gabin tout au long de sa carrière, s'appuie sur ce que Ginette Vincendeau appelle la « virilité prolétarienne »,[40] qui se manifeste par l'adoption du langage populaire et d'une mélodie traînante, mais aussi par le jeu lent et mesuré, par l'économie des moyens[41] et par des attaques de colère qui interrompent le rythme lent de sa prestation. Ces caractères du jeu de Gabin se laissent observer dans tous ses films et contribuent à la cohérence de son personnage, indépendamment du film dans lequel il figure.[42]

Les rapports que Gabin entretient avec la littérature sont donc dans la plupart des cas indirects, mais ils prouvent la proximité entre le champ littéraire et le cinéma. Comme le signale Claude Gauteur, Gabin joue entre 1935 et 1939 dans douze films, dont seulement trois sont des scénarios originaux (*La Belle équipe, La Grande illusion, Le Jour se lève*) tandis que deux autres sont des adaptations de pièces de théâtres et les sept derniers des adaptations de romans. Il est important de constater qu'à part l'adaptation de *La Bête humaine* (1938), qui se base sur le roman d'Émile Zola, ces films sont des adaptations de romans contemporains. Autrement dit, il n'est pas surprenant que la « virilité prolétarienne » représente le cœur du personnage de Gabin, étant donné que les romans de l'époque insistent sur la création de l'imaginaire d'un ‹ peuple › ouvrier. Le personnage typique de Gabin naît grâce aux ressources littéraires de ses films ; Gabin ne dégage que les traits les plus distinctifs de cet imaginaire.

Il convient enfin d'observer l'accueil du grand cinéma français et de son esthétique auprès du public de l'époque. Dans ce cadre, il est probable que le succès du réalisme poétique au cinéma français s'explique par la composition sociale du public qui se compose notamment d'une partie bourgeoise et cultivée de la société. Car il faut constater que le cinéma n'est pas un art aussi populaire qu'il paraît. Certes, le cinéma est un passe-temps bon marché pendant

---

39 Cf. Claude Gauteur : *Jean Gabin: du livre au mythe.* La Madeleine : Lett Motif 2015, p. 99.
40 Cf. Ginette Vincendeau : Gabin unique : le pouvoir réconciliateur du mythe, p. 132.
41 Sichère compare cette économie aux acteurs de *noirs* américains comme Marlon Brando, cf. Bernard Sichère : *Gabin, le cinéma, le peuple. Ciné roman.* Paris : Maren Sell 2006, p. 12. Malgré le titre prometteur et quelques rares indications précieuses comme ci-dessus, l'ouvrage de Sichère n'enrichira pas les analyses suivantes, étant donné qu'il ne contient guère davantage que des résumés imprécis de certains films de Gabin, accompagné d'un jugement subjectif et exclusivement panégyrique.
42 Cf. Ginette Vincendeau : Gabin unique : le pouvoir réconciliateur du mythe, p. 137.

l'entre-deux-guerres comme le constate Crisp : alors que les matchs de box et l'entrée au music-hall valent respectivement 25 et 35 à 45 francs, un billet de cinéma coûte en moyenne 6 francs, moins cher que des livres lors de leur première publication (12–15 francs).[43] Ce prix peu élevé s'explique par la crise que le cinéma parlant traverse en France entre 1930 et 1934 : si au début de cette période, l'accueil enthousiaste des premiers films parlants encourage l'industrie à produire plus de films et à construire plus de salles de projection, surtout à Paris, les théâtres cinématographiques mènent une lutte féroce pour gagner leur public. Cette lutte rend le cinéma accessible à un public nombreux ; néanmoins, le public français est – contrairement aux publics anglais et allemands – majoritairement bourgeois. Il serait donc imprudent de considérer le cinéma comme un ‹ art populaire ›, voire ‹ égalitaire › : le nombre des personnes qui ne vont jamais au cinéma est bien plus élevé dans la classe ouvrière ce qui montre les différences de milieu.[44]

D'autres inégalités s'y ajoutent : il est surtout apparent que les films à succès diffèrent selon qu'il s'agit de la capitale ou de la province ce qui montre que le public des provinces préfère des mélodrames et farces aux films d'auteurs – parmi lesquels comptent les films du duo Carné/Prévert, Renoir ou Duvivier – à l'inverse du public parisien.[45] En s'intéressant uniquement aux recettes des films, il est facile de ne pas voir ces différences parce que le public de province, moins important que celui de Paris à cause de la répartition inégale des salles de cinéma, ne se fait pas remarquer dans les chiffres de vente.[46] L'arrivée du cinéma parlant marque aussi le début d'un système à double sortie pour les films : la plupart des films sont d'abord présentés en exclusivité dans les grandes salles parisiennes pour un public plus aisé et prêt à payer davantage pour visionner la première d'un nouveau film ; au bout de quelques semaines ou de

---

43 Cf. Colin Crisp : *The classic French cinema : 1930–1960*. Bloomington : Indiana university press 1993, p. 8. L'entrée au cinéma était encore moins chère au début des années 1930 et avant l'arrivée de la crise économique, cf. Colin Crisp : *Genre, Myth and Convention* . . . , p. 293. Ce prix peu élevé s'explique par la crise que le cinéma parlant traverse en France entre 1930 et 1934 : si au début de cette période, l'accueil enthousiaste des premiers films parlants encourage l'industrie à produire plus de films et à construire plus de salles de projection, surtout à Paris, les théâtres cinématographiques mènent une lutte féroce pour gagner leur public (cf. ibid., p. 291–292).

44 Cf. Fabrice Montebello : Les deux peuples du cinéma : usages populaires du cinéma et images du public populaire. In : *Mouvements* 27–28 (2003), p. 113–119, p. 114sq.

45 Cf. Colin Crisp : *Genre, Myth and Convention* . . . , p. 335.

46 Colin Crisp constate que le public parisien représente 30% des recettes bien qu'il ne comprenne que 6–7% de la population française, cf. Colin Crisp : *The classic French cinema*, p. 5.

quelques mois, les films sortent ensuite dans toutes les salles.[47] Cette pratique, censée lutter contre les pertes des cinémas, divise encore davantage le public en deux classes. Cette division se manifeste dans les recettes des deux sorties respectives.[48] En conséquence, le cinéma n'est pas un cinéma populaire au sens où il unirait toutes les classes.

Si les films choisis pour les analyses qui vont suivre remportent un grand succès tant auprès du public bourgeois que du public général,[49] les statistiques de Crisp montrent clairement que le succès du *Quai des brumes* et d'*Hôtel du Nord* était plus important après la sortie en première dans les grandes salles bourgeoises.[50] Il est donc possible de supposer que les deux films ont interpellé davantage le public bourgeois que le public des petites salles. Par conséquent, il est possible de spéculer sur le fait que les adaptations de ces romans contemporains intéressent davantage un public qui est plus susceptible d'avoir lu les romans. Selon une telle hypothèse, leur esthétique populiste interpelle plutôt un public cultivé, ce qui rendrait encore plus improbable de considérer le populisme cinématographique comme l'esthétique d'un art populaire.

En guise de conclusion de ce sous-chapitre, il faut constater que la production cinématographique française est encore loin d'être autonome pendant les années 1930. La crise suscitée par l'avènement du parlant provoque l'association du champ cinématographique au champ littéraire : ce dernier ne fournit pas uniquement au premier les sources des scénarios, mais les nouveaux métiers de dialoguiste et de scénariste attirent aussi de jeunes littéraires. L'importance de la littérature se manifeste aussi dans la création de personnages typiques comme celui du prolétaire viril. Au niveau de l'accueil du public, il se montre, par ail-

---

47 Cf. Colin Crisp : *Genre, Myth and Convention . . .* , p. 295.

48 Cf. ibid., p. 331.

49 Cf. ibid., p. 333. Les deux films du réalisateur Marcel Carné figurent selon les calculs de Crisp parmi les 40 plus grands succès de la décennie, autant selon les ventes en exclusivité que chez le public général. L'absence du *Crime de Monsieur Lange* et *La Belle équipe* parmi ces films s'explique surtout par la baisse générale des recettes due à la saturation du marché du cinéma pendant les années 1935–1936 ; leur analyse est néanmoins pertinente dans la mesure où les deux films sont aujourd'hui considérés comme des chefs-d'œuvre qui reflètent l'esprit de l'époque : A titre d'exemple, Ory appelle *Le Crime de M. Lange* « le petit film d'un grand cinéma » (Pascal Ory : Le Crime de M. Lange, p. 285) ; pour Geneviève Guillaume-Grimauld, *La Belle équipe* est un film-clé parce que sa trame comprendrait toute la mythologie de 1936 (cf. Geneviève Guillaume-Grimaud : *Le cinéma du Front populaire*. Paris : Lherminier 1986, p. 68).

50 *Le Quai des brumes* se situe à la quatrième place au lieu de la huitième ; *Hôtel du Nord* occupe la dix-septième au lieu de la vingtième, cf. Colin Crisp : *Genre, Myth and Convention . . .* , p. 333.

leurs, que le public est notamment composé par des jeunes gens lettrés de la classe moyenne au lieu d'attirer les foules des usines.[51]

7.1.2 Les notions de réalisme poétique et de populisme dans la critique de cinéma

Comme en témoigne la citation en exergue de ce chapitre, l'étiquette de populisme est déjà d'usage dans le contexte du cinéma à partir de 1933 et un article de Marcel Carné dans lequel le futur réalisateur du *Quai des brumes* et d'*Hôtel du Nord* revendique le populisme pour la création filmique. Comme Lemonnier, Carné prétend qu'il faut s'intéresser à la représentation des milieux populaires et s'opposer à la représentation de la « noblesse irréelle des boîtes de nuit. » [52] Suite à cette adoption du terme de populisme dans le contexte du cinéma français, les historiens du cinéma se sont également interrogés sur ce terme. Pierre Billard constate dans son *Âge classique du cinéma français* que le jeune film parlant français s'inscrit dans le sillage de l'étiquette du populisme littéraire ;[53] René Prédal reprend ce constat et affirme que le « populisme tragique »[54] enjambe toute la production des années 1930, même en dehors du réalisme poétique à proprement parler.[55]

Néanmoins, il convient de constater que les historiens et critiques du cinéma de l'entre-deux-guerres emploient aussi un autre terme pour désigner la production cinématographique de l'époque : en effet, l'appellation de réalisme poétique est bien plus courante dans la recherche et la presse spécialisée contemporaines. Les influences du roman populiste sur le cinéma n'ont été considérées que dans quelques cas isolés, notamment à partir des adaptations cinématographiques de Marcel Carné.[56] Quand il est question du cinéma du réalisme poétique, les chercheurs se contentent pour la plupart de l'évoquer

---

51 Cf. aussi ibid., p. 284.

52 Marcel Carné : Quand le cinéma descendra-t-il dans la rue ?, p. 14.

53 Cf. Pierre Billard : *L'âge classique du cinéma français. Du cinéma parlant à la Nouvelle Vague*, p. 248sq.

54 ibid., p. 245.

55 Cf. René Prédal : *Histoire du cinéma français*, p. 144.

56 Cf. Susan Weiner : When a prostitute becomes an orphan: Pierre Mac Orlan's *Le Quai des brumes* (1927) in the service of poetic realism. In : *Studies in French Cinema* 6, 2 (septembre 2006), p. 129–140 pour le cas du *Quai des brumes* ; pour *Hôtel du Nord*, cf. Francis Ramirez/ Christian Rolot : Hôtel(s) du Nord : du populisme en littérature et au cinéma. In : *Roman 20–50* 18 (1994), p. 71–80 et Dudley Andrew/Steven Ungar : *Popular Front Paris and the Poetics of Culture*. Cambridge : Belknap Press of Harvard University 2005, p. 277–298.

d'un point de vue historiographique, en indiquant les conditions de son essor ainsi qu'en énumérant les réalisateurs, contributeurs et œuvres centrales.[57] Par ailleurs, le réalisme poétique est souvent analysé par les chercheurs à partir de son influence sur le film noir américain.[58] En conséquence, le réalisme poétique est considéré comme un courant français qui n'a engendré que des mélodrames pessimistes. Si l'on comprend ainsi le réalisme poétique, on court cependant le risque de négliger une grande partie de la production française qui partage beaucoup d'éléments esthétiques avec des mélodrames pessimistes de l'époque. Il semble que René Prédal tombe au moins en partie dans ce piège en évoquant le « populisme tragique » comme genre dominant de l'entre-deux-guerres,[59] alors que des films comme *Le Crime de M. Lange* ou *La Belle équipe* ne se distinguent pas par des éléments tragiques, mais partagent tout de même de nombreux points avec des films comme *Le Quai des brumes*. Il convient de corriger la vision de l'esthétique populiste au cinéma pour montrer que cette esthétique se manifeste dans toute la production des années 1930 et n'est pas un signe de distinction de films tragiques de l'époque.

Rappelons, par ailleurs, que le terme de réalisme poétique est apparemment aussi un emprunt au champ littéraire : le terme naît, selon plusieurs sources, dans la critique littéraire pour désigner le roman antérieurement cité *La rue sans nom* de Marcel Aymé. Edward Baron Turk[60] mentionne comme un des premiers critiques dans sa biographie de Marcel Carné que le terme aurait été forgé par Jean Paulhan en 1931 afin de décrire l'esthétique d'Aymé. Il faut cependant considérer cette origine du terme avec prudence[61] : malheureusement, aucun partisan de cette hypothèse ne cite la source exacte où Paulhan aurait employé ce terme. Mais il est bien probable que le phénomène du ‹ réalisme

---

57 C'est déjà le cas dans Georges Sadoul : *Histoire du cinéma mondial: des origines à nos jours*. Paris : Flammarion 1949, p. 267–293. Pierre Billard : *L'âge classique du cinéma français. Du cinéma parlant à la Nouvelle Vague*, p. 245–266 et René Prédal : *Histoire du cinéma français*, notamment p. 139–147 suivent cet exemple.

58 Cf. Thomas Pillard : Une histoire oubliée : la genèse française du terme « film noir » dans les années 1930 et ses implications transnationales. In : *Transatlantica. Revue d'études américaines. American Studies Journal* 1 (19 juin 2012).

59 René Prédal : *Histoire du cinéma français*, p. 139. À partir du *Quai des brumes*, Prédal repère une « sinistrose fataliste » dans la production de l'époque (*Id.*, p. 147).

60 Cf. Edward Baron Turk : *Child of Paradise*, p. 109. Parmi les chercheurs qui essaient de définir la catégorie à partir d'une gamme très variée de productions des années 1930, James Dudley Andrew : *Mists of regret*, p. 11 et Christoph Hesse et al. : *Filmstile*. Wiesbaden : Springer VS 2016, p. 105 nomment également Jean Paulhan comme source de la notion sans pour autant citer leurs sources.

61 Cf. également Thomas Pillard : Une histoire oubliée, note 5.

poétique › est d'abord constaté à propos de *La Rue sans nom* de Marcel Aymé car la première fois qu'il est question de réalisme poétique dans le contexte du cinéma, il s'agit de l'adaptation de ce roman en 1934 :

> Lucie Derain a déjà parlé, et bien parlé, de *La Rue sans nom* aux lecteurs de *Cinémonde*. Ce film, à mon sens, inaugure dans le cinéma français un genre entièrement nouveau : le réalisme poétique et « actuel ». [. . .]
>
> Pierre Chenal, lui, a su bousculer tous les poncifs. Dans l'étroit boyau de pierre d'une petite rue provinciale, il a promené son objectif sur des visages incontestablement vrais, il a découvert des passions d'aujourd'hui, des passions qui nous émeuvent directement sans le secours d'une réminiscence littéraire.
>
> J'ai dit « réalisme », mais j'ai dit aussi « poétique ».
>
> Car, même en traitant ce sujet dur, brutal, Pierre Chenal ne renonce pas à la poésie. Et les scènes les plus belles de son film sont peut-être celles où les personnages, qui s'usent peu à peu comme les pierres des masures où ils sont enfermés, veulent s'évader, les uns par l'amour, les autres par le vin, par l'aventure, par la révolte (ou encore, comme ce timide et pitoyable Jouhanieu, par un long rêve extasié) !
>
> Je sais bien : Chenal a emprunté le sujet émouvant à un roman de Marcel Aymé. Mais en animant des personnages qui semblaient ne pas être faits pour le cinéma, il a affirmé un don de création robuste.[62]

Le critique Michel Gorel définit le réalisme poétique du film *La Rue sans nom* à partir de trois éléments qui peuvent servir de base à l'analyse des films de l'entre-deux-guerres et dont deux reviennent toujours à propos du roman populiste : le premier est l'authenticité des personnages mis en scène, le deuxième est le décor pittoresque qui est à la fois rude et beau. Le troisième élément est moins évoqué dans la critique littéraire, mais il y est aussi présent : il s'agit de l'escapisme de la trame et de l'esthétique. Les personnages cherchent à se libérer de leur sort précaire ; cette tentative est accompagnée d'une poétisation de la vie modeste qui représenterait une façon d'échapper à la monotonie et à la misère quotidiennes.

Les mêmes éléments que Michel Gorel loue dans le film de Chenal sont au cœur des éloges de Frédéric Lefèvre dans son compte rendu du roman de Marcel Aymé :

> Marcel Aymé a une connaissance parfaite parce que fraternelle de l'âme du peuple, de ses souffrances quotidiennes, de ses besoins, de ses joies, de ses colères. Il rend admirablement ce qu'il y a de touchant, de simple, de contradictoire souvent, dans les réactions des humbles. Les pages où il dépeint le départ pour l'usine, les matins d'hiver, quand il

---

62 Michel Gorel : Des gratte-ciel d'Amérique aux faubourgs parisiens. In : *Cinémonde* 277 (8 février 1934), p. 114.

fait à peine jour, ont une simplicité tragique et grandiose. Le tableau de la joie du dimanche chez Minche, le cabaretier, le roi de la rue, a une vie intense. [. . .]

Livre de force, de santé, de poésie.[63]

Il saute aux yeux que Lefèvre emploie déjà dans le même sens que Gorel plus
tard la notion de poésie comme une forme d'esthétisation du quotidien. Les autres éléments qui constituent le réalisme poétique se trouvent aussi dans sa critique : la « vie intense » et la « connaissance parfaite [. . .] de l'âme du peuple »
renvoient à l'authenticité, tandis que la « simplicité tragique et grandiose » des
pratiques du quotidien fait référence au pittoresque. Seul l'escapisme est moins
marqué dans la critique de Lefèvre que dans celle de Gorel – et pour cause :
alors que le roman d'Aymé finit tragiquement avec la mort et l'incarcération
des personnages principaux, le couple amoureux survit dans le film.

Ce chevauchement entre le compte rendu du roman et la critique cinématographique montre bien que le terme de 'réalisme poétique' que Gorel emploie
désigne des éléments esthétiques déjà repérés dans le texte littéraire de Marcel
Aymé. Autrement dit, la continuité esthétique entre le roman et son adaptation
cinématographique devient évidente.

Cette présentation de la naissance du réalisme poétique comme étiquette de
la critique cinématographique montre que le terme autant que l'esthétique qu'il
décrit naissent dans un contexte littéraire, mais le cinéma le dote encore d'autres
qualités et porte l'attention sur d'autres éléments : au niveau de la mise en scène,
le réalisme et la fonction suggestive du décor jouent un rôle prépondérant ; au
niveau de la trame, le réalisme qui est attendu par le public du cinéma diffère de
celui du roman en ce sens que l'escapisme et un certain optimisme doivent entrer
en concurrence avec des représentations plus crues et dramatiques de la vie sociale, comme on le verra dans la discussion de *La Belle équipe* par la suite. Cela
veut dire que les conventions du cinéma de l'époque exigent des créateurs qu'ils
présentent des ouvrages qui s'accordent aux attentes du public et qui incluent,
pour cette raison, un couple d'amoureux central et, dans quelques cas, un changement du dénouement qui permet un *happy ending*, même lorsqu'il s'agit des
adaptations de romans qui n'en ont pas, comme dans le cas d'*Hôtel du Nord*, où
ces deux éléments ont été inventés par les scénaristes du film, Jean Aurenche et
Henri Jeanson.

Une comparaison de la façon dont la critique cinématographique de l'e-
ntre-deux-guerres comprend le réalisme poétique avec la définition du populisme tel qu'il se manifeste chez Carné montre que les deux termes désignent

---

63 Frédéric Lefèvre : Un nouveau réalisme. In : *Les Nouvelles littéraires, artistiques et scientifiques* (6 septembre 1930), p. 3.

la même esthétique. Carné écrit en 1933 dans *Cinémagazine* – donc, un an avant l'introduction du réalisme poétique dans la critique du cinéma – que la production cinématographique cherche à « fuir la vie pour se complaire parmi le décor et l'artifice. »[64] Il remarque que le cinéma parlant, contrairement au cinéma muet de créateurs comme Dimitri Kersanoff, George Lacombe ou Eugène Deslaw, ne se soucie plus de situer les trames dans un décor authentique, préférant toujours les mêmes coulisses de studio évoquant un Paris monumental. Carné revendique la nécessité de représenter la vie quotidienne des quartiers populaires et avance qu'une telle représentation n'est possible que si le film montre au moins en partie des scènes qui sont tournées à même les rues de ces quartiers.

Certes, Carné est conscient du fait que le tournage du parlant exige un équipage encombrant qui ne permet pas de descendre dans la rue avec un appareil portatif en main, mais il s'interroge davantage sur le fait que beaucoup d'histoires de la vie quotidienne ne sont justement pas représentées parce que les créateurs du cinéma n'y pensent même pas, ignorant la vie des rues. Contrairement à la photographie de son époque – Carné cite Kertész, Man Ray, Brassaï et Krull comme exemples –, contrairement à la peinture d'artistes comme Utrillo ou Vlaminck, et à la littérature des romans de Pierre Mac Orlan, Jules Romains, André Thérive, Bernard Nabonne, Robert Gairic et Eugène Dabit, le cinéma ignorerait donc la représentation des milieux modestes et pauvres. Pour cette raison, Carné s'inscrit consciemment dans cet héritage intermédial et revendique avec insistance le terme de populisme pour le cinéma. L'article de Carné prouve donc que déjà au cours des années 1930, les artistes de divers domaines étaient conscients de l'envergure de l'esthétique populiste, que Carné repère aussi dans la photographie. En outre, l'article de Carné indique certains éléments qui sont au cœur de l'esthétique populiste au moment de sa transposition au cinéma : il convient de constater l'importance primordiale du décor qui doit évoquer le sentiment d'authenticité. Carné souligne aussi l'importance de certaines scènes tournées sur place ainsi que l'« atmosphère » et la « vraisemblance » qui dépendraient des scénarios qui doivent insister sur la mise en scène de la quotidienneté.

Dans les décennies suivantes, les analyses du cinéma du réalisme poétique ont adopté les mêmes critères afin de décrire la production de l'entre-deux-guerres. Elles soulignent aussi, depuis l'article d'André Bazin sur *Le Jour se lève*, l'importance du décor.[65] D'autres éléments, qui pourraient révéler des

---

64 Marcel Carné : Quand le cinéma descendra-t-il dans la rue ?, p. 12.

65 Cf. André Bazin : *Le Jour se lève* (1938–1939) et le réalisme poétique de Marcel Carné, notamment p. 286–305. Un exemple récent d'une telle attention portée au décor dans des études

conventions implicites du cinéma de cette époque, ont cependant été repérés par Beate Raabe : dans son analyse du cinéma narratif des années 1930, elle constate que les films se distinguent par la lenteur et la surdétermination de la narration. Ainsi, les informations sont clairement transmises au public et parfois de manière répétée.[66] En général, les films offrent une narration linéaire et peu de coupes ce qui aide le public à suivre la trame sans difficulté.[67] La surdétermination se manifeste aussi dans la reprise de certaines caractéristiques que les mêmes acteurs adoptent dans les films différents : ainsi, Gabin représente souvent l'ouvrier irascible, fort et machiste, tourmenté par sa propre misère économique et psychologique, mais au cœur honnête.[68] Par ailleurs, Raabe constate que la présence de l'argot dans les dialogues comme marqueur des origines modestes des personnages devient une nécessité.[69] Raabe conclut enfin que la plupart des caractéristiques ne se trouvent pas au niveau de l'agencement de l'image, mais plutôt au niveau de la narration de l'action du film[70] ce qui peut indiquer encore la parenté avec la littérature : le cinéma du réalisme poétique n'opère donc guère d'innovations au plan visuel.

L'attention pour le décor ‹ authentique › qui assume également un sens symbolique, la situation de l'action dans les milieux populaires, la clarté de la narration, le dialogue argotique et un certain pessimisme sont donc les caractéristiques principales du réalisme poétique au cinéma. Encore faut-il soulever la question de savoir si le réalisme poétique ou le « populisme tragique » du cinéma, représente un genre historique qui désigne certaines œuvres du cinéma français parlant de l'entre-deux-guerres ou si l'on peut plutôt le comprendre comme une esthétique répandue dans toute la production de l'époque. Alors que Raabe considère le réalisme poétique comme une certaine école du cinéma français,[71] Pillard indique que la critique française a longtemps ignoré le fait que le réalisme poétique pourrait être considéré comme un genre et, dans cette forme, le pendant français du film noir américain.[72] Dans mes analyses, j'emploierai la notion de réalisme poétique avec René Prédal comme la tendance dominante du cinéma de l'entre-deux-

---

récentes, cf. Ben McCann : « A discreet character? » Action spaces and architectural specificity in French poetic realist cinema. In : *Screen* 45, 4 (1 décembre 2004), p. 375–382.

66 Cf. Beate Raabe : *Explizitheit und Beschaulichkeit: das französische Erzählkino der dreißiger Jahre*. Münster : MakS Publikationen 1991, p. 271.

67 ibid., p. 278.

68 Cf. Ginette Vincendeau : Gabin unique : le pouvoir réconciliateur du mythe, notamment p. 144–149.

69 Beate Raabe : *Explizitheit und Beschaulichkeit*, p. 273.

70 ibid., p. 279.

71 ibid., p. 47.

72 Thomas Pillard : Une histoire oubliée, paragraphe 10.

guerres ;[73] de cette manière, je ne le considère pas comme une école qui dépend de certains cinéastes et collaborateurs du cinéma, mais comme une actualisation et transposition des esthétiques populistes au cinéma de l'époque ce qui correspond davantage au terme de genre. Néanmoins, je m'oppose à l'usage du terme de ‹ populisme › comme synonyme de ‹ réalisme poétique › : le populisme représente une esthétique transmédiale ; par conséquent, le réalisme poétique n'est que la réalisation de cette esthétique dans une certaine époque (l'entre-deux-guerres) et dans un certain média (le cinéma parlant). Ces précisions permettent d'appréhender l'importance de la littérature pour l'existence du champ cinématographique français de l'entre-deux-guerres et le caractère intermédial de l'esthétique populiste, ainsi que les origines de la transposition de cette esthétique dans la critique du cinéma.

7.2 Le populisme au cinéma : les adaptations de Marcel Carné (*Le Quai des brumes*, *Hôtel du Nord*)

Presque dix ans après avoir suggéré de se laisser inspirer par les romans de la nébuleuse populiste et cinq ans après avoir loué l'exemple de productions communistes allemandes comme *Kuhle Wampe oder wem gehört die Welt ?*[74] pour leur vision sociale, mettant en scène la communauté populaire,[75] Marcel Carné se charge de l'adaptation de deux romans populistes qui étaient également au centre des analyses de ce livre : *Le Quai des brumes* et *L'Hôtel du Nord*. Le rapport entre les originaux littéraires et leurs adaptations est très souple : les deux adaptations que Carné fournit en collaboration avec Jacques Prévert pour le premier et avec Jean Aurenche (scénario) et Henri Jeanson (dialogues) pour le second, ne gardent presque aucune parenté avec les romans – au moins si l'on regarde la trame narrative. Cependant, il est possible de les concevoir comme des adaptations réussies parce que l'atmosphère des narrations est transmise de telle manière que les critiques et, dans le cas du *Quai des brumes*, l'auteur Pierre Mac Orlan lui-même reconnaissent la parenté entre roman et film : « [. . .] pour écrire, je me rappelais l'atmosphère de cette chronique de la faim. Il y avait là des fantômes. Ces fantômes réapparaissent aujourd'hui dans un autre décor que celui

---

73 René Prédal : *Histoire du cinéma français*, p. 139 et 143.

74 Film de Slátan Dudow avec la participation de Bertolt Brecht (1932). L'influence de Bertolt Brecht sur ce film devient évidente à partir des documents recueillis dans Bertolt Brecht : *Kuhle Wampe : Protokoll des Films und Materialien*, édité par Wolfgang Gersch et Werner Hecht. Frankfurt am Main : Suhrkamp Verl 1969 Gersch/Hecht 1969.

75 Cf. Marcel Carné : Le cinéma et le monde. In : *Cinémagazine* (novembre 1938), p. 9–12.

d'un vieux cabaret de Montmartre. Mais ce sont bien les mêmes »,[76] écrit ce dernier à propos du scénario de Prévert.

Si la trame narrative n'est guère présente dans les adaptations cinématographiques, il convient donc de demander en quoi *Le Quai des brumes* et *Hôtel du Nord* sont des adaptations. Comment est-il possible de changer tous les détails de la narration des deux ouvrages littéraires et de fournir pourtant des adaptations convaincantes ? Pour répondre à cette question, il faut s'intéresser à la manière dont l'atmosphère du fantastique social ainsi que la connivence populaire et la mise en scène du travail ouvrier peuvent être récréés à l'écran de sorte que l'esthétique populiste investisse le cinéma. La mise en scène cinématographique de l'esthétique populiste servira donc comme piste permettant d'analyser les rapports entre l'écrit et le filmé.[77]

7.2.1 Retour de l'atmosphère : continuités de l'espace du fantastique social dans Le Quai des brumes

Il suffit de résumer brièvement la trame narrative de l'adaptation du *Quai des brumes* pour se rendre compte du fait que le film ne garde plus grand-chose du roman de Pierre Mac Orlan. Le scénario de Prévert est centré sur le sort du soldat déserteur de l'armée coloniale. Nommé Jean, il semble être l'amalgame des personnages du soldat et de Jean Rabe dans le roman. Jean se rend au Havre afin de s'embarquer sur un bateau et de commencer une nouvelle vie. Dans la nuit, il rencontre Quart-Vittel, un ivrogne qui le conduit à une baraque sur la côte où le propriétaire Panama l'accueille. Jean y rencontre en outre Michel Kraus, peintre suicidaire qui voit la mort et la violence partout, et Nelly, jeune orpheline qui ne veut plus rentrer chez son tuteur Zabel, qu'elle soupçonne d'avoir tué Maurice, l'homme auquel elle s'est liée. Zabel se cache par hasard devant la baraque, chassé par des malfaiteurs qui veulent en savoir davantage sur la disparition de Maurice. Panama renvoie Zabel, le jour se lève et Jean protège Nelly qui est abordée par un des malfaiteurs, Lucien. Jean humilie Lucien et

---

76 Pierre Mac Orlan : A propos du *Quai des brumes*. In : *Le Figaro* (18 mai 1938) 4.

77 On peut être surpris que mon analyse ne retienne pas l'adaptation de *La Rue sans nom* de Marcel Aymé. Plusieurs raisons expliquent ce choix : premièrement, ce film pionnier du réalisme poétique n'est plus distribué aujourd'hui et ma demande auprès de la cinémathèque française de pouvoir visionner le film n'a pas été suivie de réponse. À part cette raison pratique, l'analyse des adaptations de Carné est plus importante par le fait qu'elles forgent véritablement l'idée du réalisme poétique cinématographique et informent, par conséquent, aussi la manière dont l'esthétique populiste se manifeste à l'écran.

donne rendez-vous à Nelly. Le soir, Jean et Nelly se rencontrent dans une fête foraine et tombent amoureux, même si Jean a décidé de s'embarquer sur un navire pour le Venezuela le lendemain. Le matin, les deux lisent dans le journal qu'un déserteur de la Coloniale est soupçonné d'avoir tué Maurice ce qui motive le départ de Jean. Mais arrivé au bateau, il descend pour aller voir Nelly que Zabel cherche à violer. Il sauve Nelly et tue Zabel, mais au moment de sortir dans la rue, Lucien le voit et tire plusieurs fois sur lui pour se venger de son humiliation. Ainsi, Jean meurt dans les bras de Nelly qui est à nouveau orpheline dans la vie.

Prévert a changé drastiquement le récit du *Quai des brumes* afin de l'adapter pour le cinéma. L'un des changements les plus nets est la situation du récit : au lieu de mettre en scène le Haut-Montmartre vers 1907, Carné et Prévert proposent au spectateur un décor qui évoque le port du Havre en 1937.[78] *Le Quai des brumes* devient ainsi plus qu'un titre évocateur et symbolique pour la précarité qui enveloppe les personnages de la narration : la première moitié du film se compose de plusieurs scènes qui montrent le brouillard dense du port.[79] C'est le personnage de Jean qui explique la correspondance entre les conditions météorologiques et son propre état d'âme : « Il y a pas de brouillard ?! Si y en a : là d'dans »,[80] affirme-t-il en se touchant le front lorsqu'il parle avec le conducteur d'un camion. Ainsi, les cinéastes précisent-ils que le brouillard est une métaphore pour le ‹ cafard ›, pour l'inquiétude qui secoue Jean.

Cette correspondance entre le brouillard et l'inquiétude intérieure est corroborée dans la scène du suicide de Michel Kraus : après avoir été témoin du suicide, Panama rentre à la baraque avec les vêtements de Kraus en murmurant : « Quel brouillard ! Quel sale brouillard ! »[81] De cette manière, Prévert et Carné mobilisent bien davantage le titre de leur film. L'omniprésence du brouillard ne leur semblant pas suffisante pour expliquer le titre, ils précisent dans l'article du journal que Jean et Nelly lisent à l'hôtel que l'homme mutilé et tué par Zabel a été retrouvé « au lieudit ‹ Le Quai des Brumes › ».[82] De cette manière, le titre désigne donc aussi un lieu concret de la trame narrative. Mais à part cela, les cinéastes s'appuient dans toute leur scénographie sur la mise en scène du

---

78 Le générique du film signale déjà ce changement : en arrière-fond, le spectateur peut voir un navire attaché à un quai et la mer dont la ligne d'horizon se fond dans le ciel gris. Cf., 00:00:34-00:02:16.

79 Notamment Marcel Carné : *Le Quai des brumes*. StudioCanal vidéo/Universal music 2004, 00:11:42-00:12:29.

80 ibid., 00:04:10-00:04:16.

81 ibid., 00:31:50-00:31:55.

82 ibid., 01:11:32-01:11:42.

brouillard et conjuguent donc clairement la portée du titre et portent à l'écran la signification symbolique de la ‹ brume ›. L'analogie entre la brume et l'inquiétude donne au décor une dimension transcendante qui représente l'état mental.[83]

Les efforts pour rendre la diégèse plus claire ne s'arrêtent pourtant pas à l'explication du titre. Bien au contraire, Prévert opère aussi une simplification de la distribution et, en conséquence, de la narration. Tout d'abord, Prévert choisit le soldat comme personnage principal, alors que dans le roman de Pierre Mac Orlan ce personnage n'a même pas de nom et figure comme protagoniste du roman au même titre que Jean Rabe, Michel Kraus et Nelly. Ce faisant, il rend la narration plus linéaire même si l'on peut observer certains efforts pour compliquer le récit par le biais du personnage récurrent de Quart-Vittel : celui-ci réapparaît, après avoir guidé Jean chez Panama, à l'hôtel où celui-ci discute avec le docteur du navire qu'il veut prendre ; il y rentre quand Nelly sort de la chambre qu'elle a partagée avec Jean et il est finalement montré alité et content après la mort de Jean et le départ du navire.[84] Ainsi, Carné cherche-t-il a rendre en partie l'effet de parallélisme des destins de tous les personnages comme c'était le cas dans le roman de Pierre Mac Orlan. Cependant, le film ne va pas aussi loin que le roman et n'aboutit qu'à esquisser la simultanéité des vies.

La trame narrative devient plus simple du fait que le personnage de Jean Rabe disparaît dans le film de Carné et Prévert.[85] Certes, Quart-Vittel partage le même rêve de pouvoir se permettre un jour un lit d'hôtel avec de vrais draps blancs,[86] mais il reste un personnage secondaire qui allège par son ivrognerie un récit très grave. Une simplification similaire transparaît dans le changement du personnage de Zabel : alors que Mac Orlan le décrit comme un boucher funeste que les autres protagonistes ne connaissent pas, Prévert et Carné présentent Zabel, interprété par Michel Simon, comme un bourgeois, marchand de bibelots, qui a accueilli et élevé la jeune Nelly. Il devient assas-

---

83 Cf. James Dudley Andrew : *Mists of regret*, p. 264. C'est aussi l'opinion de Mac Orlan dans son article sur le film, cf. Pierre Mac Orlan : A propos du *Quai des brumes*.
84 Marcel Carné : *Le Quai des brumes*, respectivement 00:10:11-00:12:40, 00:58:22-00:59:20, 01:16:15-01:16:57 et 01:26:05-01:26:10.
85 Il est frappant que certains chercheurs du cinéma ne se rendent pas compte de cette transformation et identifient même dans le roman de Mac Orlan les personnages de Jean Rabe et du déserteur, cf. Susan Weiner : When a prostitute becomes an orphan, p. 132. D'ailleurs, Weiner se trompe aussi dans plusieurs détails concernant la diégèse du film : elle prétend que le titre du film supprime l'article et que la baraque s'appellerait ‹ Panama ›, et non le propriétaire.
86 Marcel Carné : *Le Quai des brumes*, 00:11:45-00:12:08.

sin et violent parce qu'il l'aime : c'est par jalousie qu'il tue Maurice et il cherche à la violer avant que Jean n'arrive.

Ce changement du personnage permet aux cinéastes de mettre en scène un antagonisme plus clair : alors que les personnages du roman doivent notamment affronter leur propre brutalité innée, le film montre en Michel Simon un antagoniste méchant dont l'altérité physique – la longue barbe noire, le gros nez et les traits grossiers du visage, ce qui a conduit certains spectateurs à le concevoir comme la représentation diabolisée et insultante d'un juif[87] – suffit pour l'identifier comme l'Autre menaçant.

Prévert ajoute cependant un personnage supplémentaire avec le voyou Lucien qui cherche à s'approcher de Nelly. Ce personnage, absent chez Mac Orlan, se présente comme l'incarnation de la bassesse et de la sournoiserie. Interprété par Pierre Brasseur, le personnage se distingue par le fait qu'il est toujours accompagné de deux autres hommes forts et actifs alors qu'il reste en arrière. Ses traits féminins soulignent un manque de virilité, qui se manifeste dans son impuissance de faire face à Jean qui le gifle à deux occasions.[88] Pour cette raison, il n'est capable de tuer Jean que quand celui-ci lui tourne le dos.[89] En ajoutant le personnage de Lucien, les cinéastes mettent en scène une autre facette de la méchanceté et montrent que c'est la sournoiserie qui remporte la victoire sur les personnages moraux comme Jean ou Nelly.

Malgré les changements effectués par Prévert, la première moitié du film reste encore proche de l'original littéraire ; la seconde moitié, en revanche, s'en écarte complètement. En choisissant Lucien comme personnage qui incarne la sournoiserie, Nelly est débarrassée de toute valeur négative dans le film : en effet, le personnage interprété par Michèle Morgan incarne le poncif de la pauvre orpheline sous la tutelle du méchant. Son activité de prostituée n'est guère mentionnée,[90] et elle est celle qui pleure le deuil de Jean alors que le person-

---

87 Cf. Edward Baron Turk : *Child of Paradise*, p. 126.

88 Marcel Carné : *Le Quai des brumes*, 00:37:04-00:37:20 et 01:05:24-01:05:06. Dans les deux cas, Lucien doit se retirer, les larmes aux yeux ce qui lui donne un aspect encore plus faible.

89 ibid., 01:24:30-01:24:53. Avant l'arrivée de Jean, le spectateur peut voir le visage inquiet de Lucien qui souligne son manque de courage ; après avoir tiré plusieurs coups sur Jean, Lucien prend immédiatement fuite avec sa voiture.

90 Quand Nelly évoque le rapport ambigu qu'elle entretenait avec Maurice, l'homme tué, il devient uniquement clair que ce n'était pas l'amour qui les liait, mais le mensonge : « C'était tellement sinistre chez Zabel. J'ai tout fait. Alors je suis allé n'importe où. Au ‹ Petit Tabarin › [le cabaret que Lucien, Maurice et leurs compagnons fréquentent] tout le monde dansait, tout le monde riait . . . et puis Maurice était doux avec moi. Il me disait qu'il m'aimait, alors . . . moi aussi, je lui disais que . . . je l'aimais. [Pause.] Mais c'était pas vrai. Personne ne dansait vraiment, personne ne riait, personne ne s'aimait. Tout le monde faisait semblant » (ibid.,

nage du roman s'est dédit de tout sentiment afin de mieux manipuler son entourage. En effet, le film ne développe pas le personnage de Nelly après la mort de Jean ce qui la réduit au rôle de l'éternelle victime. Il s'appuie donc sur des clichés genrés qui repèrent le foyer de la violence dans l'identité masculine alors que la femme est innocente et pure. La seule faute est sa beauté qui détruit sans qu'elle le veuille l'équilibre du monde masculin.[91] Par ce biais, Carné laisse transparaître moins de misogynie que ne le fait Mac Orlan dans le portrait d'une Nelly insensible. En revanche, le personnage du film est à tout moment impuissant : Nelly cause la mort de tout son entourage masculin, mais sans intention ; à 17 ans, sans tuteur et sans homme qui la soutient, elle est comme forcée de se prostituer à la fin du film.[92]

Les différences entre le roman et le film sont donc nombreuses. Néanmoins, il est possible de constater que le rapport entre le modèle littéraire et l'adaptation cinématographique est toujours étroit, et cela parce que Marcel Carné développe au niveau de l'image sa propre version du fantastique social macorlanien.[93] Un de ses moyens de recréation du fantastique social est le brouillard, ainsi que la tonalité grise de l'ensemble des scènes du film : il est frappant de constater que même dans les scènes dans lesquelles le brouillard n'est pas visible, la lumière tamisée et le manque de contrastes baignent tout le film dans un gris sombre. Les gros plans des visages de Gabin et Morgan bénéficient, dans ce cadre, d'un traitement particulier : le manque de contraste est accompagné de filtres qui laissent apparaître la peau des deux acteurs comme très lisse et uniforme et l'arrière-fond sombre donne l'impression que les visages sont incandescents.[94] Par ce biais, les expressions des acteurs gagnent une auréole surnaturelle[95] qui souligne la poétisation de la réalité des classes populaires et des marginalisés.

Si le gris, le brouillard et les filtres dotent l'action d'une atmosphère onirique, le décor semble poursuivre un but opposé. Les extérieurs notamment, qui évoquent pour la plupart le port du Havre avec ses quais déserts, les navires et les grues, brossent le portrait d'une ville industrialisée et donnent ainsi l'impression d'un lieu très concret qui évoque la dureté de la vie des marginaux et l'hosti-

---

01:06:35-01:07:03). A propos de son statut ambigu, cf. aussi Susan Weiner : When a prostitute becomes an orphan, notamment p. 135–137.

91 C'est une caractérisation très typique d'un rôle féminin dans le mélodrame français de l'époque, cf. James Dudley Andrew : *Mists of regret*, p. 240sq.

92 Cf. Susan Weiner : When a prostitute becomes an orphan, p. 139.

93 Il faut également retenir que Carné préférait de son vivant le terme de « fantastique social » à celui de « réalisme poétique » et assume ainsi ouvertement l'influence de Mac Orlan sur son œuvre ; cf. Edward Baron Turk : *Child of Paradise*, p. 110sq.

94 Marcel Carné : *Le Quai des brumes*, 01:07:02-01:08:41 ou 01:14:30-01:14:40.

95 Cf. Susan Weiner : When a prostitute becomes an orphan, p. 137.

lité de leur environnement. Cela devient évident dans l'estaminet de Panama : si Quart-Vittel le décrit au début comme « le coin plus peinard de la côte. Dans le genre station balnéaire tu peux pas faire mieux : quat' planches avec une porte dedans et pis un toit dessus »,[96] c'est seulement lors de leur arrivée que le spectateur peut jauger la simplicité de l'endroit :[97] il s'agit d'une baraque en bois à deux fenêtres qui est effectivement bâtie à partir de planches non-laquées ; des barriques et des seaux en bois remplissent la place devant la baraque, le sol y est en sable plein d'éboulis. Le décor de l'extérieur de la baraque illustre la pauvreté de l'endroit. L'intérieur corrobore en partie cette première impression :[98] là encore, les meubles sont entièrement en bois, l'estaminet contient deux tables et quatre bancs simples pour s'asseoir, un comptoir en bois et très peu de décorations supplémentaires, à part un baromètre, quelques enseignes publicitaires d'alcools et un bateau en bouteille posé sur le comptoir. Malgré la pauvreté affichée de l'endroit, la baraque de Panama semble moins sombre à cause de l'éclairage plus net et à cause de la taille des deux salles de la baraque qui semblent plus grandes que l'extérieur du bâtiment. Panama confirme que son estaminet est un refuge contre l'hostilité du monde : « Je te préviens hein ? C'est pas la peine d'essayer de m'attrister avec le brouillard, le malheur, les ennuis. Ici, y a pas de brouillard. Le temps est au beau fixe » et la caméra montre le baromètre dont l'aiguille a été clouée à l'endroit du beau fixe.[99] Encore une fois, Carné suggère une correspondance entre la décoration, la situation météorologique et l'état d'âme des personnages que Panama utilise pour créer une atmosphère de bien-être.

En règle générale, le décor du film suggère un milieu populaire de peu de moyens : à part l'estaminet et le port, le spectateur peut considérer les intérieurs du cabaret Le Petit Tabarin qui semble certes soigné, mais petit pour ce genre d'établissement,[100] le café-hôtel « Au Rendez-vous de la marine », dont le zinc est toujours plein de clients – exclusivement masculins, ouvriers du port, ce qu'indique le port de la casquette[101] – et dont la chambre suggère un

---

96 Marcel Carné : *Le Quai des brumes*, 00:11:29-00:11:37.

97 Cf. ibid., 00:11:54-00:12:26. L'extérieur et l'entourage est également très bien visible à 00:29:01-00:29:35.

98 Cf. ibid., 00:12:49-00:14:42.

99 ibid., 00:13:05-00:13:12.

100 Cf. ibid., 00:07:04-00:09:48. Le scénario de Prévert décrit « Le petit Tabarin » comme « une salle de dancing aux dimensions assez réduites » (Jacques Prévert : *Jenny. Le Quai des brumes. Scénarios*. Paris : Gallimard 1988, p. 173).

101 Cf. par exemple Marcel Carné : *Le Quai des brumes*, 00:58:54-00:59:24.

certain confort.[102] Le reste de l'action est située à l'extérieur, soit au port, soit à la fête foraine qui représente le lieu de loisir populaire par excellence.[103] De cette façon, le décor du film souligne la pauvreté de tous les personnages du film : ni Nelly, ni Jean, ni Quart-Vittel n'ont de vrai domicile, ils se rencontrent dans la rue ou dans les lieux de fêtes, les seuls lieux qui leur sont ouverts.

Un seul personnage – et avec lui, le décor qui l'accompagne – marque clairement le contraste avec ces conditions de vie précaires : Zabel, marchand de bibelots et de cartes postales, habite dans son arrière-boutique aux meubles clairs en bois orné, pleine de statues, de tableaux et de bibelots en porcelaine et munie de la radio qui joue de la musique religieuse.[104] L'appartement de Zabel est l'unique endroit qui se distingue par une décoration d'intérieur bourgeois, soulignant l'aisance du personnage et, par conséquent, l'écart qui le sépare des autres protagonistes du film, déracinés et sans moyens. Même si Zabel se présente comme un bienfaiteur désintéressé, qui a généreusement accueilli l'orpheline Nelly, son apparence honorable, sur laquelle il insiste dès l'exposition,[105] s'évanouit progressivement et le spectateur apprend qu'il est l'assassin de l'ami de Nelly et qu'il veut s'emparer d'elle.

Ainsi, la bourgeoisie représentée dans le film ne propose pas de véritable alternative à la misère. En effet, le fait que le voyou Lucien vient d'une bonne famille comme le dit Zabel,[106] ne fait que confirmer le portrait de la bourgeoisie comme foyer de la méchanceté. Bien au contraire, l'aisance et les bonnes manières ne sont qu'une façade qui cache la violence des personnages. Le décor corrobore à nouveau cette impression : si la boutique et l'arrière-boutique de Zabel sont claires et ordonnées, la cave où Zabel veut violer Nelly apparaît sombre, plein de boîtes désordonnées, rugueuse à cause du sol pavé craquelé.[107] Le lieu du crime reflète donc l'inconscient violent du personnage.[108] Encore une

---

102 Le panoramique dévoile une chambre grande et haute, avec un séparé à lavabo et miroir, et avec une cheminée, un grand miroir en dessus, une moquette et une table à manger, des petites sculptures de décoration et un grand lit, cf. ibid., 01:09:09-01:09:28.

103 Cf. aussi Edward Baron Turk : *Child of Paradise*, p. 117.

104 Cf. notamment Marcel Carné : *Le Quai des brumes*, 00:39:10-00:41:39.

105 ibid., 00:09:20-00:09:24 : « Je pourrais être votre père à tous. Moi, j'ai des cheveux blancs. Je suis un commerçant honorable. »

106 ibid., 00:40:12-00:40:40.

107 ibid., 01:20:33-01:23:20.

108 Andrew va encore plus loin en constatant que « one is tempted to say that *Le Quai des brumes* speaks the unconscious of a nation. The fairground scene, the bludgeoning of the father figure in the cellar, and the oneiric effect of the fog that blends such scenes together are

fois, le décor ne suffit pas à créer un effet de réel chez le spectateur, mais il assume également une signification symbolique.

La double valeur du décor, entre effet de réel et portée métaphorique, correspond parfaitement à l'esthétique du fantastique social de Pierre Mac Orlan qui doit aussi représenter l'époque et le « reflet de sa propre inquiétude derrière un rideau d'arbres, devant un carrefour, au coin d'une rue, derrière une porte mal fermée. »[109] Si Prévert s'éloigne donc du roman de Pierre Mac Orlan, son scénario ainsi que la réalisation du film de Marcel Carné restent fidèles à l'esthétique du fantastique social. Plus encore, le film reprend l'imaginaire de la communauté populaire instable et le traduit dans une esthétique qui exprime le même pessimisme envers l'ordre social comme chez Pierre Mac Orlan.

Si l'on considère le fait que les protagonistes du roman ne réussissent pas à engager une conversation cohérente pendant la nuit passée dans la baraque de Panama, il est même possible d'affirmer que le film va encore plus loin : en effet, la conversation sur l'amour entre Jean et Nelly se réduit à des monologues de Jean.[110] Les véritables dialogues sont rares dans le film et tournent vite au monologue dans lequel le personnage expose des idées générales sans évoquer clairement ses motivations ou l'action de la trame. Un bon exemple est la conversation entre Nelly et Jean après la fête foraine : la scène ne commence qu'après le récit de Nelly – que le public n'apprendra jamais – et Jean rétorque : « Oh bien sûr ! Pas difficile à comprendre. Tout ça c'est . . . c'est la vie, la vacherie, quoi. »[111] De cette façon, le discours bascule souvent dans les généralités qui expriment le désespoir devant les contretemps que la vie impose à tout le monde : « Si tu veux, quand une fille est belle, qu'elle est jeune et pis qu'elle veut vivre eh ben . . . c'est comme un homme qui essaie d'êt' libre. Tout le monde est contre. Comme une meute . . . », conclut Jean. Et Nelly répond : « C'est difficile de vivre. »[112] Ainsi, les personnages se parlent-ils donc plutôt à eux-mêmes qu'avec l'autre. Le dialogue assume une charge métaphorique qui exprime le malaise général face au monde.[113]

---

crowned by the sinister discourse on art and on the loneliness of the artist spouted by the painter » (James Dudley Andrew : *Mists of regret*, 268sq.).

109 Pierre Mac Orlan : Le Décor sentimental. In : Pierre Mac Orlan : *Masques sur mesure*. Paris : Cercle du bibliophile 1970, p. 13–108, p. 41.

110 Cf. notamment Marcel Carné : *Le Quai des brumes*, 00:18:08-00:21:00.

111 ibid., 01:06:28-01:06:34.

112 ibid., 01:07:28-01:07:37.

113 De façon concomitante, le fait que les personnages parlent à eux-mêmes dans le film rappelle également une observation de Jean Rabe dans le roman : « Ce soir, nous nous entendons tous parler, fit Rabe. Nos deux personnalités, Jekyll et Hyde, discutent. » (Pierre Mac Orlan : *Le Quai des brumes*. Paris : Gallimard 1927, p. 47).

L'absence d'un vrai dialogue souligne donc l'instabilité du groupe qui se retrouve chez Panama. Le film montre, en effet, un groupe fractionné parce que Nelly et Jean se trouvent pendant la plus grande partie de leur séjour chez Panama dans une autre salle que celui-ci, Michel Kraus et Quart-Vittel. Le seul acte vrai de solidarité entre les personnages se manifeste dans le fait que Kraus laisse ses vêtements pour Jean chez Panama avant de se suicider. Rien ne lie les personnages entre eux.

Le Quai des brumes montre donc une image pessimiste de la société : chaque personnage dans le film est hanté par la mort, comme le dit déjà Michel Kraus chez Panama : « Il y a des gens qui vont à la pêche, à la chasse, à la guerre . . . D'autres qui font de petits crimes passionnels . . . Il y en a quelque fois qui se suicident. Faut bien tuer quelqu'un, hmm ? »[114] Toutes ces morts sont représentées dans *Le Quai des brumes* de Carné et Prévert : Jean a tué dans la guerre et tuera Zabel, Zabel a tué et veut violer sa filleule Nelly, Lucien tue Jean, Michel Kraus se suicide et il explique que Quart-Vittel le fait aussi par son alcoolisme. L'absence de solidarité entre les personnages – à part l'amour naissant entre Jean et Nelly – aggrave la situation : la société du *Quai des brumes* de Carné et Prévert est donc aussi secouée par l'angoisse de la mort et gangrénée par l'individualisme, même si cette décadence se manifeste autrement que dans le roman qui se termine sur la représentation d'une société automatisée et insensible sur laquelle règne la femme la plus froide, Nelly.

C'est cette vision pessimiste qui détermine pour plusieurs critiques le concept du réalisme poétique et qui rapproche le roman et le film. Le pessimisme du scénario a aussi causé plusieurs ennuis à Carné avant le tournage du film et a été à l'origine de beaucoup de mauvaises critiques, notamment de la presse de droite. Le projet de tourner un film avec Jean Gabin aurait dû se réaliser aux studios de l'UFA à Babelsberg parce que l'acteur devait accomplir un contrat avec ce studio allemand. Prévert aurait par conséquent prévu un scénario qui se situerait à Hambourg. Celui-ci aurait cependant été refusé par Goebbels à cause du pessimisme « démoralisant » de l'action.[115] L'UFA a donc vendu le projet du film à un producteur juif, Gregor Rabinovitch, qui aurait finalement contribué à la réalisation du film au Havre. Mais même en France, le film devait se heurter à la censure de sorte que le mot ‹ déserteur › ne devait pas être prononcé et que dans la scène où Jean revêt le costume de Kraus, le soldat doit laisser son uniforme plié et en ordre sur la table de Panama au lieu de le tirer dans un coin comme l'a prévu le scénario

---

114 Marcel Carné : *Le Quai des brumes*, 00:15:58-00:16:09.
115 C'est ainsi que Marcel Carné rapporte au moins les détails autour du tournage dans ses mémoires, cf. Marcel Carné : *Ma Vie à belles dents. Mémoires*. Paris : L'Archipel 1996, p. 87sq.

original.[116] Malgré ces précautions, la presse de droite en France s'est montrée indignée par ce film qu'il jugeait démoralisant par sa tonalité sombre, par la mise en scène d'un déserteur et d'autres criminels, mais aussi par son portrait d'une virilité faible.[117] Ce sont ces raisons qui sont à l'origine de son interdiction sous le régime de Vichy : en effet, les censeurs auraient jugé le film à ce point démoralisant qu'il aurait causé la défaite de la France face à l'armée allemande.[118]

Mais le film a également subi la critique de Jean Renoir, qui parlait avec dédain du « Cul des brèmes »[119] et critiquait le film comme « fasciste », d'une part parce que Carné voulait le réaliser d'abord en Allemagne, mais aussi parce qu'il ne montre aucune solidarité entre les personnages et enfin à cause de la représentation stéréotypée de Michel Simon comme – prétendument – juif radin et pervers.[120]

Malgré ces critiques féroces, le film a joui d'un grand succès auprès du public français de sorte qu'il compte parmi les films les plus rentables de l'année et même de la décennie. Carné a en outre remporté le prix de la meilleure réalisation à la Mostra di Venezia. Il a gagné le prix Louis Delluc du meilleur film en 1939 ; en 1940, le National Board Review aux États-Unis le couronnera comme meilleur film étranger.[121] Le pessimisme du film semble donc bien correspondre aux attentes et au goût du public de l'époque ; l'esthétique et l'imaginaire

---

116 Cf. Edward Baron Turk : *Child of Paradise*, p. 111sq.

117 C'est la critique principale de Lucien Rebatet, alias François Vinneuil, de *L'Action française*, qui s'en prend au personnage de Jean : « Ce pauvre diable, qui ne peut finir que dans le ruisseau, avec quatre balles dans le ventre, incarne pour eux une sorte d'idéal de la chevalerie, de la virilité. C'est le sauveur, le redresseur de torts. C'est encore bien autre chose, et au bout du compte, hélas ! un Lohengrin pour midinettes. Nos deux auteurs, avec toutes les ambitions qu'on leur suppose, pratiquent les poncifs les plus vulgaires, à la petite fleur bleue et au sang » (François Vinneuil : L'écran de la semaine. *Le Quai des brumes*. In : *L'Action française* (20 mai 1938), p. 6).

118 Cf. Robin Bates : Audiences on the Verge of a Fascist Breakdown: Male Anxieties and Late 1930s French Film. In : *Cinema Journal* 36, 3 (printemps 1997), p. 25–55, p. 40.

119 Cf. Pascal Mérigeau : *Jean Renoir*. Paris : Flammarion 2012, p. 385.

120 Cf. James Dudley Andrew : *Mists of regret*, p. 268. Les propos de Renoir à propos du *Quai des brumes*, tenus à la Maison de la Culture, lui ont valu la critique féroce d'Henri Jeanson qui lui reproche sa fausseté et son hypocrisie, cf. Henri Jeanson : Jean Renoir. Le plus grand metteur en scène du parti communiste français. In : *La Flèche* (12 août 1938), p. 35sq.

121 James Dudley Andrew : *Mists of regret*, p. 268sq. Selon Colin Crisp, *Le Quai des brumes* est le quatrième film au palmarès des films avec le plus grand public à Paris lors de la sortie exclusive entre le début de la décennie et le début de la Seconde Guerre mondiale, derrière *Le Roi des resquilleurs* (1930, Pierre Colombier), *L'Appel du silence* (1936, Léon Poirier) et *Pépé le Moko* (1937, Julien Duvivier). Ces estimations s'avèrent cependant difficiles à cause du manque de chiffres au début de la guerre, cf. Colin Crisp : *Genre, Myth and Convention . . .*, p. 328 et 333.

populistes qui le distinguent jouissent d'un très bon accueil au sein du public même si la trame du roman n'est plus guère respectée.

7.2.2 Hôtel du Nord et la refonte de la communauté populaire

La vision pessimiste de la communauté populaire n'est cependant pas un élément nécessaire pour le populisme cinématographique ce que montre bien l'exemple d'*Hôtel du Nord*, réalisé peu après *Le Quai des Brumes*. En effet, ce film, que Carné tourne à partir d'un scénario de Jean Aurenche et d'Henri Jeanson, dialoguiste déjà expérimenté à l'époque,[122] met en scène une société populaire qui est touchée par la pauvreté et la présence du crime, mais qui détient le pouvoir de créer une communauté fonctionnelle. Ce faisant, le film s'éloigne considérablement de son modèle littéraire et ne retient que deux anecdotes du roman de Dabit : alors que le roman montre la grisaille de la vie quotidienne, le manque de contact des locataires de l'hôtel et finalement la disparition de l'établissement, le film ne reprend du livre que le cocuage de Prosper Trimault par sa femme Gina et son ami Kenel ainsi que l'homosexualité du client Adrien que le film suggère avec beaucoup de précautions.[123] Mais ces anecdotes ne figurent jamais au premier plan du film.

Au contraire, ses créateurs ont imaginé deux histoires nouvelles qui composent la diégèse du film : deux amoureux pauvres, Pierre et Rénée, interprétés par Jean-Pierre Aumont et la star Annabella,[124] cherchent une chambre dans l'hôtel du Nord pour se suicider. Pendant que la plupart des locataires de l'hôtel fête la première communion d'une petite fille dans la salle du rez-de-chaussée, un coup de revolver se fait entendre. Edmond (Louis Jouvet), proxénète et partenaire de Raymonde (Arletty), enfonce la porte et voit le corps immobile de Renée sur le lit ; voyant Pierre, tétanisé, le revolver à la main, il l'incite à s'enfuir. Celui-ci obéit, mais se résout finalement à se livrer comme assassin à la police. Cependant, Renée n'est pas morte : grâce à une transfusion de sang de l'éclusier Prosper Trimault (Bernard Blier), elle survit et commence à travailler à l'hôtel du Nord. Entre-temps, Edmond apprend de Raymonde qu'un ancien complice le

---

122 Au moment de se consacrer à *Hôtel du Nord*, Jeanson a notamment travaillé aux dialogues de *Pépé le Moko* et d'*Un carnet de bal*, les deux réalisés par Julien Duvivier en 1937.

123 Sur la représentation d'homosexualité dans *Hôtel du Nord*, cf. Edward Baron Turk : *Child of Paradise*, p. 139sq.

124 Annabella est pendant l'entre-deux-guerres une des actrices les plus appréciées auprès du grand public ; le projet d'adapter *Hôtel du Nord* est né parce que le producteur Jacques Lucachevitch voulait réaliser un film avec l'actrice ; cf. ibid., p. 129.

cherche et veut se venger du fait qu'Edmond l'a livré à la police. Mais amoureux de Renée, Edmond ne part pas ; seulement quand Renée l'implore de partir avec elle et de recommencer loin une vie ensemble, il veut s'embarquer à Port-Saïd. Au dernier moment, Renée réalise cependant qu'elle continue à aimer Pierre et rentre à l'hôtel où elle veut l'attendre jusqu'à ce qu'il sorte de la prison. Edmond rentre aussi et va vers son destin : pendant la fête du 14 juillet, il se laisse tuer par son ancien complice alors que Renée et Pierre projettent de recommencer leur vie ensemble ailleurs.

Dans un article pour *Les Nouvelles littéraires*, Henri Jeanson explique le choix de ce sujet par le fait que Jean Aurenche s'est inspiré d'un fait divers et pourquoi l'équipe a décidé mettre en scène ce récit au lieu de se focaliser sur une des ‹ tranches de vie › du roman :

> Le cinéma est un spectacle qui a ses lois, comme le théâtre. Quiconque ne les respecte pas est condamné. Condamné à l'insuccès. Et l'insuccès est rigoureusement interdit aux auteurs dramatiques. Il n'y a pas au cinéma de tirage limité. [. . .]
>
> Si vous voulez raconter l'histoire de Renée, la bonne de l'Hôtel du Nord, vous perdrez votre temps. Qu'est-ce donc que Renée ? Une pauvre fille. [. . .] Renée n'est plus qu'une héroïne du théâtre libre, qu'un poncif du père Antoine. Allez-vous traiter l'éternel mélodrame de la fille-mère ? Non, croyez-moi. . . Il peut se passer autre chose à l'Hôtel du Nord. . . Il y a tant de chambres. . .[125]

Les créateurs d'*Hôtel du Nord* sont d'accord sur le fait que la structure épisodique et le style sobre de Dabit ne peuvent pas être adaptés sans concessions au média cinématographique. Un article de Carné corrobore l'impression de Jeanson. Le réalisateur constate également qu'‹« il fallait trouver une action centrale, un ‹ nœud dramatique ›, une ligne, une progression qui, tout en restant dans l'ambiance si curieuse des quais du canal, offrit un intérêt sentimental et spectaculaire »[126] ce que le roman de Dabit ne pouvait pas fournir, dans la mesure où il est constitué d'une série d'épisodes qui manquent de lien entre eux. Carné et Jeanson soulignent qu'ils se sont uniquement intéressés à la traduction de l'atmosphère du roman et du paysage urbain près du Canal Saint-Martin. La citation de Jeanson exprime, par ailleurs, un autre doute face au récit romanesque de Dabit : selon Jeanson, l'adaptation d'un des récits plus volumineux du roman, le sort de la bonne de l'hôtel Renée, conduirait uniquement à la répétition de poncifs du théâtre naturaliste d'amateurs – du Théâtre-

---

125 Henri Jeanson : Lettre à Eugène Dabit. In : *Les Nouvelles littéraires, artistiques et scientifiques* (24 décembre 1938), p. 8.
126 Marcel Carné : Ce qu'on ne verra pas dans *Hôtel du Nord*. In : *Cinémonde* spécial Noël (décembre 1938), p. 1059.

Libre d'André Antoine[127] – qui forment la base du genre mélodramatique. Or, la prétention des créateurs de cinéma réside justement dans la volonté de dépasser toutes les formules génériques, donc aussi le naturalisme théâtral du mélodrame.[128] La production française de l'entre-deux-guerres consistant en majorité en comédies et en mélodrames,[129] ces formules représentent la ‹ norme › du film à l'époque. Afin de pouvoir présenter un récit filmique qui peut être perçu comme la ‹ réalité › tout en la dépassant par une transcendance poétique, le réalisme poétique doit donc nécessairement interroger les paradigmes des deux genres et les renouveler.[130]

Pour cette raison, *Hôtel du Nord* se présente en grande partie comme un hybride entre un mélodrame qui relate les amours tragiques de Renée et de Pierre et une comédie qui comprend les monologues d'Arletty dans le rôle de Raymonde, mais aussi la mise en scène d'une communauté sympathique autour de l'hôtel. La mise en scène de cette communauté populaire s'appuie cependant largement sur d'autres poncifs, littéraires et cinématographiques, du ‹ peuple ›.[131]

Celui-ci connaît une revalorisation esthétique par rapport au modèle littéraire. L'action du film semble tourner autour de personnages qui représentent un danger pour la vie de la communauté populaire du film en y introduisant la violence : Renée et Pierre choisissent l'hôtel avec l'intention de s'y suicider ce qui correspond à une première entrée de la violence au sein de la communauté. Mais le couple de Raymonde et Edmond présente un danger encore plus marqué : le spectateur apprend, en effet, qu'Edmond est un ancien criminel du nom de Robert

---

127 André Antoine fonda le Théâtre-Libre en 1887 pour créer une scène où les préceptes naturalistes de Zola pourraient être réalisés sur scène. Son théâtre se distinguait par l'importance qu'il accordait aux acteurs amateurs et au décor composé d'objets réels. À propos du Théâtre-Libre, cf. Patricia Bohrn : *André Antoine und sein Théatre libre: eine spezifische Ausformung des naturalistischen Theaters.* Francfort-sur-le-Main/New York : P. Lang 2000.

128 Crisp montre que les cinéastes autant que les critiques du cinéma français se refusent à l'idée de catégoriser la production dans des genres, cf. Colin Crisp : *Genre, Myth and Convention . . .* , p. 203–2012.

129 Crisp constate que malgré la grande influence du mélodrame de l'entre-deux-guerres pour le canon cinématograhique, la production de comédies surpasse celle des mélodrames en chiffres purs, même si le succès des comédies auprès du public et la durée de leur diffusion dans les salles sont bien plus volatiles, cf. ibid., p. 220–222.

130 Les affirmations de Jacques Dubois qui prétend que chaque œuvre littéraire qui suit l'idéal du réalisme doit introduire des innovations afin d'être perçue comme réaliste (cf. Jacques Dubois : *Les romanciers du réel: de Balzac à Simenon.* Paris : Éd. du Seuil 2000, p. 12), sont donc également valables pour d'autres médias.

131 L'importance des lieux communs pour l'adaptation du roman est déjà signalée dans Francis Ramirez/Christian Rolot : Hôtel(s) du Nord : du populisme en littérature et au cinéma, dont je reprendrai certains éléments par la suite.

qui se cache de ses complices qu'il a livrés à la police.[132] Les complices, sortis de prison au bout de cinq ans, le cherchent et bien que Raymonde protège Edmond/ Robert, elle le trahit ensuite, après qu'il l'a quittée pour Renée.[133] Ainsi, Raymonde et Edmond représentent-ils une double menace : d'une part, Edmond est un criminel dont la violence est soulignée par la mise en scène : il est peu aimable envers la petite fille qui offre à Raymonde une part de son gâteau de communion,[134] les autres locataires de l'hôtel évoquent son sang-froid et sa violence[135] et dans plusieurs scènes, Edmond se cache dans l'ombre de sorte que son visage sombre dans une ombre épaisse qui lui donne un aspect dangereux.[136] D'autre part, Raymonde ajoute à la situation : quoique ses relations avec l'ensemble des autres locataires soient chaleureuses,[137] son emploi de prostituée la rapproche des milieux criminels. Son désir de vengeance après sa rupture conduit à la situation où Nazarède lui-même attend le retour d'Edmond dans sa chambre afin de le tuer. Autrement dit, Raymonde permet l'entrée d'un assassin dans l'hôtel et ouvre ainsi littéralement la porte au danger.

Il convient néanmoins de rappeler que la mise en scène insiste sur le fait que Raymonde, et à plus forte raison Edmond sont aux marges de la communauté de l'hôtel : ils ne participent ni à la fête de communion au début du film, ni à celle du 14 juillet à la fin et restent enfermés dans leur chambre. La même chose peut être dite de Pierre qui entre avec Renée pendant la fête de la communion, mais qui ne côtoie aucun autre locataire à part Edmond pour le reste du film. Cela montre clairement qu'aucun des personnages principaux n'est véritablement partie intégrante de la communauté de l'hôtel – sinon Renée qui travaille comme serveuse à l'hôtel et qui devient peu à peu familière du lieu.[138]

---

132 Marcel Carné : *Hôtel du Nord. Édition Collector.* MK2 éditions 2006, 01:07:59-01:10:29.

133 ibid., 01:20:05-01:20:59.

134 ibid., 00:06:20-00:06:43.

135 ibid., 00:32:33-00:33:28.

136 Le grand plan du visage d'Edmond, assis sur un banc près du canal, seulement éclairé par la lumière de sa cigarette et de son allumette en est l'exemple parfait parce que le contrechamp montre directement la surprise et la peur dans le visage de Renée, cf. ibid., 01:07:45-01:08:01.

137 Les scènes de l'exposition montrent clairement qu'elle entretient un bon rapport avec la famille du policier dont la fille lui apporte du gâteau ainsi qu'avec les Lecouvreur qui l'invitent à trinquer avec les autres (cf. ibid. 00:06:00-00:09:43).

138 Cette familiarisation avec le milieu de l'hôtel est littérale et signalée par la manière dont les autres personnages l'accueillent dans leur ‹ famille › : Prosper Trimault la considère comme sa « cousine » étant donné qu'il lui a donné du sang (ibid., 00:43:12-00:43:20) et les Lecouvreur voient avec beaucoup de peine son départ (cf. ibid. 01:25:45-01:26:44).

Les critiques de droite ont néanmoins reproché à Carné de brosser le portrait d'une société française faible et sans morale.[139] Une telle critique s'explique par la manière dont Carné met en scène une masculinité défaillante : Pierre évoque personnellement à plusieurs reprises la lâcheté qui l'empêche de se suicider. Cette impuissance se reflète dans toute sa personnalité : dessinateur, il n'est pas capable de nourrir sa compagne et lui-même ; il ne réussit pas à trouver un autre emploi ; il ne voit pas le moyen de vivre avec Renée et la repousse. Mais Edmond n'est pas meilleur : il s'avère que sa brutalité et son caractère sanguinaire ne sont qu'une façade qui doivent lui éviter d'être retrouvé par son ancien complice Nazarède qu'il a trahi par lâcheté ; il cherche à se former comme photographe, mais dépend du revenu de Raymonde. La masculinité défaillante des personnages les plus importants s'accompagne de l'apparition de personnages qui ne peuvent pas plaire à un public de droite : les Lecouvreur accueillent un petit orphelin espagnol, traumatisé par la Guerre Civile,[140] Adrien, dont l'homosexualité est fortement suggérée.[141] Ces personnages sont donc les signes d'un libéralisme qui s'oppose à l'ordre sociétal tradi-

---

139 A titre d'exemple, François Vinneuil alias Lucien Rebatet voit dans le style d'*Hôtel du Nord* un « pseudo-réalisme » qui prolonge « le cinéma judéo-allemand d'après-guerre », et constate notamment que « le personnage du lâche, qui doit être ou un misérable ou un homme incroyablement malheureux est entouré d'une indulgence fade, d'une sensiblerie délayée », cf. François Vinneuil : L'écran de la semaine. Réalisme : *Hôtel du Nord*. In : *L'Action française* (30 décembre 1938) 4. Jean Laury se plaint dans *Le Figaro* de l'atmosphère consistant en « le détail pénible, le mot gras, le geste touchant ou vulgaire » et qui emporterait dans un « brouillard poisseux » le jeu de Louis Jouvet, cf. Jean Laury : Au Marivaux *Hôtel du Nord*. In : *Le Figaro* (22 décembre 1948) 4. Enfin, René Jeanne s'interroge dans les pages du *Petit Journal* pourquoi dans *Hôtel du Nord* et *Le Quai des brumes* « on nous présente que des échantillons de la plus triste, de la plus basse humanité », cf. René Jeanne : A Marivaux: *Hôtel du Nord*. Marcel Carné, auteur de *Hôtel du Nord* = Marcel Carné, auteur de *Quai des brumes*. In : *Le Petit Journal* (22 décembre 1938) 9.
140 L'hospitalité des Lecouvreur est telle qu'ils défendent avec vigueur leur décision de l'accueillir devant la critique du policier qui juge que c'était une « drôle d'idée », Marcel Carné : *Hôtel du Nord*, 00:05:02-00:05:35.
141 Cela devient particulièrement apparent dans la scène d'exposition, où il affirme avec beaucoup d'emphase qu'il a « le sang très pur » (ibid., 00:04:11-00:04:16) et qu'il ne pourrait pas imaginer de le vendre : l'horreur de donner du sang est exprimé avec affectation ce qui correspond plutôt au stéréotype féminin. En outre, il est très méticuleux et n'accepte pas que Jeanne, la bonne de l'hôtel nettoie sa chambre (ibid., 00:40:27-00:40:34) ; il accueille un « camarade » pendant la nuit dans sa chambre, se renseigne sur des clients ouvriers qu'il qualifie de « très gentils » (ibid., 00:40:27-00:40:34). Renée constate plus tard qu'elle n'aurait jamais cru qu'il lui demande de sortir avec elle alors qu'il s'entoure exclusivement d'hommes (ibid., 01:06:28-01:06:38). En outre, leur rendez-vous se termine avec la rencontre entre Adrien et un soldat qu'il connaît ; Renée les laisse partir ensemble (ibid., 01:07:05-01:07:26).

tionnel et la raison pour laquelle la droite perçoit la communauté représentée comme immorale et criminelle.[142]

Il est nécessaire d'indiquer que les personnages peu conventionnels ne sont pas condamnés par les autres personnages dans le film. Les Lecouvreur se distinguent par leur tolérance et leur caractère amical avec tout le monde : quand le policier s'étonne de la méticulosité d'Adrien, ils ne l'expliquent pas par son homosexualité, mais par son activité de confiseur.[143] Lorsqu'un bruit effraie Manolo, l'orphelin espagnol, Louise le prend dans ses bras et rappelle qu'il est traumatisé par la guerre.[144] Même l'adultère de Gina ne fait pas l'objet d'une véritable.[145] L'hôtel est ainsi le foyer d'une tolérance extraordinaire et les Lecouvreur prouvent leur empathie quand ils proposent à Renée de travailler à l'hôtel.[146]

Hôtel du Nord montre donc la stabilité du lien social et la solidarité entre les personnages d'un milieu populaire. Malgré la présence de la violence ainsi que de la pauvreté extrême qui conduit Renée et Pierre au projet de se suicider, malgré les personnages qui semblent s'opposer à l'ordre établi, la communauté de l'hôtel est stable et assez forte pour contenir des pulsions destructrices. La mise en scène du film corrobore cette impression de stabilité :[147] le début et la fin du film représentent, en effet, des moments d'union amicale entre la plupart des personnages, le début avec la fête de communion de la petite fille du policier, la fin avec la fête du 14 juillet. L'action du film, composée de la tentative de suicide, de la rupture entre Pierre et Renée, de la détention de Pierre et Raymonde, de disputes entre Raymonde et Edmond et finalement de l'assassinat d'Edmond, est encadrée par deux moments forts qui illustrent la convivance paisible du milieu populaire et montrent que le désordre et l'instabilité apparente des liens sociaux ne domine pas. La fête du 14 juillet et, à sa suite, le départ de Renée et de Pierre illustre le retour à la normalité du monde populaire : en effet, dans la dernière scène la caméra accompagne le départ de Renée et de Pierre à travers la passerelle sur le canal ; ce faisant, le travelling

---

142 Un tel jugement se reflète de manière inversée dans l'analyse de Turk qui affirme que l'hôtel et le quai des Jemmapes « represent an idealized space in which tolerance expunges society's notions of sin, crime and abnormality », Edward Baron Turk : *Child of Paradise*, p. 140.

143 Marcel Carné : *Hôtel du Nord*, 00:41:04-00:41:12.

144 ibid., 00:05:13-00:05:20.

145 ibid., 00:38:59-00:39:58.

146 ibid., 00:45:57-00:46:42. Le quiproquo comique entre Monsieur et Madame Lecouvreur renforce encore l'impression d'un couple sympathique qui est toujours prêt à aider les autres.

147 Cf. également Francis Ramirez/Christian Rolot : Hôtel(s) du Nord : du populisme en littérature et au cinéma, p. 72sq.

de la caméra renverse le mouvement pendant la première scène qui montre l'arrivée des deux protagonistes.[148] Certes, leur arrivée a causé un certain désordre dans les rapports sociaux de l'hôtel, mais leur départ marque aussi le retour au point de départ.

Si certains chercheurs voient dans *Le Quai des brumes* un exemple du pessimisme naissant du cinéma français face au Front populaire et à la capacité de l'État français d'affronter la guerre imminente,[149] ce pessimisme cinématographique n'est pas absolu, comme le montre la mise en scène de la société dans *Hôtel du Nord*. Elle contient, certes, des éléments destructeurs et des individus qui s'opposent à l'ordre traditionnel, mais le rapport social s'avère assez fort pour maîtriser les tensions.

Le film de Carné est donc une adaptation très libre de *L'Hôtel du Nord* d'Eugène Dabit : ni la trame, ni le jugement porté sur la société ont été conservés. Dans le roman de Dabit, la convivance du ‹ peuple › se distingue par le fait que les vies des locataires sont pour la plupart parallèles sans se croiser. Tout rapport social à l'hôtel est transitoire et celui-ci disparaît même à la fin du roman. Le film, en revanche, n'illustre que la permanence des liens sociaux et de la vie à l'hôtel.[150] Il en résulte que le rapport social semble stable dans le film, il n'est guère sujet de perturbations.

Les cinéastes se voient contraints de créer un film qui s'inscrit mieux dans les attentes du public de cinéma ; ils présentent un récit plus linéaire, pourvu d'une intrigue clairement compréhensible ; chaque touche naturaliste qui subsiste du roman est l'objet d'un traitement pittoresque de sorte que disparaissent l'alcoolisme et le concubinage illégitime.[151] Le couple de Pierre et Renée prévoit de se marier à la fin.[152] Les cinéastes optent donc pour un scénario de mélodrame qui s'accompagne d'une action secondaire comique. Mais sous l'influence d'Henri Jeanson, cette action secondaire prend de plus en plus d'importance de sorte que la focalisation diffère de celle des mélodrames

---

148 Cf. Edward Baron Turk : *Child of Paradise*, p. 132.

149 Steven Ungar voit ensemble avec *Le Quai des brumes* même la rupture de Raymonde d'avec Edmond comme un signe de la désillusion de la population française face au Front Populaire ; cependant, il n'explique pas en quoi Edmond pourrait représenter le gouvernement de Léon Blum. Cf. Steven Ungar : « Atmosphère, atmosphère » : On the Study of France Between the Wars. In : *Studies in 20th & 21st Century Literature* 21, 2 (1 juin 1997), 394.

150 Cf. Francis Ramirez/Christian Rolot : Hôtel(s) du Nord : du populisme en littérature et au cinéma, p. 72sq.

151 Cf. ibid., p. 77.

152 Marcel Carné : *Hôtel du Nord*, 01:26:09-01:26:12.

classiques de cette époque.[153] Ainsi, les dialogues pathétiques entre Renée et Pierre qui rêvent de quitter le monde et les échanges comiques entre Raymonde et Edmond qui veut « changer d'atmosphère »[154] se trouvent mis sur le même plan. La poésie pathétique du couple tragique rencontre les éruptions argotiques d'Arletty. Cette dualité, accompagnée du décor d'Alexandre Trauner qui recrée méticuleusement le quai des Jemmapes près des studios de Billancourt,[155] ainsi que certaines scènes de coupe qui semblent des scènes d'un documentaire ou des photographies de Kertész le quotidien des éclusiers et des ouvriers au quai,[156] sert à repérer le pathos du mélodrame au sein du monde quotidien du ‹ peuple › et crée ainsi un effet de réel.

Par rapport au roman qui lui sert de base, le réalisme poétique d'*Hôtel du Nord* montre donc un certain développement de l'esthétique populiste : certes, Carné s'intéresse aux marginaux de la ville et à leur misère ; le spectateur peut même apprécier certaines scènes qui rappellent le fantastique social de Mac Orlan, notamment au moment où Edmond affronte Pierre ou quand le dernier cherche à se jeter devant un train.[157] Il peut également observer des moments de déséquilibre dans les rapports sociaux et voir le travail du ‹ peuple ›,[158] mais cette esthétique culmine souvent dans la solution des tensions et dans une convivance paisible, de sorte que l'esthétique populiste du film s'accompagne souvent d'un jugement beaucoup plus optimiste sur le ‹ peuple ›. Contrairement à d'autres films de l'époque, la bourgeoisie n'est guère présente dans le film.[159] *Hôtel*

---

153 Carné relate dans ses mémoires que Jeanson aurait consciemment rédigé les dialogues d'Annabella et d'Aumont d'une manière faible parce qu'il n'appréciait pas les acteurs, cf. Marcel Carné : *Ma Vie à belles dents. Mémoires*, p. 109sq.

154 Marcel Carné : *Hôtel du Nord*, 01:00:20-01:00:23.

155 A propos du travail de Trauner avec Carné, cf. James Dudley Andrew : *Mists of regret*, p. 186–188.

156 Cf. Dudley Andrew/Steven Ungar : *Popular Front Paris and the Poetics of Culture*, p. 286–288.

157 Cf. ibid., p. 288. Turk voit dans la scène de la tentative de suicide de Pierre surtout l'héritage de l'expressionisme allemand qui est également présent dans l'esthétique de Mac Orlan, cf. Edward Baron Turk : *Child of Paradise*, p. 142.

158 C'est surtout le travail de Renée qui est mis en scène, par exemple dans Marcel Carné : *Hôtel du Nord*, 00:47:55-00:49:43. Quant au travail et à l'identité ouvriers, ils ne sont guère présentés sauf dans le personnage de Kenel, dont la salopette et le fait qu'il évoque sa participation à une grève esquisse une certaine appartenance à la classe ouvrière (cf. ibid.., 00:50:07-00:50:20).

159 Uniquement pendant l'interrogation de Renée, il se montre son incompréhension de l'inspecteur pour la précarité économique et le désespoir du couple amoureux qui exprime d'une certaine façon les idées courantes sur le système social que seulement des personnes n'ayant jamais affronté la pauvreté peuvent soutenir : à titre d'exemple, l'inspecteur constate que

du Nord esthétise donc en premier lieu le milieu populaire et le montre comme un foyer de l'harmonie qui peut faire face à toutes sortes de menaces.

Le film opère ainsi le resserrement du lien social, qui s'est avéré troublé dans le roman. S'il y a donc bien une esthétique populiste dans le film de Carné, elle a une portée différente : tandis que Dabit voulait évoquer la marginalité d'une vie populaire qui est menacée de disparaître, le film réaffirme la permanence des types pittoresques et d'un lien social stable. Par ce biais, le film défend une esthétique populiste qui opère par la mythisation des milieux populaires ; le roman, en revanche, cherche davantage à éveiller l'inquiétude face au changement de la structure urbaine et à la disparition d'un ‹ peuple › honnête.[160]

7.2.3 L'enjeu de la langue et du milieu social : l'idéal de l'authenticité dans le film

Il convient de mentionner un élément esthétique à partir du *Quai des brumes* et d'*Hôtel du Nord* qui montre à quel point les adaptations se séparent de leurs modèles littéraires et qui représente une particularité de l'esthétique populiste à l'écran : les films emploient davantage le langage populaire et les termes d'argot afin de marquer la position sociale des locuteurs. Ce faisant, l'usage du langage populaire et de termes d'argot sert à doter les œuvres cinématographiques d'un certain effet de réel. Il revêt aussi d'autres fonctions qui servent à caractériser les personnages : ainsi, le langage populaire s'oppose strictement aux tonalités sérieuses et s'emploie afin d'indiquer soit les personnages auquel le public doit s'identifier, soit les situations comiques.

Le sujet du langage populaire dans le film n'a pas encore été l'objet d'études, contrairement à l'entrée du langage populaire dans la littérature qui est notamment analysée dans les grands travaux d'Andreas Blank, de Jérôme Meizoz et de Philippe Roussin.[161] Meizoz constate que le « roman parlant » repose sur la conception sous-jacente que l'œuvre doit être authentique, et que les ro-

---

Renée a gagné honorablement sa vie comme apprentie boulangère ; elle répond en précisant son salaire bas ce qui laisse penser l'inspecteur que son occupation « n'était pas très absorbante », mais Renée rétorque qu'elle devait se lever à six heures et se coucher à neuf heures du soir (cf. Marcel Carné : *Hôtel du Nord*, 00:28:49-00:29:10). De cette manière, le film souligne l'écart entre l'imaginaire bourgeois du travail manuel comme un travail bien payé et simple contre la dureté de l'existence de Renée.

160 Cf. Francis Ramirez/Christian Rolot : Hôtel(s) du Nord : du populisme en littérature et au cinéma, p. 78–80.

161 Cf. Andreas Blank : *Literarisierung von Mündlichkeit: Louis-Ferdinand Céline und Raymond Queneau*. Tübingen : Narr Jérôme Meizoz : *L'Âge du roman parlant: (1919–1939) ; écrivains, cri-*

manciers emploient le langage populaire afin d'exprimer le quotidien de certains milieux sociaux.[162] De cette manière, ils mobilisent les termes d'argot et des techniques d'oralisation afin de créer un effet de réel. De surcroît, le langage populaire doit servir à un but politique : l'écart par rapport au langage littéraire traditionnel est justifié par le désir de présenter un récit qui n'obéit non seulement aux règles du réalisme, mais aussi à la représentation démocratique du ‹ peuple › dans la littérature. Comme je l'ai montré, les œuvres littéraires qui s'inscrivent dans le sillage de la nébuleuse populiste poursuivent souvent ce double idéal d'authenticité, qui conduit une grande partie des romanciers à doter leurs récits d'une certaine esthétique, censée révéler l'insolite magie du quotidien populaire et montrer ainsi la valeur de la vie du ‹ peuple ›. Les termes d'argot et le langage populaire sont cependant souvent cantonnés au dialogue et ne rencontrent pas un véritable épanouissement.

La situation s'avère différente dans le film de l'entre-deux-guerres ; la juxtaposition des romans de Mac Orlan et de Dabit et leurs adaptations pour le grand écran le montre clairement. Alors que ni *Le Quai des brumes* ni *L'Hôtel du Nord* ne sont des romans dominés par le dialogue et encore moins par une langue oralisée, la diégèse du film en tant que média dépend du dialogue. C'est pourquoi les adaptations de Carné misent bien davantage sur les expressions argotiques et populaires. La raison du recours à des expressions d'un langage non-littéraire et parlé se trouvent donc en partie dans les besoins du média. Le langage populaire et l'argot, qui est selon Bourdieu « la ‹ langue populaire › par excellence »,[163] revêtent encore d'autres fonctions qui servent à nourrir l'esthétique populiste des films.

Dans *Le Quai des brumes*, les expressions familières servent surtout à caractériser les personnages et leurs origines sociales. Il n'est donc pas surprenant que les termes argotiques figurent avant tout dans la bouche du soldat Jean, et dans les répliques de l'ivrogne sans-abri Quart-Vittel. Lucien et son complice L'Orphelin emploient, quant à eux, un langage imprégné d'un lexique argotique qui signale leur posture de ‹ voyous › ou de ‹ malfaiteurs ›. En revanche, la diction de Zabel s'oppose complètement à un tel langage ‹ vulgaire ›. En vérité, il réprimande l'usage de termes argotiques comme « buter » dans la diction de Lucien.[164]

---

tiques, linguistes et pédagogues en débat. Genève : Droz 2001 ; Philippe Roussin : *Misère de la littérature, terreur de l'histoire. Céline et la littérature contemporaine.* Paris : Gallimard 2005.

162 Cf. Jérôme Meizoz : *L'Âge du roman parlant*, p. 469–471.

163 Pierre Bourdieu : Vous avez dit « populaire » ? In : *Actes de la recherche en sciences sociales* 46, 1 (1983), p. 98–105, p. 100.

164 Marcel Carné : *Le Quai des brumes*, 00:41:07-00:41:10.

Les manières de parler construisent ainsi un système de positions sociales des personnages qui dote les expressions populaires de certaines valeurs. Premièrement, la façon de parler de Jean lui donne une place très précise dans la société. Zabel peut reconnaître, dès la première fois qu'il rencontre Jean, que celui-ci doit venir de Paris alors que rien dans son apparence ne peut le trahir.[165] Sa façon de s'exprimer s'associe aussi à d'autres traits de caractère, surtout si l'on compare Jean à Zabel : ici, le spectateur voit le déserteur, qui est « sans un »,[166] parcourir Le Havre pendant la nuit ; là, Zabel qui ne quitte pratiquement pas l'arrière-boutique au mobilier bourgeois. Le langage des deux personnages se distingue nettement, Zabel parlant sans jamais abandonner un style presque écrit et lourd tandis que Jean emploie les tournures familières, y compris au moment où il veut s'approcher de Nelly.[167] Jean Gabin incarne par son accent « l'homme du peuple parisien », comme dans tous ses rôles de l'époque.[168] L'usage du langage familier marque donc l'écart entre les personnages et leurs appartenances de classe.

Si, par son langage, Jean révèle donc un caractère cru, il demeure cependant le modèle identificatoire du spectateur. Cela ne signifie pas qu'il y a corrélation entre le caractère du personnage et le public du film – un malentendu qui surgit facilement au moment où l'on considère le cinéma comme un spectacle qui se distingue par son « association avec les classes populaires ».[169] Mais la sympathie que le public ressent pour le personnage s'explique par l'agencement de ses répliques. Il est vrai que dans la plupart des répliques, Jean est présenté comme un personnage ‹ dur › et agressif, sujet aux crises de nerfs. Sa rage et sa violence langagière s'adresse cependant à d'autres agresseurs et jamais à

---

165 ibid., 00:47:14-00:47:19.

166 ibid., 00:11:17. C'est ainsi que Jean présente sa situation à Quart-Vittel.

167 Jean parle en ces termes à Nelly afin de la complimenter : « Tiens, tu es belle et tu me plais. Sans blagues. T'es pas épaisse mais tu me plais. Comme au cinéma. J'te vois et pis . . . tu me plais. Le coup d'foudre ! Coup d'bambou, d'amour, quoi. Hah ! Teh ! Les mecs avec ces . . . ces ailes dans le dos et pis les flèches . . . Les cœurs sur les arbres, la romance, pis les larmes. Haha ! » (ibid., 00:18:30-00:18:55). Une des scènes les plus connus, celle du baiser entre Gabin et Morgan, contient la même rhétorique populaire qui s'appuie sur l'élision de voyelles : « T'as des beaux yeux, tu sais ? » (ibid., 01:03:14-01:03:19).

168 Ginette Vincendeau : Gabin unique : le pouvoir réconciliateur du mythe, p. 142.

169 Jenny Lefcourt : Aller au cinéma, aller au peuple. In : *Revue d'histoire moderne et contemporaine* 51–4 (2004), p. 98–114, p. 98. Si plusieurs observations à propos des surréalistes et les salles du cinéma des quartiers populaires sont corrects, il faut préciser qu'à aucun époque, le cinéma français était vraiment un passe-temps préféré par les classes populaires, mais plutôt pour les bourgeois et les milieux aisés ; la diabolisation du cinéma que Lefcourt observe n'est donc pas complètement exacte, cf. Colin Crisp : *Genre, Myth and Convention . . .* , p. 282.

des victimes. En effet, sauf si Jean se sent provoqué – comme avec le peintre Kraus ou lorsque Lucien harcèle Nelly ou quand Zabel veut la violer[170] – il reste silencieux. Jean n'emploie donc la dureté argotique que pour attaquer les ‹ méchants › ; il devient une sorte de héros vengeur qui cherche à rétablir la justice par ses attaques verbales.

Dans *Le Quai des brumes*, l'apparition d'un langage oralisé dans les dialogues doit certainement servir à créer un effet de réel. Mais la distribution de l'argot entre les personnages montre que le langage populaire ne surgit pas chez tous et qu'il sert à construire un imaginaire du personnage populaire. La comparaison entre Jean et Nelly, orpheline qui passe sa jeunesse dans les rues du Havre, montre par ailleurs que l'argot est uniquement un langage des hommes : en effet, Nelly parle sans accent à la différence de tous les hommes d'origine populaire ainsi que des voyous comme Lucien. L'usage du français familier dans *Le Quai des brumes* correspond ainsi à l'imaginaire du ‹ populaire › que Bourdieu a analysé :[171] le français familier est revendiqué comme une prise de parole des opprimés, à la fois expression de leur oppression et de leur dureté grossière. Étant donné que cette dureté conduit à l'attaque des ‹ méchants › du film, le public peut s'identifier à Jean et à son caractère ‹ peuple ›.

Dans *Hôtel du Nord*, l'usage du français familier comme langue du ‹ peuple › est légèrement différent. Cette fois, cependant, l'argot assume une fonction humoristique dans le film. L'usage du français familier ne cherche pas tellement à assurer l'effet de réel ou à signaler un personnage comme héros de l'action, mais plutôt à créer de l'humour. Même si les explosions de rage persistent, la dureté de l'expression populaire est à l'arrière-plan.

Le personnage de la prostituée Raymonde, interprétée par Arletty, montre le plus clairement ce que peut être la charge humoristique de l'argot. En effet, Raymonde prépare la portée humoristique du langage : quand Edmond lui demande d'arrêter de parler en demandant si elle ne peut pas changer de vocabulaire, Raymonde répond : « Vocabulaire ? Marrant. Le seul mot d'argot que j'entrave mal ! »[172] Raymonde montre ainsi l'écart qui la sépare d'Edmond qui ne s'exprime guère familièrement et qu'elle ne peut pas comprendre : l'argot est pour elle l'unique registre disponible pour s'exprimer. Le fait qu'elle se trompe régulièrement dans la formation de mots (« inhalater » au lieu d'inhaler, « fatalitaire » au

---

170 Marcel Carné : *Le Quai des brumes*, 00:16:22-00:17:12 ; 00:35:33-00:37:15 ; 01:22:11-01:23:14.

171 Pierre Bourdieu : Vous avez dit « populaire » ?, p. 100–102.

172 Marcel Carné : *Hôtel du Nord*, 00:35:56-00:36:00.

lieu de fataliste), montre que le langage populaire qu'elle emploie se définit comme une incompétence linguistique qui prête à rire.[173] Rien n'illustre mieux cette identification de l'expression argotique comme signe d'incompétence que la scène entre Jouvet et Arletty sur le canal Saint-Martin. Lorsqu'Edmond affirme qu'il veut « changer d'atmosphère » et que Raymonde est son atmosphère, elle s'offusque et commence à crier :

> C'est la première fois qu'on m'traite d'atmosphère ! Si chuis une atmosphère t'es un drôle de bled ! Oh, là là, ces types qui sont du milieu sans en êt' et qui crânent pour ce qu'ils ont été on devrait les vider ! Atmosphère ! Atmosphère ! Est-ce que j'ai une gueule d'atmosphère ?! Pisque c'est ça vas-y tout seul à La Varenne. Bonne pêche et bonne atmosphère ![174]

Raymonde prend le mot ‹ atmosphère › pour une insulte, elle lui cherche un équivalent en traitant Edmond de « drôle de bled ». Comprenant le mot sans en saisir la véritable portée, le personnage provoque ainsi le rire du public par ce quiproquo qui lui donne l'occasion de montrer son accent ‹ parigot › et des termes argotiques (« crâner », « vider », « gueule »). Son explosion de rage libère ainsi un langage souvent stigmatisé et banni par des linguistes et écrivains proches de la nébuleuse du roman populiste, comme André Thérive.[175] Si donc la fureur du personnage est bien présente et s'associe aussi dans cette scène à l'argot, la mise en scène, qui montre frontalement les deux personnages comme debout sur une scène sur la passerelle du canal, retire toute intensité de la dispute. Le fait que la dispute éclate à cause de l'incompétence linguistique de Raymonde ajoute en outre à l'effet comique. Enfin, le fait qu'*Hôtel du Nord* choisit une femme comme représentante principale du français familier et de sa dureté, au lieu d'une icône masculine comme Gabin,[176] augmente l'effet comique de la scène.

L'argot des discours d'Arletty dans *Hôtel du Nord* peut être considéré comme une manifestation du pittoresque : en effet, sa manière de s'exprimer est dure et rude, mais l'effet comique lui gagne la bienveillance du public. Il est étonnant de voir que même si les critiques de droite n'apprécient pas le film de Carné, ils louent pour la plupart le jeu d'Arletty. Cela montre que sa manière de

---

173 Francis Ramirez/Christian Rolot : Hôtel(s) du Nord : du populisme en littérature et au cinéma, p. 77.

174 Marcel Carné : *Hôtel du Nord*, 01:00:22-01:00:43.

175 Cf. Jérôme Meizoz : *L'Âge du roman parlant*, 157–173.

176 À propos de Gabin comme incarnation du masculin, cf. Ginette Vincendeau : Gabin unique : le pouvoir réconciliateur du mythe, surtout p. 180–184.

s'exprimer et son usage de l'argot sont considérés comme un effet pittoresque dans la représentation du ‹ peuple › et non comme une menace sociale.

Ainsi, le critique Jean Fayard apprécie même davantage le jeu d'Arletty et de Jouvet, qui représentent plutôt les ‹ bas-fonds › dans le film, que l'histoire d'amour principale entre Renée et Pierre.[177] Jean Fayard explique que les propos des deux amants sont déplacés dans le contexte du film, et cela notamment à cause du langage : alors qu'Arletty excelle dans l'expression argotique, Renée et Pierre parlent sans accent et avec un pathos qui ne serait pas crédible dans un contexte ‹ populaire › ; à son avis, seul le cinéma muet pourrait traduire leur drame.[178] Fayard considère donc l'absence d'argot chez les deux personnages comme un défaut, mais simultanément, il opère la distinction classique entre un sujet tragique élevé qui demanderait des personnages des classes élevées et un ‹ bas › sujet comique qui doit se situer dans un milieu populaire. Étonnamment, Carné, Aurenche et Jeanson ne semblent pas très éloignés de cette position : la partie tragique du film qui relate les amours de Pierre et Renée est presque dépourvue d'expressions du français familier. En revanche, la partie comique est pleine des expressions du langage populaire. Ainsi les créateurs jugent-ils donc aussi impossible de mettre en scène le drame du suicide avec des personnages parlant le français familier. Ils acceptent la combinaison classique entre le niveau de langage élevé et le sujet élevé. Cependant, ils s'opposent à l'autre exigence de Fayard : ils ne jugent pas impossible de situer le drame au milieu de la comédie, ce qui leur permet de fusionner comédie et tragédie dans *Hôtel du Nord*.

Il reste à observer que les deux adaptations de Marcel Carné utilisent différemment le langage populaire. Dans *Le Quai des brumes*, l'usage de l'argot ne correspond pas uniquement à la mise en place d'un effet de réel – comme c'est surtout le cas dans la littérature des années 1930 –, il doit également caractériser les personnages et capter la sympathie du public : c'est Jean qui semble le foyer de l'honnêteté par son emploi soigné de l'argot dans les moments où sa fureur doit rétablir la justice. *Hôtel du Nord*, en revanche, ignorant la dureté et la force de l'argot, met l'accent sur le malentendu langagier ; l'argot souligne le caractère inculte de certains personnages comme Raymonde et doit provoquer le rire. Le langage familier ne peut pas être utilisé dans les scènes sérieuses

---

177 Jean Fayard : Hôtel du Nord. In : *Candide* (21 décembre 1938) 17.
178 Le compte-rendu du critique se termine sur l'observation suivante : « Annabella et Jean-Pierre Aumont composent le triste couple des ratés. Ils passent comme des ombres dans des aventures qui les écrasent. Malheureusement ils parlent et tout ce qu'ils disent sonne faux. Ce n'est pas leur faute, mais celle de la convention. Il aurait fallu que leur rôle fût un rôle muet » (ibid.).

parce que les créateurs du film jugent que cette forme d'expression n'est pas adéquate pour la mise en scène des grands sentiments.

Ces analyses rapides des niveaux de langage dans *Le Quai des brumes* et *Hôtel du Nord* ne prétendent pas donner un aperçu complet des usages des expressions argotiques dans le cinéma parlant de l'entre-deux-guerres, mais uniquement signaler des pistes qui pourraient être approfondies dans des travaux ultérieurs. Les remarques précédentes montrent, en tout cas, que le français populaire et les expressions argotiques peuvent revêtir plusieurs fonctions lorsqu'il s'agit de déterminer l'atmosphère d'un film. Dans les deux cas, le français populaire réactive cependant les clichés de l'imaginaire du ‹ peuple › et de l'esthétique populiste : *Le Quai des brumes* brosse avec les discours de Jean le portrait d'un homme ‹ dur › et agressif qui obéit cependant strictement à un code moral intérieurisé ; *Hôtel du Nord* utilise les expressions familières afin de créer un pittoresque du milieu populaire. De cette façon, l'usage du français populaire dans les deux films les renvoie à l'esthétique populiste que leurs modèles littéraires déploient, même si ceux-ci n'emploient guère des expressions issues du langage populaire.

7.3 L'appropriation de l'esthétique populiste au cinéma : *Le Crime de Monsieur Lange* de Jean Renoir et *La Belle équipe* de Julien Duvivier

Si le cinéma n'est pas encore un média autonome pendant les années 1930 et qu'il dépend, pour cette raison, de la littérature pour lui fournir les récits à adapter, il existe aussi des films qui s'appuient sur un scénario original. Il faut aussi s'intéresser à ces films, étant donné qu'ils montrent à quel point l'esthétique populiste est diffusée dans la production filmique. L'année 1936 semble être l'année centrale de cet essor du populisme cinématographique, car c'est l'année des premières du *Crime de Monsieur Lange* de Jean Renoir et de *La Belle équipe* de Julien Duvivier, deux films centraux de l'entre-deux-guerres.

Comes et Marmin citent *La Belle équipe* comme « un classique de ce *réalisme poétique* »[179] et les deux films sont cités par Georges Sadoul à partir de novembre 1936, donc peu de temps après leur sortie, comme des modèles du

---

179 Cf. Philippe de Comes/Michel Marmin (éds.) : *Le Cinéma français*, p. 29, italiques reprises de l'original.

nouveau réalisme cinématographique.[180] Du point de vue de la narration, les deux films se ressemblent : la situation de la trame dans un milieu populaire et la mise en scène d'une action collective contre la bourgeoisie se trouve dans les deux films. De nombreux critiques ont, pour cette raison, constaté que les deux œuvres s'insèrent dans l'esprit du Front populaire qui commence à se former.[181] Établir un tel rapport semble pourtant hâtif et demande une analyse plus détaillée des possibles liens avec la politique de l'époque.[182] En réalité, le rapport ne peut pas être direct avec le Front populaire car le tournage et la rédaction des scénarios ont commencé bien avant les manifestations et l'élection de 1936.[183] A vrai dire, l'association entre le Front populaire et la création cinématographique est seulement possible à cause de l'imaginaire que les films partagent avec l'action politique. Cet imaginaire, en revanche, est un emprunt à l'esthétique populiste.

Considérer *La Belle équipe* comme un film populiste n'est pas nouveau. Dans son historiographie du cinéma, Pierre Billard constate déjà que dans le film de Duvivier « s'exprime l'essence même du populisme. »[184] Le rapport entre populisme et *La Belle équipe* s'établit même dès la sortie du film : de nombreux critiques qualifient le film de populiste, soit pour le louer, soit pour le récuser. A titre d'exemple, Fernand Lot appelle dès le sous-titre de son compte rendu pour *Comœdia La Belle équipe* « un admirable film populiste de Julien Duvivier, servi par une interprétation de grande classe » et il constate que l'œuvre est « sensible sans sensiblerie, original sans effort, populiste sans vulgarité. »[185] Du côté de la critique d'extrême droite, le film ne jouit pas d'une telle appréciation

---

180 Cf. Georges Sadoul : A propos de quelques films récents. In : *Commune* 39 (novembre 1936), p. 372–379.

181 Cf. Geneviève Guillaume-Grimaud : *Le cinéma du Front populaire*, p. 68.

182 C'est aussi l'opinion du biographe de Julien Duvivier, cf. Eric Bonnefille : *Julien Duvivier. Le mal aimant du cinéma français* 1: *1896–1940*. Paris : Harmattan 2002, p. 210. Pour une problématisation plus approfondie, cf. aussi Pierre Billard : *L'âge classique du cinéma français. Du cinéma parlant à la Nouvelle Vague*, p. 231.

183 Bonnefille affirme que le tournage commence le 2 avril aux studios Pathé de Joinville (Eric Bonnefille : *Julien Duvivier*, 1: *1896–1940*, p. 208). En effet, le journaliste Yvon Coulaud rapporte pour *Comœdia* sa rencontre avec les acteurs Jean Gabin et Viviane Romance sur le plateau de *La Belle équipe* (cf. Yvon Coulaud : Visite à Joinville. Promenade et curiosité . . . et dix minutes d'équilibre ! In : *Constellations* (avril 1936)). Le scénario est donc fini et le début du tournage a commencé avant les élections de mai 1936.

184 Pierre Billard : *L'âge classique du cinéma français. Du cinéma parlant à la Nouvelle Vague*, p. 270.

185 Fernand Lot : Les nouveaux films. La belle équipe. In : *Comœdia* (26 septembre 1936).

laudative : Jean Fayard déplore la mauvaise qualité du scénario en affirmant que « son [i.e. du scénariste Charles Spaak] roman populiste est aussi niais que mélodramatique »,[186] tout en louant les efforts de mise en scène ainsi que le jeu des acteurs.

Les mêmes constats sont faits à propos du *Crime de Monsieur Lange* de Jean Renoir et du scénariste Jacques Prévert. Diffusé quelques mois plus tôt au cinéma, le film de Renoir suscite parmi les mêmes critiques les mêmes positions que pour *La Belle équipe*. En effet, ils relèvent les mêmes éléments dans le film de Renoir pour les louer ou les récuser : ainsi, Fernand Lot écrit-il à propos du *Crime de Monsieur Lange* que

> Jean Renoir nous apporte aujourd'hui une œuvre ‹ populiste › du meilleur aloi : sensible, humaine, mettant en valeur les travaux, les soucis et les rêves de quelques humbles, soucieuse de détails vrais, d'un rythme si aisé qu'on oublie que c'est là un effet de l'art, interprétée enfin à ravir.[187]

Jean Fayard, en revanche, s'il remarque le talent du réalisateur note surtout que le film représente une « drôle d'histoire, décousue, à vagues tendances populistes et à laquelle nous ne nous intéresserons jamais. »[188] Bonne ou mauvaise critique, les deux films reçoivent toujours l'étiquette d'œuvre populiste. Cela veut dire que pour les journalistes de l'entre-deux-guerres, le terme de populisme a valeur d'étiquette génétique qui dépasse les frontières entre les médias et qui décrit d'une manière neutre les caractéristiques d'une œuvre d'art : le fait que les critiques positives et négatives utilisent de la même façon l'étiquette semble prouver qu'il s'agit d'une notion plutôt descriptive qu'évaluative, quoique Pascal Ory voie dans ce terme une certaine condescendance de la part de la critique.[189]

Les prochains sous-chapitres montreront donc quelles sont les caractéristiques de l'esthétique populiste pour le cinéma de l'entre-deux-guerres, quand il ne s'appuie pas sur un modèle littéraire précis. Afin d'y aboutir, je m'intéresserai d'abord aux *topoï* populistes et à leur mise en scène dans *La Belle équipe* et – comme modèle de comparaison – dans *Le Crime de Monsieur Lange*.

---

186 Jean Fayard : Les Films nouveaux. La belle équipe. In : *Candide* (24 septembre 1936).

187 Fernand Lot : Les nouveaux films. Le Crime de M. Langes [sic!]. In : *Comœdia* (8 janvier 1936).

188 Jean Fayard : Les Films nouveaux. Le Crime de Monsieur Lange. In : *Candide* (20 février 1936).

189 Pascal Ory : Le Crime de M. Lange, p. 265.

7.3.1 Misère urbaine, solidarité menacée, identité ouvrière : variations des motifs populistes

Si on les compare avec les romans de Pierre Mac Orlan, mais aussi avec l'a-daptation du *Quai des brumes*, *La Belle équipe* et *Le Crime de Monsieur Lange* ne proposent pas une atmosphère particulièrement inquiétante. Néanmoins, la misère urbaine et le caractère instable des conditions de vie sont parfois évoqués, surtout par l'agencement du décor. *La Belle équipe* en donne un très bon exemple dans la première partie du film qui se déroule pour la plus grande partie dans l'hôtel « Le Roi d'Angleterre », domicile du chômeur Jean, incarné par Jean Gabin. Le spectateur découvre ce bâtiment très tôt au début du film[190] et commence par voir une corde à linge tendue entre deux fenêtres au coin gauche de la cour intérieure de l'hôtel dont on peut apercevoir le nom. Dans un panoramique de gauche à droite, le spectateur découvre ensuite Jean et le propriétaire de l'hôtel, Monsieur Berteau, qui se disputent pendant qu'ils descendent l'escalier intérieur. La caméra les suit dans un mouvement de constante descente et révèle, ce faisant, un décor particulièrement sombre qui contraste avec la peau des acteurs et qui suggère un environnement obscur et poussiéreux. Les parois dans la cage d'escalier paraissent de plus en plus noires de suie au fur et à mesure que les personnages descendent. Dans leur dialogue, Jean se plaint de l'état malpropre du bâtiment et exige des travaux de nettoyage.[191] La condition de vie des personnages est donc explicitement exposé au début : forcés de vivre dans un hôtel malpropre, tenu par un propriétaire irrespectueux qui considère le

---

190 Julien Duvivier : *La Belle équipe*. Pathé distribution/Fox Pathé Europa 2017, 00:04:11-00:05:45. Par la suite, je citerai toujours d'après cette version restaurée de l'original du film sauf pour les références à la fin dite ‹ optimiste ›.

191 La dispute finit sur l'échange suivante : « Monsieur Berteau : Je suis chez moi.

Jean : C'est dommage parce que chez vous c'est vraiment dégueulasse.

Locataire hors plan : Parfaitement, eh, c'est dégueulasse.

Jean (hors plan) : Héhé, héhé ! Une voix céleste ! Pignouf !

Monsieur Berteau (enragé) : Je vous ferai expulser, vous entendez ? Je vous ferai foutre en prison.

Jean (hors plan) : Pour ce que ça nous changera . . .

Monsieur Berteau (enragé) : Tas de fainéants !

Jean (hors plan, de plus en plus loin) : Ta gueule, bonhomme. Ta gueule.

(Quelqu'un jette un chiffon sale et mouillé à côté du propriétaire) » (ibid., 00:05:28-00:05:44).

chômage comme le résultat de la paresse de ses locataires[192], les personnages sont constamment rappelés à leur pauvreté par l'environnement qui les entoure.

Après quelques courtes scènes situées dans un café modeste, le spectateur peut apprécier les intérieurs de l'hôtel : il découvre, tout d'abord, la simplicité de la chambre de Jean, contenant une table, une petite table de toilette, trois chaises et un lit défait dans un coin, avec le petit cliché d'un crucifix et quelques photos d'actrices ou de modèles – plus grandes – accrochées à même les papiers peints sombres.[193] Ensuite, on voit la proximité des chambres des voisins au moment où Tintin invite tout le monde, suite à la révélation que les amis ont gagné au loto :[194] une rotation frénétique de la caméra va d'une fenêtre à l'autre où d'autres figurants ne cessent d'apparaître. Duvivier réussit ainsi à représenter l'exigüité des chambres et les mauvaises conditions de vie dans l'hôtel « Le Roi d'Angleterre ».[195] La complicité entre les voisins et la grande fête dans la chambre de Jean revalorisent cependant la saleté, l'étroitesse et la pauvreté d'une atmosphère sympathique ; la misère apparaît donc dans sa forme pittoresque.[196] L'hôtel montre parfaitement comment le décor des films construit un « action space »[197] qui permet la mise en scène de la proximité dans la communauté populaire tout en gardant l'équilibre entre représentation réaliste d'une cour intérieure et fabulation du décorateur Jacques Krauss. Celui-ci imagine la cour avec une cage d'escalier ouverte comme dans une maison de poupées ce qui facilite la vue sur le mouvement dans l'escalier.[198]

Le Crime de Monsieur Lange procède d'une manière similaire afin de mettre en scène l'exigüité de l'habitat populaire : en effet, la plus grande partie de la narration a lieu dans la cour intérieure d'un seul immeuble. Ce décor est cons-

---

192 Ainsi, il constate : « On les connaît les chômeurs ! Des fainéants qui cherchent du travail en priant le Bon Dieu ne pas en trouver, hein ! » (ibid., 00:05:02-00:05:07).

193 ibid., 00:13:08-00:14:21.

194 ibid., 00:18:35-00:18:45.

195 Le nom est utilisé pour des fins ironiques : ce nom permet au scénariste la boutade visuelle qui montre le propriétaire de l'hôtel en chemise de nuit, décoiffé et mal rasé, répondant au téléphone avec « Allô ? . . . Oui. Ici le Roi d'Angleterre » (ibid., 00:14:22-00:14:30).

196 Ce pittoresque de la misère est également souligné par le personnage secondaire récurrent de l'ivrogne qui apparaît pendant la fête pour la première fois et qui, de par son costume – chaussures usées, pantalon en velours trop grand et abîmé, chemise rayée sale –, montre les signes de sa simplicité et de sa pauvreté, cf. ibid., 00:21:00-00:21:58.

197 Cf. Ben McCann : A discreet character?

198 Cf. Julien Duvivier : *La Belle équipe*, très bien visible à 00:18:59. Bonnefille souligne également « l'utilisation du décor en coupe », (Eric Bonnefille : *Julien Duvivier*, 1: 1896–1940, p. 213).

truit par Jean Castanier et Robert Gys et s'inspire de plusieurs bâtiments de la rue de Sévigné à Paris.[199] La cour abrite non seulement l'imprimerie dans laquelle travaille Amédée Lange, mais aussi une laverie où presque l'ensemble du personnel féminin du film travaille, ainsi qu'un atelier de réparation de bicyclettes, la remise des concierges et les chambres des protagonistes Lange et Valentine. En général, le niveau de vie semble légèrement élevé comparé avec celui des personnages de *La Belle équipe*. Cela est notamment dû à l'éclairage plus fort et le décor plus clair et riche : ainsi, le spectateur découvre dans la chambre du protagoniste Amédée Lange une riche décoration de vêtements et parures du Far West (chapeau, pantalon riveté, parures de tête, lasso, brides, pistolets et fusils) ainsi qu'une carte des États-Unis sur laquelle l'État d'Arizona est mis en évidence.[200] Néanmoins, la chambre est petite et l'étroitesse de l'immeuble est d'autant plus soulignée par le resserrement de l'action dans la cour de la maison.[201]

La cour représente la scène principale de l'action, non sans rappeler le théâtre classique : c'est ici que le spectateur voit la publicité qui couvre la fenêtre du cycliste Charles, prend connaissance des concierges et de la blanchisseuse Valentine ;[202] c'est également ici que les personnages prennent les photos de couverture pour la série d'« Arizona-Jim »,[203] enfin c'est aussi le lieu de l'assassinat de Batala qui met fin à l'aventure collectiviste des imprimeurs.[204]

Auparavant, il est aussi le lieu où l'amour entre la blanchisseuse Estelle et Charles devient possible quand Lange et ses compagnons enlèvent la publicité de la fenêtre de Charles.[205] Cette scène est un exemple parfait de la manière dont Renoir met en scène les conditions de vie insalubres dans les milieux populaires : Charles habite dans une petite chambre au rez-de-chaussée dans la loge de ses parents et sa seule fenêtre est couverte par la publicité de l'imprime-

---

199 Cf. Alain Keit : *Autopsie d'un meurtre, Le crime de monsieur Lange: un film de Jean Renoir.* Liège : CEFAL 2010, p. 53. On peut voir pendant quelques instants une partie de la rue de Sévigné, avec l'église Saint Paul au fond de la rue, reconstruite en studio, cf. Jean Renoir : *Le Crime de Monsieur Lange.* StudioCanal vidéo/Universal music 2004, 00:07:24. Par la suite, je citerai toujours d'après cette version restaurée du film.

200 Jean Renoir : *Le crime de M. Lange*, 00:06:53-00:07:12.

201 Il convient de noter que le titre du projet du film était *Sur la cour* comme le témoigne le premier article à propos du film, écrit pendant le tournage en 1935 : Thérèse Delrée : L'imprimerie au studio: Jean Renoir tourne « Sur la cour ». In : *Pour vous* 363 (31 octobre 1935), p. 10–11.

202 Jean Renoir : *Le crime de M. Lange*, 00:07:31-00:08:42.

203 ibid., 00:59:45-01:00:45.

204 ibid., 01:12:04-01:14:55.

205 ibid., 00:54:29-00:57:30.

rie de Batala. Dès le début du film, il s'en plaint auprès de son père incompréhensif et passif.[206] Son comportement n'est cependant pas partagé par tout le monde : en effet, Lange prend l'initiative d'enlever la publicité après la fondation de la coopérative. Au concierge, qui craint les conséquences de cet acte, Lange rétorque : « Moi, la consigne, on s'en fout ! L'hygiène d'abord ! Le soleil, c'est la santé ! »[207] Ainsi, la scène illustre non seulement les conditions insalubres que les habitants subissent, mais aussi le fait que cette insalubrité est liée à la domination des ouvriers par la bourgeoisie : par le fait que la coopérative, que les ouvriers lancent au bon milieu du film, reprend l'entreprise de Batala, Renoir choisit cette scène afin de montrer l'efficacité de leurs efforts dans le contexte de l'amélioration des conditions de vie pour tout l'immeuble. La scène revêt le rôle d'un symbole qui montre les bienfaits du collectivisme face aux horreurs que le système capitaliste aurait imposées aux ‹ petites gens ›. Dans le film de Renoir, la représentation de l'exigüité est donc explicitement liée à la condamnation du capitalisme et de l'oppression des ouvriers.

Outre la mise en scène de la misère urbaine, il reste aussi l'évocation d'une certaine proximité entre les classes populaires et la criminalité qui rapproche le fantastique social de cette production cinématographique. Néanmoins, les crimes ne semblent pas aussi violents et sanguinaires que ceux qui figurent dans la production macorlanienne : dans la fin ‹ pessimiste › de *La Belle équipe,* Jean tue son meilleur ami Charles avec un coup de revolver, indigné par les accusations injustes que l'ex-femme de Charles, Gina, lui a infligées ; dans *Le Crime de Monsieur Lange,* le crime est annoncé dès le titre et désigne l'assassinat de Batala par Lange qui veut sauver la coopérative ouvrière face à l'exploitation de l'ancien patron. Si les deux crimes sont la conséquence d'une injustice que les protagonistes doivent souffrir, leur traitement diffère entre les films : alors que Jean est détenu par la police pour son crime dans *La Belle équipe,* le fils Meunier, un des créanciers de Batala, aide Lange à s'enfuir avec Valentine jusqu'à la frontière où ils réussissent à recevoir le soutien de leurs aubergistes et les clients de ceux-ci.[208] Autrement dit, *Le Crime de Monsieur Lange* établit explicitement une morale populaire qui s'oppose à la loi officielle : les personnages dans l'auberge décident que le crime d'Amédée Lange ne vaut pas sa condamnation et jugent donc différemment le poids du meurtre : par son acte, Lange a protégé la coopérative de ses collègues et il a supprimé un individu pseudo-

---

206 ibid., 00:07:47-00:08:05.
207 ibid., 00:54:52-00:54:56.
208 ibid., 01:15:48-01:16:05.

bourgeois qui s'est nourri d'escroqueries[209] et qui a ou séduit ou violé plusieurs femmes de l'immeuble.[210]

Au lieu d'esthétiser la violence, les crimes servent dans les deux films davantage à souligner l'opposition du ‹ peuple › à l'ordre bourgeois. Cela devient notamment clair dans *Le Crime de Monsieur Lange*, où la victime de l'assassinat est l'escroc Batala qui incarne à la fois ‹ l'autre ›, déplacé dans la communauté de la cour, et le mal qui menace les personnages populaires.[211] Dès la première entrée du personnage, l'écart entre lui et ses employés devient clair par le costume : sous son manteau, il porte un frac noir et un nœud papillon, alors que Lange est habillé d'un costume gris et épais qui a l'air légèrement usé.[212] Le contraste est d'autant plus flagrant avec les autres employés de l'imprimerie qui passent en bleu ou en salopette sales. Enfin, son jeu qui s'appuie sur des tapes affectueuses sur la tête de ses employés[213] l'identifie clairement comme l'incarnation du patronat qui traite tout son entourage comme étant sa propriété.

Si l'on compare le personnage de Batala à celui de Gaston Jubette, l'ancien propriétaire de la guinguette que les ouvriers rénovent dans *La Belle équipe* et qui est caractérisé comme l'archétype du bourgeois, on peut constater plusieurs similitudes : ainsi Jubette aussi apparaît comme un personnage élégant, plus adroit avec les formules de politesse, mais aussi sournois que Batala. En effet, Jubette cherche à se réapproprier la guinguette une fois les rénovations terminées grâce à la bonne foi des ouvriers :[214] comme Lange avec Batala dans *Le Crime de Monsieur Lange*, les personnages Jacques, Mario et Tintin ont signé des contrats avec Jubette qu'ils n'ont pas compris, ce qui conduit à leur expropriation. Par conséquent, les deux films expriment une attitude nettement antibourgeoise, étant donné que les seuls personnages bourgeois – à part le fils Meunier dans *Le Crime de Monsieur Lange*, qui soutient la coopérative et Lange

---

209 Dès le début de l'action, le dialogue révèle que les ouvriers de l'imprimerie n'ont pas reçu de salaire pendant une semaine, cf. ibid., 00:11:44-00:11:48.

210 Le film explicite que Valentine était l'amante de Batala avant de se rendre compte de son caractère (ibid., 00:16:09-00:17:10); la secrétaire Édith est jusqu'à son départ son amante (ibid., 00:43:27), même si Batala harcèle et possiblement viole Estelle de sorte qu'elle a peur d'être enceinte de lui (00:49:56-00:50:40).

211 Cf. aussi Alain Keit : *Autopsie d'un meurtre, Le crime de monsieur Lange*, p. 48 : « Batala n'est pas un salaud, c'est le salaud. Par métonymie, il incarne et incarnera, tous les filous, aigrefins, ordures du cinéma ».

212 Jean Renoir : *Le crime de M. Lange*, 00:14:24-00:14:45.

213 Par exemple, ibid., 00:14:43 ou 00:15:09.

214 Julien Duvivier : *La Belle équipe*, 01:18:05-01:21:27.

personnellement lors de sa fuite – sont identifiés avec des escrocs ou des arnaqueurs qui exploitent les ‹ petites gens › afin de s'enrichir.

Les personnages des deux films cherchent à se protéger contre une telle bourgeoisie profiteuse et immorale en développant des projets coopératifs. En effet, le sujet central de *La Belle équipe* est l'interrogation des limites de la camaraderie. Le film trouve deux réponses divergentes à cette interrogation selon la fin que l'on choisit, mais d'abord, il faut retenir que le film met en scène l'efficacité d'une équipe d'ouvriers chômeurs dans un projet qu'ils mettent en œuvre ensemble. C'est Jean qui convainc dans un monologue enflammé ses copains à ouvrir la guinguette :

> Après l'avoir sauté ensemble, au premier sou qu'on a, allez hop ! Chacun va de son côté. Eh ben c'est bien de la peine. Je croyais qu'on était des frères. Oh lalalala, c'est malheureux. . . Mais au fond, voulez-vous que je vous dise ? On veut tous la même chose : la liberté ! La liberté dans un petit coin à nous. Eh ben ça, ici ou ailleurs, aucun de nous peut l'avoir seul. Vous croyez que vous allez loin avec vos vingt billets ? Hein ?! Mais si on reste unis, on en aura cent ! Vous entendez ? Cent billets. Hein ?! Alors 100.000 francs quand on est copains comme nous, j'sais pas voyons. . . [. . .] Ça va, ça va. Une ferme ou autre chose, c'est à voir ça. Le principal, c'est un bout de terrain avec de l'eau au bord. Histoire d'embêter les poissons, hein. Alors, ça va ?[215]

Lorsqu'ils ont découvert le lavoir qui deviendra par la suite leur guinguette, c'est encore Jean qui fixe le projet :

> Non, mon pote ! Moi, j'sais ce qu'on va faire. On va faire une guinguette. Hein, quoi ?! Pour les amoureux, les sportifs et les pêcheurs à la ligne ! Le paradis de Mimi Pinson et l'Eldorado des chevaliers de la Gaule. Mais l'été, on refusera du monde ! Y aura de la musique, de la gaité et de l'amour. Et bah, pis l'hiver, on sera chez nous. Peinards comme des rentiers ! Eh ![216]

Jean est le personnage qui tient le groupe ensemble et qui pousse tout le monde à entamer un projet d'investissement collectif. Mais ce n'est pas uniquement l'idée d'investir de l'argent qui crée la compagnie entre les cinq ouvriers : bien au contraire, il s'agit surtout de créer un propre univers pour les ouvriers qui permet au groupe d'exercer leurs métiers : en effet, Jean est peintre, Charles entreprend les travaux de menuiserie, Tintin construit le toit alors que Mario et Jacques entreprennent des travaux de soutien. En somme, « le bâtiment ça nous connaît »,[217] constate déjà Jean au début de leur projet. La guinguette se présente donc comme un « Eldorado du dimanche » pour citer le titre du pre-

---

215 ibid., 00:23:30-00:24:58.
216 ibid., 00:28:23-00:28:43.
217 ibid., 00:28:47-00:28:48.

mier film de Marcel Carné : elle est une échappatoire à l'ordre de vie urbain et bourgeois. Lors de la première visite des invités à la guinguette, c'est ainsi qu'elle se présente : les foules de gens arrivent en vélo ou en voiture, rient et courent à travers la nature, une fille fait immédiatement de la gymnastique et sur la Marne à l'arrière-fond, les couples vont en bateau.[218] Ensuite Jean chante dans la chanson principale du film, *Au bord de l'eau*, les bienfaits de la campagne : « Quand on s'promène au bord de l'eau/Comme tout est beau/Quel renouveau/Paris au loin nous semble une prison/On a le cœur plein de chansons. »[219] La banlieue verte autour de Paris se présente comme la destination parfaite pour les parties de campagne des ouvriers et pour la nouvelle vie des nouveaux riches comme dans *Villa Oasis* d'Eugène Dabit. Cet escapisme touche dans *La Belle équipe* a une fin abrupte lorsque surgissent les problèmes de la vie commune.

À partir du moment où les amis décident d'acheter la guinguette, la constitution de la communauté change légèrement, car maintenant se forme la ‹ belle équipe › des six amis Jean, Charles, Tintin, Jacques, Mario et sa compagne Huguette qui travaillent ensemble à la rénovation du bâtiment. Leur union se base sur les valeurs du travail et de l'égalité. Cela se manifeste dans la nuit de l'orage où les nouvelles tuiles sur le toit tombent et tous les hommes couvrent ensemble avec leurs corps les trous.[220] Les ouvriers luttent donc ensemble afin de conserver les résultats de leur travail, ils se montrent solidaires face aux efforts des autres. Plus encore, ils chantent ensemble et Jean confirmera plus tard que « ma plus belle nuit, je l'ai passée à grelotter sur un toit. »[221] Le travail est donc le facteur le plus important qui garantit la camaraderie et le bonheur entre les hommes. A part le dévouement à leur ouvrage, dont font preuve les compagnons pendant la nuit d'orage, Duvivier trouve un moyen très efficace pour illustrer l'union entre les amis : à chaque étape de travail, tous les amis chantent ensemble ce qui montre que leur activité est un plaisir partagé qui s'accomplit à l'unisson.[222] Leur travail les rend égaux : au chevet de leurs lits, il est en effet explicité que chacun des amis est président de leur entreprise.[223]

Dès le début, il s'installe toutefois un déséquilibre sensible au sein du groupe : les amis sont tous nommés ensemble « présidents » ; Huguette, en

---

218 ibid., 01:01:33-01:01:45.

219 ibid., 01:05:47-01:06:03.

220 ibid., 00:41:35-00:42:58.

221 ibid., 01:14:19-01:14:22.

222 Cf. à part la nuit sur le toit, ibid., 00:30:37-00:31:16 ou 00:31:30-00:31:42.

223 C'est très bien visible dans la séquence ibid., 00:43:27-00:44:07. Déjà avant, Jean explique à Gina le principe : « Le patron c'est moi. Enfin moi, et pis les autres. Ici, c'est une république où tous les citoyens sont présidents, ma 'tite dame. » (ibid., 00:35:54-00:36:01).

revanche, rentre chaque soir chez sa mère et ne forme pas partie intégrale du groupe. Certes, elle reçoit également de nouvelles chaussures quand ils gagnent à la loterie,[224] mais elle ne reçoit pas une partie du lot ; elle n'est pas non plus nommée présidente. Ce déséquilibre entre femmes et hommes se manifeste encore davantage dans la suite du film et l'instance féminine devient ultérieurement la menace principale de l'union entre les ouvriers : tout d'abord, Jacques tombe amoureux d'Huguette au fur et à mesure que les travaux de bâtiment avancent. Jacques décide de quitter l'équipe et d'émigrer au Canada afin de ne pas menacer le bon déroulement du projet.[225] L'équipe perd donc à cause des attirances sexuelles entre homme et femme un de ses membres.

Cependant, le trouble est surtout semé par l'arrivée de l'ex-femme de Charles, Gina, qui réclame une partie de l'argent de Charles et commence une affaire avec Jean, ce qui engendre de nouvelles tensions. Surgit donc une autre ligne de faille de la communauté : l'amitié que Duvivier met en scène n'existe qu'entre hommes et n'est possible que si des femmes ne pénètrent pas leur monde parce qu'elles réveillent les sens primitifs des héros et les détournent de leurs grands projets.[226] Cet imaginaire de la femme comme objet sexuel dévastateur qui se manifeste soit comme la jeune fille innocente ou la *vamp*, correspond bien à l'imaginaire des rôles féminins du cinéma de l'époque[227] – et bien au-delà – mais aussi à celui qui se diffuse dans les récits ouvriers et les romans populistes de l'époque : il suffit de penser à Noa dans *La Rue sans nom* de Marcel Aymé, qui détruit inconsciemment tout l'équilibre du quartier, ou à Ginette Buisson dans *L'Hôtel du Nord*, qui flirte avec Kenel devant les yeux de son compagnon.[228] Dans l'imaginaire populiste, les femmes sont un obstacle à l'harmonie, soit par leur caractère fatigant comme celui de la Radigond dans *Le Pain quotidien*, soit par leur attractivité comme dans *La Femme sans péché*.

La Belle équipe fait donc preuve de la même misogynie qui se répand aussi dans la littérature. Jean proclame explicitement que les femmes ne sont bien que pour le sexe et cherche ainsi à réconforter Charles.[229] Mais dans le personnage de Gina se manifeste une esthétisation plus prononcée de cette misogynie :

---

224 Cf. Julien Duvivier : *La Belle équipe*, 00:23:05-00:23:30.

225 ibid., 00:39:45-00:40:24 et 00:44:33-00:45:06.

226 C'est aussi ce que souligne Fernand Lot : Les nouveaux films. La belle équipe: « Mais les cinq copains ne sont pas cinq moines. Et l'amour intervient, qui se rie de l'amitié. »

227 David A. Cook : *A History of narrative film*. New York : W.W. Norton 1996, p. 55.

228 Eugène Dabit : *L'Hôtel du Nord*. Paris : Denoël 1956, p. 110–114.

229 Julien Duvivier : *La Belle équipe*, 00:07:40-00:07:48 : « Ah, les femmes, c'est bon une heure. T'en vois une, elle te plaît. Tu lui fais du boniment, ça colle. Bon ! Eh pis après, salut quoi ! »

tout d'abord, elle se distingue par son costume d'Huguette qui est surtout habillée dans de simples robes carrées. Gina, en revanche, est habillée comme une
vedette de cinéma lors de sa première entrée, avec un chapeau élégant et une
écharpe en peau de lapin.[230] Dans sa chambre, elle paraît ensuite en négligée
et en peignoir qu'elle ouvre volontairement pour attirer les regards de Jean.[231]
En outre, les parois de sa chambre sont ornées avec des photographies nues
d'elle que Jean commente longuement.[232]

Gina apparaît donc comme ‹ l'autre ›, qui ne correspond ni à la classe, ni
au genre de l'ouvrier ; elle devient un objet sexuel qui, par ailleurs, exige un
traitement violent de l'homme qui veut la conquérir : le film suggère que Jean
la viole afin de récupérer l'argent qu'elle a pris à Charles ; lorsqu'il la frappe
dans une autre dispute, elle se blottit contre Jean en affirmant : « Ah ! Je te
croyais pas un homme. »[233] De cette manière, Duvivier met en scène une forte
distinction entre femme et homme et il justifie le traitement violent des femmes
comme une nécessité innée pour les deux genres. Ce traitement violent n'est
pas uniquement justifié par les besoins prétendus du genre féminin, mais aussi
par la méchanceté et la sournoiserie de Gina : elle cherche à profiter de la
bonne foi de son ex-mari afin de profiter de sa nouvelle richesse, quitte à détruire tout lien amical. Ainsi, le compagnonnage est brisé à cause des femmes –
sous-entendu que la vraie amitié et la camaraderie ne peuvent exister qu'entre hommes.[234]

La comparaison entre *La Belle équipe* et *Le Crime de Monsieur Lange* montre
que si cette misogynie est assez répandue pendant les années 1930, elle n'est pas
aussi prononcée et aussi centrale dans toutes les créations artistiques de l'é-
poque.[235] Certes, le *Crime de Monsieur Lange* crée aussi un écart marqué entre
hommes et femmes en deux communautés : une unité féminine qui se manifeste
dans la blanchisserie et l'autre communauté autour de l'imprimerie, largement
masculine . La cour de ce film abrite donc deux communautés parallèles qui en-

---

230 Cf. ibid., 00:35:54-00:36:14.

231 ibid., 00:47:42-00:47:46.

232 ibid., 00:48:32-00:49:04.

233 ibid., 01:15:04-01:15:18.

234 Jean cite cette leçon depuis le début : « Ah . . . Un bon copain vaut mieux que toutes les
femmes du monde entier et des environs, t'en fais pas ! » (ibid., 00:07:30-00:07:38).

235 Il faut néanmoins constater que le cinéma de l'entre-deux-guerres, autant en France
qu'aux États-Unis, répand l'image sexualisée de la femme. Si elle n'est pas nécessairement la
femme fatale, les rôles féminins servent généralement à semer le trouble dans un monde masculin et le porte au conflit. Cf. Sandy Flitterman-Lewis : *To desire differently. Feminism and the
French cinema*. New York : Columbia University Press, Expanded ed., Morningside ed., with a
new preface and epilogue 1996, p. 185.

trent en contact, mais qui sont séparées par leurs activités professionnelles respectives. Un contraste visuel corrobore cette binarité : la blanchisserie semble claire alors que les machines de l'imprimerie laissent paraître cet atelier beaucoup plus sombre. Néanmoins, la fondation de la coopérative et le succès d'Arizona Jim contribuent à un rapprochement des deux univers de la cour : les nouvelles couvertures des romans exigent des photographies et les ouvriers décident de se photographier avec les blanchisseuses et le concierge en déguisements du Far West.[236] Les mondes féminins et masculins se rapprochent ce qui se manifeste aussi pendant la fête que Meunier fils organise dans la loge de la cour : tout le personnel du film y figure.[237]

Par conséquent, la communauté du *Crime de Monsieur Lange* apparaît plus stable et unie que celle de *La Belle équipe*. Seul Batala apparaît comme l'ennemi de cette entente, ce qui explique la logique de l'assassinat que Lange commet : afin de permettre une survie de la solidarité et de la sympathie qui règne autour de la coopérative, il sacrifie sa propre sécurité et tue Batala. Même si cela signifie qu'il doit quitter la cour, il n'est pas isolé : Valentine l'accompagne et prend le rôle d'avocat devant la communauté dans l'auberge près de la frontière ; Meunier fils l'aide à prendre la fuite et les gens de l'auberge se résolvent finalement à le soutenir aussi. *Le Crime de Monsieur Lange* illustre par conséquent la force de la solidarité entre ‹ petites gens › face à l'exploitation qui caractérise les personnages bourgeois et établis.[238]

La solidarité des ‹ petites gens › s'avère plus universelle car l'identité du protagoniste du *Crime de Monsieur Lange* est plus compliquée que celle des ouvriers dans *La Belle équipe* : Amédée Lange n'est pas ouvrier, il est simple employé et assistant de l'imprimerie. De cette façon, il se situe entre la bourgeoisie du type de Batala et les ouvriers machinistes de l'imprimerie. Il n'est pas, par ailleurs, très viril, étant donné qu'il désire certes les femmes, mais n'ose pas les

---

236 Jean Renoir : *Le crime de M. Lange*, 00:59:45-01:00:45.

237 Notamment dans les scènes qui précèdent la discussion entre Batala et Lange, cf. ibid., 01:03:18-01:06:41.

238 Cette précision est nécessaire afin de bien rendre compte de l'exception que Meunier fils représente : certes, il est bourgeois, mais il est jeune et héritier de son père. Ses sympathies sont complètement du côté des ouvriers par le fait qu'il recherche leur compagnie et s'identifie à eux. Cela se manifeste dès son entrée en jeu quand il dénoue le nœud papillon d'un des ouvriers (joué par Marcel Duhamel) en prétendant qu'il ne supporte pas cet accessoire, et l'ouvrier lui vole en guise de réponse sa pochette (ibid., 00:53:57-00:54:11). Ce jeu installe une complicité, presque une intimité particulière entre les deux, Meunier continuant à toucher le revers de l'ouvrier pendant qu'ils parlent et rient ensemble. Meunier fils s'exclut donc lui-même de sa classe et ne porte plus les mêmes caractéristiques bourgeoises que Batala ce qui se montre également par ses préférences vestimentaires.

approcher.[239] Visuellement, René Lefèvre qui incarne Lange ne correspond pas au personnage de l'assassin avec ses traits doux et ronds et sa chevelure clair-semée, mais soignée. L'assassinat ne s'annonce donc ni par la physionomie, ni par le caractère du personnage, il paraît le seul résultat de la menace que le retour de Batala signifie. *Le Crime de Monsieur Lange* brosse donc le portrait d'une caste de ‹ petites gens › qui dépasse les identités ouvrières et qui trans-cende les rôles stéréotypés.

La Belle équipe, quant à elle, se sert pleinement des stéréotypes établis par la littérature afin de brosser le portrait des ouvriers : Tintin correspond à l'ou-vrier gai et ivrogne qui parle fort et avec un accent faubourien poussé, Charles est l'ouvrier plus calme et faible qui rejoint seulement l'équipe par inertie, Jean est l'incarnation de la masculinité, de la force et du sens de camaraderie. De manière concomitante, il correspond le plus au mythe de l'ouvrier héroïque tel qu'il figure aussi dans le personnage de Magneux dans *Le Pain quotidien*. Au niveau du caractère, il convient d'abord de constater la fermeté et la force de Jean : même dans sa condition de chômeur, il revendique un meilleur service de la part du propriétaire alors que celui-ci l'insulte comme profiteur.[240] Cette fermeté le conduit à imposer son projet d'acheter ensemble avec ses amis un terrain.[241] Dans ce contexte, le spectateur peut se rendre compte du sens pour le collectif de Jean ; en effet, par la suite, il ne cessera pas de rappeler à ses amis que leur camaraderie vient avant tout.[242] Il est même prêt à quitter Gina pour sauver son amitié avec Charles.

En revanche, Jean confronte chaque obstacle qui s'oppose au projet de la guinguette avec de la violence. Lorsqu'il apprend que Charles a donné 2.000 francs à Gina, il veut le forcer à les reprendre ;[243] quand Charles se montre trop faible pour le faire, il va de son propre chef chez elle et la violente quand elle montre de la résistance.[244] Mais le véritable jaillissement de violence a lieu le jour de Pâques quand Jean tire un coup de revolver et tue Charles.

Malgré ce caractère violent, la mise en scène est toujours empathique avec Jean et le présente comme victime. Le viol n'est pas montré et doit sembler à l'époque comme un comportement brusque, mais tolérable ; lorsque Jean tire

---

239 Dès le début, Valentine, ses collègues et son ami Charles lui reprochent sa timidité, cf. ibid., 00:10:04-00:10:24, 00:11:24-00:11:34,

240 Julien Duvivier : *La Belle équipe*, 00:04:13-00:05:44.

241 ibid., 00:23:30-00:25:42. Notons en passant que Jean étouffe toute forme de réticence de la part de Jacques dans l'œuf, ne lui donnant guère la parole.

242 ibid., 00:40:00-00:40:10, 00:45:37-00:45:47, 01:17:37-01:18:05.

243 ibid., 00:47:03-00:47:27.

244 ibid., 00:49:28-00:50:49.

sur Charles, Duvivier le met en scène comme un accident :[245] quand Charles l'accuse, la caméra se focalise sur le visage étonné de Jean. Avant de prendre le revolver, Jean recule jusqu'à la paroi et lève la main pour avertir Charles. Enfin, un très gros plan des yeux de Jean révèle un clignotement nerveux des yeux et des larmes. Ce plan est alterné avec un gros plan des visages de Gina et Charles qui crient et un très gros plan du revolver. De cette manière, la mise en scène décharge Jean partiellement de la culpabilité et montre que l'assassinat est le résultat d'une situation de haute tension.

En conséquence, le personnage de Jean semble plutôt un homme ‹ dur ›, et non violent, au moins aux yeux des spectateurs des années 1930. Cette ‹ dureté › s'accompagne de son usage de l'argot qui est assez marqué dans la plupart des scènes et que les critiques des journaux de gauche et de droite ont aussi remarqués.[246] La ‹ dureté ›, la solidarité, l'amour du métier et la virilité correspondent à l'image de l'ouvrier tel que la littérature de l'époque le diffuse. La mise en scène de Jean comme modèle identificatoire rappelle également Magneux dans *Le Pain quotidien*. Cependant, cette identification est malaisée parce que Jean devient criminel ; d'un air résigné, il assume la responsabilité pour son crime et constate que « C'était trop beau pour réussir. »[247] Contrairement à la plupart des romans populistes, *La Belle équipe* brosse donc un portrait ambivalent du personnage du ‹ peuple › : sympathique, diligent, solidaire et fort, mais porté à la criminalité.

Néanmoins, autant *La Belle équipe* que *Le Crime de Monsieur Lange* héritent des bases de l'esthétique populiste ce qui explique l'identification des deux films avec le roman populiste dans les comptes rendus de l'époque : la pauvreté de la population urbaine, la communauté des quartiers populaires et l'identité ouvrière ou bien l'identification avec le travail ouvrier trouvent une représentation dans les deux films. Cependant, les deux films divergent dans leur message : alors que Jean Renoir suit l'exemple de René Clair qui a déjà mis en scène l'efficacité de la coopérative ouvrière dans *La Vie est à nous* et brosse le portrait d'une camaraderie entre ouvrières et ouvriers qui réussissent à s'imposer dans le marché avec leurs propres biens de culture (« Arizona-Jim »), la version originale de *La Belle équipe* se présente comme une tragédie classique

---

245 ibid., 01:35:55-01:36:38.

246 Fernand Lot parle de la mise en scène « de vrais gars de Paris, sensibles, malins, courageux, vifs et prompts à donner le change, par un argot brutal, sur la délicatesse de leurs sentiments virils » (cf Fernand Lot : Les nouveaux films. La belle équipe) tandis que Jean Fayard, pour la revue de droite *Candide* constate que « ce qui le rend passablement ridicule et indigeste, c'est l'usage constant et abusif de l'argot, et bien entendu d'un argot conventionnel. » (Jean Fayard : Les Films nouveaux. La belle équipe).

247 Julien Duvivier : *La Belle équipe*, 01:38:18.

dans laquelle tous les personnages sont vertueux et échouent tout de même. La mise en scène défend le point de vue des ouvriers et surtout du personnage de Jean, mais la ‹ belle équipe › ne peut pas réussir à cause de la méchanceté de la femme. Tandis que le film de Renoir s'avère une œuvre engagée sans pour autant se prêter à la propagande comme dans *La Vie est à nous*, dans laquelle le crime ne joue finalement pas un grand rôle, mais plutôt la mise en scène de l'efficacité des coopératives et l'honnêteté des ‹ petites gens › (ouvriers et petits employés), *La Belle équipe* est parfaitement apolitique dans sa version originale.[248] Le film de Duvivier s'insère donc plus clairement dans le sillage du roman populiste tel que Lemonnier l'imagine, mais néanmoins les deux œuvres font preuve de l'esthétique populiste.

7.3.2 Représentation artistique et démocratie du public : les deux fins de La Belle équipe

Malgré l'apolitisme affiché de Duvivier et de son scénariste Charles Spaak, les comptes rendus de l'époque de la publication de *La Belle équipe* soulignent une certaine signification politique du récit.[249] C'est avant tout le cas des comptes rendus dans les organes de presse de l'extrême-droite comme *Candide*, où Jean Fayard s'interroge sur l'intention des cinéastes :

> Certains détails nous font penser qu'il s'agit d'une œuvre socialo-politique destinée à exalter le travailleur manuel aux dépens du bourgeois. La bourgeoisie n'est, en effet, représentée ici que par un vilain tenancier d'hôtel qui a la prétention de faire payer leur note aux clients et par un vil usurier. Mais, en revanche, comme les ouvriers qu'on nous présente sont donc sordides et méprisables ![250]

En effet, la confusion de Jean Fayard est bien compréhensible si l'on considère que pendant la plus grande partie du film, les travailleurs figurent comme héros alors que la mise en scène des propriétaires conduit à la révélation d'un caractère opportuniste et profiteur, surtout dans le cas de Monsieur Jubette. Cependant la fin qui culmine dans l'assassinat de Charles par Jean montre les lignes de failles des personnages ouvriers et leur opposition aux lois établies ou à la morale chrétienne qui interdirait une telle action. Certes, la mise en scène

---

248 Au moins selon les créateurs du film, cf. Eric Bonnefille : *Julien Duvivier*, 1: 1896–1940, p. 211.

249 Bonnefille donne un aperçu presque complet des opinions de la critique des années 1930, cf. ibid., p. 214–218.

250 Jean Fayard : Les Films nouveaux. Le Crime de Monsieur Lange.

prend soin d'excuser le comportement de Jean, mais il reste la violence sous-jacente de son caractère que Fayard condamne aussi en passant.

Jean Fayard n'est pas le seul à soupçonner une portée politique du film : dans son compte-rendu, *L'Humanité* rappelle tout d'abord son aversion pour l'œuvre cinématographique de Duvivier et notamment pour *La Bandera*, film dont le générique commence avec des remerciements aux troupes espagnoles du général Franco[251] et qui idéalise la camaraderie dans l'armée étrangère, ce qui va donc idéologiquement à l'encontre du journal de gauche. Quant à *La Belle équipe*, le critique de *L'Humanité* se montre perplexe :

> C'est du beau travail et le scénario est solide... du moins en partie, car après un excellent début l'histoire devient fausse et nous comprenons mal pourquoi tant de malheurs s'abattent sur les cinq camarades qui, après un heureux gain à la loterie, ont décidé de s'associer pour fonder une auberge.
>
> On nous dit que M. Duvivier a voulu prouver par là que les loteries et autres miroirs aux alouettes ne peuvent, en aucun cas servir à relever des chômeurs qui sont « tombés ».
>
> Nous voulons bien le croire, mais cela n'apparaît guère et les journaux fascistes ont pu écrire non sans apparence de raison que la *Belle équipe* condamne un essai de collectivisme.[252]

D'autres comptes rendus de l'époque mentionnent la même interprétation du film comme œuvre s'opposant aux loteries,[253] interprétation qui semble au moins d'un point de vue contemporain aberrant, surtout parce que la loterie ou les jeux de hasard ne sont pratiquement pas évoqués dans le film. Ce qui compte de relever est le soupçon suivant des revues fascistes : le film pourrait comporter une critique des efforts de collectivisme et des coopératives ouvrières qui se sont répandus sous le gouvernement du Front Populaire. Même si les créateurs du film ont refusé d'attribuer une signification politique à leur film, les critiques et le public l'ont reconnu et l'ont expliqué par le dénouement de l'action dans la seconde moitié du film : dans *La Belle équipe*, le projet collectif d'ouvrir une guinguette échoue, ce qui doit signaler au public de l'époque que le scénariste et le réalisateur jugent toute forme de système favorisant les conditions de vie des ouvriers pour nulle à cause des défauts de cette classe.

En règle générale, les comptes rendus de l'époque se montrent souvent mécontents de la fin du film qui leur semble trop pessimiste ou peu logique. Cet avis semble partagé par le public qui reste largement absent dans les salles populaires, ce qui conduit le producteur de *La Belle équipe*, Arys Nissotti,

---

251 Julien Duvivier : *La Bandera*. M6 interactions 2007.

252 La belle équipe. In : *L'Humanité* (2 octobre 1936), p. 4.

253 Cf. Fernand Lot : Les nouveaux films. Le Crime de M. Langes [sic!].

à prendre des mesures insolites :[254] il exige de Julien Duvivier et Charles Spaak une fin alternative, moins sombre et capable de traduire l'optimisme du Front Populaire. Spaak et Duvivier s'opposent à l'idée, mais ils finissent par accepter de remonter les scènes de la fin et d'intégrer une fin différente s'ils peuvent présenter les deux dénouements alternatifs à un public de test dans un cinéma populaire de banlieue, *Le Dôme* à La Varenne.[255] A la sortie du cinéma, le public a été prié de remplir un carton pour voter pour leur fin préférée et 305 des 366 votes reçus s'exprimèrent pour le dénouement optimiste. A partir de ce moment, le film a surtout été diffusé avec la fin optimiste ce qui contrariait Duvivier de ses propres aveux, prétendant que le dénouement optimiste dénaturerait le message du film.[256]

Néanmoins, pour la plus grande partie du temps et des régions où *La Belle équipe* a été montré, la fin optimiste a été gardée comme dénouement définitif du film. Ainsi, le film est-il présenté avec la fin optimiste au moment de sa diffusion en Angleterre et aux États-Unis alors que la fin pessimiste est montrée en Allemagne ; jusqu'à sa restauration en 2016–2017, le film a pratiquement toujours été montré avec la fin optimiste.[257] Autrement dit, c'est cette fin remaniée qui couronne *La Belle équipe* de succès et qui garantit à l'œuvre de Duvivier de devenir un classique du cinéma français..

En vérité, la fin optimiste de *La Belle équipe* ne diffère pas drastiquement de la version originale si l'on considère les scènes : en effet, la plupart des scènes de la fin pessimiste ont été réutilisées et remontées dans un autre ordre, alors que la clé du dénouement, la discussion entre Charles et Jean en présence de Gina, est montée dans un seul plan alors que la fin pessimiste se démarque

---

254 Pour tous ces détails sur la diffusion et le tournage du deuxième dénouement, cf. Eric Bonnefille : *Julien Duvivier*, 1 : 1896–1940, p. 209sq.

255 Si Bonnefille prétend que la nouvelle fin a été seulement tournée après le peu de succès de la version originale (cf. ibid., p. 209), il est beaucoup plus probable que les deux fin existaient dès le début comme le dit Guillaume-Grimaud et que de cette façon, le réalisateur a seulement dû présenter un autre *cut* de son film (cf. Geneviève Guillaume-Grimaud : *Le cinéma du Front populaire*, p. 71).

256 Jérôme Wybon : *Au Fil de l'eau. L'Histoire de* La Belle équipe. Pathé Distribution 2017, 00:17:47-00:17:54. Le document contient également la scène finale de la fin optimiste.

257 Eric Bonnefille : *Julien Duvivier*, 1 : 1896–1940, p. 209sq. A la sortie du DVD de la version restaurée, Pathé décide de montrer *La Belle équipe* dans sa version originale et inclut la scène centrale de la fin optimiste dans un documentaire qui figure dans les extras, *Au fil de l'eau*, cité antérieurement. Si le choix de restituer la version originale est compréhensible, il est néanmoins étonnant d'observer que les producteurs ont choisi de cacher la fin remaniée dans les extras et de ne pas la restaurer alors qu'elle a marqué la mémoire des cinéphiles.

de plusieurs coupes qui soulignent la confusion de Jean.[258] Par conséquent, la version optimiste de *La Belle équipe* est légèrement plus courte que l'original et semble plus linéaire dans sa narration visuelle. Dans cette seule scène qui fait la différence, Jean écarte violemment Gina, comme dans la version originale, mais cette fois, le plan ne change pas, Gina est hors plan et la protestation de Charles est plus timide. Jean rappelle à Charles que la camaraderie entre eux compte plus que les femmes et présente un télégramme qu'il a tenu derrière son dos. Il lit un message de Jacques qui annonce son retour, ayant la nostalgie de ses amis. Pendant ce déroulement, la caméra s'approche lentement des deux personnages qui sont enfin montrés dans un plan taille. Charles regarde Jean mélancoliquement et se tourne vers Gina, hors cadre pour lui dire « T'as compris ? »[259] Les deux personnages tournent et suivent des yeux Gina qui se déplace hors plan et fait claquer la porte. Enfin, le film finit sur la scène de la danse de Jean avec la grand-mère d'Huguette qui, dans la version originale du film, se déroule avant les intrigues de Gina.[260]

Au niveau cinématographique, les changements sont donc mineurs. Mais le film exprime un autre message : certes, la misogynie demeure très palpable dans la version optimiste, mais la camaraderie est indestructible avec cette fin et l'amitié entre les ouvriers prime sur la sexualité et l'amour. Même Jacques, personnage qui part le plus tôt de l'équipe, ne peut pas se dédire de l'amitié et rentre chez ses compagnons. Malgré le *deus ex machina* évident du télégramme qui fait part de sa décision de rentrer, malgré la simplicité du montage qui, au plan cinématographique, ne peut pas faire concurrence à la scène du coup de revolver, le public a préféré ce dénouement ce qui étonne autant Spaak et Duvivier jadis que le biographe de Duvivier, Éric Bonnefille, aujourd'hui :[261] selon le dernier, la nouvelle fin s'oppose au mouvement descendant de la seconde moitié du film et détruit ainsi le rythme du montage.

Cependant, la fin optimiste comporte plusieurs avantages dont il faut rendre compte : d'abord, si le télégramme est un *deus ex machina*, le pistolet de Jean l'est aussi d'une certaine façon, étant donné qu'il en est question pour la première fois 8 minutes avant la fin du film.[262] En outre, Geneviève Guillaume-Grimaud a raison de remarquer que « le public d'alors à qui on présente sou-

---

258 Cf. Geneviève Guillaume-Grimaud : *Le cinéma du Front populaire*, p. 72.

259 Jérôme Wybon : *Au Fil de l'eau*, 00:17:46.

260 Julien Duvivier : *La Belle équipe*, 01:29:12-01:31:06.

261 Eric Bonnefille : *Julien Duvivier*, 1: 1896–1940, p. 212.

262 Julien Duvivier : *La Belle équipe*, 01:31:20. On ne peut donc pas affirmer, comme le fait Jacques Lourcelles, que le revolver « apparaît, d'on ne sait où » (Jacques Lourcelles : Belle équipe (La), *Dictionnaire du cinéma. Les films*, p. 141), étant donné que Jean le montre très vite

vent une fin tragique aime bien les fins heureuses. »[263] En effet, *La Belle équipe* se distingue dans sa version optimiste du mélodrame français classique qui se retrouve souvent aux programmes des cinémas. Le film présente donc un changement bienvenu pour le public avec une distraction complètement positive qui réalise le rêve escapiste du film de cette époque en présentant l'hétérotopie d'une guinguette ouvriériste où chacun est égal à l'autre.[264] Mais la raison fondamentale qui explique la préférence pour la fin optimiste de la part du public est très facile à repérer : le public populaire d'un cinéma périphérique comme *Le Dôme* de La Varenne doit forcément s'identifier avec les héros de *La Belle équipe ;*[265] en effet, la mise en scène qui essaie d'éveiller la bienveillance du public pour les protagonistes renforce cet effet d'identification. Dans le climat du Front Populaire qui vient d'assumer la responsabilité du gouvernement et qui promet des réformes pour l'amélioration des conditions de vie des ouvriers, une image du succès d'un groupe d'ouvriers doit forcément être préférée.

Cela permet de revenir au début des discussions de ce sous-chapitre : les créateurs de *La Belle équipe* ont beau nier l'intention de créer un film à message politique, l'accueil de la part de la critique et du public et le vote pour la fin optimiste de *La Belle équipe* montrent clairement que le film dispose d'une portée politique que le public saisit et cherche à modifier à son propre avantage. Dans sa version pessimiste, *La Belle équipe* peut être regardé en parallèle aux romans populistes de Thérive, Aymé, Lemonnier ou aussi à *L'Hôtel du Nord* d'Eugène Dabit : le spectateur trouve la même esthétisation de la misère comme état pittoresque de la vie humaine, l'illustration d'une identité ouvrière qui se reflète dans le dévouement que les personnages portent vers leur métier ainsi que l'illustration d'une camaraderie instable au sein d'une communauté populaire qui doit se désintégrer. Dans sa version optimiste, rien ne change sauf la stabilité du lien social qui devient plus fort malgré les crises qui le secouent. Les éléments constitutifs de l'esthétique ne changent donc pas, mais ils assument une autre tonalité, plus optimiste qui correspond à l'esprit du Front Populaire quoique le film ait été tourné avant les élections. Par conséquent, cela montre aussi que les idées politiques du Front populaire correspondent bien à l'esthétique populiste et à l'imaginaire du ‹ peuple › tel qu'il se manifeste déjà au début de la décennie dans la littérature. Les films de la fin des années

---

à Charles derrière le comptoir, mais il est vrai que cet événement n'est pas commenté et qu'en général le spectateur est surpris d'apprendre aussi tard que Jean possède un pistolet.

263 Geneviève Guillaume-Grimaud : *Le cinéma du Front populaire*, p. 71.

264 À propos de l'enjeu récurrent de l'escapisme, cf. Colin Crisp : *Genre, Myth and Convention . . .* , p. 95–106.

265 Cf. aussi Geneviève Guillaume-Grimaud : *Le cinéma du Front populaire*, p. 71.

1930, parmi eux les adaptations de *Le Quai des brumes* et *Hôtel du Nord*, marquent cependant le retour du regard pessimiste sur la société au sein de l'esthétique populiste.

En outre, le vote pour la fin optimiste de *La Belle équipe* montre le rapport particulièrement étroit que le média cinématographique entretient avec le public, notamment en comparaison avec la littérature. Aujourd'hui une pratique plutôt commune, la diffusion de fins alternatives devant un public d'expérience était en 1936 un procédé inouï en France. Il montre néanmoins que le pouvoir du public est immense sur les décisions esthétiques en cinéma, étant donné que le message sur la camaraderie se retrouve complètement changé après le vote du public. Contrairement au roman populiste qui ne s'adresse pas au premier plan à un public populaire, les producteurs de cinéma sont à l'écoute du public et collaborent avec lui afin de créer des films qui attirent davantage de spectateurs.

D'autres films cherchent aussi des moyens pour entrer en débat avec le public : en effet, *Le Crime de Monsieur Lange* propose avec sa structuration en récit cadre et récit enchâssé l'image d'un jugement moral du récit enchâssé par un public populaire. Les clients de l'auberge et les aubergistes représentent les milieux populaires qui doivent décider de l'honnêteté de Lange et Valentine ; le spectateur est invité indirectement à s'associer ou à s'opposer à leur verdict par le fait que le film montre certes la fuite de Valentine et Lange sans que les personnages aient jamais prononcé leur opinion : avant la dernière scène qui montre Valentine et Lange sur la plage qui font signe aux clients de l'auberge, un des clients ne dit que « eh bah pour moi c'est tout réfléchi » [266] alors que deux autres consentent. Étant donné que ce sont pratiquement les derniers mots du film, il donne la parole au public qui peut porter son propre jugement sur Lange. Cette forme d'inciter le public à discuter et donc à participer à la discussion sur le film souligne que les deux films de 1936 cherchent à interagir avec le public afin présenter un récit populaire et démocratique.

7.3.3 Conclusion : l'engagement bloqué dans les films du réalisme poétique

Les analyses de quatre films canoniques du réalisme poétique ont montré comment la production cinématographique de ce courant traduit le même imaginaire du ‹ peuple › que le roman de l'entre-deux-guerres et reprend les mêmes éléments constitutifs de l'esthétique populiste que j'ai décrit auparavant pour

---

266 Jean Renoir : *Le crime de M. Lange*, 01:15:41-01:15:44.

la littérature : la mise en scène pittoresque de la misère urbaine, la représentation d'un lien social sympathique entre personnages de milieux modestes de sorte que le spectateur les considère comme des modèles identificatoires ainsi que les portraits de l'ouvrier en tant qu'expert amoureux de son métier peuvent tous être repérés dans les quatre films choisis, mais aussi dans une grande partie de la production qui n'a pas été considéré dans ce contexte.[267] Cependant, la confrontation de *La Belle équipe* avec *Le Crime de Monsieur Lange* a bien montré différentes conceptions par rapport au jugement des milieux sociaux mis en scène : tandis que Renoir présente le ‹ peuple › comme une communauté opprimée par la bourgeoise et souligne que la solidarité entre les personnages demeure toutefois inébranlable, Duvivier souligne les lignes de faille de cette solidarité populaire : peu importe la version de *La Belle équipe*, Duvivier montre que le compagnonnage de ses héros ne doit pas seulement faire face à la malveillance de la bourgeoisie, mais aussi aux tensions sexuelles et surtout au mauvais caractère des femmes et au manque de contrôle des émotions des ouvriers comme Jean, Jacques ou même Tintin.[268] Par ailleurs, autant le réalisateur que le scénariste de *La Belle équipe* insistent sur l'apolitisme de leur œuvre et en effet, la réalisation du film contourne chaque prise de partie : même au moment où Tintin plante le drapeau sur le toit, il prétend certes y mettre « le drapeau des travailleurs », mais le public peut bien voir qu'il tient en main le drapeau français et non le drapeau rouge de l'Internationale communiste.[269]

Le Crime de Monsieur Lange, en revanche, ne prononce pas plus directement une sympathie pour le PC ou pour le communisme en soi, mais la coopérative que Lange et ses collègues mettent en place pour reprendre l'imprimerie de Batala, est montrée comme une entreprise à succès qui améliore les conditions de vie de tous : même le concierge râleur doit admettre que c'est la

---

267 Il convient de citer notamment *Le Jour se lève* (Carné/Prévert 1938) qui s'inscrit parfaitement dans l'esthétique populiste du réalisme poétique, mais aussi *Pension Mimosas* (1935) de Jacques Feyder se présente comme un bon exemple. D'autres films classiques comme *L'Atalante* (1934) de Jean Vigo, ou les deux œuvres de René Clair *Sous les toits de Paris* (1930) ou *A nous la liberté !* (1931) s'intègrent généralement dans l'esthétique populiste, mais se distinguent dans certains détails – les deux premiers nommés par les milieux particuliers qui sont l'objet du film, le dernier par la focalisation sur les différences entre les classes bourgeoises et ouvrières de sorte que la vie quotidienne des milieux populaires est guère représentée.

268 Il convient de rappeler que ce sont aussi les émotions qui conduisent à la fuite de Jacques, qui ne sait pas résister à ses sentiments pour Huguette, et à la mort de Tintin qui est trop heureux d'ouvrir la guinguette et manque par conséquent d'attention quand il danse sur le toit à côté du drapeau qu'il y a installé et tombe, cf. Julien Duvivier : *La Belle équipe*, 01:09:27-01:09:37.

269 ibid., 01:09:00-01:09:04.

« copé » qui a financé la clinique pour son fils Charles et qui a rénové la loge et installé la minuterie dans l'escalier.[270] L'autonomie des ouvriers porte donc des fruits évidents qui excusent même le meurtre de Batala. Ce message subversif et antibourgeois montre une prise de position nette à laquelle l'esthétique populiste, dont le film dispose, ne s'oppose pas : Renoir montre clairement que la misère et la proximité des milieux criminels s'explique seulement par l'exploitation des ouvriers par des bourgeois corrompus.

Il n'est pourtant pas possible de considérer *Le Crime de Monsieur Lange* comme un film militant. Les films du réalisme poétique n'empruntent pas la tonalité combative pour évoquer la classe bourgeoise que l'on connaît du cinéma social de Renoir, comme dans *La Vie est à nous* de 1936. Bien au contraire, la bourgeoisie y figure uniquement comme classe antagoniste peu définie et l'attention se porte bien davantage sur les conditions de vie des milieux modestes et pauvres qui servent de foyer de la ‹ poésie › du récit.[271] Ainsi le décor illustre d'une part la pauvreté, mais d'autre part rend par le jeu des lumières et des contrastes une certaine transcendance inquiétante à l'atmosphère qui s'apparente notamment dans les adaptations de *Le Quai des brumes* et *Hôtel du Nord* au fantastique social macorlanien. Cette esthétique, que Mac Orlan développe dans ses romans et théorise à l'exemple du cinéma et de la photographie, imprègne donc à nouveau la production cinématographique et devient dans le cinéma de l'entre-deux-guerres une forme de présentation stéréotypée. Le pari des réalisateurs et scénaristes de l'époque est que cette forme de transcendance romantique ainsi que la reprise des stéréotypes du mélodrame attire un public plus vaste qu'un réalisme cru qui condamne les processus de marginalisation.[272] Les adaptations de son roman et de celui de Dabit ne reflètent pas uniquement le fantastique social, mais ils reprennent aussi les sujets centraux de l'esthétique populiste comme l'instabilité de la communauté populaire et la fierté de l'identité ouvrière. Mais ce faisant, les adaptations de l'époque ne réussissent en réalité qu'à transmettre les éléments esthétiques du populisme au cinéma sans s'intéresser à la fidélité de la traduction des récits : ni *Le Quai des brumes*, ni *Hôtel du Nord* ne racontent plus les récits des romans, mais réimaginent les romans et ne gardent que les noms des protagonistes.

---

270 Jean Renoir : *Le crime de M. Lange*, 01:00:30-01:00:40.

271 Cf. Christoph Hesse et al. : *Filmstile*, p. 105sq.

272 C'est aussi l'opinion de Blakeway à propos du *Crime de Monsieur Lange* : « If this romantic, adventure-style evocation of the lives of laundresses and printers lacked authenticity, it was this formula which aroused interest and sympathy for the proletarian cause more effectively, perhaps, than any kind of *Zolaesque* realism » (Claire Blakeway : *Jacques Prévert*, p. 95).

En dehors de l'adaptation des romans, des films comme *Le Crime de Monsieur Lange* et *La Belle équipe* montrent par ailleurs que l'esthétique populiste se diffuse également dans les productions originales du cinéma. Étant donné que les deux films coïncident avec le début du gouvernement du Front Populaire, ils ont souvent été perçus comme des expressions de l'esprit de ce gouvernement. Si une telle vision n'est pas complètement erronée, il faut préciser qu'ils ne l'expriment pas directement car le Front Populaire n'est pas encore élu au moment de leur tournage, mais les idées et l'esprit de ce gouvernement se répandent déjà. Cet esprit est exactement celui des romans populistes ; il s'agit donc bien de l'esthétique populiste qui trouve dans les deux films de 1936 des répercussions, accompagnée d'une vision optimiste de la société. Cet optimisme, qui est moins prononcé dans le roman, n'est qu'une particularité de 1936 et n'est pas forcément voulu par les créateurs cinématographiques comme le prouve l'exemple des deux fins de *La Belle Équipe* ; les grands films de 1938, *Le Quai des brumes* ou *Le Jour se lève,* aussi, retournent à un jugement plus pessimiste et tragique de la société qui correspond mieux au modèle littéraire.

8 Conclusion

Au travers des analyses de la culture de l'entre-deux-guerres, j'ai à la fois choisi de prendre comme point de départ la production littéraire et de resserrer pour la plupart des analyses le cadre temporel à la période de 1928 à 1935, période où l'imaginaire du ‹ peuple › est particulièrement représenté dans la littérature française et qui participe donc à la préparation du discours prédominant du Front populaire. Ce parti pris pour la littérature d'une période restreinte de l'entre-deux-guerres ne veut cependant pas dire que d'autres expressions aux alentours de la période ne sont pas entrées dans les analyses ; le cinéma du réalisme poétique qui atteint son apogée seulement à partir de 1936, mais qui s'appuie sur la production littéraire précédente, est aussi pertinent dans l'analyse de la mise en récit des imaginaires du ‹ peuple ›.

Il ne s'agit donc pas d'une recherche sur les clichés récurrents qui se retrouvent uniquement dans la littérature, mais les recherches élargissent la notion de texte au point d'inclure également des analyses du cinéma. A vrai dire, la découverte des *topoï* du ‹ peuple › n'est pas non plus l'unique intérêt de mes recherches ; je me suis particulièrement intéressé à l'enjeu esthétique de cet imaginaire, c'est-à-dire aux paradigmes narratifs et formels d'une telle mobilisation de la notion de ‹ peuple ›. En référence au *Manifeste du roman populiste* de 1929, qui a fortement animé la réflexion théorique autour de la représentation du ‹ peuple › en littérature, j'ai proposé d'appeler l'ensemble des paradigmes sous-jacents esthétique populiste. Comme le terme de populisme est cependant très chargé, il était nécessaire de revenir sur les théories centrales du populisme et de dégager la compréhension du terme dans le contexte présent.

En conséquence, le populisme de l'esthétique se caractérise par son enracinement dans l'imaginaire du ‹ peuple › du XIXe siècle qui s'exprime le plus clairement chez Jules Michelet : selon lui, le ‹ peuple › n'est pas une classe, mais l'ensemble des pauvres qui représente la majorité de la nation. Le ‹ peuple › serait paradoxalement le foyer identitaire et moral de la société tout en étant sa part opprimée. L'esthétique populiste s'empare de cet imaginaire du ‹ peuple › et cherche à valoriser cette position paradoxale dans la société : par conséquent, elle cherche des moyens de représenter la pauvreté et la marginalité des personnages et tente d'insister sur la pression que l'économie, la politique ou bien la société bourgeoise applique à un système social populaire qui fonctionne sans problème. Ainsi, elle valorise l'altérité des personnages populaires et l'explique comme une trace que le travail a laissée en eux. En d'autres termes, l'esthétique populiste est un système de représentation qui montre le ‹ peuple › et ses coutumes comme ‹ différents › mais insiste sur la valeur supérieure de tout ce qui est perçu comme typiquement populaire.

https://doi.org/10.1515/9783110721157-009

Afin qu'une telle esthétique populiste puisse s'établir, certaines conditions doivent être remplies préalablement. Par conséquent, le deuxième chapitre de ce travail s'est intéressé à découvrir ces conditions au sein du champ littéraire. L'analyse a montré que le champ littéraire se trouve dans une époque de restructuration qui prend comme point de départ la Première Guerre mondiale, la mode des récits de guerre ainsi que « La crise de l'esprit » que Paul Valéry a constatée pour la société française de cette époque. La guerre et ses récits ont suscité l'intérêt renouvelé de nouveaux auteurs pour les classes populaires et leur représentation dans la littérature – autant dans la fonction d'écrivains que de sujet. Ces prédispositions ouvrent le champ littéraire à l'influence politique et conduit à une lente perte d'indépendance du champ littéraire qui, simultanément, crée un champ de production médiane qui s'intéresse notamment à la diffusion de l'esthétique politique. Ce champ médian demeure cependant instable parce qu'il ne peut exister que jusqu'au moment où les tensions politiques et les contraintes d'adhérer à une direction politique deviennent trop grandes. L'esthétique populiste fleurit donc dans une ambiance d'indécision politique : le respect des traditions littéraires établies, prôné par les agents de la droite, et les esthétiques héroïques du ‹ peuple ›, répandus chez les militants de gauche, s'opposent tous les deux au tableau de la médiocrité que dresse l'esthétique populiste.

Mais l'esthétique populiste ne dépend non seulement des agents du champ littéraire, mais aussi des conventions de la littérature. Par conséquent, il était nécessaire d'historiser la notion de ‹ réalisme › qui parcourt la période et qui se trouve à la base de l'esthétique populiste. S'opposant à la mode du « retour à Zola » que lance *Monde* en 1928, la plupart des écrivains qui mettent en jeu l'esthétique populiste cherchent à renouer avec le naturalisme de Maupassant et à le faire fusionner avec une forme de transcendance fantastique. Le terme de fantastique social de Pierre Mac Orlan s'impose dans ce contexte et illustre les influences de l'expressionnisme allemand cinématographique, de la Nouvelle Objectivité plastique et photographique.

Une fois ces précisions de base établies, trois études de cas ont servi à illustrer la manière dont l'esthétique populiste procède en littérature : le roman *Le Quai des brumes* de Pierre Mac Orlan a montré notamment que la misère de la population urbaine est mise en récit à travers les description des espaces ambigus : l'indécision que les quartiers populaires et leurs parties sombres inspirent au lecteur doit refléter l'instabilité des conditions de vie des personnages populaires. En outre, Pierre Mac Orlan peint une société populaire qui sort perdante de la Grande Guerre et qui ne peut gravir l'échelle sociale qu'au prix d'abandonner son humanité. Ainsi, le ‹ peuple › de Mac Orlan est présenté comme l'envers miséreux de la modernité alors que celle-ci est décrite comme froide, inhumaine et menaçante.

Cela se reflète également dans la manière dont des auteurs comme Eugène Dabit mettent en scène la vie en communauté, à titre d'exemple dans *L'Hôtel du Nord* : dans ce roman, les rapports sociaux demeurent toujours précaires ; néanmoins, l'hôtel représente un endroit où les personnages peuvent mener une vie relativement libre et nouer des liens sociaux. La véritable menace de la convivance se situe en dehors des personnages et de l'hôtel : il se manifeste dans le pouvoir économique de la grande entreprise qui demande la destruction de tout le quartier. En règle générale, les romans de Dabit montrent la corruption de la vie en communauté par l'embourgeoisement et la richesse, notamment dans *Villa Oasis ou les faux bourgeois* ou *Un mort tout neuf*. Dans le roman *La Rue sans nom* de Marcel Aymé, aussi, le milieu populaire est certes présenté avec ses lignes de faille, mais la véritable menace de la communauté est la destruction de la rue par les forces publiques et les plans d'assainissement et de modernisation du quartier. L'esthétique populiste joue donc avec la convention établie du XIXᵉ siècle de l'équivalence entre les « classes laborieuses » et les « classes dangereuses » ; la véritable menace n'est cependant pas le ‹ peuple ›, mais le pouvoir économique ou politique.

Enfin, l'esthétique populiste se manifeste dans l'identité paradoxale du ‹ peuple › : établissant souvent l'équivalence entre le ‹ peuple › et les ouvriers, elle insiste sur le portrait de personnages qui ne sont pas à proprement parler ouvriers. La plupart des romans qui s'inscrivent explicitement dans la mouvance populiste traitent de petits employés de banque ou d'autres bureaux, alors que les romans plus proches de la littérature prolétarienne n'évoquent guère plus que le travail des artisans comme c'est le cas chez Guilloux et chez Henry Poulaille. Même ces œuvres, qui se caractérisent par la revendication de l'identité ouvrière des auteurs, ne décrivent pas la monotonie du travail taylorisé qui est devenu désormais réalité pour la plupart des ouvriers français, mais le travail manuel de charpentier afin de styliser l'identité ouvrière comme celle d'un expert du travail ‹ honnête ›, ‹ réel ›, puisque son travail forme le monde qu'il habite. La mise en scène des ouvriers comme constructeurs de la réalité doit souligner l'importance de leur activité et montrer l'importance de leur condition dans le tissu social.

Le film français, quant à lui, adopte consciemment les paradigmes esthétiques du populisme comme le prouvent les premiers articles de Marcel Carné. Dans le processus de l'adaptation des romans populistes, mais aussi dans la réalisation de scénarios originaux, des réalisateurs comme Carné, Duvivier ou Renoir, des scénaristes comme Prévert, Aurenche, Jeanson ou Spaak, des décorateurs comme Meerson ou Trauner et même des acteurs comme Arletty ou Gabin montrent leur héritage populiste, même si les adaptations des romans prennent des libertés extraordinaires. L'héritage se manifeste dans la double valeur du décor comme marqueur du réalisme du récit et comme symbole transcendant qui illustre la parenté au fantastique social, mais aussi dans la revalorisation du lien social par la mise en scène d'une communauté solidaire qui doit affronter les aléas du hasard et la méchanceté de la bourgeoisie, et enfin dans l'identité populaire qui n'est pas nécessairement ouvrière, mais qui se manifeste dans une mobilisation de l'argot et de l'accent faubourien. Même si le cinéma doit trouver d'autres moyens afin de réaliser l'esthétique populiste, elle reprend le même imaginaire du ‹ peuple › et aboutit à la revalorisation des milieux pauvres et modestes comme foyer de l'identité française.

Ces remarques révèlent la pertinence de l'approche : la considération du populisme comme esthétique centrale de la production culturelle de l'entre-deux-guerres revalorise d'abord des œuvres littéraires qui ont souvent été oubliées par l'histoire littéraire et leur concède une place plus avantageuse. Plus important encore est de montrer comment la société française s'est imaginée en cette époque et qu'à la suite de la Première Guerre mondiale, elle a senti le besoin de ‹ démocratiser › ses produits culturels en mettant au centre ‹ l'homme moyen ›, sans aspirations et sans drame, qu'elle identifie au ‹ peuple ›. Les romans, photographies, reportages et films cités signalent la prise de conscience de l'importance des questions sociales qui seront au centre de la politique du Front populaire ; néanmoins, l'esthétique populiste ne demeure que le berceau de la valorisation du ‹ peuple › et des classes populaires sans pour autant conduire automatiquement à l'engagement politique. Néanmoins, les années 1930 peuvent être considérés comme le « laboratoire »[1] de la littérature engagée telle qu'elle se manifeste après la guerre dans les écrits d'auteurs comme Jean-Paul Sartre.[2]

Les échappatoires de l'esthétique populiste et de son imaginaire

À force de révéler les correspondances entre les œuvres et d'en dégager le même traitement esthétisant des motifs de la pauvreté, de l'instabilité sociale de la communauté populaire ainsi que du travail ouvrier, les analyses présentes peuvent donner l'impression que d'autres esthétiques n'étaient pas pensables

---

1 Cf. Aurore Peyroles : *Roman et engagement: le laboratoire des années 1930*. Paris : Classiques Garnier 2015.
2 C'est aussi le jugement de Benoît Denis, cf. Benoît Denis : *Littérature et engagement. De Pascal à Sartre*. Paris : Seuil 2000, p. 250.

en même temps et qu'une représentation artistique de la pauvreté et des couches sociales inférieures s'accompagnait forcément de l'esthétisation de la misère comme une garantie de pittoresque et de bon jugement de la société, du sens profondément solidaire du ‹ peuple ›, mais toujours menacé par le pouvoir et l'économie, ainsi que de l'identité ouvrière comme une forme d'héroïsme artisanal, s'appuyant sur le savoir-faire du travailleur expert.

Si ces idées reçues et leur mise en scène esthétique sont très courantes pendant l'époque choisie, il faut néanmoins souligner qu'une autre manière de présenter le ‹ peuple › était tout à fait possible : autant Céline dans *Voyage au bout de la nuit* que Raymond Queneau avec *Le Chiendent* fournissent des échantillons d'une expression littéraire du ‹ peuple › qui se séparent de l'imaginaire et de l'esthétique dominants ; cependant, un bref regard sur les ouvrages mentionnés révèlera que leur départ de l'esthétique populiste s'appuie sur l'imaginaire du ‹ peuple › et de l'esthétique populiste déjà répandus. Par conséquent, si les premiers romans de Céline et de Queneau sont comparés dans les pages suivantes à la production qui les entoure, cette comparaison permettra de résumer les résultats des chapitres précédents et de les confronter à ces œuvres entrées au canon de la littérature française du siècle dernier.

Céline : une restructuration de l'imaginaire qui brouille les pistes

Marie-Christine Bellosta a déjà montré que *Voyage au bout de la nuit* a d'abord été reçu comme un roman conforme aux préceptes de la littérature prolétarienne telle que Barbusse l'a esquissée dans les pages de *Monde*.[3] Reprenant les résultats de mon analyse du champ littéraire, il est cependant possible d'élargir ce constat : en effet, le roman de Céline correspond aussi bien aux conceptions du roman populiste selon le *Manifeste du roman populiste* qui n'exige que le portrait de la vie quotidienne des ‹ petites gens ›, de leur travail et de leurs soucis à partir d'un point de vue de l'intérieur, contrairement au naturalisme scientiste de Zola et à son narrateur omniscient. Aucune caractéristique stylistique ou littéraire ne différencie la littérature prolétarienne selon les idées de Barbusse et le roman populiste de Léon Lemonnier, au point où le premier aurait eu tendance à considérer Thérive et Lemonnier comme des associés. Mais même le groupe d'écrivains prolétariens d'Henry Poulaille, qui s'oppose ardemment à Lemonnier, ne propose

---

3 Marie-Christine Bellosta : *Céline ou l'art de la contradiction. Lecture de Voyage au bout de la nuit*. Paris : PUF 1990, p. 92sq.

pas une esthétique drastiquement différente de celle de ses adversaires ce qui permettait à Dabit, qui faisait partie du groupe de Poulaille, de remporter le premier Prix du roman populiste avec *L'Hôtel du Nord*. Dans la même optique, il ne serait pas erroné de considérer Céline comme un romancier populiste.[4] À première vue, son projet littéraire semble s'inscrire dans l'esthétique populiste : à partir de son langage littéraire, il crée l'effet d'un personnage populaire qui raconte sous forme de témoignage le parcours de sa vie.

De surcroît, Céline a soigné sa posture d'écrivain proche des cercles du roman populiste et de la littérature prolétarienne ce dont témoignent non seulement sa correspondance avec Lemonnier, mais aussi ses apparitions en public.[5] En effet, au moment d'entrer dans le champ littéraire, Céline resserre les liens entre son personnage auctorial et le protagoniste de son roman en recyclant un « script prolétarien »[6] typique de son époque : il se présente comme nouvel entrant d'origine pauvre et ouvrière qui peut raconter la vie quotidienne de la majorité avec ‹ authenticité ›.[7] La posture de Céline au moment d'entrer dans le champ littéraire confirme donc son appartenance à la nébuleuse du roman populiste.

Néanmoins, un bref regard sur *Voyage au bout de la nuit* dévoile plusieurs différences importantes dans son imaginaire du ‹ peuple ›. En effet, Céline invertit souvent les logiques de cet imaginaire : alors que la plupart des romans de l'époque peignent le ‹ peuple › comme une communauté ouvrière à la base solidaire, mais victime de l'oppression par la bourgeoisie, par les logiques du marché et en général par la modernisation des façons de vivre, Céline présente une société qui fait l'expérience continuelle de la misère et qui est complètement désintégrée à cause de l'égoïsme de chacun. Selon Bellosta, l'imaginaire de la société qui transparaît dans *Voyage au bout de la nuit* est opposé à la conviction rousseauiste que l'homme est bon par nature et que la liberté de

---

4 Pour cette raison, Meizoz soutient que Céline « tente opportunément d'inscrire son livre dans les deux mouvements » (Jérôme Meizoz : *L'Âge du roman parlant: (1919–1939) ; écrivains, critiques, linguistes et pédagogues en débat*. Genève : Droz 2001, p. 369).

5 Dans leur correspondance, Lemonnier propose à Céline de présider un déjeuner d'auteurs populistes que Céline doit finalement refuser à cause d'autres obligations (cf. Louis-Ferdinand Céline : Lettre à Léon Lemonnier, Bibliothèque nationale de France, NAF 14111, feuille 33). À part cela, Céline apparaît comme invité lors de l'ouverture du salon d'art populiste (Anonyme : Vernissage au Gaillac. In : *Bec et ongles* (21 octobre 1933), p. 89).

6 Jérôme Meizoz : Pseudonyme et posture chez Céline. In : Philippe Roussin/Alain Schaffner/Régis Tettamanzi (éds.) : *Céline à l'épreuve. Réceptions, critiques, influences*. Paris : Honoré Champion 2016, p. 171–186, p. 179.

7 Pour plus de détails à propos de cette auto-stylisation en ouvrier, cf. Philippe Roussin : *Misère de la littérature, terreur de l'histoire. Céline et la littérature contemporaine*. Paris : Gallimard 2005, p. 24–42.

chaque individu conduirait à la disparition du mal.[8] Cette opposition à Rousseau non seulement explique le « moralisme noir »[9] du *Voyage*, elle indique aussi l'atomisation de l'imaginaire du ‹ peuple › en foule aliénée. Mais elle marque aussi la récusation de la démocratie comme système politique caractérisant les pamphlets politiques de Céline.

Or, la récusation de la démocratie dépend notamment d'un imaginaire différent du ‹ peuple › que celui qui a été analysé jusqu'ici. Tout d'abord, ces différences se manifestent au niveau de la mise en scène de la misère urbaine et de l'inquiétude qui secoue la vie quotidienne dans les quartiers populaires. Certes, *Voyage au bout de la nuit* se rapproche dans de nombreux passages du fantastique social macorlanien, notamment dans le jugement fondamental que la Première Guerre mondial aurait à la fois ouvert la porte à l'essor de l'individualisme et à l'irrationalisme ;[10] mais chez Céline, le sentiment du danger n'est pas provoqué uniquement par l'irruption de l'industrie dans la vie urbaine, sinon bien davantage par l'homme en soi, et cela partout dans le monde.[11] L'inquiétude du narrateur prend donc seulement dans certains cas comme point de départ la misère moderne des grandes villes et s'explique bien davantage par une conviction philosophique fondamentale : que la société humaine est essentiellement marquée par le mal.[12]

En outre, la description de la banlieue et des quartiers populaires ne recèle aucun pittoresque, mais insiste sur le dégoût que de tels paysages inspirent au narrateur, comme le montre déjà la description du paysage autour d'Issy-les-Moulineaux où Bardamu se promène avec sa mère.[13] La banlieue et ses habitants

---

8 Marie-Christine Bellosta : *Céline ou l'art de la contradiction. Lecture de Voyage au bout de la nuit*, p. 235.

9 ibid., p. 161.

10 André Derval : La part du fantastique social dans Voyage au bout de la nuit : Mac Orlan et Céline. In : *Roman 20–50* 17 (juin 1994), p. 83–96, p. 87–89.

11 Peu importe si le protagoniste Bardamu est en permission à Paris et va à une foire où il voit « un mort derrière chaque arbre » (Louis-Ferdinand Céline : *Voyage au bout de la nuit, Romans* I, édité par Henri Godard. Paris : Gallimard 1992, p. 65), s'il se résout à aller en Afrique où « les rares énergies [. . .] se consumaient en haines si mordantes, si insistantes, que beaucoup de colons finissaient par en crever sur place » (ibid., p. 137), s'il se retrouve aux États-Unis, où Bardamu expérience le travail taylorisé et juge qu'« on en devenait machine aussi soi-même » (ibid., p. 241), ou s'il s'installe enfin dans la banlieue parisienne de Rancy où Bardamu reconnaît la méchanceté profonde de l'humanité entière en constatant que « les gens se vengent des services qu'on leur rend » (ibid., p. 261), le narrateur ne peut pas s'échapper de la hantise de la mort et de la violence.

12 Marie-Christine Bellosta : *Céline ou l'art de la contradiction. Lecture de Voyage au bout de la nuit*, p. 35sq.

13 Louis-Ferdinand Céline : *Voyage au bout de la nuit*, p. 105. La description de Rancy et ses habitants est un autre exemple de la construction de la banlieue comme un terrain repoussant, cf. ibid., p. 257.

figurent dans *Voyage au bout de la nuit* comme un repoussoir illustrant la déchéance de la société entière. Céline reprend ainsi le symbolisme de la banlieue comme signe de la destruction de la nature par la misère, qui est déjà présent chez Hugo ou Huysmans.[14]

Par conséquent, l'imaginaire de la communauté populaire a évolué chez Céline par rapport à l'esthétique populiste : au lieu de montrer une solidarité dont la seule menace est la destruction des quartiers populaires et l'éviction des personnages populaires du centre de la société, Céline peint le tableau d'une communauté désintégrée, seulement intéressée à s'enrichir. Mais le personnage de Bardamu, aussi, fait preuve d'un manque de solidarité : en vérité, son seul mobile d'aider les malades est de vouloir gagner de l'argent.[15] Les mêmes défauts que le narrateur aperçoit dans la société qui l'entoure les distinguent aussi. Le pessimisme face à la société est donc total chez Céline, au point qu'il inclut son narrateur dans la condamnation morale. Encore une fois, Céline prend le contrepied de toute tendance humaniste, bien ancrée dans l'esthétique populiste, et insiste en revanche sur l'immoralité inhérente de chacun.[16]

Néanmoins, *Voyage au bout de la nuit* est inséré lors de sa publication dans le sillage du roman populiste et de la littérature prolétarienne. Soulignant dans les interviews son état de médecin au dispensaire, s'occupant uniquement des pauvres, ainsi qu'insistant sur son enfance prétendument pauvre, Céline a éveillé l'intérêt des critiques proches de la littérature prolétarienne.[17] En outre, son roman apparaît la même année que *Le Pain quotidien* d'Henry Poulaille, qui se démarque tout comme le roman de Céline par son usage fréquent de techniques d'oralisation et de termes d'argot. Céline surpasse même Poulaille qui ne « décloisonne » pas complètement le récit et utilise les techniques d'oralisation seulement afin de rendre les dialogues des personnages. Cette proximité entre Poulaille et Céline a cependant entraîné une réception du roman comme récit prolétarien. Mais en vérité le lecteur peut facilement se rendre compte que la mise en scène du personnage du narrateur ne correspond pas à la description de l'identité ouvrière telle qu'elle se montre dans les romans de Poulaille et de Guilloux par exemple. Certes, Bardamu ainsi que Robinson exercent pendant un certain temps le métier d'ouvrier dans les usines de Ford, mais ils n'y développent aucun savoir-faire.

---

14 Philippe Roussin : *Misère de la littérature, terreur de l'histoire. Céline et la littérature contemporaine*, p. 227.

15 Louis-Ferdinand Céline : *Voyage au bout de la nuit*, p. 322.

16 Cf. Marie-Christine Bellosta : *Céline ou l'art de la contradiction. Lecture de Voyage au bout de la nuit*, p. 242.

17 À propos de cette mise en scène, cf. Philippe Roussin : *Misère de la littérature, terreur de l'histoire. Céline et la littérature contemporaine*, surtout p. 24–42.

Contrairement à Poulaille qui décrit l'amour du métier de Magneux et le savoir-faire que celui-ci emploie afin d'accomplir son travail, les ouvriers de Céline n'ont pas droit à développer une propre pensée, considérée nocive.[18] Au moment d'intégrer l'équipe de l'usine, Bardamu ne pense plus à son propre compte, tout comme les autres ouvriers.[19] Céline brosse donc le tableau du travail ouvrier comme une activité qui culmine à l'aliénation. Cependant, il n'adhère pas à la représentation de la condition ouvrière telle que des auteurs communistes comme Paul Nizan la représentent en même temps : l'aliénation n'est en aucun moment montrée, ni par la voix du narrateur qui prend de la distance par rapport à son activité passée, ni par un personnage, comme le point de départ d'une indignation ou d'une revendication des droits des ouvriers. Au lieu de promouvoir la révolution, Céline montre la résignation de Bardamu qui se soustrait au travail afin de passer son temps chez la prostituée Molly. En représentant la condition ouvrière, Céline se refuse donc aussi à une littérature militante.

Pendant la plus grande partie du roman, le narrateur n'est pas par ailleurs montré comme un prolétaire au sens propre. Bardamu obtient après la guerre le diplôme de médecin et travaille d'abord au dispensaire, ensuite à son propre compte dans la banlieue fictive de Rancy. Il représente donc un membre des intellectuels, qui restent même en dehors des récits populistes de Thérive et de Lemonnier, bien que le style oralisé du *Voyage* ainsi que la présentation du personnage nient toute forme d'intellectualisme ou d'appartenance à la classe bourgeoise. De cette manière, Céline cherche à épouser dans le personnage de Bardamu l'identité du médecin qui analyse le monde avec celle du pauvre qui relate l'expérience de la misère de l'intérieur et crée ainsi le personnage du médecin des pauvres, habitué à accomplir « le sale boulot ».[20] Dans sa posture d'écrivain, Céline prolonge ce travail et cherche sa position comme adversaire de Georges Duhamel, lui aussi médecin, mais qui écrit dans un style conventionnel et qui cherche ainsi à revêtir une autre position sociale.[21] Néanmoins, il ne s'agit que d'une fiction.

---

18 Le médecin qui examine Bardamu au début de son activité précise dès son entrée à l'usine : « Ça ne vous servira à rien ici vos études, mon garçon ! Vous n'êtes pas venu ici pour penser, mais pour faire les gestes qu'on vous commandera d'exécuter . . . Nous n'avons pas besoin d'imaginatifs dans notre usine. C'est de chimpanzés dont nous avons besoin . . . Un conseil encore. Ne nous parlez plus jamais de votre intelligence ! On pensera pour vous mon ami ! Tenez-vous-le pour dit » (Louis-Ferdinand Céline : *Voyage au bout de la nuit*, p. 241).
19 ibid., p. 242.
20 Philippe Roussin : *Misère de la littérature, terreur de l'histoire. Céline et la littérature contemporaine*, p. 179.
21 Jérôme Meizoz : *L'Âge du roman parlant*, p. 385.

Cette fiction engage cependant un autre imaginaire du ‹ peuple ›, c'est-à-dire un ‹ peuple › qui peut inclure des hautes fonctions mal payées comme celle du médecin des pauvres ; cet imaginaire ne s'intègre guère dans la mise en scène du travail ouvrier typique de l'esthétique populiste. Si *Voyage au bout de la nuit* semble donc consciemment citer les catégories centrales de cette esthétique, le roman ne s'y associe pas, mais présente une interrogation consciente de l'imaginaire du ‹ peuple › de l'entre-deux-guerres, tout en arrivant à la conclusion que la société entière est malade d'individualisme et de méchanceté. Cette conclusion s'oppose notamment à l'humanisme qui parcourt une grande partie des romans de l'époque, mais aussi à la grisaille du quotidien telle qu'elle est mise en scène par des écrivains comme Eugène Dabit.

Queneau : ironisation de l'esthétique

Le premier roman de Raymond Queneau, *Le Chiendent*, qui paraît un an après le *Voyage au bout de la nuit*, représente aussi une attaque de la littérature proche du populisme, mais va aussi à l'encontre du roman de Céline. En effet, Queneau affirme qu'il a revu et corrigé le manuscrit du *Chiendent* après avoir pris conscience du roman de Céline et a notamment retravaillé le style de son roman afin d'y introduire une oralisation plus téméraire.[22] Mais contrairement à Céline qui emploie l'oralisation afin de créer une œuvre anti-littéraire et anti-élitaire, Queneau poursuit le but d'une ironisation du style établi tout en signalant à la fois l'artifice du style oralisé. Quant à l'imaginaire du ‹ peuple ›, il ne le transforme pas ; en revanche, le but de l'ironisation de la production littéraire de son époque se retrouve au niveau de l'esthétique qu'il emploie pour mobiliser cet imaginaire : en citant consciemment les éléments constitutifs de l'imaginaire, il fournit un commentaire de l'esthétique populiste.

L'action du *Chiendent* se déroule en grande partie dans deux banlieues distinctes : une banlieue pavillonnaire, Obonne, et un terrain industriel, Blagny, où est situé la baraque à frites des Belhôtel. Par ce moyen, Queneau situe son roman dans la banlieue parisienne, probablement au nord de la capitale[23] et reprend les poncifs du mal-loti en banlieue qui se manifestent en même temps

---

22 Cf. ibid., p. 439.

23 Si les deux noms sont fictifs, ‹ Obonne › semble correspondre à une orthographie oralisée d'‹ Eaubonne › qui est à 10 kilomètres du périphérique parisien, au nord de la capitale, cf. Andreas Blank : *Literarisierung von Mündlichkeit: Louis-Ferdinand Céline und Raymond Queneau.* Tübingen : Narr 1991, p. 227 note 164. Du reste, les personnages partent dans leurs déplacements vers Obonne et Blagny de la gare du Nord ce qui suggère donc la situation des deux

dans les romans publiés dans le sillage du *Manifeste du roman populiste*. Queneau évoque à partir du personnage Étienne Marcel et de sa famille le sort des « mal-lotis » qui doivent se contenter d'un habitat incomplet et insalubre, aux marges de la capitale. Même Obonne ne correspond pas à l'idéal de la banlieue verte et le rêve pavillonnaire qui caractérise les aspirations petites-bourgeoises de l'époque est mis à mal dans le roman. Quant à Blagny, le lecteur apprend surtout la présence d'une grande usine, mais aussi que des « [o]rdures et papiers usagés complètent un paysage de terrains vagues et de planches. »[24] Ainsi, les deux banlieues décrites dans *Le Chiendent* se caractérisent par leur morosité, qui correspond à la monotonie du quotidien que les personnages ressentent dans la plupart de leurs activités.[25]

Néanmoins, Queneau ne se prive pas d'inclure des allusions au fantastique social qui se manifeste par exemple chez Pierre Mac Orlan dans l'évocation des banlieues. Ainsi, la forêt proche d'Obonne devient la scène d'un duel abscons qui doit avoir lieu entre Théo, le beau-fils d'Étienne, et Narcense ; quand le premier ne vient pas, le second se pend à un arbre et est secouru par Saturnin. Cette scène rappelle la violence pittoresque et la présence du crime dans la banlieue que des auteurs comme Francis Carco ou Pierre Mac Orlan repèrent dans leur œuvre.[26] Cependant, ce crime est atteint chez Queneau d'un effet burlesque : la motivation de la tentative de suicide reste complètement obscure et le conflit entre les deux personnages ne semble guère vraisemblable.

Par conséquent, toute forme de fantastique social est ironisée par l'humour du récit. En outre, la misère de la banlieue, qui se manifeste dans la villa-ruine pittoresque, est traitée avec humour et d'une façon inverse aux

---

banlieues au nord de Paris, cf. Raymond Queneau : *Le Chiendent*, *Œuvres complètes* II : *Romans* I, édité par Henri Godard. Paris : Gallimard 2002, p. 11 et 13.

24 Raymond Queneau : *Le Chiendent*, p. 27.

25 « Depuis des années, ce même instant se répétait identique, chaque jour, samedi, dimanche et jours de fête exceptés » (ibid., p. 3), « [. . .] il constate avec amertume que ces banalités correspondent parfaitement à la réalité » (ibid., p. 10), « Il se répète ; mais ne vous répétez-vous pas ? Qui ne se répète pas ? » (ibid., p. 17), « En général, il n'y a rien d'intéressant à voir » (ibid., p. 28), « Mais il est temps de rentrer. La foule commence à se diriger vers la gare. 6h1/2. On attendra une demi-heure le dîner, puis la pipe, un dernier tour au jardin, la nuit, le sommeil. Demain, le travail recommence » (ibid., p. 30). Pour cette raison, Blank décrit le contenu du roman comme « banal » (Andreas Blank : *Literarisierung von Mündlichkeit*, p. 227).

26 Queneau en crée même l'atmosphère en décrivant « la petite herbe drue de la clairière, éclairée par la lune » (Raymond Queneau : *Le Chiendent*, p. 56) qui est la scène de la tentative de suicide de Narcense. Le jeu entre la lumière claire et l'obscurité qui cache d'abord son corps pendu qui oscille à l'arbre rappelle beaucoup les effets de lumière qui accompagnent le siège du Lapin Agile dans *Le Quai des brumes*.

romans de l'époque : alors que le pavillon en construction serait chez Carco ou Mac Orlan l'espace parfait pour la mise en scène du crime, une famille banale y vit ; seulement lorsque le pavillon devient une maison close, sa construction est achevée. En conséquence, Queneau renverse les logiques de l'esthétique populiste.

Un phénomène similaire se laisse observer dans le traitement de l'imaginaire du ‹ peuple ›. Le roman s'ouvre sur l'image d'une grande masse d'individus sans personnalité dont la seule activité est le déplacement en direction de leur domicile après le travail.[27] Le protagoniste Étienne Marcel surgit pour la première fois dans cette foule. Cependant, Queneau ne s'intéresse pas à la présentation réaliste-socialiste des mouvements de masse. L'incipit de son roman rappelle certes *The Man of the crowd* d'Edgar Allen Poe, étant donné que simultanément à l'apparition du protagoniste apparaît également un observateur qui le poursuit ; néanmoins, la « silhouette » qu'il observe ne se distingue pas des autres silhouettes dont est composée la foule, contrairement au personnage de la nouvelle de Poe. Au contraire, la silhouette est décrite comme une forme sans volonté propre. Il n'y a aucune raison valable pour que cette ombre retienne l'attention du narrateur. Ce faisant, Queneau envisage une conception du ‹ peuple › tout à fait différente de celle des auteurs communistes, mais aussi de Thérive ou Lemonnier : il s'agit d'une foule qui souffre la monotonie de la vie quotidienne sans manifester une volonté de révolte ou une particularité quelconque. De ce point de vue, Queneau rejoint l'opinion peu favorable à l'égard du peuple d'André Breton dans *Nadja*.[28] En outre, une telle position face à Étienne Marcel souligne la conception du protagoniste comme un exemple égal à tout autre personnage de la foule ; Étienne Marcel *représente* le peuple et son quotidien.

Outre la mise en scène d'une foule uniforme, le récit révèle à partir de son protagoniste exemplaire les lignes de faille dans ce ‹ peuple › perçu comme une masse grise.[29] *Le Chiendent* met en scène une société en désordre, marquée par la pauvreté et l'instabilité des conditions de vie ce que la villa des Marcel a déjà

---

27 ibid., p. 3.

28 André Breton : *Nadja*, repris dans *Œuvres complètes* I, édité par Marguerite Bonnet. Paris : Gallimard 1988, p. 683 : « Les bureaux, les ateliers commençaient à se vider, du haut en bas des maisons des portes se fermaient, des gens sur le trottoir se serraient la main, il commençait tout de même à y avoir plus de monde. J'observais sans le vouloir des visages, des accoutrements, des allures. Allons, ce n'étaient pas encore ceux-là qu'on trouverait prêts à faire la Révolution. »

29 Plus précisément, les masses sont décrites plus tard comme « des tas d'humains tout noirs » ou comme « du papier à mouches », cf. Raymond Queneau : *Le Chiendent*, p. 18.

indiqué : le travail au « Comptoir des Comptes » de Marcel ne suffit pas afin de garantir la subsistance de la famille et achever le bâtiment.

Le seul moyen de terminer la villa est de gagner l'argent nécessaire à la limite de la légalité, comme le montre la suite de la narration : En effet, une fois Marcel parti à la guerre contre les Étrusques, son beau-fils installe un bordel dans le pavillon qui payera les travaux.[30] Généralement, l'exploitation ou le vol sont les seuls moyens susceptibles d'améliorer les conditions de vie dans *Le Chiendent* : ainsi, le rêve des Belhôtel est en effet la possession d'une maison close ; Mme Cloche, à son tour, rêve de voler le trésor qu'elle soupçonne chez le père Taupe. Les personnages du roman sont assignés à une place très précise dans la société, car la moindre transgression peut faire chavirer l'ordre social – jusqu'à faire éclater la guerre au cours de laquelle Mme Cloche devient la reine des Étrusques.[31] Lasse de cette guerre, elle décide avec le protagoniste Marcel et un autre personnage de la terminer et de reprendre les positions sociales qu'ils assumaient avant la guerre, de sorte que le roman se termine sur la même phrase avec laquelle il a commencé.

Une telle épanadiplose ironise surtout la littérature populiste qui prône le retour à la vie normale après la Première Guerre Mondiale : de par sa structure cyclique, le roman de Queneau montre que l'instabilité de la société peut provoquer un retour à la guerre – au lieu de stabiliser l'ordre – et que les conditions de vie des ‹ petites gens › ne changent même pas après une nouvelle guerre. Car la guerre ne contribue pas à la révolution, comme c'est l'espoir de Barbusse à partir de *Le Feu* ;[32] les protagonistes du *Chiendent* reviennent en arrière sans respecter l'ordre temporel et s'intègrent dans leur quotidien comme si rien ne s'était produit. De ce point de vue, Queneau montre que ‹ l'ordre › au sein des classes populaires – que prônent les romanciers populistes – n'est qu'une façade derrière laquelle se cache l'instabilité, la misère et la fragmentation de la société. Chez Queneau, le ‹ peuple › n'est pas une unité stable qui représente la nation ; il n'est qu'un mythe qui camoufle la grisaille de quelques existences médiocres.[33]

---

30 ibid., p. 240.

31 ibid., p. 243.

32 Henri Barbusse : *Le Feu. Journal d'une escouade.* Paris : Gallimard 2013, p. 16 : « Mais les trente millions d'esclaves jetés les uns sur les autres par le crime et l'erreur, dans la guerre de la boue, lèvent leurs faces humaines où germe enfin une volonté. L'avenir est dans les mains des esclaves, et on voit bien que le vieux monde sera changé par l'alliance que bâtiront un jour entre eux ceux dont le nombre et la misère sont infinis. »

33 Derek Schilling : *Le Chiendent* entre histoire et fiction ou les parfaits banlieusards de Raymond Queneau. In : *The Romanic Review* 95, 1–2 (mars 2004), p. 41–61, p. 53.

Le motif de l'identité ouvrière, quant à lui, n'apparaît pas dans le roman. Madame Cloche est le seul personnage qui constate une partition de la société en deux classes. Mais la particularité de cette partition est qu'elle s'effectue par le bas : elle, démunie et veuve qui pratique des avortements illégaux, distingue d'elle et de ses proches les « bourgeois ». De cette manière, Queneau renverse également les hiérarchies établies et montre comment des personnages comme Marcel, appartenant à une classe moyenne peu définie, sont écartés et soupçonnés d'être des escrocs par des individus qui se situent en-dessous d'eux, selon les hiérarchies établies.

Une telle ironisation du populisme et de l'ordre qu'il défend se retrouve au niveau de la structuration du discours. Le style de Queneau s'oppose au ‹ purisme › de Thérive et de Lemonnier par la manière dont la narration est « contaminée »[34] par le langage parlé. La contamination de l'orthographe et des registres langagiers montre que l'écriture de Queneau s'oppose à l'ordre établi et se révolte contre les traditions. Ce faisant, l'orthographe n'est pourtant pas fantaisiste ; il cherche à se rapprocher du langage parlé.

Ainsi, Queneau cherche à intégrer le langage populaire ; sa manière de se rapprocher du ‹ peuple › n'est pas la recherche d'un ordre qui pourrait représenter l'unité nationale. Queneau poursuit plutôt le but d'un style dialogique[35] et de ce fait populaire ; néanmoins, il hérite du même discours démocratique qui informe aussi le recours au ‹ peuple › du populisme, tant au niveau de ses sujets qu'aux idéaux linguistiques. Mais il radicalise les techniques d'oralisation au point qu'il est clair que ce choix stylistique ne doit pas créer un effet de réel.[36] En effet, *Le Chiendent* brise toutes les règles de la *mimèsis* réaliste, notamment par la fin du roman où les personnages se rendent compte qu'ils sont des personnages de roman et décident de rentrer dans leurs situations du début. Cet anti-réalisme[37] de Queneau souligne donc sa position opposée à l'esthétique populiste qui se base sur l'idéal de l'authenticité. Queneau reprend l'imaginaire du ‹ peuple › utilisé dans le roman et montre son caractère factice : ainsi, il expose non seulement son roman comme une œuvre d'art, mais dénonce toute l'esthétique et l'imaginaire comme étant une construction artificielle qui ne correspond pas à la réalité.

---

34 À propos du terme de « contamination » chez Queneau, cf. Jérôme Meizoz : *L'Âge du roman parlant*, p. 447–450.

35 Le terme est employé dans le sens de Michail M. Bachtin : *Esthétique et théorie du roman*. Paris : Gallimard 1978.

36 Cf. Jérôme Meizoz : *L'Âge du roman parlant*, p. 461.

37 Cf. Derek Schilling : *Le Chiendent* entre histoire et fiction ou les parfaits banlieusards de Raymond Queneau, p. 44 qui explique que « rien n'autorise à une lecture ‹ documentaire › du roman quenien, la vraisemblance spatiale y étant subordonnée à la distanciation humoristique. »

Marges historiques pour la diffusion de l'esthétique populiste

Voyage au bout de la nuit et *Le Chiendent* prennent tous les deux congé de l'imaginaire du ‹ peuple › et de l'esthétique populiste, propres aux romans de leur époque. Les conventions de cette forme de représentation peuvent donc être dépassées, mais comme le montrent les remarques ci-dessus, un tel dépassement dépend d'une certaine appréhension de l'imaginaire et de l'esthétique. Cela prouve la puissance et l'omniprésence de ces conventions. À l'orée de la Seconde Guerre mondiale et face à la montée du fascisme en Allemagne et en Italie, la puissance de radiation de l'imaginaire et de l'esthétique perdent cependant de leur force. Il faut donc s'interroger sur cette seconde limitation de l'esthétique populiste qui s'explique par les conditions historiques de sa diffusion dans la société française.

Dans *Qu'est-ce que la littérature ?*, Jean-Paul Sartre revient sur la littérature d'« un humanisme discret »[38] qu'il repère chez des auteurs comme Jean Prévost, Pierre Bost ou André Chamson ; ces auteurs, qui n'auraient pas hésité à « coqueter avec le populisme »[39] et qui auraient été pendant le temps de l'entre-deux-guerres les porte-paroles de la classe moyenne et de leur moralisme, n'ont pas réussi à s'imposer dans le champ littéraire selon Sartre parce qu'ils ont mal compris les enjeux historiques de leur époque :

> Ils se sont limités, par probité, à nous raconter des vies médiocres et sans grandeur, alors que les circonstances forgeaient des destins exceptionnels dans le Mal comme dans le Bien ; [. . .] leur morale, qui pouvait soutenir les cœurs dans la vie quotidienne, qui les eût peut-être soutenus pendant la Première Guerre mondiale, s'est révélée insuffisante pour les grandes catastrophes. [. . .] Ainsi l'Histoire leur a volé leur public comme elle a volé ses électeurs au parti radical. Ils se sont tus, j'imagine, par dégoût, faute de pouvoir adapter leur sagesse aux folies de l'Europe.[40]

D'après Sartre, les auteurs qui se sont efforcés d'exprimer la médiocrité de la vie quotidienne des classes moyennes en France et qui, par conséquent, s'insèrent dans le sillage du populisme littéraire, n'ont pas saisi l'urgence de la situation historique qu'ils ont vécu et ont, pour cette raison, manqué à garder leur public, qui aurait eu besoin que les écrivains fissent appel aux pulsions instinctives ou à la part irrationnelle de l'homme. Tenant compte de l'influence importante du fantastique social de Pierre Mac Orlan à l'époque qui s'avère une esthétique qui cherche à exprimer au plan spatial l'angoisse devant la modernisation de

---

38 Jean-Paul Sartre : *Qu'est-ce que la littérature ?* Paris : Gallimard 2008, p. 199.
39 ibid., p. 200.
40 ibid., p. 204sq.

la société, cette explication de la perte du public ne semble ni suffisante, ni justifiée pour expliquer la lente disparition du champ littéraire de l'esthétique populiste. Pour cette raison, je propose deux autres raisons qui expliquent l'évanouissement du populisme littéraire : d'une part, l'esthétique populiste ne réussit pas à s'imposer comme une esthétique clairement définie à cause des luttes internes au champ littéraire entre les mouvances du roman populiste et de la littérature prolétarienne et à cause de la montée de l'AEAR; d'autre part, l'esthétique ne peut pas non plus s'établir à long terme comme un parti pris, partagé par la majorité des écrivains, à cause de la politisation du champ littéraire.

A l'intérieur du champ littéraire, la diversification des unions et groupements à partir de 1932 avec la création du Groupe des Écrivains Prolétariens de Poulaille et l'essor de l'AEAR, le débat autour de l'esthétique revendiqué autant par Poulaille que par Lemonnier – et, de manière moins directe, par de nombreux autres agents du champ – devient moins visible. Le surgissement de l'AEAR aurait cependant pu consolider l'esthétique populiste, étant donné qu'elle a prôné l'union entre écrivains communistes et bourgeois dans la défense des ouvriers et des opprimés. Des auteurs comme Eugène Dabit s'associent pour cette raison à l'AEAR, après quelques hésitations. Mais la méfiance de Lemonnier et Thérive ainsi que de Poulaille devant cette association, qui se déclare « révolutionnaire » et pour cette raison trop proche de la lutte politique du Parti Communiste, est trop grande pour que ces auteurs puissent y adhérer, d'autant plus que les auteurs surréalistes et Aragon, qui se situent au niveau du champ littéraire dans des positions antagonistes, adhèrent également à l'association depuis 1932.[41]

De cette manière, le populisme ne peut pas se manifester dans le champ littéraire comme un véritable mouvement littéraire : la dernière tentative de Lemonnier de convoquer un « Front littéraire commun »[42] en 1935 arrive trop tard : la plupart des agents auxquels Lemonnier fait appel adhèrent déjà à l'AEAR et ont accepté de se rapprocher du PC – sans en accepter des préceptes esthétiques – ; Poulaille, quant à lui, se retranche derrière sa position en tant qu'unique défenseur authentique et désintéressé des écrivains ouvriers.

L'esthétique populiste ne perpétue pas non plus comme convention purement stylistique ce que ces luttes de positionnement au sein du champ littéraire ne suffisent pas à expliquer. Il faut aussi constater que la situation historique

---

41 Cf. Jean-Michel Péru : Une crise du champ littéraire français. Le débat sur la littérature prolétarienne (1925–1935). In : *Actes de la recherche en sciences sociales* 89 (1991), p. 47–65, p. 59. Les surréalistes sont cependant exclus de l'AEAR en juin 1933 par leur manque d'adaptation aux exigences du groupe (cf. ibid., p. 61, note 83).
42 Léon Lemonnier : Encore un manifeste ? « Front littéraire commun ». In : *L'Œuvre* (14 mai 1935).

exige un décalage important de l'attention des intellectuels : les développements politiques en Europe avec la prise de pouvoir de Mussolini en Italie et la montée du nazisme en Allemagne entraînent la perte d'intérêt parmi les sympathisants de la gauche pour les questions de la représentation et de la défense du ‹ peuple ›, en faveur d'un nouvel intérêt pour l'action antifasciste. Cela se manifeste déjà avant la fondation de l'AEAR : entre le 27 et le 29 août 1932, a lieu le Congrès d'Amsterdam, organisé par Henri Barbusse et Romain Rolland, pour la défense de l'internationalisme et du pacifisme. L'union des deux noms, représentants de deux formes de littérature engagée – Barbusse du côté prolétarien et militant, Rolland du côté bourgeois et plus abstrait –, signale la volonté de créer une association contre la menace fasciste. Cela devient encore plus clair à partir d'une seconde conférence a la salle Pleyel entre le 4 et 6 juin 1933 contre la menace hitlérienne, organisée par un comité dont à nouveau Rolland fait partie et qui fusionne avec la première organisation sous la forme du Comité Amsterdam-Pleyel.[43] En outre, lorsque l'AEAR édite sa propre revue *Commune*, cette volonté primordiale de s'opposer à l'avènement du fascisme y est aussi écrit en exergue : « *Commune* rend publique la lutte que mène l'AEAR. Elle est une revue de combat. *Commune*, en face des confusions à travers lesquelles la culture présente marche au fascisme, proclame que la seule révolution est la révolution prolétarienne. »[44] Dans son auto-description, la revue est donc caractérisée d'abord par sa lutte contre le fascisme.

Cet essor du mouvement antifasciste explique la lente disparition de l'esthétique populiste au sein du champ littéraire : le combat contre le fascisme prend le dessus sur le sujet du ‹ peuple › et les questions de sa représentation. Cela explique aussi le manque de textes littéraires sur la réalité vécue du Front populaire de l'époque qu'Anne Roche a déjà constaté : même si le champ littéraire est fortement politisé pendant la période des années 1930, le militantisme des auteurs se manifeste moins dans des textes littéraires qui mettent en scène le Front Populaire que dans des textes comme *L'Espoir* (1937) d'André Malraux qui sait exprimer, à travers la mise en scène de l'engagement des volontaires pendant la Guerre civile Espagnole, l'enjeu de la lutte antifasciste et mobilise d'une manière efficace le mythe révolutionnaire.[45]

Il faut néanmoins contredire Anne Roche lorsqu'elle constate que les écrivains des années 1930 « n'*informent* pas la politique du Front populaire » :[46]

---

43 Cf. Anne Roche : *Les Écrivains et le Front populaire*. Paris : Presses de la fondation nationale des sciences politiques 1986, p. 16.
44 *Commune* 1 (juillet 1933), première page non-numérotée.
45 Cf. Anne Roche : *Les Écrivains et le Front populaire* p. 310.
46 ibid., p. 10.

certes, à partir de 1936 l'attention des écrivains se porte notamment sur l'opposition au fascisme, mais la défense des classes populaires, la politique qui culmine dans la fondation de nombreux syndicats ouvriers, la défense des grandes grèves ouvrières et le renforcement des droits des ouvriers et des employés – introduction du congé payé et limitation du travail hebdomadaire à 40 heures – ainsi que l'idée de la représentation des valeurs républicaines par un « Rassemblement populaire » – comme s'appelle officiellement la ligue entre le PC, le PS, les Radicaux, la CGT, la CGTU, la Ligue des droits de l'homme, le Comité des intellectuels antifascistes et le Comité Amsterdam-Pleyel – correspondent parfaitement à l'esthétique populiste qui se développe dans le champ littéraire au cours de la première moitié de la décennie. Autrement dit, l'imaginaire du Front populaire n'est peut-être plus guère présenté dans la littérature après 1936, mais il donne naissance à un fort débat dans le champ littéraire dès 1928 et informe bien en avance le champ politique, ainsi que les autres domaines artistiques comme le cinéma, dans lequel l'esthétique populiste et l'imaginaire du ‹ peuple › survivent plus longtemps.

Perspectives de recherche

Les analyses présentent devaient signaler l'importance de l'esthétique populiste pour la culture de l'entre-deux-guerres. Mais dans ce cadre, il n'était malheureusement pas toujours possible d'approfondir certains axes de recherche. En l'occurrence, mon livre a illustré la manière dont le cinéma hérite de l'esthétique populiste et se l'approprie afin de créer son propre sous-genre de populisme, le réalisme poétique. Dans les créations du binôme Carné-Prévert, cette esthétique peut survivre dans sa version pessimiste au Front populaire et se manifeste même au-delà de la fin de la Seconde Guerre mondiale de sorte que François Truffaut loue toujours les efforts de Prévert et les chefs-d'œuvre du réalisme poétique contre le cinéma de la « *Tradition de la Qualité* »[47] décriée. Cette survie de l'esthétique populiste dans le film au-delà de l'entre-deux-guerres s'explique en partie par la redécouverte des classiques de Carné comme *Le Quai des brumes* dont la diffusion a été interdite pendant l'Occupation. Il serait intéressant d'observer de plus près comment le réalisme poétique survit au

---

47 François Truffaut : Une certaine tendance du cinéma français. In : *Cahiers du Cinéma* 31 (janvier 1954), p. 15–30, p. 15, italiques reprises de l'original. Cf. aussi James Dudley Andrew : *Mists of regret: culture and sensibility in classic French film*. Princeton, NJ : Princeton Univ. Press 1995, p. 340–342.

Front littéraire et quelles transformations il subit pendant l'Occupation et pendant la Libération afin de mieux pouvoir observer les interférences entre le champ politique et la production cinématographique pendant l'entre-deux-guerres. Une telle recherche pourrait révéler plus clairement les raisons de la politisation différente du cinéma et pourquoi l'imaginaire du ‹ peuple › de la littérature y demeure presque sans retouches, alors que l'esthétique essaie de faire fusionner les préceptes littéraires du réalisme avec la création d'une atmosphère émotionnelle, procédé hérité du film expressionniste allemand.

Par ailleurs, je n'ai pas eu l'occasion d'approfondir les rapports entre l'esthétique populiste et la photographie humaniste, genre artistique qui s'établit notamment à partir de l'exposition photographique organisée par Edward Steichen au MoMA en 1955.[48] Même si les représentants de ce mouvement photographique comptent parmi les créateurs les plus iconiques de l'art photographique comme Henri Cartier-Bresson, Brassaï ou Willy Ronis, et que le courant a été l'objet de monographies,[49] le rapport entre photographie humaniste et son héritage littéraire, en l'occurrence l'esthétique populiste, n'a pas encore été l'objet de recherches satisfaisantes. Le travail de photographes comme Robert Doisneau, qui reprend à la fin des années 1940 avec l'auteur moderniste Blaise Cendrars le sujet de la banlieue parisienne,[50] pourrait être considéré comme un ‹ pont › qui facilite la traduction de l'esthétique populiste au sein de la création photographique.

En règle générale, j'ai intégré mes recherches dans le contexte de la production artistique qui entoure les œuvres analysées, mais l'ampleur des analyses n'a pas permis d'ouvrir davantage l'horizon des recherches. Cependant, il serait intéressant d'observer plus en détail les interférences entre les productions médiatiques et la construction de la réalité par la presse ou les discours politiques. Le travail présent ne peut que suggérer une forte interdépendance entre les domaines divers sans pour autant corroborer cette hypothèse. Étant donné qu'un tel travail demanderait le dépouillement rigoureux d'un corpus de documents historiques, d'une centaine de journaux quotidiens, de tapuscrits et de protocoles de discussions politiques, de textes philosophiques sur les théories de l'État, les dimensions de cette recherche n'auraient pas permis l'attention au détail dont j'ai cherché à faire preuve.

---

48 Cf. Kevin Moore : Le MoMA : institution de la photographie moderniste. In : André Gunthert/Michel Poivert (éds.) : *L'Art de la photographie. Des origines à nos jours*. Citadelles & Mazenod 2007, p. 508–527.

49 Cf. par exemple Marie de Thézy : *La Photographie humaniste: 1930–1960, histoire d'un mouvement en France*. Paris : Contrejour 1992.

50 Cf. Blaise Cendrars/Robert Doisneau : *La Banlieue de Paris*. Paris : P. Seghers 1949.

Un sujet particulier a été signalé au long des analyses, mais demanderait un approfondissement : celui du rôle des genres. En effet, si l'on s'intéresse à l'imaginaire du ‹ peuple ›, il faut s'interroger également sur la représentation des rôles des hommes et des femmes. L'analyse du roman *Le Pain quotidien* et des personnages interprétés par Jean Gabin a déjà montré que l'imaginaire de la société de l'entre-deux-guerres s'appuie sur une séparation rigoureuse des sexes qui met les hommes en la position de dominants. Le fait que les auteures sont quasi absentes du champ littéraire de l'époque corrobore l'impression que la société française de l'époque est encore strictement patriarcale et que les femmes n'ont pas droit à la parole. Une lecture ciblée sur l'image de la masculinité peut cependant relever les malaises d'une telle description patriarcale de la société. Les recherches de Iacopo Leoni sur André Thérive montrent par exemple la rupture du lien entre père et fils dans son œuvre et signalent ainsi une certaine crise de la masculinité.[51] Ces approches de la littérature de l'entre-deux-guerres devraient être approfondies afin de mieux appréhender les rôles des sexes.

Le choix restreint du corpus explique aussi d'autres lacunes qui peuvent sembler surprenantes. Certes, une analyse complète de la littérature de l'entre-deux-guerres ne peut pas exclure des auteurs comme Aragon, Jules Romains, André Gide, Marcel Arland ou Roger Martin du Gard, mais l'implication directe de ces auteurs dans la discussion autour du roman populiste est minime, de sorte que l'exploration de l'esthétique de l'entre-deux-guerres est traité de manière exhaustive dans ce livre même en les excluant. Cela ne veut pas dire qu'un rapprochement entre l'esthétique populiste et Roger Martin du Gard, par exemple, ne soit pas intéressant : comme j'ai signalé, cet auteur contribue à l'image du roman populiste, étant donné qu'il accompagne Eugène Dabit pendant ses corrections du premier manuscrit de *L'Hôtel du Nord*.[52] Il faudrait donc s'interroger sur la part de son influence sur Dabit – question qui ne peut pas être complètement résolue, car Dabit a détruit le premier manuscrit de son roman – mais aussi sur sa position face à l'esthétique populiste.

Perspective : le retour de l'esthétique populiste ?

Une dernière perspective se prêterait à une analyse plus détaillée. Si dans ce livre l'esthétique populiste a toujours été considéré comme un phénomène his-

---

51 Cf. par exemple Iacopo Leoni : André Thérive : résignation contre négation. In : *Revue italienne d'études françaises. Littérature, langue, culture* 6 (15 décembre 2016), en ligne.
52 À ce propos, cf. Pierre-Edmond Robert : *D'un Hôtel du Nord l'autre . . .* , p. 65sq.

torique qui s'intègre dans la situation du champ littéraire et dans les paradigmes courants de l'époque de l'entre-deux-guerres, il faut se demander si
l'esthétique populiste ne peut pas être considérée comme un phénomène
transhistorique trouvant des actualisations selon la période dans laquelle
elle se manifeste. Dans ce contexte, il est possible de s'interroger sur ce qui
est encore resté ou ce qui resurgit de l'esthétique populiste dans la littérature de l'extrême contemporain.

Un projet littéraire semble s'imposer à une telle analyse. En 2014, le politologue français Pierre Rosanvallon donne naissance à la plateforme *raconterlavie.fr*
qui est accompagnée d'une collection de courts ouvrages dans les éditions du
Seuil. Un essai du politologue, *Le Parlement des invisibles*, explique l'idée derrière le projet et la nécessité de la plateforme sur laquelle chacun peut téléchar-
ger son propre récit :

> Face à la mal-représentation par les partis, qui conduit à idéologiser et à caricaturer la
> réalité, il faut construire une *représentation-narration* pour que l'idéal démocratique re-
> prenne vie et forme. Le temps est venu de proposer une forme d'ensemble à toutes les
> attentes de reconnaissance qui se manifestent, pour les constituer en un mouvement ex-
> plicite, leur donner un sens positif et une cohérence. Cette forme aura une dimension au-
> thentiquement démocratique parce qu'elle tissera, à partir de multiples récits de vie et
> prises de parole, les fils d'un monde commun. Forme démocratique encore, parce que la
> connaissance qu'elle produira aura en elle-même une vertu émancipatrice, en permettant
> aux individus de se réapproprier leur existence et de se situer dans le monde. Cette
> connaissance les aidera à sortir du désenchantement dans lequel ils sont enfermés.
>
> Donner la parole, rendre visible, c'est en effet aider des individus à se mobiliser, à résister
> à l'ordre existant et à mieux conduire leur existence. C'est aussi leur permettre de rassem-
> bler leur vie dans un récit qui fait sens, de s'insérer dans une histoire collective. L'histoire
> du monde ouvrier a montré que c'était essentiel.[53]

La citation montre la proximité au *Manifeste du roman populiste :* Rosanvallon
soutient la même idée de base selon laquelle beaucoup de personnes, notamment des couches défavorisées, ne jouissent pas d'une véritable représentation
au sein de la société. Toutefois, une première différence entre Lemonnier et Rosanvallon saute également aux yeux : le dernier s'oppose aux dysfonctionnements du système démocratique au sein des États modernes ; chez Lemonnier,
en revanche, le jugement ne porte pas aussi loin, étant donné qu'il ne constate
que l'absence d'une représentation littéraire des « petites gens ». Pourtant
l'idée de base est la même : le ‹ peuple › n'est pas représenté et il faut y remédier. Alors que Lemonnier veut inciter les écrivains à narrer le quotidien des

---

53 Pierre Rosanvallon : *Le Parlement des invisibles*. Paris : Le Seuil 2014, p. 23.

basses classes, Rosanvallon invite tous les lecteurs à « raconter » leur vie quotidienne ce qui inclut selon lui des témoignages, des analyses sociologiques, des enquêtes journalistiques ou ethnographiques, la littérature, la poésie et la chanson.[54] Si Lemonnier ne veut promouvoir que le roman, chaque forme d'expression verbale est acceptée dans le projet de Rosanvallon.

Mais c'est sur le plan esthétique que Rosanvallon se rapproche davantage de Lemonnier. Les deux partagent la conception d'une « crise » qui explique le besoin d'une nouvelle forme de représentation littéraire. Rosanvallon confirme son dévouement au réalisme, s'opposant à la représentation mensongère des partis politiques « qui conduit à idéologiser et à caricaturer la réalité. » Comme chez Lemonnier, Rosanvallon justifie cette nécessité de fournir de nouveaux récits réalistes de la vie quotidienne par le besoin de renforcer l'idée de démocratie et par la volonté de renforcer l'idée du ‹ peuple › uni : « Il s'agit de redonner consistance au mot ‹ peuple ›, en l'appréhendant dans sa vitalité. »[55] Même si Rosanvallon ne cite pas le roman populiste ou la littérature prolétarienne parmi les précurseurs de son mouvement, il s'inscrit donc dans le même héritage jusqu'au point où il cherche même à réactiver la notion de ‹ peuple › afin de décrire sa conception des masses opprimées sans les évoquer comme une classe.

Cependant, deux éléments distinguent son projet de celui de Lemonnier : Rosanvallon insiste sur la multiplicité des expériences et souligne pour cette raison qu'il n'y a pas un seul ‹ peuple ›, mais qu'il doit être considéré comme une mosaïque ; de l'autre, il inscrit une portée politique dans son projet en affirmant qu'il doit « aider des individus à se mobiliser, à résister à l'ordre existant et à mieux conduire leur existence. » Néanmoins l'insistance sur la multiplicité des visions et la singularité de chaque expérience relatée limite justement la portée politique, car elle exclut consciemment chaque forme de prise de parole organisée, par exemple de la part des syndicats.[56] Par conséquent, la portée démocratique du projet est tronquée, au sens où les acquisitions existantes des systèmes démocratiques qui défendent les intérêts des dominés ne sont pas considérées comme des alliés. En outre, la coexistence de la collection et de la plateforme en ligne crée un écart entre les textes littéraires : d'un côté, ceux qui sont payants et à qui l'édition attache donc une certaine valeur, de l'autre, ceux de la part du public, dont la plupart n'aboutit pas à une version imprimée, gratuits et par conséquent moins appréciés, surtout parce que les récits demeurent pour la plupart

---

54 Ibid., p. 55.
55 Ibid., p. 12.
56 Cf. Corinne Grenouillet : Raconter le travail : le projet politique du site Internet *Raconter la vie*. In : Maryline Heck/Aurélie Adler (éds.) : *Écrire le travail au XXIe siècle, quelles implications politiques ?* Paris : Presses Sorbonne nouvelle 2016, p. 67–79, p. 70.

invisibles dans la masse de publications sur la plateforme. La valeur de l'égalité n'existe donc pas au niveau des formats de l'édition.

Il serait intéressant d'engager une analyse plus détaillée autant de l'essai de Rosanvallon que de la collection, qui inclut des textes d'auteurs affirmés comme Annie Ernaux, mais aussi des inconnus (quasi) anonymes comme l'ouvrier Anthony, tout en comparant les esthétiques des deux mouvements et d'observer si la proximité que j'ai indiquée ci-dessus se manifeste aussi aux niveaux plus profonds. Cela prouverait que l'esthétique populiste est plus que le produit de son époque historique : elle peut réapparaître et même informer la production littéraire de l'extrême contemporain.

Bibliographie

Corpus primaire

Dabit, Eugène

Textes narratifs

L'Hôtel du Nord. Paris : Denoël 1956.
La Zone verte. Paris : Gallimard 1935.
Petit-Louis. Paris : Gallimard 1988.
Un mort tout neuf. Paris : Éd. Sillage 2009.
Villa Oasis ou les faux bourgeois. Paris : Gallimard 1998.
Ville lumière. Paris : Dilettante 1990.

Essais

Faubourgs de Paris. Paris : Gallimard 1990.
Journal intime. 1928–1936. Paris : Gallimard 1989.

Articles de presse

Découvertes. In : *Le Mal de vivre*. Paris : Gallimard 1939, p. 256–261.
Rétrospective Loutreil (1885–1925). In : *Europe* 39 (15 mars 1926), p. 426–428.

Correspondances

Correspondance privée, 17 décembre 1930. Bibliothèque nationale de France, NAF-14111, 34.
Correspondance privée, 17 février 1930. Bibliothèque nationale de France, NAF-14111, 33.
Avec Roger Martin Du Gard, *Eugène Dabit, Roger Martin Du Gard : Correspondance* I :
    (1927–1929). Edité par Pierre Bardel. Paris : CNRS Éditions 1986.
Avec Roger Martin Du Gard, *Eugène Dabit, Roger Martin Du Gard : Correspondance* II :
    (1930–1936). Edité par Pierre Bardel. Paris : CNRS Éditions 1986.

Lemonnier, Léon

Romans

La Femme sans péché. Paris : Flammarion 1927.

Autour du manifeste

Du naturalisme au populisme. In : *La Revue mondiale* (1er octobre 1929).
Encore un manifeste ? « Front littéraire commun ». In : *L'Œuvre* (14 mai 1935), p. 5.

https://doi.org/10.1515/9783110721157-010

Front littéraire commun. In : *La Grande Revue* (juillet 1935), p. 22–26.
Front littéraire commun. In : *Mercure de France* 890 (15 juin 1935), p. 225–236.
Le roman populiste. In : *Le Mercure de France* (15 novembre 1929), p. 5–19.
Populisme. In : *Les Nouvelles littéraires, artistiques et scientifiques* (18 janvier 1930), p. 4.
Populistes d'hier et de demain. In : *L'Œuvre* (15 octobre 1929), p. 5.
Réponse à l'enquête sur Émile Zola et la nouvelle génération. In : *Monde* (2 novembre 1929), p. 3.
Un manifeste littéraire : le roman populiste. In : *L'Œuvre* (27 août 1929).
Manifeste du roman populiste. Paris : Jacques Bernard 1930.
Populisme. Paris : La Renaissance du Livre 1931.

Mac Orlan, Pierre

Textes narratifs

Le Quai des brumes. Paris : Gallimard 1927.
Marguerite de la nuit. Suivi de À l'hôpital Marie Madeleine. Paris : Grasset 1925.

Essais

Atget. In : Pierre Mac Orlan, *Masques sur mesure*, Paris, Cercle du bibliophile, 1970, p. 348–361.
Le Décor sentimental. In : Pierre Mac Orlan : *Masques sur mesure*. Paris : Cercle du bibliophile 1970, p. 13–108.
Le Fantastique. In : *Œuvres complètes* VI. Évreux : Cercle du bibliophile 1969, p. 329–342.
Chroniques de la fin d'un monde. Paris : Arléa 2010.
Écrits sur la photographie. Edité par Clément Chéroux. Paris : Textuel 2011.
Petit manuel du parfait aventurier. Edité par Sylvain Goudemare. Paris : Éd. Sillage 2009.
Rues secrètes. Paris : Arléa 2009.

Préfaces et articles de presse

A propos du *Quai des brumes*. In : *Le Figaro* (18 mai 1938), p. 4.
Belleville & Ménilmontant. Préface de Willy Ronis, Belleville-Ménilmontant. In : Pierre Mac Orlan : *Écrits sur la photographie*. Paris : Textuel 2011, p. 75–79.
Considérations sur le sang et sur sa valeur. In : Pierre Mac Orlan : *Domaine de l'ombre. Images du fantastique social*. Paris : Phébus 2000, p. 67–68.
Désarroi littéraire. In : Pierre Mac Orlan : *Domaine de l'ombre. Images du fantastique social*. Paris : Phébus 2000, p. 105–108.
L'art littéraire d'imagination et la photographie. In : *Écrits sur la photographie*. Paris : Textuel 2011, p. 53–57.
La photographie et la poésie du monde. In : *Écrits sur la photographie*. Paris : Textuel 2011, p. 119–123.
Le demi-jour européen. In : Pierre Mac Orlan : *Domaine de l'ombre. Images du fantastique social*. Edité par Francis Lacassin. Paris : Phébus 2000, p. 109–113.

Le fantastique criminel. In : Pierre Mac Orlan : *Domaine de l'ombre. Images du fantastique social*. Edité par Francis Lacassin. Paris : Phébus 2000, p. 69–72.

Préface. In : André Kertész/Pierre Mac Orlan : *Paris vu par André Kertesz*. Sans lieu : 1934.

Quatre serviteurs du démon des pensées secrètes. In : Pierre Mac Orlan, *Domaine de l'ombre. Images du fantastique social*. Edité par Francis Lacassin. Paris : Phébus 2000, p. 73–77.

Poulaille, Henry

Textes narratifs

Le Pain quotidien. Paris : Grasset 1986. Version originale : *Le Pain quotidien*. Paris : Librairie Valois 1931.

Seul dans la vie à quatorze ans. Paris : Stock 1980.

Essais

La littérature et le peuple. Edité par Jérôme Radwan. Bassac : Plein chant 2003.

Nouvel âge littéraire. Bassac : Plein Chant 1986.

Articles de presse

Réponse à l'enquête sur Émile Zola et la nouvelle génération. In : *Monde* (2 novembre 1929), p. 3.

Réponse à l'enquête sur la littérature prolétarienne. In : *Monde* (13 octobre 1928), p. 6.

Thérive, André

Textes narratifs

Le Charbon ardent. Paris : Grasset 1929.

Essais et articles de presse

Un retour offensif du naturalisme. In : *La Revue critique des idées et des livres* (25 novembre 1920), p. 455–460.

La poésie sans fil. In : *La Revue critique des idées et des livres* XXX, 179 (25 décembre 1920), p. 651–662.

Le Français, langue morte ? Paris : Plon 1923.

Les romans et le peuple. In : *L'Opinion* (24 octobre 1925), p. 15–17.

Plaidoyer pour le naturalisme. In : *Comœdia* (5 mars 1927), p. 1.

Une nouvelle école littéraire : le Populisme. In : *Europe Centrale* (9 novembre 1929), p. 90sq.

Les livres. In : *Le Temps* (10 janvier 1930), p. 3.

Les livres : Eugène Dabit, *Un mort tout neuf*. In : *Le Temps* (22 mars 1934), p. 3.

Autres écrivains

Œuvres romanesques et poétiques citées

Agee, James/Evans, Walker : *Let us now praise famous men*. Boston : Houghton Mifflin Company 1969.

Aragon, Louis : Le Paysan de Paris. In : Louis Aragon : *Œuvres poétiques complètes*. Edité par Olivier Barbarant. Paris : Gallimard 2007 (Bibliothèque de la Pléiade), p. 143–301.

Aymé, Marcel : *La Rue sans nom, Œuvres romanesques complètes* I. Edité par Yves-Alain Favre. Paris : Gallimard 1989. Version originale : *La Rue sans nom*. Paris : Gallimard 1930.

Barbusse, Henri : *Le Feu. Journal d'une escouade*. Paris : Gallimard 2013.

Bernadotte, Henry de : *Les Chemineaux de l'Orient*. Paris : Albert Messein 1921.

Bourgeois, Lucien : *Faubourgs. Douze récits prolétariens*. Bassac : Plein chant 2015.

Bourgeoism Lucien : *Poèmes des faubourgs et d'ailleurs*. Bassac : Plein chant 2015.

Breton, André : Les Vases communicants. In : André Breton : *Œuvres complètes*, II. Paris, Gallimard 1992, p. 101–215.

Breton, André : *L'Amour fou*. Paris : Gallimard 2001.

Breton, André : *Nadja*, repris dans *Œuvres complètes* I. Edité par Marguerite Bonnet. Paris : Gallimard 1988.

Carco, Francis : *L'Équipe. Roman des Fortifs*. Paris : Albin Michel 1925.

Céline, Louis-Ferdinand : *Voyage au bout de la nuit, Romans* I. Edité par Henri Godard. Paris : Gallimard 1992.

De Béranger, Pierre Jean : La fée aux rimes. In : *Dernières chansons de P.J. Béranger (1834–1851)*. Paris, Garnier Frères 1842, p. 232.

Dorgelès, Roland : *Le Château des brouillards*. Paris : Albin Michel 1932.

Genevoix, Maurice : *Ceux de 14*. Edité par Charles Rivet. Paris : Larousse 2012.

Guilloux, Louis : *Carnets*, II : *1944/1974*. Paris : Gallimard 1982.

Guilloux, Louis : *La Maison du peuple*, suivi de *Compagnons*. Paris : Grasset 2004.

Hamp, Pierre : *Mes métiers*. Paris : Gallimard 1929.

Hugo, Victor : *Les Misérables*. Edité par Maurice Allem. Paris : Gallimard 2001.

Nizan, Paul : *Antoine Bloyé*. Paris : Grasset 2005.

Pallu, Jean : *L'Usine*. Edité par Emmanuel Bluteau. Le Raincy : La Thébaïde 2018.

Prévost, Jean : *Faire le point*. Abbeville : F. Paillart 1931.

Prévost, Jean : *Les frères Bouquinquant*. Paris : Gallimard 2000.

Proust, Marcel : *A la recherche du temps perdu* IV : *Le Temps retrouvé*. Edité par Yves Baudrier/Jean-Yves Tadié et al. Paris : Gallimard 1989.

Queneau, Raymond : *Le Chiendent, Œuvres complètes* II : *Romans* I. Edité par Henri Godard. Paris : Gallimard 2002.

Soupault, Philippe : *Les Dernières nuits de Paris*. Paris : Gallimard.

Essais cités

Bataille, Georges : Abattoir. In : *Documents* 6 (1929), p. 329.

Barbusse, Henri : Préface d'Henri Barbusse à l'édition de 1931. In : Lucien Bourgeois : *Faubourgs : Douze récits prolétariens*. Bassac : Plein chant 2015, p. 167–168.

Baudelaire, Charles : Le peintre de la vie moderne. In : Charles Baudelaire : *Œuvres complètes* II. Edité par Claude Pichois. Paris : Gallimard 1976, p. 1152–1192 & 1711–1713.

Benda, Julien : *La trahison des clercs*. Paris : Grasset 1926.

Benjamin, Walter : Kleine Geschichte der Photographie. In : *Das Kunstwerk im Zeitalter seiner technischen Reproduzierbarkeit : drei Studien zur Kunstsoziologie*. Francfort sur le Main : Suhrkamp 2012, p. 45–64.

Benjamin, Walter : Paris, Capitale du XIXe siècle. In : *Gesammelte Schriften 5: Das Passagen-Werk*. Francfort sur le Main : Suhrkamp 1989, p. 60–77.

Benjamin, Walter : Paris, die Hauptstadt des XIX. Jahrhunderts. In : Walter Benjamin, *Illuminationen. Ausgewählte Schriften*. Édité par Siegfried Unseld. Francfort sur le Main : Suhrkamp 1961, p. 185–200.

Berl, Emmanuel : *Mort de la pensée bourgeoise*. Paris : R. Laffont 1970.

Bontempelli, Massimo : Analogies. In : *« 900 ». Cahiers d'Italie et d'Europe* 4 (été 1927), p. 7–13.

Bontempelli, Massimo : Conseils. In : *« 900 ». Cahiers d'Italie et d'Europe* 3 (printemps 1927), p. 7–13.

Bontempelli, Massimo : Fondements. In : *« 900 ». Cahiers d'Italie et d'Europe* 2 (hiver 1926), p. 7–12.

Bontempelli, Massimo : Justification. In : *« 900 ». Cahiers d'Italie et d'Europe* (automne 1926), p. 9–12.

Bontempelli, Massimo : L'Avventura novecentista. In : *Opere scelte*. Milan : Mondadori Editore 1978, p. 747–803.

Breton, André : *Manifeste du surréalisme, Œuvres complètes* I. Edité par Marguerite Bonnet. Paris : Gallimard 1999.

Breton, André : *Position politique du surréalisme* [1935], repris dans *Œuvres complètes* II. Edité par Marguerite Bonnet. Paris : Gallimard 1992.

Breton, André : *Second manifeste du surréalisme*, repris dans *Œuvres complètes* I. Edité par Marguerite Bonnet. Paris : Gallimard 1999.

Camus, Albert : « Avant-propos. In : Louis Guilloux : *La Maison du peuple*, suivi de *Compagnons*. Paris : Grasset 2004, p. 11–16.

Carco, Francis : *De Montmartre au Quartier Latin*. Paris : Albin Michel 1927.

Carné, Marcel : *Ma Vie à belles dents. Mémoires*. Paris : L'Archipel 1996.

Céline, Louis-Ferdinand : *Bagatelles pour un massacre*. Paris : Denoël 1937.

Cocteau, Jean : *Le Rappel à l'ordre*. Paris : Stock 1926.

Collectif (éd.) : *Hommage à Eugène Dabit*. Paris : Gallimard 1939.

Courbet, Gustave : *Peut-on enseigner l'art ?* Caen : L'Echoppe 1990.

Daniel-Rops : *Notre inquiétude : Essais*. Paris : Perrin 1927.

Fournel, Victor : *Les rues du vieux Paris : Galerie populaire et pittoresque*. Paris : Firmin-Didot 1879.

Hamp, Pierre : *L'Art et le travail*. Paris : Stock 1923.

Hugo, Victor : *William Shakespeare*. Edité par Dominique Peyrache-Leborgne. Paris : Flammarion 2003.

Lapointe, Savinien : *Une voix d'en bas. Poésies*. Paris : Bureau de l'imprimerie 1844.

Massis, Henri : Les chapelles littéraires. In : *La Revue universelle* 5 (1921), p. 221–236.

Michelet, Jules : *Le Peuple*. Edité par Paul Viallaneix. Paris : Flammarion 1974.

Norton Cru, Jean : *Témoins : Essai d'analyse et de critique des souvenirs de combattants édités en français de 1915 à 1928*. Paris : Les Étincelles 1929.

Paulhan, Jean : *Les fleurs de Tarbes. Œuvres complètes* III. Edité par Bernard Baillaud. Paris : Gallimard 2011.

Queneau, Raymond : Lectures pour un front. In : *Bâtons, chiffres et lettres*. Paris : Gallimard 1973, p. 157–220.

Queneau, Raymond : Préface. In : Pierre Mac Orlan : *Œuvres complètes* I. Edité par Gilbert Sigaux. Évreux : Cercle du bibliophile 1969, p. VII-XX.

Rivière, Jacques : La crise du concept de littérature. In : *N.R.F.* 125 (1924), p. 159–170.

Rivière, Jacques : *Le Roman d'aventure*. Edité par Alain Clerval. Paris : Des Syrtes 2000. Publication originale comme : Le roman d'aventure. In : *NRF* 53-54-55 (mai 1913), p. 748–765, 914–932, 56–77.

Rolland, Romain : *Le Théâtre du peuple*. Edité par Chantal Meyer-Plantureux. Bruxelles : Complexe 2003.

Saintyves, Pierre : *Manuel de folklore*. Paris : Librairie Emile Nourry 1936.

Sartre, Jean-Paul : *Qu'est-ce que la littérature ?*. Paris : Gallimard 2008.

Thierry, Albert : Des conditions de la paix. In : Centre international de recherches sur l'anarchisme (éd.) : *Refuser de parvenir : Idées et pratiques*. Paris/Lausanne : Nada éditions 2016, p. 279–286.

Valéry, Paul : *La Crise de l'esprit* [1919], repris dans *Œuvres* I. Edité par Jean Hytier. Paris : Gallimard 1957, p. 988–1014.

Vendryès, Joseph : *Le langage : Introduction linguistique à l'histoire*. Paris : Albin Michel 1968.

Vlaminck, Maurice : De L'Hôtel du Nord à Sébastopol. In : Collectif (éd.) : *Hommage à Eugène Dabit*. Paris : Gallimard 1939, p. 127–130.

Ouvrages photographiques et reportages

Atget, Eugène : Marchand de paniers,. Photographie positive sur papier albuminé, d'après négatif sur verre au gélatino-bromure, 22,2 x 17,1 cm. 1899.

Brassaï : *Brassaï : Le flâneur nocturne*. Edité par Sylvie Aubenas/Quentin Bajac. Paris : Gallimard 2012.

Cendrars, Blaise/Doisneau, Robert : *La Banlieue de Paris*. Paris : Pierre Seghers 1949.

Films cités

Carné, Marcel : *Hôtel du Nord*. Édition Collector. MK2 éditions 2006, 2 DVD, 01: 32: 17.

Carné, Marcel : *Le Quai des brumes*. StudioCanal vidéo/Universal music 2004, 01:27:01.

Duvivier, Julien : *La Bandera*. M6 interactions 2007, DVD, 01: 36: 00.

Duvivier, Julien : *La Belle équipe*. Pathé distribution/Fox Pathé Europa 2017, DVD, 01: 43: 00.

Renoir, Jean : *La Vie est à nous*. Ciné Archives 2016, 01:01:42.

Renoir, Jean : *Le Crime de Monsieur Lange*. StudioCanal vidéo/Universal music 2004, DVD, 1: 16: 27.

Critique littéraire, critique du cinéma et de la photographie

Ambrière, Francis : Eugène Dabit. In : *Les Nouvelles littéraires, artistiques et scientifiques* (8 février 1930), p. 3.

Anonyme : La belle équipe. In : *L'Humanité* (2 octobre 1936), p. 4.

Anonyme : Les livres. La résolution de Kharkov. In : *L'Humanité* (20 octobre 1931), p. 4.

Anonyme : Une vigoureuse manifestation contre la littérature pseudo-prolétarienne. In : *L'Humanité* (8 décembre 1931), p. 2.

Anonyme : Vernissage au Gaillac. In : *Bec et ongles* (21 octobre 1933), p. 14.

Antoine : « La belle équipe » au cinéma « Le Paris ». In : *Le Journal* (26 septembre 1936), p. 8.

Aragon, Louis : Livres : Antoine Bloyé. In : *Commune* 7–8 (sans date), p. 824–826.

Aragon, Louis : *Pour un réalisme socialiste*. Paris : Denoël et Steele 1935.

Arland, Marcel : Réponse à l'enquête sur Emile Zola et la nouvelle génération. In : *Monde* (16 novembre 1929), p. 4.

Arland, Marcel : Sur un nouveau mal du siècle. In : *N.R.F.* 125 (1924), p. 149–158.

Aymé, Marcel : Réponse à l'enquête *Roman paysan et littérature prolétarienne*. In : *Les Nouvelles littéraires, artistiques et scientifiques* (9 août 1930), p. 4.

Barbusse, Henri : Émile Zola. In : *Monde* (6 octobre 1928), p. 4.

Barbusse, Henri : Notre enquête sur la littérature prolétarienne. In : *Monde* (20 octobre 1928), p. 4.

Barbusse, Henri : Ouvrir les chemins. In : *Monde* (9juin 1928), p. 6.

Bernard, Marc : Le souvenir d'Eugène Dabit. In : *La Lumière* (5 septembre 1936).

Bloch, Jean-Richard : Littérature prolétarienne et littérature bourgeoise. In : *Europe* 85 (15 janvier 1930), p. 110–111.

Bloch, Jean-Richard : Réponse à l'enquête *Roman paysan et littérature prolétarienne*. In : *Les Nouvelles littéraires, artistiques et scientifiques* (8 février 1930), p. 1.

Boisson, Marius : Populisme, nouvelle école !... In : *Comœdia* (6 septembre) 1929, p. 3.

Boulenger, Marcel : Le « populisme » et le cas d'Eugène Sue. In : *Le Figaro* (8 septembre 1929), p. 5.

Bounine, Ivan : Le fol artiste. In : *Europe* 1 (février 1923), p. 62–74.

Carné, Marcel : Ce qu'on ne verra pas dans *Hôtel du Nord*. In : *Cinémonde* (spécial Noël, décembre 1938).

Carné, Marcel : Le cinéma et le monde. In : *Cinémagazine* (novembre 1938), p. 9–12.

Carné, Marcel : Quand le cinéma descendra-t-il dans la rue ?. In : *Cinémagazine* 13 (novembre 1933), p. 12–14.

Céline, Louis-Ferdinand : *Céline et l'actualité littéraire. 1932–1957* I. Edité par Jean-Pierre Dauphin/Henri Godard. Paris : Gallimard 1976.

Charensol, Georges : Écoles et populisme. In : *Les Nouvelles littéraires, artistiques et scientifiques* (28 décembre 1929), p. 10.

Charpentier, John : Les romans. In : *Mercure de France* 789 (1er mai 1931), p. 663–668.

Charpentier, John : Les romans. In : *Mercure de France* 822 (15 septembre 1932), p. 653–658.

Cossin, Jacques : Enquête internationale sur le populisme. In : *La Grande Revue* (octobre 1930), p. 529–546, 208–231, 398–415, 587–622.

Coulaud, Yvon : Visite à Joinville. Promenade et curiosité... et dix minutes d'équilibre !. In : *Constellations* (avril 1936), p. 6.

Crémieux, Benjamin : Le bilan d'une enquête. In : *N.R.F.* 120 (1923), p. 287–294.

Delrée, Thérèse : L'imprimerie au studio : Jean Renoir tourne « Sur la cour ». In : *Pour vous* 363 (31 octobre 1935), p. 10–11.

Derain, Lucie : La poésie de la Rue à la manière de Villon. *La Rue sans nom*. In : *Cinémonde* 272 (4 janvier 1934), p. 17.

Durtain, Luc : Réponse à l'enquête à propos des écoles littéraires. In : *La Revue mondiale* (15 novembre 1929), p. 241.

Durtain, Luc : Réponse à l'enquête *Roman paysan et littérature prolétarienne*. In : *Les Nouvelles littéraires, artistiques et scientifiques* (23 août 1930), p. 4.

Durtain, Luc : Réponse à l'enquête sur la littérature prolétarienne. In : *Monde* (9 août 1928), p. 4.

Durtain, Luc : *L'Autre Europe : Moscou et sa foi*. Paris : Éditions de la Nouvelle revue française 1928.

Duval, Jean : Comptes rendus : Eugène Dabit – *Villa Oasis ou les Faux Bourgeois*. In : *Europe* (15 septembre 1932), p. 120–122.

Edschmid, Kasimir : La situation des Intellectuels en Allemagne. In : *Europe* 1 (février 1923), p. 88–101.

Engelson, Suzanne : Littérature marxiste. In : *Nouvel âge* 5 (mai 1931), p. 469.

Fayard, Jean : Hôtel du Nord. In : *Candide* (21 décembre 1938).

Fayard, Jean : Les Films nouveaux. La belle équipe. In : *Candide* (24 septembre 1936), p. 17.

Fayard, Jean : Les Films nouveaux. Le Crime de Monsieur Lange. In : *Candide* (20 février 1936), p. 19.

Fegdal, Charles : Le Salon populiste sous le signe des châtaignes. In : *La semaine à Paris* 596 (20octobre 1933), p. 5–6.

Fréville, Jean : Les livres. Revues révolutionnaires. In : *L'Humanité* (12 janvier 1931), p. 4.

Fréville, Jean : Une littérature de soumission. In : *L'Humanité* (2 février 1932), p. 4.

Fréville, Jean : Zola et nous. In : *L'Humanité* (24 mars 1931).

Gachon, Lucien : Réponse à l'enquête *Roman paysan et littérature prolétarienne*. In : *Les Nouvelles littéraires, artistiques et scientifiques* (30 août 1930), p. 5.

Gaument, Jean/Cé, Camille : Réponse à l'enquête *Roman paysan et littérature prolétarienne*. In : *Les Nouvelles littéraires, artistiques et scientifiques* (6 septembre 1930), p. 6.

Genevoix, Maurice : Réponse à l'enquête *Roman paysan et littérature prolétarienne*. In : *Les Nouvelles littéraires, artistiques et scientifiques* (2 août 1930), p. 4.

Gorel, Michel : Des gratte-ciel d'Amérique aux faubourgs parisiens. In : *Cinémonde* 277 (8 février 1934), p. 114.

Guéhenno, Jean : Notes de lecture : Le Secret. In : *Europe* 85 (15 janvier 1930), p. 112–116.

Guéhenno, Jean : Notes de lecture : Littérature prolétarienne. In : *Europe* (15 décembre 1931), p. 568–576.

Guilloux, Louis : Compte rendu : Eugène Dabit – *L'Hôtel du Nord*. In : *Monde* (30 mai 1930), p. 4.

Guilloux, Louis : Compte rendu : Jacques Chardonne – *Les Varais*. In : *Europe* 83 (15 novembre 1929), p. 460–462.

Guilloux, Louis : Compte-rendu : Henry Poulaille, *Nouvel âge littéraire*. In : *Europe* 95 (15 novembre 1930), p. 411–413.

Guilloux, Louis : Compte-rendu : Jean Pallu, *L'Usine*. In : *Europe* 106 (15 octobre 1931), p. 262–263.

Guilloux, Louis : Réponse à l'enquête sur Emile Zola et la nouvelle génération. In : *Monde* (26 octobre 1929), p. 4.

Habaru, Augustin : L'oubli de Zola. In : *Monde* (1er juin 1929), p. 4.

Habaru, Augustin : Notre grande enquête. Littérature prolétarienne ?. In : *Monde* (8 avril 1928), p. 4.

Habaru, Augustin : Populisme ?. In : *Monde* (21 décembre 1929), p. 3.

Hubermont, Pierre/Ayguesparse, Albert : Réponse à l'enquête sur la littérature prolétarienne. In : *Monde* (15 septembre 1928), p. 5.

Jaloux, Edmond : L'Esprit des livres. *Un mort tout neuf*, par Eugène Dabit – *Mythologie personnelle*, par Maxime Alexandre. In : *Les nouvelles littéraires, artistiques et scientifiques* (28 avril 1934), p. 3.

Jammes, Francis : Lettre de Francis Jammes à Henry Pourrat sur le roman paysan. In : *Les Nouvelles littéraires, artistiques et scientifiques* (26 juillet 1930), p. 1–2.

Jeanson, Henri : Jean Renoir. Le plus grand metteur en scène du parti communiste français. In : *La Flèche* (12 août 1938), p. 35–36.

Jeanson, Henri : Lettre à Eugène Dabit. In : *Les Nouvelles littéraires, artistiques et scientifiques* (24 décembre 1938), p. 4.

Jolinon, Joseph : Réponse à l'enquête sur Emile Zola et la nouvelle génération. In : *Monde* (26 octobre 1929), p. 4.

Lamandé, André : Réponse à l'enquête *Roman paysan et littérature prolétarienne*. In : *Les Nouvelles littéraires, artistiques et scientifiques* (6 septembre 1930), p. 6.

Laury, Jean : Au Marivaux *Hôtel du Nord*. In : *Le Figaro* (22 décembre 1948).

Lefèvre, Frédéric : La littérature et le peuple. In : *La Voix* (15 juin 1930), p. 4.

Lefèvre, Frédéric : La littérature et le peuple. Une heure avec Eugène Dabit. In : *Les Nouvelles littéraires, artistiques et scientifiques* (27 décembre 1930), p. 1 et 7.

Lefèvre, Frédéric : Le populisme et *Le Charbon ardent* In : *La Voix* (20 octobre 1929), p. 4.

Lefèvre, Frédéric : Marcel Aymé, romancier populiste. In : *La Voix* (24 novembre 1929), p. 4.

Lefèvre, Frédéric : Un nouveau réalisme. In : *Les Nouvelles littéraires, artistiques et scientifiques* (6 septembre 1930), p. 3.

Lefèvre, Frédéric : Une heure avec M. André Thérive. In : *Les Nouvelles littéraires, artistiques et scientifiques* (17 janvier 1931), p. 1–2.

Lefèvre, Frédéric : Une heure avec M. André Thérive. In : *Les Nouvelles littéraires, artistiques et scientifiques* (23 juin 1928), p. 1 et 8.

Lot, Fernand : Les nouveaux films. La belle équipe. In : *Comœdia* (26 septembre 1936), p. 4.

Lot, Fernand : Les nouveaux films. Le Crime de M. Langes [sic !]. In : *Comœdia* (8 janvier 1936), p. 4.

Marye, Édouard : Romans. La Femme sans péché. In : *Les Nouvelles littéraires, artistiques et scientifiques* (16 novembre 1929).

Morand, Paul : Réponse à l'enquête *Roman paysan et littérature prolétarienne*. In : *Les Nouvelles littéraires, artistiques et scientifiques* (6 septembre 1930), p. 6.

Picard, Gaston : Faut-il revenir aux Écoles littéraires ?. In : *La Revue mondiale* (15 novembre 1929), p. 233–263, 343–367.

Pourrat, Henri : Réponse à l'enquête *Roman paysan et littérature prolétarienne*. In : *Les Nouvelles littéraires, artistiques et scientifiques* (13 septembre 1930), p. 7.

Rageot, Georges : La jeune génération et Zola. In : *Monde* (19 octobre 1929), p. 3.

Rédaction Monde : A tous !. In : *Monde* 1 (6 septembre 1928), p. 1.

Rédaction Monde : Littérature prolétarienne ?. In : *Monde* 3 (23 juin 1928), p. 1.

Rédaction Nouvel âge : Au lecteur. In : *Nouvel âge* 1 (janvier 1931), p. 1–2.

Rémy, Tristan : Compte-rendu : Lucien Bourgeois, *Faubourgs*. In : *Europe* 106 (15 octobre 1931), p. 266–267.

Rémy, Tristan : Front littéraire commun ? Front littéraire unique ? Une réponse de Tristan Rémy. In : *L'Œuvre* (2 juillet 1935), p. 5.

Rémy, Tristan : Réponse à l'enquête sur la littérature prolétarienne. In : *Monde* (6 octobre 1928), p. 6.

Reuillard, Gabriel : Réponse à l'enquête à propos des écoles littéraires. In : *La Revue mondiale* (15 novembre 1929), p. 354–355.

Rictus, Jehan : Réponse à l'enquête *Roman paysan et littérature prolétarienne*. In : *Les Nouvelles littéraires, artistiques et scientifiques* (13 septembre 1930), p. 7.

Sadoul, Georges : A propos de quelques films récents. In : *Commune* 39 (novembre 1936),
  p. 372–379.
Soupault, Philippe : Compte Rendu : Eugène Dabit – *Un mort tout neuf*. In : *Europe* 135
  (mars 1934), p. 447–448.
Stéphan, Raoul : Le populisme et le roman populiste. In : *La Grande Revue* (juillet 1938),
  p. 512–523.
Téry, Gustave : Les Vrais Socialistes doivent être Antisémites. In : *L'Œuvre* (23 mars 1911).
Vinneuil, François : L'écran de la semaine. *Le Quai des brumes*. In : *L'Action française*
  (20 mai 1938), p. 5–6.
Vinneuil, François : L'écran de la semaine. Réalisme : *Hôtel du Nord*. In : *L'Action française*
  (30 décembre 1938).

Documents divers

Brecht, Bertolt : *Kuhle Wampe : Protokoll des Films und Materialien*. Edité Wolfgang Gersch/
  Werner Hecht. Francfort sur le Main : Suhrkamp 1969.
Gilpin, William : *Observations relative chiefly to picturesque beauty. Made in the year 1772, on
  several parts of England, particularly the mountains and lakes of Cumberland and
  Westmoreland* II. London : R. Blamire, Strand 1786.
Jefford, Edward/Bartholomew, John George : *Paris pour tous*. Paris : J. M. Dent 1919.
Kropotkin, Petr Alekseevič : *La conquête du pain*. Paris : Tresse et Stock 1892.
NRF : Publicité pour *Lucie-Paulette*. In : *Nouvelle Revue Française* 262 (juillet 1935), p. 219.
Prévert, Jacques : *Jenny. Le Quai des brumes. Scénarios*. Paris : Gallimard 1988.
Price, Uvedale : *An essay on the picturesque, as compared with the sublime and beautiful ;
  and, on the use of studying pictures, for the purpose of improving real landscape*.
  London : J. Robson 1796.
Roh, Franz : *Nach-Expressionismus : magischer Realismus. Probleme der neuesten
  europäischen Malerei*. Leipzig : Klinkhardt & Biermann 1925.
Taylor, Isidore Justin Séverin/ Nodier, Charles, et al. : *Voyages pittoresques et romantiques
  dans l'ancienne France. Ancienne Normandie* I. Paris : Gide fils 1820.
Vaillant-Couturier, Paul : Paris encerclé par le prolétariat révolutionnaire. In : *L'Humanité*
  (13 mai 1924), p. 1.

Bibliographie secondaire

Généralités

Albert, Pierre : *Histoire de la presse*. Paris : Presses Univ. de France 2010.
Asholt Wolfgang : La critique littéraire et le sens de la vie. In : *Romanistische Zeitschrift für
  Literaturgeschichte/Cahiers d'Histoire des Littératures Romanes* 34, 3/4 (2010),
  p. 447–455.
Auerbach, Erich : *Mimesis : Dargestellte Wirklichkeit in der abendländischen Literatur*. Bern :
  Francke 1971.

Bakhtine, Mikhaïl : *Esthétique et théorie du roman*. Traduit par Daria Olivier. Paris : Gallimard 1978.

Bal, Mieke : *Travelling concepts in the humanities : A rough guide*. Toronto : University of Toronto Press 2002.

Barthes, Roland : L'effet de réel. In : *Communications* 11 (1968), p. 84–89.

Barthes, Roland : *La chambre claire : Note sur la photographie*. Paris : Gallimard 1980.

Böhme, Gernot : *Aisthetik. Vorlesungen über Ästhetik als allgemeine Wahrnehmungslehre*. Munich : Fink, 2001.

Bowers, Maggie Ann : *Magic(al) realism*. London/New York : Routledge 2004.

Castoriadis, Cornelius : *L'Institution imaginaire de la société*. Paris : Le Seuil 1975.

Certeau, Michel de/Giard, Luce, et al. (éds.) : *L'invention du quotidien 2 : Habiter, cuisiner*. Paris : Gallimard 1994.

Del Toro, Alfonso : En guise d'introduction. Transmédialité – hybridité – translatio – transculturalité : un modèle ». In : Alfonso del Toro (éd.) : *Translatio. Transmédialité et transculturalité en littérature, peinture, photographie et au cinéma : Amériques, Europe, Maghreb*. Paris : L'Harmattan 2013, p. 39–80.

Umberto, Eco : *Apocalittici e integrati. Comunicazioni di massa e teoria della cultura di massa*. Milan : Bompiani 1994.

Elleström, Lars : The Modalities of Media : A Model for Understanding Intermedial Relations. In : Lars Elleström (éd.) : *Media borders, multimodality and intermediality*. Basingstoke : Palgrave Macmillan 2010, p. 11–48.

Foucault, Michel : Des espaces autres. In : Michel Foucault : *Dits et écrits. 1954–1986*. Vol. 4. Paris : Gallimard 1994, p. 752–762.

Foucault, Michel : *Les Mots et les choses : Une archéologie des sciences humaines*. Paris : Gallimard 2010.

Freud, Sigmund : Das Unheimliche. In : Sigmund Freud : *Gesammelte Werke. Chronologisch geordnet*. Vol. 12. Edité par Anna Bernays. Francfort sur le Main : Fischer 1999, p. 227–278.

Gadamer, Hans-Georg : *Wahrheit und Methode. Grundzüge einer philosophischen Hermeneutik*. Tübingen : Mohr 1972.

Guelton, Bernard : Repérer et jouer la fiction entre deux médias. In : Bernard Guelton (éd.) : *Images et récits. La fiction à l'épreuve de l'intermédialité*. Paris : L'Harmattan 2013, p. 9–28.

Habermas, Jürgen : *Strukturwandel der Öffentlichkeit : Untersuchungen zu einer Kategorie der bürgerlichen Gesellschaft*. Francfort sur le Main : Suhrkamp 1990.

Hempfer, Klaus W. : Intertextualität, Systemreferenz und Strukturwandel : die Pluralisierung des erotischen Diskurses in der italienischen und französischen Renaissance-Lyrik (Ariost, Bembo, Du Bellay, Ronsard). In : Michael Titzmann (éd.) : *Modelle des literarischen Strukturwandels*. Tübingen : De Gruyter 1991, p. 7–43.

Hempfer, Klaus W. : *Gattungstheorie : Information und Synthese*. Munich : Fink 1973.

Jakobson, Roman : *Questions de poétique*. Traduit et édité par Tzvetan Todorov. Paris : Le Seuil 1973.

Kana Nguetse, Paul : Intermédialité et Postcolonialité dans *L'Histoire du fou* et *Trop de soleil tue l'amour* de Mongo Béti. In : Philip Amangoua Atcha/Roger Tro Deho et al. (éds.) : *Médias et littérature : Formes, pratiques et postures*. Paris : L'Harmattan 2014, p. 89–115.

Lejeune, Philippe : *Le pacte autobiographique*. Paris : Le Seuil 1996.

Léonard, Albert : *La Crise du concept de littérature en France au XXe siecle*. Paris : Corti 1974.

Lotman, Jurij M. : *Die Struktur literarischer Texte*. Traduit par Rolf-Dietrich Keil. Munich : Fink 1993.

Luhmann, Niklas : *Die Kunst der Gesellschaft*. Francfort sur le Main : Suhrkamp 2007.

Lukács, Georg : *Balzac et le réalisme français*. Traduit par Paul Laveau. Paris : François Maspéro 1967.

Meyer, Urs : From Intermediality to Transmediality : Cross-Media Transfer in Contemporary German Literature. In : Nadja Gernalzick/Gabriele Pisarz-Ramirez (éd.) : *Transmediality and Transculturality*. Heidelberg : Universitätsverlag Winter 2013, p. 27–38.

Müller-Funk, Wolfgang : *Die Kultur Und Ihre Narrative : Eine Einführung*. Dordrecht : Springer 2007.

Munsters, Wil : *La Poétique du pittoresque en France de 1700 à 1830*. Paris : Droz 1991.

Murat, Michel : *Le Surréalisme*. Paris : Librairie générale française 2013.

Neumeyer, Harald : *Der Flaneur : Konzeptionen der Moderne*. Würzburg : Königshausen & Neumann 1999.

Pavel, Thomas : *La pensée du roman*. Paris : Gallimard 2014.

Penzenstadler, Franz : Elegie und Petrarkismus. Alternativität der literarischen Referenzsysteme in Luigi Alamannis Lyrik. In : *Der petrarkistische Diskurs. Spielräume und Grenzen*. Actes du colloque de la Freie Universität Berlin, 23.10.-27.10.1991. Stuttgart : Steiner 1993, p. 77–114.

Rajewsky, Irina O. : Border Talks : The Problematic Status of Media Borders in the Current Debate about Intermediality. In : Lars Elleström (éd.) : *Media borders, multimodality and intermediality*. Basingstoke : Palgrave Macmillan 2010, p. 51–68.

Rajewsky, Irina O. : *Intermedialität*. Tübingen : Francke 2002.

Rauh, Andreas : *Die besondere Atmosphäre : ästhetische Feldforschungen*. Bielefeld : Transcript 2012.

Rippl, Gabriele (éd.) : *Handbook of intermediality : Literature – image – sound – music*. Berlin/Boston : De Gruyter 2015.

Segeberg, Harro : *Literatur im Medienzeitalter. Literatur, Technik und Medien seit 1914*. Darmstadt : Wissenschaftliche Buchgesellschaft 2003.

Todorov, Tzvetan : *Introduction à la littérature fantastique*. Paris : Le Seuil 1970.

Van den Berg, Hubert : « Übernationalität » der Avantgarde – (Inter-)Nationalität der Forschung : Hinweis auf den internationalen Konstruktivismus in der europäischen Literatur und die Problematik ihrer literaturwissenschaftlichen Erfassung. In : Wolfgang Asholt/Walter Fähnders (éds.) : *Der Blick vom Wolkenkratzer. Avantgarde – Avantgardekritik – Avantgardeforschung*. Amsterdam/Atlanta : Rodopi 2000, p. 255–288.

Wolf, Werner : Musicalized Fiction and Intermediality : Theoretical Aspects of Word and Music Studies. In : Walter Bernhart/Steven Paul Scher et al. (éds.) : *Word and Music Studies : Defining the Field*. Amsterdam/Atlanta : Rodopi 1999, p. 37–58.

Wolf, Werner : The Relevance of Mediality and Intermediality to Academic Studies of English Literature. In : Martin Heusser/Andreas Fischer et al (éds.) : *Mediality/Intermediality*. Narr : Tübingen 2008, p. 15–43.

Approches narratologiques et analyse littéraire

Blanc, Jean-Noël : *Polarville : images de la ville dans le roman policier*. Lyon : Presses Univ. de Lyon 1991.

Blank, Andreas : *Literarisierung von Mündlichkeit : Louis-Ferdinand Céline und Raymond Queneau*. Tübingen : Narr 1991.

Bonoli, Lorenzo : Ecritures de la réalité. In : *Poétique* 137 (janvier 2004), p. 19–34.

Bosy, Grażyna : Les Images de la métropole. Entre le fugitif et la contemplation : Charles Baudelaire et l'acte créateur du poète flâneur. In : Angelica Rieger/Angelika Corbineau-Hoffmann et al. (éds.) : *Paris. Créations d'un espace culturel*. Actes de la section 25 du 7ème Congrès de l'Association des Francoromanistes Allemands : « ville, culture, espace » à Essen, 29/09 au 02/10/2010. Aachen : Shaker 2011, p. 113–124.

Chevalier, Michel (éd.) : *La litterature dans tous ses espaces*. Paris : CNRS Éditions 1993.

Chevalier, Michel : Géographie et littérature. In : Michel Chevalier (éd.) : *La litterature dans tous ses espaces*. Paris : CNRS Éditions 1993, p. 3–80.

Collomb, Michel : *La littérature art déco : Sur le style d'époque*. Paris : Méridiens Klincksieck 1987.

Dennerlein, Katrin : *Narratologie des Raumes*. Berlin/New York : De Gruyter 2009.

Dubois, Jacques : *Les romanciers du réel : de Balzac à Simenon*. Paris : Le Seuil 2000.

Glinoer, Anthony : *La littérature frénétique*. Paris : Presses universitaires de France 2009.

Guski, Andreas : *Literatur und Arbeit : Produktionsskizze und Produktionsroman im Russland des 1. Fünfjahrplans (1928–1932)*. Wiesbaden : Harrassowitz 1995.

Heinich, Nathalie : Le témoignage, entre autobiographie et roman : la place de la fiction dans les récits de déportation. In : *Mots* 56, 1 (1998), p. 33–49.

Heller, Leonid : Remarques sur la littérature factographique en Russie. In : *Communications* 71, 1 (2001), p. 143–177.

Horvath, Christina : *Le Roman urbain contemporain en France*. Paris : Presses Sorbonne Nouvelle 2007.

Hülk, Walburga : Narrative der Krise. In : Uta Fenske/Walburga Hülk et al. (éds.) : *Die Krise als Erzählung : transdisziplinäre Perspektiven auf ein Narrativ der Moderne*. Bielefeld : Transcript 2013, p. 113–131.

Ishikawa, Kiyoko : *Paris dans quatre textes narratifs du surréalisme : Aragon, Breton, Desnos, Soupault*. Paris : L'Harmattan 1998.

Lantenois, Annick : Analyse critique d'une formule : « retour à l'ordre ». In : *Vingtième Siècle. Revue d'histoire* 45, 1 (1995), p. 40–53.

Leschke, Rainer : Medientheorie und Krise. In : Uta Fenske/Walburga Hülk et al. (éds.) : *Die Krise als Erzählung : transdisziplinäre Perspektiven auf ein Narrativ der Moderne*. Bielefeld : Transcript 2013, p. 9–31.

Link, Jürgen : Zum Anteil apokalyptischer Szenarien an der Normalisierung der Krise. In : Uta Fenske/Walburga Hülk et al. (éds.) : *Die Krise als Erzählung*. Bielefeld : Transcript 2013.

Lochard, Yves : *Fortune du pauvre : Parcours et discours romanesques (1848–1914)*. Sans lieu : Presses Universitaire de Vincennes 1998.

Méaux, Danièle : La tentative d'une forme policière alliant le texte et la photographie. In : *Dalhousie French Studies* 89 (2009), p. 11–18.

Nitsch, Wolfram : Topographien : Zur Ausgestaltung literarischer Räume. In : Jörg Dünne/Andreas Mahler (éds.) : *Handbuch Literatur & Raum*. Berlin/Munich/Boston : De Gruyter 2015, p. 30–40.

Nünning, Ansgar : Grundzüge einer Narratologie der Krise : Wie aus einer Situation ein Plot und eine Krise (konstruiert) werden. In : Henning Grunwald/Manfred Pfister (éds.) : *Krisis !: Krisenszenarien, Diagnosen und Diskursstrategien*. Munich : Fink 2007, p. 48–71.

Nünning, Ansgar : Making Crises and Catastrophes – How Metaphors and Narratives shape their Cultural Life. In : Carsten Meiner/Kristin Veel (éds.) : *The Cultural Life of Catastrophes and Crises*. Berlin/Boston : De Gruyter 2012, p. 59–88.

Nünning, Ansgar : Making Events – Making Stories – Making Worlds : Ways of Worldmaking from a Narratological Point of View. In : Vera Nünning/Ansgar Nünning et al. (éds.) : *Cultural Ways of Worldmaking*. Berlin/New York : De Gruyter 2010, p. 191–214.

Nünning, Ansgar : Wie Erzählungen Kulturen erzeugen : Prämissen, Konzepte und Perspektiven für eine kulturwissenschaftliche Narratologie. In : Alexandra Strohmaier (éd.) : *Kultur – Wissen – Narration*. Bielefeld : Transcript 2013, p. 15–53.

Nünning, Vera : Literatur als Lebenswissen : Die Bedeutung von Literatur für menschliches Verstehen und Zusammenleben am Beispiel von Ian McEwans Roman *Enduring Love* (1998). In : Wolfgang Asholt/Ottmar Ette (éds.) : *Literaturwissenschaft als Lebenswissenschaft : Programm – Projekte – Perspektiven*. Tübingen : Narr 2010, p. 145–168.

Pollak, Michael/Heinich, Nathalie : Le témoignage. In : *Actes de la recherche en sciences sociales* 62, 1 (1986), p. 3–29.

Prince, Gerald : Romanesques et roman : 1900–1950. In : Gilles Declercq/Michel Murat (éds.) : *Le romanesque*. Paris : Presses Sorbonne Nouvelle 2007, p. 183–191.

Riffaterre, Michael : Le témoignage littéraire. In : *Romanic Review* 93, 1/2 (janvier 2002), p. 217.

Roussin, Philippe : L'économie du témoignage. In : *Communications* 79, 1 (2006), p. 337–363.

Senot, Marie-Amélie : ‹ Dark passage › : de l'errance à l'enquête. In : Collectif (éd.) : *La ville magique*. Paris/Lille : Gallimard/Lille métropole, musée d'art moderne, d'art contemporain et d'art brut 2012, p. 160–172.

Smadja, Stéphanie : Le style simple dans les années 1920 : le mode majeur de la prose française. In : *COnTEXTES. Revue de sociologie de la littérature* 18 (18 décembre 2016). En ligne : https://doi.org/10.4000/contextes.6229.

Smadja, Stéphanie : *La nouvelle prose française : étude sur la prose narrative au début des années 1920*. Pessac : Presses universitaires de Bordeaux 2013.

Thérenty, Marie-Ève : La rue au quotidien. Lisibilités urbaines, des tableaux de Paris aux déambulations surréalistes. In : *Romantisme* 171 (11 avril 2016), p. 5–14.

Stierle, Karlheinz : *Der Mythos von Paris : Zeichen und Bewußtsein der Stadt*. Munich : Dt. Taschenbuch-Verlag, 1998.

Weinstein, Marc : Essai de lecture poéticienne de la *Littérature du fait* (1929). In : *Revue des Études Slaves* 73, 4 (2001), p. 747–762.

Approches sociologiques en littérature

Aron, Paul : L'idéologie. In : *COnTEXTES. Revue de sociologie de la littérature* 2 (16 février 2007). En ligne : https://doi.org/10.4000/contextes.177.

Asholt, Wolfgang/Ette, Ottmar (éds.), *Literaturwissenschaft als Lebenswissenschaft : Programm – Projekte – Perspektiven*. Tübingen : Narr 2010.

Asholt, Wolfgang/Ette, Ottmar : Vivre ensemble – ZusammenLeben. Le « savoir sur la vie » de la littérature et la tâche de la critique littéraire. In : *Romanistische Zeitschrift für Literaturgeschichte/Cahiers d'Histoire des Littératures Romanes* 34, 3–4 (2010), p. 443–445.

Béroud, Sophie/Régin, Tania : Introduction. Réflexions sur la notion de roman social. In : Sophie Béroud/Tania Régin (éds.) : *Le Roman social : Littérature, histoire et mouvement ouvrier*. Paris : Éditions de l'Atelier 2002, p. 9–16.

Béroud, Sophie : De 1914 à 1939. Une littérature de lutte des classes. In : Sophie Béroud/ Tania Régin (éds.) : *Le Roman social : Littérature, histoire et mouvement ouvrier*. Paris : Éditions de l'Atelier 2002, p. 71–77.

Bikialo, Stéphane/Engélibert, Jean-Paul (éds.) : *Dire le travail : fiction et témoignage depuis 1980*. Rennes : Presses Univ. de Rennes 2012.

Böhm, Roswitha/Kovacshazy, Cécile (éds.) : *Précarité : littérature et cinéma de la crise au XXIe siècle*. Tübingen : Narr Francke Attempto 2015.

Böhm, Roswitha : Assurance précaire : Économie et langage dans les romans d'Emmanuelle Heidsieck. In : Roswitha Böhm/Cécile Kovacshazy (éds.) : *Précarité : littérature et cinéma de la crise au XXIe siècle*. Tübingen : Narr Francke Attempto 2015, p. 147–161.

Cohen, Évelyne : « Charme campagnard et très grande ville. » Le peuple de Paris dans la littérature de l'entre-deux-guerres. In : Jean-Louis Robert/Danielle Tartakowsky (éds.) : *Paris le peuple : XVIIIe–XXe siècle*. Paris : Publications de la Sorbonne 1999, p. 207–223.

Cohen, Évelyne : *Paris dans l'imaginaire national de l'entre-deux-guerres*. Paris : Publications de la Sorbonne 1999.

Coquio, Catherine : « Vie sacrée » et « vie exacte ». Quelle science de la vie pour une culture de survivants ? In : *Romanistische Zeitschrift für Literaturgeschichte/Cahiers d'Histoire des Littératures Romanes* 34, 3/4 (2010), p. 475–490.

Duchet, Claude : Introductions. Positions et perspectives. In : Claude Duchet/Bernard Merigot et al. (éds.) : *Sociocritique*. Paris : Nathan 1979, p. 3–8.

Duchet, Claude : Pour une socio-critique, ou variations sur un incipit. In : *Littérature* 1, 1 (1971), p. 5–14.

Dünne, Jörg : *Die kartographische Imagination : Erinnern, Erzählen und Fingieren in der Frühen Neuzeit*. Paderborn : Fink 2011.

Ette, Ottmar (éd.) : *Trans(it)Areas : convivencias en Centroamerica y el Caribe : un simposio transareal*. Berlin : Edition Tranvia/Verlag Walter Frey 2011.

Ette, Ottmar : Literaturwissenschaft als Lebenswissenschaft. Eine Programmschrift im Jahr der Geisteswissenschaften. In : *Lendemains* 125 (2007), p. 7–32.

Ette, Ottmar : Toute l'étendue de la vie et de la littérature : les formes de savoir sur le vivre, l'expérience du vivre et le vivre ensemble. In : *Romanistische Zeitschrift für Literaturgeschichte/Cahiers d'Histoire des Littératures Romanes* 34, 3/4 (2010), p. 457–473.

Ette, Ottmar : *ÜberLebenswissen : Die Aufgabe der Philologie*. Berlin : Kadmos 2004.

Ette, Ottmar : *ZusammenLebensWissen : List, Last und Lust literarischer Konvivenz im globalen Maßstab*. Berlin : Kadmos 2010.

Ette, Ottmar : *ZwischenWeltenSchreiben : Literaturen ohne festen Wohnsitz*. Berlin : Kadmos 2005.

Fernandez-Zoïla, Adolfo : Le travail dans les fictions littéraires. In : *Travailler* 7, 1 (2002), p. 13–36.

Fink, Wolfgang : *Le peuple, la populace et le prolétariat : l'émergence du personnage de l'ouvrier dans le roman allemand, 1780–1848*. Paris : Maison des sciences de l'homme 2002.

Gleason, William A. : *The leisure ethic : work and play in American literature, 1840–1940*. Stanford : Stanford University Press 1999.

Grenouillet, Corinne : Raconter le travail : le projet politique du site Internet *Raconter la vie*. In : Maryline Heck/Aurélie Adler (éds.) : *Écrire le travail au XXIe siècle, quelles implications politiques ?* Paris : Presses Sorbonne nouvelle 2016, p. 67–79.

Grenouillet, Corinne : *Usines en textes, écritures au travail : témoigner du travail au tournant au XXIe siècle*. Paris : Classiques Garnier 2014.

Heck, Maryline/Adler, Aurélie (éds.), *Écrire le travail au XXIe siècle, quelles implications politiques ?* Paris : Presses Sorbonne nouvelle 2016.

Heimburger, Susanne : *Kapitalistischer Geist und literarische Kritik : Arbeitswelten in deutschsprachigen Gegenwartstexten*. Munich : Edition Text + Kritik 2010.

Lillge, Claudia : *Arbeit : eine Literatur- und Mediengeschichte Großbritanniens*. Paderborn : Wilhelm Fink 2016.

Nencioni, Giuseppe : *Perché lavorare ? Ideologie del lavoro nella letteratura italiana del secondo Ottocento*. Florence : F. Cesati 2011.

Popovic, Pierre : La sociocritique : Définition, histoire, concepts, voies d'avenir. In : *Pratiques. Linguistique, littérature, didactique* 151–152 (15 décembre 2011), p. 7–38.

Popovic, Pierre : *Imaginaire social et folie littéraire : le second Empire de Paulin Gagne*. Montréal : Presses de l'Univ. de Montréal 2008.

Probst, Inga : Überwindet Arbeit alles oder wird sie überwunden ? Narrative der Arbeit – aktuelle Forschungspositionen eines virulenten Themas. In : Torsten Erdbrügger/Ilse Nagelschmidt et al. (éds.) : *Omnia vincit labor ?: Narrative der Arbeit – Arbeitskulturen in medialer Reflexion*. Berlin : Frank & Timme 2013 p. 17–47.

Rink, Elisabeth : *« Arbeit » und « Proletariat » im deutschen und französischen Roman vor 1848*. Essen : Klartext 2014.

Scott, William : *Troublemakers : power, representation, and the fiction of the mass worker*. New Brunswick : Rutgers University Press 2012.

Seillan, Jean-Marie : « Un genre de roman ni trop haut ni trop bas » : Georges Ohnet et la littérature moyenne. In : *Belphégor* 15, 2 (4 novembre 2017). En ligne : https://doi.org/10.4000/belphegor.1022.

Tommek, Heribert : Une littérature moyenne : La littérature allemande contemporaine entre production restreinte et grande production. In : *Actes de la recherche en sciences sociales* 206–207, 1 (2015), p. 100–107.

Viart, Dominique : Les menaces de Cassandre et le présent de la littérature. In : Laurent Demanze/Dominique Viart (éds.) : *Fins de la littérature ? Esthétique et discours de la fin*. Paris : Armand Colin 2011, p. 9–34.

Viart, Dominique : Quand l'écriture fait savoir. Contribution à une histoire des relations entre sciences humaines et littérature (française). In : *Romanistische Zeitschrift für Literaturgeschichte/Cahiers d'Histoire des Littératures Romanes* 34.3–4 (2010), p. 491–507.

White, Claire, *Work and leisure in late nineteenth-century French literature and visual culture : Time, politics and class*. Basingstoke/New York : Palgrave Macmillan 2014.

Wolf, Nelly : *Le peuple dans le roman français de Zola à Céline*. Paris : Presses Universitaires de France 1990.

Wolf, Nelly : *Le roman de la démocratie*. Paris : Presses Universitaires de Vincennes 2003.

Ouvrages historiographiques

Andrew, Dudley/Ungar, Steven : *Popular Front Paris and the Poetics of Culture*. Cambridge : Belknap Press of Harvard University 2005.

Baudorre, Philippe : Le réalisme socialiste des années trente : un faux départ. In : *Sociétés et représentations* 15, 1 (2003), p. 13–38.

Becker, Jean-Jacques : *La France de 1914 à 1940 : Les difficultés de la République*. Paris : Presses Universitaires de France 2005.

Brodiez-Dolino, Axelle : Figures de la pauvreté sous la IIIe République. In : *Communications* 98 (28 juin 2016), p. 95–108.

Cannon, James : *The Paris Zone : A Cultural History, 1840–1944*. Farnham : Ashgate 2015.

Chevalier, Louis : *Classes laborieuses et classes dangereuses à Paris pendant la première moitié du XIXe siècle* [1958]. Paris : Perrin 2007.

Dommanget, Maurice : *Histoire du premier mai*. Paris : Éditions de la Tête de Feuilles 1972.

Dubois, Claude : *La Bastoche : Une histoire du Paris populaire et criminel*. Paris : Perrin 2011.

Garrigues, Jean : Les deux cents familles au regard des droites, de 1934 à nos jours. In : Olivier Dard/Gilles Richard (éds.) : *Les droites et l'économie en France au XXe siècle*. Paris : Riveneuve 2011, p. 295–304.

Gazier, Bernard : *La crise de 1929*. Paris : Presses universitaires de France 2011.

Gueslin, André : *Les gens de rien : Une histoire de la grande pauvreté dans la France du XXe siècle*. Paris : Fayard 2004.

Kalifa, Dominique : Archéologie de l'Apachisme : Les représentations des Peaux-Rouges dans la France du XIXe siècle. In : *Revue d'histoire de l'enfance « irrégulière »*. Le Temps de l'histoire 4 (15 novembre 2002), p. 19–37.

Kalifa, Dominique : Les lieux du crime. Topographie criminelle et imaginaire social à Paris au xixe siècle. In : *Sociétés & Représentations* 17, 1 (1er mars 2004), p. 131–150.

Kalifa, Dominique : *Les bas-fonds : histoire d'un imaginaire*. Paris : Le Seuil 2013.

Klingender, Francis D. : *Art and the industrial revolution*. St. Albans : Paladin 1975.

Maricourt, Thierry : *Histoire de la littérature libertaire en France*. Paris : Albin Michel 1990.

Méadel, Cécile : Programmes en masse, programmes de masse ? La diffusion de la radio en France pendant les années trente. In : Régine Robin (éd.) : *Masses et culture de masse dans les années trente*. Paris : Éd. ouvrières 1991, p. 51–68.

Morel, Jean-Pierre : *Le roman insupportable : L'Internationale littéraire et la France, 1920–1932*. Paris : Gallimard 1985.

Niogret, Philippe. *La revue* Europe *et les romans de l'entre-deux-guerres (1923–1939)*. Paris : L'Harmattan 2004.

Ory, Pascal : *La Belle illusion : culture et politique sous le signe du Front populaire, 1935–1938*. Paris : Plon 1994.

Prochasson, Christophe : Les mots pour le dire : Jean-Norton Cru, du témoignage à l'histoire. In : *Revue d'histoire moderne et contemporaine* 48, 4 (2001), p. 160–189.

Prochasson, Christophe : *Les intellectuels, le socialisme et la guerre : 1900–1938*. Paris : Le Seuil 1993.

Ragon, Michel : *Histoire de la littérature prolétarienne de langue française : littérature ouvrière, littérature paysanne, littérature d'expression populaire*. Paris : Albin Michel 1986.

Robert, Jean-Louis/Tartakowsky, Danielle : Le peuple et Paris. In : Jean-Louis Robert/Danielle
   Tartakowsky (éds.) : *Paris le peuple : XVIIIe–XXe siècle*. 51. Paris : Publ. de la Sorbonne
   1999, p. 7–18.
Robin, Régine (éd.) : *Masses et culture de masse dans les années trente*. Paris : Éd. ouvrières
   1991.
Robin, Régine : De la sociologie de la littérature à la sociologie de l'écriture : le projet
   sociocritique. In : *Littérature* 70, 2 (1988), p. 99–109.
Robin, Régine : *Le réalisme socialiste : une esthétique impossible*. Paris : Payot 1986.
Schor, Ralph : *Histoire de la société française au XXe siècle*. Paris : Belin 2005.
Tamagne, Florence : Le « crime du Palace » : homosexualité, médias et politique dans la
   France des années 1930. In : *Revue d'histoire moderne et contemporaine* 53–4, 4
   (1er décembre 2006), p. 128–149.
Ungar, Steven : « Atmosphère, atmosphère » : On the Study of France Between the Wars. In :
   Studies in 20th & 21st Century Literature 21, 2 (1er juin 1997). En ligne : http://dx.doi.org/
   10.4148/2334-4415.1424.
White, Hayden : *Metahistory : the historical imagination in nineteenth-century Europe*.
   Baltimore : Johns Hopkins Univ. Press 2000.

Ouvrages et articles sociologiques et politiques

Alajouanine, Ghislaine : *Plaidoyer pour la convivance : Failles et faillites des sociétés
   hyperconnectées*. Paris : Hermann 2017.
Anderson, Benedict : *Imagined communities : reflections on the origin and spread of
   nationalism*. London/New York : Verso 1991.
Angélil, Marc/Siress, Cary : The Paris « Banlieue » : Peripheries of inequity. In : *Journal of
   International Affairs* 65, 2 (2012), p. 57–67.
Augé, Marc : *Non-lieux : Introduction à une anthropologie de la surmodernité*. Paris : Le Seuil
   1992.
Badiou, Alain/Bourdieu, Pierre, et al. (éds.) : *Qu'est-ce qu'un peuple ?* Paris : La Fabrique 2013.
Berns, Thomas/Carré, Louis : Présentation. Le nom de peuple, les noms des peuples. In :
   Tumultes 40 (11 juin 2013), p. 13–24.
Beroud, Louis : *Aux origines de la Révolution russe*. Paris : François-Xavier de Guibert 2015.
Bosteels, Bruno : Introduction : This people which is not one. Traduit par Jody Gladding. In :
   Alain Badiou/Pierre Bourdieu et al. (éds.) : *What is a people ?* New York : Columbia
   University Press 2016, p. 1–20.
Bourdieu, Pierre : Autour du livre de Pierre Bourdieu : *La domination masculine*. Pierre
   Bourdieu répond. In : *Travail, genre et sociétés* 1 (24 juin 2014), p. 230–234.
Bourdieu, Pierre : « Vous avez dit ‹ populaire › ? » In : *Actes de la recherche en sciences
   sociales* 46, 1 (1983), p. 98–105.
Bras, Gérard : Le peuple entre raison et affects. À propos d'un concept de la politique
   moderne. In : *Actuel Marx* 54 (29 janvier 2014), p. 24–38.
Brinkmann, Ulrich/Dörre, Klaus, et al. : *Prekäre Arbeit : Ursachen, Ausmaß, soziale Folgen und
   subjektive Verarbeitungsformen unsicherer Beschäftigungsverhältnisse*. Bonn : Friedrich-
   Ebert-Stiftung 2006.

Castel, Robert/Dörre, Klaus (éds.) : *Prekarität, Abstieg, Ausgrenzung : Die soziale Frage am Beginn des 21. Jahrhunderts*. Francfort sur le Main/New York : Campus 2009.

Castel, Robert : *La montée des incertitudes : travail, protections, statut de l'individu*. Paris : Le Seuil : 2013.

Castel, Robert/Edwards, Paul, et al. : Symposium sur le travail. Une sociologie contemporaine. In : *Sociologie du travail* 51 (2009), p. 126–144.

Couture, Jacques : *Convivance : Pour un meilleur vivre-ensemble*. Saint-Denis : Édilivre 2016.

Crépon, Marc/Cassin Barbara, et al. : Peuple, race, nation. In : Barbara Cassin (éd.) : *Vocabulaire européen des philosophies. Dictionnaire des intraduisibles*. Paris : Le Seuil 2004, p. 918–931.

Diaz-Salazar, Rafael : Trabajadores precarios : el proletariado del siglo XXI. In : Rafael Diaz-Salazar (éd.) : *Trabajadores precarios : El proletariado del siglo Xxi*. Madrid : Ediciones HOAC 2003, p. 67–109.

Durand, Pascal (éd.) : Peuple, populaire, populisme. Paris : CNRS Éditions 2005.

Durand, Pascal/Lits, Marc : Introduction. Peuple, populaire, populisme. In : *Hermès, La Revue* 42 (2005), p. 11–15.

Duvoux, Nicolas/Rodriguez, Jacques : La pauvreté insaisissable. In : *Communications* 98 (28 juin 2016), p. 7–22.

Fiori, Ruth : *L'invention du vieux Paris : Naissance d'une conscience patrimoniale dans la capitale*. Sprimont : Pierre Mardaga Editeur 2013.

Fourcaut, Annie (éd.) : *Banlieue rouge, 1920–1960: années Thorez, années Gabin ; archétype du populaire, banc d'essai des modernités*. Paris : Ed. Autrement 1992.

Fourcaut, Annie : Les lotissements défectueux en région parisienne : un exemple de gestion technique d'une crise urbaine. In : Yves Cohen/Rémi Baudouï (éds.) : *Les chantiers de la paix sociale : 1900–1940*. Fontenay-aux-Roses : ENS éditions 1995, p. 255–264.

Fourcaut, Annie : *La banlieue en morceaux : La crise des lotissements défectueux en France dans l'entre-deux-guerres*. Grâne : Créaphis 2000.

Fourcaut, Annie/Bellanger, Emmanuel, et al. (éds.) : *Paris/banlieues : conflits et solidarités : Historiographie, anthologie, chronologie, 1788 – 2006*. Paris : Créaphis 2007.

Freund, Julien : Sur deux catégories de la dynamique polémogène. In : *Communications* 25, 1 (1976), p. 101–112.

Grignon, Claude/Passeron, Jean-Claude : *Le savant et le populaire : Misérabilisme et populisme en sociologie et en littérature*. Paris : Le Seuil 2015.

Grodent, Michel : De dèmos à populus. In : *Hermès, La Revue* 42, 2 (1er août 2005), p. 17–22.

Jeanpierre, Laurent : Les populismes du savoir. In : *Critique* 776–777 (2012), p. 150–164.

Koselleck, Reinhart : Volk, Nation, Nationalismus, Masse. In : Otto Brunner/Werner Conze et al. (éds.) : *Geschichtliche Grundbegriffe : Historisches Lexikon zur politisch-sozialen Sprache in Deutschland*. 5. Stuttgart : Klett Cotta 1990, p. 141–431.

Laclau, Ernesto : *On Populist Reason*. London/New York : Verso 2005.

Link, Fabian : Peuple (Volk) et race (Rasse). In : Olivier Christin/Marion Deschamp (éds.) : *Dictionnaire des concepts nomades en sciences humaines*. 2. Paris : Métailié 2016, p. 71–85.

Marotin, François : L'instinct du peuple : du mythe romantique à l'histoire positive (sur Michelet, Proudhon, Renan). In : Simone Bernard-Griffiths/Alain Pessin (éds.) : *Peuple, mythe et histoire*. Toulouse : Presses universitaires du Mirail 1997, p. 65–76.

Müller, Bertrand : Folklore et Front populaire : savoir du peuple ? Divertissement pour le
  peuple ? In : Xavier Vigna/Jean Vigreux et al. (éds.) : *Le Pain, la pax, la liberté :
  Expériences et territoires du Front populaire.* Paris : Les Editions Sociales 2006,
  p. 117–133.
Morin, Edgar : Pour une crisologie. In : *Communications* 25, 1 (1976), p. 149–163.
Paveau, Marie-Anne : Le « roman populiste » : enjeux d'une étiquette littéraire. In : *Mots* 55
  (1998), p. 45–59.
Paveau, Marie-Anne : Populisme : itinéraires discursifs d'un mot voyageur. In : *Critique*
  776–777, 1 (2012), p. 75–84.
Pessin, Alain : Au temps du romantisme, France et Russie au XIXe siècle. In : Olivier Ihl/Janine
  Chêne et al. (éds.) : *La tentation populiste au cœur de l'Europe.* Paris : La Découverte
  2003, p. 245–257.
Pessin, Alain : *Le Mythe du peuple et la société française du XIXe siècle.* Paris : PUF 1992.
Postel, Charles : *The populist vision.* Oxford/New York : Oxford University Press 2007.
Rancière, Jacques : Politiques de l'écriture. In : *Cahiers de recherche sociologique* 26 (1996),
  p. 19–37.
Rancière, Jacques : *Politique de la littérature.* Paris : Galilée 2007.
Retterath, Jörn : « *Was ist das Volk ?* », *Volks- und Gemeinschaftskonzepte der politischen
  Mitte in Deutschland 1917–1924.* Berlin/Boston : De Gruyter/Oldenbourg 2016.
Rosanvallon, Pierre : *Le Parlement des invisibles.* Paris : Le Seuil 2014 (Raconter la vie).
Rancière, Jacques : *Le Peuple introuvable : histoire de la représentation démocratique en
  France.* Paris : Gallimard 1998.
Rosenthal, Uriel/Charles, Michael T., et al. (éds.) : *Coping with crises : the management of
  disasters, riots, and terrorism.* Springfield : C.C. Thomas 1989.
Roussin, Philippe : Démocratie de la fiction. In : *Revue critique de fixxion française
  contemporaine* 6 (19 octobre 2013), p. 17–25.
Roussin, Philippe : Littérature et démocratie. Quelques interprétations et paradigmes
  critiques depuis vingt ans. In : Jean Bessière (éd.) : *Littératures d'aujourd'hui :
  contemporain, innovation, partages culturels, politique, théorie littéraire. Domaines
  européen, latino-américain, francophone et anglophone.* Paris : Champion 2011,
  p. 143–164.
Stébé, Jean-Marc : *La crise des banlieues.* Paris : PUF 2010.
Taguieff, Pierre-André : Du racisme au mot « race » : comment les éliminer ? In : *Mots. Les
  langages du politique* 33, 1 (1992), p. 215–239.
Taguieff, Pierre-André : Le populisme et la science politique. Du mirage conceptuel aux vrais
  problèmes. In : *Vingtième Siècle. Revue d'histoire* 56, 1 (1997), p. 4–33.
Taguieff, Pierre-André : Populismes et antipopulismes : le choc des argumentations. In :
  Mots 55 (juin 1998), p. 5–26.
Tarragoni, Federico : La science du populisme au crible de la critique sociologique :
  archéologie d'un mépris savant du peuple. In : *Actuel Marx* 54 (3 octobre 2013), p. 56–70.
Tarragoni, Federico : Le peuple et son oracle. Une analyse du populisme savant à partir de
  Michelet. In : *Romantisme* 170, 4 (18 décembre 2015), p. 113–126.
Tarragoni, Federico : Le peuple spectateur et l'émancipation démocratique : sur la sensibilité
  populiste en littérature. In : *Raison publique* 19 (2014), p. 199–222.
Veg, Sebastian : La démocratie, un objet d'étude pour la recherche littéraire ? In : *Revue de
  littérature comparée* 329, 1 (1er juillet 2009). En ligne : https://doi.org/10.3917/
  rlc.329.0101.

Études sur la photographie

Lannoy, Pierre : L'usine, La photographie et la nation : L'entreprise automobile fordiste et la production des photographes industriels. In : *Genèses* 80 (21 septembre 2010), p. 114–135.

Moore, Kevin : Le MoMA : institution de la photographie moderniste. In : André Gunthert/ Michel Poivert (éds.) : *L'Art de la photographie : Des origines à nos jours*. Sans lieu : Citadelles & Mazenod 2007, p. 508–527.

Thézy, Marie de : *La Photographie humaniste : 1930–1960, histoire d'un mouvement en France*, Paris : Contrejour 1992.

Études sur le cinéma

Albera, François : 1945 : trois « intrigues » de Georges Sadoul. In : *Cinémas : Revue d'études cinématographiques* 21, 2–3 (2011), p. 49–85.

Andrew, James Dudley : *Mists of regret : culture and sensibility in classic French film*. Princeton : Princeton Univ. Press 1995.

Bates, Robin : Audiences on the Verge of a Fascist Breakdown : Male Anxieties and Late 1930s French Film. In : *Cinema Journal* 36, 3 (printemps 1997), p. 25–55.

Billard, Pierre : *L'âge classique du cinéma français. Du cinéma parlant à la Nouvelle Vague*. Paris : Flammarion 1995.

Comes, Philippe de/Marmin, Michel (éds.), *Le Cinéma français : 1930–1960*. Paris : Atlas 1984.

Cook, David A. : *A History of narrative film*. New York : W.W. Norton 1996.

Crisp, Colin : *Genre, Myth and Convention in the French Cinema, 1929–1939*. Bloomington : Indiana University Press 2002.

Crisp, Colin : *The classic French cinema : 1930–1960*. Bloomington : Indiana University Press 1993.

Dyer, Richard : *Stars*. London : British Film Institute 1979.

Eisenschitz, Bernard : *La Vie est à nous*, film d'actualité. In : Danielle Tartakowsky/Bernard Eisenschitz et al. (éds.) : *La Vie est à nous*. Paris : Ciné Archives 2016, p. 13–27.

Eisner, Lotte H. : *Die dämonische Leinwand*. Francfort sur le Main : Kommunales Kino 1975.

Flitterman-Lewis, Sandy : *To desire differently : Feminism and the French cinema*. New York : Columbia University Press 1996.

Gauteur, Claude. *Jean Gabin : du livre au mythe*. La Madeleine : Lett Motif 2015.

Guillaume-Grimaud, Geneviève. *Le cinéma du Front populaire*. Paris : Lherminier 1986.

Hesse, Christoph/Kreutzer, Oliver, et al. : *Filmstile*. Wiesbaden : Springer Verlag 2016.

Juan, Myriam : Le cinéma documentaire dans la rue parisienne. In : *Sociétés & Représentations* 17 (janvier 2004), p. 291–314.

Lefcourt, Jenny : Aller au cinéma, aller au peuple. In : *Revue d'histoire moderne et contemporaine* 51, 4 (2004), p. 98–114.

McCann, Ben : « A discreet character ? » Action spaces and architectural specificity in French poetic realist cinema. In : *Screen* 45, 4 (1er décembre 2004), p. 375–382.

Meusy, Jean-Jacques : *Écrans français de l'entre-deux-guerres*. Vol. 2 : *Les années sonores et parlantes*. Paris : AFRHC, Association française de recherche sur l'histoire du cinéma 2017.

Montebello, Fabrice : Les deux peuples du cinéma : usages populaires du cinéma et images du public populaire. In : *Mouvements* 27–28 (2003), p. 113–119.

Pillard, Thomas : Une histoire oubliée : la genèse française du terme « film noir » dans les années 1930 et ses implications transnationales. In : *Transatlantica. Revue d'études américaines. American Studies Journal*, 1 (19 juin 2012). En ligne : https://doi.org/ 10.4000/transatlantica.5742.

Prédal, René : *Histoire du cinéma français : des origines à nos jours*. Paris : Nouveau Monde éditions 2013.

Raabe, Beate : *Explizitheit und Beschaulichkeit : das französische Erzählkino der dreißiger Jahre*. Münster : MakS Publikationen 1991.

Ramirez, Francis/Rolot, Christian : Hôtel(s) du Nord : du populisme en littérature et au cinéma. In : *Roman 20–50* 18 (1994), p. 71–80.

Sadoul, Georges : *Histoire du cinéma mondial : des origines à nos jours*. Paris : Flammarion 1949.

Sichère, Bernard : *Gabin, le cinéma, le peuple : Ciné roman*. Paris : Maren Sell 2006.

Töteberg, Michael : Die Ufa sucht keine Dichter. Der Drehbuchautor : Die Industrie kreiert einen Schriftsteller-Typus. In : Andreas Blödörn/Christof Hamann et al. (éds.) : *Erzählte Moderne : Fiktionale Welten in den 1920er Jahren*. Göttingen : Wallstein 2018, p. 395–407.

Truffaut, François : Une certaine tendance du cinéma français. In : *Cahiers du Cinéma* 31 (janvier 1954), p. 15–30.

Truffaut, François : *Le Cinéma selon François Tuffaut*. Edité par Anne Gillain. Paris : Flammarion 1988.

Tual, Denise : *Le Temps dévoré*. Paris : Fayard 1980.

Vignaux, Valéry : Ciné-Liberté, une coopérative cinématographique entre engagement et émancipation. In : Danielle Tartakowsky/Bernard Eisenschitz et al. (éds.) : *La Vie est à nous*. Paris : Ciné Archives 2016, p. 33–45.

Vincendeau, Ginette : Gabin unique : le pouvoir réconciliateur du mythe. In : Claude Gauteur/ Ginette Vincendeau (éds.) : *Jean Gabin : Anatomie d'un mythe*. Paris : Nouveau Monde éditions 1993, p. 93–206.

Études sur le champ littéraire et la pensée intellectuelle

Baudorre, Philippe : Zola, 1929–1935 ou les ambiguïtés d'un retour de Zola. In : *Les Cahiers naturalistes* 65 (1991), p. 7–23.

Bernard, Jean-Pierre A. : *Le Parti Communiste Français et la question littéraire : 1921–1939*. Grenoble : Presses Univ. de Grenoble 1972.

Bernard, Jean-Pierre A. : Le Parti communiste français et les problèmes littéraires (1920–1939). In : *Revue française de science politique* 17, 3 (1967), p. 520–544.

Bourdieu, Pierre : Le champ littéraire. In : *Actes de la recherche en sciences sociales* 89, 1 (1991), p. 3–46.

Bourdieu, Pierre : *Les règles de l'art : genèse et structure du champ littéraire*. Paris : Le Seuil 2015.

Cornick, Martyn : Une institution française : La *Nouvelle Revue Française* de Jean Paulhan. In : *Études littéraires* 40, 1 (2009), p. 77–96.

Denis, Benoît/Dubois Jacques : Du médiocre jusqu'à La Nausée : Canonisation d'un thème et transactions au sein de la hiérarchie littéraire de l'entre-deux-guerres en France. In : DenisSaint-Jacques (éd.) : *Que vaut la littérature ?* Québec : Éd. Nota Bene 2000, p. 187–217.

Denis, Benoît : La littérature de « bonne volonté » dans la France d'entre-deux-guerres. In : Michael Einfalt/Joseph Jurt (éds.) : *Le texte et le contexte : analyses du champ littéraire français, XIXe et XXe siècle.* Paris/Berlin : Éditions MSH/Berlin Verlag A. Spitz 2002, p. 205–217.

Denis, Benoît : Le roman peut-il se passer du réel ? Les querelles du réalisme. In : Geneviève Fabry/Hubert Roland et al. (éds.) : *Les frontières du réalisme dans la littérature du XXe siècle.* Actes du colloque international, Louvain-la-Neuve 1–3 décembre 2004. Louvain-la-Neuve : Université catholique de Louvain 2006, p. 21–34.

Denis, Benoît : *Littérature et engagement : De Pascal à Sartre.* Paris : Le Seuil 2000.

Duchatelet, Bernard (éd.) : *Romain Rolland et la* NRF. Paris : Albin Michel 1989.

Einfalt, Michael : La critique littéraire de « L'Action française ». In : *Cahiers de l'Association internationale des études françaises* 59 (2007), p. 303–319.

Einfalt, Michael : *Nation, Gott und Modernität. Grenzen literarischer Autonomie in Frankreich 1919–1929.* Berlin/Boston : De Gruyter 2012.

Flower, John E. : *Literature and the Left in France : society, politics and the novel since the late 19. Century.* Londres : Macmillan 1983.

Gnocchi, Maria Chiara : Classements gênants : les réalismes de l'entre-deux-guerres et leur réception critique. In : Geneviève Fabry/Hubert Roland et al. (éds.) : *Les frontières du réalisme dans la littérature du XXe siècle.* Actes du colloque international, Louvain-la-Neuve, 1–3 décembre 2004. Louvain-la-Neuve : Université catholique de Louvain 2006, p. 93–101.

Hewitt, Nicholas : *Les maladies du siècle : the image of malaise in French fiction and thought in the inter-war years.* Hull : Hull University Press 1988.

Houssais, Yvon : *Les Nouvelles littéraires* ou l'invention de l'actualité. In : *Les Nouvelles littéraires : une idée de littérature* ?, 17 février 2012. En ligne : http://www.fabula.org/col loques/document1452.php [Consulté le : 27novembre 2020].

Joly, Laurent : Les débuts de l'Action française (1899–1914) ou l'élaboration d'un nationalisme antisémite. In : *Revue historique* 639 (2006), p. 695–718.

Jurt, Joseph : *Das literarische Feld : das Konzept Pierre Bourdieus in Theorie und Praxis.* Darmstadt : Wissenschaftliche Buchgesellschaft 1995.

Meizoz, Jérôme : Pseudonyme et posture chez Céline. In : Philippe Roussin/Alain Schaffner et al. (éds.) : *Céline à l'épreuve : Réceptions, critiques, influences.* Paris : Honoré Champion 2016, p. 171–186.

Meizoz, Jérôme : *L'Âge du roman parlant : (1919–1939) ; écrivains, critiques, linguistes et pédagogues en débat.* Genève : Droz 2001.

Meizoz, Jérôme : *Postures littéraires : Mises en scène modernes de l'auteur.* Genève : Slatkine 2007.

Péru, Jean-Michel : Une crise du champ littéraire français : Le débat sur la littérature prolétarienne (1925–1935). In : *Actes de la recherche en sciences sociales* 89 (1991), p. 47–65.

Péru, Jean-Michel : *Des Ouvriers écrivent : le débat sur la littérature prolétarienne en France, 1925–1935*. Thèse de doctorat soutenu à l'Université Lille 3, 1989

Pérus, Jean : *À la recherche d'une esthétique socialiste : réflexion sur les commencements de la littérature soviétique, 1917–1934*. Paris : Éd. du Centre national de la recherche scientifique 1986.

Peyroles, Aurore : *Roman et engagement : le laboratoire des années 1930*. Paris : Classiques Garnier 2015.

Racine, Nicole : Jacques Robertfrance, homme de revue et homme d'édition. In : Nicole Racine/Michel Trebitsch (éds.) : *Sociabilités intellectuelles : lieux, milieux, réseaux*. Paris : CNRS Éditions 1992,p. 142–159, Bibliogr. p. 206–220.

Racine-Furlaud, Nicole : Les mouvements en faveur de la littérature prolétarienne en France : 1928–1934. In : *Entretiens* 33 (1974), p. 77–98.

Raimond, Michel : *La Crise du roman. Des lendemains du naturalisme aux années vingt*. Paris : Corti 1985.

Renard, Paul : *L'Action française et la vie littéraire (1931–1944)*. Villeneuve-d'Ascq : Presses universitaires du Septentrion 2003.

Richard, Lionel : Monde und die französische Presse ihrer Zeit. In : Thomas Flierl/Wolfgang Klein et al. (éds.) : *Die Pariser Wochenzeitung Monde (1928–1935)*. Bielefeld : Aisthesis 2012, p. 17–24.

Roger, Philippe : Le roman du populisme. In : *Critique* 776–777, 1 (2012), p. 5–23.

Rouayrenc, Catherine : *Recherches sur le langage populaire et argotique dans le roman français de 1914 à 1939*. Thèse de doctorat. Paris : Université Paris III 1988.

Sapiro, Gisèle : Das französische literarische Feld : Struktur, Dynamik und Formen der Politisierung. In : *Berliner Journal für Soziologie* 14, 2 (2004), p. 157–171.

Sapiro, Gisèle : De l'usage des catégories de « droite » et de « gauche » dans le champ littéraire. In : *Sociétés & Représentations* 11, 1 (2001), p. 19–53.

Sapiro, Gisèle : Droits et devoirs de la fiction littéraire en régime démocratique : du réalisme à l'autofiction. In : *Revue critique de fixxion française contemporaine* 6 (5 juillet 2013), p. 97–110.

Sapiro, Gisèle : Formes et structures de l'engagement des écrivains communistes en France. De la « drôle de guerre » à la Guerre froide. In : *Sociétés & Représentations* 15, 1 (2003), p. 154–176.

Sapiro, Gisèle : Les formes de l'engagement dans le champ littéraire. In : Jean Kaempfer/ Sonya Florey et al. (éds.) : *Formes de l'engagement littéraire (XVe-XXIe siècle)*. Lausanne : Éditions Antipodes 2006, p. 118–130.

Sapiro, Gisèle : *La responsabilité de l'écrivain : littérature, droit et morale en France (XIXe–XXIe siècle)*. Paris : Le Seuil 2011.

Sternhell, Zeev : Anatomie d'un mouvement fasciste en France : le faisceau de Georges Valois. In : *Revue française de science politique* 26 (1976), p. 5–40.

Tonnet-Lacroix, Eliane : *Après-guerre et sensibilités littéraires (1919–1924)*. Paris : Publications de la Sorbonne 1991.

Trottier, Véronique : Antonine Coullet-Tessier, Jean Pallu, André Thérive... Le pessimisme du roman populiste des années 1930 : impuissance, repli intérieur et solitude. In : *Aden. Paul Nizan et les années trente* 11 (octobre 2012), p. 75–94.

Winter, Ralph : « Moderne Hamlets » : Die französische Autorengruppe der Inquiétude 1924-1927. In : Gerhard Lauer (éd.) : *Literaturwissenschaftliche Beiträge zur Generationenforschung*. Göttingen : Wallstein 2010, p. 85–107.

Études consacrées aux œuvres, auteurs et réalisateurs étudiés

Marcel Aymé

Brodin, Dorothy Rothschild : *The comic world of Marcel Aymé*. Paris : Debresse 1964.

Cathelin, Jean : *Marcel Aymé ou le Paysan de Paris*. Paris : Debresse 1958.

Favre, Yves-Alain : Notice. In : Marcel Aymé, *Œuvres romanesques complètes*. 1. Edité par Yves-Alain Favre. Paris : Gallimard 1989 (Bibliothèque de la Pléiade), p. 1389–1394.

Lécureur, Michel : *Marcel Aymé. Un honnête homme*. Paris : Les Belles Lettres/Archimbaud 1997.

Piroux, Cyril : Marcel Aymé, romancier populiste par défaut. In : *Études littéraires* 44, 2 (2013), p. 101–114.

Spang-Hanssen, Ebbe : *La docte ignorance de Marcel Aymé*. Paris : Klincksieck 1999.

Marcel Carné

Bazin, André : *Le Jour se lève* (1938–1939) et le réalisme poétique de Marcel Carné. In : Jacques Chevalier (éd.) : *Regards neufs sur le cinéma*. Paris : Le Seuil 1953, p. 268–305.

Chanteranne, David : *Marcel Carné : Le môme du cinéma français*. Saint-Cloud : Ed. Soteca 2012.

Landry, Bernard-G. : *Marcel Carné : Sa vie, ses films*. Paris : J. Vautrain 1952.

Turk, Edward Baron : *Child of Paradise : Marcel Carné and the Golden Age of French Cinema*. Cambridge/London : Harvard University Press 1989.

Louis-Ferdinand Céline

Bellosta, Marie-Christine : *Céline ou l'art de la contradiction : Lecture de Voyage au bout de la nuit*. Paris : PUF 1990.

Derval, André : La part du fantastique social dans Voyage au bout de la nuit. Mac Orlan et Céline. In : *Roman 20–50* 17 (juin 1994), p. 83–96.

Pagès, Yves : *Les fictions du politique chez L.- F. Céline*. Paris : Le Seuil 1994.

Roussin, Philippe : *Misère de la littérature, terreur de l'histoire : Céline et la littérature contemporaine*. Paris : Gallimard 2005.

Eugène Dabit

Alluin, Bernard : *L'Hôtel du Nord* : un univers dénué de sens. In : *Roman 20–50* 18 (décembre 1994), p. 27–34.

Bardel, Pierre : Introduction. In : Eugène Dabit/Roger Martin Du Gard, *Eugène Dabit, Roger Martin Du Gard : Correspondance*. I *(1927–1929)*. Edité par Pierre Bardel. Paris : CNRS Éditions 1986, p. 7–149.

Bardel, Pierre : Un écrivain trop oublié : Eugène Dabit. In : *Littératures* 14, 5 (1967), p. 97–106.

Baurens, Maryvonne, *Eugène Dabit : Dimension et actualité d'un témoignage*. Rome : Università degli Studi di Macerata 1986.

Degraeve, Dirck : La représentation de l'espace dans *L'Hôtel du Nord* d'Eugène Dabit. In : *Roman 20–50* 18 (décembre 1994), p. 35–46.

Drissen, Klaus D. : Populisten, Anarchisten, Proletarier : *L'Hôtel du Nord* (1929) von Eugène Dabit und *Le Pain quotidien* (1931) von Henri Poulaille. In : Edward Reichel/Heinz Thoma (éds.) : *Zeitgeschichte und Roman im Entre-Deux-Guerres*. Bonn : Romanistischer Verlag 1993, p. 109–124.

Figuerola, Carme : Lieux magiques ou maudits ? Autour du Paris d'Eugène Dabit. In : *Lieux magiques. Magie des lieux*. Clermont-Ferrand : Presses Universitaires Blaise Pascal 2008, p. 77–92.

Macho Vargas, Azucena : À propos des espaces dans *Villa Oasis* d'Eugène Dabit. In : *Roman 20–50* 50 (1er février 2016), p. 137–146.

Martinet, Jean-Luc : Quelle vision du prolétaire ? *L'Hôtel du Nord* d'Eugène Dabit. In : *Aden. Paul Nizan et les années trente* 11 (octobre 2012), p. 97–112.

Robert, Pierre-Edmond : Eugène Dabit, écrivain et peintre français (1898–1936). In : *Roman 20–50* 18 (décembre 1994), p. 7–15.

Robert, Pierre-Edmond : *D'un Hôtel du Nord l'autre : Eugène Dabit 1898–1936*. Paris : Université Paris VII 1986.

Schilling, Derek : La grande banlieue d'Eugène Dabit. Essai de géopoétique historique. In : *Poétique* 131 (septembre 2002), p. 331–355.

Wolf, Nelly : Image du peuple et forme narrative dans *L'Hôtel du Nord* d'Eugène Dabit. In : *Roman 20–50* 5 (1988), p. 105–111.

Louis Guilloux

Baudorre, Philippe : Louis Guilloux et la revue Monde. In : Francine Dugast-Portes/Marc Gontard (éds.) : *Louis Guilloux, écrivain*. Rennes : Presses universitaires de Rennes 2016, p. 69–87.

Golvet, Sylvie : L'art romanesque de Louis Guilloux et le tournant des années 1930. In : Madeleine Frédéric/Michèle Touret (éds.) : *L'Atelier de Louis Guilloux*. Rennes : Presses Univ. de Rennes 2012, p. 103–116.

Golvet, Sylvie : *Louis Guilloux : devenir romancier*. Rennes : Presses Univ. de Rennes 2010.

Lebron, Monica : *Les Romans de Louis Guilloux entre 1927 et 1942 : aux frontières du populisme*. Thèse de doctorat. Ontario : Western University 1991.

Pelletier, Yannick : L'univers social des artisans et employés. Louis Guilloux. In : Sophie Béroud/Tania Régin (éds.) : *Le Roman social : Littérature, histoire et mouvement ouvrier*. Paris : Éditions de l'Atelier 2002, p. 79–88.

Roche, Anne : Louis Guilloux, entre roman populiste et prolétarien. In : André Not/Jérôme Radwan (éds.) : *Autour d'Henry Poulaille et de la littérature prolétarienne*. Aix-en-Provence : PUP 2003, p. 143–152.

Touret, Michèle : Louis Guilloux et le populisme, une longue histoire. In : *Études littéraires* 44, 2 (2013), p. 127–146.

Pierre Mac Orlan

Alavoine, Bernard : Le Quai des brumes : Mac Orlan entre Carné et Simenon. In : *Roman 20–50* 47 (2009), p. 49–58.

Baines, Roger W. : *« Inquietude » in the work of Pierre Mac Orlan*. Amsterdam : Rodopi 2000.

Baritaud, Bernard : *Pierre Mac Orlan : sa vie, son temps*. Genève : Droz 1992.

Blondeau, Philippe (éd.) : *Roman 20–50, n°47 (juin 2009): Pierre Mac Orlan. La Cavalière Elsa, Le Quai des Brumes, Le bal du Pont du Nord*. Villeneuve d'Ascq : Presses Universitaires du Septentrion 2009.

Chaudier, Stéphane : Style et intensité dans la prose de Mac Orlan. In : *Roman 20–50* 47 (2009), p. 79–90.

Chéroux, Clément : Pourtant Mac Orlan. La photographie et le fantastique social. In : Pierre Mac Orlan : *Écrits sur la photographie*. Paris : Textuel 2011, p. 7–27.

Lacassin, Francis : Aux écoutes de l'ombre. In : Pierre Mac Orlan : *Domaine de l'ombre : Images du fantastique social*. Paris : Phébus 2000, p. 13–26.

Lamy, Jean-Claude : *Mac Orlan : l'aventurier immobile*. Paris : Albin Michel 2002.

Motoret, Laurence : Les deux chevauchées de *La Cavalière Elsa*. In : *Roman 20–50* 47 (janvier 2009), p. 41–48.

Tomás, Ilda : Pour une symbolique des couleurs : le rouge chez Pierre Mac Orlan. In : *Estudios de lengua y literatura francesa* 7 (1993), p. 169–178.

Tomás, Ilda : *Pierre Mac Orlan : Ombres et lumières*. Granada : Universidad de Granada 1995.

Tudoras, Laura Eugenia : Retratos literarios del espacio urbano del siglo XX : Barcelona en Pierre Mac Orlan y Michel Deón. In : *Revista de lenguas y literaturas catalana, gallega y vasca* 15 (2010), p. 257–266.

Weiner, Susan : When a prostitute becomes an orphan : Pierre Mac Orlan's *Le Quai des brumes* (1927) in the service of poetic realism. In : *Studies in French Cinema* 6, 2 (septembre 2006), p. 129–140.

Zimmermann, Margarete/Oexle, Otto Gerhard : Pierre Mac Orlan et la pauvreté : le vécu – l'imaginaire – le littéraire. In : Philippe Blondeau/Bernard Baritaud (éds.) : *Mythologies macorlaniennes*. Actes du colloque de Péronne, 8–10 octobre 2011. Amiens : Presses universitaires 2013, p. 216–230.

Zimmermann, Margarete : Bilder der Armut. Pierre Mac Orlans Reportagen aus dem Berlin von 1932. In : Wolfgang Klein/Wolfgang Asholt (éds.) : *Dazwischen. Reisen – Metropolen – Avantgarden. Festschrift für Wolfgang Asholt*. Bielefeld : Aisthesis 2009, p. 345–369.

Henry Poulaille

Ambroise, Jean-Charles : Écrivain prolétarien : une identité paradoxale. In : *Sociétés contemporaines* 44, 4 (2001), p. 41–55.

Arvidsson, Karl-Anders : *Henry Poulaille et la littérature prolétarienne française des années 1930*. Göteborg : Acta Universitatis Gotheburgensis 1988.

Bessière, Jean : Projet romanesque et thématisation de la pauvreté dans les années trente (Henry Poulaille, George Orwell, Henry Miller). In : Michel Biron/Pierre Popovic (éds.) : *Écrire la pauvreté*. Toronto : Éditions du Gref 1996, p. 239–257.

Chapman, Rosemary : *Henry Poulaille and proletarian literature 1920–1939*. Amsterdam : Rodopi 1992.

Curatolo, Bruno : La réception de la trilogie du Pain. *Le Pain quotidien, Les Damnés de la terre, Pain de soldat*. In : *Roman 20–50* 63 (17 juillet 2017), p. 31–52.

Garguilo, René : Henry Poulaille et l'école prolétarienne 1930–1940. In : René Garguilo (éd.) : *Henry Poulaille et la littérature prolétarienne en France de 1920 à 1940*. Paris : Minard 1989, p. 37–59.

Garguilo, René : Le grand débat des années vingt, 1920–1930. In : René Garguilo (éd.) : *Henry Poulaille et la littérature prolétarienne en France de 1920 à 1940*. Paris : Minard 1989, p. 19–36.

Geneste, Philippe : Henry Poulaille et l'authenticité. In : *Autour d'Henry Poulaille et de la littérature prolétarienne*. Aix-en-Provence : PUP 2003, p. 153–168.

Loffler, Paul A. : Un écrivain prolétarien : Henry Poulaille entre le populisme et l'A.E.A.R. In : *Entretiens* 33 (1974), p. 99–106.

Maricourt, Thierry, *Henry Poulaille : 1896–1980*. Levallois-Perret : Manya 1992.

Meizoz, Jérôme : « Nous voilà tout de même singulièrement rapprochés ». Henry Poulaille et C.-F. Ramuz face à la question de l'‹ authenticité ›. In : *Autour d'Henry Poulaille et de la littérature prolétarienne*. Aix-en-Provence : PUP 2003, p. 83–96.

Not, André/Rouayrenc, Catherine : La parole du peuple dans le roman est-elle possible ? La voix de ‹ la › Radigond (Poulaille, *Le Pain quotidien*). In : Corinne Grenouillet/Éléonore Reverzy (éds.) : *Les voix du peuple dans la littérature des XIXe et XXe siècles*. Actes du colloque de Strasbourg, 12,13 et 14 mai 2005. Strasbourg : Presses Univ. de Strasbourg 2006, p. 155–165.

Pobel, Céline : La représentation du peuple à travers ses prises de parole : du sociotype d'Émile Zola au contresociotype d'Henry Poulaille (*Le Pain quotidien*). In : Corinne Grenouillet/Éléonore Reverzy (éds.) : *Les voix du peuple dans la littérature des XIXe et XXe siècles*. Actes du colloque de Strasbourg, 12,13 et 14 mai 2005. Strasbourg : Presses Univ. de Strasbourg 2006, p. 279–289.

Sick, Franziska : Littérature prolétarienne et culture ouvrière. Pour une nouvelle lecture du *Pain quotidien* de Henry Poulaille. In : *Cahiers Henry Poulaille* 6 (1993), p. 89–105.

Stüdemann, Eric : La perspective dans *Le Pain quotidien*. In : *Entretiens* 33 (1974), p. 53–59.

Jacques Prévert

Aurouet, Carole : *Jacques Prévert : Une vie*. Paris : Les nouvelles éditions Jean-Michel Place 2017.

Aurouet, Carole : *Prévert et le cinéma*. Paris : Les Nouvelles éditions Jean-Michel Place 2017.

Blakeway, Claire : *Jacques Prévert : Popular French theatre and cinema*. Rutherford/London : Fairleigh Dickinson University Press 1990.

Jean Renoir

Keit, Alain : *Autopsie d'un meurtre, Le crime de monsieur Lange : un film de Jean Renoir*. Liège : CEFAL 2010.

Mérigeau, Pascal : *Jean Renoir*. Paris : Flammarion 2012.

O'Shaughnessy, Martin : Nation, history and gender in the films of Jean Renoir. In : Elizabeth Ezra/Sue Harris (éds.) : *France in focus : film and national identity*. Oxford : Berg 2000, p. 127–141.

Ory, Pascal : Le Crime de M. Lange. In : Olivier Barrot/Pascal Ory (éds.) : *Entre-deux-guerres*. Paris : Éditions François Bourin 1990, p. 263–285.

Divers

Ambroise, Jean-Charles : Entre Littérature prolétarienne et réalisme socialiste : le parcours de Tristan Rémy. In : *Sociétés et représentations* 15, 1 (2003), p. 39–63.

Barbaresco, Constance : La partie de campagne chez Paul de Kock, itinéraire dans les environs de Paris. In : *Chemins de traverse en fiction*. Actes du colloque interdisciplinaire de jeunes chercheur.euse.s, ENS Ulm, 19 et 20 mai 2017. Paris : La Taupe médite 2018.

Baty-Delalande, Hélène : « Les romans, ça sert à chercher l'avenir » (*Merlin*). Sur les romans de Jean Prévost. In : Emmanuel Bluteau (éd.) : *Jean Prévost le multiple*. Sous la dir. de Emmanuel Bluteau. Rennes : Presses Univ. de Rennes 2015, p. 17–30.

Bernard, Jacqueline : *Aragon : la permanence du surréalisme dans le cycle du* Monde réel. Paris : Corti 1984.

Bertrand, Marc : Jean Prévost et le roman populiste. In : *Cahiers Henry Poulaille* 6 (1993), p. 133–138.

Bluteau, Emmanuel : Jean Pallu, météore discret. In : Jean Pallu : *L'Usine*. Edité par Emmanuel Bluteau. Le Raincy : La Thébaïde 2018, p. 7–14.

Bohrn, Patricia : *André Antoine und sein Théatre libre : eine spezifische Ausformung des naturalistischen Theaters*. Franfort sur le Main/New York : P. Lang 2000.

Bonnet, Marguerite/Hubert, Étienne Alain : Notice. In : André Breton : *Œuvres complètes*. Vol. 2. Paris : Gallimard 1992, p. 1363–1365.

Borsò, Vittoria : « Strapaese o Stracittà ? » Massimo Bontempellis *realismo magico* und *900* als kritisches Werkzeug nationaler Identität. In : Helene Harth/Barbara Marx et al. (éds.) : *Konstruktive Provinz. Italienische Literatur zwischen Regionalismus und europäischer Orientierung*. Francfort sur le Main : Moritz Diesterweg 1993, p. 147–174.

Boucharenc, Myriam : *L' échec et son double : Philippe Soupault romancier*. Paris : Champion 1997.

Carlat, Dominique : La voix du romanesque poétique, « la force soudaine d'une reconstitution ». In : Jacqueline Chénieux-Gendron/Myriam Bloedé (éds.) : *Patiences et silences de Philippe Soupault*. Paris : L'Harmattan 2000, p. 145–157.

Carpenter, Scott : Entre rue et boulevard : les chemins de l'allégorie chez Baudelaire. In : *Romantisme* 134, 4 (2006), p. 55.

Combe, Dominique : « L'œil existe à l'état sauvage ». In : *Melusine* 21 (2001), p. 9–24.

Compagnon, Antoine : L'arrière-garde, de Péguy à Paulhan et Barthes. In : William Marx (éd.) : *Les Arrière-gardes au XXe siècle : l'autre face de la modernité esthétique*. Paris : Presses universitaires de France 2004, p. 93–101.

Courban, Alexandre : Une autre façon d'être lecteur de L'Humanité durant l'entre-deux-guerres : « rabcors » et « CDH » au service du quotidien communiste. In : *Le Temps des médias* 7 (2006), p. 205–217.

Csergo, Julia : Parties de campagne. Loisirs périurbains et représentations de la banlieue parisienne, fin XVIIIe–XIXe siècles. In : *Sociétés & Représentations* 17 (2004), p. 15–50.

Fabbri, Fabriano : *I due Novecento : gli anni Venti fra arte e letteratura : Bontempelli versus Sarfatti*. San Cesario di Lecce : Manni 2008.

Farrant, Tim : Balzac : du pittoresque au pictural. In : *L'Année balzacienne* 5 (1er octobre 2008), p. 113–135.

Federini, Fabienne : La figure du traître dans les romans de Paul Nizan. In : Bernard Lahire (éd.) : *Ce qu'ils vivent, ce qu'ils écrivent : Mises en scène littéraires du social et expériences socialisatrices des écrivains*. Paris : Éditions des archives contemporaines 2011, p. 79–102.

Fiorucci, Wissia : Self-censorship in Massimo Bontempelli's Magical Realism. In : *Between* 5, 9 (mai 2015), p. 1–24.

Gilles, Benjamin : L'horizon d'attente à l'épreuve de la guerre : lire Le Feu d'Henri Barbusse (1916–1918). In : *Revue d'histoire littéraire de la France* 115, 4 (31 décembre 2015), p. 883–892.

Gnocchi, Maria Chiara : André Baillon, auteur populiste belge ? In : *Études littéraires* 44, 2 (2013), p. 71–83.

Gnocchi, Maria Chiara : « Vers une pratique ‹ primaire › de l'écriture. La simplicité, valeur littéraire dans les premières décennies du XXe siècle », *Publije* (2013). En ligne : http://revues.univ-lemans.fr/index.php/publije/article/view/92 [Consulté le : 27 novembre 2020].

Guenther, Irene : Magic Realism, New Objectivity, and the Arts during the Weimar Republic. In : Lois Parkinson Zamora/Wendy B. Faris (éds.) : *Magical realism : theory, history, community*. Durham : Duke University Press 1995, p. 33–73.

Guérin, Jeanyves : Audiberti reporter, chroniqueur et romancier. In : Myriam Boucharenc (éd.) : *Littérature et reportage*. Colloque international de Limoges (26–28 avril 2000). Limoges : Presses Universitaires de Limoges 2001, p. 17–29.

Gutermann, Deborah : Mal du siècle et mal du « sexe » dans la première moitié du XIXe siècle. Les identités sexuées romantiques aux prises avec le réel. In : *Sociétés & Représentations* 24 (1er novembre 2007), p. 195–210.

Helbert, Catherine : Frédéric Lefèvre et *Les Nouvelles littéraires*. In : *Les Nouvelles littéraires : une idée de littérature ?* (17 février 2012). *Fabula*. En ligne : http://recherche.fabula.org/colloques/document1455.php [Consulté le : 27 novembre 2020].

Kvapíl, Josef : *Romain Rolland et les Amis d'Europe*. Prague : Státní pedagogické nakladatelství 1971.

Leoni, Iacopo : André Thérive : résignation contre négation. In : *Revue italienne d'études françaises. Littérature, langue, culture* 6 (15 décembre 2016). En ligne : https://doi.org/10.4000/rief.1205.

Leoni, Iacopo : Figure della povertà nella letteratura populista francese degli anni Trenta. In : Elisabetta Sibilio (éd.) : *Rappresentazioni artistiche e sociali della povertà*. Cassino : Edizioni Università di Cassino 2017, p. 240–255.

Lourcelles, Jacques : Belle équipe (La). In : *Dictionnaire du cinéma : Les films*. Paris : Laffont 1992, p. 140–141.

Lysøe, Éric : Le réalisme magique : avatars et transmutations. In : *Textyles. Revue des lettres belges de langue française* 21 (15 août 2002), p. 10–23.

Mahot Boudias, Florian : Politique de l'illisibilité : André Breton face à Aragon dans *Misère de la Poésie* (1932). In : *LHT Fabula* 16 (janvier 2016). En ligne : http://www.fabula.org/lht/16/mahot-boudias.html [Consulté le 27 novwmbre 2020].

Martinet, Jean-Luc : Port d'escale de Jean Pallu. In : *Roman 20–50* 64 (2017), p. 127–139.

Martinet, Jean-Luc : Postface. « Veuillez écouter ». In : Jean Pallu : *L'Usine*. Édité par Emmanuel Bluteau. Le Raincy : La Thébaïde 2018, p. 191–204.

Mathieu, Anne : Magdeleine Paz, personnage de ses reportages. In : Myriam Boucharenc (éd.) : *Roman & reportage. Rencontres croisées*. Actes du séminaire du Centre des Sciences de la Littérature française, Université Paris Ouest Nanterre (2010–2012). Limoges : Presses Universitaires de Limoges 2015, p. 113–123.

Mingelgrün, Albert : Le domaine français. In : Jean Weisgerber (éd.) : *Le Réalisme magique. Roman, peinture et cinéma*. Genève : L'Âge d'Homme 1987, p. 180–200.

Olivera, Philippe : Aragon, « réaliste socialiste ». Les usages d'une étiquette littéraire des années trente aux années soixante. In : *Sociétés & Représentations* 15 (2003), p. 229–246.

Ouellet, François/Trottier, Véronique : Présentation. In : *Études littéraires* 44, 2 (2013), p. 7–18.

Ouellet, François : Le « naturalisme interne » d'André Thérive. In : *Études littéraires* 44, 2 (2013), p. 19–36.

Piégay-Gros, Nathalie : Collages et faits divers surréalistes. In : *Poétique* 159, 3 (2009), p. 287–298.

Pudal, Bernard : Récits édifiants du mythe prolétarien et réalisme socialiste en France (1934–1937). In : *Sociétés & Représentations* 15 (2013), p. 77–96.

Rialland, Ivanne : « C'est alors que le Corsaire Sanglot. . . » Le stéréotype romanesque dans les romans surréalistes des années vingt. In : *Cahiers de Narratologie* 17 (4 janvier 2010). En ligne : https://doi.org/10.4000/narratologie.1199.

Rubin, James Henry : *Realism and social vision in Courbet & Proudhon*. Princeton : Princeton University Press 1980.

Scheffel, Michael : *Magischer Realismus : die Geschichte eines Begriffes und ein Versuch seiner Bestimmung*. Tübingen : Stauffenburg 1990.

Schilling, Derek : *Le Chiendent* entre histoire et fiction ou les parfaits banlieusards de Raymond Queneau. In : *The Romanic Review* 95, 1–2 (mars 2004), p. 41–61.

Trebitsch, Michel : Jean-Richard Bloch et la défense de la culture. In : *Sociétés & Représentations*, 15 (2003), p. 65–76.

Trottier, Véronique : Léon Lemonnier : romancier populiste ? In : *Études littéraires* 44, 2 (2013), p. 37–51.

Van Bever, Pierre : « Metafisica », réalisme magique et fantastiques italiens. In : Jean Weisgerber (éd.) : *Le Réalisme magique : Roman, peinture et cinema*. Genève : L'Âge d'Homme 1987, p. 73–89.

Warnes, Christopher : *Magical realism and the postcolonial novel : between faith and irreverence*. Basingstoke/New York : Palgrave Macmillan 2009.

Wasselin, Lucien : Pierre Bouquinquant, une figure romanesque aragonienne ? In : *Faites entrer l'infini* 37 (2004), p. 58–61.

Weisgerber, Jean : La locution et le concept. In : Jean Weisgerber (éd.) : *Le Réalisme magique. Roman, peinture et cinéma*. Genève : L'Âge d'Homme 1987, p. 11–32.

Wybon, Jérôme : *Au Fil de l'eau : L'Histoire de* La Belle équipe, Pathé Distribution, 2017, DVD, 00: 24: 15.

Annexes

Annexe 1 : Schéma des positions approximatives et des trajectoires des auteurs cités et constitution de la nébuleuse populiste

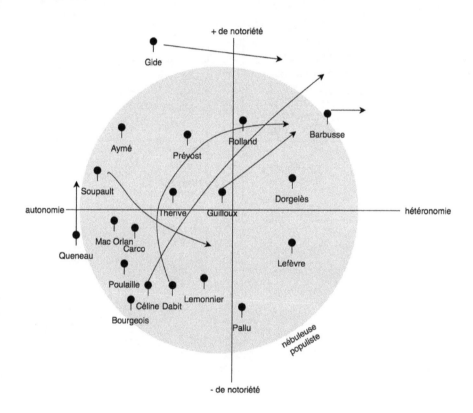

https://doi.org/10.1515/9783110721157-011

Annexe 2 : Schéma des positions approximatives des revues littéraires cités entre 1928 et 1935

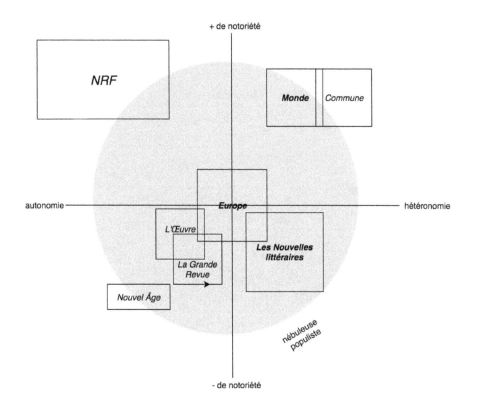

Annexe 3 : André Thérive à Léon Lemonnier (14 juillet 1929)

Cher Monsieur,

Votre lette et le projet qui nous est cher, me rappellent au devoir de vous écrire. N'oubliez pas le nom de Céline Lhote, qui a publié (Renaissance du Livre) Les Fortifs du paradis et la Petite fille aux mains sales, où il y a la matière, non la forme de romans admirables.

C'est en octobre que paraîtra mon roman et aussi le livre de Deffoux sur le Naturalisme. Double actualité.

Je n'aime pas trop humilisme qui sent son Ch.-L. Philippe. Je me demande si on pourrait lancer dans un nouveau sens, populisme ou démotisme (démotique, etc . . .).

Vous devez être en vacances, mais si vous venez me voir à la rentrée je vous montrerai quelques articles que j'ai écrits dans l'esprit qui nous séduit tous deux. Pour une fois, je pense en effet qu'il ne faut pas du tout craindre le ridicule. Ce sont les manifestes qui s'imposent à l'histoire et aux manuels, non les œuvres, hélas !

N'oubliez pas comme maîtres C.H. Hirsch, et Chérau, pour ses œuvres d'autrefois. Et dites-moi qui vous pensez annexer à notre école.

Bonnes vacances, puisque vous êtes universitaire, et que ce mot n'est pas vain pour vous. Et au revoir, j'espère, au plus tôt.

A. Thérive

Que pensez-vous de Bove ? Je ne trouve pas cela réaliste pour un sou . . .

A. Thérive : Lettre à Léon Lemonnier. 14 juillet 1929, Bibliothèque nationale de France, NAF14111, p. 193–194, soulignage repris de l'original.

Annexe 4 : André Thérive à Léon Lemonnier (5 août 1929)

Cher Monsieur,

Je ne sais pas trop ce que signifie <u>populiste</u>. (Völkisch se traduit par <u>raciste</u>). Toujours est-il que le mot, réservé à un parti étranger est comme vierge en français.

Puisque vous êtes à Paris voulez-vous que j'aille vous voir jeudi 8, soit à 17 heures, soit (ce que je préférerais) à 21 heures ? Rien ne vaut un entretien.

Mon avis est qu'il faut se réclamer d'aînés plutôt que présenter une équipe formellement constituée dont on nous dirait : « Peuh ! ce n'est que ça ? » Cela n'empêcherait pas de citer le plus de noms possible. Je vous parlerai de la meilleure façon de récolter des appuis et patronages, et de s'accrocher à l'actualité.

Mille cordiaux sentiments,

A. Thérive

Tout considéré, je vous prête ces deux articulets où il y a une phrase de <u>Lacretelle</u> et une de <u>Montherlant</u> utiles à noter pour vous. Et aussi un rappel de Duhamel, que vous trouveriez aussi dans une brochure sur ce romancier – Ne perdez pas ces textes, je vous prie.

A. Th.

A. Thérive : Lettre à Léon Lemonnier. 5 août 1929, Bibliothèque nationale de France, NAF14111, p. 195–196, soulignage repris de l'original.

Index

https://doi.org/10.1515/9783110721157-012